Das Deutschbuch

für die Fachhochschulreife

Herausgegeben von
Martina Schulz-Hamann

Erarbeitet von
Kerstin Ansel-Röhrleef, Juliane Becker, Margarete Brand, Pamela Kolb,
Martin Langenberg, Thomas Rahner, Petra Schappert, Martina Schulz-Hamann,
Britta Schmitz, Carolin Werner, Nicole Winkler, Helmut van Züren

In Zusammenarbeit mit der Verlagsredaktion

Cornelsen

Dieses Lehrwerk wurde erarbeitet auf Grundlagen von Martina Biermann, Ralf Dettinger, Gabriele Harff-König, Elisabeth Hennemann, Dr. Manfred Hilke, Julia Kirchen, Petra Pascher, Thomas Rahner (Hrsg.), Marianne Rock, Christoph Scheele (Hrsg.), Martina Schulz-Hamann, Helmut van Züren (Hrsg.).

Redaktion: Julia Baum
Redaktionelle Mitarbeit: derspringendepunkt / Eva Hauck und Claudia Lüdtke, Berlin
Umschlaggestaltung: EYES-OPEN – Agentur für Kommunikation, Berlin
Umschlagfoto: Glow Images / imagesource
Gesamtgestaltung / technische Umsetzung: LemmeDESIGN, Berlin

www.cornelsen.de

Dieses Werk berücksichtigt die Regeln der reformierten Rechtschreibung und Zeichensetzung.
Bei den mit R gekennzeichneten Texten haben die Rechteinhaber einer Anpassung widersprochen.

1. Auflage, 1. Druck 2019

Alle Drucke dieser Auflage sind inhaltlich unverändert und können im Unterricht nebeneinander verwendet werden.

Druck: Firmengruppe APPL, aprinta Druck, Wemding

ISBN 978-3-06-451168-2 (Schülerbuch)
ISBN 978-3-06-451169-9 (E-Book)

PEFC
PEFC/04-32-0928

PEFC zertifiziert
Dieses Produkt stammt aus nachhaltig bewirtschafteten Wäldern und kontrollierten Quellen.
www.pefc.de

Vorwort

Liebe Schülerinnen und Schüler,

Sie möchten die Fachhochschulreife erwerben. Das Fach Deutsch bildet dafür wichtige Grundlagen: In Schule, Studium und Beruf wird es immer wichtiger, kommunikative Situationen richtig zu deuten und sie angemessen zu gestalten. Das erfordert Kompetenzen im Sprechen, im Schreiben und im Umgang mit Texten aller Medien.

Dieses Buch bietet Ihnen dafür Hilfestellungen.

Die Kapitel in „Das Deutschbuch“ sind fünf großen Lernbereichen zugeordnet

- Sprache und Sprachgebrauch
- Sach- und Gebrauchstexte
- Kommunikation
- Literatur
- Medien

Die Inhalte der Kapitel in den Lernbereichen bauen aufeinander auf und führen Sie gezielt zu den notwendigen Qualifikationen für die Fachhochschulreife.

An passender Stelle stehen Ihnen *Prüfungsvorbereitungen mit Checklisten* zur Verfügung. So können Sie Ihr Wissen anhand komplexer Aufgabenstellungen überprüfen.

Im hinteren Teil des Buches (in gelber Farbe) finden Sie einen Überblick über die *Epochen der Literaturgeschichte* sowie zusätzliche Informationen zu verschiedenen *Arbeitsmethoden.*

Je nach Aufgabenstellung arbeiten Sie allein, mit einer Lernpartnerin / einem Lernpartner oder in der Lerngruppe. Zusatzaufgaben sind mit einem Stern gekennzeichnet.

Viel Freue und Erfolg im Unterricht sowie auf Ihrem weiteren Ausbildungsweg wünschen Ihnen die Herausgeberin, Autorinnen und Autoren sowie die Verlagsredaktion.

Inhaltsübersicht

Sprache und Sprachgebrauch

Sach- und Gebrauchstexte

Inhaltsübersicht

Kommunikation

Inhaltsübersicht

Literatur

Inhaltsübersicht

Medien

Materialgestütztes Schreiben

Inhaltsübersicht

Zusatzmaterial/Methoden

Kapitel 1

Sich sprachlich richtig ausdrücken

1.1
Sprachvarietäten erkennen und analysieren

1.2
Fachsprache verstehen und gebrauchen

1.3
Einen differenzierten Wortschatz verwenden

1.4
Erscheinungen des Sprachwandels kennenlernen

Menschen, die sprachlich gewandt sind und sich unterschiedlichen Kommunikationssituationen situationsgerecht anpassen können, haben Vorteile im Privatleben und im Beruf. In diesem Kapitel lernen Sie verschiedene Sprachvarietäten kennen. Sie üben, sich differenziert auszudrücken und Fachsprache richtig einzusetzen. Zum Schluss lernen Sie Erscheinungen des Sprachwandels kennen.

Kompetenzen

- ✓ Sich differenziert ausdrücken
- ✓ Fachsprache adäquat gebrauchen
- ✓ Sprechweisen und Sprachebenen analysieren
- ✓ Erscheinungen des Sprachwandels kennenlernen

Methoden und Arbeitstechniken

- ✓ Eigene Texte verfassen
- ✓ Concept-Map
- ✓ Argumentationskarten
- ✓ Rollenspiel

Sprachvarietäten erkennen und analysieren

Sprachvarietäten unterscheiden

Warum sprechen z. B. Jugendliche anders als erwachsene Menschen? Der folgende Textauszug aus „Spinner" von Benedict Wells zeigt, dass Sprecher in unterschiedlichen Kommunikationssituationen verschiedene Sprachvarietäten benutzen.

Benedict Wells: Spinner (Auszug)

Wir betraten mein Zimmer. [...]

Gustav begann von seinen Urlaubsbekanntschaften zu erzählen. Wiedersehensgequassel. Schließlich hob er ein einzelnes Blatt vom Boden auf und sah es sich an. Es war Seite fünfhundertdreiundsiebzig. „Na, und wie geht's eigentlich so mit deinem Buch voran?"

[...] „Ja, ich bin fertig. Und ich hab es vor einigen Tagen Bornig gegeben."

„Bornig? Diesem alten Sack, mit dem du immer Schach spielst?"

„Hey, hör auf, so über ihn zu reden. Er ist wie ein Vater für mich."

„*Er ist wie ein Vater für mich* – o Mann." Gustav stöhnte auf. [...] „Sorry, ich hab nichts gesagt. Der heilige Bornig, schon verstanden. [...]"

„Fick dich, okay?"

[...] „Schon okay. Es ist nur: Zurzeit läuft's nicht gerade gut. Und wenn ich in einer Woche wieder nach Hause fahre, dann ist ..." An dieser Stelle brach ich ab und sagte nichts mehr. Ja, was ist dann, dachte ich.

Lange war es still, bis Gustav in die Hände klatschte. „Besaufen!", sagte er.

Ich blickte ihn ungläubig an.

„Ach komm, schau nicht so doof", sagte er. „Ich hab recht. Wir gehen was trinken. Und dann brauchst du auch mal wieder eine Frau. Deswegen bist du so ätzend. Na los, Jesp, ich weiß, wo jetzt 'ne gute Party steigt."

1 Untersuchen Sie die Äußerungen von Jesp und Gustav im Hinblick auf die Kommunikationssituation.

a) Bestimmen Sie mithilfe des Basiswissens auf der folgenden Seite, welcher Sprachvarietät die Äußerungen der Protagonisten zuzuordnen sind. Führen Sie entsprechende Beispiele aus dem Text an.

b) Beschreiben Sie die Kommunikationssituation und begründen Sie auf dieser Grundlage die ausgewählte Sprachvarietät.

c) In einem Kommentar zu Wells' Roman heißt es: „Wells' Sprache ist roh und unfrisiert." Stellen Sie begründet Vermutungen über die Zielgruppe an, die Wells mit seinem Roman vor allem erreichen will.

d) Formulieren Sie den Text so um, dass er sprachlich den Anforderungen der Standardsprache gerecht wird. Lesen Sie den ursprünglichen und den veränderten Text mit verteilten Rollen vor. Erörtern Sie die Wirkung.

2 Sammeln Sie Ausdrücke, die Sie verwenden, wenn Sie begeistert sind. Ordnen Sie diese den folgenden Situationen zu.

- Sie erhalten eine Jobzusage von Ihrem zukünftigen Arbeitgeber.
- Sie schauen sich ein Fußballspiel mit Freunden an. Ihre Lieblingsmannschaft gewinnt.
- Sie besichtigen eine Wohnung mit dem Vermieter. Sie sind von der Wohnung begeistert.

Sprachvarietäten unterscheiden

Der jeweilige Gebrauch der Sprachvarietät unterliegt Normen, wird also von größeren und kleineren Gruppen vorgegeben. Die Bildungsträger leiten aus diesem Tatbestand Ansprüche an die Sprachkompetenzen der Schülerinnen und Schüler ab.

In Deutschland gibt es rund 350 Ausbildungsberufe und mit ihnen eine breite Variation von Inhalten und Anforderungen. Bei aller Verschiedenheit und fachlicher Differenzierung setzen sie jedoch dieselben Basiskenntnisse voraus. Dies sind im Wesentlichen: grundlegende Beherrschung der deutschen Sprache [...], verschiedene Sprachebenen und -stile unterscheiden und korrekt anwenden (Fachsprache und gehobene Sprache; Alltags- und Umgangssprache; Jargon) [...].

www.ihk-nordwestfalen.de

3 Erläutern Sie die aus der Textvorlage resultierenden Anforderungen an die Sprachkompetenz von Schülerinnen und Schülern mit Ihren Worten.

a) Nennen Sie Beispiele für Kommunikationssituationen, in denen die genannten Sprachvarietäten sinnvoll eingesetzt werden können.

b) Begründen Sie, warum es der IHK wichtig erscheint, von den Schulabgängern und Berufsanfängern Basiskenntnisse der dargestellten Art zu fordern.

BASISWISSEN Sprachvarietäten

Mithilfe der Sprache kann zum Ausdruck gebracht werden, ob eine Person einer bestimmten Altersgruppe, Bildungsschicht, Berufsgruppe oder Szene angehört. Diese verschiedenen Sprachformen werden auch als **Sprachvarietäten** bezeichnet.

Standardsprache (Hochdeutsch, gehobene Sprache)

Um sich über Dialektgrenzen hinweg verständigen zu können, braucht man eine Sprachvarietät, die in ganz Deutschland gesprochen und verstanden wird. Es ist die Sprachvarietät, die in der Schule gelehrt und in der offiziellen Kommunikation verwendet wird.

Alltagssprache (Umgangssprache)

Dies ist die Sprachvarietät, die im täglichen Umgang angewendet wird. Sie wird besonders von sozialen (Bildungsstandard, soziale Umwelt des Sprechers) und regionalen Gegebenheiten (Dialekt) geprägt.

Jugendsprache (Jugendszenesprache)

Jugendliche sprechen mit Gleichaltrigen anders als mit Erwachsenen, um sich abzugrenzen. Die Sprache wird benutzt, um eine bestimmte Lebenseinstellung widerzuspiegeln.

Fachsprache

Die besondere Eigenschaft einer Fachsprache ist es, Wörter und Wendungen zu prägen, die nur von einer bestimmten Berufsgruppe verstanden werden. Ziel ist die genauere und schnellere Bezeichnung bestimmter Gegenstände, Tätigkeiten oder Vorgänge für eine effektive Kommunikation. Der **Fachjargon** ist die umgangssprachlich geprägte Sondersprache einer Berufsgruppe.

Alltagssprache, Jugendsprache, Standardsprache

In der alltäglichen Kommunikation weichen Sprecher zum Teil von den Regeln und dem Vokabular der Standardsprache ab. Der folgende Dialog verdeutlicht diesen Sachverhalt.

Dialog im Klassenzimmer

L: Ich fasse die Ergebnisse zusammen: Die drei Leitmotive barocker Lyrik lauten Vanitas, memento mori und …?

S: … und Yolo!

L: Yolo? Was soll das heißen? Diese unproduktiven Äußerungen gehören in die Pause.

S: Ey, nix unproduktiv! Yolo war 2012 das Jugendwort des Jahres und bedeutet: You only live once! Das meint doch in etwa das Gleiche, was Sie sagen wollten, nämlich „carpe diem"!

L: Ja, diese Akronyme sind typisch für eine mindere Sprachvarietät. Wie dem auch sei, Jugendsprache, Kiezdeutsch … Ich mag das nicht mehr hören.

S: Ist doch einfach nur cool. Keine Sorge, wir wissen schon, wann wir wie mit wem reden müssen.

L: Diese Meinung teile ich überhaupt nicht. Ich glaube, dass die Beherrschung des Standarddeutschen dadurch erschwert wird.

S: Nee, sicher! Wir können switchen!

L: Sie können was?

1 Analysieren Sie den Dialog im Klassenzimmer hinsichtlich der verwendeten sprachlichen Mittel.

a) Welche Sprachvarietät setzen die Dialogpartner ein? Begründen Sie.

b) Suchen Sie typische sprachliche Mittel für die Sprachvarietät(en) des Schülers und schreiben Sie diese mit Beispielen aus dem Dialog in eine Tabelle.

Sprachliche Mittel	Beispiel
Ausruf	*Ey* (Z. 6) ▸ Alltagssprache (Umgangssprache)
…	…

2 Sammeln Sie Beispiele für Ellipsen, Anakoluthe, Parataxen und Hypotaxen anhand von Beispielen aus der Alltagssprache und aus der aktuellen Tagespresse. Beschreiben Sie deren Funktion in der Alltagssprache und als Stilmittel.

BASISWISSEN Alltagssprache – sprachliche Mittel

Hier sind einige wichtige sprachliche Mittel aufgelistet, die in der Alltagssprache verwendet werden.

Wortebene

Ausruf ▸ *Mann!, Mensch!* **Füllwörter** ▸ *mal, so*

Satzebene

Ellipsen: Auslassungen eines Satzteils ▸ *Kenn ich.*

Anakoluth: falsche oder veränderte Fortführung eines begonnenen Satzgefüges

▸ *Wusstest du, dass, wenn man Milch nicht in den Kühlschrank stellt, sie wird sauer?*

Parataxe: Aneinanderreihung von Hauptsätzen ▸ *Sven hat angerufen. Er kommt später.*

Alltagssprache, Jugendsprache, Standardsprache

In der offiziellen Kommunikation – wie hier bei einem Bewerbungsverfahren – ist die Verwendung der Standardsprache ein Muss.

Dialog im Forum

KATI: Ich brüte gerade über einer Initiativbewerbung. Kann ich so formulieren? „Meine Ausbildung zur Bürokauffrau schloss ich im Jahre 2014 erfolgreich ab. Nach meiner Ausbildung bekam ich zusätzliche Qualifikationen im ...“ Das klingt doch so gequält! Warum kann ich nicht einfach schreiben, dass bislang alles ganz gut lief und ich einfach voll Lust habe, mich noch in meinem Beruf zu verbessern?

HASELNUSSRATTE: Du hast übrigens auch keine zusätzlichen Qualifikationen „bekommen“, sondern „erworben“.

KATI: Das ist doch nun wirklich egal. Bekommen – erwerben! Das macht doch keinen Unterschied.

HASELNUSSRATTE: Doch, das ist so! Auch die Aussagen, alles sei bislang beruflich gut gelaufen und du habest voll Lust, dich zu verbessern, finde ich nicht angemessen. Diese Formulierungen darfst du im offiziellen Sprachgebrauch nicht verwenden.

3 **Erläutern Sie, warum auf die Formulierungen „gut gelaufen“ und „voll Lust haben“ in der geschilderten Situation verzichtet werden sollte.**

4 **Üben Sie den korrekten Gebrauch der Standardsprache.**

a) Verfassen Sie ein eigenes Anschreiben für eine Initiativbewerbung.

b) Tauschen Sie Ihr Anschreiben mit einer Partnerin/einem Partner aus. Korrigieren Sie deren/dessen Anschreiben und berücksichtigen Sie dabei besonders umgangssprachliche Wendungen.

c) Sammeln Sie diese umgangssprachlichen Wendungen an der Tafel. Suchen Sie nach Entsprechungen aus der Standardsprache.

5 **Vervollständigen Sie die folgende Liste mit Ausdrücken aus der Alltagssprache und der Standardsprache.**

Alltagssprache	Standardsprache
schlecht laufen	
	sehr motiviert sein
	benötigen
gucken	
	weinen
ausrasten	
	erhalten
auf etwas abfahren	
	weglaufen

Fachsprache verstehen und gebrauchen

Der verbale Austausch zwischen Menschen verläuft prinzipiell nicht reibungslos, weil die Kommunikationspartner z. B. nicht über die identische Menge an sprachlichen Zeichen verfügen und somit bestimmte Begriffe inhaltlich nicht verstanden werden können. Die Verwendung von Fachsprache – vor allem in dafür nicht geeigneten Situationen – kann deshalb die kommunikative Verständigung zusätzlich erschweren.

Nichts kapiert: Infos über Finanzprodukte überfordern Kunden

Ulm/Berlin. Transparenz ist wichtig. Schließlich wollen Anleger wissen, wohin ihr Geld fließt. Das Problem: Viele Informationen über Finanzprodukte sind kaum verständlich. Kunden sind nach der Lektüre oft genauso schlau wie vorher. Doch das soll sich ändern.

Private Placement, Outperformance, Cashflow, Bottom Up – alles klar? Oder haben Sie etwa nichts verstanden? Wenn nicht, keine Sorge. Denn dann dürfte es Ihnen wie den meisten Kunden gehen. „Informationen über Finanzprodukte sind oft unverständlich", erklärt Oliver Haug vom H & H Communication Lab in Ulm. „Kunden müssen viele Barrieren überwinden, um die Texte wirklich zu verstehen." Im Zweifel hilft daher nur eines: nachfragen.

Zusammen mit der Universität Hohenheim in Stuttgart untersuchte Haug 2011 unter anderem Jahresberichte von Fondsgesellschaften und Produktinformationsblätter von Banken. Das Ergebnis: Verbraucher mit einem durchschnittlichen Bildungsgrad konnten viele der untersuchten Dokumente nicht verstehen. [...] Ihr Ziel, den durchschnittlichen Kunden zu informieren, verfehlten sie damit.

Generell stellten die Forscher fest, dass Verbrauchern beim Lesen viel abverlangt wird. Ein häufiges Problem seien lange Sätze, erzählt Haug. „In einem Fondsbericht fand sich ein Satz mit 120 Wörtern", erklärt der Sprachexperte. „Die Lesbarkeit eines Satzes lässt aber schon ab 20 Wörtern deutlich nach." Ideal für die Verständlichkeit ist aus seiner Sicht ein Satz mit 15 Wörtern. [...]

Aber nicht nur die Länge der Sätze ist für Kunden eine Hürde. „Viele Sätze sind sehr komplex", erzählt Haug. „Das heißt: Sie bestehen aus vielen Satzteilen." Doch je mehr Teile ein Satz enthält, umso schwerer wird es für den Leser, der Struktur des Satzes zu folgen. [...]

Eine weitere Hürden für Kunden: Fachbegriffe, Anglizismen oder Abkürzungen werden in den Dokumenten häufig verwendet, aber nicht erklärt. Kunden können mit dieser Fachsprache oft nichts anfangen. Dabei lässt sich gerade dieses Problem in der Praxis einfach lösen: „Statt ‚Emittentin' könnte man doch auch ‚Bank' oder statt ‚p. a.' einfach ‚jährlich' schreiben", gibt Haug zwei Beispiele. „Das versteht jeder."

Ein Grund, warum die Dokumente häufig so schwer lesbar sind: „Die Texte werden von Fachleuten verfasst." [...]

Eckhard Benner von der Verbraucherzentrale Baden-Württemberg sieht noch andere Ursachen: „Wer viele Fachbegriffe verwendet, suggeriert Expertenwissen", erklärt er. Außerdem könne die Sprache eingesetzt werden, um ein Produkt an bestimmten Stellen positiver erscheinen zu lassen. [...]

© dpa / Frankfurter Rundschau Online

1 Schlagen Sie die Begriffe „Private Placement", „Outperformance", „Cashflow", „Bottom Up" in einem Lexikon nach. Handelt es sich um Begriffe einer Fachsprache? Begründen Sie Ihre Aussage.

2 Arbeiten Sie nach der Methode der Concept-Map. Begründen Sie, warum die in Aufgabe 1 genannten Begriffe für Kunden sehr schwer verständlich sind.

★ **3** Im Text heißt es in Zeile 33: „Sie [die Sätze] bestehen aus vielen Satzteilen." Nennen Sie die Satzglieder (im Text: „Satzteile"), die es in der deutschen Sprache gibt, und bestimmen Sie deren Funktion. Grenzen Sie die Satzglieder von den Wortarten ab.

Fachsprache verstehen und gebrauchen

4 **Bilden Sie Sätze mit wenigen und vielen Satzgliedern und beschreiben Sie die unterschiedlichen Auswirkungen auf die Satzbildung und auf das Satzverständnis.**

5 Arbeiten Sie in Gruppen.

a) Sammeln Sie unterschiedliche aktuelle Broschüren zu Finanzprodukten der Banken und Versicherungen (z. B. Geldanlagemöglichkeiten).

b) Einigen Sie sich in der Gruppe auf ein Produkt und analysieren Sie dessen Inhalt auf der Grundlage der im Text genannten Kriterien und Kritikpunkte. Bewerten Sie anschließend das Produkt.

c) Gestalten Sie den Text in der angemessenen Sprachvarietät um, sodass er allgemein verständlich wird.

d) Präsentieren Sie Ihre Gruppenergebnisse im Plenum. Beziehen Sie sich auch auf die Bewertungen des Produkts.

BASISWISSEN Fachsprache

Die Weitergabe von Wissen vollzieht sich zu einem großen Teil auf der Basis von Fachtexten. In diesen sind, neben Begriffen aus der Allgemeinsprache, häufig Wörter und Ausdrücke aus dem Bereich der Fachsprache zu finden, die nur von Fachleuten verstanden werden können.

Sprachwissenschaftler definieren in ihrer Fachterminologie (ihrem Fachwortschatz) beispielsweise das Wort *Fachsprache* folgendermaßen: **„Fachsprache" ist ein Determinativkompositum (zusammengesetztes Substantiv), wobei die Bedeutungen der Glieder in einem subordinativen (untergeordneten) Verhältnis zueinander stehen.**

Fachsprachen sind ein Teil der Sprachvarietäten, deren besondere Eigenschaft darin besteht, sprachliche Wendungen zu prägen, die von einer bestimmten Gruppe, nicht aber von der Sprachgemeinschaft verstanden wird. Gemäß dieser Definition ist die Fachsprache eine Gruppensprache, die das Ziel verfolgt, innerhalb dieser Gruppe durch die Verwendung der Fachbegriffe eine schnelle und effektive Kommunikation zu gewährleisten.

Die Jugend- und Alltagssprache wird durch zahlreiche Anglizismen beeinflusst. Das liegt zum Teil daran, dass die Bedeutung der englischen Sprache durch die Globalisierung erheblich zugenommen hat. Das Englische ist mittlerweile auch die Sprache der Wissenschaft.

Pro und Kontra: Soll Deutsch als Wissenschaftssprache überleben?

Deutsche Forschungseinrichtungen setzten sich dafür ein, Deutsch neben Englisch als Sprache in der Wissenschaft zu erhalten. Ist das sinnvoll?

von Arnd Zickgraf, Ralph Mocikat und Alexander Kekulé

Pro: Ja, sagt Ralph Mocikat, Vorsitzender des Arbeitskreises Deutsch als Wissenschaftssprache Adawis

„ […] Wissenschaftliche Theorien arbeiten immer mit Wörtern, Bildern, Metaphern, die der Alltagssprache entlehnt sind. […] Die ganze Tragweite von Anspielungen und Bildern kann man nur in der jeweiligen Muttersprache voll erfassen und für die Forschung fruchtbar machen. Wenn die Quelle für die Fachsprachen nicht mehr die Alltagssprache ist, werden die Sprachbilder fehlen, die nötig sind, um Neues anschaulich begreiflich zu machen. Da jede Sprache einen anderen Blickwinkel auf die Wirklichkeit zulässt und individuelle Argumentationsmuster bietet, läuft es auf eine geistige Verarmung hinaus, wenn Lehre

Fachsprache verstehen und gebrauchen

und Forschung auf das Englische eingeengt werden. […]

Durch den ausschließlichen Gebrauch des Englischen koppelt sich die Wissenschaft auch immer weiter von der Gesellschaft ab, gegenüber der sie rechenschaftspflichtig ist. Natürlich kommen wir ohne Englisch als internationale Kongress- und Publikationssprache nicht aus. Doch unbestritten ist, dass wir im Inland auch das Deutsche als Wissenschaftssprache benutzen und pflegen müssen. Dazu wäre es beispielsweise notwendig, mehr in Übersetzungen zu investieren."

Kontra: Nein, sagt Alexander Kekulé, Direktor am Institut für Medizinische Mikrobiologie an der Universität Halle-Wittenberg

„[…] Dass sich Forscher aus allen Erdteilen schnell, präzise und mit einheitlichen Definitionen austauschen können, hat die Wissenschaft erheblich beschleunigt. Für Wissenschaftler aus Entwicklungs- und Schwellenländern eröffnete erst die gemeinsame Sprache – zusammen mit dem Internet – die Chance, am globalen Diskurs teilzunehmen.

Zudem werden viele Arbeiten von internationalen Autorenteams verfasst, die nur Englisch als gemeinsame Sprache haben. Auch für Forschungsaufenthalte im Ausland – und für ausländische Gäste bei uns – ist die gemeinsame Arbeitssprache von unschätzbarem Wert.

Hinzu kommt, dass es viele neue Fachbegriffe nur auf Englisch gibt. Um sie einzudeutschen, müsste man zwanghaft Entsprechungen erfinden, die nicht einmal für Muttersprachler eindeutig wären. […]

Der beste Schutz vor englischen Kontaminationen der Alltagssprache wäre im Gegenteil, wenn möglichst viele Deutsche sehr gut Englisch sprechen. Wer zwei Sprachen gut beherrscht, hält sie sauber auseinander und findet es ganz und gar nicht ‚smashing', wenn in jede gesprochene ‚line' massenweise englische ‚expressions eingemerged' sind."

www.zeit.de

6 Arbeiten Sie mit Argumentationskarten. Formulieren Sie auf der Grundlage der Ausgangsthese „Deutsch ist eine Wissenschaftssprache" Pro- und Kontra-Argumente.

7 Informieren Sie sich an einer Hochschule in Ihrer Nähe über die Bedeutung von Englischkenntnissen für das Studium.

8 Ergänzen Sie auf der Grundlage Ihrer Nachforschungen die Gegenüberstellung aus Aufgabe 6.

★ **9** Erörtern Sie das Thema schriftlich und kommen Sie zu einer eigenen Bewertung (↗ Kapitel 6).

Einen differenzierten Wortschatz verwenden

Schlüsselkompetenzen im Berufsalltag

Neben den fachlichen sind in der modernen Arbeitswelt auch andere Kompetenzen von großer Bedeutung. Zu diesen Kompetenzen – auch Soft Skills genannt – gehören die Kommunikationsfähigkeit und die Fähigkeit des situationsgerechten Sprechens.

Welche Soft Skills sind im Arbeitsalltag wichtig?

Was macht gute Mitarbeiter aus? Zunächst einmal müssen die Fachkenntnisse stimmen. Durch eine Ausbildung oder ein Studium eignen Menschen sich das Wissen an, das für ihren Job benötig wird. Weitere Kenntnisse erhalten sie während der Ausübung ihres Berufes. Sie lernen beispielsweise, wie die betriebseigene Software zu benutzen ist oder erhalten Einblicke in ein Spezialgebiet ihres Fachs.

Doch das ist noch nicht alles. Will man wirklich erfolgreich im Beruf sein, müssen auch die sogenannten Soft Skills stimmen. Bewerbungstrainer und Personalmanager sind sich einig: Berufstätige arbeiten nie allein, sie sind meist Teil eines größeren Teams. Deswegen müssen alle Mitarbeiter bereit sein, mit anderen zu kooperieren.

In Stellenanzeigen findet man daher immer häufiger den Begriff „Teamfähigkeit“. Zudem suchen Unternehmen nach Mitarbeitern, die kommunikativ und konfliktfähig sind.

Was verbirgt sich hinter diesen Begriffen? Bei der Arbeit im Team, wenn gemeinsam eine Aufgabe bewältigt werden muss, kommen die Soft Skills zum Tragen. Abstimmung ist wichtig, genauso wie gute Kooperation zwischen den einzelnen Teammitgliedern. Denn: Bei der gemeinsamen Arbeit kann es schneller zu Konflikten kommen.

Kein wunder also, dass Firmen vor ein paar Jahren gerne Trainings zu Kommuniktaionsstrategien und Konfliktmanagement anboten. Das hat sich heute gewandelt. Inzwischen arbeiten fast alle in Teams, also sind Trainings eher auf die Optimierung dieser Zusammenarbeit ausgerichtet.

1 Definieren Sie die Begriffe „Kommunikationsfähigkeit“, „Teamfähigkeit“ und „Konfliktfähigkeit“.

2 Erschließen Sie mithilfe der Textvorlage und des Basiswissens die Bedeutung der Kommunikationsfähigkeit für die Beherrschung der Schlüsselkompetenzen Teamfähigkeit und Kompromiss- bzw. Konfliktfähigkeit.

3 Nennen und beschreiben Sie Situationen, in denen diese Fähigkeiten von Bedeutung sind.

BASISWISSEN | Schlüsselkompetenzen im Berufsalltag

Ein Teil der Schlüsselkompetenzen ist die **Fachkompetenz,** die auf Wissen und Können innerhalb eines bestimmten Fachgebiets zielt.

Die **Humankompetenz** umfasst persönliche Qualitäten wie Verantwortungs- und Pflichtbewusstsein, Selbstständigkeit, Zuverlässigkeit usw.

Soziale Beziehungen leben und gestalten zu können, Spannungen einordnen und lösen zu können, das sind Bestandteile der **Sozialkompetenz.**

Wer sich der sich ständig verändernden Arbeitswelt und der damit verbundenen Entwicklung neuer Medien und Arbeitstechniken gegenüber offen zeigt, der verfügt über **Methodenkompetenz.**

Die **Kommunikationsfähigkeit (kommunikative Kompetenz)** ist der Schlüsselbaustein zur Beherrschung dieser Kompetenzen. Wer den Umgang mit Worten beherrscht und sich der Wirkung von Sprache bewusst ist, der kann Beziehungsstrukturen analysieren, beziehungsstabilisierend und beziehungsprägend wirken.

Schlüsselkompetenzen im Berufsalltag

Jedem sollte bewusst sein, wie wichtig ein angemessener, der Situation angepasster Umgang mit der Sprache im Berufs- und Privatleben ist. Manchem fällt es allerdings schwer, die der Situation angemessene Sprachvarietät zu wählen.

E-Mails von Studenten: Hallöchen, Herr Professor

von Inge Kutter

Über die Korrespondenz mit ihren Studenten hört man Professoren oft klagen. Beim Öffnen ihrer Mailbox sähen sich Hochschuldozenten mit einem schockierenden Dschungel aus „Pseudo-Anbiederei, Jugendslang und Hybris" konfrontiert, schrieb der Münsteraner Juraprofessor Thomas Hoeren vor einigen Jahren auf Spiegel Online. Studenten übertrügen den ungezwungenen Ton aus Chatrooms eins zu eins in ihre Mails, schimpfte sein Gießener Kollege Martin Gutzeit vergangenes Jahr in der FAS. Jan Seifert, Dozent für Germanistische Linguistik an der Universität Bonn, geht mit den studentischen Corpora Delicti[1] etwas gelassener um: Er hat sie soeben für seine sprachwissenschaftlichen Zwecke analysiert [...].

„Anhand studentischer E-Mails lässt sich hervorragend der Erwerb einer neuen Kommunikationsstufe studieren", erklärt Seifert, der sich vor allem mit Sprachkritik und -reflexion beschäftigt und den unsere sprachlichen Umgangsformen generell stark interessieren. Die E-Mail an den Dozenten sei für Studenten oft eine der ersten Situationen, in der sie offiziell und asymmetrisch – mit einem Höhergestellten – kommunizieren müssten. Dieser Herausforderung seien die wenigsten gewachsen.

„Guten Abend", schrieb einer von Seiferts Studenten. „Haben Sie von meiner Freundin die nachricht bekommen dass mein zug ausgefallen ist? Ich stand grade im wald mit dem ollen ding. Ich hoffe Sie haben mich heute nicht zu sehr vermisst ;) wenn sie brauchen kann ich ihnen einen attest besorgen .. aber eigentlich war ich nicht krank."

Was Seiferts Kollegen als grobe Verletzung jeglicher Höflichkeitsregeln empfinden, wertet der Sprachwissenschaftler als schlichte Unkenntnis sprachlicher Normen. Aus Unwissenheit habe der Student auf den umgangssprachlichen Duktus zurückgegriffen [...].

Dass Studenten Probleme haben, den richtigen Ton zu treffen, liegt allerdings auch daran, dass dieser bislang noch unzureichend definiert ist und bei verschiedenen Adressaten oft ganz unterschiedlich ankommt. So gilt etwa die Anrede „Hallo" dem Duden zufolge als in E-Mails „weit verbreitet" und „weitgehend akzeptiert" – eine Onlinebefragung der Greifswalder Sprachwissenschaftlerin Jana Kiesendahl 2009 ergab aber, dass nur etwas mehr als die Hälfte der Lehrenden diese angemessen fand. [...]

Der Jurist Martin Gutzeit ist da rigoroser. Auf seiner Institutshomepage ist zu lesen: „Wir weisen höflich darauf hin, dass E-Mails, bei denen die Form nicht gewahrt ist (unsäglich: ‚Hi', ‚Hallo', ‚Servus'), nicht beantwortet werden."

www.zeit.de

1 Gegenstand des Verstoßes

4 Untersuchen Sie den Text unter folgenden Gesichtspunkten.

a) Erörtern Sie die Bedeutung der kommunikativen Kompetenz bei offiziellen Sprechanlässen.

b) Beurteilen Sie Ihr sprachliches Potenzial, dieser Bedeutung gerecht werden zu können.

5 Spielen Sie mit den folgenden Sprecherpaaren eine typische Kommunikationssituation, in der Sie versuchen, „den richtigen Ton zu treffen".

- Personalchefin – Bewerber (Vorstellungsgespräch)
- Kundin – Verkäufer (Verkaufsgespräch)
- Lehrerin – Schüler (Schüler fühlt sich ungerecht bewertet)

Sprache als Selbstdarstellung

Der Zusammenhang zwischen der situationsgerechten Sprachbeherrschung und den privaten und beruflichen Möglichkeiten ist unbestritten. Rollengerechtes Sprechen fördert die beruflichen Einstiegs- und Karrieremöglichkeiten. Sprache und Sprachkultur bieten also gute Chancen zur positiven Selbstdarstellung.

Sprache als Visitenkarte

Kleidung, Körper, Gesicht, Frisur, Auto, Wohnung, Büro – an allem arbeiten und feilen wir, weil es als Ausdruck der eigenen Persönlichkeit gesehen wird. Wir glauben, anderen dadurch ein positives Bild von uns vermitteln zu können, weil wir auch selbst andere nach diesen Kriterien beurteilen.

Die Sprache fehlt in dieser Reihe. Sie wird offenkundig nicht oder kaum als Chance zur positiven Selbstdarstellung betrachtet, außer vielleicht in der Jugendsprache, wenn die Verwendung eines gewissen Vokabulars Zugehörigkeit zu einer bestimmten Gruppe und Ich-Stärke signalisieren soll.

Das ist eine Fehleinschätzung. In wenigen Minuten kann sich jemand durch ein Sprechverhalten, das nicht der Rolle und der Situation entspricht, disqualifizieren.

Sprache ist also durchaus eine Visitenkarte der Persönlichkeit. Zuverlässigkeit, Zielstrebigkeit und sicheres Auftreten lassen sich eben nicht demonstrieren, wenn schlechte und phrasenhafte Formulierungen das Gespräch prägen.

Situationsgerechtes Sprechen erfordert Disziplin, weil Grundregeln eingehalten werden müssen. Die Sprache muss für die Kommunikationspartner verständlich sein. Leere, blasse und formelhafte Wendungen, wie sie Politiker gerne verwenden, sind zu meiden. Die Zielgruppe muss unbedingt berücksichtigt werden. Verwenden Sie bekannte und aussagekräftige Wörter! Bevorzugen Sie Verben – und zwar im Aktiv. Wählen Sie bejahende Aussagen statt verneinender. Seien Sie anschaulich in Ihren Vergleichen! Vermeiden Sie Floskeln und Phrasen.

1 Erarbeiten Sie mithilfe dieses Textes folgende Fragestellungen:

a) Warum sollte auch die Sprache als Teil der „Visitenkarte“ gesehen werden?
b) Welche Konsequenzen ergeben sich daraus für die Sprachverwendung?
c) Welche Ratschläge für regelkonformes Sprechen enthält der Text?

2 Formulieren Sie die folgenden Aussagen gemäß den Ratschlägen im Text um.

- Verkäufer zum Kunden:
  „Ein Umtausch kann aufgrund der fehlenden Quittung nicht bewilligt werden.“
- Schüler zum Lehrer:
  „Ich bekomme nie eine gute Zensur von Ihnen. Sie können mich nicht leiden. So macht Schule keinen Spaß.“
- Im Vorstellungsgespräch:
  „Ich hatte halt so die Idee, dass es schon ziemlich interessant sein könnte, hier zu arbeiten.“

Sprachverhalten reflektieren

Phrasen und Worthülsen suggerieren häufig Optimierungsprozesse im beruflichen Alltag.

Weg mit den Worthülsen!

Sprachkompetenz ist im Joballtag oft Mangelware. Doch sie ist die Voraussetzung dafür, Dinge zu verstehen und richtige Entscheidungen zu treffen.

von Ulf D. Posé

Alle sind für Nachhaltigkeit, für eine gute Unternehmenskultur. Klar! Und natürlich sind dabei Werte ganz wichtig. Aber was heißt das eigentlich genau? [...] Was genau ist Nachhaltigkeit? Ist sie sozial, ökonomisch oder ökologisch? Was bedeutet sie konkret für das Unternehmen? Unsere Sprache ist ungenau geworden. Mehr noch: Wir sind sprachinkompetent geworden, denn wir haben vergessen, welche Begriffe den Wörtern zugrunde liegen, mit denen wir um uns werfen.

Wörter und Begriffe sind zwei grundverschiedene Dinge. Kleinkinder kennen noch keine Wörter. Aber von Geburt an sind sie von Begriffen umgeben. [...] Erst ab der Mitte des zweiten Lebensjahres lernen sie die Wörter, mit denen sie die Begriffe bezeichnen können, die sie längst erfasst haben. Anders gesagt: Kinder wachsen zunächst mit Denkzeichen auf, die Sprachzeichen lernen sie erst später.

Worthülsen sind oft Ersatz für verloren gegangene Begriffe

Das Problem: Im Laufe des Lebens lernen wir so viele Sprachzeichen, dass es mühsam und vielen Menschen auch gleichgültig ist, die dazu notwendigen Denkzeichen zu beherrschen. So geben wir uns allzu oft mit Worthülsen zufrieden. Da die Begriffe verloren gegangen sind, suchen wir nach einem Ersatz: unsere Gefühle. Im gleichen Maß, wie Wörter Inhalt verlieren, laden wir sie mit Emotionen und Meinungen auf. Die Folge daraus ist tragisch oder zumindest komisch: Wir wissen nicht mehr, was die Wörter bedeuten, nutzen sie jedoch, um andere zu überzeugen und unser Handeln daraus abzuleiten.

[...] Wir sollten uns viel öfter fragen, ob wir eigentlich wissen, was etwas bedeutet. Das gilt nicht nur für die zahllosen „Business-Buzz-Words", die uns umgeben. [...] Weiß ich zum Beispiel, was Corporate Identity ist, was Corporate Social Responsibility bedeutet, oder habe ich nur ein ungefähres Gefühl dafür? [...]

Im Unternehmen geht Meinung vor Wissen

Wie sich jedoch zeigt, sind viele Menschen an diesen Fragen nicht interessiert. [...] So werden hohle Worte zu Argumenten und Überzeugungen, und wenn sie viele Menschen teilen, schließen wir daraus, dass sie wohl richtig sein müssen. [...]

Das ist mehr als Haarspalterei. Es geht darum, die Sprachkompetenz wiederzuerlangen, die letztlich die Basis ist für die Kompetenz, Dinge zu verstehen und richtige Entscheidungen zu treffen. Ein mühsames Unterfangen, aber es lohnt sich.

www.business-wissen.de

1 **Erarbeiten Sie die folgenden Aufgaben anhand der Textvorlage.**

a) Klären Sie zunächst in Einzelarbeit alle Ihnen unbekannten Begriffe.

b) Definieren Sie den Gegensatz zwischen Sprachkompetenz und Sprachinkompetenz, indem Sie Beispiele aus dem Text anführen.

c) Notieren Sie Ihre Konnotationen (Assoziationen) zum Begriff „Nachhaltigkeit". Markieren Sie alle positiven Konnotationen mit einem +, alle negativen mit einem –.

d) Erörtern Sie auf der Grundlage Ihrer Ergebnisse, aus welchen Gründen „Sprachzeichen" wie Nachhaltigkeit, Corporate Identity usw. die sogenannte Business-Sprache beherrschen und welche Folgen es für den beruflichen Alltag haben könnte, wenn Wörter zu Worthülsen werden.

e) Sammeln Sie ähnliche Begriffe oder Formulierungen und entlarven Sie die Termini als Worthülsen und Verschleierungen.

Erscheinungen des Sprachwandels kennenlernen

Die deutsche Sprache wandelt sich kontinuierlich. Sprachwissenschaftler untersuchen diese Veränderungen anhand von Befragungen und versuchen, Sprachmuster zu identifizieren. Bei Kurzdeutsch handelt es sich um eine solche Entwicklung der deutschen Sprache.

„Kommst du Auto?" – Kurzdeutsch breitet sich weiter aus

Berlin (dpa) – „Kommst du eigentlich nachher mit Kino?" Der Satz, so erzählt es Diana Marossek, brachte das Fass zum Überlaufen. Als jemand der Berliner Sprachwissenschaftlerin diese Frage stellte, fiel ihr auf, wie oft in ihrem Bekanntenkreis eine Sprache verwendet wird, die sie Kurzdeutsch nennt. […]

In der Praxis heißt das: Der Artikel oder die Kombination aus Präposition und Artikel wird weggelassen. Heraus kommen Sätze wie „Ich bin noch Büro" oder „Er hat Tor geschossen". Die Forscherin […] versuchte daher zu ergründen, warum inzwischen so viele in breitestem [Kiezdeutsch] reden. Denn: Den vermeintlichen Fehler machen demnach inzwischen längst nicht mehr nur Migranten, sondern Deutsche aus allen sozialen Schichten. Die Frage ist nur: warum?

„Das liegt auch daran, dass solche Ausdrücke zitiert werden, wenn sich jemand jugendlich geben will", erklärt der Direktor vom Institut für Deutsche Sprache, Ludwig Eichinger. […]

Ein weiterer Faktor seien soziale Medien. „Wenn es stark auf Kürze ankommt, ist die Wahrscheinlichkeit groß, dass solche Strukturen eine Rolle spielen", erklärt er. „Da sind Geschwindigkeit und Zeichenzahl wichtig. Da lässt man weg, was nicht unbedingt nötig ist."

Das hat auch Sprachforscherin Marossek festgestellt. „Es gibt immer eine formelle und eine informelle Sprache", sagt sie. In einem Chat wie bei Facebook und WhatsApp gebe es keine Vorgaben. „Man chattet mit seiner Mutter wie mit seinem Kumpel." Das habe auch dazu beigetragen, dass in bestimmten Situationen selbst Akademiker in einer Art „Ghettoslang" kommunizierten.

Marossek beobachtete inkognito an Berliner Schulen aller Formen die Sprache von Schülern und Lehrern. Sogar im Lehrerzimmer hörte sie Folgendes: „Welches Kino geht ihr denn?" – „Wir gehen Titanium."

Marossek: „Je verbreiteter diese vereinfachte Art zu sprechen unter Jugendlichen ist, desto mehr Einfluss übt sie nach und nach auf Erwachsene […] aus, die beruflich oder anderweitig viel mit ihnen zu tun haben", erklärt sie. […]

Aber wie kam das Phänomen überhaupt auf? „Als Entstehungsfaktor für das Weglassen von Artikeln und Präpositionen sehen sprachwissenschaftliche Studien den Einfluss des Türkischen", erklärt Melanie Kunkel aus der Dudenredaktion. Dort gebe es nämlich keine Artikel oder Präpositionen. Zugleich komme Kurzdeutsch hierzulande auch in regionalen Dialekten vor. „Ich bin auf Arbeit" sei in Berlin beispielsweise schon lange gebräuchlich. Auch „Ich bin in Urlaub" dürften manche kennen.

Mit Blick auf die Verbreitung hält Forscherin Marossek verschiedene Szenarien für möglich: Das Kurzdeutsch verschwindet wieder, es bleibt ein Phänomen einer Generation – oder zumindest Teile davon nisten sich dauerhaft in der Umgangssprache ein. Vor allem letzteres hält die Berlinerin durchaus für wahrscheinlich.

Sorge, dass Lehrer den Kindern die falsche Grammatik beibringen, muss aber niemand haben. […] „Die meisten Menschen, die [Kurzdeutsch] verwenden, sind durchaus in der Lage, situationsabhängig in die Standardsprache zu wechseln."

www.sueddeutsche.de
(Süddeutsche Zeitung, 12.02.2016)

1 Stellen Sie die Merkmale des Kurzdeutschen zusammen.

2 Erläutern Sie, warum Kurzdeutsch von Sprechern aller sozialen Schichten verwendet wird.

3 Analysieren Sie die im Text als Beispiele angeführten Sätze im Hinblick auf die jeweiligen Merkmale des Kurzdeutschen und übertragen Sie die Sätze in die Standardsprache.

Erscheinungen des Sprachwandels kennenlernen

4 Analysieren Sie Ihr eigenes Sprachverhalten und erstellen Sie eine Liste mit den von Ihnen auf Kurzdeutsch formulierten Aussagen.

5 Diskutieren Sie, welcher Sprachvarietät Kurzdeutsch zuzuordnen ist (Dialekt, Umgangssprache, Jugendsprache, Soziolekt).

BASISWISSEN Sprachwandel durch digitale Kommunikation

Kommunikation findet zunehmend im Internet statt. Das passiert z. B. über E-Mails, Chats, aber auch Kurznachrichten oder Kommentare in Sozialen Medien. Die digitale Kommunikation zeichnet sich durch einige bestimmte Merkmale aus, weshalb Sprachforscher davon ausgehen, dass durch digitale Medien ein Sprachwandel hervorgerufen wird.

Die Merkmale digitaler Kommunikation sind unter anderem:

- Plauderton: Die private Alltagssprache wird in Textnachrichten benutzt, z. B. „Ja, so isses".
- Ellipsen: Sätze bleiben unvollständig, z. B. „Bin dabei".
- Veränderungen im Schriftbild: z. B. Großschreibung zur Betonung („HEY!"), Nutzung von Akronymen oder Abkürzungen („lol"), Nutzung von Emojis/Emoticons („ :-) ").

6 Sammeln Sie weitere Merkmale der digitaler Kommunikation.

FAZIT

1.1 Sprachvarietäten erkennen und analysieren
- Alltagssprache, Jugendsprache, Standardsprache
- erkennen, wie Sprachvarietäten in Erscheinung treten

1.2 Fachsprache verstehen und gebrauchen
- Merkmale von Fachsprache kennenlernen
- Fachsprache richtig verwenden

1.3 Einen differenzierten Wortschatz verwenden
- sich situations- und adressatengerecht ausdrücken
- das eigene Sprachverhalten reflektieren

1.4 Erscheinungen des Sprachwandels kennenlernen
- Merkmale des Sprachwandels verstehen

Kapitel 2

Training: Sich schriftlich richtig ausdrücken

2.1
Fehlerquelle: Grammatik

2.2
Fehlerquelle: Zeichensetzung

2.3
Fehlerquelle: Rechtschreibung und Ausdruck

Sprachliche Richtigkeit und Ausdrucksfähigkeit sind auch nach der Schule noch wichtig für Alltag, Studium und Beruf. Dieses Kapitel vermittelt Ihnen grundlegende Kenntnisse zu ausgewählten Fehlerquellen in Grammatik, Zeichensetzung und Rechtschreibung. Es hilft Ihnen dabei, Ihre Texte formal richtig und darüber hinaus stilistisch angemessen zu verfassen.

Kompetenzen

- ✓ Exemplarische Regeln der Grammatik, Rechtschreibung, Zeichensetzung kennen und anwenden
- ✓ Fehlersensibilität entwickeln
- ✓ Stilistisch stimmig formulieren
- ✓ Sprachgebrauch reflektieren

Methoden und Arbeitstechniken

- ✓ Wörterbuch benutzen
- ✓ Karteikarten anlegen
- ✓ Fehlertexte untersuchen
- ✓ Wörterlisten anlegen

Fehlerquelle: Grammatik

Direkte und indirekte Rede

Einige Aufsatzformen und bestimmte Schriftstücke im Berufsalltag verlangen die korrekte Verwendung der indirekten Rede.
Daniel Kehlmanns Roman „Die Vermessung der Welt" beschäftigt sich mit dem Naturforscher Alexander von Humboldt und dem Mathematiker Carl Friedrich Gauß. Die Handlung spielt Ende des 18./Anfang des 19. Jahrhunderts. Im folgenden Textauszug geht es um die Überfahrt Alexander von Humboldts vom spanischen Festland zu den Tropen.

Daniel Kehlmann:
Die Vermessung der Welt (Auszug)

Bis zum Morgen stand er [Humboldt] neben dem Kapitän und beobachtete ihn beim Navigieren. Dann holte er seinen eigenen Sextanten hervor. Gegen Mittag begann er den Kopf zu schütteln. Nachmittags um vier legte er sein Gerät beiseite und fragte den Kapitän, wieso er so unexakt arbeite.

Er mache das seit dreißig Jahren, sagte der Kapitän.

Bei allem Respekt, sagte Humboldt, das erstaune ihn.

Man tue das doch nicht für die Mathematik, sagte der Kapitän, man wolle übers Meer. Man fahre so ungefähr den Breitengrad entlang, und irgendwann sei man da.

Aber wie könne man leben, fragte Humboldt, reizbar geworden im Kampf gegen die Übelkeit, wenn einem Genauigkeit nichts bedeute?

Bestens könne man das, sagte der Kapitän. Dies sei übrigens ein freies Schiff. Falls jemandem etwas nicht passe, dürfe er jederzeit von Bord.

Hier wurde der Dialog zwischen Humboldt und dem Kapitän in die direkte Rede übertragen.

Muster

Nachmittags um vier legte er sein Gerät beiseite und fragte den Kapitän: „Wieso arbeiten Sie so unexakt?"
„Ich mache das seit dreißig Jahren", sagte der Kapitän.
„Bei allem Respekt", sagte Humboldt, „das erstaunt mich."
„Man tut das doch nicht für die Mathematik", sagte der Kapitän, „man will übers Meer. Man fährt so ungefähr den Breitengrad entlang, und irgendwann ist man da."
„Aber wie kann man leben", fragte Humboldt, reizbar geworden im Kampf gegen die Übelkeit, „wenn einem Genauigkeit nichts bedeutet?"
„Bestens kann man das", sagte der Kapitän. „Dies ist übrigens ein freies Schiff. Falls jemandem etwas nicht passt, darf er jederzeit von Bord."

1 Untersuchen Sie die Verwendung und Bildung der indirekten Rede.

a) Vergleichen Sie die beiden Dialoge in Bezug auf die Wirkung beim Leser.

b) Begründen Sie, warum sich die indirekte Rede für den Roman „Die Vermessung der Welt" eignet.

Direkte und indirekte Rede

In dem Roman „Wäldchestag" von Andreas Maier geht es um den Eigenbrötler Sebastian Adomeit, über dessen Vermögen wilde Gerüchte kursieren und der eines Tages tot aufgefunden wird. Der folgende Textauszug gibt ein Gespräch zwischen Adomeit und seiner Schwiegertochter kurz vor seinem Tod wieder.

Andreas Maier: Wäldchestag (Auszug)

Er solle sich nicht so haben, Fenchelsuppe sei gesund, Fenchelsuppe sei sogar gerade für ihn sehr förderlich. Es fördere seine Gesundheit, gerade ihm als Altem tue sie gut. Sie habe sich eigens eine Broschüre bei der Krankenkasse geholt, so, da sehe er, so kümmere sie sich um ihn. Die Krankenkasse mache jetzt sehr viel, was das Informieren angehe, sie betreibe Aufklärung [...]. Das sei ihm völlig gleichgültig, habe Adomeit gesagt, das sei alles Blödsinn. Das kenne man, so sei es doch schon sein ganzes Leben über gewesen. Gestern Lindenblütentee, heute Fenchelsuppe, morgen womöglich Urintherapie. Das helfe alles und nichts. Er sei gesund. Er sei lediglich alt. Sie solle erst einmal so alt werden wie er. Er könne, habe die Schwiegertochter gesagt, aber wirklich auf kein einziges Argument hören. Die von der Kasse [...] seien Spezialisten. Es seien Wissenschaftler, er solle wenigstens einmal diese Broschüre lesen.

2 **Übertragen Sie das Gespräch zwischen Schwiegertochter und Schwiegervater von der indirekten in die direkte Rede.**

BASISWISSEN | Indirekte Rede II

Durch die indirekte Rede gibt ein Sprecher die Aussagen eines Dritten wieder. Dabei wird in erster Linie der Konjunktiv I verwendet. Der Konjunktiv I wird mit dem Stamm des Verbs (Infinitiv ohne *-en*), dem Vokal **e** und der passenden Personalendung gebildet:

Für das Verb *sein* gilt eine Sonderform:

Indikativ Präsens	Konjunktiv I	Indikativ Präsens	Konjunktiv I
ich geh-e	*ich geh-**e***	*ich bin*	*ich sei*
du geh-st	*du geh-**est***	*du bist*	*du sei(e)st*
er/sie geh-t	*er/sie geh-**e***	*er/sie ist*	*er/sie sei*
wir geh-en	*wir geh-**en***	*wir sind*	*wir seien*
ihr geh-t	*ihr geh-**et***	*ihr seid*	*ihr sei(e)t*
sie geh-en	*sie geh-**en***	*sie sind*	*sie seien*

Beim Wechsel von der direkten zur indirekten Rede verändert sich oft das Personalpronomen beziehungsweise das Possessivpronomen, z. B.: *ich* ▸ *er/sie; mein* ▸ *sein/ihr.*

Direkte und indirekte Rede

Im folgenden Artikel werden Meinungen zum Thema Rechtschreibung sowohl in der direkten als auch in der indirekten Rede wiedergegeben.

Generation lässig

von Johann Osel

Jeder Satz des Experten dröhnt wie ein Donnerschlag, so versetzt ihn die Entwicklung in Rage. [...] Alles sei schludrig und knapp formuliert. „Falls einem Narren irgendeine neue orthographische Ungeheuerlichkeit einfällt, die einen Buchstaben erspart, so schreibt er sie sofort hin." Und die Schuld daran? Haben nur die neuen Medien. Die Jugend lese ja stets das Neueste und denke, es handele sich um korrektes Deutsch [...].

Die Tirade stammt von Arthur Schopenhauer, und mit den neuen Medien meinte der Philosoph die Massenpresse, wie sie im 19. Jahrhundert entstand. Hätte Schopenhauer [...] eine Ahnung davon gehabt, wie heute in abermals neuen Medien wie Facebook oder Whats-app fröhlich Privatrechtschreibungen gepflegt werden – der Schrecken hätte ihn schneller ins Grab gebracht, als es im Jahr 1860 eine Lungenentzündung vermochte.

Ist es ein wiederkehrendes Phänomen, dass über den Verfall der Sprache geklagt wird? Oder kann es tatsächlich sein, dass korrekte Schreibung immer weniger zählt, dass gute Orthografie nicht mehr als Konsens der Gesellschaft gilt? [...] Viel geredet, ja gestritten bis aufs Blut, wurde über die neue deutsche Rechtschreibung[1].

[...] Spricht man mit Friedrich Denk[2], so kann er noch immer ausführlich über den Eingriff des Staates zetern. Er sagt aber: „[Die] jahrzehntelange Verwirrung [...] haben wir vorhergesehen. Das viel größere Problem haben wir damals nicht erkannt – das aufkommende Internet, die Computer, an denen vor allem die Jungen ihre Zeit verplempern, statt Bücher oder Zeitungen zu lesen." [...]

Doch ist es wirklich so schlimm? [...] Peter Schlobinski ist ein Pionier bei der Analyse der Sprache im Netz [...]. Bittet man ihn per E-Mail um ein Interview, sagt er blitzschnell zu, sparsam, in einem Satz, etwas unvollständig – „bin erreichbar heute unter ..." Die Form folge oft der Schnelligkeit, sagt der Sprachwissenschaftler, es gelte eben, rasch zu reagieren, vielleicht auf dem Smartphone mit Mini-Tasten, in der Straßenbahn. „Phänomene der Chat-Sprache gleichen einem mündlichen Zuruf, es geht um Sprachökonomie." Das aber hängt vom Publikum ab: Kinder seien in der Lage „das Standardregister zu ziehen, wenn es angebracht ist", etwa in der Schule. [...]

„Unsere Kinder sind keine Rechtschreib-Chaoten", sagt Hans Brügelmann, Erziehungswissenschaftler und Referent im Grundschulverband. [...] Es könne schon sein, dass Rechtschreibung zum Teil schlechter werde. „Schüler schreiben aber immer nur so, wie die Gesellschaft es erwartet." Vor Jahrzehnten sei Akkuratesse im Alltag bedeutsamer gewesen, heute bitte kaum ein Chef die Sekretärin zum Diktat. Man hat Schreibprogramme, verlässt sich auf die Autokorrektur-Funktion [...]

Das Verhältnis zur Rechtschreibung ist anders geworden [...]. Anders, das muss nicht unbedingt schlechter bedeuten. [...] Wenn es um Ernstes geht – Geld und Liebe – wird die Rechtschreibung durchaus geachtet. [...]

(Süddeutsche Zeitung, 01.08.2015)

1 1996 wurde die Rechtschreibung im deutschsprachigen Raum vereinfacht. Nach einer Überarbeitung des Regelwerks wurde die neue Rechtschreibung im Jahr 2006 bundesweit an deutschen Schulen eingeführt.
2 Friedrich Denk: einer der bekanntesten Kritiker der Rechtschreibreform

3 Erklären Sie, warum Johann Osel in seinem Artikel die Expertenmeinungen teils in direkter und teils in indirekter Rede wiedergibt.

Direkte und indirekte Rede

4 Wo wird im Text „Generation lässig" indirekte Rede verwendet? Schreiben Sie alle Verben, die im Konjunktiv I stehen, heraus. Setzen Sie die Verben in den Indikativ.

5 Formulieren Sie die wörtlich zitierten Aussagen in die indirekte Rede um.

Lesen Sie, worauf bei Bewerbungen geachtet werden sollte.

„Wer arrogant wirkt, macht sich unbeliebt"

Interview: Jan Guldner

[...] ZEIT CAMPUS Klappt der Berufseinstieg auch, wenn jemand schlechte Noten hat?

[ANJA] ROBERT Das kommt darauf an, was sonst im Lebenslauf steht. Nur studiert zu haben, ist nie gut. Ein Maschinenbauer mit einem Praktikum im Ausland und einem Studentenjob bei einem renommierten Professor braucht sicher nicht den besten Abschluss, um einen guten Job zu bekommen. Trotzdem sollte man die Note natürlich nicht ganz aus den Augen verlieren. Schwierig wird es, wenn jemand lange studiert hat, ein schlechtes Zeugnis bekommt und weder Auslandsaufenthalte noch Forschungsprojekte oder Praktika vorweisen kann.

ZEIT CAMPUS Also ist der Lebenslauf auch bei begehrten Fachkräften wichtig?

ROBERT Obwohl Informatiker und Ingenieure leichter einen Job finden als andere Absolventen, machen sich freiwilliges Engagement oder wissenschaftliche Mitarbeit an der Uni immer gut. Gerade wenn jemand ein paar Semester länger studiert hat. [...]

ZEIT CAMPUS Braucht man sich dann bei der Bewerbung überhaupt Mühe zu geben?

ROBERT [...] Eine Bewerbung ist immer der erste Arbeitseindruck. Wie sorgfältig jemand seine Bewerbung gestaltet, zeigt, wie ernst er sie nimmt. Viele Bewerber haben eine tolle Ausbildung, und die Unternehmen sind auf sie angewiesen. Aber es wird nicht nur ein Experte gesucht, sondern auch ein Mensch, mit dem man acht Stunden am Tag im Büro verbringen muss. Und nur weil jemand besonders gut programmiert, darf er nicht gleich die ganze Teamdynamik zertrümmern. [...]

www.zeit.de (ZEIT Online, 26.07.2015)

6 Geben Sie die Aussagen von Anja Robert in indirekter Rede wieder.

BASISWISSEN | Konjunktiv: Ersatzformen

Sind die Formen des Indikativs und des Konjunktivs I identisch, steht der Satz im Konjunktiv II. Dabei wird der Konjunktiv II vom Indikativ Präteritum des Verbs abgeleitet (oft mit Umlaut, das heißt dann Wechsel von *a, o, u, au* zu *ä, ö, ü, äu*).

Sie sagen: „Wir fahren jetzt zur Arbeit."

~~Sie sagen, sie fahren jetzt zur Arbeit.~~

Sie sagen, sie führen jetzt zur Arbeit.

Wenn der Konjunktiv II mit den Formen des Indikativ Präteritum identisch ist oder zu ungebräuchlich erscheint, kann der betreffende Satz auch mit einer Form von *würde* formuliert werden: *Sie sagen, sie würden jetzt zur Arbeit fahren.*

Satzglieder

Beim Schreiben oder Überarbeiten von Texten ist es wichtig, die Satzglieder zu kennen, denn nur so können Sie sie in einem Satz umstellen oder auch austauschen, um abwechslungsreich und stilsicher zu formulieren.

BASISWISSEN Subjekt, Prädikat, Objekt, Adverbial

In der Regel unterscheidet man vier Arten von Satzgliedern: Subjekt, Prädikat, Objekt und Adverbial.

Ein Subjekt (Satzgegenstand) gibt es in fast jedem Satz. Es bezeichnet oft den Verursacher, aber auch den Empfänger einer Handlung. Das Subjekt steht im Nominativ und stimmt in Person und Numerus mit dem Prädikat überein. **Beispiele:** *Die Polizei verhaftet**e** den Dieb. Die Polizisten verhaftet**en** den Dieb.*

Ein Prädikat (Satzaussage) enthält immer eine finite Verbform und bezieht sich auf Handlungen, Vorgänge und Zustände. Ein Prädikat kann einteilig oder mehrteilig sein. Bei echt reflexiven Verben wird das Reflexivpronomen als Teil des Prädikats verstanden.

Beispiele: *Die Polizei **verhaftet** den Dieb. Die Polizei **hat** den Bürgern **geholfen.** Sie **gaben sich** Mühe.*

Das Prädikat fordert häufig ein **Objekt.** Man unterscheidet im Deutschen Genitiv-, Dativ-, Akkusativ- und Präpositionalobjekte.

Mithilfe der Frageprobe kann man ermitteln, welche Art des Objekts vorliegt.

Genitivobjekt	*Wessen?*	***Wessen** wurde er angeklagt?* *Er wurde **des Diebstahls** angeklagt.*
Dativobjekt	*Wem?*	***Wem** hilft die Polizei?* *Die Polizei hilft **den Bürgern.***
Akkusativobjekt	*Wen? oder Was?*	***Wen** verhaftet die Polizei?* *Sie verhaftet **den Dieb.***
Präpositionalobjekt	*Worüber? Worauf? Wofür?* …	***Wofür** bedankten sich die Bürger?* *Sie bedankten sich **für die Hilfe.***

Ein Adverbial (adverbiale Bestimmung oder Umstandsbestimmung) liefert zusätzliche Informationen über Ort, Zeit, Grund und die Art und Weise eines Geschehens.

Bei der Bestimmung von Adverbialen hilft die Frageprobe. Hier einige Beispiele:

Lokaladverbiale	*Wo?*	***Wo** verhaftete die Polizei den Dieb?* *Die Polizei verhaftete ihn **in seiner Wohnung.***
Temporaladverbiale	*Wann? Wie lange?* *Bis/Seit wann?*	***Wann** verhaftete die Polizei den Dieb?* *Die Polizei verhaftete ihn **am Abend.***
Kausaladverbiale	*Warum?*	***Warum** hat die Polizei ihn nicht früher verhaftet?* *Die Polizei hat ihn **mangels Beweisen** nicht früher verhaftet.*
Modaladverbiale	*Wie?*	***Wie** hat der Dieb auf die Verhaftung reagiert?* *Der Dieb hat **bestürzt** auf seine Verhaftung reagiert.*

Satzglieder

1 Bestimmen Sie die Satzglieder der folgenden Sätze.
(1) Luisa kaufte sich im Sportladen ein Trikot **für das Fußballspiel.** (2) Ihr Freund spielte **seit Jahren** in einer Fußballmannschaft. (3) Sie hatte **Geld** von ihrer Oma bekommen. (4) Sie hatte **ihrer Oma** beim Einkauf geholfen. (5) Das Fußballspiel fand **am Samstag** bei der gegnerischen Mannschaft statt. (6) Es regnete **an diesem Tag.** (7) Das Spiel fand **trotz des Regens** statt. (8) Luisa feuerte die Mannschaft **in ihrem Trikot** an. (9) Nach dem Spiel umarmte Luisa **ihren Freund**.

2 Satzglieder können an den Satzanfang gestellt werden, um sie hervorzuheben (Inversion). Stellen Sie die Sätze von Aufgabe 1 so um, dass die hervorgehobenen Wörter betont werden.
Beispiel: *Für das Fußballspiel kaufte sich Luisa im Sportladen ein Trikot.*

Beim Schreiben von Texten können Sie Attribute verwenden, um Satzglieder näher zu bestimmen und zu erweitern. Auf diese Weise können Sie Ihre Texte inhaltlich präzisieren.

BASISWISSEN | Das Attribut als Satzgliedteil

Attribute (Beifügungen) sind Teile von Satzgliedern, keine eigenständigen Satzglieder. Sie stehen vor oder hinter ihren Bezugswörtern, auch wenn man den Satz umstellt. Attribute können Sie mit der Frage „Was für eine/einer/ein ...?“ ermitteln. Sie kommen unter anderem vor als:

Adjektivattribut	*Der **clevere** Azubi arbeitet fleißig. (Adjektiv)* *Der **leitende** Angestellte ist nett. (adjektivisch gebrauchtes Partizip)*
Genitivattribut	*Der Chef **des Autohauses** stellt Azubis ein. (Substantiv im Genitiv)*
Präpositionales Attribut	*Die Freude **über den Ausbildungsvertrag** war riesig.*
Infinitivattribut	*Seine Freiräume **zu entscheiden** sind begrenzt.*
Apposition	*Kai, **der andere Azubi,** arbeitet in meiner Abteilung.*
Adverbien	*Der Azubi **hier** arbeitet gut im Team.*
Pronomen	*Wir sind alle zufrieden in **unserer** Firma.*
Numerale	*Der Chef ist **drei** Wochen verreist.*

3 Bestimmen Sie in den folgenden Sätzen die Satzglieder. Benennen Sie die Attribute.
(1) Herr Mayer, ein neuer Lehrer, unternahm am vergangenen Freitag mit der Klasse 12 einen Ausflug nach München. (2) Die Klasse wollte die neue Ausstellung des Technikmuseums besuchen. (3) Die 20 Schüler betrachteten die außergewöhnlichen Kunstwerke in den Vitrinen. (4) Die Begeisterung über die Ausstellung wurde jedoch getrübt. (5) Ein Schüler der Klasse hatte seine Geldbörse verloren. (6) Die Chance, sie wiederzufinden, war gering. (7) Außerdem beschuldigte der Schaffner die müde Klasse auf dem Nachhauseweg des Schwarzfahrens.

4 Ergänzen Sie die Sätze aus Aufgabe 1 durch passende Attribute.
Beispiel: *(1) Luisa kaufte sich im **teuren** Sportladen ein **neues** Trikot für das Fußballspiel **ihres Freundes.***

Satzglieder

Das Umstellen von Satzgliedern verleiht einem Text mehr Abwechslung.

Zwei Schüler	beobachteten	einen Mann	gestern Nacht.
Er	trug	einen Rucksack.	
Er	hielt		vor einem Juwelier.
Er	schaute		in alle Richtungen.
Er	öffnete	die Ladentür.	
Die Schüler	informierten	die Polizei.	
Der Dieb	stahl	mehrere Colliers.	
Die Polizei	stellte	ihn	vor Ort.

5 Bestimmen Sie die Satzglieder der obigen Sätze.

6 Aus welchem Grund wirkt die Meldung stilistisch mangelhaft?

7 Schreiben Sie eine Zeitungsmeldung. Variieren Sie die Satzgliedfolge, um die stilistische Qualität des Textes zu verbessern. Ergänzen Sie auch Konjunktionen und textstrukturierende Wörter.

Satzglieder können auch in Form von Nebensätzen verwendet werden.

Spielregeln für Konferenzen

1. Im Gespräch mit anderen sollten Sie Killerphrasen vermeiden.
1. *Während Sie mit anderen sprechen, sollten Sie Killerphrasen vermeiden.*
2. Pünktlichkeit sollte selbstverständlich sein.
2. *…*
3. Sachlichkeit trägt zu einer entspannten Arbeitsatmosphäre bei.
3. *…*
4. Mit einer guten Vorbereitung gelingt die Konferenz.
4. *…*
5. Störungen sollten vermieden werden.
5. *…*
6. Achten Sie bei der Präsentation auf Übersichtlichkeit.
6. *…*

8 Formen Sie die Sätze nach dem obigen Beispiel 1 um. Welche stilistischen Unterschiede stellen Sie fest?

Satzglieder

Das Anschreiben ist ein wichtiger Teil der Bewerbungsmappe: Anhand dieses Briefes verschafft sich der zukünftige Arbeitgeber einen ersten Eindruck vom Bewerber. Daher sollte er verständlich und ansprechend formuliert sein. Eine gute Kenntnis der Funktion von Satzgliedern kann Ihnen bei der Überarbeitung von Anschreiben helfen.

In diesem Beispiel für ein Bewerbungsanschreiben sind Fehler enthalten.

Muster

Sehr geehrte Frau Kraft,

mein Interesse haben Ihre Stellenanzeige auf Ausbildung.de und die dort beschriebenen Tätigkeits- und Lernbereiche geweckt. Ich bewerbe mich hiermit in Ihrem Unternehmen um ein duales Studium Accounting und Controlling.

Bei einem führenden Sportartikelhersteller eine fundierte kaufmännische Ausbildung zu erhalten und gleichzeitig ein Studium der Wirtschaftswissenschaften an der Fachhochschule absolvieren zu können, finde ich äußerst erstrebenswert und herausfordernd. Als optimalen Grundstein erachte ich die Verbindung für meinen zukünftigen beruflichen Werdegang von Praxisnähe und wissenschaftlicher Qualifikation.

Die Berufliche Oberschule XY besuche ich derzeit in München, die ich im Juni 20xx mit der allgemeinen Fachhochschulreife voraussichtlich abschließen werde. Ein kaufmännisches Praktikum im Rahmen meiner schulischen Ausbildung habe ich bereits absolviert und konnte dort in verschiedenen Bereichen erste Erfahrungen in der Betriebswirtschaftslehre sammeln. Besonders interessieren mich das internationale Rechnungswesen und das internationale Steuerrecht seitdem.

Aufgrund meines zweisprachigen Elternhauses spreche ich fließend Englisch. Ich könnte mir gut vorstellen, tätig zu sein auch für Ihr Unternehmen im Ausland.

Dass ich besonders teamorientiert und kontaktfreudig bin, habe ich unter Beweis stellen können bei einem Austauschprojekt unserer Schule.

Ich freue mich darauf, Ihnen für das duale Studium meine Motivation näherbringen zu können in einem persönlichen Gespräch.

Mit freundlichen Grüßen

Max Schnell

9 **Korrigieren Sie das Bewerbungsanschreiben. Nehmen Sie das Basiswissen zu Hilfe.**

a) Bestimmen Sie die Satzglieder.

b) Wo stimmt die Satzgliedfolge nicht? Stellen Sie – wo nötig – die Sätze um, sodass diese verständlich werden.

c) Untersuchen Sie, an welcher Stelle der von Ihnen veränderten Satzgliedfolgen das Verb steht. Gibt es Unterschiede zwischen Haupt- und Nebensätzen?

d) Untersuchen Sie, an welchen Stellen die fehlerhafte Satzgliedfolge den Inhalt des Textes verfälscht.

e) Finden Sie im Text Attribute und ihre Bezugswörter. Verschieben Sie die Attribute mit ihren Bezugswörtern in den Sätzen.

Satzgefüge

Durch die Verwendung verschiedener Nebensätze kann die Bedeutung einer Aussage unterschiedlich akzentuiert werden:

- **Als liberale Nachrichtenmedien die Kandidatin angriffen,** wurde ihnen von den konservativen Gegenmedien tendenziöse Berichterstattung vorgeworfen.
- **Weil liberale Nachrichtenmedien die Kandidatin angriffen,** wurde ihnen von den konservativen Gegenmedien tendenziöse Berichterstattung vorgeworfen.
- **Wenn liberale Nachrichtenmedien die Kandidatin angreifen,** wird ihnen von den konservativen Gegenmedien tendenziöse Berichterstattung vorgeworfen.
- **Obwohl liberale Nachrichtenmedien die Kandidatin nicht angriffen,** wurde ihnen von den konservativen Gegenmedien tendenziöse Berichterstattung vorgeworfen.
- Liberale Nachrichtenmedien griffen die Kandidatin an, **sodass ihnen von den konservativen Gegenmedien tendenziöse Berichterstattung vorgeworfen wurde.**
- Liberale Nachrichtenmedien griffen die Kandidatin an, **indem sie Details aus deren Privatleben offenlegten.**

1 Untersuchen Sie die Funktion von Adverbialsätzen.

a) Erläutern Sie die unterschiedlichen Satzaussagen, die mithilfe der jeweiligen Nebensätze gemacht werden.

b) Wie fragen Sie nach den jeweiligen Nebensätzen?

2 **Ergänzen Sie die folgenden Satzaussagen jeweils durch Nebensätze wie im Beispiel oben. Bei manchen Konjunktionen müssen Sie die Satzaussagen abwandeln.**

(1) *In vielen Familien müssen beide Elternteile arbeiten.*

(2) *Die Ganztagsschulen werden bundesweit ausgebaut.*

Verwendet man die falschen Konjunktionen, schleichen sich logische Fehler ein, wie folgende Meldungen im Newsticker zeigen.

Obwohl die Wirtschaftsdaten schlecht sind, schauen die Wirtschaftsweisen pessimistisch in die Zukunft. +++ Die OPEC kündigt an, ihre Fördermenge zu drosseln, weil der Ölpreis steigt. +++ Die EU-Kommission hat ihre Konjunkturerwartungen nach unten geschraubt, obwohl die Turbulenzen auf den internationalen Finanzmärkten anhalten. +++ Die Finanzkrise hält die Börse weiter im Griff, weil das Ende der Krise in Sicht ist. +++ Titel des Chemie-Spezialisten profitieren vom Boom in der Solarindustrie, indem Analysten mit Kursgewinnen rechnen. +++ Rohöl hat sich in diesem Jahr massiv verteuert, wo der Ölpreis gleich in den ersten Handelstagen des Jahres die Marke von 100 Dollar nach oben durchbrach.

3 Lesen Sie die Meldungen gründlich und ersetzen Sie die falschen Konjunktionen durch die passenden.

Satzgefüge

Wirbelstürme am Mittelmeer? Bei einer Klimaerwärmung halten Forscher dieses Szenario für möglich.

In den Tropen beziehen die Stürme ihre Energie aus erhitztem Meerwasser. Die feuchtwarme Luft steigt auf. Wolken bilden sich. Die Erddrehung zwingt die aufsteigenden Wolken in eine Kreisbewegung. Das Zentrum dieses Wirbels saugt immer mehr Luft an. Die Luftmassen wirbeln mit mehr als 200 Kilometern pro Stunde. Das Mittelmeer ist noch zu kühl. Dort konnten lange keine Hurrikane entstehen. Das Klima erwärmt sich zusehends. In Südeuropa und Nordafrika könnten Hurrikane aufziehen. Tausende Küstenstädte und Ferienregionen wären bedroht.

4 **Verbessern Sie den Stil und die Verständlichkeit des Textes, indem Sie verschiedene Aussagen durch die Verwendung von Adverbialsätzen miteinander verknüpfen.**

BASISWISSEN Satzgefüge I

Satzgefüge bestehen aus mindestens einem **Hauptsatz** und einem **Nebensatz.** Ein Nebensatz weist folgende Merkmale auf: Er beinhaltet ein Subjekt, der finite Teil des Prädikats steht meistens am Ende, Konjunktionen (bei Adverbialsätzen) beziehungsweise Relativpronomen (bei Relativ- und Attributsätzen, z. B. Der Mann, **der laut lachte,** sprang auf.) leiten ihn ein und er ist immer vom Hauptsatz abhängig. Nebensätze werden mit Komma abgetrennt.

Beim Verfassen von Texten ist es wichtig, sich sprachlich differenziert auszudrücken. Mit Satzgefügen kann man Sinnzusammenhänge präzisieren: Der Nebensatz führt eine Aussage aus dem Hauptsatz genauer aus. Dabei ist auf die Zeitform der Verben im Nebensatz besonders zu achten, denn hier zeigt sich die zeitliche Relation zum Hauptsatz (z. B. Hauptsatz im Präteritum, Nebensatz im Plusquamperfekt: *Er fuhr los, nachdem er gepackt hatte.*).

Adverbialsatz

Temporal	Zeit	*als, bevor, ehe, bis, nachdem, seitdem, sobald, solange, sooft, während, wenn ...*
Konzessiv	Einräumung	*obgleich, obwohl, obschon, obzwar, trotzdem, wiewohl, wenn – auch, so – auch ...*
Lokal	Ort	*wo, wohin, woher ...*
Final	Zweck/Ziel	*dass, damit, auf dass*
Konditional	Bedingung	*wenn, falls, im Falle dass, vorausgesetzt dass ...*
Kausal	Grund/Ursache	*weil, da, zumal*
Konsekutiv	Folge	*dass, als dass, sodass (häufig mit so, solch, zu, allzu im übergeordneten Satz)*
Modal	Art und Weise	*indem, als, als ob, als wenn, wenn, außer dass, dadurch dass, ohne dass ...*

Man unterscheidet grundsätzlich zwischen Satzgefüge (Hypotaxe) und Satzreihe (Parataxe).

Satzgefüge

In einem Bewerbungsgespräch können Sie nicht nur mit richtigen, sondern auch mit stilistisch guten Antworten punkten.

Wieso glauben Sie, die richtige Person für diese Stelle zu sein?
sehr gutes Abschlusszeugnis – persönliches Ziel: gute Ausbildung (kausal, final)

Was hat Ihre Berufswahl beeinflusst?
Praktikum in diesem Bereich – Neigung und Eignung für diesen Beruf (konsekutiv)

Welcher Arbeitsbereich gefällt Ihnen besonders?
alle Bereiche interessant – besonderes Interesse an Entwicklung (konzessiv)

Sind Sie ortsgebunden?
bei fester Anstellung – Umzug denkbar (konditional)

5 Formulieren Sie die möglichen Antworten unter Verwendung der in Klammern angegebenen Nebensatzarten aus.

Auch für ein erfolgreiches Verhandlungsergebnis kann der souveräne Umgang mit Adverbialsätzen hilfreich sein.

Situation

Sie verhandeln mit Ihrem Vermieter über die Rückzahlung Ihrer Kaution und von Ihnen zu leistende Reparaturarbeiten. Vor einer gerichtlichen Auseinandersetzung haben Sie keine Angst, da Ihre Rechtsschutzversicherung alle Kosten übernimmt. Dennoch möchten Sie lieber eine gütliche Einigung, um ein langes Gerichtsverfahren zu vermeiden. Sie sind bereit, kleine Kompromisse zu machen. Ihrem Vermieter gegenüber verdeutlichen Sie aber zunächst, dass Sie nicht verhandlungsbereit sind. Nun liegt es bei ihm, Ihnen akzeptable Vorschläge zu unterbreiten.

6 Formulieren Sie den Gesprächsverlauf und verwenden Sie dabei möglichst viele Satzgefüge mit Adverbialsätzen. Tauschen Sie Ihre Ergebnisse aus und vergleichen Sie die Wirksamkeit dieser sprachlichen Mittel.

BASISWISSEN | Satzgefüge II

Von **finalen Adverbialsätzen** unterscheidet man die **Objekt- bzw. Subjektsätze,** die ebenfalls mit *dass* oder *damit* eingeleitet werden. Es handelt sich um notwendige Nebensätze, die meist nach Verben des Begehrens, des Sagens oder Meinens stehen. Im Gegensatz zu finalen Adverbialsätzen können diese nicht weggelassen werden.
Beispiel: *Ich möchte, dass du aufräumst.*

Der dass-Satz kann dabei das Subjekt *(Es ist gut, dass du kommst.)* oder das Objekt *(Ich wünsche mir, dass es regnet.)* sein.

Sogenannte **Infinitivkonstruktionen** können ebenfalls die Funktion eines Nebensatzes haben und werden dann mit Komma abgetrennt. Infinitivkonstruktionen können mit *um, ohne, außer, statt* oder *als* eingeleitet werden.
Beispiele: *Ich hasse es, für alle zu kochen. Ohne zu zögern, sprang sie hinterher.*

Fehlerquelle: Zeichensetzung
Kommasetzung vor „das" oder „dass"

Durch die Kommasetzung können sich unterschiedliche Aussagen eines Satzes ergeben. Deshalb lohnt es sich, gerade hierauf beim Schreiben besonders zu achten. Für die richtige Kommasetzung müssen Sie nicht nur die Kommaregeln kennen, sondern Sie brauchen auch grammatisches Wissen, um diese Regeln anwenden zu können.

(1) ■ Kolumbus Amerika entdeckt hat ■ weiß heute jedes Kind.

(2) Nur Kolumbus selbst hat zu Lebzeiten nie erfahren ■ er auf seinen Reisen nach Westen einen neuen Kontinent gefunden hat.

(3) Er glaubte bis zu seinem Tode ■ dieses Land auf ■ er in Richtung Westen stieß Indien sein müsse.

(4) Ruhm und Reichtum blieben ihm versagt so ■ er völlig verarmt starb.

(5) Woher kommt aber der Name Amerika? Die Ehre der Benennung wurde Amerigo Vespucci zuteil.

(6) Er gelangte nämlich auf seinen Entdeckungsreisen nach Südamerika. Eigentlich war es ■ heutige Venezuela ■ seine Reisebegleiter nach ihm benannten: Amerika.

(7) Heute ist bekannt ■ etwa 31 Jahre später ein holländischer Geograf in seiner neuen Weltkarte die gesamte westliche Hemisphäre als „Amerika" bezeichnete.

1 **Übertragen Sie den Text in Ihr Heft. Schreiben Sie „das" oder „dass" in die Lücken und setzen Sie die fehlenden Kommas ein.**

BASISWISSEN „das" oder „dass"

Mit der Ersatzprobe können Sie feststellen, ob Sie *das* oder *dass* verwenden müssen.

Das **Relativpronomen** *das* kann durch *welches* ersetzt werden.

Ich lese das Buch, ***das*** *du mir geschenkt hast.*
Ich lese das Buch, ***welches*** *du mir geschenkt hast.*

Das Gremium, ***das*** *bis in die späten Abendstunden getagt hat, verkündet heute seine Entscheidung.*
Das Gremium, ***welches*** *bis in die späten Abendstunden getagt hat, verkündet heute seine Entscheidung.*

Der Nebensatz ist ein Relativsatz, das Relativpronomen *das* bezieht sich auf *das Buch.*

Die **Konjunktion** *dass* kann **nicht** durch *welches* ersetzt werden.

Ich glaube, ***dass*** *dir das Buch gefallen wird.*
~~*Ich glaube, welches dir das Buch gefallen wird.*~~

Ich glaube, ***dass*** *das Gremium eine vernünftige Entscheidung treffen wird.*
~~*Ich glaube, welches das Gremium eine vernünftige Entscheidung treffen wird.*~~

Kommasetzung

Der folgende Text informiert über das Volk der Maya.

(1) Es war ein Riesenreich das sie bevölkerten denn es reichte von Mexiko über Honduras bis nach Guatemala.
(2) Die Rede ist von den Mayas den Herrschern des Regenwaldes.
(3) Es gab kein Volk im antiken Amerika das so hoch entwickelt war wie dieses.
(4) Davon zeugen imposante Pyramiden eine voll ausgebildete Schrift Observatorien und eine gut entwickelte Landwirtschaft.
(5) Die Maya-Kultur erlebte etwa um 600 n. Chr. ihren Höhepunkt als sich Metropolen mit Zehntausenden Einwohnern entwickelten.
(6) Die Bauern ernährten mit Mais der sehr reichlich geerntet wurde die Oberen und einen wohlhabenden Mittelstand.
(7) Die Könige die als gottgleiche Wesen verehrt wurden regierten die Städte.
(8) Aber irgendwann scheint das Volk das Vertrauen in diese Herrscher verloren zu haben denn die Mayas verließen mehr und mehr die Städte um auf dem Land zu überleben.
(9) Eine Vielzahl unbekannter Faktoren Wissenschaftler vermuten verheerende Dürren Überbevölkerung oder Kleinkriege muss zu dem Verfall geführt haben der nach 950 n. Chr. nicht mehr aufgehalten werden konnte.
(10) Es entstanden viele Kleinstaaten aber kein Staat war stark genug um Ordnung zu schaffen wie einst die Mayas.
(11) Die Herrscher verschanzten sich hinter immer größerem Luxus und das hungernde Volk zog sich in die Berge zurück sodass die Städte mehr und mehr zerfielen.
(12) Sie wurden vom Tropenwald überwuchert gerieten für Jahrhunderte in Vergessenheit und wurden erst im Laufe des 19. Jahrhunderts wiederentdeckt.

2 **Schreiben Sie den Text in Ihr Heft, setzen Sie alle fehlenden Kommas und begründen Sie Ihre Entscheidungen mit den Regeln des Basiswissens.**

BASISWISSEN Kommasetzung

Die häufigsten Kommafehler können Sie schon vermeiden, wenn Sie nur folgende Regeln kennen und beachten:

Kommas
- stehen bei Aufzählungen.
- stehen bei entgegensetzenden oder einschränkenden Konjunktionen, z. B. *aber, sondern, doch, jedoch, obwohl.*
- trennen Haupt- und Nebensatz. Eingeschobene Nebensätze werden von Kommas eingeschlossen.
- müssen bei Infinitivkonstruktionen (bestehend aus einem Infinitiv mit „zu" und mindestens einem weiteren Wort) meistens gesetzt werden. Ausnahmen sind beispielsweise Infinitivgruppen, die von einem Hilfsverb oder von *brauchen, pflegen* oder *scheinen* abhängig sind.

Kein Komma
- steht, wenn gleichrangige Teilsätze, Wortgruppen oder Wörter verbunden werden, z. B. mit *und, oder, sowie, beziehungsweise.* Dies gilt auch für Ausdrücke wie *entweder … oder, sowohl … als auch, weder … noch.*
- steht bei Vergleichen mit *wie* oder *als,* wenn nur Wörter oder Wortgruppen in den Vergleich einbezogen sind, also durch *wie* oder *als* kein Nebensatz eingeleitet wird.

Fehlerquelle: Rechtschreibung und Ausdruck

Die s-Schreibung

Damit Ihre Texte von den Lesern verstanden und ernst genommen werden, ist es wichtig, korrekt zu schreiben. Das gilt für Texte, die Sie im Rahmen des Schulalltags schreiben, beispielsweise Aufsätze oder Praktikumsberichte, aber auch für Bewerbungen und andere Geschäftsbriefe.
Einige Bereiche der Rechtschreibung sind besonders fehlerträchtig. Auf den folgenden Seiten können Sie diese noch einmal trainieren.

BASISWISSEN | Die s-Schreibung

Bei der s-Schreibung unterscheidet man zwischen stimmhaftem und stimmlosem s-Laut:

- Wörter mit stimmhaftem s-Laut werden mit einem einfachen *s* geschrieben, z. B. *Na**s**e, Mei**s**e, Rie**s**e.*
- Die Schreibung von Wörtern mit stimmlosem s-Laut ist wie folgt geregelt:
  - Steht vor dem stimmlosen s-Laut ein kurzer Vokal, wird ss geschrieben, z. B. *Me**ss**e, Flu**ss**, Ka**ss**e.*
  - Steht vor dem stimmlosen s-Laut ein langer Vokal oder ein Diphthong (Doppellaut wie z. B. *ei* oder *au*), wird häufig *ß* geschrieben, z. B. *Gru**ß**, Gro**ß**vater, Gie**ß**kanne; schwei**ß**en, drau**ß**en.*

Achtung, einige Wörter werden mit einem einfachen s geschrieben, obwohl ein langer Vokal oder Doppellaut vor dem s-Laut steht. Bei ihnen hört man den stimmhaften s-Laut nur im Plural, z. B. *Glas – Gläser, Haus – Häuser.*

1 **Ergänzen Sie weitere Wörter nach folgenden Mustern:**
-**eis**-: r**eis**en, Kr**eis** ...
-**üss**-: m**üss**en, N**üss**e ...
-**aß**-: M**aß**, fr**aß** ...

Bei einigen Verbformen ändert sich beim Wechsel der Zeitformen der Stammvokal und entsprechend auch der s-Laut. Das müssen Sie beachten, wenn Sie Verben konjugieren.

Infinitiv	3. Person Singular Präsens	3. Person Singular Präteritum	3. Person Plural Perfekt
beschließen	er beschließt	sie beschloss	sie haben beschlossen

2 **Übernehmen Sie die Tabelle in Ihr Heft, notieren Sie die richtigen Verbformen der folgenden Verben in die entsprechenden Spalten und erklären Sie mithilfe des Basiswissens, weshalb sich der s-Laut verändert.**
zerreißen • gießen • schmeißen • genießen • vergessen

3 **Schreiben Sie den Lückentext ab und ergänzen Sie die richtigen s-Laute (s, ss oder ß).**

Praktikum in einer Gie■erei

Der erste Tag meines Praktikums in der Gie■erei „Müller-Gu■" begann um sieben Uhr. Am Vormittag half ich bei der Überwachung der Verflü■igung von Gu■ei■en. Dabei hatte ich Gelegenheit zu sehen, wie Lufteinschlü■e entfernt werden. Die hei■e, flü■ige Ma■e wurde dann automatisch zur Gie■station befördert. Am Nachmittag kontrollierte ich die Gu■teile, ob keine Ri■e, Ga■bla■en oder Hohlräume entstanden waren. Das ist wichtig, denn alles mu■ genau pa■en. Anschlie■end bearbeitete ich die gego■enen Teile.

Getrennt- und Zusammenschreibung

Informieren Sie sich über die wichtigsten Regeln der Getrennt- und Zusammenschreibung.

BASISWISSEN	Getrennt- und Zusammenschreibung
Getrennt schreibt man in der Regel:	
Wortgruppen mit dem Verb ***sein***	*froh sein, zusammen sein*
die meisten Wortgruppen aus **Verb + Verb** und **Partizip + Verb**	*arbeiten gehen, getrennt schreiben*
die meisten Wortgruppen aus **Nomen + Verb**	*Auto fahren, Praktikum absolvieren*
Wortgruppen aus **Adjektiv + Verb,** wenn die Verbindungen wörtlich verstanden werden	*falsch machen, geheim halten, gesund werden*
Wortgruppen aus **Adverb + Verb,** wenn der Hauptakzent auf dem Verb liegt	*dabei stehen, zusammen gehen, miteinander reden*
Zusammen schreibt man unter anderem:	
Zusammensetzungen aus **Nomen + Adjektiv/Partizip,** wenn die Verbindung für eine Wortgruppe steht, von der ein Artikel oder eine Präposition eingespart wird	*lebensfremd (dem Leben fremd), angsterfüllt (von Angst erfüllt)*
Zusammensetzungen aus **Adjektiv + Adjektiv,** wenn der erste Teil die Bedeutung des Wortes verstärkt oder abschwächt	*hellblau, lauwarm*
Verbindungen aus **Adjektiv + Verb,** die man nur im übertragenen Sinn verstehen kann	*falschspielen (betrügen), klarmachen (etwas verdeutlichen)*
Verbindungen aus **Adverb + Verb,** wenn der Hauptakzent nicht auf dem Verb liegt	*hierbleiben, sich querstellen, rückwärtsgehen, vorwärtslaufen*
Verbindungen aus **Präposition + Verb,** wenn der Hauptakzent nicht auf dem Verb liegt	*zwischenlagern, durcharbeiten, entlanglaufen*
trennbar zusammengesetzte Verben, deren erster Bestandteil kaum noch als Nomen erkennbar ist	*leidtun, teilnehmen, standhalten, kopfstehen, nottun*

1 Schreiben Sie die folgenden Sätze in der richtigen Schreibung in Ihr Heft.

(1) Mein Vater erzählt mir oft von seiner super/schweren Kindheit. (2) Der Unterricht habe damals viel zeitiger statt/gefunden als heute. (3) Außerdem seien die Kinder noch angst/erfüllt zur Schule gegangen. (4) Er meint, die Schüler mussten von früh bis spät durch/arbeiten. (5) Und wenn jemand etwas falsch/machte, sei er schwer/bestraft worden. (6) Er meint, er habe keine Freizeit gehabt, denn nach der Schule musste er Klavier/spielen und aufräumen/helfen. (7) Mein Vater hat natürlich bei seinen Erzählungen klar/machen, dass er sich damals gegen alles und jeden quer/gestellt hat. (8) Meine Oma hat mir erzählt, er habe ständig mit seinen Freunden zusammen/gehockt und Streiche ausgeheckt. (9) Sie meinte, mein Vater könne froh/sein, dass er so brave Kinder hat.

Groß- und Kleinschreibung

Nomen bezeichnen Personen, Lebewesen, Gegenstände und abstrakte Begriffe. Etwa 60 Prozent aller deutschen Wörter sind Nomen; sie bilden damit die am häufigsten auftretende Wortart und sie werden immer großgeschrieben.

BASISWISSEN Das Nomen (Substantiv)

Das Nomen (Plural Nomen oder Nomina) wird immer großgeschrieben. Es wird bestimmt durch **Genus** (grammatisches Geschlecht), **Numerus** (grammatische Zahl) und **Kasus** (grammatischer Fall).

Das **Genus** (Plural Genera) eines Nomens erkennt man an dem Artikel:

- **Femininum** – z. B. *die/eine Nase;* **Maskulinum** – z. B. *der/ein Baum;* **Neutrum** – z. B. *das/ein Haus*

Nomen (Substantive) haben in der Regel einen **Numerus** (Plural Numeri):

- **Singular** – z. B. *die Nase, der Baum, das Haus;* **Plural** – z. B. *die Nasen, die Bäume, die Häuser*

In der deutschen Sprache gibt es vier **Kasus** (Singular Kasus), die man durch Fragen ermitteln kann:

- **Nominativ** – Wer? oder Was? z. B.: *Wer hat ein Handy gefunden? – **Der Junge** hat es gefunden.*
- **Genitiv** – Wessen? z. B.: *Wessen Handy hat er gefunden? – Er hat das Handy **des Lehrers** gefunden.*
- **Dativ** – Wem? z. B.: *Wem gehört das Handy? – Es gehört **dem Lehrer.***
- **Akkusativ** – Wen? oder Was? z. B.: *Wen hat der Lehrer belohnt? – Er hat **den Jungen** belohnt.*

Viele junge Leute wünschen sich eine eigene Wohnung. Doch es ist gar nicht so leicht, ein geeignetes Domizil zu finden. Bei der einen Wohnung ist der Mietpreis zu hoch, bei einer anderen gibt es nur einen Kohleofen und die nächste Wohnung befindet sich im sechsten Stock in einem Haus ohne Fahrstuhl.

Hat man dann endlich etwas gefunden, gehen die Strapazen erst richtig los. Es müssen ein Umzugsauto und Helfer organisiert werden. Die Anmeldung der Strom- und ggf. Gas-, Telefon- und Internetversorgung muss rechtzeitig erledigt werden. Die neue Adresse muss der Krankenkasse, der Bank, den Versicherungen, dem Handyanbieter, dem Einwohnermeldeamt, dem Arbeitgeber und bzw. oder der Schule mitgeteilt werden. Die Nerven liegen schließlich blank. Doch alle Kosten und Mühen sind dann spätestens bei einer Einweihungsparty vergessen.

1 **Schreiben Sie die Nomen (Substantive) aus dem Text heraus. Bestimmen Sie deren Genus, Numerus und Kasus.**

Das Schreiben eines Briefes ist für viele Jugendliche ein Problem. Die Kommunikation unter den Jugendlichen findet meistens unter Verwendung ihrer Mobiltelefone statt. Für ältere Leute ist die Handhabung eines Mobiltelefons oft mit Schwierigkeiten behaftet. Schon die Inbetriebnahme ist für sie ein Hindernis.

2 **Der kurze Text ist im Nominalstil verfasst. Wie wirken diese Sätze auf Sie? Schreiben Sie die Sätze um, indem Sie einige Nomen (Substantive) durch andere Wörter ersetzen.**
Beispiel: *Einen Brief zu schreiben ist für viele Jugendliche problematisch.*

Groß- und Kleinschreibung

Mit Adjektiven drückt man aus, wie jemand oder etwas ist, wie etwas vor sich geht oder geschieht. Mit den passenden Adjektiven kann man in einem Text Anschaulichkeit vermitteln. Adjektive werden kleingeschrieben.

BASISWISSEN Das Adjektiv

Die meisten Adjektive lassen sich – wie Nomen – nach **Kasus, Numerus** und **Genus** verändern.
- z. B. *die neue Hose, die neuen Pullover, des neuen Hemdes*

Adjektive können – bis auf einige Ausnahmen wie *tot* – gesteigert werden. Das nennt man Komparation.
- **Positiv (Grundstufe):** *Toni ist jung.* **Komparativ:** *Anne ist jüng**er** als Toni.* **Superlativ:** *Ben ist am jüng**st**en.*

Ausnahmen: Bei einigen Adjektiven wird für die Bildung des Komparativs und des Superlativs ein anderer Wortstamm als für die Grundstufe gebraucht, z. B. *viel – mehr – am meisten; gut – besser – am besten.*

Einige Schüler haben sich im Rahmen eines Schreibwettbewerbs Geschichten ausgedacht.

(A) *Für mein Date mit Daniel hatte ich mir meine neue Hose angezogen und mir einen neuen Haarschnitt verpassen lassen. Ich sah gut aus und drehte mich vor der Scheibe des neuen Comicbuchladens, vor dem wir uns treffen wollten. Daniel war cool und sah gut aus. Er hatte ein neues Auto und einen guten Job. Doch leider wusste er nur zu gut, dass er gut aussah …*

3 Welche Adjektive würden Sie in Textauszug A ersetzen? Schreiben Sie den Auszug um.

4 Lesen Sie Ihren Text mit und ohne die Adjektive. Beschreiben Sie die unterschiedliche Wirkung.

(B) *Alle sahen hinab in das Dunkle erdloch, in dem der Sarg langsam verschwand. Über die Wangen der trauernden liefen dicke Tränen, ein lautes schluchzen war zu hören.*
Tim trug noch immer die Schlinge um seinen Arm, ein Großes pflaster prangte auf seiner Stirn. „Warum nur hat sich Alex auf dieses Waghalsige Wettrennen eingelassen?", dachte er verzweifelt …

5 Untersuchen Sie den Textauszug B und benennen Sie Adjektive und Nomen. Übertragen Sie den Text in Ihr Heft und berichtigen Sie die Schreibweise.

(C) *Er sah aufgeregt und beunruhigt aus. Eigentlich war er bei Überwachungseinsätzen ruhig und ausgeglichen, doch heute war er durcheinander und verwirrt. Er rieb sich seine müden, erschöpften Augen und schaute in die dunkle Nacht hinaus. Heute musste er diese gewissen- und rücksichtslosen Diebe erwischen! Plötzlich hörte er ein seltsames, fremdes Geräusch …*

6 Untersuchen Sie den Textauszug C und benennen Sie die Adjektive. Was fällt Ihnen hier auf?

Großschreibung nominalisierter Wörter

25 Prozent der Rechtschreibfehler sind auf unzureichende Kenntnisse in der Groß- und Kleinschreibung zurückzuführen. Dabei ist die Grundregel sehr einfach: Nomen schreibt man groß, alle anderen Wortarten klein. Doch wenn Verben, Adjektive et cetera im Satz als Nomen gebraucht werden, spricht man von Nominalisierungen und die nominalisierten Wörter werden großgeschrieben.

BASISWISSEN | Nominalisierungen

Nominalisierte Wörter lassen sich oft an einem der folgenden Merkmale erkennen:

a) an einem vorausgehenden **Artikel:**
z. B. ***der*** *Alte,* ***das*** *Öffnen,* ***eine*** *Drei (würfeln),* ***das*** *Auf und Ab*

b) an einer vorausgehenden **Präposition,** die oft mit einem **Artikel** verschmolzen ist:
z. B. ***beim*** *Einkaufen,* ***ins*** *Grüne,* ***vom*** *Lachen*

c) an einem vorangestellten **Pronomen, Zahlwort, Adjektiv** oder **Partizip:**
z. B. ***sein*** *Lachen,* ***drei*** *Heranwachsende,* ***fröhliches*** *Miteinander,* ***gemäßigtes*** *Klatschen*

Manchmal fehlen diese Signalwörter. Schreiben Sie groß, wenn Sie Signalwörter/Begleiter ergänzen können, z. B. *(Das) Aufwachen macht keinen Spaß.*

Hausordnung

Lärm: [...] Das Spielen von Instrumenten ist während der Mittagsruhe (13.00 bis 15.00 Uhr) und zwischen 19.00 Uhr und 8.00 Uhr grundsätzlich untersagt. [...]

Kinder: [...] Das Reinigen des Spielplatzes und Sandkastens nebst Umgebung gehört zu den Aufgaben der Eltern, deren Kinder dort spielen. [...]

Sicherheit: [...] Das Grillen mit Holzkohle ist auf den Balkonen grundsätzlich nicht gestattet. Zum Grillen steht eine geeignete Fläche unweit des Gebäudes zur Verfügung. Das Lagern von feuergefährlichen, leicht entzündbaren sowie Geruch verursachenden Stoffen im Keller oder auf dem Dachspeicher ist untersagt. [...]

Reinigung: [...] Beim Gießen von Blumen ist darauf zu achten, dass das Wasser nicht an der Hauswand herunterläuft und auf die Fenster und Balkone anderer Mieter tropft.

Lüften: Die Wohnung ist auch in der kalten Jahreszeit ausreichend zu lüften. Dies erfolgt durch möglichst kurzfristiges, aber ausreichendes Öffnen der Fenster. [...]

Fahrzeuge: Das Abstellen von motorisierten Fahrzeugen auf dem Hof, den Gehwegen und den Grünflächen ist nicht gestattet. [...] Beim Befahren der Garageneinfahrten und Parkplätze ist grundsätzlich Schrittgeschwindigkeit einzuhalten. Das Abstellen von Fahrrädern ist grundsätzlich nur auf den dafür vorgesehenen Flächen und im Fahrradkeller gestattet.

1 **Finden Sie in dem Text Nominalisierungen und schreiben Sie diese mit Begleiter heraus.**

2 **Bilden Sie Nominalisierungen aus folgenden Pronomen, Zahlwörtern, Adjektiven, Präpositionen und Partizipien. Formulieren Sie Sätze unter Verwendung der Nominalisierungen.**
ich • zwei • sieben • blau • kreativ • für (und) wider • arbeitend • ausgestoßen

Groß- und Kleinschreibung von Tageszeiten und Wochentagen

„Am Montag komme ich später" und „Ich komme montags immer später" – für die korrekte Schreibung von Tageszeiten und Wochentagen muss man sich die folgenden Regeln einprägen:

BASISWISSEN | **Groß- und Kleinschreibung von Tageszeiten und Wochentagen**

Tageszeiten und Wochentage werden großgeschrieben, wenn sie Nomen sind. Man erkennt sie an den Begleitern:

vorangehender Artikel	*der Montag, ein Freitag, eines Abends*
vorangehende Präposition (oft mit Artikel)	*bei Tage, am Freitag*
vorangestelltes Pronomen, Zahlwort, Adjektiv, Partizip	*jeden Montag, vier Freitage, letzten Samstag*

Tageszeiten und Wochentage werden als Adverbien kleingeschrieben, z. B. *montags, mittags, heute.*

Zusammengesetzte Tageszeiten und Wochentage schreibt man groß, wenn sie Nomen sind, und klein, wenn sie Adverbien sind, z. B. *am Montagabend, mittwochmorgens.*

Bei kombinierten Tageszeitangaben schreibt man die Nomen groß und die Adverbien klein, z. B. *gestern Abend.*

Hallo Timm,

sorry, dass ich erst h/Heute schreibe, aber ich hatte g/Gestern a/Abend keine Lust mehr. Mein g/Gestriger s/Samstag war anstrengend! Am m/Morgen bin ich zeitig aufgestanden; ich gehe jetzt nämlich s/Samstagsmorgens mit meiner kleinen Schwester schwimmen. Gegen m/Mittag habe ich mich mit Luisa getroffen. Sie hat sich letzten f/Freitag einen Roller gekauft. Wir sind den ganzen n/Nachmittag durch die Stadt gefahren. Hast du kommenden d/Dienstagabend Zeit, ins Kino zu gehen? Bis bald, Jessica

1 Schreiben Sie den Text in der richtigen Groß- und Kleinschreibung in Ihr Heft.

Auch alle anderen Adverbien werden klein geschrieben.

BASISWISSEN | **Das Adverb**

Adverbien (Umstandswörter, die anders als Adjektive in ihrer Form nicht verändert werden, d. h., sie werden nicht dekliniert und nicht gesteigert; sie werden z. T. von Adjektiven abgeleitet, haben dann aber keine Endung) charakterisieren oft Verben, aber auch Nomen oder Adjektive näher (z. B. **schnell** schreiben, die Pflanze **da, ziemlich** schlechte Karten). Adverbien können auch ganze Sätze näher bestimmen (z. B. Es regnet **dummerweise.**). Nach ihrer Bedeutung kann man sie unterscheiden in **lokale** (z. B. *hier, dort, fort*), **temporale** (z. B. *jetzt, heute, oft, bald, nie*), **modale** (z. B. *gern, sehr, umsonst, schön*) und **kausale** (z. B. *deshalb, darum, folglich*) Adverbien.

2 Bestimmen Sie alle Adverbien in den folgenden Sätzen.

(1) Der junge Mann dort sieht sehr angespannt aus. (2) In der Schule hat er sehr viel Stress.
(3) Zugleich muss er zu Hause arbeiten. (4) Er hat deswegen in dieser Woche wenig geschlafen.
(5) Er hat auch kaum gegessen. (6) Ich hoffe für ihn, dass die Situation bald besser wird.

Fremdwörter

Um die Sehnsucht mancher Großstädter nach dem Landleben geht es im folgenden Text.

Warum liegt denn hier Stroh?

von Eva Biringer

[...] Elfeinhalb Monate im Jahr starrt der Stadmensch im Büro auf die Alm seines Desktophintergrunds. Kühe auf blühenden Wiesen beruhigen das aufgebrachte Gemüt und versüßen die Vorfreude auf jenen Ort, wo der Geplagte zwei Wochen im Jahr zu sich selbst findet: auf das Land.

Am Tag der Abreise lädt er den Kofferraum seines SUVs voll mit den Buchempfehlungen seines Lieblingsfeuilletons und Haltbarem aus dem Biosupermarkt. Zwar sitzt er auf dem Land sozusagen an der Bio-Quelle, aber nur theoretisch. Das Rote-Bete-Hummus hat er vergangenes Jahr vergeblich gesucht. Auf dem Land gibt es Natur, aber kein Alnatura. Auch keine überregionalen Zeitungen [...]. Es riecht ein wenig streng. Die Langsamkeit des Internets sucht ihresgleichen, der Handyempfang ist schlecht. Beste Voraussetzungen für den *Digital Detox*.

Seit dem 19. Jahrhundert meint die „Sommerfrische“ sowohl die temporäre Stadtflucht als auch ihren Zielort. Das Wörterbuch der Gebrüder Grimm umschreibt den Begriff mit einem „erholungsaufenthalt der städter auf dem lande zur sommerzeit“ oder einer „wohnung auf dem lande, die man im sommer bezieht“. Damals vordergründig aus pragmatischen Motiven, um der prekären hygienischen Situation in den aufgeheizten Städten zu entfliehen. [...]

Sigmund Freud schwärmte von der „entzückenden Einsamkeit“ des Südtiroler Eisacktals: „Berg, Wald, Blumen, Wasser, Schlösser, Klöster und keine Menschen ... das Abendessen hat dann sehr geschmeckt.“ Auch der moderne Großstädter freut sich über seinen gesunden Appetit. Er lobt den unverdorbenen Geschmack des Rohmilchkäses und überhört dabei das Laktoseintoleranz-bedingte Bauchgrummeln. [...]

Selten ist der Mensch derart auf sich zurückgeworfen wie an Orten mit weniger als zwanzig Einwohnern pro Quadratkilometer. [...] Keine Third-Wave-Coffee-Shops und Späteinkäufe, keine Dönerbuden und Parkplatzprobleme. Statt Ersatzschienenverkehr gar kein Verkehr. Kein narkotisierender Klangteppich aus Polizeisirenen, schimpfenden Obdachlosen, auf Krawall gebürsteten Verkehrsteilnehmern. Kein Carsharing. [...]

Die komplizierte Dorfsoziologie bleibt ihm verschlossen, das Wer-mit-wem, der Klatsch zwischen Metzgerei Behrendt und Gaby's Haarsalon. In ehrlichen Momenten wünscht er sich in die Anonymität der Großstadt zurück. [...]

So wie der Protagonist in Kafkas Erzählfragment *Hochzeitsvorbereitungen auf dem Lande*. Schon dessen Zugfahrt in die Provinz ist ein Desaster, es regnet, die Mitreisenden schüren seine misanthropischen Tendenzen. [...]

Endlich am Ziel, will Kafkas Protagonist am liebsten gleich wieder nach Hause, wo er im Stammlokal sein Lieblingsgericht bekäme, „rechts hinter dem Teller die Zeitung, links die Lampe, hier wird man mir eine unheimlich fette Speise geben – man weiß nicht, dass ich einen schwachen Magen habe“.

Der laktoseintolerante Stadtbewohner weiß, dass er einen schwachen Magen hat. Er weiß, dass ihm die abgasfreie Luft nicht bekommt, weil er sich dann selbst riechen muss. Dass die Stille genauso wenig auszuhalten ist wie der bei Sonnenaufgang krähende Gockel. Leider vergisst er das in den elfeinhalb Monaten Landabstinenz. [...]

www.zeit.de (ZEIT Online, 02.08.2015)

1 **Untersuchen Sie die Schreibung von Fremdwörtern im Text.**

a) Schreiben Sie alle Fremdwörter heraus.

b) Klären Sie die Bedeutung der Ihnen unbekannten Wörter mithilfe eines Wörterbuchs.

c) Erstellen Sie Karteikarten mit den Ihnen unbekannten Begriffen und dazugehörigen Worterklärungen.

★ d) Lässt sich ein Zusammenhang zwischen Herkunft und Schreibweise feststellen?

Fremdwörter

Viele Fremdwörter werden in ihrer Schreibweise dem Deutschen angepasst. Man spricht von eingedeutschten Schreibweisen.

Avocado – Avokado
Biographie – Biografie
Bouquet – Bukett
Bulldozer – Bulldoser
Chicoree – Schikoree
Collier – Kollier
Cord – Kord
Choreograph – Choreograf
Charisma – Karisma
decodieren – dekodieren
Delphin – Delfin
Frotté – Frottee
Gelee – Schelee
Geograph – Geograf
Himalaya – Himalaja
Justitiar – Justiziar
Katastrophe – Katastrofe
Metapher – Metafer
Paragraph – Paragraf
Paralyse – Paralüse
Photokopie – Fotokopie
potentiell – potenziell
Sketch – Sketsch
stenographieren – stenografieren

7 Untersuchen Sie die eingedeutschten Schreibweisen der oben aufgeführten Fremdwörter.

a) Prüfen Sie mithilfe eines Wörterbuchs, ob die angegebenen eingedeutschten Schreibweisen erlaubt sind.
b) Schreiben Sie die Wortpaare, bei denen beide Schreibweisen möglich sind, in Ihr Heft.
c) Markieren Sie die Buchstaben, die sich geändert haben.
d) Sammeln Sie weitere Beispiele für Fremdwörter, die sowohl in ihrer ursprünglichen als auch ihrer eingedeutschten Schreibweise verwendet werden können.

FAZIT

2.1
Fehlerquelle: Grammatik
- direkte/indirekte Rede
- Satzglieder
- Satzgefüge

2.2
Fehlerquelle: Zeichensetzung
- Kommasetzung vor „das"/„dass"
- Kommasetzung

2.3
Fehlerquelle: Rechtschreibung und Ausdruck
- s-Schreibung
- Getrennt- und Zusammenschreibung
- Groß- und Kleinschreibung
- Großschreibung nominalisierter Wörter
- Groß- und Kleinschreibung von Tageszeiten und Wochentagen
- Fremdwörter

Kapitel 3

Informationen recherchieren und strukturieren

3.1 Informationen recherchieren

3.2 Relevante Informationen festhalten

3.3 Die Inhaltsangabe eines Sachtextes schreiben

Texte enthalten Informationen, z. B. in Form von Nachrichten, Fachwissen oder Anleitungen. Diese Informationen herausfiltern zu können ist eine wichtige Kompetenz in Beruf und Alltag. In diesem Kapitel lernen Sie, wie Sie Informationen recherchieren, auf das Wesentliche reduzieren und auf verschiedene Arten festhalten können.

Kompetenzen

- ✓ Informationen recherchieren
- ✓ Informationen strukturieren und visualisieren
- ✓ Den Inhalt informativer Sachtexte zusammenfassen

Methoden und Arbeitstechniken

- ✓ Internetrecherche
- ✓ Exzerpieren
- ✓ Mindmap
- ✓ Strukturbild

Informationen recherchieren

Informationen im Internet suchen und bewerten

Das Internet ist das Medium, das als Erstes und wahrscheinlich auch am häufigsten zur Informationsrecherche genutzt wird. Gutes von Schlechtem zu unterscheiden und in der Fülle der Ergebnisse das für die persönliche Fragestellung Passende zu finden ist gar nicht so leicht.
Beispiel:
Sie sollen einen Kurzvortrag mit folgender Aufgabenstellung vorbereiten: „Der Einfluss der Werbung auf die Bedürfnisbefriedigung als Motor menschlichen Handelns".

1 Bereiten Sie die Suche nach Informationen im Internet vor.

a) Notieren Sie zunächst Stichwörter, die Ihnen zu Ihrem Thema spontan einfallen (Brainstorming).
b) Finden Sie mithilfe der Thesaurus-Funktion möglichst viele Synonyme und verwandte Wörter zu den Begriffen „Werbung" und „Bedürfnis".
c) Ordnen Sie Ihre Begriffsauswahl nach Ober- und Unterbegriffen entsprechend Ihrer Aufgabenstellung. Sie können Ihr Ergebnis auch in Form einer Mindmap visualisieren.

2 Starten Sie eine Internetrecherche zur Aufgabenstellung. Orientieren Sie sich an der Arbeitstechnik.

ARBEITSTECHNIK – Informationen mithilfe des Internets beschaffen

Formulieren Sie konkrete Stichwortkombinationen (beispielsweise Werbung + Bedürfnisbefriedigung).

Nutzen Sie verfeinerte Suchmöglichkeiten der Suchmaschinen („erweiterte Suche"), um die Vielfalt der Ergebnisse einzuschränken. Hier die wichtigsten Hilfen:

- Ein Plus (+) verknüpft die Begriffe miteinander, sodass nur die Seiten angezeigt werden, die beide Begriffe enthalten.
- Ein Minus (-) schließt Begriffe aus; damit können Doppeldeutigkeiten vermieden werden (beispielsweise Werbeverhalten - Biologie - Tiere).
- Anführungszeichen verbinden mehrere Wörter zu einer Wortgruppe (beispielsweise „Der Einfluss der Werbung"); es werden nur die Seiten angezeigt, die genau diese Wortfolge enthalten.
- Definitionen können gezielt mit dem Befehl define:[Stichwort ohne Leerzeichen] gesucht werden (beispielsweise define:Manipulation).
- Eine höhere Trefferwahrscheinlichkeit aussagekräftiger Seiten bringt auch die Suche in der URL mit dem Befehl inurl:[Stichwort ohne Leerzeichen] (beispielsweise inurl:werbung).
- Sie können die Suche auf deutschsprachige Seiten begrenzen.

Suchen Sie mit verschiedenen Suchmaschinen. Stützen Sie Ihre Aussagen immer auf mehrere Quellen, vergleichen Sie die Informationen.

Suchen Sie auch auf den Seiten offizieller Verbände oder Unternehmen. Diese haben oft gute Link-Sammlungen.

Sehen Sie sich nicht nur die ersten zehn Treffer an. Auch nicht so hochrangige Treffer können Ihnen weiterhelfen.

Bewerten Sie die Qualität der Suchergebnisse kritisch und bedenken Sie, dass beispielsweise Unternehmen/Verbände eigene Interessen verfolgen und die Informationen auf ihren Seiten folglich nicht immer ausgewogen sind.

Geben Sie Ihre Quellen korrekt an.

Informationen im Internet suchen und bewerten

Sie geben zu Ihrer Aufgabenstellung den Begriff „Werbung“ und die Begriffskombination „Werbung + Bedürfnisbefriedigung“ in eine Suchmaschine ein und erhalten folgende Einträge:

beduerfn
Werbung und Enttäuschung. Die Wirtschaft stellt den Menschen Güter zur **Bedürfnisbefriedigung** zur Verfügung. In der heutigen Wirtschaft sind erheblich mehr ...
www.kommundsieh.de/beduerfn.htm - 25 k - Im Cache - Ähnliche Seiten

[PDF] Snacks mit Power
Dateiformat: PDF/Adobe Acrobat - HTML-Version
Sie realisieren, dass **Werbung** auch auf ihr eigenes Konsumverhalten Auswirkungen hat. Die Kinder lernen, dass **Werbung Bedürfnisbefriedigung** verspricht, um ...
www.gothaer.de/media/gothaer_o/pdf/ernaehrungskampagne/1_Konzept_Snacks_mit_Power.pdf - Ähnliche Seiten

[PDF] Ohne Moos nix los
Dateiformat: PDF/Adobe Acrobat - HTML-Version
Konsum-Verhalten: Einfluss von **Werbung, Bedürfnisbefriedigung** („Ich will Genuss sofort“). Was brauchen wir wirklich (z. B. Sekundär-, Primärbedürfnisse)? ...
www.sowi-online.de/methoden/dokumente/bohrplan.pdf - Ähnliche Seiten

Diplomarbeiten 24 - Modelle des Glücks: Eine vergleichende Analyse ...
3.1 **Werbung** und Wirtschaft ... 36 3.2 Werbekommunikation im Lichte der Gesellschaft ... 37 3.3 Erzeugen von Aufmerksamkeit ... 39 4 **Bedürfnisbefriedigung** ...
www.diplomarbeiten24.de/vorschau/40881.html - Ähnliche Seiten

Hausarbeiten.de: Sozialphilosophie der Werbung - Seminararbeit
Wenn **Werbung** die Entwicklung und den Lebensstandard fördern würde und nur zur Information und **Bedürfnisbefriedigung** diente, wären Einrichtungen zum ...
www.hausarbeiten.de/faecher/hausarbeit/sox/8599.html - Ähnliche Seiten

22beduerfnis
Yin-Yang-Prinzip: **Bedürfnisbefriedigung** setzt Unbehagen voraus; ein Schlaraffenland ist also logisch unmöglich! Beispiel: **Werbung** einer Brauerei mit einem ...
www.kecos.de/script/22beduerfnis.htm - 11 k - Im Cache - Ähnliche Seiten

3 Erläutern Sie das Suchergebnis im Hinblick auf folgende Fragestellungen:

a) Welche konkreten Hinweise auf Informationen zu Ihrem Thema erhalten Sie?
b) Auf welche Urheber der Dokumente können Sie schließen?
c) Welche Möglichkeiten kennen Sie, die Anzahl der Treffer zu verringern und gleichzeitig die Qualität der Ergebnisse zu erhöhen?
d) Welche Informationen sind in den Einträgen enthalten? Was bedeuten [PDF] und HTML?

Informationen im Internet suchen und bewerten

4 **Entscheiden Sie sich für den nächsten Schritt Ihrer Recherche. Welchen Eintrag würden Sie mit Blick auf die Aufgabenstellung zuerst öffnen, welcher ist dafür wahrscheinlich ungeeignet? Legen Sie eine Reihenfolge fest und begründen Sie diese.**

Wie bei allen anderen Quellen auch (z. B. Nachrichten, Büchern, Zeitungen, mündlichen Darstellungen) müssen die online erhaltenen Informationen kritisch geprüft werden. Eindeutige Aussagen über die Qualität der Ergebnisse lassen sich nur treffen, wenn Sie über genügend Fachwissen verfügen. Wollen Sie sich dieses aber erst aneignen, ist es recht schwer, die Qualität der gefundenen Informationen zu bewerten.
Die folgenden Kriterien können die Beurteilung erleichtern:

ARBEITSTECHNIK | Die Qualität einer Internetseite bewerten

Zur Beurteilung einer Internetseite oder eines Dokuments sollten Sie sich folgende Fragen beantworten:

- Wie aktuell ist die Seite?
- Wer hat die Informationen veröffentlicht (private Anbieter oder öffentliche Herausgeber)? Sind die Herausgeber glaubwürdig? Haben die Herausgeber politische, kommerzielle oder andere Interessen? Hinweise dazu können die URL oder das Impressum, das aus gesetzlichen Gründen nicht fehlen darf (Name, Postanschrift, E-Mail-Adresse), geben.
  Tipp: Recherchieren Sie noch einmal gesondert, mit welchem Autor Sie es zu tun haben. Welchen Beruf übt dieser aus? Kann man davon ausgehen, dass der Autor über Fachwissen verfügt?
- Sind die Informationen seriös aufbereitet? Wie ist die Seite aufgemacht? Seriös: sachlich, informativ, ohne schmückendes Beiwerk (z. B. ohne viele Animationen), Gütesiegel sind vorhanden
  Unseriös: reißerisch, (viele) Pop-ups, (viel) Werbung
- Werden die Informationen auf anderen Seiten oder in (Schul-)Büchern bestätigt?

5 **Während Ihrer Recherche zum Thema Werbung können Sie auch den Begriff „win-win" gefunden haben. Definieren Sie den Begriff und bewerten Sie dabei verschiedene Suchergebnisse.**

a) Stellen Sie zunächst Vermutungen an, was dieser Begriff bedeuten könnte.
b) Geben Sie den Begriff in eine Suchmaschine ein. Erläutern Sie, warum einige Suchergebnisse Ihnen hilfreicher erschienen sind als andere.
c) Geben Sie den Begriff in eine Suchmaschine ein und nutzen Sie die „erweiterte Suche". Welchen Befehl verwenden Sie?
d) Vergleichen und bewerten Sie die verschiedenen Suchergebnisse.

6 **Recherchieren Sie im Netz: Was ist die „Robinsonliste"?**

a) Beschreiben Sie, wie Sie bei der Suche vorgegangen sind.
b) Erläutern Sie Ihre Suchergebnisse: Welche Informationen haben Sie aus welchen Bereichen erhalten? Welche Funktion erfüllt die „Robinsonliste"?

Informationen in Bibliotheken beschaffen

Manchmal führt die Internetrecherche zu Buchempfehlungen, die bei der Informationsbeschaffung nützlicher sein können als so mancher Internetartikel. Aber nicht jedes Buch muss man kaufen. Viele lassen sich in öffentlichen Bibliotheken ausleihen. Die Kataloge der Bibliotheken sind heute auch über das Internet einzusehen. Der öffentliche Online-Katalog heißt OPAC (vom Englischen Open Public Access Catalogue). Man kann also auch von zu Hause aus recherchieren.
Bei der Suche in diesem Katalog gelten die gleichen Grundregeln wie für die Suche mithilfe einer Suchmaschine: Je konkreter die Stichworte, desto erfolgreicher ist das Ergebnis. Auch hier sollten Sie die „erweiterte Suchfunktion“ nutzen.

Auszug aus der Trefferliste bei der Eingabe der Begriffskombination „Werbung + Marketing“. Es werden 1 059 Treffer angezeigt. Dabei dürften nicht alle Ergebnisse relevant sein.

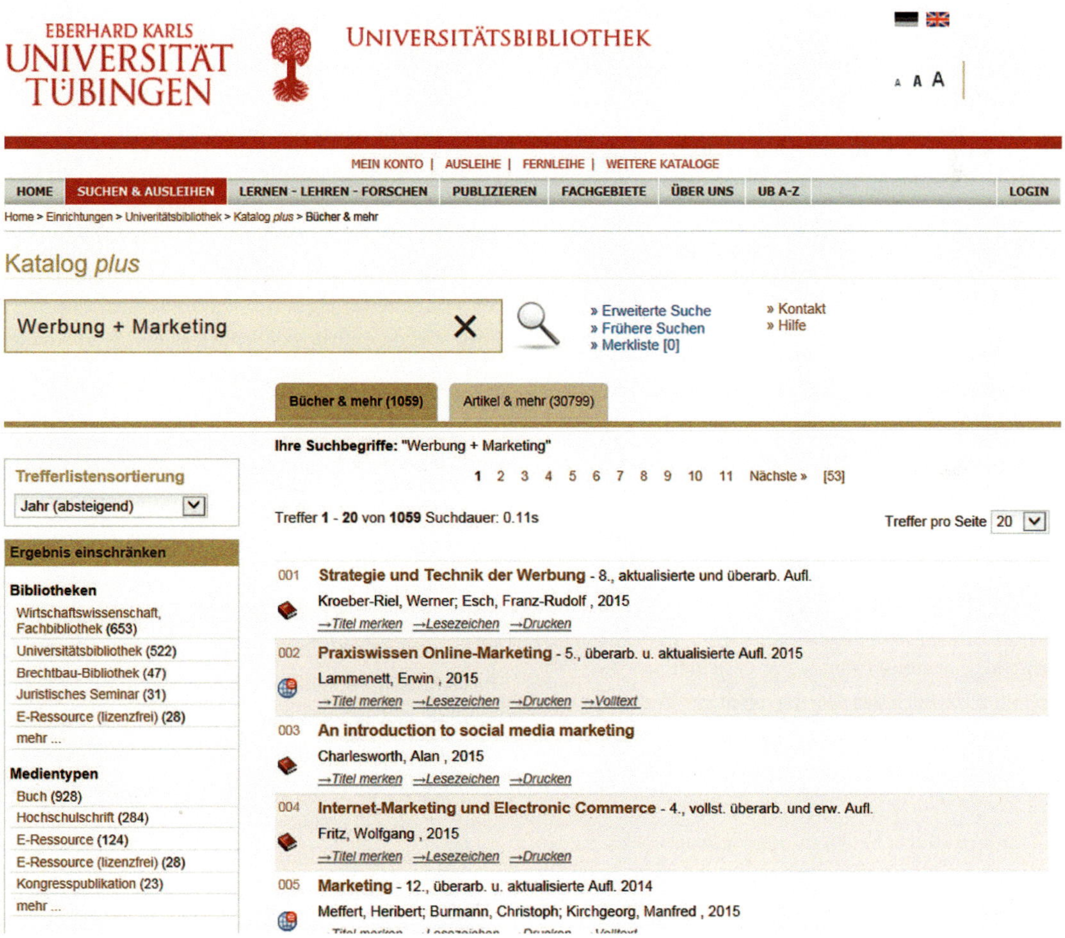

1 **Sammeln Sie Informationen über die nächstgelegene öffentliche Bibliothek im Internet.**

a) Wo befindet sich in Ihrer Umgebung eine öffentliche Bibliothek?

b) Wann hat Ihre Bibliothek geöffnet? Welche Kosten entstehen bei der Buchausleihe?

2 **Recherchieren Sie mithilfe des Online-Katalogs Ihrer Bibliothek nach geeigneten Materialien zum Thema „Werbung im Internet“.**

Relevante Informationen festhalten

Exzerpieren – Texten Informationen entnehmen

Sie sollen ein Referat zum Thema „Die Entwicklung des Handys" halten. Sie werden sich zunächst auf die Suche nach geeigneten Texten (beispielsweise im Internet, in den Printmedien, in Büchern) begeben und diesen Informationen entnehmen.

Entwicklung des Handys: Vom Knochen zum Smartphone

DORTMUND Was 1983 mit einem unhandlichen Modell für rund 3 995 US-Dollar begann, ist heute aus unserem Alltag kaum mehr wegzudenken. Inzwischen sind weltweit rund sechs Milliarden Handys im Einsatz. Eine Zeitreise durch 30 Jahre mobile Telekommunikation.

von Fee Anabelle Riebeling

„Das ist ein kleiner Schritt für den Menschen, aber ein riesiger Sprung für die Menschheit." Diese Worte machen Neil Armstrong im Jahr 1969 weltberühmt. Der Astronaut hat soeben als erster Mensch den Mond betreten. 600 Millionen Menschen schauen und hören ihm dabei zu. […]

Der historische Moment im All hallt bis heute nach. Und das in nahezu jedem Haushalt. In Hand-, Jacken- und auch Hosentaschen. Denn die Technologie, welche die Worte des US-Amerikaner zwar verrauscht, doch trotzdem erfolgreich zur Erde transportier[t]e, legte den Grundstein für die mobile Kommunikation und damit für das Zeitalter der totalen Erreichbarkeit.

Rudy Krolopp, Industriedesigner beim US-amerikanischen Konzern Motorola war derjenige, der die Technik schließlich der Allgemeinheit zur Verfügung stellte. Seine einfache Überlegung: Jeder, der ein Festnetz-Telefon benutzt, könnte auch Verwendung für ein Handy haben. […]

Zwar betrachtete Krolopps Arbeitgeber die Idee vom mobilen Fernsprecher mit einer gehörigen Portion Skepsis, trotzdem ließ der Konzern seinen Chefdesigner und Entwickler Martin Cooper gewähren. Nach nur sechs Wochen lag der erste funktionstüchtige Entwurf vor. So besagt es zumindest die Firmenlegende.

Tatsächlich dokumentiert ist hingegen, dass das Konzept zunächst zehn Jahre in einer Firmenschublade schlummerte und das Produkt erst 1983 in den Vereinigten Staaten auf den Markt kam.

Rund 100 Millionen US-Dollar hatte seine Entwicklung gekostet. Über den horrenden Einführungspreis von 3 995 US-Dollar, damals umgerechnet rund 5.000 D-Mark, sollten die Ausgaben wieder reingeholt werden. Aber das „DynaTAC 8000X" blieb hinter den Erwartungen zurück. Kein Wunder, denn mit seinen 794 Gramm und 33 Zentimetern Höhe war es alles andere als handlich. Ein Monstrum, mit dem man maximal eine Stunde telefonieren konnte.

Immerhin: Man konnte schon damals die Nummern all seiner Freunde speichern, allerdings nicht mehr als 30. Das damals noch zweizeilige Display reichte aber zumindest für die Darstellung von Name, Vorwahl und der eigentlichen Rufnummer. Der schleppende Aufbau von Sendemasten, die überhaupt erst die mobile Kommunikation ermöglichen, tat sein Übriges. […]

Von alledem bekamen die Menschen hierzulande zunächst jedoch kaum etwas mit. Denn bis das erste Mobiltelefon auch in Deutschland erhältlich war, sollte es noch weitere neun Jahre dauern. Erst im Sommer 1992 kam es auf den Markt. Wer eines besitzen wollte, musste jedoch tief in die Tasche greifen. Denn das „International 3200" kostete stolze 3.000 D-Mark.

Technisch auf einem ähnlichen Stand wie Krolopps Erstling, ließ sich mit dem Nachfolgemodell immerhin zwei Stunden telefonieren. Dies, obwohl es deutlich an Gewicht verloren. Der neue „Knochen" wog „nur" noch 500 Gramm.

Der erste Schritt in Richtung ständiger Erreichbarkeit war gemacht. Fortan forschten und entwickelten Unternehmen weltweit an immer kleineren, leichteren und leistungsfähigeren Geräten. Bis heute übertrumpfen sich die Modelle mit immer neuen, bahnbrechenden Features – dies sehr zur Freude der Nutzer.

Feierten die im Jahr 1992 noch die erste SMS, können sie seit 1998 mit ihrem Mobiltelefon auch Radio empfangen und seit 1999 sogar Fotos schießen, sie

Exzerpieren – Texten Informationen entnehmen

abspeichern und auf den Computer laden. […] Die Beispiele zeigen, dass heute nichts mehr unmöglich scheint. Ganz im Gegenteil: Die neuste Generation lässt keine Benutzerwünsche mehr offen. […]

Das moderne Mobiltelefon hat mit dem „Knochen" von einst kaum noch etwas gemein. Das schlägt sich auch in den Verkaufszahlen nieder. So sind weltweit derzeit rund sechs Milliarden Handys im Einsatz. Dabei sollen gemäß einer Studie des Marktforschungsunternehmens International Data Corporation (IDC) [im] Jahr [2013] erstmals mehr Smartphones als einfache Geräte über den Ladentisch gehen. Insgesamt würden knapp 960 Millionen internetfähige Telefone verkauft; ein Anstieg um fast ein Drittel gegenüber dem Vorjahr.

Doch Rudy Krolopps Erfindung hat nicht nur Fans. So befürchten Skeptiker, die vom Handy ausgehenden Strahlen, hochfrequente elektromagnetische Felder, könnten gesundheitsschädlich sein und sogar Gehirntumore hervorrufen. Deswegen starteten im Jahr 2000 Wissenschaftler aus acht europäischen Ländern eine bislang einmalige Langzeituntersuchung. […]

Zehn Jahre später stellten sie das Ergebnis ihrer Forschung vor, doch die Meinungen dazu gehen bis heute auseinander. Denn: Zwar geht gemäß Studie von einer durchschnittlichen Handynutzung keine Gefahr aus, doch im Hinblick auf Vieltelefonierer sind die Resultate unklar. Wie die rund sechs Milliarden Handynutzer weltweit mit dieser vagen Auskunft umgehen, bleibt ihnen selbst überlassen. […]

www.ruhrnachrichten.de (05. 09. 2013)

Eine Möglichkeit der Informationsgewinnung aus Texten ist das Exzerpieren. Es gibt Ihnen die Möglichkeit, zielgerichtet auf Informationen zurückgreifen zu können, ohne den Text noch einmal lesen zu müssen. Hierfür werden zunächst die zentralen Textstellen markiert und anschließend die wichtigsten Inhalte herausgearbeitet.

1 Überlegen Sie, warum im Text relativ wenige Textstellen markiert sind.

2 Exzerpieren Sie aus dem Text Informationen zu den markierten Jahreszahlen. Orientieren Sie sich an der folgenden Arbeitstechnik.

ARBEITSTECHNIK Exzerpieren

Exzerpieren (von lat. excerpere: auswählen) bedeutet, einen Text auszugsweise wiederzugeben. Hierbei konzentriert man sich vor allem auf die Aussagen des Textes, die für die eigene Aufgabe / das eigene Thema wichtig sind. Spätestens bei der Erstellung einer Seminararbeit, bei der man ja auf verschiedene, auch längere Textgrundlagen zurückgreifen muss, wird es wichtig, den Überblick zu behalten.

Vorgehen: Ein Exzerpt wird vor allem bei längeren Texten während des Lesens angefertigt. Hierzu achtet man auf den Aufbau des Textes und seine zentralen Aussagen. Diese fasst man zusammen, indem man:

- unwichtige Textstellen weglässt und
- ausführlich dargelegte Informationen verdichtet (beispielsweise Stichwörter und kurze Aussagesätze formuliert).

Es ist bei der Erstellung des Exzerpts unbedingt nötig, sinngemäße und wörtliche Zitate aus dem Originaltext bereits zu markieren und die Fundstellen zu notieren (Zeilennummer, wenn nur eine Textgrundlage vorliegt, Autor und Titel des Textes sowie Seitenzahl, wenn auf verschiedene Textgrundlagen Bezug genommen wird).

Eine Mindmap anlegen

Neben dem Exzerpieren eignen sich für das Zusammenfassen von Informationen aus Sachtexten auch Visualisierungstechniken wie die Mindmap („Gedankenlandkarte"). Dabei ordnen Sie den Schlüssel- bzw. Oberbegriffen Detailinformationen in Form von Unterbegriffen zu.
Eine Schülerin hat Informationen aus dem Text „Vom Knochen zum Smartphone" in einer Mindmap visualisiert.

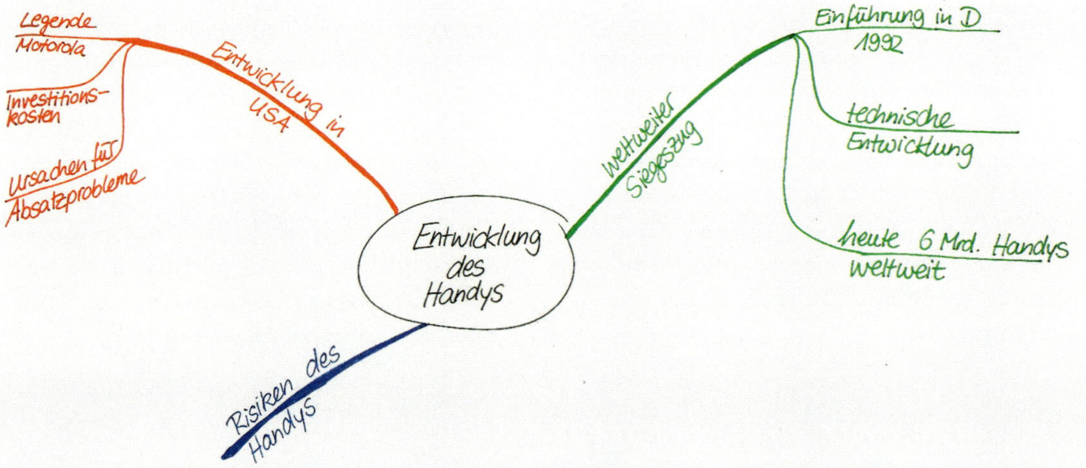

1 Vergleichen Sie den Textinhalt mit der Mindmap. Sind alle wichtigen Textinhalte berücksichtigt?

2 Ergänzen und verbessern Sie die Mindmap.

3 Vergleichen Sie Ihre Mindmap von Aufgabe 2 mit Ihrem Exzerpt von der vorigen Seite. Überlegen Sie, welche Vor- und Nachteile das Zusammenfassen eines Sachtextes mithilfe einer Mindmap haben kann.

ARBEITSTECHNIK | Eine Mindmap anlegen

Orientieren Sie sich an folgenden Arbeitsschritten:

- Schreiben Sie das zentrale Thema in die Mitte Ihres Blattes und kreisen Sie es ein.
- Ordnen Sie um das Thema herum Hauptäste an, auf denen Sie die Hauptaspekte (Schlüsselbegriffe) stichwortartig festhalten. Richten Sie für jeden neuen Aspekt einen neuen Ast ein.
- Zur weiteren Differenzierung können Sie weitere Nebenäste anlegen, auf denen weitere Teilaspekte (Unterbegriffe) eines Gedankens notiert werden können.
- Sie können Begriffe durch Symbole oder Bilder ergänzen.

Ein Strukturbild gestalten

Sie können den Inhalt eines Sachtextes auch in Form eines Strukturbilds darstellen. Ein Strukturbild lässt Ihnen bei der Visualisierung der in einem Text thematisierten Sachverhalte, Ereignisse oder Handlungen mehr Freiraum als eine Mindmap und eignet sich gut zur Präsentation während eines Referats. Aber auch beim Gestalten des Strukturbilds müssen Sie sich zuvor intensiv mit dem Inhalt des Textes auseinandersetzen.
Ein Schüler hat zu den Informationen des Textes „Entwicklung des Handys" ein Strukturbild gestaltet:

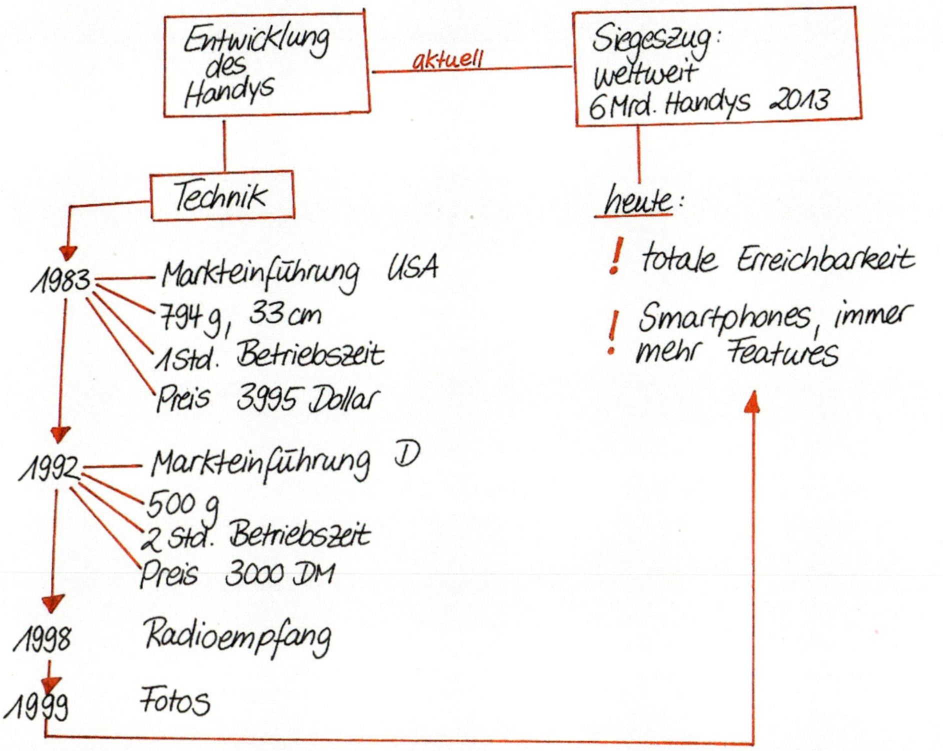

1 Vergleichen Sie das Strukturbild mit Ihrem Exzerpt. Welche Aspekte werden in dem Strukturbild besonders hervorgehoben?

2 Ergänzen und verbessern Sie das Strukturbild.

3 Vergleichen Sie Ihr Strukturbild mit Ihrer Mindmap. Fassen Sie zusammen, welche Vor- und Nachteile das Wiedergeben eines Sachtextes mithilfe eines Strukturbilds haben kann.

Die Inhaltsangabe eines Sachtextes schreiben

Informationen gliedern und strukturieren

Wenn Sie sich den Inhalt eines Sachtextes einprägen oder den Text analysieren sollen, können Sie die wichtigsten Informationen z. B. in Form einer Inhaltsangabe wiedergeben.

Masse und Macht

von Johannes Boie

Videos hochladen. Videos angucken. Zwei Funktionen, und die Welt ändert sich für immer. Das ist, zusammengefasst, die Geschichte von Youtube.

Alles begann mit Jawed Karim vor einem Elefantengehege. Karim war damals 26 Jahre alt, und alles, was er zu den Elefanten zu sagen hatte, war, dass sie „wirklich lange Rüssel" hatten. Es fiel ihm dann aber doch noch etwas anderes ein. Zum Beispiel die Idee, die 19 Sekunden lange Aufnahme am Samstag, dem 23. April 2005, um 20.27 Uhr auf Youtube hochzuladen.

„Me at the zoo" war das erste Video, das je auf der Webseite veröffentlicht wurde. Karim hatte Youtube damals gerade gegründet, zusammen mit seinen Kumpels Chad Hurley und Steve Chen. Die Idee wurde angeblich nach einer Dinnerparty geboren – die Freunde hatten sich geärgert, dass es so schwierig war, Videos zu teilen.

Geld kostet das Hochladen nicht, nur dann und wann die eigene Würde

Chen und Karim sind Einwanderer, die erst als Kinder mit ihren Familien in die USA zogen. Karim lebte vorher in Deutschland. Sein Vater stammt aus Bangladesch. Es waren nicht zuletzt die Ausschreitungen von Rostock-Lichtenhagen im Sommer 1992, die seine Eltern darin bestärkten, Deutschland zu verlassen. Die drei Gründer lernten sich bei Paypal kennen, einem der erfolgreichsten Start-ups des neuen Jahrtausends. […]

2004, ein Jahr vor dem Start von Youtube, war die Seite Flickr online gegangen, die eine Variante von Youtube ist, nur für Bilder anstelle von Videos. Der Plan der drei Gründer, Youtube zu erschaffen, war also mehr logische Konsequenz als eine wirklich erstaunliche Idee. Der Erfolg der Seite gründete sich damals vor allem auf zwei Faktoren. Erstens war Youtube schneller als die Konkurrenz. Natürlich gab es 2005 schon an anderen Orten im Netz Videos. Aber eine Stelle, an der alle Videos der Welt gratis gesammelt würden, das war für die Nutzer eine neue Idee.

Zweitens hat Youtube, wie die meisten erfolgreichen Start-ups, das Prinzip einfacher Bedienung perfektioniert. Ein Video ins Internet zu laden, war bis zur Gründung von Youtube oft eine komplizierte Angelegenheit, voll von FTP-Verbindungen und Verbindungsabstürzen und anderen Dingen, mit denen sich ein normaler Mensch nicht befassen möchte. Auf Youtube war das Hochladen eines Videos von Anfang an nicht komplizierter als die Bedienung der Google-Suchmaske. Deswegen stieg die Zahl der veröffentlichten Videos schon wenige Tage nach dem Elefantenrüssel-Clip steil an.

Nach ein paar Monaten jubelten die Gründer: Von ihrer Seite werde monatlich so viel Videomaterial abgerufen, wie man in einer Filiale der damals in den USA populären Videokette Blockbuster finden konnte. Die Kette hatte erst ein Jahr zuvor einen neuen Höhepunkt erreicht mit 60 000 Angestellten und 9 000 Geschäften.

Fünf Jahre später meldete Blockbuster Konkurs an. Die Nutzerzahl von Youtube peilte hingegen die Marke von einer Milliarde an, die sie heute überschritten hat. Bereits 2006, ein gutes Jahr nach der Gründung, übernahm Google die Seite von den drei Gründern. Kaufpreis: 1,31 Milliarden Euro. Die Gründer machten weiter. Hurley verantwortete das Webdesign, Steve Chen kümmerte sich um die Technik. Nur Karim war noch während der Wachstumsphase ausgestiegen, um zu studieren. Er hielt aber dennoch genügend Anteile, um beim Verkauf 60 Millionen Dollar zu kassieren. […]

Youtube entwickelt sich unterdessen immer weiter. […]

Dabei ist Youtube nicht nur eine Videoplattform. Die Seite ist auch, was oft vergessen wird, nach Facebook das zweitgrößte soziale Netzwerk der Welt. Weder Twitter noch Google Plus erreichen annähernd die Größe von Youtube. Die Nutzer kommen nicht

Informationen gliedern und strukturieren

nur, um Videos anzuschauen. Sie kommunizieren miteinander, oft genug mit Videos, noch häufiger aber in den Kommentaren dazu. Für die Mutterfirma Google, die aus Kommunikationsdaten Geld macht, ist das besonders wichtig.
All das, was auf Youtube existiert, ist für immer gespeichert. […] Und es lässt sich heute noch nicht absehen, welcher Nutzen in der Zukunft aus der Datenmenge noch zu ziehen sein wird. Algorithmen, die die einzelnen Bilder der Videos durchsuchen, gibt es bereits. Irgendwann wird man daran arbeiten können, Videos nach den Bestandteilen ihrer Aufnahmen zu ordnen; dann werden ganz neue Zusammenhänge und Abhängigkeiten sichtbar werden. […]

(Süddeutsche Zeitung, 14./15. 02. 2015)

1 Bearbeiten Sie den Text nach der 5-Schritt-Lesetechnik (↗ Kapitel 22).

Muster

Der Kommentar „Masse und Macht" von Johannes Boie erschien am 14./15. 02. 2015 in der Süddeutschen Zeitung. Der Verfasser schreibt über die Gründung und den Werdegang von Youtube sowie die Möglichkeiten und Folgen seiner Nutzung.

2005 stellte Jawed Karim sein Video „Me at the zoo" als erstes Video auf Youtube ein, das er zuvor mit zwei Freunden gegründet hatte. Karim habe sich – so der Autor – geärgert, dass es so schwierig gewesen sei, Videos mit anderen zu teilen. Innerhalb kürzester Zeit sei Youtube gewachsen und habe heute bereits über eine Milliarde Nutzer. Ausschlaggebend sei gewesen, dass es schneller als die Konkurrenz gewesen und einfach zu bedienen sei. So sei bereits fünf Jahre nach Gründung von Youtube die erfolgreiche Videokette Blockbuster mit 60 000 Angestellten und 9 000 Geschäften in Konkurs gegangen. Etwa ein Jahr nach der Gründung habe Google Youtube für 1,31 Milliarden Euro gekauft.

Youtube habe sich schnell weiterentwickelt und sei inzwischen das zweitgrößte soziale Netzwerk der Welt. Deshalb sei es aus ökonomischen Gründen gerade für Google interessant, das an den Kommunikationsdaten interessiert sei. Alles, was auf Youtube existiere, sei für immer gespeichert. Unklar sei, welcher Nutzen sich aus diesem größten Videoarchiv noch ziehen lasse.

2 Untersuchen Sie die Inhaltsangabe und beantworten Sie folgende Fragen:

a) Worüber informieren Einleitung und Hauptteil? Welche Bedeutung kommt dem Schlusssatz zu?
b) Welche Tempusformen werden benutzt und welche Zeitfolgen liegen vor?
c) In welchem Modus stehen die Aussagen des Autors?

ARBEITSTECHNIK | **Eine Inhaltsangabe zu einem Sachtext schreiben**

1. Lesen Sie den Text nach der 5-Schritt-Lesetechnik (↗ Kapitel 22).
2. Ordnen Sie Ihre Notizen in Einleitung, Hauptteil, Schluss. Die Einleitung enthält Angaben zu Autorin/Autor, Titel, Quelle, Erscheinungsdatum und Thema. Im Hauptteil geben Sie die wichtigsten Aussagen des Autors sachlich wieder. In einem Schlusssatz können Sie z. B. die Meinung des Autors (wenn enthalten) zusammenfassen.
3. Schreiben Sie die Inhaltsangabe im Präsens.
4. Nutzen Sie zur Wiedergabe von Aussagen des Autors die indirekte Rede.

Die Inhaltsangabe schreiben

BASISWISSEN Indirekte Rede

Gibt ein Sprecher die Aussagen eines Dritten wieder, so verwendet er die indirekte Rede. Dazu gebraucht er **Formen des Konjunktivs I.** Der Konjunktiv I wird gebildet mit dem Stamm des Verbs (Infinitivform ohne Endungen), dem Vokal e und einer Personalendung.

Beispiel:

Direkte Rede: Bernhard Bueb vertritt die Auffassung: „Die Achillesferse der Privatschulen sind die Kosten."

Indirekte Rede: Bernhard Bueb vertritt die Auffassung, die Achillesferse der Privatschulen seien die Kosten.

Beim Wechsel von der direkten in die indirekte Rede ändert sich das Personal- bzw. Possessivpronomen.

Sind die Formen des Indikativs und des Konjunktivs I identisch, so stehen **Formen des Konjunktivs II.** Sie werden von den Formen des Indikativs Präteritum abgeleitet, wobei die Vokale a, o und u umgelautet werden zu ä, ö und ü und der Diphthong au zu äu.

Beispiel:

Direkte Rede: Bernhard Bueb erklärt: „Privatschulen unterstehen der staatlichen Schulaufsicht."

Indirekte Rede: Bernhard Bueb erklärt, Privatschulen unterstehen der staatlichen Schulaufsicht.

Ersatzform: Bernhard Bueb erklärt, Privatschulen unterständen der staatlichen Schulaufsicht.

Ist die Form des Konjunktivs II identisch mit dem Indikativ Präteritum oder erscheint der Konjunktiv II ungebräuchlich oder veraltet, kann die indirekte Rede auch mit **würde** formuliert werden.

Beispiel: Bernhard Bueb erklärt, Privatschulen würden der staatlichen Schulaufsicht unterstehen.

★ **1 Schreiben Sie aus dem Muster auf Seite 57 alle Sätze in indirekter Rede heraus.**

a) Kennzeichnen Sie alle Verben, die im Konjunktiv stehen.

b) Begründen Sie, warum bei den Formulierungen die indirekte Rede verwendet wurde.

FAZIT

3.1
Informationen recherchieren
- Informationen im Internet recherchieren
- Informationen in Bibliotheken recherchieren

3.2
Relevante Informationen festhalten
- exzerpieren
- eine Mindmap anlegen
- ein Strukturbild anlegen

3.3
Die Inhaltsangabe eines Sachtextes schreiben
- die Inhaltsangabe gliedern: Einleitung, Hauptteil, Schluss
- indirekte Rede verwenden

Kapitel 4

Sachtexte erschließen

4.1
Analyse informativer und expressiver Sachtexte

4.2
Schaubilder und Diagramme analysieren

Texte werden mit unterschiedlichen Absichten erstellt. Autorinnen und Autoren wollen informieren, unterhalten oder zu einem Thema Stellung beziehen. Eine Visualisierung durch Bilder und Grafiken stellt immer eine Interpretation von Informationen dar. In diesem Kapitel werden Sie schrittweise an die Analyse von Texten und Schaubildern herangeführt. Dabei erfahren Sie, mit welchen Mitteln die dargestellten Sachverhalte gestaltet sind und wie Sie diese bewerten können.

Kompetenzen

- ✓ Den Inhalt eines Textes erfassen
- ✓ Die Funktion eines Textes erkennen
- ✓ Aufbau und sprachliche Mittel analysieren
- ✓ Eine Sachtextanalyse verfassen
- ✓ Verschiedene Diagramme kennen und analysieren
- ✓ Eine Schaubildanalyse verfassen
- ✓ Informationen visualisieren

Methoden und Arbeitstechniken

- ✓ 5-Schritt-Lesetechnik
- ✓ Exzerpieren
- ✓ Wörterliste
- ✓ Mindmap
- ✓ Think-Pair-Share
- ✓ Umfrage

Analyse informativer und expressiver Sachtexte

Den Inhalt eines Textes erfassen

Den Inhalt eines Textes zu verfassen ist notwendig, um die wichtigsten Informationen jederzeit abrufen zu können. Als Methode empfiehlt sich z. B. das Exzerpieren (↗ Kapitel 3, 22). Dazu gehört, Begriffe zu klären, Inhalte knapp mit eigenen Worten zusammenzufassen und Fragen oder Ergänzungen zu notieren. In dem folgenden Text hat ein Schüler begonnen, ihm unbekannte Begriffe grün zu markieren, wichtige Informationen in wörtlicher Rede hat er gelb markiert.

Duales Studium

Drei Monate Uni, drei Monate Büro

Immer mehr Studenten absolvieren ein duales Studium. Sie schätzen Sicherheit und Gehalt. Gerade bei Kindern von Nicht-Akademikern ist das Angebot beliebt.

von Klaus Heimann

Seit Christian Schumann studiert, kann er kostenlos Bahn fahren. Er gehört zur kleinen, aber wachsenden Gruppe dual Studierender und kombiniert Betriebswirtschaftslehre mit einer Berufsausbildung bei der Deutschen Bahn. 2012 hat er mit dem Unternehmen einen Studienvertrag abgeschlossen. Drei Monate ist er im Betrieb, dann drei an der Hochschule. Die Hälfte des sechssemestrigen Studiums hat Schumann bereits hinter sich. Am Ende steht der Bachelorabschluss.

Duale Studiengänge sind begehrt. Laut Sabine Behrenbeck, Leiterin der Abteilung Tertiäre Bildung beim Wissenschaftsrat, würde ein Drittel der Studienanfänger gerne im Doppelpack studieren. Aktuell sind es gerade einmal 3,4 Prozent. Der Grund: Dual studieren kann nur, wer einen Betrieb gefunden hat, und die Plätze in den Unternehmen sind begrenzt. Aufgrund der hohen Nachfrage erwarten Experten, dass künftig mehr Betriebe dieses Studienformat anbieten werden.

910 duale Studiengänge gibt es an Fachhochschulen, dualen Hochschulen und Berufsakademien in Deutschland. Universitäten halten sich bei diesem Studienformat eher zurück. Schumann ist an der Dualen Hochschule Baden-Württemberg in Mannheim eingeschrieben: 6 600 Studierende gibt es dort, 1 900 Partner-Betriebe und 1 000 Lehrbeauftragte aus der Praxis.

Beim dualen Studium gibt es eine „große Vielfalt an Formaten und Strukturen", schreibt der Wissenschaftsrat in einem gerade verabschiedeten Positionspapier. Die Räte hätten gerne mehr Klarheit. Für Laura Gersch, die den Ausschuss beim Wissenschaftsrat betreut, ist die Herausforderung bei dualen Studiengängen die Qualitätssicherung: „Es geht um den Erhalt von Wissenschaftlichkeit, gelungenes Praxislernen, die inhaltliche Verzahnung der Lerninhalte und um eine vernünftige Betreuung der Studenten im Betrieb und an der Hochschule." Wissenschaftliche Standards sind dem Rat wichtig. Abteilungsleiterin Behrenbeck zufolge sollten duale Studiengänge so gestaltet werden, dass „nicht allein kurzfristige Unternehmensbedarfe bei der Curriculum-Gestaltung im Vordergrund stehen, sondern eine echte Doppelqualifikation entsteht".

[…]

Student Schumann schätzt besonders die Verzahnung von Theorie und Praxis: „Das läuft nicht einfach nebeneinanderher." Auch die Studienbedingungen bewertet er positiv. Gelehrt wird in Gruppen von 30 Studenten. „Wenn ich den Dozenten auf dem Flur treffe, begrüßen wir uns. Wir kennen uns." In den drei Monaten im Betrieb sammelt er Arbeitserfahrung, knüpft Netzwerke und informiert sich über Abläufe im Betrieb. Die Deutsche Bahn legt im Wettbewerb um die besten Köpfe zwei Extras drauf: Neben kostenlosen Bahnfahrten erhalten Studenten einmalig einen Studienbonus von 3.500 Euro.

Gerade Kinder aus Nicht-Akademikerfamilien interessieren sich für ein duales Studium. Das hat Sirikit Krone, Wissenschaftlerin am Institut für Arbeit und Qualifikation in Essen, in einer Untersuchung herausgefunden. Die Wissenschaftlerin hat auch nach Gründen für die Entscheidung zum dualen Studium

Den Inhalt eines Textes erfassen

gefragt. Zwei Vorteile dominieren: die Beschäftigungssicherheit nach Studienende und das Gehalt während des Studiums.

Die Bezahlung variiert von Betrieb zu Betrieb. Laut Bernd Kaßebaum von der IG Metall sind die Vergütungen meist gestaffelt: „Im ersten Jahr werden im Schnitt 900 Euro gezahlt. Das steigert sich dann bis auf 1 200 Euro im dritten Jahr." Damit orientieren sich die Betriebe weitgehend an den Tarifverträgen für Ausbildungsvergütungen. „Eine einheitliche Festlegung gibt es allerdings nicht", sagt Kaßebaum. Allemal sind die Beträge höher als der Bafög-Satz. Ein Kostenfaktor für Studenten können allerdings die Studiengebühren der privaten Hochschulen sein. Die meisten Betriebe übernehmen sie, aber nicht alle.

Als Gegenleistung zum Gehalt verlangen die Betriebe, dass Bachelorabsolventen ihren ersten Arbeitsvertrag mit dem Ausbildungsunternehmen abschließen. Die Mindestdauer des Vertrages beträgt meist ein Drittel der Studienzeit, bei sechs Semestern Bachelorstudium also ein Jahr. Für Schumann ist das kein Nachteil. Er findet es gut, zu wissen, dass sein erster Arbeitsplatz in der Personalabteilung der Konzernleitung in Berlin sein wird.

www.zeit.de © ZEIT ONLINE (29. 11. 2013)

1 Erschließen Sie den Text mithilfe der 5-Schritt-Lesetechnik (↗ Kapitel 22) und exzerpieren Sie anschließend den Inhalt unter der Fragestellung: „Duale Studiengänge sind sehr beliebt. Worin liegt ihre Attraktivität?"

a) Schlagen Sie die grün markierten Begriffe nach und erstellen Sie damit eine Wörterliste (↗ Kapitel 22).

b) Ergänzen Sie die Wörterliste, indem Sie weitere unbekannte Wörter und Begriffe festhalten.

Wort/Begriff	Erklärung
Duales Studium	• In Anlehnung an das duale Ausbildungssystem • Hochschulstudium mit fest integrierten Praxisblöcken • Benötigter Schulabschluss: FHR oder allgemeine Hochschulreife

c) Schreiben Sie die gelb markierten Zitate aus dem Text heraus und ordnen Sie diese den im Text erwähnten Personen zu.

d) Geben Sie die wesentlichen Aussagen dieser Personen in indirekter Rede (↗ Kapitel 2) wieder.

e) Fassen Sie die wichtigsten Aussagen des Textes zur Beliebtheit dualer Studiengänge in eigenen Worten zusammen.

Den Aufbau eines Textes erkennen

Für das Erschließen eines Textes ist es wesentlich, dessen Aufbau zu erkennen. Hierbei können z. B. Teilschritte der 5-Schritt-Lesetechnik (↗ Kapitel 22) hilfreich sein: Abschnitte und ihre Funktion erkennen, Zwischenüberschriften analysieren oder selbst solche formulieren. Im folgenden Text wurden die Abschnitte nicht folgerichtig angeordnet.

Erst mal raus: Nach Schule oder Ausbildung ins Ausland

Bevor der Ernst des Lebens richtig losgeht, wollen viele Schul- oder Ausbildungsabsolventen erst einmal für einige Zeit ins Ausland.

von Barbara Erbe

Berlin. (dpa) Kurz nachdem Julia Söhnholz im vergangenen Sommer das lang ersehnte Abitur in der Tasche hatte, zog es sie fort – weit fort. Über den Freiwilligendienst Weltwärts des Bundesentwicklungsministeriums reiste die Hessin nach Nicaragua und arbeitete ein Jahr lang in einem Kinderhort. „Ich habe mit den Kids gespielt, gebacken, gebadet, ich habe ein faszinierendes Land kennengelernt und fließend Spanisch gelernt", sagt die 20-Jährige. Auch wenn sie nun in Rotterdam studiert und beruflich vielleicht nie mit Kindern arbeiten wird, ist sie überzeugt: „Dieses Jahr hat mich so bereichert, ich werde es nie vergessen."

ABSCHNITT A

Deutlich günstiger ist der Klassiker unter den Auslandsaufenthalten – das Au-pair-Jahr. Für die Vermittlung nehmen die einschlägigen Organisationen innerhalb Europas um die 200 Euro, nach Übersee mehr. Dazu kommen üblicherweise die Kosten für An- und Abreise – es sei denn, es geht in die USA. „US-amerikanische Gastfamilien übernehmen neben Kost und Logis die Reisekosten und zahlen mit circa 190 Dollar pro Woche (rund 170 Euro) auch ein relativ hohes Taschengeld", erklärt die Vorsitzende des Bundesverbands Au-pair Society, Judith Liehr. Dafür sei dort eine 40-Stunden-Woche für ein Au-pair keine Seltenheit. „Der Besuch eines Sprachkurses wird aber trotzdem immer ermöglicht, ebenso bleiben Wochenenden und Urlaubstage für Sightseeing und Reisen."

Egal in welches Land es gehen soll: Man muss einschlägige Erfahrungen in der Kinderbetreuung nachweisen – beispielsweise durch ein Praktikum, regelmäßiges Babysitting oder die Leitung einer Kinder-Turngruppe im örtlichen Sportverein. „Geschwisterhüten allein reicht nicht aus." Für die USA sollten Interessierte sich etwa ein halbes Jahr vor der geplanten Ausreise bewerben, für alle anderen Länder geht es auch kurzfristiger, wie Liehr erklärt. Kenntnisse der Landessprache seien längst nicht immer nötig, denn oft möchten die Gasteltern vor allem, dass ihre Kinder vom Au-pair Englisch lernen.

ABSCHNITT B

Geförderte Dienste wie etwa der Internationale Jugendfreiwilligendienst IJFD vom Bundesjugendministerium oder auch Weltwärts vermitteln in der Regel Langzeitaufenthalte von einem Jahr, haben feste Antrittszeiten und übernehmen einen großen Teil der Kosten. „Häufig erfolgt die Auswahl der Bewerber schon ein Jahr vorher, um dann im Frühjahr des Entsendejahres die Freiwilligen auf ihre Aufgabe am Einsatzort vorzubereiten", berichtet Ministeriums-Sprecherin Verena Herb. 2013 gingen 2 674 Freiwillige über den IJFD ins Ausland.

Nicht geförderte freie Dienste vermitteln je nach Wunsch Kurz- oder Langzeitaufenthalte, haben deutlich kürzere Bewerbungsfristen und bieten flexiblere Antrittszeiten. Sie nehmen laut Terbeck aber im Durchschnitt für einen vierteljährigen Aufenthalt für Reise und Unterkunft um die 3.000 Euro.

ABSCHNITT C

Wer bereits eine Ausbildung abgeschlossen hat, ist im Übrigen klar im Vorteil: Denn er oder sie kann qualifiziertere und damit besser bezahlte Jobs annehmen. Fest steht für Thomas Terbeck: „Je länger man eine Zeit in der Ferne verbringt, desto tiefer taucht man in Lebensweise, Kultur und Alltag der Menschen dort ein. Aber selbst ein relativ kurzer Auslandsaufenthalt ist eine Horizonterweiterung, von der man ein Leben lang profitiert."

Den Aufbau eines Textes erkennen

ABSCHNITT D

Internationale Freiwilligendienste bieten die Möglichkeit, in gemeinnützigen Projekten mitzuarbeiten und dabei Land und Leute kennenzulernen, erläutert Thomas Terbeck, Geschäftsführer des unabhängigen Bildungsberatungsdienstes und Verlages Weltweiser. Wie lange die Volunteers aktiv sind und was der Auslandsaufenthalt kostet, hängt vor allem davon ab, von welchem Freiwilligendienst sie sich vermitteln lassen.

ABSCHNITT E

Work and Travel bietet jungen Erwachsenen die Möglichkeit, ihr Gastland kreuz und quer zu bereisen. „Dafür haben sie aber oft mehr Kontakt zu anderen jungen Reisenden als zu den Einheimischen", sagt Terbeck. Außerdem erfordert Work and Travel mehr Eigenkapital, als viele meinen. Jobs als Erntehelfer, Tierhüter, Kellner oder Aushilfe im Supermarkt werden nicht gerade fürstlich bezahlt – und die Schlafstätte muss schließlich auch finanziert werden.

„Wer da wirklich reisen will, muss schon einiges an Rücklagen von zu Hause mitbringen", erklärt der Berater. Zumal die einschlägigen Länder das nötige Visum nur erteilen, wenn Reisende ein bezahltes Rückflugticket und etwa 2.000 Euro in Form einer Kaution präsentieren können.

www.rnz.de (Rhein-Neckar-Zeitung, 22. 05. 2015)

1 Analysieren Sie den Aufbau des Textes.

a) Ordnen Sie die Textabschnitte. Notieren Sie die richtige Reihenfolge der Abschnitte A bis E (mit Ordnungszahlen 1. bis 5.) in Ihrem Heft.

b) Formulieren Sie Zwischenüberschriften für die einzelnen Textabschnitte.

c) Bestimmen Sie die Funktion der einzelnen Textabschnitte.

2 Visualisieren Sie die wichtigsten Aussagen des Textes. Strukturieren Sie den Text mithilfe einer Mindmap oder eines Strukturbildes (↗ Kapitel 3).

★ **3 Recherchieren Sie im Internet nach weiteren Informationen über einen internationalen Freiwilligendienst, eine Au-pair-Organisation sowie ein Work-and-Travel-Programm. Ermitteln Sie auch Kontaktadressen. Erstellen Sie mithilfe dieser Informationen ein Thesenpapier für Ihre Mitschüler.**

Sprachliche Mittel – Absicht und Wirkung erschließen

Sachtexte dienen nicht nur der Information. Sie können auch expressiv (ausdrucksvoll) unterhalten oder von einer Meinung überzeugen wollen. Um die Intention (die Aussageabsicht) eines Textes erfassen zu können, untersuchen Sie die Verwendung der sprachlichen Mittel genauer.

„Es ist, als ob jemand den Stecker herausgezogen hätte“

Überschrift reizt zum Weiterlesen

Über Jungs mit Abitur, aber ohne Energie

überraschende Gegenüberstellung

von Harald Martenstein

Ich traf einen Kollegen, der einen Sohn hat. Sein Sohn ist im gleichen Alter wie mein Sohn. Der andere Sohn hat ebenfalls kürzlich Abitur gemacht. Der Kollege sagte, sein Sohn schlafe meist bis zum frühen Nachmittag. Danach dusche er und setze sich an den Computer. Dort spiele er und chatte. Manchmal gehe er aus. Aber meistens sei er zu Hause. Er steht auf, er spielt, er isst, dann legt er sich wieder schlafen. Manchmal geht er arbeiten, das stimmt, er hat einen Job. Er arbeitet genau so viel, wie unbedingt erforderlich ist, keine Sekunde länger. Zukunftspläne sind vorhanden, werden aber mit extremer Gelassenheit und in aufreizend langsamem Tempo verfolgt. Sein Zimmer befinde sich in einem sehr, sehr traurigen Zustand. Ungeziefer gibt es dort nicht, dem Ungeziefer ist das Zimmer offenbar nicht behaglich genug. Die Mitarbeit des Sohnes im elterlichen Haushalt aber sei ein Thema, das zu schmerzhaft ist, um überhaupt darüber reden zu können. Das hätte ich an seiner Stelle alles, Wort für Wort, ebenfalls berichtet.

Anapher

Die Mädchen aus der Abi-Klasse, sagte der Kollege, studieren inzwischen alle. Die sind alle auf der Autobahn Richtung Topjuristin, Chefärztin oder Konzernvorstand. Die Jungs dagegen, ach, es ist furchtbar, es ist traurig. Sie hängen rum. Eine *lost generation.* Ich sagte, dass mein Sohn sich eine neue Badehose kaufen möchte. Das Projekt, sich eine Badehose zu kaufen, verfolgt er seit nunmehr acht Wochen. Er hat keine Zeit. Nein, er hat keine Energie. Es ist, als ob jemand den Stecker herausgezogen hätte aus dieser Generation von Jungs. Das wird sich alles auswachsen, sagte ich, das kann ja nicht ewig so weitergehen. Eines Tages wird er sich eine Badehose kaufen. Er wird morgens um neun vor mir stehen, frisch geduscht, und er wird sagen, dass er jetzt zu Karstadt geht und sich die Badehose kauft. Jeden Morgen warte ich darauf. Dann gehe ich ins Büro, er schläft

Übertreibung, Pauschalisierung

Sprachliche Mittel – Absicht und Wirkung erschließen

noch, und wenn ich vom Büro heimkomme, ist er gerade aufgestanden, die Cornflakes-Schüssel steht herum, und er macht sich fertig fürs Joggen. Eine Jogginghose hat er ja. Der Kollege sagte: „Es ist überall das Gleiche. Das tröstet dann doch irgendwie."

Wir haben durchgecheckt, woran es liegen könnte. Ich glaube nicht, dass es an der Erfindung des Computers liegt. Die Mädchen besitzen ebenfalls Computer. Ich glaube auch nicht, dass der Feminismus schuld ist. Gewiss, diese Generation von Jungs wird sich vermutlich extrem schwer damit tun, Spitzenpositionen zu erobern, solche Jobs werden in den nächsten Jahrtausenden hauptsächlich mit Frauen besetzt sein. Aber das kümmert die Jungs nicht, nein, es ist ihnen sogar recht. Unsere Jungs sind begeisterte Feministen. Wenn jemand unseren Jungs die Position eines Bundeskanzlers oder Bankchefs anbieten würde, dann würden unsere Jungs langsam aufstehen, ihre Chipstüte nehmen und in ihr Zimmer schlurfen, um dort in Ruhe Musik zu hören. Waren unsere Erziehungsmethoden zu lasch? Waren wir schlechte Vorbilder? Ist die Schule schuld, zu viel Gruppenarbeit, zu wenig Leistungsdenken, alle Lehrer immer krank?

rhetorische Fragen

„Es liegt an der Abschaffung der Wehrpflicht", sagte der Kollege. Das hat mir sofort eingeleuchtet. Ich habe ja nach dem Abi Zivildienst gemacht, aber das bedeutete ebenfalls eineinhalb Jahre frühes Aufstehen, heftige Maloche, Hierarchie, Erwachsenenleben. Danach warst du eingenordet. Danach wusstest du Bescheid. Mein Gott. Wie ich rede.

Trotzdem. Einer Bürgerinitiative „Väter von Jungs für die Wiedereinführung der Wehrpflicht" würde ich beitreten.

www.zeit.de (ZEITmagazin, 27. 09. 2012)

1 **Geben Sie den Inhalt des Textes kurz in eigenen Worten wieder und beschreiben Sie Ihren ersten Leseeindruck.**

2 **Analysieren Sie die sprachliche Gestaltung des Textes.**

a) Erläutern Sie die ersten Ergebnisse der Sprachanalyse in den Spalten neben dem Text.

b) Notieren Sie weitere sprachliche Gestaltungsmittel (↗ S. 92 f.) sowie damit verbundene Intentionen des Autors. Beschreiben Sie deren Wirkung.

3 **Nennen Sie den möglichen Adressatenkreis dieses Textes.**

4 **Bestimmen Sie den Text nach seiner hauptsächlichen Funktion.**

a) Übertragen Sie das Dreieck in Ihr Heft und zeichnen Sie ein Kreuz an der Stelle ein, an der Sie den Text „Es ist, als ob jemand den Stecker herausgezogen hätte" entsprechend seiner Intention und Wirkung einordnen.

b) Begründen Sie Ihre Meinung mithilfe Ihrer Arbeitsergebnisse aus den Aufgaben 1–3.

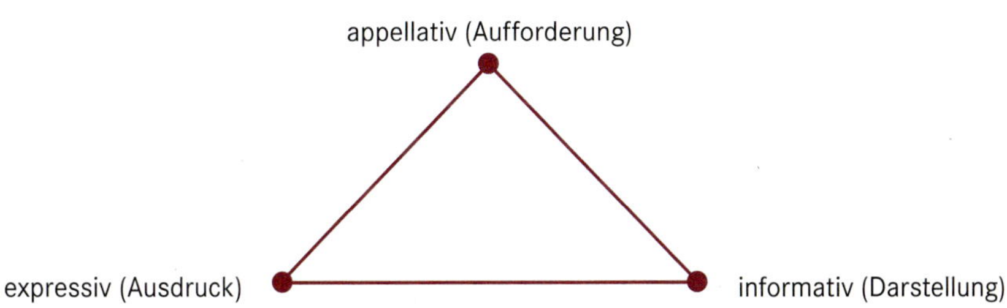

Eine vollständige Textanalyse verfassen

Um eine Sachtextanalyse zu verfassen, müssen Sie zunächst Inhalt, Sprache und Stil des Textes sowie die Intention des Autors bestimmen. Diese einzelnen Elemente müssen Sie genau untersuchen, um aus den Ergebnissen der Untersuchung Schlüsse ziehen zu können. Sachtexte sind oft erst dann richtig zu verstehen, wenn man die zeitgeschichtlichen Bedingungen ihrer Entstehung mit berücksichtigt. Es kann z. B. wichtig sein, ob ein Text Bezug auf ein konkretes Ereignis nimmt, das gerade im Zentrum öffentlicher Diskussionen steht. Tagespolitisches wie auch allgemeines Wissen sind dabei sehr hilfreich.

Studienfinanzierung

Wie finanziere ich mein Studium?

Kleine Summen ergeben das große Ganze: Zuschuss der Eltern, BAföG, Stipendium, Nebenjob und Kindergeld können Bausteine der Studienfinanzierung sein. Bei den wenigsten Studierenden reicht eine Geldquelle alleine aus, um die monatlichen Kosten zu stemmen. […]

Ob München oder andere Studienorte – bei den Kosten kommt einiges zusammen: 323 Euro für die Miete, 168 Euro für Lebensmittel, 80 Euro für Arztkosten, Medikamente und die Krankenversicherung (für die, die nicht familienversichert sind), 94 Euro Fahrtkosten, 61 Euro an Ausgaben in der Freizeit, 42 Euro für Kleidung, 31 Euro für Telefon und Internet sowie 20 Euro für Lernmittel – macht zusammen 819 Euro. Diese Angaben sind Durchschnittswerte von Studierenden, die 2016 an der 21. Sozialerhebung des Deutschen Studentenwerks (DSW) teilnahmen. „Natürlich hängt der tatsächliche Betrag von der Lebensart des Einzelnen ab, günstiger geht es aber wohl kaum", sagt Sonja Bauer von der Sozialberatung des Studentenwerks Würzburg.

[…]

Auf der anderen Seite haben Studierende laut dem DSW im Schnitt 918 Euro im Monat zur Verfügung. Die wichtigsten Geldquellen für Studierende sind die Eltern (für 86 Prozent der Studierenden), Nebenjobs (61 Prozent), BAföG (25 Prozent), Studienkredite (5 Prozent) und Stipendien (5 Prozent), wobei sich die Finanzierung meist aus mehreren Bausteinen zusammensetzt. Auch das Kindergeld ist ein Baustein: Es wird bis zum 25. Lebensjahr gezahlt, unabhängig davon, ob und wie viel ein Studierender verdient.

„Grundsätzlich sind Eltern gesetzlich dazu verpflichtet, ihre volljährigen Kinder während der Ausbildung oder dem Studium finanziell zu unterstützen. Reicht das Einkommen der Eltern nicht aus, kann die staatliche Ausbildungsförderung (BAföG) beantragt werden", erläutert Sonja Bauer […]. Sie rät dazu, sich bei Fachleuten Tipps zu holen: „Häufig kommen Studierende in die Beratung und sagen, dass sie laut BAföG-Rechner im Internet keine Förderung erhalten würden. Im Gespräch stellt sich dann aber heraus, dass sie möglicherweise doch einen Anspruch hätten. Daher empfehle ich, sich an die BAföG-Stelle im zuständigen Studentenwerk zu wenden."

[…]

Rund 68 Prozent der Studierenden in Deutschland gehen einem Nebenjob nach. Das Studium allein damit zu finanzieren, ist nach Meinung der Beraterin allerdings schwierig: „Es bleibt weniger Zeit zum Lernen, was sich schnell rächen kann. Sinnvoll ist sicherlich, einen Nebenjob anzunehmen, der einen fachlichen Bezug zum Studium hat, etwa einen Job als studentische Hilfskraft am Lehrstuhl", erklärt Sonja Bauer.

Eine vollständige Textanalyse verfassen

Eine beliebte Option, das Budget aufzustocken, ist ein sogenannter Minijob, bei dem dauerhaft nicht mehr als 450 Euro im Monat verdient werden. „Auch wer BAföG bekommt, kann innerhalb eines Jahres im Monatsdurchschnitt bis zu 450 Euro verdienen, ohne, dass es den BAföG-Anspruch mindert", erläutert die Beraterin. „Insgesamt darf man jedoch im Bewilligungszeitraum, also innerhalb von zwölf Monaten, nicht die Einkommensgrenze von derzeit 5.416 Euro übersteigen. Ansonsten wird der übersteigende Verdienst auf das BAföG angerechnet."

Wem ein Minijob nicht ausreicht, muss mit Blick auf die Sozialversicherung die „Werkstudentenregel" beachten: Wer nicht mehr als 20 Stunden pro Woche arbeitet, zahlt als Arbeitnehmer nur Beiträge in die Rentenversicherung ein […]. In Einzelfällen kann die 20-Stunden-Regel überschritten werden, zum Beispiel in den Ferien. Auch wer überwiegend während der Abend- und Nachtstunden oder am Wochenende arbeitet, darf eine Ausnahme machen, ohne dass sich der Sozialversicherungsstatus ändert. Diese Einzelfälle muss aber die Krankenkasse genehmigen. „Neu ist seit Anfang 2017, dass die Zeiten der Überschreitung auf maximal 26 Wochen im Beschäftigungsjahr befristet sein müssen", ergänzt Sonja Bauer.

[…]

Wer sich voll und ganz auf das Studium konzentrieren und deswegen nicht dauerhaft einem Nebenjob nachgehen will, kann zeitlich befristet arbeiten, etwa in der vorlesungsfreien Zeit. Wird bei einem Arbeitgeber nicht länger als drei Monate am Stück oder 70 Arbeitstage pro Kalenderjahr gearbeitet, handelt es sich um eine befristete Beschäftigung, für die keine Sozialversicherungsbeiträge anfallen. Bleibt zudem der Jahresverdienst unter dem Grundfreibetrag von aktuell 8.820 Euro, fallen auch keine Steuern an. Wichtig dabei: Eine zeitliche Begrenzung muss bereits vor Beginn der Tätigkeit vereinbart werden.

Kompliziert kann es immer dann werden, wenn verschiedene Arten von Nebenjobs kombiniert werden. „Wer unsicher ist, wie welcher Job bewertet wird, sollte lieber nachfragen", lautet Sonja Bauers Empfehlung. Beratung bieten neben den Studentenwerken auch das Beratungsnetzwerk des Deutschen Gewerkschaftsbundes (DGB), die Krankenkassen sowie die deutsche Rentenversicherung.

[…]

Studienkredite sollten aus Sicht der Beraterin eine Notlösung sein: „Ein Studienkredit eignet sich nicht, um ein Studium voll zu finanzieren, sondern nur zur Überbrückung." Bekannteste Studienkredite sind der KfW-Studienkredit, der Bildungskredit und das Studienabschlussdarlehen der Darlehenskasse der bayerischen Studentenwerke. […]

Und dann gibt es noch Stipendien als Finanzierungsmöglichkeit. Hier gilt es zunächst, sich einen Überblick über die Fülle an Begabtenförderungswerken, Stiftungen und Vereinen zu verschaffen, die Fördergelder an Studierende auszahlen. […] Aber: Einen Versuch ist es wert, zumal nicht nur Leistungen wie gute Noten zählen, sondern oftmals auch soziales oder politisches Engagement. […]

www.abi.de (11.09.2017)

1 Bearbeiten Sie den Text nach der 5-Schritt-Lesetechnik (↗ Kapitel 22).

2 Formulieren Sie Zwischenüberschriften für die einzelnen Sinnabschnitte.

Eine vollständige Textanalyse verfassen

3 Analysieren Sie den Text mithilfe folgender Aufgaben:

a) Bestimmen Sie den Anlass für den Artikel und die Intention des Autors.

b) Nennen und erläutern Sie die Aspekte, von denen die Höhe der monatlichen Ausgaben von Studierenden abhängt.

c) Notieren Sie die im Text genannten Möglichkeiten zur Finanzierung eines Studiums, wenn die Eltern nicht für die Kosten aufkommen.

4 Notieren Sie sprachliche Mittel, die Ihnen aufgefallen sind. Mit welcher Absicht wurden sie verwendet?

★ **5 Welche Beschäftigungsform halten Sie während des Studiums für sinnvoller, einen Nebenjob oder einen „Job auf Zeit"? Nehmen Sie dazu Stellung.**

6 Ordnen Sie Ihre Analyseergebnisse zum Text auf S. 66/67 den Elementen der Textanalyse (↗ Basiswissen) zu. Ergänzen Sie Ihre Analyse zu noch nicht berücksichtigten Aspekten.

BASISWISSEN Elemente einer Textanalyse

Elemente	Fragestellungen/Analyseaspekte	Worauf ist zu achten?
Einleitung	1. Autor, Titel, Erscheinungsort, Erscheinungsdatum 2. Anlass, Textsorte, Thema, Autorenintention	• Titel kann Hinweise geben • Art des Mediums und Textsorte können auf Adressaten verweisen
Hauptteil 1. Inhalt und Aufbau	3. Welche Informationen/Aussagen sind enthalten? 4. Wie ist der gedankliche (logische) Aufbau? (Thesen, Argumente) 5. Welche Quellen und Belege werden genannt? 6. Kommen Personen direkt zu Wort?	• Schlüsselwörter finden • Absätze, Zwischenüberschriften • Übergänge zwischen Abschnitten • Hinweise auf Personen, Medien, Institutionen, Studien usw. • wörtliche Rede/indirekte Rede
2. Sprache u. a. Gestaltungsmittel	7. Welche sprachlichen Mittel werden eingesetzt? 8. Welche Sprachvarietäten werden verwendet? – (Fachsprache, Hochsprache, Umgangssprache) 9. Ergänzen Bilder, Diagramme u. a. den Text?	• Sprachbilder, rhetorische Figuren • Wortwahl (z. B. Fremdwörter, umgangssprachliche Ausdrücke) • Kombination von Text und Bild
3. Absicht und Wirkung	10. Was soll mit dem Text erreicht werden? (Information, Aufforderung zum Handeln, Kritik, Unterhaltung, Meinungsbildung, Manipulation) 11. Wie wirkt der Text auf Sie?	• Grundstimmung/sprachliche Gestaltung (z. B. sachlich-informativ, heiter-ironisch, provozierend, auffordernd)
Schluss	12. Fazit, Bewertung	• persönlicher Nutzen (z. B. Wissenszuwachs, Meinungsbildung)

Eine vollständige Textanalyse verfassen

Die folgende Schülerarbeit zu dem Text auf S. 66/67 hat viel Kritik erhalten:

Muster

Der Text „Studienfinanzierung. Wie finanziere ich mein Studium?“ ist am 11. 09. 2017 in der Zeitschrift „abi“ der Bundesagentur für Arbeit erschienen. Der Autor thematisiert verschiedene Möglichkeiten zur Studienfinanzierung und erklärt, wie es sich mit Ausgaben und Einnahmen der Studierenden verhält. Anlass des Textes ist die Problematik, dass für viele Studierende eine Geldquelle nicht ausreicht, um die monatlich anfallenden Kosten zu decken.

Zu Beginn des Textes bezieht sich der Verfasser auf die 21. Sozialerhebung des Deutschen Studentenwerks (DSW) zu den monatlichen Ausgaben von Studenten. Die Ausgaben belaufen sich laut der Erhebung auf durchschnittlich 819 Euro pro Monat. Der Autor zitiert Äußerungen von Sonja Bauer, Sozialberatung des Studentenwerks Würzburg. Das Zitat macht deutlich, dass Ausgaben zwar individuell seien, es dennoch kaum günstiger ginge. Demgegenüber stellt der Verfasser die Einnahmen, die laut dem DSW den Studierenden im Monat zur Verfügung stünden. Diese belaufen sich auf 918 Euro, damit seien für 86 % der Studierenden nach wie vor noch die Eltern die wichtigste Geldquelle. Nebenjobs (61 %), BAföG (25 %), Studienkredite (5%) und Stipendien (5 %) rangieren dahinter. Die Eltern seien nach Sonja Bauer gesetzlich dazu verpflichtet, ihre Kinder in der Ausbildung und Studium finanziell zu unterstützen. Reicht deren Geld nicht aus, könne die staatliche Ausbildungsförderung (BAföG) beantragt werden.

Kritisch sieht Sonja Bauer die Finanzierung des Studiums durch einen Nebenjob, dem 68 % der Studierenden nachgehen. Die Beraterin warnt vor negativen Auswirkungen auf das Studium und rät zu einer fachlichen Nebentätigkeit am Lehrstuhl. Der Autor führt alternativ einen Minijob an, bei dem dauerhaft nicht mehr als 450 Euro verdient werden. BAföG Berechtigte dürfen im Monatsdurchschnitt bis zu 450 Euro verdienen, ohne, dass es den BAföG Anspruch mindere.

Als weitere Möglichkeit der Studienfinanzierung geht der Verfasser auf die Beschäftigung innerhalb der vorlesungsfreien Zeit ein. Sofern bei einem Arbeitgeber nicht länger als drei Monate am Stück oder 70 Arbeitstage im Kalenderjahr gearbeitet wird, fallen aufgrund der befristeten Beschäftigung keine Sozialversicherungen an. Weiter fallen keine Steuern an, sofern der Jahresverdienst unter dem Grundfreibetrag von 8820 Euro liegt. Der Autor weist jedoch darauf hin, dass eine vor Beginn der Beschäftigung bereits eine zeitliche Begrenzung geregelt sein muss.

Laut Sonja Bauer seien Studienkredite zur kurzfristigen Überbrückung gedacht, hingegen Stipendien nicht außer Acht gelassen werden sollten. Der Autor ermutigt, da die Leistungen nicht alleinig ausschlaggegeben sind, sondern auch soziales und politisches Engagement zähle.

Der Text soll künftige Studenten und bereits Studierende über die finanziellen Belastungen während des Studiums aufklären. Vor allem jungen Menschen, die die Schule erst vor Kurzem abgeschlossen haben, bietet dieser Text eine gute Orientierung. Nach dem Lesen des Textes entscheidet sich der eine oder andere vielleicht doch noch für eine Ausbildung.

7 Setzen Sie sich mit dem Muster auseinander und bewerten Sie es.

a) Stellen Sie fest, worin der inhaltliche Schwerpunkt dieser Textanalyse liegt und was unberücksichtigt bleibt.

b) Ordnen Sie die Elemente einer Textanalyse (↗ Basiswissen, S. 68) den Textabschnitten der Musteranalyse mithilfe von Zeilenangaben zu.

c) Prüfen Sie, ob die Fragen aus dem Basiswissen in der Musteranalyse beantwortet wurden.

d) Schließen Sie sich der Bewertung am Schluss an? Verfassen Sie eine eigene Bewertung.

Schaubilder und Diagramme analysieren

Das Zusammenspiel von Text und Schaubild

Schaubilder oder Diagramme werden häufig im Zusammenhang mit Sachtexten veröffentlicht.

Fast alle Schüler nehmen ihr Handy mit in die Schule

Berlin, 17. Februar 2015 – Mobiltelefone gehören für die große Mehrheit der Schüler ebenso in die Schultasche wie Bücher und Hefte. 9 von 10 Schülern (92 Prozent) geben an, ihr Handy oder Smartphone mit in die Schule zu nehmen. Das ist das Ergebnis einer repräsentativen Umfrage im Auftrag des Digitalverbands Bitkom. Am häufigsten werden die Geräte genutzt, um Musik zu hören (87 Prozent aller Schüler). Drei Viertel der Schüler (74 Prozent) fotografieren mit dem Mobiltelefon Tafelbilder und mehr als jeder Zweite (56 Prozent) sucht während des Unterrichts online nach Informationen zum Lehrinhalt. „Smartphones gehören zum Alltag von Schülern – und sind damit natürlich auch ein Teil der Schule. Umso wichtiger ist es, Schülern fächerübergreifend im Unterricht Medienkompetenz zu vermitteln, damit die Geräte auch im Unterricht sinnvoll genutzt werden", sagt Bitkom-Vizepräsident Achim Berg. „Voraussetzung dafür ist, dass Lehrer entsprechend geschult werden und mit neuen Technologien umgehen können."

Häufig nutzen die Schüler ihre Mobilgeräte auch, um mit anderen Schülern zu chatten (70 Prozent) und um neue Nachrichten in sozialen Netzwerken zu lesen (45 Prozent). Jeder Dritte (34 Prozent) schaut sich in der Schule Videos an, jeder Vierte (24 Prozent) spielt in den Pausen auf dem Gerät. Nur jeder Fünfte (20 Prozent) nutzt sein Mobiltelefon in der Schule zum Telefonieren. Jeder zehnte Schüler (10 Prozent) gibt zu, dass er mithilfe seines Handys oder Smartphones versucht, bei Klassenarbeiten zu schummeln. „Wichtig ist, dass die Schulen klare Regeln für die Nutzung von Handy und Smartphone aufstellen. Richtig eingesetzt können die Geräte den Unterricht bereichern", so Berg. […]

www.bitkom.org (17. 02. 2015)

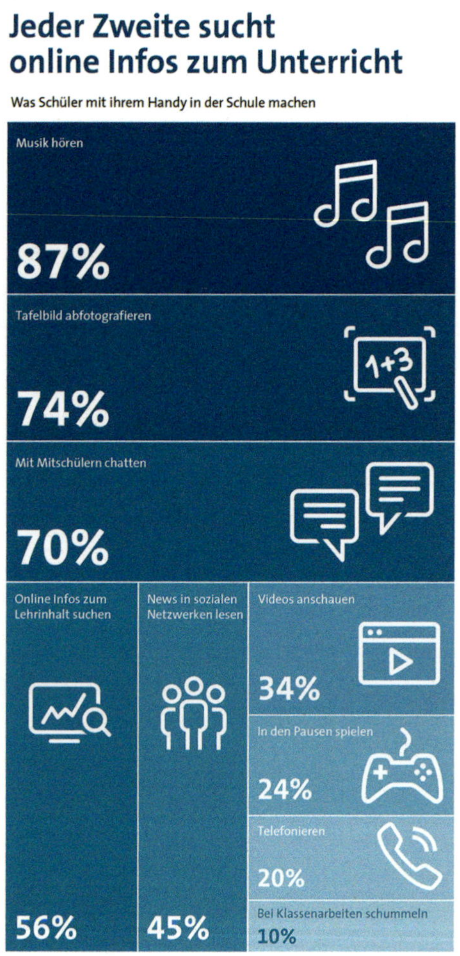

1 Bearbeiten Sie zunächst den Text. Arbeiten Sie nach der Methode Think-Pair-Share.

a) Welcher Sachverhalt wird thematisiert?

b) Nehmen Sie Stellung zu der Aussage, dass Handys und Smartphones richtig eingesetzt den Unterricht bereichern können (Z. 32 f.).

2 Dem Zeitungsartikel ist ein Schaubild beigefügt. Analysieren Sie dieses.

a) Was sagt es aus?

b) Wie wirkt die Darstellung auf Sie?

c) Welche Funktion hat das Schaubild im Hinblick auf den Text?

Diagramme – Möglichkeiten und Grenzen erkennen

Je nach Aussage- und Wirkungsabsicht lassen sich Inhalte vielfältig grafisch darstellen.

Würden Sie an einer Tortengrafik teilnehmen?

99,8 % aller Deutschen wurden schon einmal statistisch erfasst, 97,9 % davon sogar mehrmals. Das sind erschreckende Zahlen, die Amnesty International gerne verschweigt, aber in Deutschland sind Millionen das Opfer statistischer Erhebungen. Wer schon einmal in einem Koordinatenkreuz aufgewacht ist oder unter einem Säulendiagramm lag, weiß, was das heißt. Täglich sind im ganzen Land Hunderte von Statistikern (= 0,04 % der Bevölkerung) unterwegs und fragen ahnungslose Passanten, ob sie unverbindlich an einer Tortengrafik teilnehmen oder mal in einer Tabelle mitarbeiten möchten.

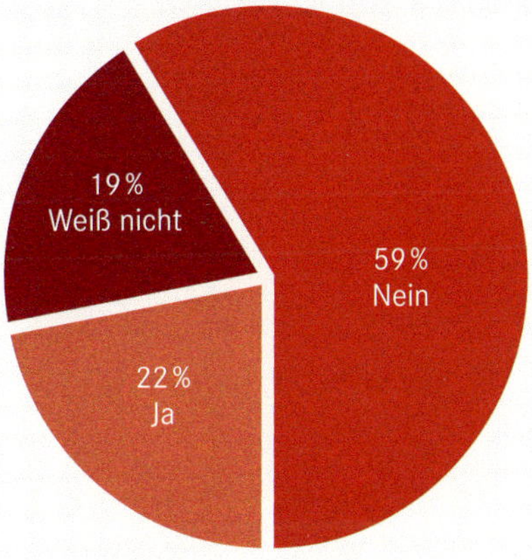

(Bäckerei Dingwerth)

(H. Zippert, „So funktioniert Deutschland“)

1 Analysieren Sie den Text und das Diagramm.

a) Worauf macht Hans Zippert mit seinem Text und dem Diagramm aufmerksam?

b) Welche Funktion erfüllen der Titel und die Angabe (Bäckerei Dingwerth) unter dem Diagramm?

c) Mit welchen sprachlichen Mitteln verstärkt der Autor seine Aussageabsicht?

Balkendiagramm

2 Setzen Sie sich mit dem Balkendiagramm auseinander.

a) Geben Sie die wesentlichen Aussagen wieder.

b) Erörtern Sie, warum sich die Herausgeber wohl für die vorliegende Diagrammart entschieden haben.

c) Beurteilen Sie, ob Fragestellungen zu der dargestellten Thematik offenbleiben.

3 Machen Sie in Ihrer Klasse eine Umfrage zum Thema „Mediennutzung in der Freizeit“.

a) Veranschaulichen Sie die Ergebnisse durch ein Balkendiagramm.

b) Vergleichen Sie die Ergebnisse Ihrer Klasse mit denen des Schaubildes der JIM-Studie.

Medienbeschäftigung in der Freizeit 2015

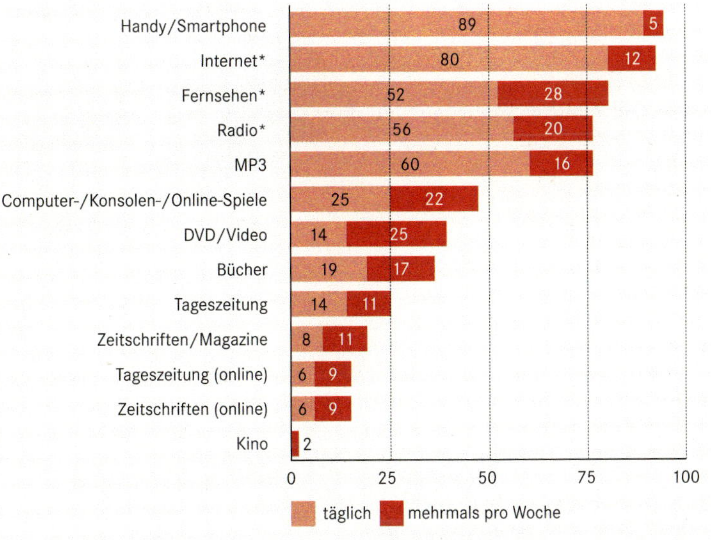

*Quelle: JIM-Studie 2015, Angaben in Prozent, *egal über welchen Verbreitungsweg, Basis aller Befragten, n = 1 200*

Diagramme – Möglichkeiten und Grenzen erkennen

Säulendiagramm

Smartphone-Besitzer 2011–2015

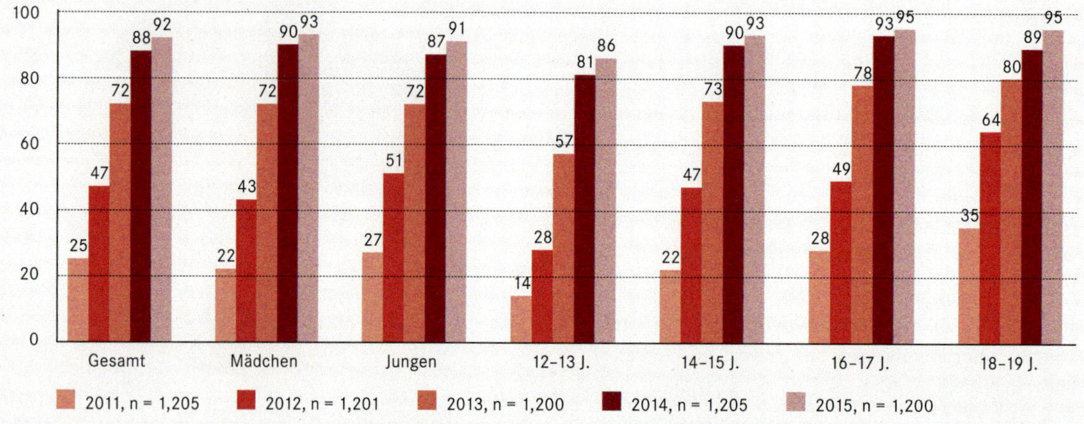

Quelle: JIM-Studie 2011–2015, Angaben in Prozent
Basis: alle Befragten, n bezeichnet den Umfang der Stichproben

4 Untersuchen Sie das Säulendiagramm.

a) Notieren Sie Fragen, die durch die Teile des Diagramms beantwortet werden.

b) Stellen Sie sich die Visualisierung in Kreisdiagrammen vor:
Wägen Sie ab, welche Darstellungsart passender ist. Begründen Sie Ihre Meinung.

Kreisdiagramm

5 Untersuchen Sie die in dem Schaubild enthaltenen Kreisdiagramme.

a) Welche Aussagen werden zur Glaubwürdigkeit verschiedener Medienformate gemacht?

b) Wie unterscheiden sich die Ergebnisse in den verschiedenen Altersgruppen?

c) Bewerten Sie das Schaubild hinsichtlich seiner Aussagekraft und Gestaltung. Warum wurde diese Art der Darstellung gewählt?

Würde bei widersprüchlicher Berichterstattung am ehesten vertrauen auf …

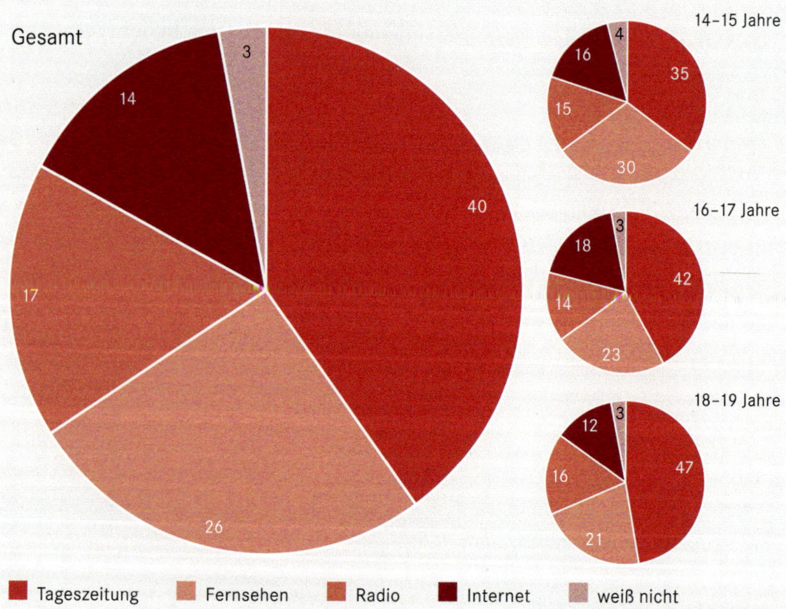

Quelle: JIM-Studie 2014, Angaben in Prozent; Basis: alle Befragten, n = 1 200

Diagramme – Möglichkeiten und Grenzen erkennen

Bei der Erläuterung eines Diagramms formulieren Sie die Zusammenhänge zwischen den statistischen Werten.

Lückentext

___ Menschen als in den letzten Jahren suchen bei den Verbraucherzentralen und der Polizei Rat, weil sie „abgezockt" wurden. Ein unbedachter Mausklick – und der Rechner ist ___ infiziert. ___ der Befragten hat das schon einmal erlebt. Dies ergab eine Befragung, bei der Mehrfachnennungen möglich waren. ___ wurde beklagt, dass die Versuche, sich die Zugangsdaten zu Online-Diensten zu verschaffen, überhandgenommen haben. ___ ist die Zahl derer, in deren Namen unerwünschte Mails verschickt wurden.

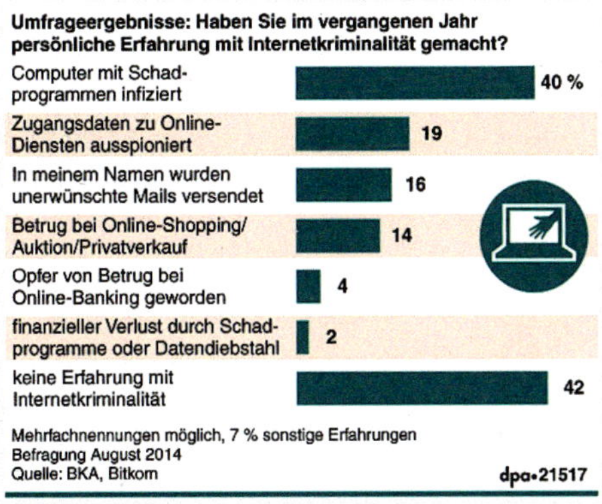

6 **Geben Sie die Aussagen des Diagramms schriftlich wieder.**

a) Ergänzen Sie dazu den Lückentext.

b) Finden Sie Synonyme für „abzocken".

c) Ergänzen Sie den Text um Aussagen zu den anderen genannten Aspekten des Schaubildes.

Kurven-/Liniendiagramm

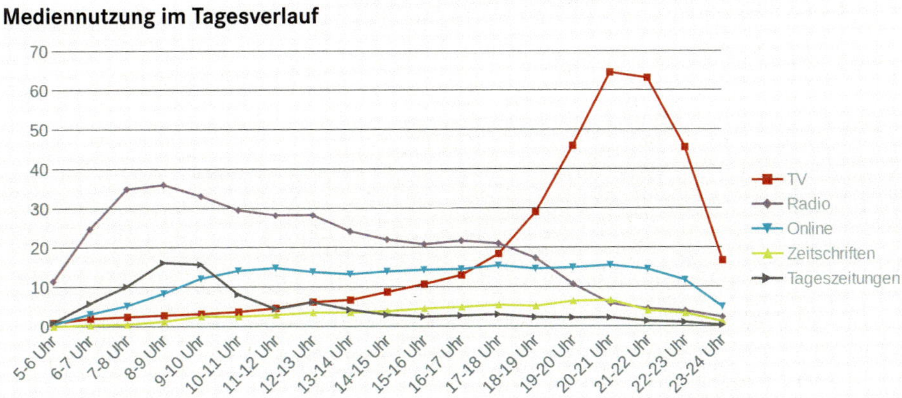

Zielgruppe: Basis (23 090 ungew. Fälle – 69,24 Mio) / Darstellung in % vertikal / Mo–So

Basis: Deutschsprachige Bevölkerung ab 14 Jahre (23 090 ungew. Fälle – 69,24 Mio)
Quelle: Media Analyse 2015 Radio I, Mediendaten Südwest / Daten beruhen auf Stunden (Netto-Werte)

7 **Untersuchen Sie das vorliegende Diagramm hinsichtlich der wesentlichen Aussagen.**

★ **8** **Nennen Sie weitere Sachverhalte, für deren Darstellung sich ein Liniendiagramm gut eignet.**

Diagramme – Möglichkeiten und Grenzen erkennen

Organigramm

Das Organigramm ist eine grafische Darstellungsform, mit der sich beispielsweise die Struktur eines Unternehmens oder einer Kulturinstitution gut darstellen lässt.

9 **Untersuchen Sie das Organigramm der Kulturinstitution.**

a) Notieren Sie, welche Hauptaussagen getroffen werden.

b) Zeigen Sie auf, welcher Zweck mit dieser Art der Darstellung verfolgt wird.

★ **10** **Gestalten Sie ein Organigramm, das die Struktur Ihrer Schule darstellt.**

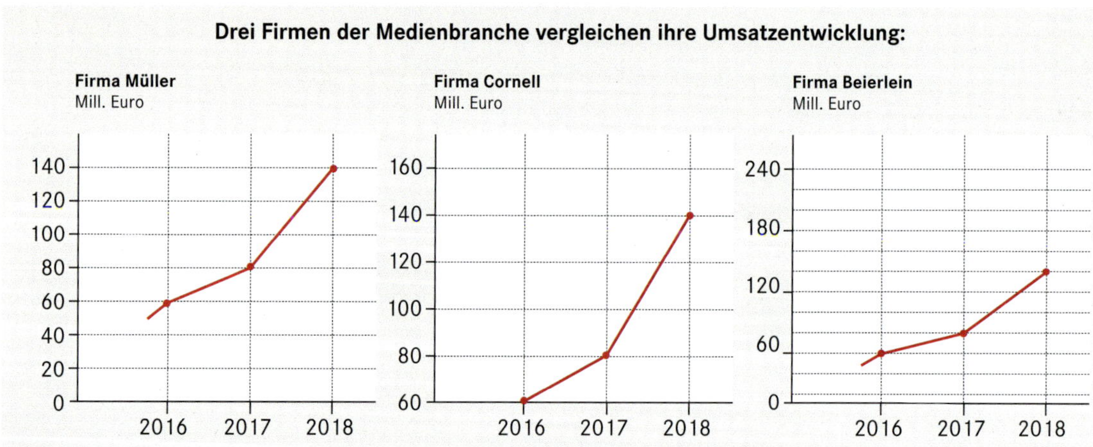

11 **Untersuchen Sie die grafischen Darstellungen zur Umsatzentwicklung.**

a) Vergleichen Sie: Welche Firma hat den höchsten Umsatz erzielt?

b) Welchen Eindruck können die verschiedenen grafischen Darstellungen erwecken?

c) Notieren Sie Ursachen für die unterschiedliche Wirkung.

Diagramme – Möglichkeiten und Grenzen erkennen

Die folgenden grafischen Darstellungen basieren auf denselben Informationen.

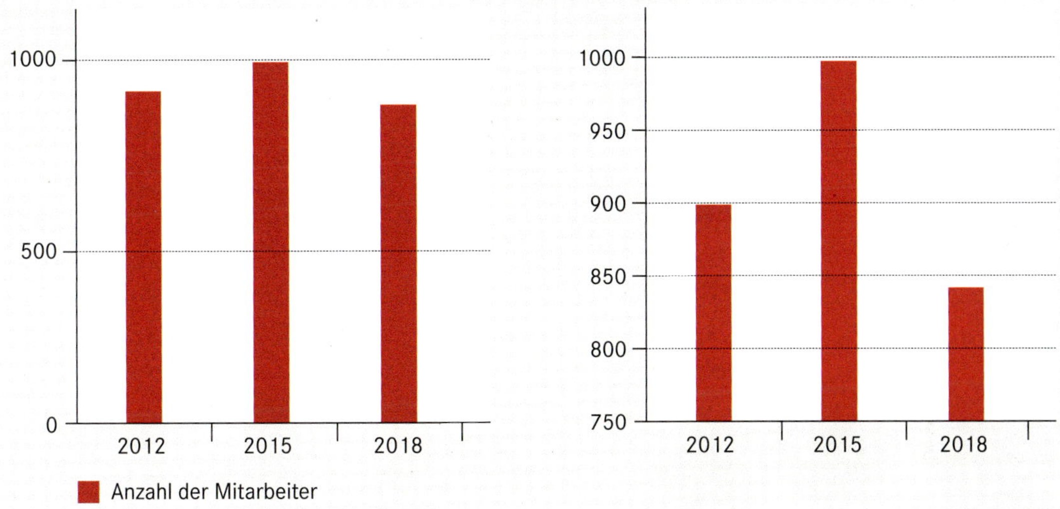

12 **Vergleichen Sie die beiden Säulendiagramme. Diskutieren Sie, wie der jeweils gewählte Maßstab – die Skalierung der Achsen – die Aussage beeinflusst.**

13 **Der frühere US-Präsident Franklin D. Roosevelt sah Statistiken kritisch, da laut Statistik ein Millionär und ein armer Kerl jeder eine halbe Million hätten.**

a) Nehmen Sie Stellung zu dieser Einschätzung.

b) Recherchieren Sie, welche weiteren Möglichkeiten es gibt, Statistiken manipulativ zu gestalten, und stellen Sie Ihre Recherche-Ergebnisse vor.

BASISWISSEN | Informationen in Form von Schaubildern und Diagrammen

Schaubilder sind grafisch gestaltete Informationen zu einem Sachverhalt. Sie können Bilder, Symbole, Diagramme und Textelemente enthalten, wobei die Wahl der Darstellung von der Aussageabsicht abhängig ist. Diagramme sind eine spezielle Form von Schaubildern:

- **Kreisdiagramm:** Es vermittelt Anteilsverhältnisse einer Gesamtheit; es wird unübersichtlich, wenn zu viele Aspekte visualisiert werden.
- **Säulen-/Balkendiagramm:** Es vermittelt einen Eindruck von Größenverhältnissen, die im Vergleich dargestellt werden. Im Balkendiagramm werden Daten durch waagerecht liegende, im Säulendiagramm durch senkrecht stehende Balken dargestellt.
- **Kurven-/Liniendiagramm:** Es zeigt Entwicklungsverläufe in einem zeitlichen Rahmen.
- **Organigramm:** Es stellt Strukturen dar; organisatorische Einheiten sowie deren Aufgabenverteilung und Kommunikationsbeziehungen werden ersichtlich.

Schaubilder/Diagramme sind immer auch kritisch zu betrachten. So können Zahlen und Größenunterschiede durch die Wahl der Maßeinheiten unterschiedlich wirken. Auch der gewählte Maßstab – die Skalierung der Achsen – ist zu beachten sowie die Aussagekraft der Daten: Handelt es sich um genaue oder geschätzte Zahlen?

Eine Schaubildanalyse verfassen

Schaubilder enthalten oft mehrere, unterschiedlich dargestellte Aussagen und verschiedene grafische Elemente zu einem Thema.

1 Untersuchen Sie das vorliegende Schaubild.

a) Notieren Sie Stichworte bzw. Daten zu folgenden Punkten:
- Quelle des Schaubildes
- Herausgeber
- Titel, Untertitel
- Thema
- Art des Zahlenmaterials (absolute Zahlen / Prozentzahlen / Schätzungen)
- gewählte Diagrammform/-en
- Symbole
- Bilder (schwarz-weiß, farbig)
- Farbwahl
- Vordergrund
- Hintergrund

b) Welche Hauptaussagen werden gemacht?

2 Beschreiben Sie die Wirkung der grafischen Gestaltung.

Eine Schaubildanalyse verfassen

In dem folgenden Text werden Aussagen zu dem Schaubild auf formuliert.

Muster

Das Schaubild „Deutschland online" basiert auf einer Online-Studie von ARD und ZDF. Es wurde als Globus-Schaubild 10600 veröffentlicht und veranschaulicht, wie viel Prozent der über 14-Jährigen das Internet nutzen und welche Internetangebote 2015 genutzt werden.

Die obere Hälfte des Schaubildes zeigt ein Liniendiagramm, das den Zeitraum von 1997 bis 2015 umfasst. Dabei werden die Prozentzahlen für alle zwei Jahre ab 1997 angezeigt. Sie ist 1997 mit 6,5 Prozent am niedrigsten und im Jahr 2015 mit 79,5 Prozent am höchsten.

Der Anstieg der Internetnutzer über 14 Jahre ist bis 2003 eklatant. Die höchsten Anstiege sind dabei von 1999 bis 2001 um 21,1 Prozent und von 2001 bis 2003 um 14,7 Prozent. Seit 2003 nutzt mehr als die Hälfte der befragten Gruppe über 14 Jahre das Internet. Das Ende des Untersuchungszeitraums (2015) zeigt noch einmal einen deutlichen Anstieg der Internetnutzung seit 2003 um 26 Prozent. Hier fällt der Anstieg von 2009 bis 2011 um 6,2 Prozent ins Auge.

Im unteren Teil des Schaubildes wird dargestellt, was die häufigsten Anwendungen der Internetnutzer sind. Die grafische Darstellung erfolgt hier über Kreise. Die häufigste Onlineanwendung stellt mit 55 Prozent der Gebrauch von Suchmaschinen dar, dicht gefolgt von „Senden und Empfangen von Mails" mit 50 Prozent. 43 Prozent geben an, Instant-Messaging-Dienste in Anspruch zu nehmen. 36 Prozent der über 14-jährigen Onlinenutzer suchen im Internet nach Informationen, 31 Prozent lesen hier aktuelle Nachrichten. 29 Prozent der Befragten gaben an, Artikel und Berichte online zu lesen, und 22 Prozent gebrauchen im Internet Soziale Netzwerke.

Insgesamt wird durch das Schaubild deutlich, dass das Internet aus dem Leben der Deutschen nicht mehr wegzudenken ist. Weiter zeigt das Schaubild auch, welchem Gerät der rasante Anstieg der Internetnutzung seit 1997 und besonders seit 2009 zu verdanken ist: dem Smartphone. Damit sind im Grunde sämtliche der hier dargestellten Onlineanwendungen problemlos und vor allem ortsungebunden möglich.

Die Grafiken in dem Schaubild sind in Magenta gehalten, eine rosafarbene Hand hält mit ausgestrecktem Zeigefinger, der auf das Liniendiagramm deutet, ein Smartphone. Auf dessen Display sieht man das Balken-Symbol für den vollen drahtlosen Internetempfang in den Farben der deutschen Nationalflagge Schwarz, Rot und Gelb.

Die inhaltliche Darstellung ist gut gelungen und die Aussage des Schaubilds leicht verständlich. Die Kreise mit den Prozentzahlen der häufigsten Onlineanwendungen wirken im Vergleich zum Liniendiagramm aber markanter. Dies ist wohl auch eine Aussage des Schaubilds: mittlerweile erscheint der Zugang zum Internet für weite Teile der über 14-jährigen Bevölkerung eine Selbstverständlichkeit zu sein, wogegen die häufigsten Onlineanwendungen weiter gefächert sind. Interessant wäre es hierbei, zu erfahren, inwiefern sich diese Onlineanwendungen auf verschiedene Altersgruppen verteilen, wobei einzuräumen ist, dass diese Information in diesem Schaubild zu einer Überfrachtung führen würde.

3 **Vergleichen Sie Ihre Stichworte mit den Aussagen des Musters und beurteilen Sie die Schaubildanalyse.**

a) Werden die wichtigsten Aussagen des Schaubildes richtig wiedergegeben?
b) Wie ist die Schaubildanalyse aufgebaut?
c) Wie schätzen Sie den Schlussteil ein? Schreiben Sie fünf Stichpunkte auf.

Eine Schaubildanalyse verfassen

Sprache und Stil

Beim Verfassen einer Schaubildanalyse kommt es – wie bei Sachtextanalysen auch – darauf an, aussagekräftig und verständlich zu formulieren und die Gliederung des Textes durch eine entsprechende sprachliche Gestaltung sichtbar zu machen.

4 Erläutern Sie, welche der folgenden Sätze sich eignen für:

a) die Angabe der Quelle oder des Herausgebers,
b) die Formulierung des Themas oder
c) die Schlussfolgerung.

das Schaubild gibt Auskunft über ...; als weiteres Beispiel wird angeführt ...; letztlich geht aus dem Schaubild hervor, dass ...; das Schaubild ist ... entnommen; die Symbole verdeutlichen ...; zusammenfassend lässt sich sagen, ...; die Zahlen legte ... vor

d) Notieren Sie Formulierungen, die in der Musteranalyse für die unter 1 a–c genannten Aspekte verwendet wurden, und ergänzen Sie weitere.

5 Erweitern Sie Ihre Ausdrucksmöglichkeiten, um Wiederholungen zu vermeiden.

a) Notieren Sie möglichst viele Verbindungen mit Verben, in denen die folgenden häufig auftretenden Nomen vorkommen. Halten Sie Ihre Ergebnisse tabellarisch fest.

In vielen Schaubildern werden Probleme benannt, Fragen aufgeworfen, Sachverhalte in Beziehung gesetzt, Zusammenhänge aufgezeigt, Schlussfolgerungen gezogen ...

b) Suchen Sie Synonyme für die Nomen. Arbeiten Sie auch mit dem Wörterbuch.

Nomen	Verb-Nomen-Verbindung	Synonyme
Problem	sich eines Problems bewusst sein/werden, sich mit einem Problem auseinandersetzen	Schwierigkeit, Streitfrage
Frage	...	...
...	...	...

c) Entscheiden Sie sich bewusst für die Verwendung des Aktivs oder Passivs in Ihrer Analyse.
Beispiel: *Das Schaubild zeigt ... In dem Schaubild wird dargestellt ...*

6 Formulieren Sie die folgenden Vergleiche grammatikalisch richtig. Schreiben Sie die Sätze ab und setzen Sie „als“ oder „wie“ richtig ein.

- 2015 nutzen 79,5 Prozent der über 14-Jährigen das Internet. Das sind 12,4 Prozent mehr ■ 2009.
- 55 Prozent nutzen Suchmaschinen im Internet. Damit werden Suchmaschinen viel häufiger benutzt ■ soziale Netzwerke.
- Das Lesen aktueller Nachrichten wird mit 31 Prozent in etwa genauso oft als Internetnutzung angegeben ■ das Lesen von Artikeln und Berichten mit 29 Prozent.
- Im Jahr 1997 wurde das Internet von über 14-Jährigen deutlich weniger genutzt ■ 2015.

Eine Schaubildanalyse verfassen

Sie erhalten die Aufgabe, zu dem folgenden Schaubild eine Analyse zu schreiben. Die folgenden Schritte helfen Ihnen beim Verfassen der Analyse.

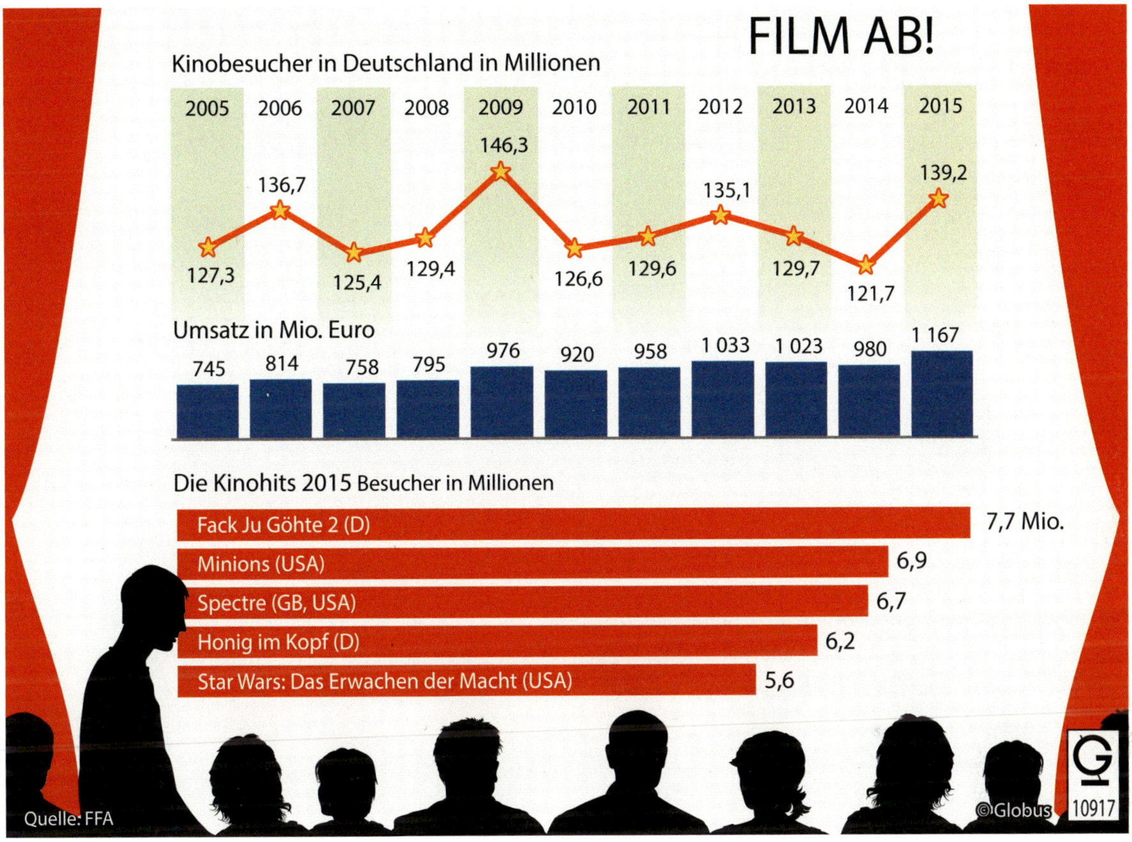

7 Betrachten Sie das Schaubild und analysieren Sie seine inhaltlichen Aspekte.

a) Was wird dargestellt? Werden Entwicklungen, Vergleiche, Strukturen oder Anteilsverhältnisse einer Gesamtheit aufgezeigt?
b) Welche Aussagen können zu den einzelnen Teilen formuliert werden?
c) Welcher inhaltliche Zusammenhang besteht zwischen den Teilaussagen?

8 Setzen Sie sich mit einem besonderen inhaltlichen Aspekt des Schaubildes auseinander.

a) Recherchieren Sie die Entwicklung der durchschnittlichen Eintrittspreise für einen Kinobesuch.
b) Diskutieren Sie, inwiefern die vorliegende Grafik „Film ab!“ durch das Fehlen dieser Information an Aussagekraft verliert.
c) Welche Schlussfolgerung lassen sich aus der Grafik mit und welche ohne die Information über die Entwicklung der Eintrittspreise ziehen?
d) Welche Schlussfolgerungen lassen sich insgesamt ziehen?
e) Überlegen Sie, ob Informationen fehlen, die die Aussagekraft des Schaubildes erhöhen könnten.

9 Untersuchen Sie den Titel des Schaubildes.

a) Welche Wirkung geht von ihm aus?
b) Überlegen Sie, welche anderen Titel mit welcher Wirkung denkbar wären.

Eine Schaubildanalyse verfassen

10 Beurteilen Sie die Gesamtwirkung des Schaubildes.

a) Notieren Sie Ihre positiven sowie negativen Eindrücke und begründen Sie Ihre Sichtweise. Übertragen Sie dazu die folgende Tabelle in Ihr Heft und ergänzen Sie diese entsprechend.

b) Welche Wirkung geht vom Zusammenspiel der inhaltlichen Aussagen und der grafischen Gestaltung aus?

Schaubild	Eindrücke	Begründung
Gestaltung	+ –	
ausgewählte Diagrammart/-en	+ –	
Aussagegehalt	+ –	
Zusammenspiel von Text, Grafik und Bild	+ –	

Sprache und Stil

Bei der sprachlichen Formulierung Ihrer Schaubildanalyse kommt es darauf an, jeweils genau zu benennen, welches Element, welche Aussage oder welchen formalen Aspekt Sie gerade beurteilen. Folgende Sätze sind beim Formulieren einer Beurteilung hilfreich:

- *Es lässt sich sagen, dass das Schaubild sowohl in gestalterischer Hinsicht als auch in Bezug auf seine inhaltliche Aussage (nicht …) gelungen ist.*
- *Die Diagrammart ist treffend (ungünstig …) gewählt, weil …*
- *Die Aussagen des Diagramms werden durch ein Bild (Foto …) grafisch ansprechend (schlecht, unzureichend, zufriedenstellend …) unterstützt.*
- *Der Aussagegehalt des Schaubilds ist gut (ausreichend, unbefriedigend …), weil …*
- *Im Hinblick auf die Aussage zu … wäre … wünschenswert gewesen …*

11 Fassen Sie die Ergebnisse Ihrer Beurteilung (Aufgabe 4) in Sätzen zusammen.

a) Achten Sie darauf, dass Sie jeweils genau formulieren, zu welchem Aspekt Sie sich gerade äußern.

b) Formulieren Sie Ihre Gesamteinschätzung zur Wirkung des Schaubildes in einem Satz.

ARBEITSTECHNIK — Ein Schaubild analysieren und beurteilen

Bei der Beurteilung eines Schaubildes sollten Sie vor allem auf folgende Aspekte eingehen:

- Gestaltung (Vordergrund, Hintergrund, Bilder, Symbole, Farben, Übersichtlichkeit)
- Zweckmäßigkeit der ausgewählten Diagrammart/-en in Bezug auf die Aussageabsicht
- Aussagegehalt der einzelnen Teile sowie des Zusammenspiels der Teile
- Zusammenspiel von Text, Grafik und Bild

Eine Schaubildanalyse verfassen

Zu dem Schaubild wurden folgende Informationen veröffentlicht:

Film ab: Danke, Göthe!

Das Jahr 2015 lief für die deutschen Kinobetreiber positiv. Rund 139,2 Millionen Besucher wurden nach Angaben der Filmförderungsanstalt gezählt – das sind 17,5 Millionen mehr Kinobesucher als im Jahr 2014. Damit zeigt sich seit 2012 erstmals wieder eine Trendwende zu mehr Kinogängern ab. Mit dem Zugewinn an Besuchern geht auch ein Umsatzanstieg einher. Im Vergleich zum Vorjahr konnte der Umsatz von 980 Millionen Euro um 187 Millionen Euro auf 1,167 Milliarden Euro gesteigert werden, damit geht das Jahr 2015 als Rekordjahr für die Kinobranche in die Statistik ein. Erfreulich ist aus der Sicht der deutschen Filmemacher die Tatsache, dass unter den erfolgreichsten fünf Filmen zwei deutsche Streifen sind. Der größte Kinohit ist dabei die Fortsetzung der Schulkomödie „Fack Ju Göthe 2" mit 7,7 Millionen Zuschauern, aber auch die Auseinandersetzung mit ernsten Themen findet Zuspruch, wie der vierte Platz der Demenzgeschichte „Honig im Kopf" zeigt, der mit 6,2 Millionen Besuchern noch vor der Hollywood-Produktion „Star Wars: Das Erwachen der Macht" mit 5,6 Millionen Besuchern liegt.

12 Beurteilen Sie die Gesamtwirkung des Schaubildes.

a) Enthält der Text mehr oder weniger Informationen als das Schaubild?

b) Was leisten Text bzw. Schaubild in Bezug auf die Aussageabsicht?

13 Gliedern Sie nun Ihre Notizen zu dem Schaubild „Film ab!" und schreiben Sie eine vollständige Analyse.

ARBEITSTECHNIK – Eine Schaubildanalyse verfassen

Die **Analyse** eines Schaubildes besteht aus drei Teilen:

Die Einleitung sollte folgende Informationen enthalten, sofern sie gegeben sind: die Verfasserin/den Verfasser, den Erscheinungsort, den Titel des Schaubildes, das Erscheinungsdatum, die Benennung des Themas und die Art der grafischen Gestaltung.

Der **Hauptteil** enthält eine genaue Beschreibung des Schaubildes:

- Es ist sinnvoll, zunächst mit der optischen Darstellung zu beginnen: scharz-weiß/farbig - Farbwahl/ ausgewählte Bilder und Symbole, Wahl der Diagrammart.
- Bei der anschließenden inhaltlichen Analyse werden die Hauptaussagen des Themas wiedergegeben. Achten Sie besonders auf das Zahlenmaterial: absolute Zahlen, Prozentzahlen, Schätzungen.
- Danach sollten Sie das Zusammenspiel von inhaltlichen Aussagen und grafischer Gestaltung beurteilen - welche Intention (Aussageabsicht) wird mit dem Schaubild verfolgt (informell, appellativ), wie wirkt das Schaubild auf Sie?

Der **Schluss** rundet die Analyse ab. Weiterführende Überlegungen können Fragestellungen nach Themenschwerpunkten sein, die eventuell im Schaubild nicht erwähnt wurden oder zu kurz kamen.

Eine Schaubildanalyse verfassen

14 Verfassen Sie eine Analyse zu dem folgenden Schaubild. Orientieren Sie sich an dem Muster auf Seite 77 sowie den Arbeitstechniken im Kapitel und dem Fazit.

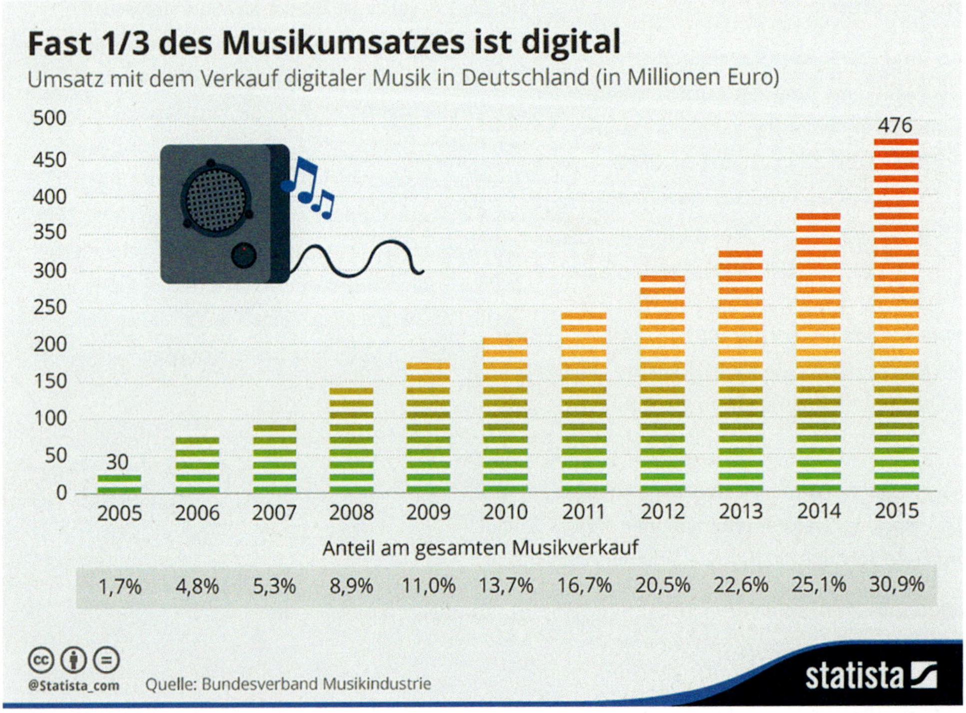

FAZIT

4.1
Analyse informativer und expressiver Sachtexte

- Inhalt erfassen
- Aufbau erkennen
- sprachliche Mittel – Aufbau und Wirkung erschließen
- die Analyse gliedern: Einleitung, Hauptteil, Schluss

4.2
Schaubilder und Diagramme analysieren

- Hauptaussagen und Zweckmäßigkeit der Darstellungsform erkennen
- das Zusammenspiel von Text und Schaubild erfassen
- mögliche Manipulationen erkennen
- das Schaubild analysieren und beurteilen
- die Analyse gliedern: Einleitung, Hauptteil, Schluss

Kapitel 5

Argumentationsstrukturen analysieren und beurteilen

5.1
Werbung analysieren und beurteilen

5.2
Reden analysieren und beurteilen

Appellative Texte haben ein Ziel und sollen eine Zielgruppe erreichen: Sie wollen ihre Leserschaft für eine bestimmte Position gewinnen und mitunter eine konkrete Verhaltensweise auslösen. Aber wie genau wird das erreicht? Dieses Kapitel soll Ihnen helfen, Argumentationsstrukturen in Texten zu analysieren. Sie werden erkennen, welche Mittel Verfasser, aber auch Redner nutzen können, um ihre Ziele zu erreichen.

Kompetenzen

- ✓ Gestaltungsprinzipien und sprachliche Besonderheiten appellativer Texte ermitteln
- ✓ Werbung analysieren
- ✓ Die in einer Rede enthaltenen Argumentationsstrukturen analysieren
- ✓ Eine Rede interpretieren

Methoden und Arbeitstechniken

- ✓ Schreibkonferenz
- ✓ Internetrecherche

Werbung analysieren und beurteilen
Inhalt, Aufbau und Gestaltungsprinzipien

Zu appellativen Texten – also Texten, die eine vorwiegend auffordernde Funktion haben – zählen Werbetexte. Sie haben aber einen Sonderstatus. Denn sie nutzen ganz bewusst die Möglichkeiten von Bildern und Sprache, um Menschen zu beeinflussen. Bei der Beurteilung und Bewertung von Werbetexten geht es deshalb vor allem um die Frage, mit welchen gestalterischen Mitteln die Werber ihr Ziel zu erreichen versuchen.

FRONTAL Versicherung
------Briefkopf mit LOGO------
Erstversicherung

Klaus Mustermann
Musterstr. 325
50013 Köln

15. April 20..

Ihr Schritt in die Unabhängigkeit
Sparen Sie bis zu 75 % mit Ihrer Kfz-Erstversicherung

Lieber Klaus,

in wenigen Tagen werden Sie 18. **Volljährig!!!** Sicher ein Tag, auf den Sie schon lange gewartet haben. Ein Tag, der Ihnen neue Möglichkeiten eröffnet, Ihr Leben zu **genießen.** Ein Tag, der Sie noch ein wenig **unabhängiger** werden lässt.

Und wir von der FRONTAL Versicherung helfen Ihnen dabei: mit dem **Einstiegsangebot für Geburtstagskinder.** Bei uns **sparen** Sie bei Ihrer Kfz-Erstversicherung ab dem ersten Tag bares Geld. Denn wir versichern Ihr Erstfahrzeug für sensationelle 100 %. So können Sie sich schon von Anfang an fühlen wie ein alter Hase.

Deshalb: **Verschenken Sie kein Geld!!!** Rufen Sie noch heute die **0800 34 53 00** an und sprechen Sie mit unserem Beratungsteam. Denn die Zeit läuft. Das Angebot gilt nur für diejenigen, die spätestens im ersten Monat nach ihrem Geburtstag bei der FRONTAL abschließen. Alle anderen starten mit dem regulären Tarif von 175 %. Ist das nicht eine tolle Geburtstagsüberraschung?!

Wir wünschen Ihnen einen guten Start in die Freiheit und in Ihre Kfz-Versicherung.
Herzlichst Ihre

FRONTAL Versicherung

PS: Wenn Sie an Ihrem Geburtstag bei uns anrufen, wartet eine **zusätzliche Geburtstagsüberraschung** auf Sie. Vertrauen Sie auf die beste unter den Versicherungen, vertrauen Sie auf FRONTAL.

Inhalt, Aufbau und Gestaltungsprinzipien

1 Beschreiben Sie Inhalt und Gestaltung des Werbebriefes auf S. 84.

a) Notieren Sie sich alles, was Ihnen beim ersten Überfliegen des Werbebriefes auffällt.
b) Formulieren Sie in einem Satz das Anliegen des Briefes.
c) Lesen Sie den Brief ein weiteres Mal und ergänzen Sie Ihre Beobachtungen. Achten Sie besonders auf sprachliche Besonderheiten.
d) Listen Sie auf, welche Elemente des Briefes Sie ansprechen und welche nicht.

Viele Werber beachten bei der Konzeption einer Werbemaßnahme Gestaltungsprinzipien.

BASISWISSEN Gestaltungsprinzipien in der Werbung

Die von Werbern angewendeten Gestaltungsprinzipien basieren auf Erkenntnissen der Psychologie und der Kommunikationswissenschaften sowie auf Erfahrungen aus ca. 150 Jahren Werbung. Grundlegende Prinzipien sind z. B.:

AIDA-Formel:

A = ATTENTION – die Aufmerksamkeit des Lesers/Betrachters gewinnen
I = INTEREST – das Interesse des Lesers am Produkt wecken
D = DESIRE – den Wunsch nach dem Besitz des Produkts erzeugen
A = ACTION – aktiv werden, das Produkt kaufen

IF-THEN-SO-Technik:

IF – „Wenn etwas so oder so ist, …“: Ein Problem wird aufgezeigt.
THEN – „… dann sollte das oder das passieren“: Eine Lösung des Problems wird vorgestellt.
SO – „Deshalb sollten Sie sich so oder so verhalten“: Eine Entscheidung wird nahegelegt.

Wichtig ist die genaue Kenntnis der **Zielgruppe,** d. h. Alter, Interessen, Verhaltensweisen, Kaufkraft der Personengruppe, die mit der Werbung angesprochen werden soll.

2 Erläutern Sie am Beispiel des Werbebriefes wichtige Gestaltungsprinzipien.

a) Mit welchen Mitteln wird die Aufmerksamkeit der Leserin/des Lesers geweckt?
b) Wie wird das Interesse der Leserin/des Lesers am Produkt gesteigert?
c) Warum könnte das Produkt für den Kunden wünschenswert sein?
d) An welchen Stellen des Briefes wird die Leserin/der Leser zum Handeln aufgefordert?

3 Setzen Sie sich mit der im Werbebrief angesprochenen Zielgruppe auseinander.

a) Nennen Sie Bedürfnisse von 18-jährigen Jugendlichen, die angesprochen werden.
b) Welche weiteren Bedürfnisse haben Jugendliche? Ergänzen Sie die Auflistung.
c) Formulieren Sie mit der IF-THEN-SO-Technik bezogen auf die Zielgruppe „18-jährige Jugendliche“ einen zusammenhängenden Satz. Beginnen Sie mit: „Wenn der Jugendliche …“

★ **4 Formulieren Sie einen Werbebrief, in dem Sie ein Produkt Ihrer Wahl anbieten.**

Sprachliche Besonderheiten in Werbebriefen

Die Umsetzung der Gestaltungsprinzipien in Werbebriefen erfordert den Einsatz besonders wirksamer sprachlicher Mittel. Im Folgenden werden einige wichtige Mittel vorgestellt.

Kundenwünsche, Werbetrends und Werbesprache

Der erste Satz (der Einstieg) eines Werbebriefes ist besonders wichtig. Häufig wird als Einstieg eine (rhetorische) Frage gestellt, z. B.: Wollten Sie sich nicht schon lange diesen Reisewunsch erfüllen?

Mit dem sogenannten Sie-Stil soll die Leserin/der Leser direkt angesprochen werden. Deshalb stehen Fügungen mit „ich“, „wir“ oder „unser“ nicht im Zentrum eines Satzes, z. B.: Bestellen Sie die neuen Arbeitsmaterialien sofort, damit Sie von den Verbesserungen profitieren können; statt: Wir empfehlen Ihnen, die verbesserten Arbeitsmaterialien sofort zu bestellen.

Als Schlüsselbegriffe werden in Werbetexten besonders Wörter verwendet, die für die meisten Menschen eine positive Bedeutung haben, z. B. das Wort „Glück“ oder „Genuss“. Wenn es gelingt, dass Kunden ein Produkt „automatisch“ mit einem Schlüsselbegriff in Verbindung bringen, dann „strahlt“ das Positive dieses Begriffs auf das beworbene Produkt ab, z. B. „Reiseglück“, „Fahrgenuss“.

Doch gerade bei der Wahl geeigneter Schlüsselbegriffe gilt es, auf Änderungen von Verbraucherwünschen und gesellschaftlichen Trends zu achten: Nachdem etwa zehn Jahre lang das „Sparen“ (Slogan: „Geiz ist geil“) die dominierende Werbeaussage war, wird die Werbesprache seit 2007 dem Bedürfnis einer wachsenden Kundschaft nach hochwertigen Angeboten und dem zunehmenden „grünen Bewusstsein“ (Studie des Hamburger Trendbüros 2007) der Verbraucher angepasst. Deshalb müssen die Werbetexter nach Schlüsselbegriffen suchen, die die Verbraucher mit ökonomischen oder ökologischen Vorteilen verbinden.

Eine besondere Bedeutung kommt in Werbebriefen gut gewählten Adjektiven zu, denn sie unterstreichen die Eigenschaft der beworbenen Ware oder Dienstleistung. Besonders aussagekräftig sind zusammengesetzte Adjektive, z. B. „vitaminreich“, weil hier Zusammengehöriges verstärkt wird, aber auch scheinbare Widersprüche hervorgehoben werden können. Gelegentlich erfinden Werber Adjektive, um den Kunden von der Qualität einer Ware zu überzeugen. So entstand vor Jahren das Adjektiv „knackfrisch“, um die Besonderheit bestimmter Chips möglichst anschaulich zu beschreiben.

1 **Notieren Sie die wichtigsten Aussagen des Textes in Stichworten.**

2 **Erläutern Sie, weshalb der Einstieg in einen Werbebrief besonders wirkungsvoll sein muss. Formulieren Sie den Einstieg des Werbebriefes (S. 84) in Form einer Frage um.**

3 **Erstellen Sie eine Liste mit werbewirksamen Schlüsselbegriffen.**

a) Notieren Sie werbewirksame Schlüsselbegriffe, die Ihnen spontan einfallen.
b) Finden Sie in aktuellen Werbekampagnen Beispiele, bei denen Schlüsselbegriffe mit einem bestimmten Produkt in Verbindung gebracht werden. Erläutern Sie die Verbindung.
c) Listen Sie in zwei Spalten Schlüsselbegriffe auf, die zu hochwertigen Produkten bzw. zu „grünem Bewusstsein“ passen.

Sprachliche Besonderheiten in Werbebriefen

Sprache und Stil

4 Verändern Sie die folgenden Sätze für einen Werbebrief so, dass sie im Sie-Stil geschrieben sind. Orientieren Sie sich an dem Beispiel im Text auf S. 86.

- Wir bitten um rechtzeitige Nachricht.
- Wir haben für Sie ein Café in unser Geschäft integriert.
- Wir werden Ihre Wünsche in vollem Umfang erfüllen.
- Wir haben ein neues Produkt, das Sie überzeugen wird.
- Wir helfen Ihnen, mit unserem Produkt bares Geld zu sparen.

5 Nennen und erläutern Sie werbewirksame Adjektive.

a) Sammeln Sie Adjektive, mit denen sich die Eigenschaften eines hochwertigen oder eines umweltfreundlichen Produkts beschreiben lassen. Notieren Sie dazu das jeweilige Produkt.
Beispiel: *umweltverträgliche Energie*

b) Nennen oder erfinden Sie weitere Beispiele für zusammengesetzte und lautmalerische Adjektive (↗ Text S. 88) und notieren Sie ein Produkt dazu. Erläutern Sie die Wirkung.

6 Fassen Sie anhand Ihrer Arbeitsergebnisse (S. 85–87) zusammen, welche Aspekte bei der Analyse eines Werbebriefes unbedingt berücksichtigt werden sollen.

Die folgende Analyse wurde zu dem Werbebrief auf S. 84 verfasst.

Muster

Der Werbebrief der Frontal Versicherung vom 15. April 20.. ist an Klaus Mustermann adressiert. Anlass ist der bevorstehende 18. Geburtstag des Adressaten. Die Versicherung möchte Herrn Mustermann als Neukunden gewinnen, indem sie ihm einen Rabatt auf die üblichen Versicherungstarife anbietet.

Der Werbebrief besteht aus einer Headline, gefolgt von dem eigentlichen Brieftext sowie einem PS. Der Aufbau des Briefes folgt den Prinzipien der AIDA-Formel. Die fett gedruckte Headline „Ihr Schritt in die Unabhängigkeit" und die Aufforderung „Sparen Sie ..." sollen den Leser neugierig machen auf den eigentlichen Inhalt des Briefes. So wird verhindert, dass der Brief sofort weggeworfen wird.

Der eigentliche Brief beginnt mit einer sehr persönlichen Anrede („Lieber Klaus"), die Vertrauen schaffen soll. Der folgende Text ist in drei Abschnitte gegliedert. Zunächst wird der bevorstehende Geburtstag als Aufhänger benutzt, um den Leser auf die damit verbundenen Möglichkeiten einzustimmen. Ein neuer Lebensabschnitt beginnt mit ungeahnten Möglichkeiten. Das fett gedruckte Adjektiv „unabhängiger" verbinden viele Jugendliche automatisch mit einem Fahrzeug. In der Mitte des Briefes ist dann von dem Angebot der Versicherung die Rede. Das Unternehmen positioniert sich als Partner des Jugendlichen, der ihm helfen will. Das fett gedruckte Verb „sparen" spricht ein weiteres Bedürfnis eines Jugendlichen an. Da er in der Regel noch nicht viel Geld verdient, möchte er wenig Geld ausgeben. Im letzten Absatz folgt der Appell an den Jugendlichen, kein Geld zu verschenken und sich sofort bei der Versicherung zu melden. Der Brief endet mit der sehr persönlichen Grußformel „Herzlichst", die wiederum eine Vertrautheit mit dem Adressaten nahelegt. Sollte der Jugendliche noch immer zögern, lockt ihn das PS mit einer zusätzlichen Geburtstagsüberraschung.

Die Sprache des Briefes ist sehr einfach gehalten, die Sätze sind kurz, teilweise fehlt das Verb. Auffallend ist, dass der Leser meist direkt angesprochen wird (Sie-Stil). Die Anapher am Briefanfang wirkt darüber hinaus besonders eindringlich. Fett gedruckte Schlüsselwörter wie „genießen", „unabhängiger"

Sprachliche Besonderheiten in Werbebriefen

oder „sparen" sprechen Wünsche und Bedürfnisse an, die die meisten Jugendlichen dieser Altersgruppe haben. Diese Wirkung wird verstärkt durch die optische Aufmachung des Briefes.

Der Werbebrief ist in meinen Augen geeignet, Jugendliche anzusprechen. Er greift die Bedürfnisse eines Jugendlichen auf, ohne durch übermäßige Verwendung der Jugendsprache unseriös zu wirken.

7 Untersuchen Sie das Muster und leiten Sie Schlussfolgerungen für das Schreiben der Analyse eines Werbebriefes ab.

a) Erläutern Sie anhand des Musters, aus welchen Elementen die Analyse besteht.
b) Vergleichen Sie den Inhalt des Musters mit Ihren Aufzeichnungen. Kennzeichnen Sie Übereinstimmungen und Unterschiede.
c) Beschreiben Sie den Aufbau der Textanalyse, notieren Sie zu jedem Absatz ein Stichwort.
d) Untersuchen Sie, welche sprachlichen Besonderheiten des Werbebriefes in dem Muster herausgearbeitet wurden.
e) Stellen Sie fest, welche Passage im Werbebrief als Anapher bezeichnet wird.
f) Finden Sie eine weitere Anapher im Brief.
g) Vergleichen Sie das Fazit der Textanalyse mit Ihrem eigenen Eindruck und formulieren Sie in zwei bis drei Sätzen Ihre eigene Bewertung des Werbebriefes.

BASISWISSEN	**Elemente der Analyse eines Werbebriefes**
Elemente	**Analyseaspekte**
Einleitung	Anlass, Adressaten und Ziel des Briefes
Hauptteil	• Aufbau des Briefes (z. B. Headline, Anrede, Brieftext, PS) • Sprachliche Mittel (z. B. Einstieg als Frage, Sie-Stil, werbewirksame Schlüsselbegriffe und Adjektive, Sprachbilder, rhetorische Figuren) • Anwendung von Gestaltungsprinzipien: Zusammenwirken von Text und anderen gestalterischen Mitteln
Schluss	Fazit und kritische Bewertung des Briefes

Eine (Werbe-)Anzeige analysieren

Gegenüber dem Werbebrief lebt die Anzeige besonders von der Aussagekraft der Bilder und Motive. Plakate sollen auf den ersten Blick oder im Vorbeigehen erfasst werden, Anzeigen in Printmedien beim Durchblättern auffallen. Dabei kommt es besonders auf das Zusammenspiel von Bild und Text an.

Werbeanzeigen können unterschiedliche Ziele verfolgen: Sie können ein neues Unternehmen oder ein neues Produkt bekannt machen, Kunden überzeugen, dass ein Produkt oder eine Dienstleistung begehrenswert ist. Auch wenn Unternehmen gute Mitarbeiter suchen, schalten sie Anzeigen. Sie werben damit gleichzeitig für ihr Unternehmen.

Eine Schülerin hat sich für die Analyse der folgenden Anzeige Notizen gemacht:

Layout:
bunte Anzeige, warme Farbtöne …

IF-THEN-SO-Technik:
wenn > dann > deshalb

Direkte, persönliche Ansprache: „dein“, „dich“, „your“

Mann in Schifferkleidung lehnt mit weit geöffneten Armen am Bug des Schiffes
⟶ Eyecatcher

Hintergrund: Silhouette des Kölner Doms und Rheinbrücke in der Abenddämmerung

1 **Untersuchen Sie Inhalt, Absicht, Sprache und Gestaltung der Werbeanzeige.**

a) Ergänzen Sie auf einem Blatt Papier die Beobachtungen der Schülerin.

b) Erläutern Sie in Anlehnung an die im Vorspann (oben) genannten Möglichkeiten, welches Ziel die Werbeanzeige verfolgt und welche Zielgruppe mit der Werbeanzeige angesprochen werden soll.

c) Formulieren Sie die Werbeaussage analog zur IF-THEN-SO-Technik.

d) Beschreiben Sie, wodurch der Slogan „Wenn Freiheit für dich das Wichtigste ist“ seine Wirkung erzielt.

e) Notieren Sie sprachliche Auffälligkeiten der Anzeige.

Eine (Werbe-)Anzeige analysieren

BASISWISSEN	Fachbegriffe zur Analyse von Anzeigen
Headline	Schlagzeile, dient als Anreiz zum Weiterlesen
Slogan	Kürzeste Form der Werbung, soll im Gedächtnis hängen bleiben
Logo	Markenzeichen mit hohem Wiedererkennungswert
Eyecatcher	Blickfang, auffallendes Element einer Anzeige
Bildmotiv	Leitgedanke, Idee einer bildlichen Darstellung
Layout	Zusammenspiel von Text- und Bildgestaltung
Zielgruppe	Personenkreis mit vergleichbaren Merkmalen, auf den die Werbung abzielt
Werbebotschaft	Zentrale Aussage einer Werbeanzeige
Werbeträger	Medium (Zeitung, Fernsehen, Mailing), über das die Werbebotschaft verbreitet wird

2 **Beschreiben Sie die Werbeanzeige mithilfe der Fachbegriffe aus dem Basiswissen.**

a) Welche Hauptaussagen werden getroffen?

b) Welcher Zweck kann mit dieser Art der Darstellung verfolgt werden?

3 **Gliedern Sie Ihre Ergebnisse aus Aufgabe 1 und 2. Orientieren Sie sich am Basiswissen (unten).**

BASISWISSEN	Elemente der Analyse einer (Werbe-)Anzeige
Elemente	**Analyseaspekte**
Einleitung	Welches Produkt welcher Firma wird beworben? Werbeträger, Zeitpunkt?
Hauptteil	(Die Reihenfolge der Analyse von Text/Bild ist nicht festgelegt.)
I Layout	Anteile von Bild und Text, Vordergrund/Hintergrund
II Bild	Gesamtschau des Bildes
a) Beschreibung	a) Welche Gegenstände, Personen, Situationen sind zu sehen? Welche Farben dominieren?
b) Wirkung	b) Mit welchen Mitteln wird die Wirkung erzielt?
III Text	
a) Wiedergabe (Inhalt)	a) Welche Bedürfnisse des Kunden, welche Vorzüge des Produkts werden herausgestellt? Welche Aufgaben erfüllen Slogan und Headline?
b) Sprachliche Gestaltung	b) Ist die Sprache auf eine bestimmte Zielgruppe bezogen? Werden sprachliche Bilder verwendet? Welche rhetorischen Mittel fallen auf?
c) Wirkung	c) Mit welchen sprachlichen Mitteln wird welche Wirkung erzielt?
IV Text/Bild	Wie beeinflusst das Zusammenspiel von Text und Bild die Werbebotschaft?
Schluss	Fazit und kritische Bewertung der (Werbe-)Anzeige

Die Analyse einer (Werbe-)Anzeige schreiben

1 Schreiben Sie eine vollständige Analyse der Werbeanzeige zur Ausbildung als Binnenschiffer (S. 89).

a) Formulieren Sie anhand Ihrer Gliederung einen zusammenhängenden Text. Sie können die Formulierungshilfen unter „Sprache und Stil“ dazu nutzen.

b) Benennen Sie in einer Randspalte die einzelnen Gliederungselemente Ihrer Werbeanalyse.

Sprache und Stil

Folgende Formulierungen können Ihnen beim Schreiben Ihrer Analyse helfen:

Die Anzeige ist der Homepage www.becaptain.eu entnommen. Der Bundesverband der Deutschen Binnenschifffahrt e. V. sucht darin ... Das Layout der Anzeige besteht aus ... Die Farbgestaltung und Schrift der Anzeige sind ... Die sprachliche Gestaltung ist ... Die verwendete direkte Ansprache wirkt ... Die Bildelemente der Anzeige unterstützen im Zusammenspiel mit dem verwendeten Text den Eindruck, dass ... Ich halte die Anzeige für ..., weil ...

Werbung spricht ihre eigene Sprache. Werbesprache ist witzig, pointiert, bildhaft und arbeitet häufig mit Wiederholungen. Auf diese Weise prägen sich Slogans oder einzelne Wörter besonders ein. Dies dient einem bestimmten Zweck: Die Sprache der Werbung soll das Konsumverhalten potenzieller Käufer beeinflussen.

Genussvoll genießen

von Marcus Rohwetter

Genuss ist Geschmackssache. Ich möchte selbst entscheiden, was ich genieße – und was ich lediglich esse. Leider arbeitet ein Großteil der Lebensmittelwirtschaft gegen mich und meinen Wunsch. Nahrungsmittel wie Saft, Käse oder Joghurt werden mir penetrant als Produkte für Genießer angepriesen. Das ist nervig und durchschaubar. So wird als hochwertig verkauft, was womöglich nicht mal Durchschnitt ist. Schmeckt es mir nicht, liegt es nicht am Produkt, dann liegt es an mir. Dann bin ich einfach kein Genießer.

[...]

Der zwanghafte Rückgriff auf den Genussbegriff zeigt, dass man hohle Phrasen nur oft genug wiederholen muss, bis sie irgendwann niemand mehr hinterfragt. [...]

So ist das mit Worten: Mit der richtigen Bedeutung aufgeladen, vernebeln sie die Sinne. Wird mir lange genug eingeredet, dass ich den Käsekuchen genieße und nicht nur esse, glaube ich daran. Und weil ich weiß, dass Völlerei eine Sünde ist, Genuss aber nicht, darf ich danach seelenruhig ein zweites Stück vertilgen.

(DIE ZEIT, 13.08.2015)

2 Fassen Sie die Kritik des Autors an der Werbesprache in Ihren eigenen Worten zusammen.

3 Analysieren Sie die Sprache der Werbung.

a) Diskutieren Sie, welcher sprachlichen Mittel und rhetorischen Figuren (↗ S. 92 f.) sich Werbesprache bedient, um Kunden fehlzuleiten.

b) Recherchieren Sie im Internet oder in Zeitschriften nach aktuellen Werbeslogans und ordnen Sie diese rhetorischen Figuren zu.

Manipulation durch Werbung

Werbung knüpft an die Bedürfnisse der Menschen an und bedient sich dabei auch der Täuschung.

1 Setzen Sie sich mit aktuellen Beispielen von Werbeanzeigen auseinander.

a) Nennen Sie Beispiele, in denen mit einem der unten aufgeführten „Tricks“ gearbeitet wird.

b) Beschreiben Sie, auf welche Bedürfnisse oder Wünsche eines Verbrauchers die von Ihnen genannte Anzeige eingeht und wie das beworbene Produkt diese Bedürfnisse befriedigen will.

BASISWISSEN Manipulation durch Werbung

Mittel der Manipulation in Werbemaßnahmen können z. B. sein:
„Versteckte Kosten“: Das Gerät/Angebot ist verlockend günstig, die notwendigen Zusatzartikel aber nicht. Und man braucht sie, solange man das Gerät/Angebot nutzt.
„Bewusste Untertreibung“: Der Verbraucher soll z. B. glauben, bäuerlicher Käse werde noch in der Sennerei auf der Alm hergestellt („grünes Bewusstsein“).
„Gutes tun“: Eine Firma engagiert sich und wirbt mit der guten Tat. So denken wir, auch das Produkt sei gut.
„Geltungstrieb“: Jeder Mensch möchte beachtet werden. Werbung lässt uns glauben, dass wir durch den Kauf bestimmter Produkte Aufmerksamkeit auf uns ziehen.
„Vergleichsloser Komparativ“: In der Regel vergleicht man eine Sache mit einer anderen. In der Werbung wird die eine Seite des Vergleichs oft weggelassen (Beispiel: *Besser Superkauf*).

2 Erarbeiten Sie auf der Basis einer Internetrecherche (↗ Kapitel 3) einen Kurzvortrag zu dem Thema „der Einfluss der Werbung auf die Bedürfnisbefriedigung als Motor menschlichen Handelns“.

BASISWISSEN Sprachliche Mittel und ihre Wirkung

Wenn Sie einen Text in Bezug auf seine sprachliche Gestaltung untersuchen, dann achten Sie auf sprachliche Besonderheiten/Auffälligkeiten. Das können sein:

- **Sprachebenen:** beispielsweise Umgangssprache, Fachsprache, Jugendsprache, Dialekt
- **Wortwahl:** besondere Häufung von Adjektiven (auch Superlativen), Nomen (Nominalstil), Verben (auch in Form von Imperativen oder Konjunktiven); seltene Wörter, Zusammensetzungen, Wortspiele, Aufzählungen, Wiederholungen, Redensarten; sprachliche Bilder, wie zum Beispiel Metaphern, Vergleiche, Personifikationen (siehe unten: rhetorische Figuren); laut- bzw. klangmalerische Wörter/Wortgruppen zur Veranschaulichung von Geräuschen, z. B. *knattern, quieken; Kuckuck, Matsch*
- **Satzbau:** Häufung kurzer, langer oder unvollständiger Sätze

Als **rhetorische Figuren** bezeichnet man Stilmittel, bei denen bestimmte Satzformen, Wiederholungen, Aufzählungen, Gegensätze, Verkürzungen usw. meist schon seit der Antike definiert sind und die eine besondere Wirkung hervorrufen sollen. Solche Wirkungen können etwa sein: mehr Anschaulichkeit, Eindringlichkeit, Betonung, Aufforderung, Einbeziehung des Adressaten, Spannung, Distanz. Rhetorische Figuren werden besonders in meinungsbildenden Texten wie Kommentaren und Glossen, in der Lyrik, in öffentlichen Reden und in der Werbung eingesetzt.
Wenn Sie die für einen Text charakteristischen sprachlichen Auffälligkeiten herausgefunden haben, deuten Sie deren Wirkung in Verbindung mit den inhaltlichen Aussagen; oft werden auch literarische Figuren durch den Gebrauch einer bestimmten Sprachebene oder sprachlicher Besonderheiten charakterisiert.
Im Folgenden erhalten Sie eine Übersicht über die wichtigsten rhetorischen Figuren:

Manipulation durch Werbung

Rhetorische Figur	Definition	Beispiel
Alliteration	Mehrere Wörter beginnen mit dem gleichen Laut.	*Man muss Marmelade mögen.*
Anapher	Mehrere Sätze oder Satzteile beginnen mit dem gleichen Wort.	*Milch ist ein Nahrungsmittel. Milch ist ein Genussmittel. Milch ist Leben.*
Chiasmus	Überkreuzstellung von syntaktisch (Satzbau) oder semantisch (Bedeutung) entsprechenden Satzteilen	*Ich bin groß, klein bist du.* *Max kehrt zurück, zurück kehrt auch Anna.*
Chiffre	Wörter, die als verrätselte Symbole meist komplexe Bedeutungen haben	*schwarze Milch der Frühe*
Ellipse	Satzfragment (unvollständiger Satz: Auslassung eines Satzteils/Wortes)	*Der Rest – Schweigen.*
Euphemismus	beschönigende Umschreibung	*entschlafen (statt sterben)*
Hyperbel	(starke) Übertreibung	*Er isst wie ein Mähdrescher.*
Inversion	Umstellung von Satzgliedern oder gewöhnlichen Wortfolgen, um sie hervorzuheben	*Ekel ist das Gefühl, das mich ergreift.* *Röslein rot (statt rotes Röslein)*
Ironie	Das Gesagte hat die entgegengesetzte Bedeutung des Gemeinten.	*Wenn man Freunde wie dich hat, braucht man keine Feinde.*
Klimax	Steigerung	*Er schimpfte, er fluchte, er tobte.*
Litotes	Ein negativer Begriff wird durch einen positiven mit Negation ersetzt.	*Du bist nicht gerade die Schnellste (statt: du bist langsam).*
Metapher	Übertragung eines Bedeutungsbereichs auf einen anderen aufgrund einer wahrgenommenen Gemeinsamkeit ohne das Vergleichswort „wie“	*Sumpf der Aggressionen;* *es regnet Bindfäden*
Oxymoron	direkte Verbindung von zwei Wörtern, deren Bedeutung gegensätzlich ist	*dunkle Helligkeit, bittersüß*
Parallelismus	Wiederholung gleicher syntaktischer Fügungen	*Das Schiffchen fliegt, der Webstuhl kracht.*
Parenthese	Einschub eines Wortes, Satzes, einer Wortgruppe in einen Satz zur Unterbrechung des Gedankenablaufs	*Wir werden ganz sicher – aber erst muss ich nachdenken – das Rätsel lösen.*
Personifikation	Einem Gegenstand werden menschliche Eigenschaften zugeordnet.	*Ein Auto, das mitdenkt!* *Vater Staat*
Rhetorische Frage	Scheinfrage, auf die keine Antwort erwartet wird	*Glauben Sie etwa, ich hätte nichts zu tun?*
Trias	Dreierfigur	*Sonne, Strand und gute Laune*
Vergleich	Verknüpfung zweier Bedeutungsbereiche durch Hervorhebung des Gemeinsamen	*Sie hat Geld wie Heu.* *Er ist stark wie ein Bär.*

Reden analysieren und beurteilen

Sich mit einer Rede auseinandersetzen

Am 8. Mai 1985 hielt der damalige Bundespräsident Richard von Weizsäcker während der Gedenkveranstaltung des Deutschen Bundestages eine viel beachtete Rede.

Richard von Weizsäcker: Rede zum 40. Jahrestag des Endes des Zweiten Weltkrieges[1]

IX. [...] Bei uns ist eine neue Generation in die politische Verantwortung hereingewachsen. Die Jungen sind nicht verantwortlich für das, was damals geschah. Aber sie sind verantwortlich für das, was in der Geschichte daraus wird.

Wir Älteren schulden der Jugend nicht die Erfüllung von Träumen, sondern Aufrichtigkeit. Wir müssen den Jüngeren helfen zu verstehen, warum es lebenswichtig ist, die Erinnerung wachzuhalten. Wir wollen ihnen helfen, sich auf die geschichtliche Wahrheit nüchtern und ohne Einseitigkeit einzulassen, ohne Flucht in utopische Heilslehren, aber auch ohne moralische Überheblichkeit.

Wir lernen aus unserer eigenen Geschichte, wozu der Mensch fähig ist. Deshalb dürfen wir uns nicht einbilden, wir seien nun als Menschen anders und besser geworden.

Es gibt keine endgültig errungene moralische Vollkommenheit – für niemanden und kein Land! Wir haben als Menschen gelernt, wir bleiben als Menschen gefährdet. Aber wir haben die Kraft, Gefährdungen immer von neuem zu überwinden.

Hitler hat stets damit gearbeitet, Vorurteile, Feindschaften und Haß zu schüren.

Die Bitte an die jungen Menschen lautet:

Lassen Sie sich nicht hineintreiben in Feindschaft und Haß
gegen andere Menschen,
gegen Russen oder Amerikaner,
gegen Juden oder Türken,
gegen Alternative oder Konservative,
gegen Schwarz oder Weiß.

Lernen Sie, miteinander zu leben, nicht gegeneinander.

Lassen Sie auch uns als demokratisch gewählte Politiker dies immer wieder beherzigen und ein Beispiel geben.

Ehren wir die Freiheit.
Arbeiten wir für den Frieden.
Halten wir uns an das Recht.
Dienen wir unseren inneren Maßstäben der Gerechtigkeit.

Schauen wir am heutigen 8. Mai, so gut wir es können, der Wahrheit ins Auge. R

1 Hierbei handelt es sich um das Ende der Rede.

www.bundespräsident.de

1 **Fassen Sie kurz zusammen, worum es in dem Redeauszug geht.**

2 **Begründen Sie, warum sich Richard von Weizsäcker an die Jugend wendet.**

3 **Bestimmen Sie die kommunikativen Funktionen des Redeauszugs (↗ Kapitel 9).**

a) Nennen Sie Beispiele für die Textfunktionen „informativ“, „expressiv“ und „appellativ“ anhand des Redeauszugs.

b) Welche Textfunktion dominiert? Begründen Sie Ihre Feststellung. Erläutern Sie, welche Wirkung damit erzielt werden soll.

4 **Die Rede ist mittlerweile über 30 Jahre alt. Erörtern Sie, inwiefern die Aufforderungen von Richard von Weizsäcker noch heute gültig sind.**

Sprachliche Mittel untersuchen

BASISWISSEN Die Rede

Die Rede ist eine besondere Form der Kommunikation. Der Sender (Redner) dominiert den verbalen Teil der Kommunikation, der Empfänger (Adressat der Rede) kann lediglich - sofern er anwesend ist - nonverbal oder mit Zwischenrufen reagieren. Die Rede hat demnach einen monologischen Charakter, Sender und Empfänger sind nicht gleichberechtigt.

Die Rede ist ein expositorischer (zweckgerichteter) Text und verfolgt häufig eine Beeinflussung der Einstellung oder des Verhaltens, ist also appellativ ausgerichtet. Sie hat aber auch informative und expressive Funktionen.

Der Redner muss die Adressaten seiner Rede mit Argumenten überzeugen. Das gelingt auch durch die Anwendung von rhetorischen Strategien und den Einsatz rhetorischer Figuren.

Ob der Redner sein Ziel erreicht und seine Adressaten überzeugt, hängt folglich besonders von der sprachlichen Gestaltung einer Rede ab.

1 Untersuchen Sie die sprachlichen Mittel (↗ S. 92 f.), die Richard von Weizsäcker in seiner Rede verwendet.

a) Notieren Sie sich sprachliche Auffälligkeiten, von denen eine besondere Wirkung ausgeht. Beschreiben Sie diese.

b) Weizsäcker verwendet die rhetorischen Figuren Anapher, Klimax, Parallelismus und Parenthese. Weisen Sie diese im Text nach. Welche Wirkung wird erzielt?

2 Notieren Sie zentrale Begriffe der Rede und bilden Sie Wortfelder. Erläutern Sie die Wirkung, die mit diesen Begriffen erzielt werden soll.

3 Untersuchen Sie den Satzbau des Redeauszugs und bestimmen Sie die beabsichtigte Wirkung.

4 Untersuchen Sie, ob von Weizsäcker Standard-, Umgangs- oder Fachsprache verwendet, und belegen Sie Ihr Ergebnis am Text. Beschreiben Sie die Wirkung, die damit erzielt wird.

ARBEITSTECHNIK Sprachliche Mittel und ihre Wirkung untersuchen

Achten Sie bei der Analyse der sprachlichen Mittel besonders auf folgende sprachliche Möglichkeiten:

- **Sprachvarietäten:** Wird Standardsprache, Umgangssprache, Fachsprache, Dialekt etc. verwendet?
- **Satzbau:** Sind die Sätze überwiegend lang oder kurz? Gibt es unvollständige Sätze?
- **Wortwahl:** Gibt es Wortfelder aus Bereichen wie Handwerk, Krieg, Politik, Wirtschaft, Moral etc.? Treten auffällig viele Nomen (Nominalstil), Verben (auch in Form von Konjunktiven und Imperativen), Adjektive (Superlative) auf? Gibt es Fremdwörter, Wortneuschöpfungen ...?
- Werden **rhetorische Figuren,** wie z. B. Metapher, Vergleich, Anapher u. a. verwendet?

Bei der Analyse einer politischen Rede ist es wichtig, die Funktion bzw. die beabsichtigte Wirkung der eingesetzten sprachlichen Mittel in Zusammenhang mit den inhaltlichen Aussagen zu erarbeiten.

Rhetorische Strategien untersuchen

Mit dem gezielten Einsatz der sprachlichen Mittel kann ein Redner verschiedene Strategien der Beeinflussung seiner Adressaten verfolgen. Den ersten Absatz des Redeauszugs (siehe S. 94) haben drei Schüler wie folgt analysiert.

(A) Richard von Weizsäcker erschafft zu Beginn des Redeauszugs eine Wir-Gruppe, indem er mehrfach von „uns" (Z. 1) und „wir" (Z. 6, 7) redet. Mithilfe dieser Wir-Gruppe fasst Richard von Weizsäcker seine eigene Generation, die ältere Generation, zu einer Gemeinschaft zusammen und bezieht sich selbst mit ein. Seine Generation soll sich mit ihm als Teil dieser Gruppe identifizieren. Weizsäcker bildet die Wir-Gruppe folglich mit dem Ziel, die ältere Generation auf seine Seite zu ziehen und sie zum Nachdenken und Handeln zu bewegen.

(B) Zu Beginn des Redeauszugs spricht Richard von Weizsäcker die ältere Generation, d. h. seine eigene Generation an, indem er eine Wir-Gruppe durch den Einsatz der Pronomen „uns" (Z. 1) und „wir" (Z. 6, 7) bildet. Damit möchte er erreichen, dass sich die Angesprochenen auch wirklich angesprochen fühlen und sich als eine zusammengehörige Gruppe, als Einheit sehen. Außerdem macht Richard von Weizsäcker deutlich, dass er sich selbst mit in die Verantwortung nimmt, und wertet damit gleichermaßen seine eigene Position auf.

(C) Mithilfe der Wir-Gruppe, die Richard von Weizsäcker zu Beginn des Redeauszugs durch den mehrfachen Einsatz der Pronomen „uns" (Z. 1) und „wir" (Z. 6, 7) bildet, möchte er seiner eigenen Generation verdeutlichen, dass alle zusammen als Gruppe handeln und der jüngeren Generation helfen sollen, die Vergangenheit zu verstehen. Von Weizsäcker bildet die Wir-Gruppe, um zu verdeutlichen, dass nur alle zusammen etwas bewegen können.

1 Untersuchen Sie die drei Auszüge aus Redeanalysen.

a) Welches Mittel der Beeinflussung wird in allen drei Analysen beschrieben? Benennen Sie es.

b) Wie wird diese Strategie der Beeinflussung jeweils gedeutet?

2 Begründen Sie, welcher Analyse Sie am ehesten zustimmen würden.

★ **3 Benennen Sie eine weitere Stelle, an der von Weizsäcker eine Wir-Gruppe bildet. Was möchte von Weizsäcker damit bewirken? Informieren Sie sich über die Möglichkeiten der Beeinflussung im Basiswissen auf S. 97.**

4 Analysieren Sie die folgenden Sätze, indem Sie die Wirkung der rhetorischen Mittel bestimmen und die verwendete rhetorische Strategie benennen (↗ Basiswissen auf S. 97).

a) Wenn jetzt nicht sofort etwas unternommen wird, wird alles hoffnungslos verloren sein!

b) Die Politik der Partei XYZ ist pures Gift für den Staat!

c) Der unerwünschte Nebenschaden des Krieges ist bedauernswert.

Rhetorische Strategien untersuchen

BASISWISSEN Rhetorische Strategien

Der Redner nutzt bestimmte Strategien, um die Adressaten von seiner Position zu überzeugen und sie ggf. zu einem bestimmten Handeln zu veranlassen. Solche Strategien der Beeinflussung nennt man rhetorische Strategien. Wichtige Strategien sind:

Aufwertung der eigenen Position, z. B.:

- eine Wir-Gruppe bilden, um ein Zusammengehörigkeitsgefühl zu erzeugen (z. B. *Wir schaffen das gemeinsam.*)
- der Wir-Gruppe positive Werte zuschreiben, um sie aufzuwerten (z. B. *Wir halten unser Versprechen.*)
- eigennützige Interessen als Interessen aller darstellen, um Zustimmung zu erlangen (z. B. *Wir alle wollen ...*)
- Angebote machen und Verantwortung übernehmen, um guten Willen zu zeigen (z. B. *Ich schlage vor, ...*)
- rationale Begründungen/Faktenargumente anführen, um zu überzeugen (z. B. *Die Arbeitslosenquote sinkt ...*)
- Autoritätsargumente einsetzen, um einen „neutralen" Befürworter zu nennen (z. B. *Schon ... hat gesagt ...*)
- Ziele offenlegen, um zu motivieren (z. B. *Das Ziel ist doch, dass alle ...*)
- aufwertende Begriffe oder bildhafte Ausdrücke aus positiv besetzten Bereichen verwenden, um positive Assoziationen zu erzeugen (z. B. *Frieden, Mut, Menschlichkeit ...*)
- nur günstige Aspekte der Thematik darstellen, um Positives hervorzuheben (z. B. *Die Vorteile sind ...*)

Abwertung anderer/gegnerischer Positionen, z. B.:

- dem Gegner die Schuld zuweisen, um selbst besser dazustehen (z. B. *Ihnen haben wir es zu verdanken ...*)
- abwertende Begriffe oder bildhafte Ausdrücke aus negativ besetzten Bereichen verwenden, um negative Assoziationen zu erzeugen (z. B. *Kampf, Terror, Unmenschlichkeit, Gewalt, Skandal, Irrweg, Verbrechen ...*)
- Streit in der gegnerischen Gruppe und fehlende Ziele unterstellen, um den Gegner als handlungs- und entscheidungsunfähig darzustellen (z. B. *Sie sind sich doch selbst nicht einig ...*)
- gegnerische Aussagen verzerren/verkürzen, um sie in ein schlechtes Licht rücken zu können

Dramatisierung, z. B.:

- Angst verbreiten, um sich Aufmerksamkeit zu sichern (z. B. *Niemand wird mehr verhindern können, dass ...*)
- Übertreibungen einsetzen, um sich Aufmerksamkeit zu sichern (z. B. *Das wird unser Untergang sein ...*)

Beschwichtigung und Ablenkung vom Thema, z. B.:

- vom Thema ablenken, um heiklen Fragen zu entgehen (z. B. *Konzentrieren wir uns auf einen anderen Punkt ...*)
- kritische Themen nicht ansprechen/als unabwendbar kaschieren, um heiklen Fragen zu entgehen (z. B. *An diesem Problem können wir nun mal nichts ändern ...*)
- abwägende, einschränkende Formulierungen nutzen, um zu relativieren (z. B. *zwar – aber, sowohl – als auch*)
- kritische Sachverhalte beschönigen, um sie zu verharmlosen (z. B. *Diese Maßnahme ist kostenintensiv ...*)

Je nach rhetorischer Strategie wählt der Redner seine rhetorischen Figuren. So werden z. B. Euphemismen eingesetzt, um kritische Sachverhalte zu beschönigen, Hyperbeln, um zu dramatisieren, oder abwertende Metaphern, um Gegner zu kennzeichnen.

Den Einfluss des historischen Kontextes und der Zielgruppe auf die Sprache untersuchen

Je nach historischem Kontext kann eine Rede unterschiedlich sprachlich gestaltet sein, wie die folgenden zwei Beispiele für Abiturreden aus unterschiedlichen Jahrhunderten zeigen.

Rede der Abiturientin Rahel Goitein (1899)

Mir ist die Ehre zuteil geworden, [...] von hier aus einige Worte des Abschieds sprechen zu dürfen. Ein bedeutungsvoller Moment ist dies; nicht nur für meine Colleginnen und für mich, die wir die Schule verlassen, nein, [...] er ist auch bedeutungsvoll für diese ganze Anstalt, für viel weitere Kreise noch, bedeutungsvoll für ganz Deutschland. Ist es doch das erste Mal, daß Schülerinnen eines regelrechten Gymnasiums in unserem Vaterland das Abiturium machen durften, daß Abiturientinnen hinauszogen aus der Schule, um zu weiterem Studium auf die Hochschule zu gehen. [...] Und im Hinblick darauf habe ich auch diesen meinen Abschiedsworten ein Wort zu Grunde gelegt, das wohl auf den ersten Blick manchem sonderbar erscheinen mag. Ich habe das Wort gewählt, das einst Lessing seinem Nathan vorausgeschickt, als er ihn in die Öffentlichkeit sandte. Seinen Nathan, in dem er einen neuen herrlichen Gedanken predigte, den Gedanken der Duldsamkeit, der allgemeinen Menschenliebe. Ja, dieser Gedanke war neu, nur wenige edle Menschen hatten ihn in sich getragen, wenige Auserlesene hatten ihn verstanden, die große Mehrzahl aber hatte ihn noch nie begriffen. Und Lessing wußte, sie hat ihn nicht nur nicht begriffen, sie wird ihn auch nicht begreifen wollen. Sie werden, weil sie es nicht verstehen, Gefahr darin wittern und diesen hohen Gedanken schmähen. Darum schrieb Lessing an die Spitze dieses Werkes: Introite nam et hic dii sunt – tretet ein, auch hier sind Götter. [...] R

(„100 Jahre Mädchen-Gymnasium in Deutschland", S. 46–48)

Rede eines Abiturienten der heutigen Zeit (2015)

„Auch aus Steinen, die einem in den Weg gelegt werden, kann man Schönes bauen." So sprach Goethe und es scheint wahr zu sein, denn: „Abitur – wir haben Abitur." Und das ist dann auch schon der Anfang vom Ende, das ich mit dieser Rede an Sie alle, die Sie hier sind, weil Sie nichts anderes vorhatten, einleiten möchte. Wir werden demnächst voller Traurigkeit „Adieu!" sagen – zumindest die unter uns, die sich nicht vorzeitig von Französisch getrennt haben. Die anderen sagen leise „Servus". Dennoch nehmen wir uns ernsthaft vor, uns nicht komplett aus den Augen zu verlieren. [...] Wir haben in unserer langen Schulzeit [...] vor allem Kompetenzen erworben – der eine mehr, der andere weniger. Doch eines haben wir alle entwickelt: soziale Intelligenz. Dank endloser Gruppenarbeiten, Diskussionen, Gruppenpuzzles und Schreibkonferenzen verfügen wir über eine Unmenge an „Soft Skills", die uns in der Auseinandersetzung mit dem vielmals angedrohten „Ernst des Lebens", der nun angeblich beginnt, für das Leben „da draußen" gestählt haben. Auf diese „Soft Skills" kommt es meiner Meinung nach am meisten an: Klar, Wissen und Fachkompetenz sind ein gutes Fundament, auf das wir in Ausbildung und Studium nun bauen werden, doch durch den Einsatz von Teamfähigkeit, Kritikfähigkeit und Empathie werden wir so manche Klippe umschiffen können und sowohl unser Berufs- als auch unser Privatleben erfolgreich gestalten. [...]

Den Einfluss des historischen Kontextes und der Zielgruppe auf die Sprache untersuchen

1 Bearbeiten Sie die Redeauszüge mithilfe folgender Fragestellungen.

a) Untersuchen Sie die Unterschiede der beiden Reden in Bezug auf Inhalt und sprachliche Mittel.

b) An welchen Stellen wird deutlich, dass die beiden Reden aus unterschiedlichen Jahrhunderten stammen? Analysieren Sie die Wahl der sprachlichen Mittel und den Stil der Reden.

c) Verfassen Sie eine Analyse zu beiden Redeauszügen. Gehen Sie dabei auf die Frage ein, wie der Stellenwert des Abiturs im jeweiligen historischen Kontext sprachlich und stilistisch gewürdigt wird.

★ **2 Führen Sie eine Internetrecherche über Rahel Goitein und die damaligen Bildungschancen für Frauen (Abitur, Studium) durch. Präsentieren Sie anschließend Ihre Ergebnisse.**

3 Bestimmen Sie auf der Grundlage Ihrer bisherigen Analyseergebnisse die Zielgruppe der Rede Richard von Weizsäckers (↗ S. 94) und begründen Sie Ihre Annahme.

BASISWISSEN Zusammenhang zwischen Zielgruppe und Sprache einer Rede

Folgende Aspekte in der Rede können Aufschluss geben über die Zielgruppe:

- **Anrede,** z. B.
  Sehr geehrte Mitarbeiterinnen und Mitarbeiter = Zielgruppe ist die Belegschaft, z. B. einer Firma.
- **Thema/Anlass,** z. B.
  Wahlen eines Schülersprechers = Zielgruppe sind die Schüler und Lehrer einer Schule.
- **Ort,** z. B.
  Cafeteria einer Firma = Zielgruppe ist die Belegschaft einer Firma.
  Aula einer Schule = Zielgruppe sind die Schüler und Lehrer einer Schule.
- **Sprache:**

Sprachvarietäten, z. B.	Verwendung eines Dialekts = Zielgruppe sind Bewohner eines best. Gebietes. Verwendung von Umgangssprache = Zielgruppe sind z. B. Jugendliche.
Satzbau, z. B.	Einsatz von verschachtelten Sätzen = Zielgruppe sind z. B. Experten/Fachleute. Einsatz von einfachen Sätzen = Zielgruppe sind evtl. Kinder.
Wortwahl, z. B.	Gebrauch vieler Begriffe aus dem Bereich Politik = Zielgruppe sind Politiker/Wähler.

Wichtig ist auch, ob die Rede im Fernsehen auf den populären Sendern gezeigt oder in den Nachrichten thematisiert wurde. Denn in diesen Fällen sind nicht nur die unmittelbaren Zuhörer die Zielgruppe der Rede, sondern auch diejenigen, die später Informationen über die Rede erhalten.

★ **4 Erläutern Sie den Unterschied zwischen Zuhörern und Zielgruppe einer Rede.**

5 Setzen Sie sich damit auseinander, welche Bedeutung die Bestimmung der Zielgruppe für die Analyse einer Rede hat.

BASISWISSEN Die Redeanalyse

Bei der Analyse einer Rede beschäftigen Sie sich mit folgenden Fragen: **Was** steht in (einem Auszug) der Rede (Inhalt), **an wen** richtet sich der Redner mit seiner Rede (Zielgruppe), **wie** hat der Redner wichtige Teile der Rede sprachlich gestaltet (Form) und **welche Wirkung** will er mit der inhaltlichen und formalen Gestaltung erzielen?

Eine Rede analysieren, Ergebnisse gliedern, die Rede beurteilen

Am 22. Mai 2014 lud Bundespräsident Joachim Gauck 23 Menschen aus 13 Ländern zu einer Einbürgerungsfeier ein. Er eröffnete die Feier mit einer Rede zum Thema Integration.

Joachim Gauck: Rede zur Einbürgerungsfeier anlässlich 65 Jahre Grundgesetz

Seien Sie alle herzlich willkommen an einem Tag, der uns einen doppelten Grund zur Freude gibt:

Morgen wird unser Grundgesetz 65 Jahre alt. Und heute werden 23 unter Ihnen Staatsbürger einer Republik, die auf der besten Verfassung gründet, die Deutschland jemals gehabt hat. Und zu diesem Anlass begrüße ich Sie herzlich in diesem schönen und bescheidenen Schloss Bellevue, meinem Dienstsitz, Ihrem Schloss. Und ich freue mich, dass Sie zusammen mit der Sonne, die über uns lacht, diesen Tag schön machen.

Liebe Ehrengäste: Ihre Lebensgeschichten sind so unterschiedlich wie die Gründe und Wege, die Sie hierher nach Deutschland geführt haben. Einige von Ihnen sind hier geboren und auch aufgewachsen. Andere kamen als Arbeiter, als Führungskräfte, als Wissenschaftler. Manche sind vor Gewalt und Unterdrückung geflohen, andere suchten ein besseres, ein freieres Leben für sich und ihre Kinder, wieder andere folgten einfach dem Glück oder der Liebe. Sie oder Ihre Eltern kommen aus Polen, Ungarn und Rumänien, aus der Ukraine, aus der Türkei, aus Ghana, Kamerun und der Elfenbeinküste, aus Bolivien und Brasilien, aus Israel, Nepal und dem Iran.

Unser Land, von dem noch vor einem Menschenalter Krieg und Völkermord ausgingen, dieses Land ist inzwischen Heimat für Menschen aus 190 Nationen geworden. Ganz gleich, woher die Einwanderer stammen und wie sie kamen – im Boot über das Mittelmeer oder in der Business-Class im Flugzeug aus Übersee, als Erasmusstipendiaten oder als Familiennachzügler: Sie alle sind nun in Deutschland zu Hause. Das erfüllt mich mit Dank und mit Freude. Denn es zeigt: Sie mögen dieses Land, Sie vertrauen dieser Republik. Und die deutsche Staatsbürgerschaft erleichtert Ihnen zudem den Alltag.

Mit dem Grundgesetz wurde das Fundament geschaffen für ein friedliches, pluralistisches und demokratisches Gemeinwesen. […] Unsere soziale Marktwirtschaft und unser Sozialstaat versprechen gute Lebenschancen für alle. All das macht unser Land für viele Menschen in der Welt zu einem Sehnsuchtsort.

Zu diesem Deutschland sagen Sie, liebe Ehrengäste, heute auf neue Weise „Ja“.

[…]

Jeder Fünfte von uns hat inzwischen familiäre Wurzeln im Ausland, Tendenz steigend. Das hat verschiedene, gute Gründe: unsere wirtschaftliche und politische Stabilität, unsere Rechtssicherheit, unsere Zugehörigkeit zu einem Europa der Freizügigkeit und unsere humanitäre Verpflichtung gegenüber Verfolgten und nicht zuletzt auch die kulturelle Strahlkraft unseres Landes.

[…]

Einwanderung ist immer und überall mit Fremdheitsgefühlen verbunden, jedenfalls zunächst. Verstärkt gilt das für Einwanderer aus hierarchisch geprägten Kulturen und Staaten. Sie fremdeln mit der offenen Gesellschaft, mit ihrer Freizügigkeit, ihrer zunehmenden Glaubensferne und dem, was sie als Vereinzelung empfinden.

Es ist wahr: Wo Verschiedenheit heimisch wird, da ändert sich das Zusammenleben. Einwanderung setzt starke Gefühle frei und birgt gelegentlich auch handfeste Konflikte. Die offene Gesellschaft verlangt uns allen einiges ab: jenen, die ankommen, und jenen, die sich öffnen müssen für Hinzukommende. Offen sein ist anstrengend.

Vergessen wir nicht: Migration ist der Geschichte der Völker nicht fremd – auch der deutschen nicht. Zu Hunderttausenden suchten unsere Vorfahren einst ihr Glück in der Fremde. Viele von ihnen würde man mit der heutigen Sprache „Armutseinwanderer“ oder „Wirtschaftsflüchtlinge“ nennen.

Umgekehrt wissen wir auch, was es bedeutet, andere aufzunehmen. […] Millionen Vertriebene haben nach dem Zweiten Weltkrieg erlebt, wie es ist, in einer deutschen Fremde anzukommen, nicht immer

Eine Rede analysieren, Ergebnisse gliedern, die Rede beurteilen

willkommen zu sein und schließlich doch ein neues Zuhause gefunden zu haben. [...]

Aber heimisch werden, das kann dauern. [...] Heimat zu finden ist eine Sache des Herzens, aber auch eine der bewussten Willensentscheidung. Erst hält man Abstand, sucht das Vertraute. Dann kommt man mehr und mehr in Kontakt – manchmal auch in Konflikt. Und schließlich wächst die Gemeinschaft.

So geschieht es auch mit denen, die in den vergangenen 65 Jahren zu uns in die Bundesrepublik kamen: als sogenannte Gastarbeiter, als Aussiedler, als Flüchtlinge, als nachgezogene Ehepartner oder jüdische Zuwanderer aus den ehemaligen Sowjetrepubliken. Rund 16 Millionen Menschen unter uns kennen Einwanderung aus eigener Erfahrung oder als Teil der Familiengeschichte. Vier Millionen von ihnen sind Muslime.

[...]

Wir können also sagen: Deutschland ist auf einem guten Weg und hat eine gute Wegstrecke bereits zurückgelegt.

Der größte Schritt war wahrscheinlich 1999 die Reform des Staatsbürgerschaftsrechts. Neben das ius sanguinis trat das ius soli. Seitdem kann Deutscher werden, wer in Deutschland geboren wurde, auch wenn seine Eltern es nicht sind. Inzwischen wächst auch die Gelassenheit, doppelte Staatsbürgerschaften als selbstverständlich hinzunehmen. Einige unter Ihnen, liebe Ehrengäste, werden von heute an zwei Pässe besitzen dürfen.

[...]

Unser Land braucht Einwanderung. Die demografischen und wirtschaftlichen Begründungen sind schon oft und überzeugend vorgetragen worden. Dabei ist eines klar: Wir können nicht alle aufnehmen, die kommen möchten. Wir haben nun begonnen, Einwanderung aktiv zu steuern und klare gesetzliche Voraussetzungen für Zuwanderer zu schaffen.

Für jene, die bereits hier leben, sind Wege zu finden, wie sie ihre Potenziale tatsächlich entwickeln und einbringen können. Es ist eine immense Herausforderung für unser gesamtes Bildungssystem, Kindern heutzutage annähernd gleiche Startchancen zu verschaffen, egal, in welchem Stadtviertel und in welcher familiären Situation sie geboren sind.

[...]

Einstieg und Aufstieg zu gewährleisten, ist beides: eine Frage der Gerechtigkeit und ein Gewinn für die Gesellschaft.

[...]

Ich kann auch nicht mehr verstehen, warum Jugendliche, bloß weil sie Slavenka oder Mehmet heißen, bei gleichem Zeugnis und Lebenslauf noch immer schlechtere Chancen auf eine Lehrstelle oder eine Wohnung haben als Lena oder Lukas. In unserem Grundgesetz steht dazu ein Satz, der klarer nicht sein könnte: „Niemand darf wegen seines Geschlechtes, seiner Abstammung, seiner Rasse, seiner Sprache, seiner Heimat, seiner Herkunft, seines Glaubens, seiner religiösen oder politischen Anschauungen benachteiligt oder bevorzugt werden."

Diskriminierung, sie schadet allen. Junge Leute aus Einwandererfamilien werden entmutigt und verleitet zu sagen: „Wozu soll ich mich anstrengen, die wollen mich doch eh nicht." Und diejenigen, die es geschafft haben, eine gute Ausbildung zu erhalten, werden danach in Länder gehen, in denen man sie nach ihrer Leistung beurteilt und nicht nach ihrer Herkunft, dorthin, wo ihnen nicht ständig bedeutet wird: „Passt euch gefälligst an", sondern wo man sie mit ihrer ganzen Persönlichkeit annimmt – und mitgestalten lässt.

Es gäbe noch viel darüber zu sagen, wie sich unsere Gesellschaft und ihre Institutionen besser auf das

Eine Rede analysieren, Ergebnisse gliedern, die Rede beurteilen

Zusammenleben der Verschiedenen einstellen könnten. Aber dann werden Sie, liebe Ehrengäste, sich fragen: Bekomme ich heute eigentlich noch meine Einbürgerungsurkunde? Auch ich freue mich doch auf diesen Moment und er kommt jetzt gleich. […]

Lassen Sie mich deshalb nun zum Schluss kommen, zuvor aber noch von einer Begegnung erzählen. Es war ausgerechnet ein junger Mann, der mir kürzlich begegnete, bei einem Treffen mit vielen Vereinen, meist Jugendlicher. Das war ein türkeistämmiger Deutscher, der mir in einer Gesprächsrunde über Integrationsprobleme riet: „Geduld!"

Dieses Wort aus einem so jugendlichen Gesicht, das hat mich doch einigermaßen erstaunt. Ich musste darüber nachdenken. Und mir ist eingefallen, na klar, natürlich, wir brauchen auch Geduld. Aber Einwanderung gelingt und ist gelungen auch deshalb, weil so viele früher Ungeduld an den Tag gelegt haben und alles daran gesetzt haben, Politik und Gesellschaft in Bewegung zu bringen.

Ich bin sicher: Die Geduldigen wie die Ungeduldigen, sie werden gemeinsam dafür sorgen, dass alle, die hier leben, zu diesem Land „unser Land" sagen können.

Dieses Land, unser Land ist heute, und es ist auch mit Ihrer Ankunft in der Staatsbürgerschaft, nicht vollendet und immer noch nicht und noch lange nicht und vielleicht nie perfekt. Nach Ihnen werden andere Menschen zu uns kommen wollen. Und es wird weiter und wieder Annäherung geben, neue Freuden, aber auch manche Reibung. Und Sie werden dann zu den Alteingesessenen gehören und werden, zusammen mit meinen Kindern und Enkeln, neu um Toleranz, Respekt und Teilhabe ringen. In einer offenen Gesellschaft sind es doch auch die Kontroversen, die irgendwann zur Normalität führen.

Und zu dieser Gesellschaft, zu diesem Deutschland sagen Sie heute ganz bewusst „Ja". Und unser Land sagt „Ja" zu Ihnen.

www.bundespräsident.de

1 Analysieren Sie die Rede von Joachim Gauck (in Stichpunkten).

a) Bestimmen Sie die Redesituation (Redner, Ort, Zeit, Anlass, Zielgruppe) und das Thema der Rede.

b) Ermitteln Sie nach dem unten stehenden Muster:
den Aufbau der Argumentationskette in These und Argument sowie die Nennung von Beispielen, Belegen etc.,
die eingesetzten Strategien der Beeinflussung,
die sprachlichen Mittel vor dem Hintergrund der Zielgruppe und konzentrieren Sie sich besonders auf die rhetorischen Figuren.

c) Bestimmen Sie die Intention Gaucks. Beachten Sie **dabei** auch die geladenen Gäste.

Ein Schüler hat sich zu einem Auszug aus der Rede von Joachim Gauck folgende Randnotizen gemacht, die Sie für Ihre Analyse verwenden können.

These	Unser Land braucht Einwanderung. Die demografischen und wirtschaftlichen Begründungen sind schon oft und überzeugend vorgetragen worden.	*Gründe: Demografie und Wirtschaft*
These; Wir-Gruppe	Dabei ist eines klar: Wir können nicht alle aufnehmen, die kommen möchten. Wir haben nun begonnen, Einwanderung aktiv zu steuern und klare gesetzliche Voraussetzungen für Zuwanderer zu schaffen.	

Eine Rede analysieren, Ergebnisse gliedern, die Rede beurteilen

Appell	Für jene, die bereits hier leben, sind Wege zu finden, wie sie ihre Potenziale tatsächlich entwickeln und einbringen können. Es ist eine immense Herausforderung für unser gesamtes Bildungssystem, Kindern heutzutage annähernd gleiche Startchancen zu verschaffen, egal, in welchem Stadtviertel und in welcher familiären Situation sie geboren sind.	
These	[…] Einstieg und Aufstieg zu gewährleisten, ist beides: eine Frage der Gerechtigkeit und ein Gewinn für die Gesellschaft. […]	*Alliteration; aufwertende Begriffe*
Faktenargument: Feststellung vorhandener Ungerechtigkeit	Ich kann auch nicht mehr verstehen, warum Jugendliche, bloß weil sie Slavenka oder Mehmet heißen, bei gleichem Zeugnis und Lebenslauf noch immer schlechtere Chancen auf eine Lehrstelle oder eine Wohnung haben als Lena oder Lukas.	*Alliteration*
Autoritätsargument: Berufung auf das Grundgesetz	In unserem Grundgesetz steht dazu ein Satz, der klarer nicht sein könnte: „Niemand darf wegen seines Geschlechtes, seiner Abstammung, seiner Rasse, seiner Sprache, seiner Heimat, seiner Herkunft, seines Glaubens, seiner religiösen oder politischen Anschauungen benachteiligt oder bevorzugt werden."	*Zitat*

2 Setzen Sie die Analyse der Rede von Joachim Gauck nach dem Muster fort, beziehen Sie dabei Beginn und Schluss der Rede mit ein.

3 Ordnen Sie Ihre Notizen für den Hauptteil Ihrer Redeanalyse.

4 Schreiben Sie eine Bewertung zu der Rede von Joachim Gauck (↗ S. 100–102). Orientieren Sie sich dabei am folgenden Basiswissen. Versuchen Sie, sowohl ein Sachurteil als auch ein Werturteil abzugeben. Beachten Sie dabei die Zielgruppe.

BASISWISSEN — Sachurteile – Werturteile

Abschließend wird die Qualität der Rede beurteilt. Berücksichtigen Sie bei der Bewertung der Gestaltung die Zielgruppe. Ihre Bewertung kann sich auf zwei Ebenen bewegen.

Zum einen können Sie **Sachurteile** abgeben. Hierbei fällen Sie auf Basis objektiver Kriterien ein sachliches Urteil über den Text. Sie bewerten, ob das Thema zum Anlass passt, der Redner gute Argumente vorbringt, der Redner seine Meinung überzeugend vertreten kann, die Rede verständlich gestaltet ist, rhetorische Figuren und Strategien der Beeinflussung passen und für die Zielgruppe angemessen gewählt sind.

Zum anderen können Sie **Werturteile** abgeben. Hierbei fließen in Ihre Bewertung Ihre persönlichen Überzeugungen ein.

Eine vollständige Redeanalyse verfassen

1 Schreiben Sie eine vollständige Redeanalyse zu der Rede von Joachim Gauck (↗ S. 100–102). Orientieren Sie sich an der folgenden Arbeitstechnik „Eine Redeanalyse schreiben".

a) Formulieren Sie eine Einleitung.
b) Formulieren Sie im Hauptteil die Ergebnisse Ihrer Analysen.
c) Überarbeiten Sie Ihren Schlussteil und bewerten Sie die Qualität der Rede.
d) Überarbeiten Sie Ihren Aufsatz im Rahmen einer Schreibkonferenz (↗ Kapitel 22).

ARBEITSTECHNIK — Eine Redeanalyse schreiben

Folgende Elemente sollten Sie bei der Analyse einer Rede berücksichtigen:

Einleitung:
- die Rede hinsichtlich Redesituation (Redner/-in, Ort und Zeit, Anlass, Zielgruppe) und Thema einordnen
- die Hauptgedanken (kurze Inhaltsangabe) und grob die Argumentationsstruktur des Textes darlegen

Hauptteil:
- sprachliche Mittel und Strategien der Beeinflussung benennen und in ihrer Funktion bestimmen
- die von der Rednerin/dem Redner verfolgte Aussageabsicht erkennen und ihre/seine Ziele erläutern
- die Textfunktionen bestimmen und nachweisen
- Inhalt, Form und Wirkung abschnittsweise erläutern

Schluss:
- eine begründete Beurteilung und Wertung der Rede vornehmen hinsichtlich der Position der Rednerin/des Redners und der Gestaltung sowie Wirkung der Rede unter Berücksichtigung der Zielgruppe

FAZIT

5.1
Werbung analysieren und beurteilen
- Anlass, Zielgruppe, Ziel der Maßnahme, Produkt, Firma, Werbeträger benennen
- Kombination von Text- und Bildaussagen, Gestaltungsprinzipien, Layout, sprachliche Mittel beschreiben
- die Analyse gliedern: Einleitung, Hauptteil, Schluss

5.2
Reden analysieren und beurteilen
- sprachliche Mittel erkennen: Sprachvarietäten, Satzbau, Wortwahl, rhetorische Figuren
- rhetorische Strategien analysieren: Aufwertung, Abwertung, Dramatisierung
- Zielgruppenorientierung herausfinden
- die Redeanalyse gliedern: Einleitung, Hauptteil, Schluss

Kapitel 6

Sachtexte erörtern

6.1
Freie Erörterung

6.2
Textgebundene Erörterung

6.3
Prüfungsvorbereitung

In diesem Kapitel setzen Sie sich systematisch und konstruktiv mit Sachtexten auseinander. Der Sachtext ist dabei Grundlage und Ausgangspunkt für eine Erörterung der darin enthaltenen Auffassungen, Meinungen und Urteile. Ziel der Erörterung ist eine begründete Stellungnahme. Ziel des Kapitels ist es, die Aufbauprinzipien einer Erörterung richtig anzuwenden und die Argumentation sowohl in inhaltlicher als auch sprachlicher Hinsicht überzeugend zu gestalten.

Kompetenzen

- ✓ Inhalt und Aussagen eines Textes erfassen
- ✓ Argumentationsstrategien erkennen und eine eigene Argumentation entwickeln
- ✓ Andere von der eigenen Position überzeugen
- ✓ Texte planen und überarbeiten
- ✓ Eine Texterörterung schreiben

Methoden und Arbeitstechniken

- ✓ Exzerpieren
- ✓ Lerntempoduett
- ✓ Schreibkonferenz

Lineare Erörterung

Damit Argumente überzeugender wirken, werden Belege angeführt, um deren Gültigkeit zu untermauern.

Muster

Obwohl sich das Einkommen der US-Bürger seit Ende des Zweiten Weltkrieges verdreifacht hatte, waren sie nicht glücklicher. Dies belegt eine empirische Studie des amerikanischen Ökonomen Easterlin aus dem Jahr 1974.
Das hat jeder schon erlebt, für den Arbeit mehr als ein lästiges Mittel zur Bestreitung des Lebensunterhaltes ist. Denn durch den Verzicht auf aggressives Verhalten entsteht Zufriedenheit sowohl für den Einzelnen als auch die Gruppe.
Viele Menschen sind ängstlich und depressiv, da ihnen der Grund zum Glücklichsein abhandengekommen ist. Viktor E. Frankl – Mediziner und Psychiater – hält dies für die wesentliche Ursache.
Kaufen und Besitzen von Dingen macht das Glück vieler Menschen in unserer Zeit aus. So ist es nicht verwunderlich, dass man auch seine Mitmenschen unter diesen Aspekten betrachtet, sodass sich zwischenmenschliche Beziehungen mehr denn je nach den Prinzipien des Marktes gestalten.

2 **Ordnen Sie die obigen Aussagen den verschiedenen Arten von Belegen im Basiswissen zu.**

3 **„Sport macht glücklich, weil der Neurotransmitter Serotonin erzeugt wird." Suchen Sie zu diesem Argument verschiedene Arten von Belegen, wie sie im Basiswissen aufgeführt sind.**

BASISWISSEN – Entfaltung des Arguments – verschiedene Arten von Belegen

Angabe von Fakten (Zahlen, Statistiken, Fakten, wissenschaftliche Untersuchungen etc.): *Die Ergebnisse der Versuchsreihen zeigten, dass allein schon die Erwartung einer Heilung einen deutlichen Placeboeffekt hervorruft.*

Verweise auf allgemein anerkannte Werte (Verfassung, Menschenrechte etc.): *Im Grundgesetz ist das Recht auf freie Meinungsäußerung fest verankert.*

Rückgriff auf Erfahrungen (nachvollziehbare Beispiele aus der eigenen Erfahrungswelt): *Es ist bekannt, dass Geld allein nicht glücklich macht.*

Berufung auf Autoritäten (Zitate von Experten etc.): *So sagt der britische Ökonom Richard Layard, dass steigender Wohlstand nur bis zu einem bestimmten Niveau glücklich mache.*

Bildung von Analogien (Rückschlüsse aus erwiesenen Tatsachen, die auf andere Bereiche übertragen werden): *Wer schon einmal Alkohol getrunken hat, weiß, dass dies zu Einbußen in der Wahrnehmung, der Aufmerksamkeit und dem Reaktionsvermögen führt. Dies gilt natürlich auch für den Konsum von Cannabis.*

Lineare Erörterung

In einer Erörterung werden die Argumente nach bestimmten Kriterien geordnet. Es gibt unterschiedliche Ordnungsprinzipien, z. B. vom Konkreten zum Abstrakten, vom Individuellen zum Gesellschaftlichen oder vom weniger Wichtigen zum Wichtigsten.

Muster

Was braucht der Mensch, um glücklich zu sein? Erörtern Sie diese Frage.

Der Verkauf von Glücksratgebern hat Hochkonjunktur, viele Zeitschriften haben das Thema ebenfalls entdeckt und überbieten sich mit Strategien für ein glückliches Leben. „So planen Sie Ihr Glück", „Endlich glücklich werden" oder „Ein glückliches Leben führen" lauten gängige Schlagzeilen, mit denen die Verkaufszahlen gesteigert werden. Das Thema stößt auf großes Interesse; denn wer will nicht glücklich sein? Die Frage ist nur, was der Mensch dazu braucht.

Spontan fällt einem dazu gleich eine Vielzahl von Punkten ein: Es soll einem gut gehen, man will sich wohlfühlen, Spaß haben, Angenehmes erleben, erfolgreich und vor allem reich sein. Einmal sechs Richtige im Lotto haben und dann auf der Sonnenseite des Lebens stehen können, keine finanziellen Sorgen mehr haben, dem nervigen Chef die stressige Arbeit hinwerfen und sich mehr leisten können als andere – davon haben schon viele geträumt. Aber der amerikanische Ökonom Easterlin hat 1974 durch eine empirische Untersuchung herausgefunden, dass das absolute Einkommen nicht ausschlaggebend für die Lebenszufriedenheit ist. Mehr Reichtum führt nicht zu mehr Glück, wenn grundlegende Bedürfnisse gestillt sind. Dies wird auch daran deutlich, dass trotz steigenden Pro-Kopf-Einkommens das Glücksempfinden nicht gestiegen ist. Auch der Psychologe Jordi Quoidbach hat dieses Phänomen untersucht und deutet es in seinen Studien. Demnach mindere Reichtum die Freude an den Dingen, die leicht und regelmäßig verfügbar seien. So werden z. B. der Besuch eines eleganten Restaurants oder eine teure Reise als selbstverständlich wahrgenommen.

Das Zuhause, eine glückliche Beziehung, Kinder, Freunde, ein intaktes soziales Netz sind weitere Aspekte, die häufig als Garanten für ein glückliches Leben genannt werden. Aber Kinder machen erst wirklich glücklich, wenn sie aus dem Haus gehen. Eltern leiden häufig unter chronischem Schlafmangel, wenn ihre Kinder noch klein sind, oder unter Stress, wenn diese pubertieren. Viele Untersuchungen belegen, dass sich Eltern bisweilen danach sehnen, dass die Kinder aus dem Haus sind.

Auch die Ehe macht nicht wirklich glücklich. Viele Ehepaare sind zehn Jahre nach der Eheschließung unglücklicher als zehn Jahre zuvor, belegen statistische Erhebungen. Diese Zahlen sprechen gegen Kinder oder die Ehe als Glücksgaranten.

Lineare Erörterung

Andererseits ist es kaum vorstellbar, dass jemand ohne gute Freunde oder Familie ein zufriedenes Leben führt. Geteiltes Leid ist halbes Leid und geteilte Freude ist doppelte Freude, sagt bereits ein altes Sprichwort. Jeder hat sicherlich schon einmal diese Erfahrung gemacht. Die Kraft und Energie, die man aus seinem sozialen Netzwerk gewinnt, trägt wesentlich zum Sinn einer erfüllten Lebensführung bei.

Ein weiterer wesentlicher Aspekt für ein glückliches Dasein ist die Gesundheit. Denn für denjenigen, der von einer Krankheit gezeichnet ist oder sich um einen kranken Familienangehörigen sorgt, relativiert sich vieles. Meist nehmen wir Gesundheit als gegeben hin und bemerken erst im Falle einer Krankheit, wie wesentlich sie ist. Folglich sollten wir uns täglich bewusst machen, dass wir dankbar sein können, wenn wir gesund bleiben.

Auch ein Leben in Sicherheit und Freiheit halten wir oft für selbstverständlich und bemerken kaum, wie wichtig es ist, um zufrieden und glücklich sein zu können. Sicherheit der politischen Verhältnisse sowie die Garantie von Grundrechten sind Voraussetzungen für ein glückliches Leben, da sie uns die Möglichkeit geben, unser Leben eigenverantwortlich zu gestalten und nach den jeweiligen persönlichen Neigungen und Stärken für lohnende, sinnvolle Ziele einzutreten.

Was der Einzelne für sein Glück benötigt, ändert sich im Laufe des Lebens, für den älteren Menschen steht eher der Gesundheitsaspekt im Vordergrund, ein junger Mensch setzt andere Akzente. Zu anderen Zeiten und in anderen Kulturen gab oder gibt es andere Vorstellungen vom Glück. Jeder sollte aber nach seinem Glück streben dürfen. Dies gehört zu einer Gesellschaft dazu, die den Einzelnen wertschätzt.

4 Analysieren Sie die Struktur des vorliegenden Musters.

a) Skizzieren Sie in Stichworten die Gliederung des Musters. Nutzen Sie dazu das Basiswissen.
b) Notieren Sie die Überleitungen und entsprechende Signalwörter.

BASISWISSEN Lineare Erörterung

Die Erörterung ist wie jeder Aufsatz in drei Teile gegliedert. Die **Einleitung** führt zum Thema hin und sollte das Interesse der Leserinnen und Leser wecken. Dieses kann durch ein aktuelles Beispiel, ein persönliches Erlebnis oder auch mit einem Sprichwort geschehen. Auch mit Umfrageergebnissen oder statistischen Angaben können Sie sinnvoll einleiten. Im **Hauptteil** werden die Argumente präsentiert und im **Schlussteil** wird das Thema abgerundet. Es werden keine neuen Aspekte mehr ins Spiel gebracht. Es ist möglich, sich wieder auf die Einleitung zu beziehen, eine Vermutung über die zukünftige Entwicklung zu äußern oder einen Appell zu formulieren. Beachten Sie, dass Einleitung und Schluss in einem ausgewogenen Verhältnis zum Hauptteil stehen.

★ **5 Schreiben Sie für das Muster von S. 109 f.**

a) eine andere Einleitung,
b) einen anderen Schluss.

Dialektische Erörterung

Viele Deutsche suchen ihr Glück im Ausland. Aber kann man dort wirklich sein Glück finden? Zu dieser Fragestellung gibt es unterschiedliche Meinungen.

„Dem Leben muss man sich stellen – hier oder dort."

„Man kennt die Sendungen, in denen wir Zuschauer gespannt die Schicksale von Auswanderern verfolgen. Dabei wird klar, dass es nur die wenigsten schaffen."

„Viele wundern sich, dass sie in dem neuen Land nicht mit offenen Armen empfangen werden."

„Wenn man weggeht, weiß man nicht mehr, wo man seine Wurzeln hat."

„Die Sonne, den Feierabend am Strand und die gelassene Stimmung der Menschen genießen – so ein Leben kann man nur im Ausland führen."

„Manchmal macht es Sinn, alles hinter sich zu lassen und einen Neubeginn zu wagen."

1 Kann eine Auswanderung aus Deutschland das große Glück bringen? Setzen Sie sich mit dieser Fragestellung auseinander.

★ a) Ergänzen Sie die oben aufgeführten Positionen um weitere Meinungen.

b) Welche Position vertreten Sie in der oben angeführten Frage? Notieren Sie Ihre These.

Welche Vorteile sich Menschen mit ihrer Auswanderung versprechen, erläutert der folgende Artikel. Er zeigt aber auch die Kehrseite.

Abschied und Willkommen

[…]

von Roland Preuß

München – Es ist nicht so lange her, da hagelte es Alarmmeldungen beim Thema Auswanderer: Mehr als 100 000 Deutsche verließen jedes Jahr das Land, Ärzte, Spitzenforscher, aber auch Hoffnungslose, hieß es vor zehn Jahren. Es waren die Jahre der schmerzhaften Hartz-Reformen, die Zahl der Arbeitslosen erreichte Rekordwerte, Besserung war nicht in Sicht, Deutschland galt als kranker Mann Europas. Da passte es ins Bild, dass zwischen 2005 und 2009 etwa 250 000 Deutsche das Land verließen – die Rückkehrer sind da schon abgezogen. Die Aufregung ist mittlerweile verebbt, Forscher haben sich des Themas angenommen – und rücken das Bild vom Auszug der Hoffnungslosen zurecht: Nach wie vor ziehen zwar jedes Jahr etwa 150 000 Einheimische fort, doch die meisten kommen zurück – bereichert um Erfahrungen und Perspektiven.

Dies ist das Ergebnis einer Studie zu Auswanderern und Rückkehrern, die Forscher des Sachverständigenrates für Integration und Migration (SVR) zusammen mit dem Bundesinstitut für Bevölkerungsforschung (BiB) und der Uni Duisburg-Essen am Dienstag in Berlin vorgestellt haben. Die Wissenschaftler haben 800 Auswanderer und 900 Rückkehrer befragt. Warum sind sie weggegangen? Mit welchen Erwartungen? Wie war das neue Leben im Ausland? Und warum kommen sie nach Deutschland zurück – oder eben nicht? Die Antworten, sagen die Forscher, sind zwar nicht repräsentativ für alle Aus- und Rückwanderer; doch die Studie bietet den bisher besten Einblick, wer da geht und kommt – und warum.

Dialektische Erörterung

Die Hoffnungslosen oder Verarmten gehören nicht zu den typischen Auswanderern

Der typische Auswanderer ist demnach nicht der Hoffnungslose oder Verarmte, und auch nicht der Provinz-Wirt aus dem Privatfernsehen, der sich seinen Traum vom Strandrestaurant erfüllen will. Vielmehr handelt es sich in der großen Mehrheit um junge, top ausgebildete Leute, die neue Erfahrungen, fremde Kulturen oder ein attraktiver Job ins Ausland locken. Immerhin 41,4 Prozent der Befragten nannten jedoch auch eine Unzufriedenheit mit dem Leben in Deutschland als Motiv. Tatsächlich erfüllt sich für die meisten der Wunsch nach einem höheren Einkommen, allerdings hat das seinen Preis. So sagten 43,5 Prozent der Befragten, dass sich die Auswanderung negativ auf ihren Freundes- und Bekanntenkreis ausgewirkt habe. Über Tausende Kilometer hinweg lassen sich Freundschaften schwer pflegen. BiB-Direktor Norbert Schneider spricht von ambivalenten Folgen für die Wandernden: „Sie erzielen oft ein höheres Einkommen und haben einen höheren Berufsstatus", erführen aber vielfach „auch eine Art sozialer Desintegration durch den Verlust von Freunden und Bekannten". Man kann es auch auf die Formel bringen: Geld oder Freunde.

Die Sehnsucht nach Freunden und Familie spielt denn auch eine wichtige Rolle bei der Entscheidung zurückzukommen. Fast die Hälfte gibt die Familienangehörigen als wichtiges Motiv an, fast ein Viertel Freunde. Von den Auslandsdeutschen wollen insgesamt 41 Prozent wieder in die alte Heimat, gut ein Drittel will dagegen fortbleiben, gut ein Viertel ist unentschlossen.

Es bleiben also bei Weitem nicht alle weg, die einmal ausgewandert sind, unter dem Strich hat das Land seit 2009 pro Jahr lediglich 25 000 Bundesbürger verloren. Die Forscher sprechen daher eher von einer „Brain Circulation", also einem Kreislauf, als einem „Brain Drain". „Abwanderung sollte nicht einseitig als Verlust, sondern auch als Chance wahrgenommen werden", sagt Cornelia Schu, die Direktorin des SVR-Forschungsbereichs. Die Auswanderer kehrten oft mit neuen Fähigkeiten und Kontakten zurück.

Diese positive Sichtweise hängt allerdings auch mit der günstigen Entwicklung der Bundesrepublik zusammen: Anders als vor zehn Jahren geht es Deutschland im Vergleich zu den meisten Industrieländern wirtschaftlich gut, es gibt Jobs und Möglichkeiten. Hinzu kommen Rückkehrerprogramme, die bereits Hunderte Wissenschaftler an deutsche Unis und Forschungsinstitute vermittelt haben. Sie könnten noch ausgeweitet werden auf andere Bereiche, sagen die Autoren der Studie, auch um den Mangel an Fachkräften zu lindern.

Als Spaniens Wirtschaft boomte, suchten Tausende ihr Glück in der Sonne – bis die Krise kam

Für viele Auslandsdeutsche ist die Rückkehr auch finanziell attraktiv. Mitarbeiter mit Auslandserfahrung sind gefragt und oft gut bezahlt. Allerdings trifft das laut der Studie nur auf Hochqualifizierte zu. Andere Rückkehrer sehen zwar Freunde und Familie wieder, müssen aber mit einem geringeren Einkommen rechnen. Die Motive der Rückkehrer gleichen denen der Auswanderer: beide nennen häufig eine interessantere Arbeit oder bessere Arbeitsbedingungen, manche haben im Lauf der Jahre offenbar auch die Qualitäten der Bundesrepublik schätzen gelernt. Jedenfalls beschleicht gut 40 Prozent eine Art von Unzufriedenheit im Ausland, viele bevorzugen das „Lebensgefühl" in Deutschland, andere schätzen eine bessere medizinische Versorgung (19,3 Prozent) oder weniger Kriminalität (15 Prozent).

Es ist freilich nicht so, dass sich Auswanderer dies immer aussuchen könnten. Als Spaniens Wirtschaft vor zehn Jahren boomte, suchten Tausende Deutsche ihre Zukunft unter der südlichen Sonne, unter ihnen viele Akademiker. Dann kam 2008 die Wirtschaftskrise. Viele Auswanderer verloren ihren Job – und kehrten gezwungenermaßen zurück.

(Süddeutsche Zeitung, 11. 03. 2015)

Dialektische Erörterung

2 Erschließen Sie bei Ihrer Auseinandersetzung mit dem Thema den Text „Abschied und Willkommen“.

a) Exzerpieren Sie relevante Aussagen.

b) Formulieren Sie Argumente zur Unterstützung Ihrer These. Entfalten Sie diese durch Belege.

c) Versetzen Sie sich in die Gegenposition. Formulieren Sie entsprechende Argumente und stützen Sie diese durch geeignete Belege.

BASISWISSEN Gliederungsschemata des Hauptteils

Variante 1: Blockprinzip	Variante 2: Reißverschlussprinzip
Pro-These	1. Pro-Argument
1. Pro-Argument	1. Kontra-Argument
2. Pro-Argument	2. Pro-Argument
...	2. Kontra-Argument
Kontra-These	3. Pro-Argument
1. Kontra-Argument	3. Kontra-Argument
2. Kontra-Argument	...
...	

Sie sollten mit der These beginnen, die am wenigsten Ihrer eigenen Position entspricht. Dann ordnen Sie Ihre Argumente beispielsweise nach deren Überzeugungskraft, sodass das überzeugendste Argument, das für Ihre Position spricht, am Ende steht. Ebenso verfahren Sie mit den Argumenten der Gegenposition. Im Schlussteil formulieren Sie Ihren eigenen Standpunkt.

3 Entscheiden Sie sich für eine Variante. Begründen Sie Ihre Wahl.

Sprache und Stil

Besonders wichtig ist die Verknüpfung der verschiedenen Einzelargumente, die zur formalen Geschlossenheit der Erörterung beiträgt.

Gegenargumente können folgendermaßen eingeleitet werden:
sicherlich ist es ein berechtigter Einwand, wenn ..., dennoch ...; dem kann man entgegenhalten, dass ...

Argumente können mithilfe folgender Wendungen abgewogen werden:
einerseits ..., andererseits ...; zum einen ..., zum anderen ...

★ **4 Ergänzen Sie die aufgeführten Wendungen um weitere Beispiele.**

5 Schreiben Sie eine Erörterung zum Thema „Viele Deutsche suchen ihr Glück im Ausland. Aber kann man dort wirklich sein Glück finden?“.

Von der Erörterung zur Stellungnahme

Beim Verfassen einer Stellungnahme zu einem Thema haben Sie mehr Freiheiten als bei einer Erörterung. Sie können sich inhaltlich und sprachlich besser positionieren und Ihren Text appellativer gestalten.

Sprache und Stil

Um Ihre Position zu stärken, sollten Sie sich rhetorische Strategien überlegen und ganz bewusst einsetzen (↗ Kapitel 11). Hier sind einige Strategien aufgeführt:

- Abwertung der Gegenposition
- Scheinbestätigung der gegnerischen Position, verbunden mit einem schlagkräftigen Gegenargument
- bescheidene Selbstdarstellung
- sich als Fürsprecher einer bestimmten Gruppe darstellen
- Appell an das Mitgefühl

Muster

a) *Angesichts einer großen Zahl von Menschen, die mit ihrem Leben unzufrieden sind, kann man verstehen, dass manche andere Wege suchen und z. B. ins Ausland gehen. Dennoch ist klar, dass man auch die kritischen Stimmen nicht überhören darf, die sagen, man solle sich den Problemen hier stellen und nicht vor ihnen fliehen.*

b) *Auch wenn ich nicht viele Menschen kenne, die ausgewandert sind, glaube ich dennoch, dass die wenigsten ihr Glück im Ausland machen.*

c) *Natürlich bietet ein Neustart in einem anderen Land viele Möglichkeiten, aber nur dann, wenn man sich ausreichend vorbereitet hat und offen für Neues ist.*

d) *Sicher haben diejenigen, die das Auswandern kritisch sehen, Statistiken bereit, die zeigen, dass viele scheitern. Aber es gibt genauso viele Beispiele, die verdeutlichen, dass viele doch ihr Glück machen.*

e) *Da man überall, wo man lebt, sein Glück finden kann, sollten wir unsere Zeit mit sinnvolleren Themen verbringen.*

f) *Wenn Sie ein Arbeitsangebot im Ausland mit einem höheren Einkommen oder besseren Weiterentwicklungsmöglichkeiten hätten, würden Sie sich doch auch über diese Möglichkeit freuen und das Angebot wahrnehmen.*

1 Ordnen Sie die Formulierungen den entsprechenden Strategien zu.

BASISWISSEN Stellungnahme

Mit einer Stellungnahme wollen Sie die Leser von Ihrer Position überzeugen.

Im Gegensatz zur Erörterung ist es nicht zwingend notwendig, eine Gegenposition mit einzubeziehen. Ihre Arbeit gewinnt allerdings, wenn Sie den gegnerischen Standpunkt aufgreifen und entschärfen.

Auch im sprachlichen Bereich haben Sie mehr Freiräume als bei einer Erörterung. Durch die Anwendung rhetorischer Strategien verstärken Sie die Überzeugungskraft Ihrer Stellungnahme.

Von der Erörterung zur Stellungnahme

Zu dem Thema „Viele Deutsche suchen ihr Glück im Ausland. Aber kann man dort wirklich sein Glück finden?" hat ein Schüler diese Stellungnahme verfasst.

Muster

Wer kennt nicht diese Sendungen über Auswanderer, die ihr Glück in einem anderen Land suchen? Da sucht Anja B. ihr Glück mit einer Currywurstbude auf Mallorca oder Manny N. versucht sich als Lkw-Fahrer in Kanada. So wie sie suchen viele Deutsche ihr Glück im Ausland. In den letzten Jahren sind es ungefähr 150 000 Menschen jährlich. Aber kann man fern der Heimat wirklich sein Glück finden?

Zunächst sollte man sich bewusst machen, was unter Glücklichsein zu verstehen ist. Zu jeder Zeit haben sich Menschen damit beschäftigt und danach gesucht. Für Krösus z. B., den reichen König der Lyder, ist das Glück der Gegenwart ein hohes Gut. Für Solon hingegen, den Staatsmann und Lyriker, zeigt sich das Glück erst am Lebensende. Aktuelle Fernsehsendungen vermitteln uns heute ganz andere Glücksvorstellungen. Reichtum, Macht, Schönheit oder Sex zählen dazu.

Nach einer aktuellen Befragung von 800 Auswanderern durch den Sachverständigenrat für Integration und Migration zusammen mit dem Bundesinstitut für Bevölkerungsforschung und der Uni Duisburg-Essen sind die meisten auf der Suche nach neuen Erfahrungen, wollen andere Kulturen kennenlernen oder haben ein attraktives Jobangebot. Knapp über 40 Prozent sind mit ihrem Leben in Deutschland unzufrieden. Das sind in der Regel die Gründe, um alles hinter sich zu lassen und das Glück anderswo zu suchen.

Für viele – vor allem die gut Ausgebildeten – erfüllt sich der Wunsch nach einem höheren Einkommen. In der Regel sind das nicht die Anjas und Mannys, für die wir uns in den einschlägigen Sendungen oft fremdschämen. Das Jobangebot stimmt, die Bezahlung ist gut, man sammelt neue Erfahrungen und ist der Routine des Alltags entflohen. Dennoch stellt sich das Glück nur zu einem Teil ein.

Sicherlich lernt man im Ausland neue Leute kennen, dennoch werden Freunde und Bekannte oft schmerzlich vermisst. Mancher hat Familienangehörige, eventuell sogar den Lebensgefährten zurückgelassen. Sie lassen sich nicht so einfach durch neue Bekanntschaften ersetzen.

Auch wenn ich selbst keine Erfahrung dazu einbringen kann, denke ich doch, dass Altbewährtes, das einem zuvor als langweilige Routine begegnet ist, vermisst und in einem ganz anderen Licht gesehen wird. Wie schön war es da auf einmal, morgens fast immer zur gleichen Zeit die Lokalzeitung zu lesen oder am Wochenende direkt ab der Haustür, ohne kilometerweit fahren zu müssen, zum Lauf in die Natur zu starten. Die Brötchenauswahl des heimischen Bäckers lässt einem allein beim Gedanken daran das Wasser im Mund zusammenlaufen.

Auch mit einer anderen Sprache ist man konfrontiert ...

2 Analysieren Sie diese Stellungnahme unter folgenden Fragestellungen:

a) Welche Thesen vertritt der Verfasser und wie argumentiert er?

b) Welche formalen und inhaltlichen Auffälligkeiten verdeutlichen, dass hier eine Stellungnahme und keine Erörterung vorliegt?

3 Setzen Sie den Hauptteil der Stellungnahme fort und formulieren Sie einen passenden Schluss.

Ein literarisches Thema erörtern

Die literarische Erörterung ist eine besondere Art der Erörterung. Ein bestimmter Aspekt, der in einem literarischen Werk thematisiert wird, soll dargestellt und beurteilt werden.

Christoph Hein: Drachenblut (Der fremde Freund) (Auszug)

Es geht mir gut. Heute rief Mutter an, und ich versprach, bald vorbeizukommen. Mir geht es glänzend, sagte ich ihr.

Ich bin ausgeglichen. Ich bin einigermaßen beliebt. Ich habe wieder einen Freund. Ich kann mich zusammennehmen, es fällt mir nicht schwer. Ich habe Pläne. Ich arbeite gern in der Klinik. Ich schlafe gut, ich habe keine Albträume. Im Februar kaufe ich mir ein neues Auto. Ich sehe jünger aus, als ich bin. Ich habe einen Friseur, zu dem ich unangemeldet kommen kann, einen Fleischer, der mich bevorzugt bedient, eine Schneiderin, die einen Nerv für meinen Stil hat. Ich habe einen hervorragenden Frauenarzt, schließlich bin ich Kollegin. Und ich würde, gegebenenfalls, in eine ausgezeichnete Klinik, in die beste aller möglichen Heilanstalten eingeliefert werden, ich wäre schließlich auch dann noch Kollegin. Ich bin mit meiner Wohnung zufrieden. Meine Haut ist in Ordnung. Was mir Spaß macht, kann ich mir leisten. Ich bin gesund. Alles, was ich erreichen konnte, habe ich erreicht. Ich wüsste nichts, was mir fehlt. Ich habe es geschafft. Mir geht es gut.

1 Stellen Sie ausgehend von dem vorgegebenen Textauszug dar, wie die Hauptfigur in Christoph Heins Novelle ihr Lebensglück definiert.

2 Erörtern Sie die Relevanz des Themas Glück für die Leserin/den Leser des 21. Jahrhunderts.

Zur Information eine kurze Zusammenfassung der Novelle:

Die Novelle „Drachenblut" („Der fremde Freund") handelt von der geschiedenen, kinderlosen Ärztin Claudia, deren Leben in der DDR sich in eingefahrenen Bahnen zwischen einem Einzimmer-Apartment, der Arbeit, Treffen mit Freunden oder den Eltern und Ferien am selben Ort abspielt. Die Novelle setzt ein mit der Erinnerung an die Beerdigung des Nachbarn. Henry ist in Claudias Leben ebenso überraschend eingetreten, wie er es durch seinen Tod wieder verlassen hat. Die Beziehung zu ihm ist distanziert geblieben – er war ein fremder Freund. Die Zerstörung der Beziehung zu Katharina, der besten Freundin aus Kindheitstagen, hat Claudia und ihr Verhältnis zu anderen Menschen geprägt.

BASISWISSEN Literarische Erörterung

Die Arbeitsschritte beim Verfassen einer literarischen Erörterung unterscheiden sich nicht von denen einer Erörterung. Ihre Argumente leiten Sie aus der entsprechenden Textstelle ab. Dabei geht es nicht darum, den Inhalt des Textes wiederzugeben, sondern ihn unter besagter Fragestellung zu erörtern.

Literarische Erörterungen beziehen sich auf:
- einen inhaltlichen Schwerpunkt eines Ihnen bekannten Textes,
- einen Vergleich zweier Texte unter einem bestimmten thematischen Aspekt oder
- eine Aussage über einen Text, der Ihnen bekannt ist.

Textgebundene Erörterung

Einen Text analysieren und eine strukturierte Textwiedergabe verfassen

In einer textgebundenen Erörterung reagieren Sie auf Argumente, Belege und Beispiele einer Textvorlage mit einer eigenen Argumentation. Dafür ist es nötig, den Text zu analysieren und den Argumentationsaufbau herauszuarbeiten. Der folgende Text lenkt den Blick auf besondere Probleme der Geflügelmast.

Evolution der Hendl

Huhn ist gleich Huhn? Von wegen, die Tiere sind grotesk gewachsen. Moderne Rassen haben deutlich mehr Fleisch – das macht ihre Produktion billiger. Doch ihre Gesundheit leidet unter dem Wachstumswahn.

von Christoph Behrens

Wenn das Bier fließt, werden Menschen hungrig. Sehr hungrig. Eine halbe Million Brathendl vertilgen die Besucher des Oktoberfests in weniger als drei Wochen – eines alle drei Sekunden. Man müsste meinen, es wäre schwer, solche Mengen bereitzustellen. Tatsächlich sind 500 000 Hendl für die Industrie ein Klacks. Bei 700 Millionen jedes Jahr in Deutschland geschlachteten Hühnchen ist die halbe Million an weniger als einem halben Tag fertig.

Und der Konsument will immer mehr davon: Aß in den 1950er-Jahren jeder Deutsche etwa zwei Kilogramm Geflügel im Jahr, so waren es 2013 bereits 19,4 Kilogramm. Weniger bekannt ist, dass der gestiegene Hunger auch das Federvieh radikal verändert. „Von 1957 bis 2005 ist das Hühnchenwachstum um mehr als 400 Prozent gestiegen", schreiben Forscher um Martin Zuidhof von der Universität Alberta in Kanada. Das Brathähnchen hat sich dem Appetit der Menschen angepasst, es ist größer geworden und vor allem ist mehr Fleisch dran als noch vor 50 Jahren. Um das zu ermitteln, zogen die Agrarforscher je 180 Exemplare typischer Rassen der vergangenen Jahrzehnte mit dem gleichen Futter groß: Rassen von 1957 und 1978, die im Labor genetisch überdauert hatten; und eine moderne US-Züchtung von 2005. Während die Vögel aus den 1950ern nach vier Wochen 316 Gramm wogen, brachten die Hühner der 70er bereits doppelt so viel auf die Waage. Die hochgezüchteten modernen Nachfahren setzten im selben Zeitraum sogar mehr als vier Mal so viel Fleisch an, schreiben die Forscher im Fachblatt Poultry Research.

Das gleiche Bild zeigte sich nach 56 Tagen: Die modernen Vögel wogen mit 4 200 Gramm mehr als vier Mal so viel wie ihre Ahnen, bei gleichem Futter. Vor allem Zucht und Selektion sind also für das rasante Wachstum verantwortlich – die modernen Hühnchen seien einfach besser in der Lage, ihr Futter in Fleisch umzuwandeln, erklären die Forscher.

Auch in Deutschland steigt das Schlachtgewicht stetig, weshalb die Zucht immer kostengünstiger wird. Mittlerweile wird das Geflügel auch verstärkt in Staaten wie Indien und China gegessen. In Südasien soll sich die Nachfrage nach Geflügel laut dem „Fleischatlas 2014" bis 2050 noch versiebenfachen. Spitzenreiter dürften aber die Australier und US-Amerikaner bleiben, von denen jeder jährlich im Schnitt 50 Kilogramm Hühnerfleisch vertilgt. In den Industrieländern verläuft die Entwicklung ähnlich: Während der Konsum von Rinder- und Schweinefleisch in Deutschland leicht rückläufig ist, steigt die Nachfrage nach Geflügel weiter.

Einen Text analysieren und eine strukturierte Textwiedergabe verfassen

„Die Zucht von Geflügel hat solche Fortschritte gemacht, dass sie andere Technologien wie den Hormoneinsatz oder die Gentechnik überholt und überflüssig gemacht hat", sagt die Agrarexpertin Reinhild Benning vom Bund e. V. Zuchtbedingt habe sich jedoch „der Knochenbau nicht so schnell entwickelt wie die Fleischzunahme". Vor allem an der Brust setzen die Hühner mehr Fleisch an als früher. Konnten die Exemplare von 1957 noch aufrecht gehen und den Kopf weit vorgereckt tragen, wanderte er im Laufe der Jahre immer weiter an den Körper, um das Gleichgewicht zu halten. „Die Viecher können ganz schwer noch stehen", kritisiert Christine Chemnitz von der Heinrich-Böll-Stiftung.

Zudem seien moderne Rassen „hochanfällig für Herzversagen", schreiben Forscher der University of Saskatchewan. Weil der Körper der Hühner darauf getrimmt sei, Futter besser zu verwerten, könne das Immunsystem auch immer weniger gefährliche Keime abwehren.

www.sueddeutsche.de (Süddeutsche Zeitung, 14. 10. 2014)

1 **Schreiben Sie die zentralen Thesen und Belege des Autors heraus (↗ S. 108). Die ersten beiden Thesen sind rot markiert, die dazugehörigen Belege blau.**

2 **Vergleichen Sie die folgenden Schülerversionen zur Eingrenzung des Themas. Welche gibt die Hauptthese am treffendsten wieder?**

- In dem Text geht es darum, dass die Deutschen immer mehr Hühnerfleisch verzehren und die Industrie darauf mit stark übergewichtigen Hühnern reagiert.
- Der Autor äußert sich in dem Zeitungsartikel, der am 14. 10. 2014 in der Online-Ausgabe der Süddeutschen Zeitung erschien, zur Problematik der internationalen Tiermast.
- Der Artikel beschreibt am Beispiel der Hühnerzucht, welche Qualen diese Tiere heutzutage erleiden müssen.
- Der Autor untersucht in seinem Text, wie sich die Hühnerzucht in den letzten Jahrzehnten verändert hat.

3 **Geben Sie das Thema des Autors in zwei eigenen Sätzen wieder.**

a) Arbeiten Sie nach der Methode Lerntempoduett (↗ Kapitel 20) und vergleichen Sie Ihre Lösung mit der Version Ihres Expertenpartners.

b) Verfassen Sie auf der Grundlage der beiden Versionen eine endgültige Version des Themas.

Einen Text analysieren und eine strukturierte Textwiedergabe verfassen

Wenn Sie eine Erörterung schreiben, können Sie leicht den Überblick über die Textargumentation verlieren. Eine Übersicht hilft Ihnen, sich auf die wesentlichen Aussagen des Textes zu konzentrieren. Auf diese Weise präzisieren Sie Ihre Argumentation und es gelingt Ihnen leichter, sich von der Sprache des Textes zu lösen. Im Folgenden sehen Sie zwei Schülerversionen einer solchen Übersicht zum Text „Evolution der Hendl".

Muster 1

Hinführung: Moderne Hühnerrassen geben mehr Fleisch als früher, aber ihre Gesundheit leidet.
These 1: Konsument will immer mehr Hühnerfleisch; Beleg: Anstieg auf 19,4 Kilo pro Kopf und Jahr.
These 2: Hühner werden immer schwerer.
These 3: Immer schwerere Hühner machen Hühnerfleisch immer billiger und damit attraktiv.
These 4: Zuchterfolg ist so riesig, dass auf andere Technologien verzichtet werden kann; Beleg: Schwere Hühner brauchen weder Hormongaben noch Gentechnik, um günstig zu sein.
These 5: Zucht macht Hühner krank; Beleg: Hühner können nicht mehr aufrecht gehen und sterben oft an Herzversagen, da sie anfällig für Keime sind.

Muster 2

Hinführung: Massenhafter Hühnchenkonsum auf dem Oktoberfest
Ausgangsthese: Weil die Menschen immer mehr billiges Hühnerfleisch wünschen, werden die Hühner immer fetter gefüttert.
Moderne Hühnerrassen setzen viermal so viel Fleisch an wie herkömmliche Rassen.
Folgen: Hühner werden immer schwerer, können nicht mehr stehen, sind anfällig für Krankheiten.
Fazit: Tiermast ist Tierquälerei.

4 **Vergleichen Sie die beiden Schülerversionen und erläutern Sie die jeweiligen Vor- und Nachteile. Übertragen Sie die Tabelle in Ihr Heft und notieren Sie Ihre Ergebnisse.**

	Vorteile	Nachteile
Muster 1		
Muster 2		

5 **Stellen Sie die Argumentationsstruktur des Textes „Evolution der Hendl" eigenständig wie in Muster 1 oder Muster 2 dar. Folgende Fragen können Ihnen dabei helfen:**

- Welches Problem wird im Text dargestellt?
- Welche Thesen werden aufgestellt?
- Welche Beispiele werden benutzt, um die Thesen zu stützen?
- Werden auch Gegenargumente vorgebracht?
- Werden Lösungsvorschläge angeboten?
- Wie führt der Autor sein Thema ein?
- Welches Fazit zieht er?

Einen Text analysieren und eine strukturierte Textwiedergabe verfassen

Sprache und Stil

Im Verlauf eines argumentativen Textes äußert ein Autor Thesen. Er nennt dafür Belege, zieht Folgerungen oder räumt ein, dass es Gegenargumente gibt. Den Argumentationsgang eines Textes können Sie anhand der verwendeten strukturierenden Verben nachvollziehen.

6 **Ergänzen Sie die folgende Liste strukturierender Verben:**
behaupten, meinen, erklären, zitieren, vorschlagen, einräumen ...

7 **Übertragen Sie die Tabelle in Ihr Heft/Ihren Ordner und ordnen Sie die strukturierenden Verben aus Aufgabe 3 den Oberbegriffen zu.**

These	Beleg	Folgerung	Einräumung
behaupten	zitieren	vorschlagen	einräumen
meinen	...	...	...
erklären			
...			

8 **Erläutern Sie, welche der folgenden Zusammenfassungen die erste These im Text „Evolution der Hendl“ (↗ Z. 7–10, S. 117) am treffendsten wiedergibt.**

- In Deutschland werden täglich Millionen von Hühnern geschlachtet.
- Die Deutschen verspeisen 700 Millionen Hühnchen im Jahr. Tendenz steigend.
- Jedes Jahr wird in Deutschland eine ungeheure Menge an Hühnerfleisch verzehrt und die Nachfrage steigt weiter.
- Es fällt der Fleischindustrie in Deutschland nicht schwer, am Tag eine Million geschlachtete Hühnchen bereitzustellen.

9 **Formulieren Sie entsprechend dem folgenden Muster die Behauptung, das Argument und den Beleg zu weiteren Thesen des Textes, indem Sie geeignete strukturierende Verben verwenden.**

These	Der Verfasser *meint,* das Geflügel habe sich radikal verändert,
Argument	*weil* die Nachfrage gestiegen sei.
Beleg	Er *zitiert* kanadische Forscher, die belegen, dass sich das Hühnchenwachstum zwischen 1957 und 2005 vervierfacht hat.

Einen Text analysieren und eine strukturierte Textwiedergabe verfassen

Das Ergebnis der Textanalyse und Ihrer Untersuchung der Argumentationsstruktur fassen Sie in einer strukturierten Textwiedergabe zusammen. Sie ist Ihr erster schriftlicher Aufsatzteil der textgebundenen Erörterung. Im Folgenden finden Sie eine strukturierte Textwiedergabe, die ein Schüler zum Text „Evolution der Hendl" erstellt hat.

Muster

Christoph Behrens thematisiert in seinem Text „Evolution der Hendl", der am 14. Oktober 2014 in der Online-Ausgabe der Süddeutschen Zeitung erschien, Veränderungen in der Hühnerzucht seit dem Zweiten Weltkrieg. Er beschreibt, dass die Tiere zunehmend dicker würden. Durch gezielte Zucht und Selektion hätten sich Arten entwickelt, die Futter besser in Fett umwandeln könnten, als es herkömmlichen Hühnern möglich sei. Deswegen würden moderne Hühnerrassen im Vergleich zu „alten" Rassen in siebenfacher Geschwindigkeit schlachtreif. Als Ursache hierfür nimmt der Autor den gestiegenen Fleischappetit der Verbraucher an und das Bedürfnis der Verbraucher, immer mehr Fleisch immer billiger zu konsumieren. Er belegt dies mit dem rasant gestiegenen Pro-Kopf-Verbrauch an Hühnerfleisch in mittlerweile allen Industrienationen, auch in Asien. Der Autor zeigt auf, dass diese Form der Mast zu kranken Tieren führt. Dass nur die Fett- und Fleischmenge, nicht aber der Knochenbau der Hühner gewachsen ist, führe dazu, dass viele Hühner heute nicht einmal mehr gehen oder stehen könnten ...

10 Vervollständigen Sie die strukturierte Textwiedergabe. Berücksichtigen Sie dabei Ihre bisherigen Arbeitsergebnisse.

BASISWISSEN | **Strukturierte Textwiedergabe**

Die strukturierte Textwiedergabe

- klärt die Einordnung des Textes.
- verdeutlicht die Sichtweise des Verfassers.
- zeigt das Thema, die weiteren Thesen sowie Belege und Beispiele.
- fasst die Argumentationsschritte zusammen.

Die Sprache der strukturierten Textwiedergabe ist neutral, die Darstellung objektiv. Meinungen des Autors werden im Konjunktiv wiedergegeben.

Die Argumentation des Autors prüfen und bewerten

Nachdem Sie die Textargumentation zusammengefasst haben, setzen Sie sich ausführlich und kritisch mit den zentralen Argumenten der Autorin/des Autors auseinander. Das folgende Interview befasst sich mit den Themen Sport und Körperkult in unserer Gesellschaft.

„Zwanghaftes Training ist das Gleiche wie Esssucht“

Was haben Körper und Nationalismus gemein und was verbindet Schönheit mit Konsum? Julia Korbik hat der Psychoanalytikerin Susie Orbach Antworten auf diese Fragen entlockt.

[…]

THE EUROPEAN **Heute steht der Körper im Zentrum unserer Aufmerksamkeit: Wir folgen bestimmten Diäten, wir „detoxen“ und bringen unseren Körper durch exzessiven Sport an seine Grenzen. Wir sagen uns selbst, dass wir dies tun, weil wir uns um uns kümmern wollen: ein gesunder Geist in einem gesunden Körper.**

ORBACH Ich denke nicht, dass es so einfach ist. Traurigerweise ist das aber genau diese Art der Rhetorik: Du bist dein Körper, du musst dich darum kümmern! Du bist das Individuum, du trägst die Verantwortung! Das hat nichts mit dem zu tun, was in der breiteren Gesellschaft passiert. Ich meine, viele Menschen gehen ins Fitnessstudio, um die muskulösen Körper von Arbeitern zu bekommen.

THE EUROPEAN **Woher kommt dieses unbedingte Bedürfnis, unseren Körper zu „reparieren“, zu zeigen, dass wir hart für ihn gearbeitet haben – dass er verdient und nicht gegeben ist?**

ORBACH Es gibt verschiedene Ansichtspunkte. Natürlich ist es gut, sich zu bewegen, insbesondere, weil viele von uns den ganzen Tag vor einem Bildschirm hocken. Aber es gibt ebenso einen enormen kommerziellen Druck, der auf viele Arten funktioniert.

THE EUROPEAN **Wie denn?**

ORBACH Einerseits wird uns eingeredet, unser Körper sei das Allerwichtigste an uns, ein Zeichen an die Welt, wer wir sind, was unsere Erwartungen, Sehnsüchte und Fähigkeiten sind – und dass wir ihn deswegen schmücken, trainieren und formen müssen. Und dann wäre da noch eine andere Art von ideologischer Botschaft: Es liegt allein an dir, du bist die Person, die dich gesund machen kann, es ist egal, was in der Gesellschaft vor sich geht. Wenn du dich selbst schützt und dich weiterhin auf eine bestimmte Art bewegst, wenn du dich gesund ernährst, dann wirst du nicht krank. Tja, vielleicht – aber eher nicht.

THE EUROPEAN **Du bist, was du isst und wie du trainierst.**

ORBACH Genau. Im Vorkriegsdeutschland war das Interesse daran, einen gesunden Körper zu haben, groß – denn es bedeutete, ein guter Deutscher zu sein. Ich vermute, mit dem Beginn der industrialisierten Gesellschaft fingen die Leute an, zu überlegen: „Wie bringe ich diesen Körper dazu, etwas anderes zu tun?“ Heute, in der postindustriellen Gesellschaft, tun wir das wieder: Wir produzieren einen Körper, von dem wir denken, er sei okay. Wir erzeugen tatsächlich unsere Körper, statt etwas anderes zu erzeugen.

THE EUROPEAN **Welche Art von Körper gilt heute denn als in Ordnung?**

ORBACH Einer, den man kauft.

THE EUROPEAN **Soll heißen: etwas nicht sehr Natürliches.**

ORBACH Etwas, das vielleicht eine Handvoll Menschen weltweit besitzen. Und der Rest nicht.

THE EUROPEAN **Wir denken, sich um seinen Körper zu kümmern, sei natürlich und normal. Aber wo fängt „normales“ Verhalten an und wo endet es?**

Die Argumentation des Autors prüfen und bewerten

ORBACH Keine Ahnung. Ich denke, das definieren wir immer wieder neu. […] Aber ich glaube, es gibt eine Menge Leute, für die das Vergnügen darin besteht, die Grenzen des Körpers zu überwinden – und nicht, im Einklang mit ihrem Körper zu sein. […]

Meiner Meinung nach sind zwanghaftes Trainieren oder sich selbst Nahrung zu versagen das Gleiche wie Esssucht. Aber: Übermäßiges Essen zeigt sich. Die anderen Wege, Nahrung zu handhaben, zeigen sich nicht unbedingt.

THE EUROPEAN **In einem Artikel für den britischen „Guardian" schrieben Sie: „Unsere Vorstellung eines gesunden Körpers ist so aus dem Gleichgewicht geraten, dass unsichere Menschen ihre eigenen Körper stärken, indem sie andere – diejenigen mit dicken Körpern – als wertloser, unfähiger und weniger arbeitsfähig ansehen." Wir verachten dicke Menschen also aus Selbsthass. Warum hassen wir uns selbst so sehr?**

ORBACH Es ist eben ein sehr großes Geschäft, das Geschäft mit Körpern.

THE EUROPEAN **Inwiefern?**

ORBACH Schauen Sie sich die Modeindustrie an: Das ist kein nettes kleines Unternehmen – sondern ein boshaftes, wo Menschen damit beschäftigt sind, unter den schlimmsten Bedingungen Kleidung herzustellen, um die Trends von Berlin und London, New York und L. A. zu befriedigen. Ich glaube, Nummer drei und vier auf der Liste der reichsten Menschen sind Leute aus der Mode- oder Beautybranche – zum Beispiel Estée Lauder.

THE EUROPEAN **Aber groß und finanziell erfolgreich zu sein, macht diese Unternehmen doch nicht böse.**

ORBACH Nein. Aber: Es handelt sich hier um florierende Unternehmen, die ihr Geld damit machen, Menschen zu verunsichern, ihnen einzureden, sie müssten ihre Körper verändern. […]

THE EUROPEAN **Wie können wir dieses Bewusstsein ändern? Sie haben zum Beispiel die „Real Women"-Kampagne der Kosmetikfirma Dove konzipiert und „AnyBody" gegründet, eine Webseite, die Frauen dazu ermutigt, sich selbst zu akzeptieren.**

ORBACH Eine sehr gute Frage. Ich arbeite beispielsweise eng mit der britischen Regierung zusammen, um zu versuchen, die Einstellung von Müttern zu ändern, damit sie ihre Probleme nicht an die nächste Generation weitergeben. Ich denke, wir müssen mit Unternehmen arbeiten und versuchen ihnen zu zeigen, was wirklich passiert! Wir müssen mit jungen Frauen arbeiten und sie befähigen, das Selbstvertrauen zu haben, den engen Begriff von Weiblichkeit und Schönheit infrage zu stellen. […]

www.theeuropean.de (The European, 29. 07. 2014)

1 Bearbeiten Sie eine Kopie des Textes unter folgenden Aufgabenstellungen:

a) Kennzeichnen Sie alle im Text vorkommenden Thesen. Arbeiten Sie die Gesamtaussage heraus.

b) Notieren Sie am Rand Ihrer Kopie, welche Positionen Sie teilen und welche nicht.

ARBEITSTECHNIK — Die Argumentation prüfen

Prüfen Sie die Argumentation anhand folgender Fragestellung:

- Ist die Argumentation folgerichtig aufgebaut?
- Sind die Argumente überzeugend?
- Weist die Argumentation Lücken auf?
- Werden auch gegenteilige Positionen berücksichtigt?
- Ist die Argumentation ausgewogen?
- Was ist die Absicht der Autorin / des Autors?

Die Argumentation des Autors prüfen und bewerten

Bevor Sie mit einer Erörterung beginnen, müssen Sie die im Text geäußerten Thesen prüfen und bewerten. Erste kritische Einwände können Sie, wie auf den vorangegangenen Seiten demonstriert, bereits als Randbemerkung bei der Bearbeitung eines Textes notieren. Darauf aufbauend sollten Sie mit der Ausformulierung Ihrer Bewertungen beginnen.

Muster

Im Folgenden finden Sie verschiedene Bewertungen von Schülerinnen und Schülern, die sich mit im Text vorkommenden Positionen beschäftigt haben:

a) Susie Orbach behauptet, uns werde heute von der Gesellschaft vorgegaukelt, jeder trage selbst die Verantwortung für seinen Körper. Sie hält dies für falsch. Ich widerspreche ihr in diesem Punkt, denn tatsächlich haben die meisten es heute selbst in der Hand, wie sie mit ihrem Körper umgehen, und in gewisser Weise auch, wie ihr Körper aussieht. Wir wissen alle, dass sich übermäßiger Chips- und Schokoladenkonsum irgendwann auf den Hüften niederschlägt – und dass wir dem z. B. mit Sport entgegenwirken können. Andere körperliche Merkmale sind schlicht angeboren – beispielsweise ob man lange oder eher kurze Beine hat –, aber ich denke, darauf zielt Orbach hier nicht ab.

b) Orbach erklärt, wir seien heute so damit beschäftigt, unseren Körper zu erzeugen, dass wir nichts anderes mehr erzeugen können. Sie bleibt dafür jeden Beleg schuldig und mir erschließt sich das nicht. Das Bild, das sie entwirft, ist fürchterlich überzogen. Ich denke schon, dass es für viele Jugendliche extrem wichtig ist, ins Fitnessstudio zu gehen, aber dennoch schreiben wir auch Klassenarbeiten und machen Abitur.

c) Orbach behauptet zudem, zwanghaftes Trainieren sei das Gleiche wie Esssucht. Hier hat sie natürlich recht, wenn der Fokus auf dem Zwanghaften liegt und ich mich beispielsweise abscheulich fühle, wenn ich nicht täglich und über Stunden trainiere. Aber ist jeder, der regelmäßig trainiert, wirklich süchtig?

2 Vergleichen Sie die einzelnen Bewertungen.

a) Stellen Sie heraus, was Ihnen auffällt.

b) Formulieren Sie eine eigene Bewertung zu einem selbst gewählten Aspekt des Interviews.

3 Prüfen Sie Ihre Randbemerkungen aus Aufgabe 1 (↗ S. 123) und bewerten Sie die Argumentation mithilfe der Arbeitstechnik und der Hinweise zu Sprache und Stil auf S. 125.

a) Übertragen Sie die Textstellen, denen Sie widersprechen möchten, in Ihr Heft und bewerten Sie diese.

b) Übertragen Sie die Textstellen, denen Sie teilweise zustimmen, in Ihr Heft und bewerten Sie diese.

c) Übertragen Sie die Textstellen, denen Sie zustimmen, in Ihr Heft und ergänzen Sie diese um weitere Aspekte.

ARBEITSTECHNIK – Argumente bewerten

Bei der Auseinandersetzung mit den Argumenten einer Autorin / eines Autors sollten Sie die eigene Position begründen. Es gibt unterschiedliche Arten, Argumente zu bewerten:

Sie stimmen einem Argument zu.

Sie stimmen einem Argument teilweise zu.

Sie stimmen einem Argument zu und ergänzen es um neue Aspekte.

Sie widersprechen einem Argument.

Die Argumentation des Autors prüfen und bewerten

Sprache und Stil

Argumente werden durch Belege gestützt. Doch auch sie bieten möglicherweise Ansätze zur Kritik.

Art des Belegs	Ansatz zur Widerlegung
Hinweis auf statistische Erhebungen	Nachweis, dass die Statistik veraltet, falsch interpretiert bzw. nicht repräsentativ ist
Hinweis auf wissenschaftliche Forschungsergebnisse	Nachweis, dass Ergebnisse verkürzt dargestellt wurden, dass Untersuchungen veraltet sind, dass nur eine Einzelmeinung vertreten wurde
Hinweis auf Pressemitteilungen	Nachweis, dass die Meldungen veraltet sind oder sinnentstellend wiedergegeben wurden
Verweis auf allgemein bekannte Tatsachen	Relevanz der Tatsachen bezweifeln
Hinweis auf „gesunden Menschenverstand“	Nachweis mangelnder Logik
Hinweis auf Tradition/Gewohnheit	Verweis auf das Besondere der Situation
Hinweis auf eigene Erfahrungen	Verweis auf unzulässige Verallgemeinerung eines Einzelfalls
Verweis auf Autoritäten	Kompetenz im dargelegten Fall infrage stellen
Verweis auf Wertvorstellungen	Relevanz im dargelegten Fall infrage stellen
Analogieschlüsse	Nachweis unzulässiger Übertragung
ironische Überspitzung	Nachweis der Übertreibung

4 Prüfen und bewerten Sie Ihre eigene Argumentation (↗ Aufgabe 4, S. 119) entsprechend dem Muster auf der vorigen Seite.

5 Tauschen Sie Ihre Argumentation mit einer Lernpartnerin/einem Lernpartner aus und bewerten Sie ihre/seine Argumentation.

6 Notieren Sie in Zusammenarbeit mit Ihrer Lernpartnerin / Ihrem Lernpartner neue Belege nach obigem Beispiel (Kasten, linke Spalte), die zum Ausgangstext passen.

Eine eigene Sicht zum Textproblem entwickeln

Ziel Ihrer Erörterung ist es, die Leser/-innen von Ihrem Standpunkt zu überzeugen. Dazu stellen Sie Ihre Argumente in einen Argumentationszusammenhang und veranschaulichen Ihre Position. Ihre Argumente ordnen Sie dabei nach Wertigkeit und stützen Sie mit Belegen und Beispielen. Im Folgenden gibt eine Schülerin ihre Bewertung zu den im Text „Zwanghaftes Training ist das Gleiche wie Esssucht" vorgetragenen Argumenten ab.

Muster

Orbach beklagt, viele Menschen unserer Zeit seien so damit beschäftigt, sich um ihren Körper zu kümmern, dass sie zu nichts anderem mehr kämen. Sie führt an, uns allen werde vorgegaukelt, wir allein hätten die Verantwortung für unseren Körper und könnten uns mit hinreichend Einsatz von Zeit und Geld jederzeit einen Traumkörper zulegen. Orbach betont, dass dies eben nicht möglich sei. Was in unserer Gesellschaft als ideal gelte, sei gerade einer Handvoll Menschen – Models etc. – gegeben und der Rest der Menschheit laufe sein ganzes Leben lang einem unerreichbaren Ideal hinterher. Das klingt alles schlüssig und ich denke auch, es ist nicht völlig falsch, aber es ist doch recht überzogen dargestellt. Ich kann nichts Schlechtes darin sehen, den eigenen Körper straff und in Form zu halten, und bin auch nicht der Ansicht, dass sich das Leben der meisten Menschen nur darum dreht. Zudem ist es erwiesen, dass Bewegung und gesunde Ernährung hilfreich sind, um Zivilisationskrankheiten wie Diabetes zu vermeiden.

Orbach führt an, man mache den Menschen vor, sie könnten Krankheiten durch Sport und Ernährung besiegen. Das ist, wie ich oben dargelegt habe, ja auch nicht falsch. Bei Orbach klingt das nach einer Art Verschwörungstheorie. Aber wer macht das den Menschen denn vor? Sind das nicht wissenschaftlich bewiesene Tatsachen, erhärtet in unendlich vielen Studien?

Einen Schuldigen hat Orbach schnell ausgemacht: die Schönheits- und Modeindustrie, die sich auf Kosten der Menschen bereichere und den Schönheitswahn anheize und ausbeute. Das ist sicherlich zu einem großen Teil richtig, man betrachte nur einmal die Werbeanzeigen der Kosmetikindustrie, die den potenziellen Kunden ewige Jugend, magische Schönheit, Verführung und vieles mehr versprechen.

Orbach sagt, dass wir einen Körper „erzeugen", statt etwas anderes zu produzieren. Hier fehlt es ebenfalls an Belegen und es stellt sich die Frage, ob selbst der Teil der Bevölkerung, der seinen Körper „produziert", nicht auch noch andere Dinge hervorbringt. Selbst eine Madonna, die scheinbar wie besessen trainiert, produziert noch CDs und geht auf Tour!

Die Psychoanalytikerin führt zudem an, vielen gehe es darum, mithilfe des Sports die eigenen Grenzen zu überwinden, und nicht darum, im Einklang mit dem Körper zu sein. Doch Orbach liefert hier keine Definition dessen, was es bedeutet, mit sich im Einklang zu sein. Die eigenen Grenzen auszutesten – ist es nicht das, was eine Entwicklung bringt? Ich habe vor einem Jahr an einer Höhlentauchaktion teilgenommen; das hat mich an meine Grenzen geführt, definitiv. Aber ich habe mich überwunden und das Gefühl danach war mit nichts zu vergleichen. Ich denke, so geht es den meisten, die sogenannte Risikosportarten ausüben. Aber auch im Hinblick auf den Breitensport kann festgehalten werden, dass körperliche Anstrengung zur Endorphinausschüttung führt. Und ist ein Mensch, der glücklich ist, nicht im Einklang mit sich?

1 Geben Sie die Abschnitte an, in denen die Schülerin das Textargument prüft, bewertet und ihre eigene Position verdeutlicht.

2 Beurteilen Sie die Überzeugungskraft der aufgeführten Argumente.

Eine eigene Sicht zum Textproblem entwickeln

Sprache und Stil

Folgende Formulierungen können Ihnen dabei helfen, Ihre eigenen Argumente plausibel darzulegen:

Mich stört ...
... deshalb ist dies für mich nicht problematisch.
Aus meiner Erfahrung weiß ich, dass ...
Aus meiner Sicht ...
Sicherlich ist es so, dass ...
Aber man sollte auch bedenken, dass ...
Schließlich ...
Zusammenfassend ...
Abschließend ...

★ **3 Sammeln Sie weitere Formulierungen und übertragen Sie diese in Ihr Heft.**

ARBEITSTECHNIK — Ansätze für die Erörterung

Grundsätzliche Ansätze für die Erörterung sind:

A Textpositionen zurückweisen und eine Gegenargumentation entwickeln

- These aus der Textgrundlage durch Gegenargumente und Gegenbeispiele anzweifeln
- Prüfung, ob Belege und Beispiele plausibel sind
- ein Argument in einen bestimmten weltanschaulichen, sozialen, persönlichen Kontext einordnen und ihm so die Allgemeingültigkeit absprechen

B Textposition zustimmen

Bei einer Zustimmung zur Textposition fällt die kritische Auseinandersetzung mit dem Text am schwersten. Folgende Vorgehensweisen können dabei hilfreich sein:

- These des Autors mit eigenen Erfahrungen und Erkenntnissen stützen
- mögliche Gegenpositionen entkräften
- Überprüfung der Argumentationsstruktur und positive Bewertung ihrer Schlüssigkeit
- Geltung einer These grundsätzlich zustimmen, aber den Rahmen der Geltung einschränken

C Eigene Position durch Abwägen suchen

Um sich eine umfassende Meinung zu einem Problem zu bilden, sollten alle Positionen ausgeleuchtet werden. Möglichkeiten dieses „Einerseits-andererseits-Abwägens“ sind:

- das Gewicht der eigenen Argumente prüfen
- Argumenten plausibel zustimmen oder widersprechen
- einen gemeinsamen Nenner suchen
- ein abwägendes Urteil fällen, das den unterschiedlichen Positionen gerecht wird

4 Untersuchen Sie, welche der oben genannten Ansätze im Muster von S. 126 gewählt wurden.

Eine eigene Sicht zum Textproblem entwickeln

Die Überprüfung der Textposition soll Ihre Argumentation verbessern.

Muster

Orbach behauptet, die Schönheitsindustrie bereichere sich auf unsere Kosten und führe uns damit ins Verderben. Diese Industrie belüge uns, indem sie suggeriere, dass ein blendendes Aussehen mithilfe der entsprechenden Produkte (Kosmetik/Kleidung) und einiger Anstrengungen (Diät/Sport) für jedermann erreichbar sei. Diesen Ansatz halte ich für weit überzogen. In der Tat entspricht es dem menschlichen Bedürfnis, sich zu pflegen und hübsch zu machen. Ich denke, das ist mit der Werbung für ein Beautyprodukt ähnlich wie mit Wahlversprechen – der vernünftige Verbraucher denkt sich seinen Teil. Ich glaube nicht, dass irgendjemand ernsthaft glaubt, sich 20 Jahre jünger cremen zu können.

5 Kehren Sie den Erörterungsansatz um und befürworten Sie die Textposition und damit die Argumentation Orbachs.

6 Wägen Sie die Positionen ab und kommen Sie zu einem abschließenden Urteil. Verwenden Sie hierfür Formulierungen wie: *einerseits/andererseits, zwar/aber, auf der einen Seite / auf der anderen Seite.*

7 Schreiben Sie mithilfe der oben aufgeführten Formulierungen und der Arbeitstechniken auf dieser und der vorangehenden Seite eine eigene vollständige Argumentation zum Thema.

ARBEITSTECHNIK | Textposition prüfen

Welches Resultat enthält der Text? Ist die Textposition a) einseitig, b) ausgewogen oder c) mündet sie in eine offene Frage?

Welche Aussagekraft vermittelt der Text? Werden Kernthesen oder Hauptaussagen a) mit überzeugenden Argumenten gestützt oder b) nicht überzeugend gestützt?

Wie erfasst der Text das Thema? Ist die Argumentation lückenlos, berücksichtigt sie Gegenargumente, enthält sie wichtige Teilaspekte?

Wie soll der Leser auf die Darstellungsweise reagieren? Lässt der Autor den Leser über seine offenen Fragen und Einräumungen nachdenken? Reizt seine Polemik zum Widerspruch?

Eine Gliederung erstellen

Schon bei der Bearbeitung eines Textes für die Erörterung sollte man über eine geeignete Gliederung nachdenken.

Tue Buße und trink einen Smoothie

von Melanie Mühl

Zum Beispiel Elle Macpherson: Früher, in den Achtziger- und Neunzigerjahren, war die Australierin mit den sehr langen Beinen ein berühmtes Model. Heute ist Elle Macpherson 51 Jahre alt und auf dem gigantischen Lifestyle-Anti-Aging-Markt tätig, wobei sie keine Botox-Spritzen injiziert, sondern wie so viele Stars auf ihrer Website die heilsame Kraft eines gesunden, natürlichen Lebensstils preist. Der Begriff „Balance" spielt dabei eine wichtige Rolle, die Philosophie des Im-Einklang-Seins mit sich selbst und der Natur. Elle Macphersons Botschaft ist simpel: „Fühle dich gut, nähre deine Zellen, und du wirst gut aussehen." Ihr ganz persönliches „super food" sind weder Goji-Beeren noch Chia-Samen, sondern ein alkalisierendes Nahrungsergänzungsmittel: „The Super Elixir". Ein grünes Wunderpulver, das sie gemeinsam mit einer sogenannten Ernährungsexpertin entwickelt hat. Das Pulver unterstütze Wohlbefinden und Vitalität, lindere Stress, Müdigkeit und vorzeitige Hautalterung. Kosten: 99 Dollar pro Dose. Dieses Pulver, sagt Elle Macpherson, habe ihre Gesundheit und ihr Leben verändert.

Auch bei Gwyneth Paltrow, die ja mal einen Oscar gewann und sich jetzt als Ernährungs-Guru inszeniert, geht es ums Ganze. Ihre Internetseite „Goop" ist eine Ansammlung absurder, mit Versprechungen aufgeladener Tipps, wie sie auch in Frauenzeitschriften üblich sind – mit dem entscheidenden Unterschied, dass Gwyneth Paltrows Celebrity-Status ihr eine Autorität und Glaubwürdigkeit verleiht, die sie in die Experten-Kategorie befördert, wohin sie nicht gehört. [...]

Gwyneth Paltrow und Elle Macpherson sind prominente Beispiele einer rasant wachsenden, pseudoreligiösen Gemeinschaft von Health- und Food-Bloggern, die ihre Ernährungs- und sonstigen Optimierungsweisheiten oft in missionarischem Ton erfolgreich im Internet verbreiten. Ihr Einfluss nimmt zu. Alles dreht sich um die Frage, welcher Lebens- und Ernährungsstil gesünder, schöner, energiegeladener, glücklicher und ausgeglichener macht. Lebensmittel sind heute nicht einfach nur Lebensmittel, sie sind, wie beispielsweise It-Bags, gleichzeitig Trendprodukte. Hoch im Kurs stehen derzeit Kokosnussöl, Acai-Beeren (auch Wunderbeeren genannt), Quinoa, Süßkartoffeln und Grünkohl, wobei der Grünkohl in Amerika laut Trendforschern seinen Beliebtheitszenit bereits überschritten hat.

Zu einem „Healthy Lifestyle" gehören Rituale, wie etwa jeden Morgen eine Schüssel glutenfreier Haferflocken („Overnight Oats", auch Birchermüesli genannt) mit Biobeeren oder einen grünen Smoothie zum Frühstück zu genießen. Eines der magischen Wörter lautet Detox (also Heilfasten), eine Art Peeling für das vermeintlich dauerverschmutzte Körperinnere des modernen Menschen. Überall [...] ist von der Notwendigkeit der Körperreinigung die Rede. Der Mensch sündigt, er isst Süßes und Weizen, trinkt Kaffee und Alkohol, stopft Burger in sich rein, mag Kekse und übersäuert durch seine miserablen Gewohnheiten den Körper. Detox als Buße. Es ist die denkbar beste Werbung, und sie beschert der Industrie ein Milliardengeschäft. Die Wahrheit ist: Ein gesunder Körper muss nicht entgiftet werden, da er über ein fast perfekt arbeitendes organisches Reinigungssystem verfügt, welches seinen Dienst praktischerweise Tag und Nacht erledigt. Sollte der Körper tatsächlich vergiftet sein, hilft ein grüner Smoothie garantiert nicht weiter.

Beliebte Ernährungsstile, ob nun vegan, Paleo, Low Carb, glutenfrei oder Rohkost, haben alle eines gemeinsam: die Regelbesessenheit ihrer Verfechter, die kategorisch zwischen guten (natürlichen) und schlechten (industriell verarbeiteten) Lebensmitteln unterscheiden, zwischen gesunder und gefährlicher Nahrung. Was für den einen essenziell ist (etwa Fleisch), stuft der andere als Teufelszeug ein. Aus der Überzeugung, auf der Seite der Guten zu stehen, die den Durchblick haben, wird gerne ein moralisches Überlegenheitsgefühl abgeleitet. Der moderne Tempel der Essensüberhöher ist der Bioladen. In Amerika heißen diese Tempel „Whole Foods Market", eine Kette, die Michael Schulson, Autor des Buchs „The Gluten Lie", in einem Artikel für „The Daily Beast" als den „größten Schrein der Pseudowissenschaft" bezeichnet.

Eine Gliederung erstellen

Das Pseudoreligiöse als Teil des Vermarktungskonzepts sei evident. Schulson führt unter anderem das „Ezekiel 4:9 bread“ an, „Dr. Bronners's Magic Soups“ sowie „Vitamineral Earth's Sacred Healing Food“. „Whole Foods“ verkauft neben Lebensmitteln vor allem das Gefühl, moralisch vorbildhaft zu handeln. Die Werbeslogans, die dieses Gefühl verstärken, lauten so: „Eat like an idealist“, „Healthy food does good“, „Treat your body like it belongs to someone you love“.

Eine der erfolgreichsten Food-Bloggerinnen ist die junge, gutaussehende Britin Ella Woodward, bei der 2011 eine seltene Krankheit namens Posturales Tachykardiesyndrom diagnostiziert wurde. Auf ihrer Website „Deliciously Ella“ („Love Your Life, Love Your Food, Love Your Self“) beschreibt die Bestsellerautorin ihre einstigen Qualen. Sie konnte kaum die Straße entlanglaufen, schlief sechzehn Stunden am Tag, litt unter Magenbeschwerden, chronischen Schmerzen, Kopfweh. Sechs Monate suchte sie Hilfe bei der Schulmedizin, doch ihr gesundheitlicher Zustand blieb katastrophal. Dann änderte sie ihr Leben, sprich ihre Ernährung, radikal und stellte über Nacht auf eine „Vollwertkost auf pflanzlicher Basis“ um. Das bedeutete: kein Fleisch mehr, keine Milch, kein Zucker, kein Gluten und was nicht alles. „Auf diese Weise zu essen hat mir die Kontrolle über meine Krankheit gegeben. Die ständigen Schmerzen hörten auf, meine Energie wurde wiederhergestellt, ich bekam mein Leben zurück. Es hat mich wirklich geheilt.“

Es sind Happy-End-Geschichten wie diese, nach denen sich viele Menschen sehnen. Das Heilungsnarrativ ist ein Erfolgsgarant, unbeeindruckt von wissenschaftlichen Tatsachen. Ästhetisch an Hochglanzmagazine erinnernd und erzählerisch geschickt verpackt, reüssieren selbst die zweifelhaftesten Geschichten. Der Glauben jener, die sich in irgendeine Ernährungsideologie verrannt haben, scheint unerschütterlich. Nur so lässt sich erklären, dass es der jungen Australierin Belle Gibson gelungen ist, der Welt im Internet erfolgreich vorzugaukeln, sie habe einen Hirntumor im Endstadium besiegt – durch alternative Heilmethoden und gesunde Ernährung (F.A.Z. vom 24. April). Selbst Apple kaufte Belle Gibson diese Geschichte ab, und man fragt sich, wie viele Verantwortliche ihren gesunden Menschenverstand des lukrativen Geschäfts wegen wohl ausschalten mussten.

Apropos gesunder Menschenverstand: Starkoch Pete Evans – ein Landsmann von Belle Gibson – hat gemeinsam mit Charlotte Carr (Bloggerin) und Helen Padarin (Heilpraktikerin) ein Paleo-Kochbuch für Babys und Kleinkinder verfasst („Bubba Yum Yum. The Paleo Way“), dessen fürs Frühjahr geplante Markteinführung der Verlag kurzfristig stoppen musste. Die Belegexemplare an Kritiker waren bereits versandt, da liefen Experten gegen die Veröffentlichung Sturm. Die „Public Health Association of Australia“ hatte davor gewarnt, dass Babys sterben könnten, käme dieses Buch in die Verkaufsregale. Ein Rezept für Babymilchnahrung aus Leber- und Knochenbrühe stellte sich als toxisch heraus: Es überschritt die maximal sichere Vitamin-A-Aufnahmemenge um das Zehnfache. Die Fontanellen des Neugeborenen könnten drastisch anschwellen. Selbst das vom Autorenteam überarbeitete und mit Vitamin C sowie Kalzium angereicherte Rezept stufte der australische Dachverband für Ernährungsfragen als Gefahr für Babys ein: „Das ist ein weiteres Beispiel dafür, wie gefährlich es sein kann, den Gesundheitsratschlägen unqualifizierter Leute zu folgen.“

Der Skandal läutete trotzdem nicht das Ende von „Bubba Yum Yum. The Paleo Way“ ein, im Gegenteil. Charlotte Carr schreibt freudig auf ihrer Homepage: „Ich kann es nicht erwarten, bald das Veröffentlichungsdatum meines Buchs mit euch zu teilen.“ Auch dieser Unfug wird seine Käufer finden.

www.faz.net (Frankfurter Allgemeine Zeitung, 19. 05. 2015)

1 Stellen Sie die Argumentationsstruktur des Textes stichpunktartig dar.

2 Verfassen Sie eine strukturierte Textwiedergabe.

3 Entscheiden Sie sich mithilfe des Basiswissens auf S. 131 für ein Gliederungsschema und gliedern Sie Ihre Erörterung in Stichworten.

Eine Gliederung erstellen

BASISWISSEN Gliederungsschemata

Die textgebundene Erörterung enthält fast immer drei Hauptelemente:

a) die Darstellung der Argumentationsstruktur in der strukturierten Textwiedergabe,

b) das kritische Erörtern der Hauptthesen und deren Argumente,

c) die Stellungnahme zum Thema.

Die Darstellung und Erörterung der Argumentationsstruktur eines Textes kann nacheinander erfolgen (Blockprinzip) oder miteinander verzahnt werden (Reißverschlussprinzip).

Blockprinzip

Diese Elemente sind häufig schon in der Aufgabenstellung sichtbar und können als Gliederungsgrundlage dienen. In diesem Fall ergibt sich die Erörterung nach dem *Blockprinzip:*

Aufgabenstellung des Erörterungsaufsatzes	Gliederung nach dem Blockprinzip
„Verfassen Sie eine textgebundene Erörterung ..."	übergreifende Aufgabenstellung
„Fassen Sie ... mit eigenen Worten zusammen."	strukturierte Textwiedergabe
„Erarbeiten Sie die Grundstruktur der Argumentation."	strukturierte Textwiedergabe
„Prüfen Sie die Beweiskraft der Textargumentation und ihre beabsichtigte Wirkung."	Erörtern
„Nehmen Sie kritisch Stellung zu ..."	eigene Stellungnahme

Reißverschlussprinzip

Wenn Sie die oben aufgeführten Elemente mit der jeweiligen Stellungnahme direkt verbinden, gliedern Sie nach dem *Reißverschlussprinzip.* Beim Aufbau nach dem Reißverschlussprinzip folgen Sie dem eigenen Zugriff auf den Text. Und deswegen entwickeln Sie eine eigene Systematik, die Sie dem Leser auch sprachlich vermitteln. Dieser Aufbau ist anspruchsvoll, aber lebendiger.

Gliederung nach dem Reißverschlussprinzip		
Grundaussage 1		Stellungnahme 1
Grundaussage 2	Stellungnahme 2	
Grundaussage 3		Stellungnahme 3

Mischform

Sie können auch eine *Mischform* wählen. Zuerst erarbeiten Sie die strukturierte Textwiedergabe und folgen dabei dem Gedankengang des Textes (Blockprinzip). Anschließend erörtern Sie ausgewählte Textgedanken unter eigenen Gesichtspunkten und nehmen Stellung unter Loslösung von der Textvorlage (Reißverschlussprinzip).

★ **4** **Erörtern Sie die Vor- und Nachteile der jeweiligen Gliederungsschemata.**

Unterschiedliche Ansätze der Stellungnahme formulieren

Im folgenden Muster sind Teile von Aufsätzen enthalten, die von Schülerinnen und Schülern verfasst wurden. Nicht alle Aufsätze sind gelungen.

Muster

Aufsatzteil 1:
In dem Zeitungsartikel aus der Online-Ausgabe der Frankfurter Allgemeinen Zeitung, verfasst von Melanie Mühl, mit dem Titel „Tue Buße und trink einen Smoothie" geht es darum, dass uns immer mehr Prominente vorschreiben wollen, was wir zu essen und zu trinken haben. Die Autorin bezweifelt die Kompetenz dieser selbst ernannten Gesundheitsexpertinnen und zeigt auf, dass deren Tipps sogar gefährlich sein können.

Aufsatzteil 2:
Die Autorin behauptet, dass Ernährungstheorien heutzutage immer mehr Züge von Ersatzreligionen annehmen. Sie erklärt, es gehe nicht darum, ob das Essen schmecke, sondern was sich durch die Ernährung für den Körper erreichen ließe. Melanie Mühl zeigt auf, dass diese Ernährungstheorien vor allem über das Internet verbreitet werden und teilweise gefährlicher Unsinn sind. Ich denke, die Autorin weist hier auf einen wichtigen Punkt hin. Jeder kann nahezu alles im Internet veröffentlichen und wir Menschen neigen dazu, allzu naiv zu glauben, was wir lesen. Auch ich sehe hier eine große Gefahr.

Aufsatzteil 3:
Ich stimme der Autorin zu, dass es im Kern nicht darum gehen kann, ständig neuen Ernährungstrends hinterherzuhecheln. Sondern dass es darum gehen muss, das Ganze mal kritisch zu hinterfragen. Klar, sehen Models super aus, doch eigentlich wissen wir, dass das nur zu einem kleinen Teil an der Ernährung liegt und zu einem großen Teil an den Genen. Oder eventuell auch an den Chirurgen. Natürlich ist eine gesunde Ernährung wichtig, aber das Befolgen häufig sinnloser Lehren führt noch nicht zu einer ausgewogenen Ernährung. Das zeigt sich an vielen aktuellen Trends, ob Low-Carb- oder Steinzeitdiät.

Aufsatzteil 4:
Die Autorin macht sich in ihrem Text darüber lustig, dass sich immer mehr Menschen Gedanken über ihre Ernährung machen. Mühl behauptet, dass Bioläden schon fast den Status von Tempeln hätten. Ich halte das für völlig überzogen. Meine Mutter kauft auch im Bioladen ein. Aber sie geht dorthin, weil sie fair gehandelte Produkte haben möchte, und nicht, um das Gemüse anzubeten. Auch macht sich Frau Mühl über selbst ernannte Gesundheitsexperten lustig. Sie spricht Models und Schauspielerinnen hier jede Kompetenz ab. Das wage ich, in Zweifel zu ziehen. Schließlich sind gerade das Personen aus Berufsgruppen, die mit ihrem Körper Geld verdienen, klar also, dass sie sich um diese Themen viele Gedanken machen und sicherlich auch viel gelesen und ausprobiert haben. Was spricht für den Normalverbraucher dagegen, davon zu profitieren?

1 Überprüfen Sie, welche Aufsatzteile Stellungnahmen enthalten und wie sich diese unterscheiden.

2 Schreiben Sie im Anschluss an einen der Aufsatzteile eine widersprechende, eine zustimmende und eine weiterführende Stellungnahme.

Eine textgebundene Erörterung schreiben

Die folgende Erörterung wurde von einer Schülerin verfasst.

Muster

Aufgabe: Erörtern Sie den Text „Tue Buße und trink einen Smoothie" von Melanie Mühl.

1. Fassen Sie die wesentlichen Aussagen des Textes zusammen.
2. Erarbeiten Sie die Grundzüge der Argumentation und Kritik am „Healthy Living".
3. Nehmen Sie kritisch Stellung zu Frau Mühls Aussagen.

In ihrem Artikel „Tue Buße und trink einen Smothie", der am 19.05.2015 in der FAZ online erschien, setzt sich Melanie Mühl mit dem aktuellen Hype um gesunde Ernährung auseinander. Laut Autorin habe dieser Hype mittlerweile pseudoreligiöse Züge angenommen und beleidige in vieler Hinsicht den gesunden Menschenverstand.

Mühl beschreibt in ihrem anschaulich verfassten Text, wie Promis, z. B. das frühere Model Elle Macpherson und die Schauspielerin Gwyneth Paltrow, zu Gurus einer neuen Health-Food-Bewegung werden, indem sie auf Internetseiten Ernährungstipps geben und/oder Produkte vertreiben, die neben Gesundheit auch so etwas wie ewige Jugend versprechen. Die Autorin erklärt, dass ihre Prominenz und Schönheit den beiden Stars dabei zu Glaubwürdigkeit verhelfen – wiewohl die Kompetenz, was Gesundheit und Ernährung angeht, bei einer Schauspielerin und einem Ex-Model durchaus in Zweifel gezogen werden könnte. Mühl hält das meiste, was die beiden Frauen auf ihren Seiten vortragen, für ausgemachten Blödsinn. Ebenso, wie sie die Detox-Mode, den Trend zur Körperreinigung durch bestimmte Säfte oder Nahrungsergänzungsprodukte, für Unsinn hält: „Die Wahrheit ist: Ein gesunder Körper muss nicht entgiftet werden, da er über ein fast perfekt arbeitendes organisches Reinigungssystem verfügt". Und wenn, so die Autorin weiter, der Körper doch mal vergiftet sei, helfe „ein grüner Smoothie garantiert nicht weiter".

Mühl formuliert präzise und spritzig. Gut nachvollziehbar kritisiert sie den Fanatismus, mit dem mittlerweile die diversen Ernährungsstile – Low Carb, vegan etc. – von ihren Anhängern vertreten würden. Sie bemängelt, dass Lebensmittel per se in gut oder schlecht eingeteilt würden und das Ganze von den jeweiligen Vertretern mit einem „moralischen Überlegenheitsgefühl" garniert werde. Melanie Mühls Ansicht nach hätten dadurch auch Bioläden heutzutage bereits den Status von Tempeln erreicht. „Der Glauben jener, die sich in irgendeine Ernährungsideologie verrannt haben, scheint unerschütterlich", konstatiert Mühl. Auch dann, wenn die Ernährung der Gesundheit nicht nur nicht nutze, sondern sogar gefährlich werde. Wie es, so Mühl, im Fall eines Ernährungsplans für Babys gewesen sei, die dadurch sogar in Lebensgefahr hätten geraten können. (Das Ernährungsbuch sei, so Mühl, aber bislang nicht auf den Markt gekommen.) Der gesunde Menschenverstand werde, so die Autorin, an der Küchentür offenbar allzu häufig abgegeben.

Melanie Mühl arbeitet klar heraus, dass Lebensmittel heute nicht einfach nur Lebensmittel sind, sondern Trendprodukte, die Moden unterworfen sind. Und dass es bei all dem eigentlich immer nur um die eine Frage geht: Was macht „gesünder, schöner, energiegeladener, glücklicher und ausgeglichener"? Damit spricht Mühl indirekt ein Kernproblem unserer Zeit an: Es ist quasi nicht mehr erlaubt, in Ruhe und Würde alt zu werden, ebenso wie Leistungstiefs nicht zum guten Ton gehören. Und wer seinen Körper außer Form geraten lässt, gerät schnell in den Ruf, den Rest seines Lebens auch nicht im Griff zu haben. Macpherson und Paltrow, die mit 40/50 Jahren immer noch jugendlich, straff und happy wirken, setzen Otto Normalverbraucher gewissermaßen unter Zugzwang. Und machen ihn anfällig dafür, allerlei Heilsversprechen zu glauben, für die es, so Mühl, keine wissenschaftliche Grundlage gebe.

Eine textgebundene Erörterung schreiben

An diesem Punkt schießt Melanie Mühl über das Ziel hinaus. Natürlich gibt es Studien, die uns wissen lassen, welche Form von Ernährung die dem Menschen zuträglichste ist, und natürlich gehören industriell verarbeitete Fertigprodukte häufig nicht dazu. Auch die Verdammung von Detox als überflüssigen Entgiftungsirrsinn kann meiner Meinung nach so nicht stehen gelassen werden. Die Tradition des Fastens ist jahrtausendealt und in fast allen Kulturen ein fester Bestandteil: Selbstverständlich kann es Seele, Geist und Körper guttun, wenn der Mensch sich durch Fasten einschränkt. Ob man dabei grüne Getränke zu sich nehmen muss, sei einmal dahingestellt.

Mühl kritisiert den Fanatismus, der mit Ernährungsformen häufig Hand in Hand geht. Diesen kann ich aber in Deutschland so nicht feststellen. Ich kenne jedenfalls niemanden, der es zulässt, dass so etwas sein Leben beeinflusst. Aber ich kenne etliche, die sich bewusst machen, was sie zu sich nehmen. Und das finde ich auch sehr in Ordnung. Schließlich betanken wir unser Auto ja auch nicht mit irgendetwas, sondern mit genau dem Kraftstoff, den es braucht.

1 Veranschaulichen Sie in einer Kopie des Textes die Gliederung anhand von Randnotizen.

2 Prüfen Sie, wo diese Schülerarbeit gelungen ist und wo Sie Schwächen sehen.

3 Verfassen Sie eine eigene Erörterung.

4 Setzen Sie sich in Gruppen von vier bis fünf Schülerinnen und Schülern zu einer Schreibkonferenz zusammen und tauschen Sie Ihre Texte untereinander aus. Jede Erörterung sollte von allen Gruppenmitgliedern gelesen werden.

5 Halten Sie am Rand jeder Erörterung fest, was Ihnen besonders gut gefällt, und notieren Sie auch Fragen oder Verbesserungsvorschläge. Kennzeichnen Sie zudem Rechtschreib- oder Ausdrucksfehler.

ARBEITSTECHNIK – Arbeitsplan „Textgebundene Erörterung“

Arbeitsschritte	Ziele	Vorgehensweisen
1. Text analysieren	Inhalt und Reichweite der Hauptthese erfassen, Hauptthesen erkennen	• Schlüsselbegriffe heraussuchen und klären • strukturierende Verben zuordnen • Argumentationsstruktur darstellen
2. Stoff sammeln	Gedanken und Argumente als Antworten auf das Thema sammeln	• Mindmap
3. Stoff ordnen und Erörterungsansätze finden	eigene und kritische Argumentation entwickeln	• sprachliche Auffälligkeiten analysieren • Haltung zur Themenfrage überprüfen
4. Gliederung erstellen	Aufbau des Aufsatzes bestimmen, Argumentationsstrategie festlegen, Zielrichtung der Stellungnahme beachten	• nach Blockprinzip gliedern • nach Reißverschlussprinzip gliedern
5. Textgebundene Erörterung verfassen	den Aufsatz sprachlich-stilistisch gestalten	• lesergerecht formulieren • Textverknüpfungen herstellen

Eine textgebundene Erörterung schreiben

Sprache und Stil

Die unten aufgeführten Punkte können Ihnen helfen, die Folgerichtigkeit Ihrer Erörterungsschritte zu prüfen und unübersichtliche Reihungen von Argumenten zu vermeiden. Verwenden Sie deshalb beim Verfassen der Erörterung

- sprachliche Hinweise auf den Textaufbau,
- Signalwörter und Schlüsselbegriffe,
- strukturierende und wertende Verben,
- kommentierende Einschübe,
- Verknüpfungswörter.

Wichtig sind deutliche Textverknüpfungen an den Naht- bzw. Übergangsstellen. Sie bringen den Zusammenhang zwischen den verschiedenen Gedankengängen zum Ausdruck.

Funktion im Textzusammenhang	Sprachliches Mittel
Verknüpfung von Gedanken	*Ein weiterer Aspekt ist ...* *Hinzu kommt, dass ...* *Außerdem spielt noch ... eine Rolle* ...
Antithese	*Auf der anderen Seite ...* ...
Hervorhebung	*Nicht übersehen werden darf ...* *Besonders wichtig ist dabei ...* *Die folgenden Gesichtspunkte haben besonderes Gewicht ...* *Besondere Aufmerksamkeit verdient ...* *Im Besonderen ...* *Weitaus wichtiger aber ist noch ...* ...
Einräumung	*Wenn man berücksichtigt, dass ...* *An dieser Stelle ließe sich einwenden ...* *Allerdings muss man auch sehen, dass ...* *Dies kann aber nur unter der Bedingung gesagt werden, dass ...* *Einschränkend dazu muss aber betont werden, dass ...* ...
Schluss	*Nach genauer Prüfung aller vorgetragenen Gesichtspunkte ...* *Abschließend betrachtet, ...* ...

★ **6** **Finden Sie für jede Funktion zwei weitere sprachliche Mittel.**

Eine textgebundene Erörterung schreiben

Um Ihre Argumentation möglichst überzeugend zu präsentieren, können Sie folgende Argumentationsstrategien einsetzen.

ARBEITSTECHNIK Argumentationsstrategien

Wer mit Widerstand rechnet, bevorzugt die **Durchbruchstrategie** und nennt das überzeugendste Argument zuerst. Weitere Argumente dienen der Unterstützung.

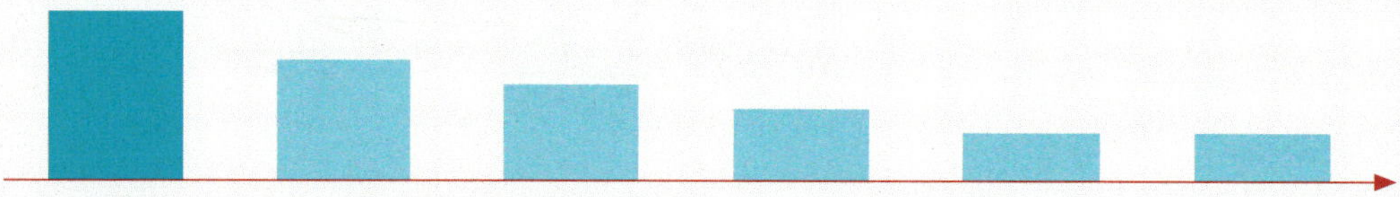

Bei der **dramatisierenden Reihe** dagegen beginnen Sie mit einem wichtigen Argument, zählen dann weitere Argumente auf und bewahren sich das beste Argument für den Schluss (Höhepunkt) auf.

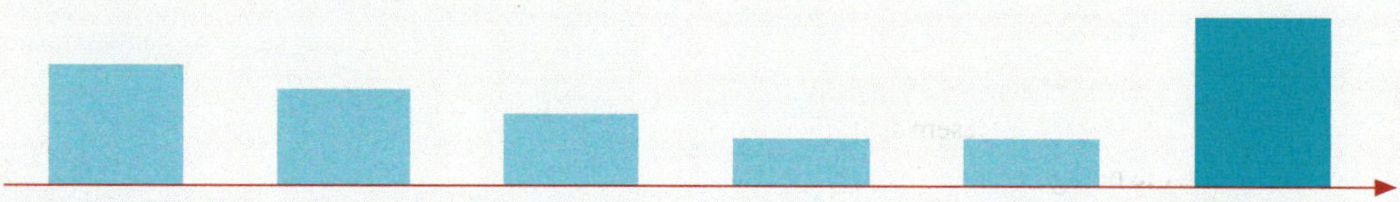

FAZIT

6.1
Freie Erörterung

- Erörterungsart bestimmen, Aufgabenstellungen verstehen
- Argumentationsmuster und Gliederung linearer und dialektischer Erörterungen kennen und anwenden
- Stellungnahmen verfassen: die eigene Position formulieren, rhetorische Strategien anwenden
- literarische Themen erörtern

6.2
Textgebundene Erörterung

- Thesen und Argumente exzerpieren, Argumentationsstrukturen darstellen
- Argumentation des Autors prüfen und bewerten
- eine eigene Sicht zum Textproblem entwickeln
- Formen der Gliederung beherrschen: Blockprinzip, Reißverschluss
- eine textgebundene Erörterung schreiben

6.3
Prüfungsvorbereitung

Prüfungsvorbereitung

Die folgenden Texte und Aufgaben könnten Ihnen in einer Prüfung zum Thema textgebundene Erörterung vorliegen.

Krank durch Fleischverzicht? Wie gefährlich Vegetarier wirklich leben

von Sybille Möckl

Die Geister scheiden sich am Thema Fleischkonsum. Für die einen ist tierische Nahrung ein Hochgenuss, für die anderen purer Massenmord. Für jede dieser Meinungen gibt es gute Gründe und ebenso viele Tatsachen, die dagegensprechen.

Einerseits liefert Fleisch dem Menschen wichtige Nährstoffe. Andererseits verschwinden für die Massentierhaltung große Mengen Soja und Getreide in den Mägen der Tiere – die direkt als Lebensmittel ethisch sehr viel sinnvoller wären.

Gerade hat das Fachjournal „Plos One" eine Studie der Medizinischen Universität Graz zu diesem strittigen Thema veröffentlicht. Sie besagt, dass Menschen, die sich vegetarisch ernähren, häufiger Krebs und öfter Herzinfarkte bekommen als Fleischesser. Darüber hinaus sei die Lebensqualität der Vegetarier niedriger und sie benötigen mehr Leistungen des Gesundheitssystems, schreiben die Forscher. Ihre Ergebnisse haben die Diskussion um das Thema Fleischverzehr erneut angeheizt.

Der Vegetarierbund (VEBU) Deutschland kritisierte die Studie. Sie sei „vom Studiendesign nur bedingt geeignet, Unterschiede zwischen Vegetariern und Fleischessern zu entdecken", erklärt Stephanie Stragies vom Vegetarierbund. „Leider fehlt bei der Studie eine Erhebung der Motive, warum die Teilnehmer eine vegetarische Ernährung praktizieren."

Für den Verzehr von Fleisch sprechen die Nährstoffe, die es liefert. Fleisch besteht zu etwa 20 Prozent aus Eiweiß, das der Mensch zum Überleben braucht. Ebenso enthält es Mineralstoffe und einige wichtige Vitamine aus der A- und B-Gruppe. Ein Mangel dieser Vitamine kann zu Muskelschwund und Herzinsuffizienz, Schlafstörungen, Appetitlosigkeit oder Blutarmut führen. Im Fleisch liegen die Proteine, Eisen und Vitamine größtenteils in für den menschlichen Organismus besser verfügbarer Form vor als in Pflanzen.

Die tierischen Proteine haben jedoch auch Nachteile, die pflanzliche nicht haben. Sie sind zum Beispiel leichter verdaulich. Pflanzliches Eiweiß enthält außerdem kaum Purin, das Harnsäure bildet. Zu viel Harnsäure übersäuert den Körper und kann dadurch Müdigkeit, Appetitlosigkeit und sogar Immunschwäche erzeugen. Auch bei Gicht spielt ein zu hoher Harnsäurespiegel eine Rolle.

Eine Langzeitstudie amerikanischer Forscher zeigte, dass die Rate von Gicht-Neuerkrankungen unter Männern erhöht ist, die viel Fleisch essen (etwa 2,5 Mahlzeiten pro Tag). Nämlich 40 Prozent höher als die der Männer mit dem niedrigsten Fleischkonsum (von im Mittel 0,5 Mahlzeiten pro Tag). Die Studie von Hyon K. Choi vom Massachusetts General Hospital in Boston ist im „New England Journal of Medicine" erschienen. Die Wissenschaftler hatten dafür mehr als 47 000 Männer über zwölf Jahre lang regelmäßig untersucht.

Ein weiterer Minuspunkt für das Fleisch: Es enthält viel Fett, vor allem gesättigte Fettsäuren, die den Cholesterinwert im Körper ansteigen lassen.

Tierische Proteine sind außerdem reich an den schwefelhaltigen Aminosäuren Cystein und Methionin und haben einen größeren Anteil an verschiedenen sogenannten aromatischen Aminosäuren. Die übermäßige Zufuhr dieser beiden Gruppen kann Haut- und Darmkrebs fördern.

www.focus.de (Focus, 28.02.2014)

Prüfungsvorbereitung

1 Stellen Sie die beiden gegensätzlichen Positionen des Textes dar.

2 Erörtern Sie eine der beiden Positionen (↗ Kapitel 6.1).

3 Nehmen Sie abschließend Stellung zum Thema „Fleischverzicht – ja oder nein?“.

Checkliste: Textgebundene Erörterung

Text analysieren und Erörterung vorbereiten

☑ Worum geht es und was ist strittig?

☑ Haben Sie notiert, welche Reaktion der Text in Ihnen auslöst?

☑ Ist die Argumentation stimmig und überzeugend?

☑ Spricht der Text Ihren Erfahrungshorizont an?

☑ Was sind die Hauptthesen?

☑ Wie werden Thesen und Antithesen begründet und belegt?

☑ Sind die Argumente beweiskräftig und überzeugend?

☑ Haben Sie die rhetorischen Mittel markiert?

☑ Haben Sie die rhetorischen Mittel ausgewertet?

Text in der strukturierten Textwiedergabe wiedergeben

☑ Haben Sie den Gedankengang des Textes durch eine Übersicht in Stichworten oder durch eine Grafik veranschaulicht?

☑ Welche Argumentationsstruktur enthält der Text?

☑ Haben Sie die Textargumentation vollständig wiedergegeben?

☑ Haben Sie Kommentare in Ihrer strukturierten Textwiedergabe vermieden?

Text erörtern

☑ Wo steht etwas Neues, das eine Antwort auf die strittige Frage bringt?

☑ Sind die Belege der Argumentation haltbar, sind sie wahr?

☑ Ist die Begründung zwischen Beleg und These so zwingend, dass sie überzeugt?

☑ Ist die Argumentation insgesamt stimmig?

Prüfen Sie Ihre eigene Argumentation

☑ Welche weiteren stützenden Argumente nennen Sie?

☑ Werden bei Ihrer Bewertung auch entsprechende Gegenargumente genannt?

Kapitel 7

Training: Richtig zitieren und bibliografieren

7.1
Richtig zitieren

7.2
Richtig bibliografieren

7.3
Das Wichtigste im Überblick

Das richtige Zitieren und Bibliografieren von Informationen ist Voraussetzung für die meisten schriftlichen Arbeiten. Auch in Projekten oder bei Präsentationen müssen Recherchequellen schriftlich festgehalten und korrekt ausgewiesen werden.
In diesem Kapitel lernen Sie, wie Sie richtig zitieren und wie Sie Quellen bibliografieren.

Kompetenzen

- ✓ Informationen zitieren
- ✓ Informationen normgerecht bibliografieren
- ✓ Rechte des Urhebers kennen

Methoden und Arbeitstechniken

- ✓ Zitieren
- ✓ Quellenangaben machen

Das Wichtigste im Überblick

Bibliografieren – Quellen vollständig angeben

Im Literaturverzeichnis müssen alle verwendeten Quellen vollständig angegeben werden. Oft ist es üblich, nach Quellentypen (z. B. Primärliteratur – Sekundärliteratur, Fachbuch, Fachbuch mit Herausgeber, Zeitschriftenartikel, Zeitungstext, Internetquelle) zu sortieren und innerhalb dieser alphabetisch zu ordnen. Auch für Literaturverzeichnisse gibt es keine einheitlichen Regelungen, wichtig ist, dass eine einmal gewählte Systematik eingehalten wird.

Fachbuch: Name, Vorname: Titel des Werks. Untertitel des Werks. Ort: Verlag Jahr, Auflage.
Bei bis zu drei Autoren werden alle genannt: Name, Vorname / Name, Vorname / Name, Vorname: ...
Bei mehr als drei Autoren wird nur der erste genannt; der Zusatz „u. a." verdeutlicht, dass weitere Autoren beteiligt sind: Name, Vorname u. a.: ...
Beispiel: *Geißner, Hellmut: Sprechwissenschaft. Theorie der mündlichen Kommunikation. Frankfurt am Main: Scriptor 1981, 1. Auflage.*

Fachbuch mit Herausgeber: Name, Vorname: Titel des Werks. Untertitel des Werks. Hrsg. v. Vorname Name. Ort: Verlag Jahr, Auflage.
Beispiel: *Watzlawick, Paul: Menschliche Kommunikation. Formen, Störungen, Paradoxien. Hrsg. v. Paul Watzlawick, Janet H. Beavin, Don D. Jackson. Bern: Verlag Hans Huber 2007, 11. Auflage.*

Zeitschrift: Name des Verfassers, Vorname: Titel des Aufsatzes. Aus: Name der Zeitschrift. Jahrgang, Erscheinungsjahr, Heftnummer, Seitenangabe.
Beispiel: *Schörkhuber, Wolfgang: Film im Deutschunterricht – Literaturtransporteur, Filmanalyse oder was? Aus: Information zur Deutschdidaktik – Zeitschrift für den Unterricht in Wissenschaft und Schule. Jahrgang 27, 2003, Heft 4, S. 8–16.*

Zeitung: Name des Verfassers, Vorname: Titel des Aufsatzes. Aus: Name der Zeitung. Erscheinungsdatum des Artikels, Seitenangabe.
Beispiel: *Jahberg, Heike: Mindestens haltbar bis: Nicht länger haltbar. Aus: Der Tagesspiegel. 30. 03. 2016, S. 7.*

Internet: Name des Verfassers/des für die Website Verantwortlichen, Vorname: Dateititel, Angabe der vollständigen Webadresse mit allen Links [Datum des Abrufs].
Beispiel: *Fischer, Anja: Tablet-Computer hilft im Unterricht. Aus: Augsburger Allgemeine online, 04. 04. 2016, http://www.augsburger-allgemeine.de/schwabmuenchen/Tablet-Computer-hilft-im-Unterricht-id37393267.html [01. 09. 2016].*

FAZIT

7.1
Richtig zitieren
- sinngemäß zitieren
- wörtlich zitieren

7.2
Richtig bibliografieren
- Quellenangaben machen
- verschiedene Arten von Quellen bibliografieren

7.3
Das Wichtigste im Überblick
- zitieren
- bibliografieren
- Quellenverzeichnisse erstellen

Kapitel 8

Kommunikationsmodelle kennen und anwenden

8.1 Nonverbal kommunizieren

8.2 Kommunikationsanalyse nach Watzlawick

8.3 Die Sprechakttheorie

8.4 Kommunikationsmodelle nach Schulz von Thun

In diesem Kapitel lernen Sie verschiedene Kommunikationsmodelle kennen. Mit deren Hilfe können Sie vielfältige Kommunikationssituationen analysieren und Störungen erkennen.

Kompetenzen

- ✓ Kommunikationsmodelle kennenlernen
- ✓ Kommunikationssituationen analysieren
- ✓ Einfluss und Wirkung nonverbaler Kommunikation beurteilen
- ✓ Sich sprachlich angemessen ausdrücken
- ✓ Sprachbewusstsein vertiefen

Methoden und Arbeitstechniken

- ✓ Rollenspiel
- ✓ Szenisch darstellen
- ✓ Schreibkonferenz

Nonverbal kommunizieren

Kommunikation erfolgt nicht nur auf verbaler Ebene. Auch das gesamte nonverbale Verhalten und alle paralinguistischen (sprachbegleitenden) Merkmale des Sprechens (beispielsweise Intonation, Sprechtempo, Lautstärke) beeinflussen sie. In den beiden folgenden Vorstellungsgesprächen wird diese analoge Kommunikation aufgezeigt.

Vorstellungsgespräch 1

PERSONALCHEF *(sitzt zurückgelehnt im Stuhl, wippt leicht; die Hände liegen flach auf dem Tisch):* Frau Müller, Sie haben mir Ihren schulischen Werdegang geschildert. Worin sehen Sie Ihre Stärke?

FRAU M.: Ich weiß nicht … so richtig meine Stärke …

P.: Was würden Sie denn Ihren bisher größten Erfolg nennen?

FRAU M. *(spielt mit ihren Fingern und reibt sich den Ringfinger):* Erfolg … na ja …

P.: Arbeiten Sie lieber allein oder im Team?

FRAU M.: Also … ich wäre schon lieber allein.

P.: Haben Sie einen Freund?

FRAU M. *(verschränkt die Arme):* Muss ich das jetzt beantworten? Im Moment geht meine Arbeit vor.

P.: Was bedeutet für Sie Arbeit?

FRAU M.: Das ist schon ein persönlicher Halt.

P.: Warum wechselten Sie denn dann nach Ihrer Ausbildung den Arbeitgeber?

FRAU M. *(schweigt, ihr Blick schweift durch den Raum)*

P.: Lag es an Ihren Vorgesetzten oder Mitarbeitern?

FRAU M. *(beißt sich leicht auf die Unterlippe):* Ich habe mich manchmal ungerecht behandelt gefühlt.

P.: Wie wirkt Kritik auf Sie?

FRAU M.: Ich denke über kritische Bemerkungen viel nach und bin dann schnell verunsichert.

P.: Was ist Ihre größte Schwäche?

FRAU M.: Hm, vielleicht, dass ich immer alles so persönlich nehme.

Vorstellungsgespräch 2

PERSONALCHEF *(sitzt mit verschränkten Fingern zurückgelehnt im Stuhl):* Frau Müller, Sie haben mir Ihren schulischen Werdegang geschildert. Worin sehen Sie Ihre Stärke?

FRAU M. *(sitzt in entspannter asymmetrischer Haltung auf dem vorderen Rand des Stuhls und sucht Blickkontakt):* Wenn ich eine Aufgabe übernommen habe, dann führe ich sie auch zielstrebig zu einem erfolgreichen Abschluss. In meiner Vorgehensweise bin ich dabei aber flexibel.

P. *(spitzt kurz die Lippen):* Arbeiten Sie lieber allein oder im Team?

FRAU M. *(bewegt ihre Hände – nach oben offen – hin und her):* Das hängt ganz von der Tätigkeit ab. Ich komme mit beidem zurecht, gebe aber zu, dass ich auch ab und zu gern für mich arbeite.

P.: Haben Sie einen Freund?

FRAU M.: Aus Ihrer Stellenbeschreibung kann ich die Relevanz dieser Frage nicht erkennen.

P.: Was bedeutet für Sie Arbeit?

FRAU M.: Meine Fähigkeiten nutzbar machen zu können.

P.: Warum wollen Sie nach der Ausbildung zu uns wechseln?

FRAU M. *(berührt ihr Kinn mit der Hand und bewegt den Zeigefinger vor den Lippen hin und her):* Ich sehe in einem Wechsel zum einen die Möglichkeit, einen weiteren Betrieb kennenzulernen. Zudem sehe ich in Ihrem Betrieb eine größere Chance, mich weiterentwickeln zu können.

P.: Worin liegen Ihre Schwächen?

FRAU M.: Man hat mir gesagt, ich sei manchmal etwas ungeduldig, auch gegenüber Kollegen. Mir ist dies aber bewusst, und ich arbeite daran, mich diesbezüglich zu bremsen.

Nonverbal kommunizieren

1 **Analysieren Sie die Vorstellungsgespräche 1 und 2.**

a) Klären Sie, welchen Anlass die Gespräche haben und zu welchem Zweck sie geführt werden.

b) Informieren Sie sich im Basiswissen über die Körpersprache und analysieren Sie die beiden Vorstellungsgespräche im Hinblick auf das verbale und auf das nonverbale Kommunikationsverhalten der Beteiligten. Bewerten Sie die Gespräche bezüglich des Gesprächsverlaufs sowie des Verhältnisses der Gesprächspartner.

c) Erarbeiten Sie Kriterien für erfolgreiche nonverbale Kommunikation in Vorstellungsgesprächen. Üben Sie diese anschließend, indem Sie ein solches Gespräch in einem Rollenspiel simulieren.

2 **Erläutern Sie die folgende Aussage des Sprachwissenschaftlers Hellmut Geißner zur Gesprächsfähigkeit:**

„Gesprächsfähig ist, wer im situativ gesteuerten, personengebundenen, sprachbezogenen, formbestimmten, leibhaft vollzogenen Miteinandersprechen – als Sprecher wie als Hörer – Sinn so zu konstituieren vermag, dass damit das Ziel verwirklicht wird, etwas zur gemeinsamen Sache zu machen, der zugleich imstande ist, sich im Miteinandersprechen und die im Miteinandersprechen gemeinsam gemachte Sache zu verantworten."

Geißner, Hellmut: Sprechwissenschaft. Theorie der mündlichen Kommunikation (Auszug). Frankfurt am Main: Scriptor 1981, S. 129.

BASISWISSEN Körpersprache

Die verbale Sprache ist nur ein Teil der Kommunikation. Unser Körper setzt zusätzlich auch das um, was in unserem Denken vorherrscht (Freude, Angst, Aufregung): Mehr als 50 Prozent der Inhalte jeder Kommunikation werden (weitgehend unbewusst) durch die Körpersprache (Haltung, Gang, Mimik und Gestik) ausgedrückt. Es ist daher wichtig, dass man sich seiner eigenen Körpersprache bewusst ist, denn nur dann kann man mit seinem gesamten Potenzial sprechen und die nonverbalen Signale des Gegenübers besser verstehen.

Hände: Nach oben geöffnete Hände können die Bereitschaft signalisieren, etwas (beispielsweise gute Leistung) zu geben. Die zu einem Dach geformten nach vorne gestreckten Finger zeigen die Konzentration des Gesprächspartners. Diese Geste kann abwehrend wirken und vom Gegenüber als negativ wahrgenommen werden. Im Stehen (bei einem Vortrag, einer Präsentation) sollten die Arme einfach locker neben dem Körper hängen. Der Zeigefinger ist im Gespräch zu vermeiden, weil dieser als Drohfinger aggressiv wirken kann.

Gesichtsausdruck: Kurze gespitzte Lippen können so wirken, als ob das Gegenüber das gerade Gesagte ganz genau prüft. Fährt sich ein Mensch mit der Zunge über beide Lippen, genießt er vielleicht eine Situation oder ist zufrieden.

Beispiele für Kanäle nonverbaler Kommunikation:

Mimik (Blickverhalten, Gesichtsausdruck): Lachen, Lippen pressen, Augen zusammenkneifen oder aufreißen

Gestik (Körperhaltung und -bewegung): aufrecht, gebeugt (nach vorne), zurückgelehnt, Beine überschlagen

Kopfhaltung: nach hinten, nach vorne, geneigt, vorgeschoben

Intonation (stimmliche Merkmale): Tonfall, Sprechgeschwindigkeit, Betonungen, Pausen

Hinzu kommen Faktoren wie Kleidung, Schmuck, Frisur, Make-up und Parfüm, die besonders auf der Selbstkundgabe- und der Beziehungsebene wirken.

Kommunikationsanalyse nach Watzlawick

Paul Watzlawick hat das auf Sigmund Freud zurückgehende Eisbergmodell aufgegriffen, um Kommunikationsprozesse darzustellen.

BASISWISSEN Eisbergmodell

Die Eisbergtheorie besagt, dass die Bewertung einer Kommunikationssituation nur zu einem sehr geringen Teil von den Faktoren abhängig ist, die oberflächlich bemerkbar sind und die aktuelle kommunikative Handlung beeinflussen.

Nicht wahrnehmbare Faktoren sind beispielsweise:

- Stimmungen und Befindlichkeiten
- die persönlichen Erfahrungen der Gesprächsteilnehmer, welche in diese Situation hineingetragen werden
- das Weltwissen, über das die Beteiligten verfügen
- die Vorgeschichte dieser Kommunikationssituation
- das Selbstkonzept der Kommunikationspartner

Eisbergmodell nach Sigmund Freud
– Nur die Spitze des Eisberges ist sichtbar! –

© Büro für Berufsstrategie Hesse/Schrader 2015

Paul Watzlawick: Geschichte mit dem Hammer

Ein Mann will ein Bild aufhängen. Den Nagel hat er, nicht aber den Hammer. Der Nachbar hat einen. Also beschließt unser Mann, hinüberzugehen und ihn auszuborgen. Doch da kommt ihm ein Zweifel: Was, wenn der Nachbar mir den Hammer nicht leihen will? Gestern schon grüßte er mich nur so flüchtig. Vielleicht war er in Eile. Aber vielleicht war die Eile nur vorgeschützt, und er hat etwas gegen mich. Und was? Ich habe ihm nichts angetan; der bildet sich da etwas ein. Wenn jemand von mir ein Werkzeug borgen wollte, ich gäbe es ihm sofort. Und warum er nicht? Wie kann man einem Mitmenschen einen so einfachen Gefallen abschlagen? Leute wie dieser Kerl vergiften einem das Leben. Und dann bildet er sich noch ein, ich sei auf ihn angewiesen. Bloß weil er einen Hammer hat. Jetzt reicht's mir wirklich. – Und so stürmt er hinüber, läutet, der Nachbar öffnet, doch noch bevor er „Guten Tag" sagen kann, schreit ihn unser Mann an: „Behalten Sie sich Ihren Hammer, Sie Rüpel!"

1 Beschreiben Sie, welchen Eindruck der Nachbar nach diesem Zwischenfall hat.

2 Deuten Sie die Geschichte.

a) Erläutern Sie, wie der Autor das Verhalten des Mannes erklärt.

b) Beurteilen Sie das Verhalten des Mannes. Nehmen Sie dazu auch Bezug auf das Eisbergmodell.

3 Entwickeln Sie in Partnerarbeit eine Fortsetzung der Geschichte in Form einer szenischen Lesung. Entscheiden Sie, ob die Fortsetzung unmittelbar nach der Begegnung spielt oder am nächsten Tag. Präsentieren Sie dem Plenum das Ergebnis und begründen Sie Ihre Version.

Kommunikationsanalyse nach Watzlawick

Situation

Eine Versicherungsangestellte legt den Hörer auf. Sie ist zufrieden, hat sie doch gerade ein Kundenberatungsgespräch endgültig erfolgreich abgeschlossen. In diesem Augenblick betritt ein Kunde schnell das Büro und sagt mit erhobener Stimme: „Ich habe immer noch dieses Problem!“ Es handelt sich um einen Kunden, mit dem die Angestellte schon vormittags telefoniert und der ihr seine Probleme geschildert hat. Die Kundenberaterin erinnert sich, dass sie eine Problemlösung in Aussicht gestellt und einen Rückruf versprochen hatte. Zuvor wollte sie aber noch die Akten sichten, wozu sie bisher nicht gekommen ist.

4 Untersuchen Sie die Kommunikationssituation mithilfe folgender Fragestellungen:

a) Welche verbalen und nonverbalen Signale nimmt die Versicherungsangestellte wahr?

b) Welche nicht wahrnehmbaren Faktoren („Eisberg“) beeinflussen die Situation?

c) Wie könnte die Kundenberaterin in dieser Situation reagieren, um eine Eskalation des Konflikts zu vermeiden?

Muster

Aufgabe: Analysieren Sie die Kommunikationssituation zwischen dem Kunden und der Kundenberaterin.

Die Wahrnehmung der Kommunikationssituation durch die Versicherungsangestellte ist durch die verbalen und nonverbalen Signale des Kunden geprägt, außerdem spielt der situative Kontext eine Rolle. Die Äußerung des Kunden lässt keine unmittelbaren Rückschlüsse auf seine Sprechabsicht zu. Es handelt sich, oberflächlich betrachtet, um die Beschreibung eines Sachverhalts: „Ich habe immer noch dieses Problem.“ Allerdings betritt er schnell das Büro und spricht mit erhobener Stimme. Beides deutet auf eine gewisse Aufregung hin, möglicherweise eine Unzufriedenheit.

Die Kundenberaterin kennt den Hintergrund der Situation: Sie gab dem Kunden eine Zusage, die sie nicht eingehalten hat. Ihre Erfahrung sagt ihr, dass Menschen in solchen Situationen gekränkt und verärgert reagieren. Ihr Wertesystem und ihr Berufsethos fordern von ihr, dass sie ein gegebenes Versprechen einzuhalten hat. Die Folge ist ein schlechtes Gewissen, das auf ihre Stimmung drückt. Die schlechte Stimmung wird durch die Tatsache verstärkt, dass die Kundenberaterin bis zum Erscheinen des Kunden aufgrund ihres vorigen erfolgreichen Kundengesprächs sehr gut gelaunt war. Die Rollenverteilung zwischen ihr und dem Kunden ist ihr ebenfalls bewusst: Sie ist verantwortlich. Der Kunde hat ein Problem, das sie als fachkompetente Beraterin lösen muss. Das ist eine aus dem Rollenverhältnis „Kunde – Beraterin“ resultierende Erwartungshaltung.

Die Kundenberaterin könnte nun den drohenden Konflikt eindämmen, indem sie ihr eigenes Versäumnis thematisiert und sich dafür entschuldigt. Dabei sollte sie darauf vorbereitet sein, dass der Kunde spontan unzufrieden reagiert, schließlich handelt es sich um eine schlechte Nachricht. Entscheidend ist der weitere Verlauf des Gesprächs. Um dem Kunden deutlich zu machen, dass seine Anliegen wichtig für die Versicherungsangestellte sind, ist eine besonders schnelle und möglicherweise besonders umfassende Bearbeitung des Kundenproblems erforderlich. Erfährt der Kunde eine Sonderbehandlung, kann eine solche Panne dazu führen, dass sich die Kundenzufriedenheit anschließend erhöht, da ein überzeugendes Krisenmanagement starke Wirkung zeigt.

5 Vergleichen Sie die Musterlösung mit Ihren eigenen Ergebnissen.

Die Sprechakttheorie

Die Philosophen und Sprachtheoretiker John L. Austin und John R. Searle betrachteten Kommunikation in einem umfassenderen Zusammenhang. Aufgrund ihrer Theorien begreift man Kommunikation nicht mehr als bloßen Austausch von Wörtern, sondern als Sprechakte: als sprachliche Äußerungen, mit denen man handelt oder jemanden zum Handeln bringt.

BASISWISSEN Sprechakttheorie

Die Grundannahme der Sprechakttheorie ist, dass zu jeder sprachlichen Kommunikation sprachliche Akte gehören und Sprecher immer eine Handlung vollziehen, wenn sie einen Satz äußern. Sagt jemand beispielsweise „Es zieht", dann kann es sein, dass auf Grund dieser sprachlichen Handlung jemand anderes im Raum das Fenster schließt. Mit der sprachlichen Äußerung wurde also eine Handlung bewirkt. Mit Äußerungen kann man etwas Wahres oder Falsches behaupten, fragen, antworten, befehlen, bitten, auffordern oder drohen.

Es gibt auch bestimmte Arten von Äußerungen, mit denen unmittelbar eine Handlung vollzogen wird, zum Beispiel: „Ich erkläre euch zu Mann und Frau", „Ich verurteile Sie zu fünf Jahren Freiheitsstrafe ohne Bewährung".

Nach der Sprechakttheorie können Sätze nicht nur wahr oder falsch sein, sondern auch gelingen oder misslingen. Dies ist dann der Fall, wenn ihre illokutive Rolle, ihre kommunikative Funktion, nicht ersichtlich ist oder verstanden wird. Beispiel: In der Schule steht ein Schild: „Nicht rauchen!" Diese Äußerung muss als Aufforderung/Befehl verstanden werden, damit der Sprechakt auch gelingt.

John R. Searle entwickelte 1969 ein Modell, das verdeutlicht, wie Sprechakte aufgebaut sind. Ein einzelner Sprechakt besteht aus vier Teilen (s. Tabelle unten).

Sprechakt: „Peter raucht"

	Akt der Äußerung (Äußerungsakt)	Propositionaler Akt	Illokutionärer Akt	Perlokutionärer Akt
Erklärung	**Artikulation** von Wörtern/eines Satzes	**Aussage über die Welt:** Handlung, mit der vom Sprecher auf einen Gegenstand Bezug genommen wird	**Handlungstyp der Äußerung: Funktion** der Sprachhandlung wie Behaupten, Erfragen, Warnen, Raten, Befehlen, Versprechen ...	**Konsequenzen** und **Wirkungen** der Sprachhandlung beim Adressaten: **intendierte Reaktion** des Hörers wie ein Überzeugen, Umstimmen, Einschüchtern, Erschrecken ...
Beispiel	die Aussprache der Aussage „Peter raucht"	Bezug auf Peter und die Zuschreibung der Eigenschaft des Rauchens	Behauptung, dass Peter raucht	Adressat glaubt, dass Peter raucht
Bewertung	Die Aussprache und Artikulation kann grammatisch und lautlich angemessen oder nicht angemessen sein.	Die Aussage über die Welt kann wahr oder falsch sein.	geglückt oder nicht geglückt	Wirkung/Reaktion wird erzielt oder wird nicht erzielt (erfolgreich sein oder nicht erfolgreich sein)

Die Sprechakttheorie

1 Klären Sie alle Fremdwörter des Basiswissens und der Tabelle mithilfe eines Wörterbuchs.

2 Fassen Sie die wesentlichen Aussagen des Basiswissens strukturiert (beispielsweise in Form einer Mindmap) zusammen und tragen Sie diese in einem Kurzvortrag vor.

3 Analysieren Sie die folgenden sprachlichen Äußerungen im Hinblick darauf, ob durch die jeweiligen Sprechakte unmittelbar eine Handlung vollzogen wird:

a) „Gib mir das Buch."
b) „Ich verspreche dir, nicht mehr zu spät zu kommen."
c) „Willst du mit ins Kino?"
d) „Ich fordere Sie auf, das Schwätzen in Zukunft zu unterlassen."

4 Analysieren Sie den Sprechakt „Deine neue Frisur ist schön" anhand der vier Teilakte.

5 Analysieren Sie die Bedeutung des illokutiven Aktes in folgenden Situationen:

a) Ein Freund hat sich gerade nach meinem Befinden erkundigt. Ich antworte: „Ich bin müde."
b) Jemand, dem ich lieber aus dem Weg gehe, fragt mich, ob ich tanzen gehen möchte. Ich antworte: „Ich bin müde."
c) Mein Freund und ich sehen uns ein Fußballspiel im Fernsehen an. Ich sage: „Ich bin müde."

6 Analysieren Sie die Bedeutung des perlokutionären Aktes in folgenden Situationen:

a) „Ich werde gleich sauer!"
b) „Ganz toll gemacht!"
c) „Mach das besser nicht!"
d) „Bitte hör auf damit!"

7 Erläutern Sie, wann es nach der Sprechakttheorie zu Kommunikationsproblemen kommt. Nehmen Sie auch Bezug auf den folgenden Cartoon.

Kommunikationsmodelle nach Schulz von Thun

Das Kommunikationsquadrat

Friedemann Schulz von Thun hat den Beziehungsaspekt von Watzlawick feiner unterteilt, um Kommunikationsprozesse detaillierter analysieren zu können. Im folgenden Interviewauszug erläutert er sein so entstandenes Kommunikationsquadrat, das 1981 zum ersten Mal veröffentlicht wurde und seitdem in Details weiterentwickelt wird.

PÖRKSEN: […] Kommunikation scheint ganz einfach und ist doch gleichzeitig wahnsinnig schwer, missverständlich und komplex. Sie selbst haben diese Komplexität erklärt, indem Sie auf den Simultancharakter von Kommunikation hingewiesen haben. […] Was ist damit gemeint?

SCHULZ VON THUN: Gemeint ist, dass sich Kommunikation als ein eigenartiges Spiel begreifen lässt, das auf vier Spielfeldern gleichzeitig gespielt wird. Dieses Simultangeschehen – man hört eine Äußerung, womöglich nur einen einzigen Satz, und empfängt doch in ein und demselben Moment vier Botschaften – habe ich im Modell des Kommunikationsquadrats zusammengefasst […]. Die eine Seite ist die Ebene des Sachinhalts, der Information über die Verhältnisse in der Welt. Hier geht es unter anderem um Wahrheit. Des Weiteren enthält jede Äußerung eine Beziehungsbotschaft, die signalisiert, was ich von dem anderen halte, ob ich ihn schätze, ihn als gleichberechtigt akzeptiere oder ihn kritisch sehe, nicht ernst nehme usw. Hier geht es auch um Akzeptanz. Darüber hinaus findet sich in einer Äußerung stets auch eine kleine Kostprobe der eigenen Persönlichkeit; man gibt etwas von sich preis und lässt mehr oder weniger erkennen, wie es einem geht, was einen umtreibt, beseelt oder quält. Das ist die Ebene der Selbstkundgabe. Hier stellt sich die Frage nach der Wahrhaftigkeit und Authentizität. Früher habe ich diese Dimension der Kommunikation als Selbstoffenbarung bezeichnet, aber das klingt ein wenig nach einem Seelenstriptease und löst unnötig Widerstand aus – insofern also die Rede von der Selbstkundgabe, die sich leichter vermitteln lässt. Und schließlich enthält eine Äußerung eine appellative Seite. Hier geht es um Wirksamkeit: Man möchte Einfluss nehmen, man spricht, um etwas zu erreichen und auszulösen. […]

Folgende Situation: Ein Mann und eine Frau sitzen im Auto, der Mann auf dem Beifahrersitz, die Frau fährt. Und er sagt: „Du, da vorne ist grün!“ Auf der Ebene der Sachinhalte ist dies eine überprüfbare Information, die wahr oder falsch sein kann. Es ist eine Information über die Verhältnisse in der Welt. Gleichzeitig bzw. simultan gibt der Mann – Stichwort Selbstkundgabe – auch etwas von sich selber preis, eventuell ist er ungeduldig oder in Eile. Man weiß es nicht so genau. Auf der Ebene der Beziehung lässt er vielleicht einen Kompetenzzweifel an ihrer Fahrtüchtigkeit erkennen. Und womöglich enthält seine Äußerung den Appell, etwas schneller zu fahren, um noch bei Grün über die Ampel zu kommen („Gib Gas!“).

(Pörksen/Schulz von Thun, „Kommunikation als Lebenskunst“, S. 19 f.)

1 Orientieren Sie sich an der Abbildung auf der folgenden Seite und gestalten Sie ein Kommunikationsquadrat für die Äußerung „Du, da vorne ist grün!“. Schreiben Sie dafür in die Mitte des Quadrats die Äußerung. Notieren Sie anschließend an allen vier Seiten, um welche Ebene es sich handelt, und schreiben Sie darunter die entsprechende Botschaft in direkter Rede (auf die Seite der Appellebene z. B.: „Gib Gas!“).

★ **2** Formulieren Sie zu jeder der vier Botschaften eine mögliche Antwort der Fahrerin.

Das Kommunikationsquadrat

BASISWISSEN | Die vier Seiten einer Nachricht

Jede Nachricht enthält vier Botschaften. Eine Botschaft dominiert und stellt das eigentliche Ziel der Sprechabsicht dar. Für den Empfänger der Mitteilung ist es allerdings oft schwierig, diese Seite zu erkennen, sodass es häufig zu Fehlinterpretationen kommen kann.

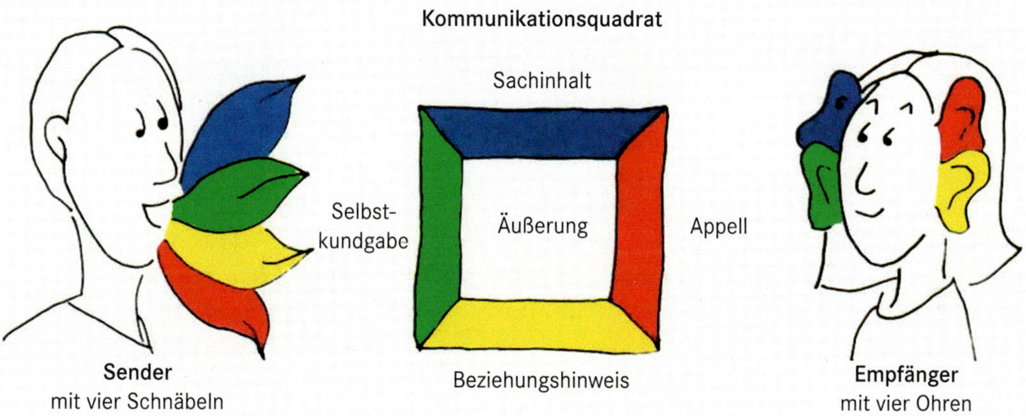

Die **Sachebene**
Welche sachlichen Inhalte werden übermittelt?

Die **Selbstkundgabe**
Was teile ich über mich selbst mit?

Die **Beziehungsebene**
Was halte ich von meinem Kommunikationspartner und wie stehe ich zu ihm?

Die **Appellebene**
Wozu möchte ich meinen Gesprächspartner veranlassen?

3 **Arbeiten Sie mit einer Lernpartnerin/einem Lernpartner und beschreiben Sie die Situationen, in denen sich die folgenden Wortwechsel ereignen könnten:**
- Kommst du noch mit, etwas trinken? - Ich schreibe morgen eine Arbeit.
- Die Akte „Schröder GmbH" gehört nicht hierher. - Das war bestimmt der neue Praktikant.

a) Gestalten Sie jeweils ein Kommunikationsquadrat zu den beiden ersten Äußerungen der Gesprächsausschnitte oben. Achten Sie darauf, dass sich die vier Botschaften, die Sie formulieren, ergänzen und nicht etwa widersprechen.

b) Vergleichen Sie Ihr Ergebnis zuerst mit dem Ihrer Lernpartnerin/Ihres Lernpartners und anschließend mit den Ergebnissen der anderen Lerngruppen. Prüfen Sie, ob verschiedene Versionen schlüssig sind.

Das Kommunikationsquadrat

Um die Rolle des Hörenden im Kommunikationsprozess geht es im folgenden Interviewausschnitt:

PÖRKSEN: Sie selbst haben ja in Ihrer Beschreibung des Kommunikationsquadrats deutlich gemacht, dass der Sprechende nicht nur vier Botschaften sendet und gewissermaßen – so Ihre Formulierung – „mit vier Schnäbeln spricht", sondern dass der Hörende auch mit vier Ohren empfängt und letztlich selbst darüber entscheidet, was ihm besonders zentral erscheint. Lässt sich nun auch für die Seite des Empfängers ein ähnlich schlagendes Beispiel finden?

SCHULZ VON THUN: Natürlich, ja. Da sagt eine Ehefrau zu ihrem Mann: „So selten, wie du zu Hause bist, da leiden die Kinder auch schon darunter!" Der Empfänger steht nun vor der Entscheidung, welches seiner vier Ohren er „anspringen" lässt bzw. auf welche der vier ankommenden Botschaften er reagieren will. […] Ein sachbetonter Mann würde zunächst einmal Folgendes heraushören: „Ich bin, erstens, selten zu Hause. Zweitens, die Kinder leiden. Das Leiden der Kinder wird, drittens, eben dadurch ausgelöst, dass sie mich kaum sehen." Er könnte dann – interessiert an der Sachebene – weiterfragen: „Woran machst du fest, dass die Kinder leiden? Erzähl mal!" […] Möglich, dass wir es mit einem therapeutisch vorerfahrenen Mann zu tun haben, der in der Lage ist, sensibel mit dem Selbstkundgabe-Ohr zuzuhören. Und eben dieser Mann würde dann die Enttäuschung und Verzweiflung der Frau aufnehmen. […] „Fühlst du dich sehr allein gelassen mit den Kindern und all den familiären Angelegenheiten?" […] Nun zu dem Vater, der das Beziehungs-Ohr gespitzt hätte! Ihn würde vor allem der Vorwurf erreichen „Du bist ein schlechter Vater, bist schuld am Leid und Elend unserer Familie!" […]

PÖRKSEN: Und schließlich zu dem Vater, der vor allem mit dem Appell-Ohr zuhört.

SCHULZ VON THUN: Ihn erreicht wahrscheinlich die Botschaft: „Kümmere dich mehr um uns! Tu was!" Und wenn er appellgemäß reagiert, schlägt er vielleicht eine Lösung vor: „Lass uns am Wochenende einmal zusammen eine große Fahrradtour machen!"

(Pörksen/Schulz von Thun, „Kommunikation als Lebenskunst", S. 21 f.)

4 Über den Hörenden sagt Schulz von Thun: „Ob er sich dieser ‚freien Auswahl' bewusst ist, steht auf einem anderen Blatt, aber er kann nicht nicht auswählen." Erläutern Sie diesen Satz.

5 Für eine der vier möglichen Botschaften oben gilt: „Denkbar, dass es nun zu einem Streit kommt. ‚Verdammt noch mal', so könnte er sagen, ‚meinst du, es macht mir Spaß, dauernd Überstunden zu schieben? Denkst du, das ist mein Hobby? Ja?'" Erläutern Sie, bei welcher Botschaft diese durch Schulz von Thun beschriebene Gefahr besteht.

Das Innere Team

In seinem Modell vom „Inneren Team“ beschäftigt sich Schulz von Thun mit widerstreitenden Kommunikationseinflüssen:

Beginnen wir die Einführung mit einem kleinen Musterbeispiel.

„Könnte ich mal deine Mitschriften aus dem Seminar für mich kopieren? Und vielleicht hast du auch sonst noch gute Prüfungsunterlagen?“, fragt ein Student eine Studentin. Er selbst war häufig nicht anwesend und weiß, dass sie verlässlich und fleißig studiert und umfangreiche Aufzeichnungen zu machen pflegt.

Vielleicht gehört die Angesprochene zu den Menschen, die, „wie aus der Pistole geschossen“, positiv reagieren: „Na klar, kannst du haben!“ – und es hinterher mit einer inneren Gegenstimme zu tun kriegen, die schimpft: „Warum kann dieser Schmarotzer sich nicht mal selbst auf den Hosenboden setzen!? *Mir* hat er noch nie geholfen! Dieser Schluffi macht sich ein feines Leben und überlässt mir die Fleißarbeit. Und ich Blödfrau sag auch noch immer freundlich ‚Ja‘ dazu!“

Vielleicht reagiert sie auch spontan ablehnend: „Nein, also das sind persönliche Unterlagen, die geb ich ungern aus der Hand. Das bringt auch nicht viel, wenn man das nicht selbst erarbeitet hat“ – und bekommt vielleicht am Abend einen moralischen Katzenjammer: „War das nicht ziemlich unfreundlich und unsolidarisch von mir? Ich komme mir vor wie eine Streberin, die den anderen nicht abschreiben lässt, um selbst bessere Noten zu bekommen.“

In beiden Fällen wohnen „zwei Seelen, ach!, in ihrer Brust“ […], und in beiden Fällen werden sie *nacheinander* wirksam.

Sie werden in unterschiedlichem Tempo wach, und ihr „Auftritt“ ist zeitversetzt. Genauso gut wäre es aber auch möglich, dass beide *gleichzeitig* wirksam werden: Vielleicht zögert die Studentin mit der Antwort, legt ihre Stirn in Falten, blickt zu Boden und „druckst herum“ mit Worten wie „njaa“, „hm“, „eventuell schon“, „ich muss mal sehen, ob ich das alles noch habe“, „das meiste war nur so hingeschmiert“. Oder sie *sagt* das eine, und ihre Mimik und ihr Tonfall *bezeugen* das andere: Solche sogenannten „diskordanten“ oder „inkongruenten“ Äußerungen enthalten eine verwirrende Doppelbotschaft. Die Irritation löst sich aber auf, wenn wir uns klarmachen, dass „zwei Seelen“ an der Reaktion beteiligt sind und jede von ihnen danach strebt, sich zum Ausdruck oder zur Geltung zu bringen. Wenn die Studentin „Ja, o. k.!“ sagt, aber in einem Tonfall, der jede Herzlichkeit vermissen lässt, und mit einem Gesichtsausdruck, der von abweisender Verdüsterung umwölkt ist, dann hat der eine Teil in ihr in der Sprechblase seine Verwirklichung gefunden, der andere Teil im Körper […].

Anstatt von „Seelen“ werde ich im Folgenden von „Mitgliedern des Inneren Teams“ sprechen, um die Träger dieser Stimmen zu bezeichnen.

(Schulz von Thun, „Miteinander reden: 3“, S. 26–28)

1 Analysieren Sie die Lage der Studentin.

a) Beschreiben Sie das Problem der Studentin.

b) Nennen Sie die Handlungsmöglichkeiten, die die Studentin nach Schulz von Thun hat.

2 Formulieren Sie eine mögliche weitere innere Stimme, die sich bei der Studentin anlässlich dieses Gesprächs melden könnte.

3 Wie würden Sie an der Stelle der Studentin handeln? Begründen Sie Ihre Einstellung.

Das Innere Team

Das Modell des Inneren Teams zeigt eine Ursache für Kommunikationsprobleme. Gleichzeitig ermöglicht der bewusste Umgang mit den verschiedenen Mitgliedern des Inneren Teams eine Kommunikation, die „kraftvoller und angemessener sein wird, als wenn nur eine Stimme allein das Sagen hätte“ (Schulz von Thun, „Miteinander reden: 3“, S. 28).

4 Führen Sie in der Kleingruppe ein Schreibgespräch durch: Wie könnte eine Äußerung lauten, bei der die Studentin beide inneren Stimmen berücksichtigt? Formulieren Sie mindestens eine Lösung.

Situation

Sie haben überraschend einen Ausbildungsplatz angeboten bekommen, für den Sie sich nicht beworben hatten, und überlegen jetzt, ob Sie diesen annehmen sollen oder besser weiter zur Schule gehen. Der Ausbildungsplatz scheint in Ordnung zu sein, in der Schule sind Ihre Leistungen durchschnittlich.

5 Fertigen Sie eine Skizze an, in der möglichst viele verschiedene Mitglieder des Inneren Teams berücksichtigt werden, die sich bei einer solchen Entscheidung zu Wort melden.

6 Entwickeln Sie einen Lösungsansatz: Wie könnten Sie sich nach einer Bedenkzeit gegenüber dem Ausbildungsbetrieb äußern?

FAZIT

8.1
Nonverbal kommunizieren
- die Sprache des Körpers
- Körpersprache analysieren

8.2
Kommunikationsanalyse nach Watzlawick
- das Eisbergmodell
- symmetrische und komplementäre Kommunikation

8.3
Die Sprechakttheorie
- Handlungsvollzug durch sprachliche Äußerungen erkennen
- Aussage, Funktion und Wirkung einer Äußerung bestimmen

8.4
Kommunikationsmodelle nach Schulz von Thun
- das Kommunikationsquadrat
- das Innere Team

Kapitel 9

Kommunikations-situationen reflektieren

9.1
Kommunikation ist mehr als Sprechen

9.2
Angemessen kommunizieren

Das Gesagte muss nicht immer das Gemeinte sein. Im Alltag kann missverständliche Kommunikation zu Konflikten führen. In diesem Kapitel lernen Sie, worauf Sie in Kommunikationssituationen achten müssen und wie Sie angemessen und höflich kommunizieren.

Kompetenzen

- ✓ Kommunikationssituationen analysieren
- ✓ Alltägliche Kommunikationssituationen beobachten
- ✓ Das eigene Kommunikationsverhalten reflektieren

Methoden und Arbeitstechniken

- ✓ Rollenspiel

Kommunikation ist mehr als Sprechen

Die Sprache des Körpers

In unserem alltäglichen Kommunikationsverhalten spielen auch körpersprachliche Signale eine große Rolle.

Situation

A) Sie erhalten die Aufgabe, die Rede anlässlich der Abschlussfeier Ihres Jahrgangs zu halten. Sie fühlen sich gut vorbereitet. Während der Begrüßung der Gäste fällt Ihnen plötzlich der Name des Ehrengastes nicht mehr ein. Sie spüren, dass Sie rot anlaufen.

B) In der Pausenhalle beobachten Sie die Pausenaufsicht, die mit erhobenem Zeigefinger auf Ihren Mitschüler einredet, während dieser, breitbeinig stehend und die Arme vor dem Körper verschränkt, zur Decke schaut.

C) Vor Beginn Ihrer beruflichen Tätigkeit beabsichtigen Sie, einen Vertrag über eine private Altersvorsorge abzuschließen. Sie sind von den Konditionen überzeugt. Während Sie den Vertrag unterzeichnen, bemerken Sie, dass der Versicherungsagent sich intensiv die Hände reibt.

1 Interpretieren Sie die dargestellten Kommunikationssituationen. Beschreiben Sie dabei die Wirkung des nonverbalen Verhaltens.

2 Finden Sie vergleichbare Beispiele für nonverbales Verhalten und beschreiben Sie die Wirkung.

3 Stellen Sie dar, aus welchen Gründen die nonverbale Kommunikation gerade dann von zentraler Bedeutung ist, wenn es um Liebe, Angst, Bedrohung, Empathie geht.

BASISWISSEN – Nonverbale Kommunikation

Aktuelle Studien belegen, dass ein Sprecher lediglich fünf Prozent seiner Botschaft über den Wortinhalt vermittelt. 30 Prozent der Botschaft übermittelt er durch die Art und Weise, wie etwas gesagt wird (z. B. freundlich, zaghaft, aggressiv). Den größten Anteil an der Kommunikation übernimmt der Körper durch Mimik und Gestik. Die Wirkung der Körpersprache ist somit größer als die des gesprochenen Wortes.

Zu den nonverbalen Signalen der Kommunikation gehören:

- die Mimik (Gesichtsausdruck)
- die Gestik (Gebärden z. B. mit Armen und Händen)
- die Körperhaltung (eine bestimmte Art zu sitzen oder zu stehen, zu gehen usw.)
- die äußere Erscheinung (Kleidung, Frisur)
- die Art des Sprechens (Tonfall)
- der Geruch (z. B. süßes Parfüm)

4 Deuten Sie folgende nonverbale Verhaltensweisen hinsichtlich einer möglichen Aussage.

- mit der Brille herumspielen
- Arme auf dem Rücken verschränken
- sich am Kopf kratzen
- die Stirn runzeln
- an der Krawatte zupfen
- am Ohrläppchen ziehen

Verstehen, was gemeint ist

Mit einer einzigen Äußerung können unterschiedliche kommunikative Ziele verfolgt werden.

Situation

ER und SIE befinden sich auf einer Fahrt mit dem Auto in den Urlaub. Nach einer längeren Zeit des Schweigens fragt SIE: „Hast du Hunger?" ER erwidert: „Nein!" IHRE Stimmung verschlechtert sich. Schließlich sagt SIE mit einem aggressiven Unterton: „Also, ich esse jetzt etwas. Dir ist es offensichtlich egal, wie es mir geht."

1 **Beurteilen Sie die Kommunikationssituation zwischen Mann und Frau, indem Sie mithilfe des Basiswissens auf die unterschiedlichen Funktionen der Äußerung eingehen.**

a) Welches kommunikative Ziel verfolgt die Frau? Welche Funktion wählt sie für ihre Äußerung? Begründen Sie Ihre Auffassung.

b) Auf welcher kommunikativen Ebene nimmt der Mann die Äußerung wahr? Nennen Sie Ursachen.

c) Überlegen Sie, was dem Mann als dem Empfänger der Nachricht helfen könnte, die Sprechabsicht der Frau „richtig" zu verstehen. Nennen Sie Beispiele.

BASISWISSEN Die drei Funktionen einer sprachlichen Mitteilung

In der Kommunikation entstehen oft Missverständnisse, weil der Empfänger eine Mitteilung anders interpretiert, als der Sender es beabsichtigte. Das liegt vor allem daran, dass Menschen dazu neigen, nicht **direkt** das auszusprechen, was sie wollen, sondern ihre Absicht **indirekt** mitzuteilen. Eine Äußerung kann folgende kommunikative Funktionen haben: die **Darstellung** eines Sachverhaltes (informativ), den **Ausdruck** eines Gefühlszustandes (expressiv) und/oder den **Appell** bzw. die Aufforderung zur Handlung (appellativ).

Der **Empfänger** muss herausfinden, welches der oben genannten kommunikativen Ziele der Sender verfolgt. Nur wenn er die Ebene korrekt interpretiert, kann er „richtig" reagieren und Konflikte vermeiden.

Virginia Satir: Die meisten von uns sprechen in Kurzschrift

Wir selbst verstehen diese Kurzschrift und wundern uns, warum „du Dummkopf mich nicht verstehst". Sie wird oft von Körperbotschaften begleitet, die genau das Gegenteil ausdrücken. Stelle dir jemanden vor, der mit dem Mund zwar „Ja" sagt, aber dabei den Kopf schüttelt. Was wir dem anderen jedoch in Wirklichkeit vermitteln wollen, ist unsere volle Aufmerksamkeit, die zum „Ich verstehe dich, und ich fühle mich von dir verstanden" führt. Anfangs erscheint dies vielen Menschen schwieriger, vor allem weil es etwas Neues darstellt.

2 **Untersuchen Sie Ihr Kommunikationsverhalten mithilfe des Textes.**

a) Nennen Sie Beispiele aus Ihrem Alltag, in denen widersprüchliche Botschaften eine Kommunikation erschwert haben.

b) Warum ist es so schwierig, dem Kommunikationspartner ungeteilte Aufmerksamkeit zu schenken?

c) Wie müsste man sich verhalten, um zum Gelingen von Kommunikation beizutragen?

Verstehen, was gemeint ist

In alltäglichen Kommunikationssituationen kommt es oft zu Missverständnissen. Diese sind darauf zurückzuführen, dass das Gesagte nicht das Gemeinte ist.

© *Irmgard Peters*

3 Analysieren Sie den Dialog zwischen den Kommunikationspartnern.

a) Berücksichtigen Sie folgende Gesichtspunkte:
Was möchte die Frau mit ihrer Frage erreichen?
Wie versteht der Mann die Frage der Frau?
Welche Antwort(en) wird sie (wahrscheinlich) erwarten?
Welche Gründe mag die Frau haben, ihre kommunikative Absicht nicht direkt zu formulieren?

b) Finden Sie Formulierungen, die die kommunikative Absicht der Frau deutlicher zum Ausdruck bringen. Gehen Sie davon aus, dass die Frau ihrem Partner etwas mitteilen will, z. B. über:
ihren Unmut sein Verhalten betreffend,
seine Verantwortung für sie als seine Partnerin,
ihre Erwartung, dass er sein Verhalten ändert.

BASISWISSEN Regeln für das Sprechen und Zuhören

Die folgenden Regeln können Ihnen helfen, besser zu kommunizieren.

Regeln für das Sprechen

- Sprechen Sie von sich. Sagen Sie, was Sie bewegt.
- Sagen Sie „Ich“. Du-Sätze beinhalten oft Vorwürfe, die Gegenangriffe auslösen.
- Beziehen Sie sich auf konkrete Situationen. Vermeiden Sie Verallgemeinerungen wie „immer“ und „nie“.
- Sprechen Sie konkret das Verhalten an, das Sie stört.
- Bleiben Sie beim Thema. Wärmen Sie keine alten Probleme auf.

Regeln für das Zuhören

- Zeigen Sie, dass Sie zuhören. Wenden Sie sich dem Gesprächspartner zu und halten Sie Blickkontakt.
- Geben Sie ihm oder ihr ein Feedback. Wiederholen Sie also mit eigenen Worten, was Sie verstanden haben. So vermeiden Sie Missverständnisse.
- Geben Sie positive Rückmeldungen durch Mimik und Gestik oder durch kurze Äußerungen.
- Kommentieren Sie bei Bedarf, was das Gesagte in Ihnen auslöst.

Das Gesagte muss nicht das Gemeinte sein

Sowohl im Beruf als auch im Alltag kritisieren Menschen andere Menschen und werden kritisiert. Kritik soll in der Regel zu Verhaltensänderungen führen. Ob dieses Ziel erreicht wird, hängt davon ab, wie die Kritik vorgetragen wird und ob der Kritisierte sie annehmen kann.

Situation

Dialog während des Praktikums

Du verbreitest ein totales Chaos. Wenn du die Ablage gemacht hast, findet anschließend kein Mensch etwas wieder. So geht das nun wirklich nicht. Aber das ist typisch für dich. So einen Praktikanten habe ich noch nie betreut. Was kannst du überhaupt? Du arbeitest immer oberflächlich, weil du auch nie richtig zuhörst. Die Kollegen denken übrigens auch so. Richtig ärgerlich ist das. Soll ich denn alles alleine erledigen? Dann brauch' ich auch keinen Praktikanten. Aber ich gebe ja mein Bestes. Geben wir die Hoffnung nicht auf. Vielleicht bekomme ich dich ja doch noch halbwegs hin.

1 Bereiten Sie in Arbeitsgruppen eine szenische Darstellung der Gesprächssituation vor. Überlegen Sie gemeinsam, welche Körpersignale den Kritisierenden und den Kritisierten prägen sollen.

2 Wählen Sie zwei Mitschüler, die das Rollenspiel vortragen sollen. Der Rest der Klasse analysiert das Rollenspiel nach folgenden Gesichtspunkten: Was wird gesagt? Welche nonverbalen Verhaltensmuster sind zu erkennen?

3 Geben Sie den Spielern Ratschläge, wie sie ihr Kommunikationsverhalten ändern können, damit es zu einer positiven Verhaltensänderung kommen kann.

BASISWISSEN — Destruktive und konstruktive Kritik

Beschimpfungen sind **destruktiv.** Sie kennzeichnen ein Sozialverhalten, das auf Aggression beruht und in der Regel als Drohgebärde interpretiert wird. Häufig empfindet der Kritisierte die Beschimpfung als Ehrverlust. Es erscheint also nicht verwunderlich, dass Beschimpfungen ein Abwehrverhalten provozieren. Eine Konfliktsituation ist vorprogrammiert.

Natürlich muss ein Fehlverhalten kritisiert werden. Die Kritik muss aber konstruktiv sein. **Konstruktive** Kritik weist zwar auf das Fehlverhalten hin, bietet jedoch gleichzeitig auch Hilfestellungen zur Problemlösung an.

Kritik äußern, Kritik annehmen

Beschimpfungen erzeugen naturgemäß Abwehrverhalten, weil sie als Angriff gewertet werden und die beschimpfte Person sich schützen will.

1 Vervollständigen Sie das folgende Muster, indem Sie für die Kriterien in der linken Spalte Beispiele aus dem Dialog und/oder aus Ihrem Alltag finden.

Der Praktikant wird Opfer eines destruktiven Angriffsgespräches. Hier findet man:

„DU-Botschaften“	„Du verbreitest immer nur Chaos!“
allgemeine Vorwürfe	… „Wenn du die Ablage machst…“
Ironie	… „Richtig ängstlich ist das“
persönliche Angriffe/Verletzungen	… „Was kannst du überhaupt?“
Kritik aus „zweiter Hand“	… „Die Kollegen denken auch so“
Kritik gegen die „ganze Person“	… „Dann brauch ich kein Praktikant“
Machtdemonstration	… „Soll ich alles alleine erledigen“

In einem konstruktiven Kritikgespräch verwendet man hingegen:

„ICH-Botschaften“	„Ich finde, die Arbeitseinstellung muss …“
konkrete Hinweise auf das fehlerhafte Verhalten	… Ich find du sollst mehr darauf achten..
Äußerung subjektiver Kritik	…
das wirkliche Problem des fehlerhaften Verhaltens	… „Woran liegt es denn?“
partnerschaftliche Kritik	… „Wir schaffen es gemeinsam“

Angemessen kommunizieren

Kommunikationsprozesse

Wir kommunizieren jeden Tag auf vielfältige Weise.

1 Beschreiben Sie, warum es sich bei den Bildern oben um Kommunikationssituationen handelt. Arbeiten Sie mit einer Lernpartnerin/einem Lernpartner zusammen.

a) Notieren Sie die Kriterien, die Sie gefunden haben.

b) Diskutieren Sie, wie sich die auf den Fotos dargestellten Kommunikationssituationen von einer Nachrichtensendung im Fernsehen unterscheiden, bei der eine Sprecherin die Nachrichten verliest.

c) Ist es erforderlich, miteinander zu sprechen, damit Kommunikation stattfindet? Begründen Sie.

d) Stellen Sie den Kommunikationsprozess in Form einer kleinen Skizze dar. Formulieren Sie auf der Basis dieser Skizze eine schriftliche Antwort auf die Frage „Was ist Kommunikation?“ und stellen Sie Ihr Ergebnis im Plenum vor.

Kommunikationsprozesse

2 Beschreiben Sie drei unterschiedliche Kommunikationssituationen, die Sie heute bereits erlebt haben (zu Hause, auf dem Schulweg, in der Schule). Dabei kann es sich um ganz kurze Zusammentreffen handeln.

a) Notieren Sie, mit wem Sie in diesen Situationen kommuniziert haben.

b) Sortieren Sie diese Situationen danach, wie anstrengend die jeweilige Situation nach Ihrem Empfinden gewesen ist.

c) Stellen Sie in der Lerngruppe die einfachste und die anstrengendste Kommunikationssituation vor und begründen Sie Ihre Einschätzung.

3 Stellen Sie dar, welche Schwierigkeiten es bei der Kommunikation geben kann.

a) Formulieren Sie in der Lerngruppe vier allgemeine Kriterien dafür, was eine Kommunikationssituation schwierig machen kann.

b) Notieren Sie die Kriterien auf Metaplankarten. Clustern Sie die Metaplankarten aller Lerngruppen an der Tafel. Bilden Sie dafür drei Kategorien:
Schwierigkeiten, die mit der Person des Senders zusammenhängen
Schwierigkeiten, die durch die Person des Empfängers entstehen
Schwierigkeiten durch die Rahmenbedingungen, unter denen ein Gespräch geführt wird

c) Welche Schwierigkeiten werden am häufigsten genannt? Diskutieren Sie das Ergebnis.

4 Während eines Gesprächs kommunizieren wir gleichzeitig verbal und nonverbal; dabei wirkt der nonverbale Anteil (die Körpersprache) stärker auf den Empfänger als das, was wir sagen. Erläutern Sie, welchen Rat man deshalb Menschen geben kann, die ein schwieriges Gespräch vor sich haben.

BASISWISSEN | Situativer Kontext

Neben dem Verhalten von Sender und Empfänger spielt auch der situative Kontext eine wichtige Rolle für erfolgreiche Kommunikation. Zum situativen Kontext gehören z. B. die Umgebung, in der das Gespräch stattfindet, oder die Verfassung, in der sich die Gesprächspartner während des Kommunikationsprozesses befinden.

5 Bei schwierigen Gesprächen empfiehlt es sich, den situativen Kontext bewusst zu wählen bzw. ihn mitzugestalten. Legen Sie dar, wie der situative Kontext bei den folgenden Kommunikationssituationen aussehen sollte.

a) Sie möchten Ihre Eltern über einen neuen Berufswunsch informieren und befürchten, dass sie wenig begeistert sein werden. Beschreiben Sie möglichst konkret den situativen Kontext, den Sie sich für solch ein schwieriges Gespräch wünschen würden.

b) Sie planen eine weite Reise und benötigen dafür vier Wochen Urlaub am Stück. Beschreiben Sie, welchen Zeitpunkt und Ort Sie für ein Gespräch mit Ihrem Chef als günstig erachten. Begründen Sie Ihre Entscheidung.

Höflich kommunizieren

In dem folgenden Textauszug aus dem Roman „Becks letzter Sommer“ von Benedict Wells wird die erste Begegnung zwischen Robert Beck und seiner späteren Geliebten Lara geschildert.

Benedict Wells: Becks letzter Sommer (Auszug)

Nachdem Beck das Haus verlassen hatte – typische Aufmachung: Jeans, dunkles Hemd, schwarze Lederjacke –, sah er nach wenigen Schritten eine Frau, die wild gestikulierend auf der Straße stand und etwas brüllte. Im ersten Moment vermutete Beck, es wäre vielleicht eine Verrückte, dann sah er, dass sie in ein Handy sprach.

„Verpiss dich, du Wichser, verpiss dich einfach … Nein, du hörst mir jetzt zu. Es ist aus, okay?! Ich hab das ein für alle Mal satt, du kannst mich mal!“

Beck stand inzwischen vor ihr und lauschte. Er schätzte sie auf Mitte, Ende zwanzig. Sie war ziemlich groß, schlank, hatte hellbraune Haare und ein feines, elfenhaftes Gesicht. Nur die Nase war etwas zu groß. Sie trug einen Secondhand-Rock und ein buntes Hippie-Sweatshirt und schien auf irgendeinem „Rettet die Welt“-Ökotrip zu sein. Beck entschied spontan: hübsch, aber nicht sein Typ.

„Du kannst mich mal!“, schrie sie wieder. „Ich hab das so satt mit dir. Du hast dich überhaupt nicht verändert … Ach … Nein, vergiss es. Ich hol nachher mein Zeugs, und dann tschüss, dann kannst du mit dieser Tussi zusammenziehen!“

Als sie aufgelegt hatte, sagte sie noch einmal leise und mit geschlossenen Augen: „Scheiße!“ Dann erst bemerkte sie Beck, der noch immer, mit leicht offenem Mund, direkt vor ihr stand. „Was sind Sie denn für einer? Lauschen Sie öfter?“

Beck fiel auf, dass sie eine schwarze Schürze trug, auf der in roten Buchstaben „Macchiato“ stand. Sie schien in dem Café, vor dem sie stand, zu arbeiten. „Ich hab nicht gelauscht“, sagte er.

„Natürlich haben Sie gelauscht.“

Beck dachte einen Moment nach. „Na schön, ich hab gelauscht“, gab er zu. „Und wenn schon. Sie haben es mir ja schließlich auch sehr schwer gemacht, nicht zu lauschen.“

„Was?“

„Jessas, Sie stehen hier mitten auf der Straße und brüllen rum: *Wichser, Tussi.* Soll ich da einfach vorbeigehen, als ob nichts wäre? Wenn Sie Privatsphäre wollen, dann müssen Sie woanders telefonieren. Wahrscheinlich wollten Sie unbewusst sogar, dass Ihnen jemand zuhört.“

1 Geben Sie den Inhalt des Telefonats wieder, soweit er sich aus der Textstelle erschließen lässt.

2 Benennen Sie die Regeln der höflichen Kommunikation, gegen die bei diesem Telefonat verstoßen wird.

3 Berücksichtigen Sie den situativen Kontext und beurteilen Sie, ob man Lara als unhöfliche Person bezeichnen kann.

4 Beschreiben und beurteilen Sie das Verhalten von Robert Beck.

★ **5** Stellen Sie dar, wie sich ein höflicher Mensch nach Ihrer persönlichen Auffassung im Alltag und im Arbeitsleben verhält. Begründen Sie, ob dabei unterschiedliche Regeln gelten.

Höflich kommunizieren

Menschen kommunizieren verbal, d. h., sie tauschen sich durch die Verwendung von Sprache aus. Gleichzeitig verwenden sie auch nonverbale Signale, um sich mitzuteilen. Der folgende Textauszug ist dem Roman „Der Trafikant" von Robert Seethaler entnommen. Franz Huchel macht eine Ausbildung in einer „Trafik" (einem Zeitungs- und Tabakwarengeschäft) in Wien. Gerade hat der berühmte Professor Sigmund Freud eine Zeitung und Zigarren gekauft und Franz sieht ihm durch das Schaufenster nach.

Robert Seethaler: Der Trafikant (Auszug)

Vorne war der Professor gerade dabei, in die Berggasse einzubiegen. Eine Windböe fuhr ihm in die Haare und bauschte sie zu einem federleichten Gebilde auf, das für ein paar Sekunden über seinem Kopf wehte.

„Der Hut! Wo hat er denn seinen Hut!", rief Franz erschrocken. Sein Blick fiel auf die Theke, wo immer noch die graue Kopfbedeckung des Professors lag. Er machte einen Satz, nahm den Hut und lief damit hinaus auf die Straße.

„Halt, stehen bleiben, wenn der Herr erlauben!", schrie er laut und schlitterte mit rudernden Armen um die Ecke in die Berggasse hinein, wo er den Professor schon nach wenigen Schritten eingeholt hatte und ihm atemlos den Hut entgegenhielt. Sigmund Freud betrachtete für einen Moment seine etwas verbeulte Kopfbedeckung, nahm sie schließlich entgegen und zog im Gegenzug seine Brieftasche aus der Jacketttasche.

„Aber ich bitte Sie, Herr Professor, das war doch eine Selbstverständlichkeit!", versicherte Franz mit einer abwehrenden Handbewegung, die ihm für seine Begriffe schon während der Ausführung zu ausladend geriet.

„Eine Selbstverständlichkeit ist heutzutage gar nichts mehr!", sagte Freud und drückte mit dem Daumen eine tiefe Delle aus der Hutkrempe. Wie zuvor sprach er mit kaum geöffnetem Kiefer, leise und gepresst. Franz musste seinen Kopf ein wenig nach vorne neigen, um alles genau zu verstehen. Auf gar keinen Fall wollte er auch nur ein einziges Wort des berühmten Mannes überhört haben.

„Darf ich Ihnen behilflich sein?", fragte er, und obwohl Freud sich Mühe gab, konnte er doch nicht schnell genug zurückzucken und somit verhindern, dass Franz ihm Paket und Zeitung unterm Arm hervorziehen und entschlossen an seine Brust drücken konnte.

„Meinetwegen", murmelte er, setzte sich den Hut auf den Kopf und ging los.

6 Interpretieren Sie die verbalen und nonverbalen Signale der beiden Gesprächspartner.

7 Gestalten Sie je eine Denkblase für Sigmund Freud und Franz Huchel mit den Gedanken, die jeder der beiden während der Begegnung haben könnte.

8 Die Szene spielt im Oktober 1937. Benennen Sie die Verhaltensweisen der beiden Gesprächspartner, die Ihnen altmodisch erscheinen.

9 Beurteilen Sie, ob Franz sich höflich verhält. Beachten Sie dabei auch Freuds Reaktionen.

10 Auf den Kommunikationswissenschaftler Paul Watzlawick geht die Formulierung „Man kann nicht nicht kommunizieren" zurück. Erklären Sie, was er damit ausdrücken will.

11 Beziehen Sie Ihre Erkenntnis aus Aufgabe 10 auf den Romanauszug.

Sich schriftlich angemessen ausdrücken

Bei digitalen Kommunikationsformen (E-Mail, Messenger-Dienste, SMS ...) vermischen sich Mündlichkeit und Schriftlichkeit, wodurch die Sprachebenen nicht immer klar getrennt werden. Wichtig ist, dass Sie den Adressaten im Blick haben und die eigene Sprachebene der Kommunikationssituation anpassen.

E-Mail eines Schülers an die Lehrerin:

E-Mails von Schülern an den Praktikumsbetreuer:

E-Mail 1	E-Mail 2	E-Mail 3
Hi! *Leider ist heut früh meine Karre verreckt, so dass ich leider nicht am Unterricht teilnehmen kann.* *Sorry !* *VG* *Sven*	*anbei mein Handout. Bitte um Ausdruck für mein Referat am Montag.* *THX!* *Viele Grüße*	*Hallo Frau Meier,* *ich bräuchte für mo den Laptop da mein Vortrag via PowerPoint ist.* *LG Jo*

1 Untersuchen Sie die Texte hinsichtlich Rechtschreibung, Zeichensetzung, Schreibstil, Satzbau sowie Ausdrucksweise und erläutern Sie Fehler in der Kommunikation.

2 Verbessern Sie die E-Mails.

3 Formulieren Sie eine E-Mail für die folgende Situation im Studium.

Situation

Sie möchten wegen der Absprache Ihres Referatsthemas und der Gliederung der Inhalte die Sprechstunde der Dozentin Frau Dr. Müller besuchen, merken aber, dass Sie zu der von ihr angebotenen Sprechzeit (Dienstag 16:00–17:00 Uhr) selbst keine Zeit haben, weil Sie in einem Café arbeiten. Sie bitten sie deshalb um einen anderen Termin. Sie hängen der E-Mail auch eine Datei mit einem Gliederungsvorschlag für das Referat an.

ARBEITSTECHNIK – E-Mail-Etikette für formale Kommunikation

Zwar sind moderne Kommunikationsmittel allgegenwärtig, häufig werden jedoch Fehler bei der angemessenen Kommunikation mit gravierenden Folgen (abgelehnte Bewerbungen, verärgerte Kunden ...) gemacht.

Betreff: muss ausgefüllt und aussagekräftig sein

Erste Anrede: Jede erste Kontaktaufnahme via E-Mail muss mit einer Anrede beginnen (Sehr geehrte/r Herr/Frau, ..., Sehr geehrte Damen und Herren, ...).

Tabus: Hallo Prof! Moin Moin! Mahlzeit! Tach! Hey! Hallo, ...! Grüß Gott!

Anrede von Professoren: Ein Doktortitel muss, ein Professorentitel kann vor dem Namen eingefügt werden.

Inhalt: unmissverständlich, knapp, aussagekräftig, strukturiert, formal korrekt geschrieben

Abkürzungen: nur verwenden, wenn man sicher ist, dass der E-Mail-Partner diese eindeutig versteht

Stil: kann etwas lockerer sein, wenn man den E-Mail-Partner kennt

Grußformel: wie im Brief (Mit freundlichen Grüßen) mit Angabe des Vor- und Nachnamens

Anlagen: Auf diese muss in der E-Mail hingewiesen werden.

Sich schriftlich angemessen ausdrücken

Messenger-Dienst-Nachrichten

Das war heut ein Super-Tag!

Schnauze!

Danke SCHÖÖÖÖÖÖN ... für das nette Kompliment *rotwerd*

4 Analysieren Sie die Nachrichten.

a) Inwiefern unterscheiden sich diese Nachrichten von einer E-Mail (stilistisch, semantisch, syntaktisch)?

b) Welche Aussagen und Aufgaben haben jeweils die Emoticons?

5 Diskutieren Sie, ob es sich bei der Kommunikation in sozialen Netzwerken um Mündlichkeit oder Schriftlichkeit handelt.

BASISWISSEN Stilmittel in sozialen Netzwerken

In sozialen Netzwerken wird meist unter Zeitdruck geschrieben, Aktualität ist wichtiger als sprachlicher Ausdruck und Grammatik. Doch diese Kommunikation weist auch besondere Stilmittel auf:

Akronym: Abkürzung durch Verbindung der Anfangsbuchstaben der Wörter (HDL – Hab dich lieb)

Homophon: Abkürzung, bei der der Wortlaut wie ein ausgeschriebenes Wort klingt (cul8r – see you later)

Inflektiv: Weglassen der Infinitivendungen -n oder -en (*gähn*, *grummel*, seufz*, *knuddel*)

Reduktion: Schreiben in Umgangssprache (sehn – sehen, nich – nicht)

Emoticons (= Emotion + Icon): Zeichen, die die Stimmungslage der User deutlich machen und dadurch helfen, die Bedeutung oder auch die Ironie der Aussage zu verstehen

Emojis (japanisch für Bildschriftzeichen): Ideogramme, die nicht ausschließlich Emotionen vermitteln sollen, sondern sogar für allgemeine Begriffe eingesetzt werden

★ **6 Analysieren Sie Ihre eigene schriftliche Kommunikation. Welche sprachlichen Mittel setzen Sie in welchem Medium ein? Geben Sie mindestens zehn Beispiele.**

FAZIT

9.1
Kommunikation ist mehr als Sprechen

- den Zusammenhang von Gesagtem und Gemeintem erkennen
- Signale richtig deuten
- Kritik annehmen und äußern

9.2
Angemessen kommunizieren

- situativen Kontext beachten
- digitale Kommunikationsformen
- höflich kommunizieren
- Sprachebenen bewusst wählen

Kapitel 10

Frei sprechen – Richtig präsentieren

Die Fähigkeit, frei zu sprechen, ist vor allem dann wichtig, wenn längere Referate oder Redebeiträge präsentiert werden. Es gilt, die Zuhörenden zu informieren oder durch Argumente zu überzeugen.
In diesem Kapitel lernen Sie mit der Rede eine besondere Kommunikationsform kennen und üben, wie Sie verbal und nonverbal überzeugen. Außerdem beschäftigen Sie sich mit Möglichkeiten, eine Präsentation abwechslungsreich und spannend zu gestalten.

Kompetenzen

- ✓ Längere Redebeiträge vorbereiten
- ✓ Redebeiträge angemessen vortragen
- ✓ Frei präsentieren
- ✓ Präsentationen adressatengerecht gestalten

Methoden und Arbeitstechniken

- ✓ Rollenspiel
- ✓ Stichwortzettel erstellen
- ✓ Präsentationsmedien einsetzen

Eine Rede vorbereiten und halten

Eine Rede aufbauen

„Eine gute Rede hat einen guten Anfang und ein gutes Ende – und beides sollte möglichst dicht beieinander liegen.“

(Mark Twain)

Wer überzeugend und gut reden sowie argumentieren kann, strahlt nicht nur Selbstvertrauen aus. Ihm werden oft auch Sicherheit im Umgang mit Menschen und Führungseigenschaften attestiert. Rhetorische Fertigkeiten sind auch für Referate von grundlegender Bedeutung.

Rede eines Schülers auf der Abschlussfeier

Liebe Abschlussklasse, liebe Eltern, Verwandte und Freunde, sehr geehrte Lehrerinnen und Lehrer, liebe Mitschülerinnen und Mitschüler,
vorab eine kleine Entwarnung: Diese Rede soll keine Abrechnung für Lehrer werden – Ich will auch niemanden anschauen! Also schnell zurück zur Rede:

Wäre heut ein ganz normaler Schultag, so würde die Rede damit beginnen, alle Anwesenden einzeln aufzurufen und die Anwesenheit festzustellen: 15 Prozent von Ihnen wären heute krank. 10 Prozent würden in einer viertel Stunde hereinstürmen, weil sie verschlafen hätten. 15 Prozent würden sich mit ihrem Sitznachbarn unterhalten. 20 Prozent würden versuchen, unauffällig unter dem Tisch Nachrichten auf dem Handy zu verschicken. 10 Prozent würden noch schnell die Hausaufgaben abschreiben. 30 Prozent von Ihnen würden mir tatsächlich aufmerksam zuhören. Aufgrund des besonderen Anlasses kann ich jedoch mit 100 Prozent Aufmerksamkeit rechnen und mir das alles sparen.

Mahatma Gandhi sagte einmal: „Stärke stammt nicht aus physischem Vermögen. Sie kommt aus einem unbezwingbaren Willen.“ Auch wir haben mit unserem unbezwingbaren Willen Stärke gezeigt und das geschafft, was wir erreichen wollten, nämlich die Fachhochschulreife. Ich finde, wir alle können stolz darauf sein, denn es ist nicht leicht, noch mal neu anzufangen. Mit einem starken Willen, aber auch vielen Zweifeln kamen wir in die Oberstufe, um einen für uns noch völlig unbekannten Weg einzuschlagen. Dieser Weg bedeutete für uns und für unser Umfeld sowohl beruflich als auch privat eine große Veränderung. Ich erinnere nur beispielhaft an durchgepaukte schlaflose Nächte und vernachlässigte Freundschaften. Ich denke aber auch, dass jede Hürde, die wir gemeistert haben, uns stärker gemacht hat und uns zu denen werden ließ, die wir heute sind. Wir haben etwas Großes geleistet, von dem viele vor einem Jahr noch befürchtet haben, dass es nicht möglich ist. Doch auch dank unserer Familie, Freunde, aber auch Lehrer konnten wir die Ziellinie erreichen. Gerade angesichts der aktuellen Entwicklungen sollte einem bewusst sein, dass es nicht selbstverständlich ist, dass man so gute und breite Bildungsangebote wie in Deutschland hat. An dieser Stelle möchte ich mich im Namen aller meiner Mitschüler bei unseren Lehrerinnen und Lehrern für die konstruktive und angenehme Atmosphäre bedanken. Auch dies sorgte dafür, dass der ein oder andere die Schule in positiver Erinnerung behalten wird.

Mit dem Abschluss in der Tasche stehen uns nun alle Möglichkeiten offen. Es bleibt zu hoffen, dass wir auch in den nächsten Levels, die wir bestreiten, so gute und um unser Leben besorgte Professoren, Ausbilder und später Arbeitgeber an unserer Seite wissen können.

Wir haben es geschafft! Bald zerfällt unser Puzzle und jedes Teil schlägt seine eigene Richtung ein. Die einen beginnen gleich das schon lange angestrebte Studium, die anderen nehmen sich eine Auszeit, verreisen oder machen ein Freiwilliges Soziales Jahr. Doch ich hoffe sehr, dass wir alle unsere gemeinsame Zeit an dieser Schule in guter Erinnerung behalten und uns eines Tages einmal wiedersehen. Vielleicht kann unser Puzzle dann wieder zusammengesetzt werden.

Eine Rede aufbauen

1 **Erläutern Sie die Aussage Mark Twains und beurteilen Sie den Anfang und das Ende der vorliegenden Rede unter diesem Aspekt.**

2 **Analysieren Sie die Rede zum Schulabschluss.**

a) Ermitteln Sie alle in der Rede vorkommenden sprachlichen Mittel, Redewendungen und Bilder und erläutern Sie deren Wirkung auf die Zuhörer.
b) Überlegen Sie, welches Ziel mit der Verwendung von Bildern verfolgt wird.
c) Beurteilen Sie den sprachlichen Ausdruck des Redners insgesamt.
d) Üben Sie den Vortrag des Redeauszugs. Beachten Sie dabei Ihre nonverbale Ausdrucksweise.
e) Tragen Sie sich gegenseitig den Auszug aus der Rede vor und geben Sie sich Feedback bezüglich der nonverbalen Kommunikation.

3 **Entwerfen Sie selbst eine Rede.**

a) Formulieren Sie mithilfe der Arbeitstechnik zur vorliegenden Rede alternative Einleitungen und vergleichen Sie deren Wirkung und Eignung.
b) Formulieren Sie selbst den Hauptteil einer Rede zum Schulabschluss aus.

ARBEITSTECHNIK | Eine Rede vorbereiten und gliedern

Vorbereitung

Ideensammlung (inventio): Sammlung der wesentlichen Gedanken, Informationen und Argumente
Materialordnung und -gliederung (dispositio): bewusste Anordnung des ausgewählten Materials
Sprachgestaltung (elocutio): Ausformulierung der Rede: schriftlich, mündlich und als Stichwortzettel
Einprägen (memoria): Text anhand der Textvorlagen und Stichwörter gut einüben
Probesprechen/Üben (actio): Lautstärke, Betonung, Pausentechnik sowie Gestik, Mimik und Haltung üben

Gliederungsmöglichkeiten einer Rede (je nach Ziel, Publikum, Anlass unterschiedlich)

Möglichkeit 1:	1. Gestern: Erinnerung an Vergangenheit
	2. Heute: Beschreibung der Gegenwart
	3. Morgen: Aufzeigen der Zukunft
Möglichkeit 2:	1. Heute: Beschreibung der Gegenwart
	2. Gestern: Erinnerung an Vergangenheit
	3. Morgen: Aufzeigen der Zukunft
Möglichkeit 3:	1. Ist-Zustand aufzeigen
	2. Soll-Zustand aufzeigen
	3. Weg vom Ist- zum Soll-Zustand darlegen
Möglichkeit 4:	1. Darlegung des Sachverhalts
	2. Beweisführung und Argumentation mit Beispielen

Einen Stichwortzettel erstellen

Reden können auf verschiedene Weise vorgetragen werden: Das Ablesen einer vollständig ausgearbeiteten Rede (vorbereitete Rede) bringt die Nachteile mit sich, dass wenig Blickkontakt zum Publikum möglich ist, der Redner steif und unnatürlich wirkt und keine spontanen Reaktionen möglich sind. Die völlig frei gehaltene Rede (Stegreifrede) birgt den Nachteil, dass der Redner sich verzettelt, die Rede unstrukturiert und unverständlich wird oder wesentliche Punkte nicht erwähnt werden. Die Verwendung eines Stichwortzettels ist daher eine geeignete Methode, eine Rede gut strukturiert und dennoch weitgehend frei zu halten.
Der bekannte deutsche Humorist Loriot hat in der Rolle eines Vampirs mithilfe des folgenden Stichwortzettels eine Rede gehalten:

VAMPYRE
↳ Minderheit in der Gesellschaft
↳ leiden Not in Vergessenheit geraten

Was wird für Vampyre getan?
↳ nichts
↳ Verfolgung
Behinderung
Ablehnung

Grund

benötigt 2 bis 3 Liter Blut
täglich = Überlebensration

Folgen heute

viele sind **depressiv + geschwächt**
Ernährungsschäden
Jugendliche Vampyre betroffen
2000 bettlägerig

Maßnahmen

Spenden
Sachspenden - Blut - Särge - Decken
Geldspenden
↳ Konto: Baden Baden 22648

Victor von Bülow (Loriot), 2009, fotografiert von Wilhelm W. Reinke

1 Halten Sie mithilfe des Stichwortzettels eine Rede zum Thema „Vampire in unserer Stadt“. Achten Sie dabei auch auf angemessene Sprache und Körpersprache.

2 Analysieren Sie den Stichwortzettel.
a) Listen Sie die Themen auf, die Loriot in seiner Rede aufgreift.
b) Bewerten Sie die Struktur und die Übersichtlichkeit des Stichwortzettels.
c) Beurteilen Sie, ob und inwieweit Ihnen der Stichwortzettel bei Ihrer Stegreifrede von Nutzen war.

Einen Stichwortzettel erstellen

Loriot: Der Vampyr

Meine Damen und Herren!
Haben Sie sich schon einmal Gedanken darüber gemacht, dass es in unserem Wohlstandsstaat eine Not leidende Bevölkerungsgruppe gibt, an der sogar die Reformpläne einer sozialistischen Regierung vorübergegangen sind?

Der Vampyr gehört in der Bundesrepublik zu einer Minderheit. Als Wähler ist er somit uninteressant. Noch vor wenigen Jahren in aller Munde, ist er heute nahezu in Vergessenheit geraten. Was wird für alternde oder unverschuldet in Not geratene Vampyre getan? Nichts!

Im Gegenteil: Wir werden unter Missachtung des Grundgesetzes in der freien Ausübung unserer Lebensgewohnheiten vorsätzlich behindert. Es sind Fälle bekannt, in denen unbescholtene Vampyre öffentlicher Verfolgung ausgesetzt wurden, weil sie nächtlichen Straßenpassanten, in netter Form, Blut entnommen hatten. Ein gesunder Vampyr benötigt pro Nacht ein bis zwei Liter frisches Damen- oder Herrenblut. Dafür verzichtet er aber auch auf Teigwaren, Obst, Käse und Gemüse.

Durch die ablehnende Haltung der Bevölkerung greifen schwere Depressionen und Ernährungsschäden gerade unter jugendlichen Vampyren in erschreckendem Maße um sich. Allein in Rheinland-Pfalz waren im Jahre 1970 mehr als 2000 Vampyre zwei- bis dreihundert Jahre bettlägerig.

Was ist das für ein Staat, der in jedem Jahr Milliarden für die Rüstung ausgibt und keinen Tropfen Blut für seine Vampyre übrig hat? Da stimmt doch was nicht!

Es ist kurz vor 12. Wir wenden uns an die Öffentlichkeit. Wer spendet Blut, Särge, warme Decken und Zahnersatz? Wer nimmt junge Vampyre in den Ferien auf? Wer schnell hilft, hilft doppelt. Geldspenden erbeten auf Postscheckkonto Baden-Baden 22648. R

3 Vergleichen Sie die von Loriot gehaltene Rede mit dem Stichwortzettel. Untersuchen Sie, welche Aspekte auf dem Stichwortzettel in die Rede übernommen wurden.

Loriot: Sollen Hunde fernsehen? (Auszug)

Es häufen sich die Fälle, in denen Hunde nach mehrstündigem abendlichem Fernsehen schlecht einschlafen, schwer träumen oder tagelang stottern. Hier liegen zweifellos ernst zu nehmende seelische Störungen vor, an denen man nicht achtlos vorübergehen darf.

Die Programme der Fernsehanstalten sind in der Regel besser geeignet für mittelgroße, langhaarige Hunde als für kleine, kurzhaarige. Dicke Hunde wiederum neigen erfahrungsgemäß zu politischen und allgemeinbildenden Beiträgen, während dünne sich mehr von Unterhaltungssendungen angesprochen fühlen. […]

Abzuraten ist ferner von der Anschaffung eines Zweitgerätes für den Hundeplatz. Das Tier vereinsamt und spricht im Schlaf. Auch politische Sendungen sind oft ungeeignet. Ein Düsseldorfer Bernhardiner litt nach der Übertragung einer Bundestagssitzung zwei Wochen unter Schwindel und Schluckauf.

Zusammenfassend kann gesagt werden: Kleine dicke oder große lange Hunde und kleine dünne, langhaarige oder dicke, kurzhaarige sollten nicht nach 21 Uhr, langohrige dicke, kurzohrige dünne und Hunde zwischen zwei und acht Jahren nur unter ärztlicher Aufsicht fernsehen. R

4 Entwerfen Sie mithilfe der Arbeitstechnik einen Stichwortzettel zur Rede „Sollen Hunde fernsehen?".

Einen Stichwortzettel erstellen

ARBEITSTECHNIK | **Einen Stichwortzettel erstellen**

Um einen Stichwortzettel zu erstellen, können Sie sich auf folgende Ratschläge stützen:

- Postkartengroße Karten benutzen (keine A4-Blätter)
- Keine strahlend weißen Karten benutzen, pastellfarbene fallen weniger auf
- Wörter und Zeichnungen selbst schreiben und zeichnen
- Große Schrift/große Zeichen verwenden (Tipp: Filzstift benutzen)
- Übersichtliche Darstellung/Farben benutzen
- Konkrete bildhafte Beispiele dürfen nicht fehlen

▸ Auftritt mit den Kärtchen üben, aber nie auswendig lernen: Jede Formulierung ist eine „Erstgeburt" – Denken/Sprechen/Denken ...

★ **5** *Herr Präsident, liebe Kolleginnen und Kollegen ....:* **Entwerfen Sie im Stile Loriots eine kurze Bundestagsrede zu einem aktuellen politischen Anlass.**

a) Entwerfen Sie mithilfe der Arbeitstechnik einen Stichwortzettel.

b) Halten Sie die Rede.

Richtig präsentieren
Eine Präsentation vorbereiten

Im Schulalltag, aber auch im beruflichen Leben müssen Sie regelmäßig Arbeitsergebnisse präsentieren. Dabei ist es wichtig, Informationen in geeigneter Form aufzubereiten, damit sie für alle verständlich sind. Auch die Art und Weise, wie Sie etwas vortragen, trägt zu einem guten Verständnis bei. Die folgende Situation zeigt beispielhaft, wo und wie Präsentationen eingesetzt werden können.

Situation

Ihre Schule nimmt an einem bilateralen Austauschprojekt teil und ist Gastschule für das erste Treffen. Teilnehmer sind französische Berufsschülerinnen und Berufsschüler aus dem kaufmännischen Bereich, die über Grundkenntnisse der deutschen Sprache verfügen. Ihr Schulleiter hat Sie als Mitglied der Schülerverwaltung gebeten, ihn bei der Einführungsveranstaltung zu unterstützen. Sie sollen eine Präsentation gestalten, die den Austauschschülerinnen und Austauschschülern Ihr Schulgebäude vorstellt, damit diese sich zurechtfinden können. Ihnen stehen 20 Minuten zur Verfügung.

1 Machen Sie sich Notizen zu den örtlichen Gegebenheiten Ihres Schulgebäudes.

2 Beschreiben Sie Ihre Zielgruppe in Stichwörtern.

a) Formulieren Sie Aussagen über das Alter, den sozialen Hintergrund und die Interessen Ihrer Zielgruppe.
b) Was werden die Zuhörerinnen und Zuhörer von Ihrem Vortrag erwarten?
c) Welches Vorwissen bringen sie mit?

3 Werten Sie die Notizen zu Ihrem Schulgebäude im Hinblick auf die Zielgruppe aus. Ergänzen Sie, wenn notwendig, Informationen.

a) Welche Inhalte könnten auf Interesse stoßen?
b) Welche Inhalte sind weniger interessant?
c) Welche Inhalte können Sie innerhalb von 20 Minuten präsentieren? Notieren Sie diese.

4 Überlegen Sie, welche Präsentationsmedien für Ihre Zielgruppe geeignet sind.

5 Beschreiben Sie den Ort, an dem Ihr Vortrag stattfinden soll. Was müssen Sie hinsichtlich der örtlichen Gegebenheiten beachten?

ARBEITSTECHNIK – Eine Präsentation vorbereiten

Bei der Vorbereitung helfen folgende Fragen:

- Warum soll präsentiert werden? (z. B. Informationen vermitteln, zum Kauf anregen)
- Wer ist die Zielgruppe? (Vorkenntnisse, Erwartungen der Teilnehmer/-innen)
- Welche Informationen wähle ich aus? Was soll die Zielgruppe wissen und behalten?
- Welche Medien sind geeignet, um den Vortrag zu unterstützen?
- Wie viel Zeit steht mir zur Verfügung?

Eine Präsentation vorbereiten

Im folgenden Beispiel informiert ein Experte über das Thema Müllvermeidung. Setzen Sie sich damit auseinander, um den Einstieg in Ihre Präsentation üben.

Beispiel

Ihre Schule nimmt seit einem Jahr an einem Projekt zum Thema „Energie sparen und Abfall vermeiden" teil und hat schon deutlich messbare Erfolge bei der Energieeinsparung erzielt. Nun möchte Ihre Schule den Fokus auf die Abfallvermeidung legen und hat einen Energieberater um einen Impulsvortrag gebeten. Er soll in das Thema Abfallvermeidung einführen, die Problematik hervorheben und die Zuhörenden dafür sensibilisieren. Die ganze Schule nimmt teil: Schüler- und Lehrerschaft, Sekretariat, Hausmeister, Schulsozialarbeit, Reinigungskräfte. Für die Präsentation stehen ca. 20 Minuten zur Verfügung plus 10 Minuten für die Diskussion. Der Energieberater hat zuvor eine Zielgruppenanalyse durchgeführt. So ist er sich der heterogenen Zielgruppe bewusst. Er beginnt seinen Impulsvortrag folgendermaßen:

„Sehr geehrte Damen und Herren, Schülerinnen und Schüler,
zunächst einmal herzlichen Dank für Ihre Einladung! Ich freue mich über Ihr Interesse am Energiesparen und zur Müllvermeidung. Sie arbeiten seit einem Jahr an möglichen Energieeinsparungen und haben schon viel erreicht, Sie können stolz auf sich sein!
Nun möchten Sie sich der Müllvermeidung widmen. Ich habe mich in der Vorbereitung zu diesem Vortrag gefragt: Ist dieser Vortrag bei dieser engagierten Schulgemeinschaft überhaupt nötig?
Daher habe ich die Reinigungskräfte dieser Schule letzte Woche gebeten, den Plastik- und Papiermüll eines Schultages, der im Treppenhaus und dem Eingangsbereich anfällt, zu sammeln. Hier ist das Ergebnis:"

Er holt zwei große Müllsäcke hervor und schüttet den Inhalt des Plastikmüllsacks auf den Boden. Pause.

„Wohlgemerkt: Dies ist der Müll eines Tages und nur aus den Treppenhäusern und dem Eingangsbereich. Die Klassenzimmer, das Lehrerzimmer und die übrigen Räume sind nicht dabei!
Wie Sie sehen, fallen in der Schule Rest-, aber vor allem Verpackungsmüll und Altpapier an.
In meinem Vortrag gebe ich Ihnen einen Überblick über Daten und Fakten, die verschiedenen Müllarten und Tipps zur Müllvermeidung.
Vorab zwei Statements:
Vermeiden ist besser als verwerten.
Verwerten ist besser als wegwerfen!"

6 Bewerten Sie den Einstieg und den Medieneinsatz des Energieberaters. Begründen Sie mithilfe der Arbeitstechnik auf der vorigen Seite, was Ihnen positiv und was Ihnen negativ aufgefallen ist.

7 Entwerfen Sie einen medienunterstützten Einstieg für Ihren Vortrag. Berücksichtigen Sie das folgende Basiswissen und die Tabelle zu Vor- und Nachteilen verschiedener Medien (↗ S. 179).

Eine Präsentation vorbereiten

BASISWISSEN Einstieg in eine Präsentation

Diese Phase dient der Aktivierung und Motivierung des Publikums. Seien Sie deshalb als Vortragende bzw. Vortragender präsent. Stellen Sie sich und das Thema vor. Fangen Sie erst an, wenn die Zuhörerinnen und Zuhörer ruhig sind und sich auf Sie konzentrieren. Nur bei ungeteilter Aufmerksamkeit können Sie Interesse wecken, z. B. durch

- eine einleitende Frage,
- witzige, widersprüchliche Aussagen oder Beispiele,
- ein passendes Zitat,
- Storytelling.

Für Vorträge bietet es sich an, den Zuhörerinnen und Zuhörern einen Überblick (Wegweiser) darüber zu geben, was sie in dem folgenden Vortrag erwartet. Meist ist dies eine Auflistung der wichtigsten Punkte des Vortrages. Oft wird der Ablauf auf einem Flipchart aufgelistet, was den Vorteil hat, dass man wieder darauf verweisen kann. Bei einer digitalen Präsentation kann dies eine Folie „Gliederung“ sein. Bei Vorträgen von bis zu 15 Minuten braucht man zum Einstieg keine Übersicht.

Im Hauptteil der Präsentation stehen die Informationen im Mittelpunkt. Die Zuhörerinnen und Zuhörer müssen das Thema und Ihre Hauptaussagen verstehen und nachvollziehen können.

8 Schreiben Sie mithilfe des Basiswissens unten den Hauptteil Ihrer Präsentation stichwortartig auf. Prüfen Sie Ihre Inhalte hinsichtlich der Ziele und der Zielgruppe. Beachten Sie dabei die Zeitvorgabe.

9 Verfassen Sie den Schlussteil Ihrer Präsentation. Beachten Sie dabei Ihr(e) Ziel(e) und denken Sie an die thematische Klammer.

BASISWISSEN Hauptteil und Schluss einer Präsentation

Hauptteil

Hier erfolgt die eigentliche, systematische Vermittlung der Inhalte. Berücksichtigen Sie dabei das während der Vorbereitung formulierte Ziel. Sie sollen nicht zeigen, was Sie alles wissen, sondern Ihre Zielsetzung verfolgen und das Thema für die jeweilige Zielgruppe in nachvollziehbaren Schritten aufzeigen. Wichtige Inhalte werden erklärt und visualisiert. Wichtige Aussagen sollten durch Argumente, Beispiele oder Zitate ergänzt werden. Bei umfangreichen Themenbereichen bieten sich Teilzusammenfassungen an.

Schluss

Einstieg und Schluss behalten die Zuhörerinnen und Zuhörer am besten in Erinnerung. Planen Sie daher sorgfältig Ihre Schlussworte. Stellen Sie einen Bezug zum Einstieg her (thematischer Bogen/thematische Klammer). Fassen Sie die Ihnen wichtigen Punkte nochmals zusammen. Je nach Intention Ihrer Präsentation ziehen Sie hier ein Fazit oder formulieren einen Appell. Wenn es sich anbietet, können Sie auch mit einer Pointe, einem Ausblick oder einem Zitat enden.

Die unterstützenden Medien auswählen

Der Energieberater hat folgenden Überblick am Anfang des Vortrags und folgende Zusammenfassung an dessen Ende präsentiert.

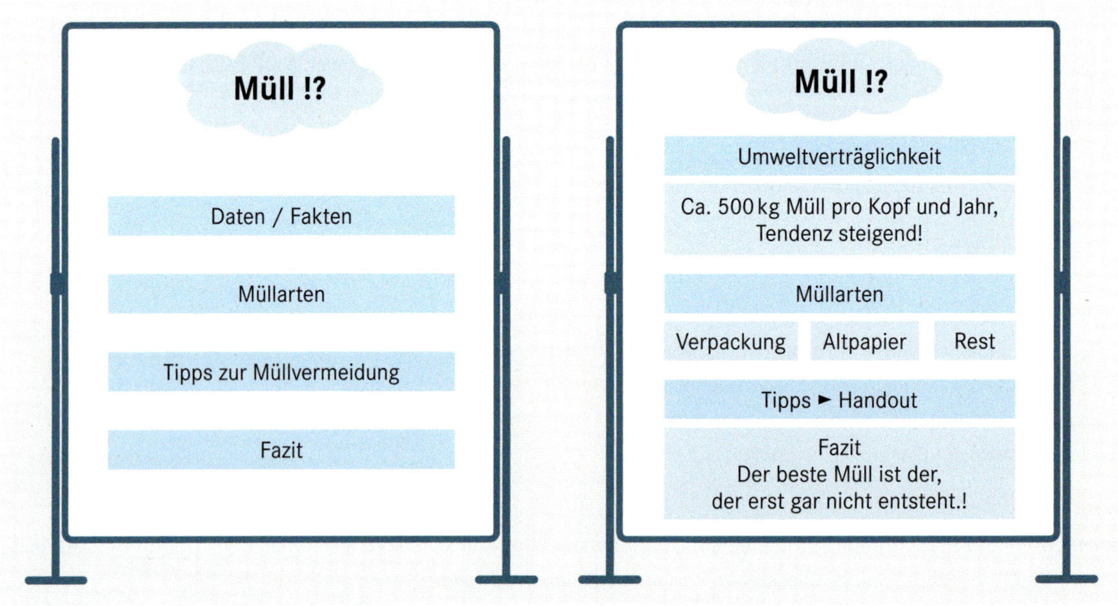

1 **Bewerten Sie den Überblick (Einstieg) und die Zusammenfassung hinsichtlich Gestaltung und Effizienz. Berücksichtigen Sie bei Ihrer Bewertung vor allem das Basiswissen „Verschiedene Medien nutzen“.**

BASISWISSEN | Verschiedene Medien nutzen

Eingesetzte Medien sollen Ihre Redebeiträge nicht ersetzen oder wiederholen, sondern unterstützen, indem sie

- Zusammenhänge verdeutlichen,
- Aufmerksamkeit erregen,
- strukturieren,
- bildhaft erklären,
- den Erklärungsaufwand verkürzen,
- Assoziationen hervorrufen.

Dabei ist ihr Einsatz kein Selbstzweck. Durch die Kombination von Wort- und Bildsprache werden beide Gehirnhälften (Intuition/Gefühl und Ratio/Logik) des Menschen angesprochen, sodass man sich besser an Sachverhalte erinnern kann. Während eines Vortrags nimmt die Aufmerksamkeit der Zuhörerinnen und Zuhörer ab. Durch die Visualisierung werden Impulse gesetzt und die Aufmerksamkeit wird erneut geweckt.

Dabei unterscheidet man die formale Gestaltung und die dafür eingesetzten Medien. Informationen können durch Texte, Abbildungen, Tabellen, Diagramme, Animationen, Videoclips unterstützt werden, die mittels Computer und Beamer, Flipchart, Metaplanwand bzw. Pinnwand oder Tafel visualisiert werden. Aufgrund räumlicher und technischer Gegebenheiten sind nicht immer alle Medien einsetzbar.

Die unterstützenden Medien auswählen

Für eine längere Präsentation bietet sich der Einsatz mehrerer Medien an, z. B. Flipchart für die Visualisierung des Ablaufs (roter Faden), Metaplanwand für Publikumsbeiträge oder -fragen, Beamer für den eigentlichen Vortrag.

Medien	Vorteile	Nachteile	TN1	Tipps
Tafel	Tafelbilder können während des Vortrags entwickelt werden; sind durch Abwischen leicht veränderbar; flexibel	Inhalte müssen während des Vortrags geschrieben werden; eine leserliche Handschrift ist Voraussetzung.	ca. 30 TN	nicht während des Schreibens gegen die Tafel sprechen
Plakat	gut vorzubereiten und zu transportieren	Die Herstellung ist zeitaufwendig.	ca. 10 TN	Dunkle Hintergründe benötigen eine größere Schrift.
OHP/ Folien	leicht transportierbar; können zu Hause vorbereitet werden; billig; können leicht ergänzt werden; es muss nichts angeschrieben werden. Bei Zeitmangel können Sie einzelne Folien weglassen.	Raum muss abdunkelbar und Projektionsfläche muss vorhanden sein; TN konzentrieren sich auf die Folie und nicht auf Sie.	je nach Leinwandgröße bis zu 150 TN	bei mehreren Folien: durchnummerieren (erleichtert die Übersicht); Rand lassen und nur im Hochformat beschriften; nur ein Thema pro Folie
Flipchart	Blätter sind gut zu transportieren; man kann ein Thema entwickeln; die Blätter später auch an Pinnwand hängen.	sperrig; nicht überall vorhanden; saubere Handschrift ist erforderlich; nur für Stichpunkte beziehungsweise kurze Sätze geeignet	bis ca. 30 TN, wegen Lesbarkeit	nur bei leserlicher Handschrift verwenden; Druckbuchstaben mit Groß- und Kleinbuchstaben verwenden; Farben sparsam einsetzen
Laptop mit Beamer/ Multimedia	wirkt professionell; Reihenfolge ist variabel; viele Gestaltungsmöglichkeiten (Film, Ton, Animation); gut vorzubereiten	Raum muss abdunkelbar und Projektionsfläche muss vorhanden sein; technisch aufwendig; Präsentationssoftware wird oft eingesetzt, daher Gewöhnungseffekt bei TN	je nach Leinwandgröße bis zu 150 TN	max. 1024 × 768 px Auflösung für die Abbildungen wählen (wg. Bildqualität Beamer); da techn. Pannen möglich sind, nicht nur auf dieses Medium verlassen
Metaplan/ Pinnwand	flexibel; sehr übersichtlich; Möglichkeit, Karten neu zu ordnen; gut bei aktiver Publikumsbeteiligung zum Clustern	braucht Zeit; kann leicht unordentlich wirken; vorgefertigte Karten (Wolken etc.) sind teuer	ca. 35 TN	dünne Fäden für Fluchtlinien ziehen, die das akkurate Anbringen erleichtern

1 TN = Teilnehmer

2 **Erstellen Sie für Ihre Präsentation einen Überblick und eine Zusammenfassung mit einem Medium Ihrer Wahl. Notieren Sie ...**

a) ... Ideen für den Überblick und mögliche Medien.

b) ... Ideen für die Zusammenfassung und mögliche Medien.

Die Präsentation bewerten

Name(n) der/des Präsentierenden:	Hervorragend	Angemessen	Entwicklungs-feld	Ausgeprägtes Entwicklungs-feld
Verhalten der/des Präsentierenden				
Adressatengerechte Sprache/Ausdruck/Lautstärke				
Auftreten/Körpersprache				
Bei Gruppenpräsentation: Koordination des Ablaufs				
Gesamteindruck (stimmiger Aufbau, ansprechende Gestaltung ...)				
Handout				
Liegt schriftlich vor				
Enthält wichtigste Informationen				
Fehlerfrei				
Korrekte Quellenangaben				
Gesamtbeurteilung				
Bemerkungen:				

FAZIT

10.1
Eine Rede vorbereiten und halten
- Anfang und Ende gestalten
- Mittelteil entwerfen
- Gliederung einhalten
- Stichwortzettel erstellen
- frei sprechen

10.2
Richtig präsentieren
- Präsentationen planen und vorbereiten
- einen guten Einstieg finden
- geeignete Medien auswählen und einsetzen
- Präsentationen durchführen
- Präsentationen bewerten

Kapitel 11

Argumentationsstrategien anwenden

11.1
Sich auf eine Diskussion oder Debatte vorbereiten

11.2
Eine Diskussion oder Debatte durchführen und bewerten

Die Fähigkeit, in unterschiedlichen Gesprächsformen rhetorisch überzeugen zu können, ist ein wichtiger Faktor für den persönlichen Erfolg. In diesem Kapitel lernen Sie die Regeln der Diskussion sowie der Debatte kennen, die zwei wichtige und weitverbreitete normierte Gesprächsformen darstellen. Zudem üben Sie, Argumente angemessen darzulegen und Argumentationsstrategien zielführend einzusetzen.

Kompetenzen

- ✓ Argumentationstechniken kennen und anwenden
- ✓ Kommunikationsstrategien reflektiert anwenden
- ✓ Sich zu anspruchsvollen Themen angemessen äußern
- ✓ Diskussionsbeiträge überzeugend formulieren

Methoden und Arbeitstechniken

- ✓ Brainstorming
- ✓ Mindmap
- ✓ Podiumsdiskussion
- ✓ Fünfsatz
- ✓ Verlaufsprotokoll
- ✓ Internetrecherche

Sich auf eine Diskussion oder Debatte vorbereiten

Überzeugend zu argumentieren ist sowohl schriftlich als auch mündlich von großer Bedeutung. In Interviews, Diskussionen und Debatten ist derjenige im Vorteil, der mit guten Argumenten ausgerüstet ist und seine Strategie geplant hat.

1 Setzen Sie sich mit der Frage auseinander, wie man andere von der eigenen Meinung überzeugen kann. Führen Sie gemeinsam ein Brainstorming durch.

2 Sammeln Sie Diskussionsthemen
a) zu aktuellen gesellschaftlichen Themen,
b) zu schulpolitischen Themen.

3 Erstellen Sie in Form einer Mindmap eine Zusammenfassung wichtiger Verhaltensregeln für die Diskussionsleitung und die Diskussionsteilnehmer.

4 Wählen Sie eines der gesammelten Themen aus Aufgabe 2. Sammeln Sie gemeinsam Pro- und Kontra-Argumente.

BASISWISSEN Diskussion und Debatte

Die **Diskussion** ist eine Sonderform des Gesprächs zwischen zwei oder mehreren Diskutanten, in dem in geordneter Form verschiedene Auffassungen zu einem oder mehreren Themen erörtert werden. Die Teilnehmer vertreten ihre Standpunkte, üben Kritik und versuchen, andere für sich zu gewinnen oder zu überzeugen.

Bei der **Plenumsdiskussion** (beispielsweise Unterrichtsdiskussion) haben alle Anwesenden Rederecht, ein Moderator lenkt die Diskussion. Bei einer **Podiumsdiskussion** diskutiert nur eine bestimmte Personengruppe. In einem von einem Moderator geleiteten Gespräch werden gegensätzliche Standpunkte deutlich gemacht und Möglichkeiten der Annäherung gesucht. Die Zuhörer erhalten im Verlauf der Diskussion Gelegenheit, sich mit ihren Fragen und Widersprüchen in das Gespräch einzubringen.

Die **Fishbowl-Diskussion** ist eine alternative Methode der Diskussionsführung, bei der eine kleinere Gruppe von Diskutanten in einem Innenkreis diskutiert, während die in einem Außenkreis Sitzenden die Diskussion beobachten und bewerten. Ein Diskussionsteilnehmer kann als Moderator fungieren, nachfragen und sicherstellen, dass alle Diskutanten die Möglichkeit bekommen, ihre Meinung zu äußern.

Eine **Debatte** (lat. battuere = schlagen) ist eine sehr stark geregelte Gesprächsform. Hierbei werden die Für- und Wider-Argumente zu einer genau festgelegten Streitfrage einem Plenum vorgetragen. Ziel der Debattenredner ist es, die Zuhörer von den eigenen Argumenten zu überzeugen und damit einen gegebenen Zustand beizubehalten beziehungsweise ihn zu verändern. Debatten kennt man vor allem aus den Parlamenten. Sie dienen der Entscheidungsfindung für Gesetze und unterliegen strengen Regularien, etwa der Geschäftsordnung.

Diskussion

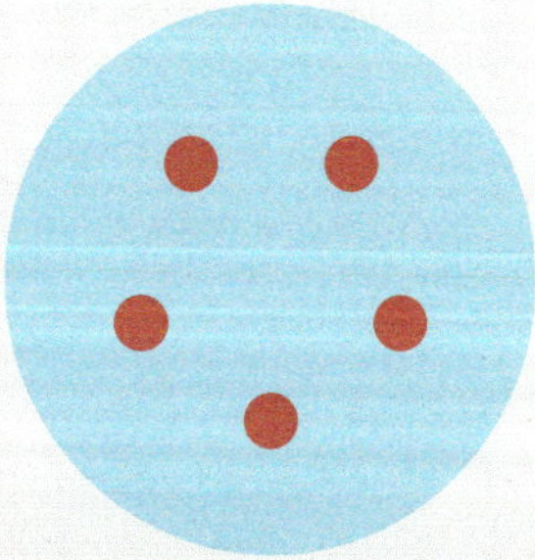

Fishbowl-Diskussion

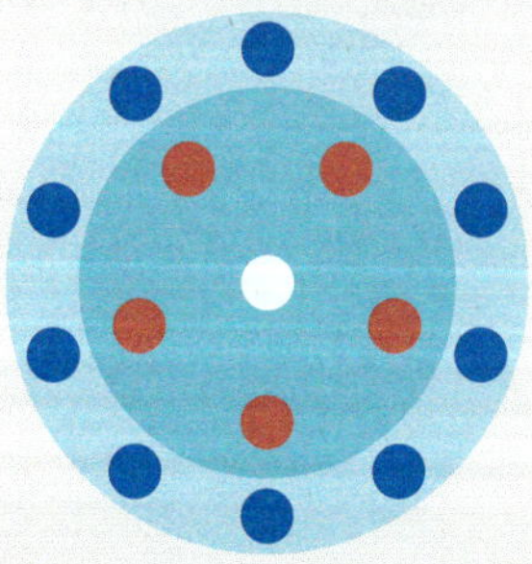

Debatte

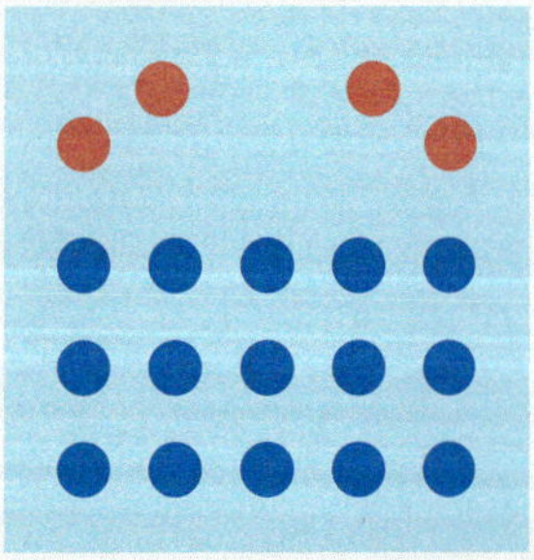

In einem Interview argumentieren

Ein Interview ist eine Befragung mit dem Ziel, vom Interviewpartner Informationen und seinen Standpunkt zu einem bestimmten Thema (oder zu einer bestimmten Person) zu erfragen.
Das folgende Interview zum Thema Ausbildung führte die Passauer Neue Presse mit Johanna Wanka. Wanka war von 2013 bis 2018 Bundesministerin für Bildung und Forschung.

Johanna Wanka: „Wir brauchen mehr Mobilität von Auszubildenden"

Johanna Wanka (CDU), Bundesministerin für Bildung und Forschung, äußert sich im Interview zur Ausbildungslage in Deutschland, den regionalen Unterschieden am Ausbildungsmarkt und dem Lehrlingsmangel.

Das Interview führte Rasmus Buchsteiner.

Frau Wanka, der Start des Ausbildungsjahres rückt näher. Wie ist die Lage auf dem Lehrstellenmarkt in diesem Jahr?

WANKA: Aus Sicht der jungen Leute ist die Situation so gut wie nie zuvor. Wer einen Ausbildungsplatz sucht, bekommt in der Regel auch einen. Anders als früher haben wir mehr freie Lehrstellen als junge Leute, die einen suchen. Aus volkswirtschaftlicher Sicht ist es nicht gut, wenn viele Plätze unbesetzt bleiben. Betriebe, die dreimal hintereinander ohne Erfolg versucht haben, einen Lehrling zu bekommen, ziehen sich zurück und bieten oft keine Stellen mehr an. Die regionalen Unterschiede in Deutschland sind erheblich: In Nordrhein-Westfalen gibt es mehr Jugendliche, die nach einer Lehrstelle suchen, als Betriebe, die welche anbieten. In Ostdeutschland oder in Oberbayern ist es in weiten Teilen umgekehrt.
Wir brauchen mehr Mobilität von Auszubildenden. Sie sollten dahin gehen, wo es freie Stellen gibt. Daran arbeitet mein Ministerium. Bei den Hochschulen hatten wir schon Erfolg damit. [...] Das müssen wir bei der Ausbildung auch schaffen. Es geht darum, Mobilität zu fördern oder auch Wohnheimplätze zu schaffen und ein Stück mehr Werbung für die betriebliche Ausbildung zu machen.

Wäre es nicht an den Firmen, die Lehre mit höheren Vergütungen attraktiver zu machen?

WANKA: Einige Betriebe zahlen vergleichsweise wenig, andere dagegen viel mehr. Der Durchschnitt liegt bei über 800 Euro im Monat. Bei manchen gibt es nicht mehr als 300 Euro. Branchen mit zunehmendem Lehrlingsbedarf haben die Vergütungen inzwischen deutlich heraufgesetzt. Und es gibt auch darüber hinaus materielle Anreize: Da zahlt der Betrieb den Führerschein, das Smartphone oder die Mitgliedschaft im Fitnessstudio. [...]

In welchen Branchen droht wegen Lehrlingsmangels akuter Fachkräftemangel?

WANKA: In manchen Branchen ist er bereits Realität. Wir haben jedes Jahr nahezu die gleichen beliebtesten Ausbildungsberufe. Tierpfleger oder etwas mit Medien wollen alle machen, ohne auf die Beschäftigungschancen später zu schauen. In vielen Handwerksberufen, aber auch in der Gastronomie und im Tourismus benötigen wir deutlich mehr Auszubildende. Wir versuchen auch, mehr junge Frauen in typische Männerberufe zu bringen. Nicht alle können Kosmetikerinnen oder Friseurinnen werden. Wir brauchen mehr Kfz-Mechanikerinnen oder Handwerkerinnen.

Mit jedes Jahr rund 20 000 jungen Menschen, die trotz Lehrlingsmangels keine Stelle finden und unversorgt bleiben, kann man sich zufrieden geben, oder?

WANKA: Auf gar keinen Fall! Und wir haben ja noch das Übergangssystem. Da geht es um junge Menschen, die nicht sofort eine Lehrstelle bekommen – sei es, weil ihnen dringend benötigte Qualifikationen fehlen, sie einen Schulabschluss nachholen oder ein Pflichtpraktikum machen. Wir wollen zunehmend auch Studienabbrecher für die betriebliche Ausbildung gewinnen. Bei den Industrie- und Handelskammern freut man sich über jeden mit Abitur, der vielleicht schon drei, vier Semester eines Studiums der Elektrotechnik hinter sich hat.

In einem Interview argumentieren

Die Wirtschaft klagt über Defizite bei der Ausbildungsreife vieler Jugendlicher, über Probleme mit der deutschen Sprache und in Mathematik, über fehlende Leistungsbereitschaft, Disziplin und Pünktlichkeit. Werden die Schulen hier ihrer Verantwortung nicht gerecht?

WANKA: Bereitschaft zu Leistung, Ordnung und Disziplin zu fördern, ist nicht allein Sache der Schulen. Das gilt auch für die Berufsorientierung und Beratung. Was die rein fachlichen Probleme betrifft, lohnt sich ein Blick auf Pisa. Deutschlands Schüler haben aufgeholt. Der Anteil derer, die in Mathe oder Deutsch nicht über die niedrigste Kompetenzstufe hinauskommen, geht zurück. […]

Immer mehr junge Menschen wollen an die Uni, immer weniger ins Duale System der Ausbildung – ein gefährlicher Trend?

WANKA: Nein. Ich freue mich über jeden, der mit guten Erfolgsaussichten ein Studium beginnt. Wir haben jedes Jahr rund 500 000 Studienanfänger. Ebenfalls rund 500 000 junge Menschen starten mit einer Lehre, 200 000 mit einer vollschulischen Ausbildung. Wir müssen stärker für die berufliche Ausbildung werben. Die Aufstiegschancen haben sich enorm verbessert. Man kann heute mit einer dreijährigen Ausbildung nach drei Jahren im Beruf studieren, ohne das Abitur nachholen zu müssen. […]

(Passauer Neue Presse, 23. 06. 2016)

1 Untersuchen Sie das Interview.

a) An welchen Stellen im Text werden Sachinformationen gegeben? Führen Sie die Liste fort:
- Bundesweit gibt es mehr Lehrstellen als Bewerber. (Z. 6 ff.)
- In NRW gibt es mehr suchende Jugendliche als freie Lehrstellen. (Z. 14 ff.)
- …

b) Suchen Sie folgende Aussagen im Text, an denen für mehr Mobilität der Auszubildenden argumentiert wird:
„Wir brauchen mehr Mobilität von Auszubildenden. Sie sollten dahin gehen, wo es freie Stellen gibt."
„Die regionalen Unterschiede in Deutschland sind erheblich."
„In Nordrhein-Westfalen gibt es mehr Jugendliche, die nach einer Lehrstelle suchen, als Betriebe, die welche anbieten. In Ostdeutschland oder in Oberbayern ist es in weiten Teilen umgekehrt."
„Es geht darum, Mobilität zu fördern oder auch Wohnheimplätze zu schaffen und ein Stück mehr Werbung für die betriebliche Ausbildung zu machen."

c) Formulieren Sie auf der Grundlage dieser Aussagen ein vollständiges Argument mit These – Argument/Begründung – Entfaltung des Arguments (mit Beispiel) – Folgerung.

2 Recherchieren Sie im Internet zu folgenden Schlagworten und bereiten Sie gemeinsam ein Kurzreferat vor.

a) Beliebte Ausbildungsberufe

b) Ausbildungsvergütung

c) Ausbildungsinitiativen

Einen Diskussionsbeitrag formulieren

Redebeiträge müssen den jeweiligen Diskussionssituationen entsprechend gestaltet sein. Ein Beitrag zu einer privaten Diskussionsrunde unter Schülern ist anders formuliert als der zu einer offiziellen Konferenz oder öffentlichen Podiumsdiskussion.

Die Wirtschaft klagt über Defizite bei der Ausbildungsreife vieler Jugendlicher, über Probleme mit der deutschen Sprache und in Mathematik, über fehlende Leistungsbereitschaft, Disziplin und Pünktlichkeit. Werden die Schulen hier ihrer Verantwortung nicht gerecht?

WANKA: Bereitschaft zu Leistung, Ordnung und Disziplin zu fördern, ist nicht allein Sache der Schulen. Das gilt auch für die Berufsorientierung und Beratung. Was die rein fachlichen Probleme betrifft, lohnt sich ein Blick auf Pisa. Deutschlands Schüler haben aufgeholt. Der Anteil derer, die in Mathe oder Deutsch nicht über die niedrigste Kompetenzstufe hinauskommen, geht zurück. [...]

(Passauer Neue Presse, 23. 06. 2016)

Die SMV der Fachoberschule wurde zu einer Diskussionsrunde eingeladen, die sich mit dem Thema der mangelnden Ausbildungsreife der Jugendlichen befasst und an der auch Lehrer sowie Vertreter aus Wirtschaft und Politik teilnehmen. Die Schülersprecher wollen die Jugendlichen verteidigen und sich für eine Relativierung des negativen Bildes einsetzen.
Die weiteren Diskussionsmitglieder fordern, dass die Jugendlichen in der Schule mehr Leistungen erbringen müssen.

Bei einer Vorabbesprechung der Schülersprecher findet folgende Diskussion statt:

KATJA: Mich nervt, dass immer auf den Jugendlichen herumgehackt wird. Klar gibt's bestimmt einige, die eben nicht so gut in Mathe oder Deutsch sind, aber deshalb gleich alle Auszubildenden schlechtzumachen, das ist doch Quatsch. Es gibt auch viele andere, die sich wirklich bemühen, und die Ausbildungsbetriebe haben da vielleicht einfach übertriebene Vorstellungen.

PETER: Da hast du recht. Ich finde auch, dass nicht alle Auszubildenden disziplinlos und nicht belastbar sind. Solche aus der Luft gegriffenen Anschuldigungen demotivieren uns doch nur.

Während der Diskussionsrunde äußert sich Katja jedoch folgendermaßen:

Ich bin als Schülersprecherin über die neuen Umfrageergebnisse genauso besorgt wie Sie. Mir liegt aber viel daran, dieses Ergebnis nicht zu stark zu verallgemeinern und hochzuspielen, da dieses Verhalten ja keinesfalls für alle Schüler zutreffend ist. Gerade die Schüler der Fachoberschulen lernen schnell und gut. Ohne Disziplin würden auch viele ihren Abschluss nicht schaffen. Und dass sie belastbar sind, geht schon allein daraus hervor, dass die Schülerinnen und Schüler der Beruflichen Oberschule in kurzer Zeit eine Menge Lehrstoff bewältigen müssen und einige von ihnen zudem bereits Familie haben. Mit einer hysterischen Debatte trifft man gerade aber auch die vernünftigen Schüler. Ich denke, wir sollten daher vor allem darüber reden, wie den 20 % der Jugendlichen, die nicht ausbildungsreif sind, geholfen werden kann.

Einen Diskussionsbeitrag formulieren

Sowohl bei einer Diskussion als auch bei einer Debatte müssen Sie Ihre Wortbeiträge sorgfältig planen, um sie wirkungsvoll einzusetzen.

ARBEITSTECHNIK Fünfsatz: Redebeiträge strukturieren

Bei einer Diskussion geht es darum, sich mit einer Sache, einem Thema auseinanderzusetzen, wobei verschiedene Zielsetzungen möglich sind, beispielsweise der bloße Meinungsaustausch, eine Lösung des Problems oder eine Entscheidungsfindung. Dabei ist es wichtig, anderen Diskussionsteilnehmern seinen eigenen Standpunkt überzeugend mitzuteilen, aber auch von anderen zu lernen und die Bereitschaft aufzuweisen, sich überzeugen zu lassen.

Mit dem sogenannten Fünfsatz können Diskussionsbeiträge zielgerichtet gegliedert und einprägsam gestaltet werden. Man spricht vom Fünfsatz, weil es in fünf aufeinanderfolgenden Denkschritten (fünf Sätzen) möglich wird, kurz, logisch und gegliedert zu argumentieren. Es gibt verschiedene Arten von Fünfsätzen, die sich jedoch immer wie folgt zusammensetzen:

1. Schritt: Die Aufmerksamkeit der Gesprächspartner wird auf den Diskussionsbeitrag gelenkt oder eine Verknüpfung mit anderen Meinungen/Vorrednern wird hergestellt.

2.–4. Schritt: Eigentliche Beweisführung, beispielsweise durch die Gegenüberstellung der Vor- und Nachteile bzw. der Pro- und Kontra-Argumente, welche die Grundlage für das eigene Urteil bilden.

5. Schritt: Der Kerngedanke wird in einem Ziel- oder Zwecksatz zugespitzt und einprägsam zusammengefasst.

Für einen Redebeitrag in einer Diskussion kann der Fünfsatz folgendermaßen aussehen:

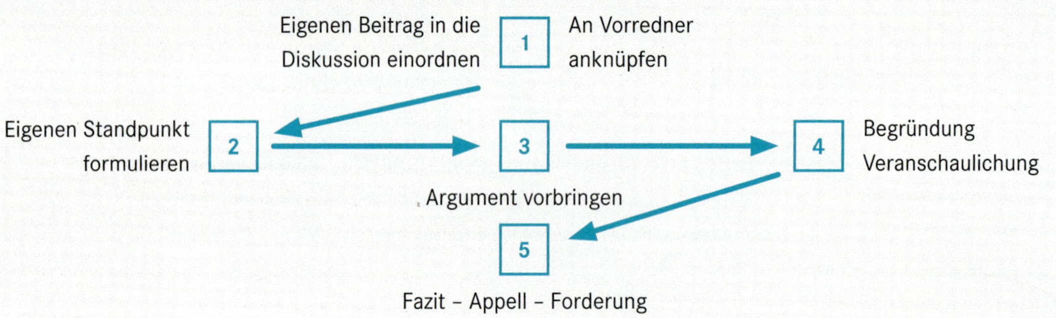

1 **Analysieren Sie Katjas Diskussionsbeitrag (beachten Sie dabei ↗ S. 92 f.).**

a) Arbeiten Sie mithilfe des Basiswissens „Diskussion und Debatte“ die Unterschiede zwischen den beiden Diskussionsbeiträgen heraus.

b) Klären Sie, welche Argumente jeweils vorgetragen werden.

c) Bestimmen Sie die verwendeten Argumentationstechniken.

d) Formulieren Sie die genannten Argumente schriftlich aus.

2 **Formulieren Sie weitere Diskussionsbeiträge.**

a) Sammeln Sie Argumente für und gegen die Themenfrage: „Sind Jugendliche schlecht auf eine Ausbildung vorbereitet?“

b) Tragen Sie Ihre Argumente mündlich nach der Fünfsatz-Methode vor und setzen Sie dabei auch rhetorische Mittel und Argumentationsstrategien (↗ Kapitel 5) ein.

c) Führen Sie eine Podiumsdiskussion zum Thema mit vier Personen durch. Machen Sie sich als Zuhörer Notizen zu den verwendeten rhetorischen Mitteln und Argumentationsstrategien.

d) Werten Sie Ihre Beobachtungen aus und geben Sie den Diskutierenden Feedback.

Argumentationstechniken und -strategien kennen

In Auseinandersetzungen, Diskussionen oder Verhandlungen geht es primär um das Überzeugen in der Sache, sodass beide Seiten das Ergebnis des Gesprächs verstehen und akzeptieren können, und nicht um den persönlichen Sieg und das unbedingte Durchsetzen der eigenen Position auf Kosten des Gesprächspartners. Wesentliches Mittel dazu ist das aktive Zuhören, das mit Empathie und großer Aufmerksamkeit dazu beiträgt, dass man die Ansichten des Gegenübers wirklich zutreffend versteht.

ARBEITSTECHNIK Argumentationstechniken und -strategien

Als Reaktion auf Diskussionsbeiträge stehen verschiedene Techniken zur Verfügung:

Bumerangtechnik	Das Argument eines Diskussionspartners wird an diesen zurückgegeben und dabei gleichzeitig infrage gestellt. **Beispiel:** „Sind Sie wirklich davon überzeugt, dass ...?“
Entwaffnungstechnik	Dem Diskussionspartner wird durch Zugeständnisse der Wind aus den Segeln genommen. **Beispiel:** „Ich nehme Ihren Einwand ernst.“ „Vielen Dank für diesen Hinweis.“
Ja-aber-Technik	Dem Diskussionspartner wird zunächst zugestimmt. Nach einem Wendewort („aber“, „jedoch“, „allerdings“) wird die eigene abweichende Auffassung dargelegt. **Beispiel:** „Was Sie da vorbringen, mag zwar richtig sein, aber ...“ „Ich kann Sie sehr gut verstehen, allerdings ...“
Relativierungstechnik	Der Einwand des Diskussionspartners wird eingeschränkt oder zergliedert. **Beispiel:** „Es kommt immer auf die jeweiligen Umstände an ...“ „Das ist von Fall zu Fall unterschiedlich.“
Verallgemeinerungstechnik	Das eigene Argument ist eingängig (plausibel), da es auf Verallgemeinerungen oder Selbstverständlichkeiten beruht. **Beispiel:** „Jeder mit gesundem Menschenverstand ...“
Vorwegnahmetechnik	Der mögliche Einwand oder die Beweisführung des Diskussionspartners wird aufgegriffen und im Voraus entkräftet. **Beispiel:** „Sie werden sicherlich einwenden, dass ...“ „Oftmals wird behauptet, dass ...“
Wendetechnik	Eine Aussage des Diskussionspartners wird umgedreht und für die eigene Argumentation genutzt. **Beispiel:** „Es stimmt, dass die Kosten steigen. Gerade deshalb ist es wichtig, mit Maßnahmen nicht länger zu warten.“
Wissenschaftstechnik	Man beruft sich auf bekannte Experten oder wissenschaftliche Untersuchungen. **Beispiel:** „Nach einer Untersuchung des ...“ „Meine Argumentation stützt sich auf ...“
Autoritäts-/Zitatentechnik	Zitate bekannter Persönlichkeiten werden zur Untermauerung eigener Argumente angeführt. **Beispiel:** „Schon Goethe hat gesagt ...“

Auf Diskussionsbeiträge reagieren

Zur Frage „Sind Jugendliche schlecht auf eine Ausbildung vorbereitet?" fand eine Diskussionsrunde mit Schülersprechern, Lehrern, Politikern und Ausbildern statt. Hier ein Mitschnitt der Diskussion in Auszügen:

AUSBILDER: Das größte Problem bei der Besetzung von Lehrstellen ist die in immer geringerem Maße vorhandene Ausbildungsreife der Schulabgänger. Besonders im mündlichen und schriftlichen Ausdrucksvermögen bestehen große Defizite, aber auch bei den elementaren Rechenfertigkeiten und der Leistungsbereitschaft gibt es Mängel.

AUSBILDUNGSBERATER DER HANDWERKSKAMMER: Also meiner Meinung nach hat sich nicht großartig etwas geändert, denn die Aussage, die Auszubildenden würden immer schlechter und verhielten sich den Erwachsenen gegenüber nicht so, wie sie sollen, die ist 3000 Jahre alt. Das ist eigentlich nichts Neues. Meiner Meinung nach müssen sich die Betriebe viel mehr darum kümmern, diese Defizite aufzuarbeiten, denn diese müssen über Motivation ihre Mitarbeiter und Azubis dazu bringen, dass sie die Arbeit gerne machen. Je höher die Motivation, desto höher ist auch das Engagement.

AUSBILDER: Ich denke doch, dass Ihnen, um das beurteilen zu können, das Fachwissen und die Erfahrung fehlen.

ELTERNSPRECHER: Ich kann dem aber durchaus zustimmen. Ich habe eine Tochter, mittlerer Bildungsabschluss, die sich zurzeit sehr intensiv bewirbt, aber dennoch keinen Ausbildungsplatz findet. Eine Haupt- oder Realschülerin hat einfach keine Chance auf dem Ausbildungsmarkt.

AUSBILDER: Es ist natürlich schon so, dass wir als „Kunden" immer stärkere Anforderungen an unsere Unternehmen stellen. Es gibt also einen großen Druck auf die Unternehmen und somit auch auf die Mitarbeiter. Und daher ist es selbstverständlich, dass die Unternehmen sich nach Auszubildenden umsehen, die möglichst gut sind und möglichst großem Druck standhalten – getrieben von den Kunden. Das können aber nicht alleine die Betriebe kompensieren.

SCHÜLERSPRECHER: Ein wichtiger Punkt ist doch, dass den Jugendlichen oftmals dieses Verhalten von Erwachsenen vorgelebt wird. Viele Eltern geben ihre Kinder in der Schule ab und kümmern sich aber nicht mehr um das Lernen nach der Schule.

1 **Analysieren Sie den Diskussionsmitschnitt.**

a) Informieren Sie sich mithilfe der Arbeitstechnik auf der folgenden Seite über Methoden des unfairen Kommunizierens und erklären Sie den Begriff.

b) Untersuchen Sie den Text auf Methoden des unfairen Kommunizierens.

c) Bewerten Sie die jeweiligen Aussagen und erläutern Sie, welche Ziele die Diskussionsteilnehmer mit diesen Phrasen verfolgen:
„Das ist doch allgemein bekannt." – „Trau keiner Statistik, die du nicht selbst gefälscht hast."

2 **Versetzen Sie sich in die folgenden Situationen und reagieren Sie jeweils auf die unfaire Kommunikationsmethode seriös und sachlich.**

a) Im Praktikum: Sie haben einen Vorschlag zur Verbesserung des Arbeitsablaufs. Dieser wird von Ihrem Vorgesetzten mit folgender Aussage abgetan: „Da sieht man Ihre fehlende Lebenserfahrung. Das klingt in der Theorie ja ganz schön, in der täglichen Praxis ist das aber nicht durchführbar."

b) In der Familie: Es kommt zu einem Streit über die Zuständigkeiten im Haushalt. Dabei wird Ihnen gegenüber folgender Vorwurf gemacht: „Nie erledigst du deine Aufgaben. Immer versuchst du dich aus der Verantwortung zu ziehen. Alles bleibt immer an mir hängen."

Auf Diskussionsbeiträge reagieren

Neben seriösen, fairen Argumentationsstrategien gibt es auch unseriöse und unfaire Strategien. Sie haben die Aushebelung sachlich guter Argumente zum Ziel und verfolgen den Zweck, sich einem Argument zu entziehen. Sie tragen somit nicht konstruktiv zur Diskussion bei. Diese Methoden „unfairen Kommunizierens“ sollte man vermeiden. Man begegnet ihnen am besten, indem man den inhaltsleeren Charakter der Phrase entlarvt, um eine Eskalation zu vermeiden. Wichtig ist, dass man selbst sachlich und höflich bleibt.

ARBEITSTECHNIK — Methoden unfairen Kommunizierens

Unfaire Strategien	Reaktionen auf unfaire Strategien
Verunsicherung durch andauerndes Gegenfragen	Zeigen, dass man die Methode durchschaut hat. „Ich sehe, Sie stellen gerade alles, was ich sage, infrage. So kommen wir nicht weiter.“
Unterbrechungen sind zermürbend und lästig.	Pause machen und abwarten. Die Unterbrechung ansprechen: „Darf ich fortfahren?“ An Spielregeln und an Fairness appellieren.
Nebensächlichkeiten werden hochgespielt, sodass der Zuhörer die Hauptsache nicht mehr erkennt.	Zum Thema zurückkommen: „Diese Nebensächlichkeiten sind recht interessant, es geht aber um ...“
Flutung mit Fremdworten, um das eigene Fachwissen zu beweisen oder um zu verwirren	Nach der Bedeutung fragen: „Können Sie das Wort ins Deutsche übersetzen?“ „Für den Zuhörer wäre es interessant zu erfahren, was das alles heißt.“
Praxisuntauglichkeit wird behauptet: „Ihr Vorschlag gilt für die Theorie, aber in der Praxis ist er nicht durchführbar.“	Nachfragen: „Wo wurden damit schlechte Resultate erzielt?“ „Wäre es nicht einen Versuch wert, die Theorie zu prüfen?
Kompetenz infrage stellen: Jungen Menschen fehle es an Lebenserfahrung, alte Menschen dächten nicht mehr zeitgemäß.	Klarmachen, dass es jetzt nicht ums Alter geht, sondern um Argumente.
Pauschalisieren und Verallgemeinern von Einzelfällen	Typische konkrete Beispiele verlangen: „Können Sie dies verdeutlichen?“
Gesprächspartner werden angegriffen, nicht die Sache.	Persönliche Angriffe mit aller Entschiedenheit zurückweisen.
Themenwechsel zu neuem Thema, das für die Zuhörer besonders interessant ist	Zum Thema zurückkehren: „Gestatten Sie, dass wir wieder auf das Thema zurückkommen?“
Mit kurzen offenen Fragen den Redefluss hemmen	Gegenfragen formulieren: „Wie kommen Sie auf diese Frage?“

Eine Diskussion oder Debatte durchführen und bewerten

Es gibt verschiedene Regeln, nach denen eine Debatte ablaufen kann. Im Folgenden werden die Regeln von „Jugend debattiert“ vorgestellt. „Jugend debattiert“ ist ein bundesweiter Schulwettbewerb mit dem Ziel, das Debattieren zu lernen und zu üben.

ARBEITSTECHNIK Eine Debatte durchführen

Was wird debattiert?

Debattiert werden aktuelle politische Streitfragen, die nur mit Ja (Pro-Position) oder Nein (Kontra-Position) beantwortet werden können.

Wer debattiert?

Es debattieren jeweils vier Personen. Zwei sprechen sich für (zwei Pro-Positionen), zwei gegen das Gefragte aus (zwei Kontra-Positionen). Einen Gesprächsleiter gibt es nicht.

Wie wird debattiert?

Die Debatte besteht aus drei Teilen:

1. In der Eröffnungsrunde beantwortet jeder Teilnehmer in zwei Minuten die Streitfrage aus seiner Sicht.
2. Die Freie Aussprache dauert zwölf Minuten. Hier werden weitere Argumente in einem freien Austausch vorgebracht und miteinander abgeglichen.
3. In der Schlussrunde hat jeder Teilnehmer noch einmal eine Minute Zeit, die Streitfrage ein zweites Mal zu beantworten: diesmal im Lichte all der Argumente, die er gehört hat.

Wer achtet auf die Zeit?

Auf die Einhaltung der Redezeiten achtet ein Zeitwächter. Fünfzehn Sekunden vor Ablauf der Redezeit wird ihr nahes Ende durch einmaliges Klingelzeichen angezeigt. Das Überschreiten der Redezeit wird durch zweimaliges Klingelzeichen angezeigt und anschließend die Rede durch dauerndes Klingelzeichen unterbunden.

Eine Diskussion oder Debatte durchführen und bewerten

1 Recherchieren Sie auf der Internetseite von „Jugend debattiert".

a) Schauen Sie sich die dort zur Verfügung gestellten Videos mit Beispieldebatten an.

b) Informieren Sie sich über gut geeignete Themen für eine Debatte und wählen Sie ein Thema aus, zu dem Sie eine Debatte führen möchten (Abstimmung in der Gruppe).

c) Sammeln Sie in der Gruppe Argumente zum Thema für die Pro- und Kontra-Position sowie mögliche Argumentationsstrategien und -linien.

d) Tragen Sie mit einem Partner abwechselnd Argumente vor. Einer vertritt die Pro-Position, ein anderer die Kontra-Position. Die Pro-Position beginnt, der Partner reagiert auf das Argument, das heißt, er greift es auf und führt ein Gegenargument aus. Verwenden Sie hierbei die unten genannten Formulierungshilfen.

e) Losen Sie die Pro- und Kontra-Position aus und führen Sie die Debatte zu viert durch.

Sprache und Stil

Folgende Formulierungen helfen Ihnen, in Diskussionen oder Debatten auf Ihr Gegenüber zu reagieren:

Untermauerung

Ich möchte dieses Argument aufnehmen und dazu ein Beispiel geben: ...
Ich habe das beste Beispiel hierfür: ...
Es ist zum Beispiel so, dass ...
Ich möchte noch einmal Bezug nehmen auf Ihre vorige Aussage.

Widerspruch

Da muss ich aber energisch widersprechen.
Ich bin völlig anderer Meinung.
Meine Sicht der Dinge ist da eine andere.
Ich kann Ihren Argumenten inhaltlich nicht folgen.

Zahlen und Daten

Untersuchungen zeigen, dass die Hälfte (ein Drittel/jeder Zehnte/der Großteil ...) aller Jugendlichen ...
Statistisch gesehen muss man bedenken, dass ...
Wir sollten hier einen Blick auf die Fakten werfen: 50 Prozent aller Auszubildenden leben ...
Je weniger Lehrstellen angeboten werden, desto höher ist die Jugendarbeitslosigkeit.

Klare Strukturierung

Folgende drei Aspekte möchte ich näher erläutern:
Ich möchte erstens darauf hinweisen, dass ...
Die zweite Voraussetzung dafür ist, ...
Das dritte Element, das es zu beachten gilt, ...
Diese Frage ist einerseits mit Ja, andererseits aber auch mit Nein zu beantworten.

Eine Diskussion oder Debatte durchführen und bewerten

2 Veranstalten Sie in der Klasse eine Podiumsdiskussion zum Thema „Soll es, nach dem Vorbild Frankreichs, eine staatliche Einrichtung geben, die die Verwendung der deutschen Sprache verbindlich regelt (die beispielsweise festlegt, ob und welche Wörter aus anderen Sprachen übernommen werden dürfen)?“.

a) Bilden Sie Kleingruppen und sammeln Sie Argumente.

b) Bringen Sie Ihre Argumente in eine sinnvolle Reihenfolge und notieren Sie sich stichpunktartig, wie Sie die Argumente in die Diskussion einbringen wollen.

c) Sammeln Sie Kriterien für eine gelungene Diskussion. Entwerfen Sie nach folgendem Muster eine Tabelle und ergänzen Sie sie um weitere Punkte.

Sprecher:	😃	🙂	😐	☹
Sachliche Kompetenz				
Schlüssige Argumentation				
...				
Sprachlich-rhetorische Kompetenz				
Treffende Wortwahl ...				
...				
Sozial-kommunikative Kompetenz				
Eingehen auf Vorredner				
...				

d) Losen Sie in Ihrer Klasse sechs „Experten“ aus sowie eine Person, die die Diskussion vor der Klasse führt (Moderator).

e) Aufgabe für die Zuhörenden: Machen Sie sich zu Ihren Beobachtungen Notizen und beurteilen Sie mithilfe des Bewertungsbogens die Diskutierenden.

FAZIT

11.1
Sich auf eine Diskussion oder Debatte vorbereiten

- Fünfsatz anwenden
- Argumentationstechniken und -strategien kennen und anwenden
- Methoden unfairen Kommunizierens entlarven
- an die Argumentation der Gesprächspartner anknüpfen
- Diskussionsbeiträge formulieren

11.2
Eine Diskussion oder Debatte durchführen und bewerten

- Argumente sammeln und gewichten
- Argumentationsstrategien entwickeln
- einen Standpunkt vertreten
- logisch und sachlich argumentieren
- Kriterien für eine gelungene Diskussion kennen und anwenden

Kapitel 12

Training: Protokollieren – Mitschreiben

12.1
Protokolle verfassen

12.2
Mitschriften anfertigen

Besprechungen, Verhandlungen und Konferenzen werden in Protokollen dokumentiert.
Ein Protokoll erfüllt dabei unterschiedliche Funktionen: Der Verlauf einer Zusammenkunft, Ergebnisse und Anweisungen werden festgehalten und sind auch für Personen, die bei der Zusammenkunft nicht anwesend waren, jederzeit nachlesbar. Bei Unstimmigkeit oder Unsicherheit lässt sich durch einen Blick in das Protokoll Klarheit schaffen. Durch die Unterschriften von Protokollantin bzw. Protokollant und Vorsitz hat das Protokoll rechtsgültigen Charakter. Das Verfassen von Protokollen ist inhaltlich und sprachlich eine anspruchsvolle Aufgabe.

Kompetenzen

- ✓ Aussagen aus Vortrags- und Gesprächssituationen wiedergeben
- ✓ Inhalte strukturieren
- ✓ Gesagtes und Präsentiertes sichern und wiedergeben

Methoden und Arbeitstechniken

- ✓ Protokollieren
- ✓ Sketchnotes
- ✓ Mitschriften anfertigen

Protokolle verfassen

Beim Anfertigen eines Protokolls müssen verschiedene formale und inhaltliche Regeln beachtet werden. Je nach Situation können unterschiedliche Arten von Protokollen erstellt werden.

1 Welche Protokollform erfordern folgende Situationen? Ergänzen Sie die Tabelle mithilfe des Basiswissens unten. Beachten Sie, dass einige Situationen doppelt eingetragen werden können.

- Debatte
- Abstimmung zu Projekten
- Mitarbeiterversammlung
- Mitgliederversammlung im Verein
- Halbjahres-/Jahresgespräch mit der/dem Vorgesetzten
- Klassensprecherversammlung
- Unterrichtsstunde
- Protokoll zu einem Arbeitspaket innerhalb eines Projekts
- Teamsitzung
- Beratungsgespräch in der Schule

Verlaufsprotokoll	Ergebnisprotokoll
...	...

BASISWISSEN Protokollformen

Die zwei häufigsten Protokolltypen sind:

- das **Verlaufsprotokoll,** das alle Beiträge sehr ausführlich wiedergibt,
- das **Ergebnisprotokoll,** das sich auf die Tagesordnungspunkte und entsprechende Beschlüsse beschränkt.

Verlaufsprotokolle sind sehr ausführlich und nehmen auch die Redebeiträge der Teilnehmenden auf. Die Äußerungen der Teilnehmerinnen und Teilnehmer – z. B. wesentliche Beiträge, Einwände, Argumente – werden im Allgemeinen in indirekter Rede (Konjunktiv) wiedergegeben. Die Namen der Rednerinnen und Redner werden dabei ebenfalls genannt. Auf diese Weise wird ersichtlich, wie es zu bestimmten Ergebnissen und Beschlüssen gekommen ist.

Das **Ergebnisprotokoll** hält, wie der Name schon sagt, lediglich die Beschlüsse bzw. Ergebnisse wörtlich fest.

2 Erstellen Sie mithilfe des Basiswissens zur Form und Sprache der Protokolle (↗ S. 197) ein Blankoformular, das für das Protokollieren einer Unterrichtsstunde in der Berufsschule genutzt werden kann.

Protokolle verfassen

BASISWISSEN Form und Sprache des Protokolls

Allen Protokollen gemeinsam ist die **äußere Form** mit einem Protokollkopf, einem Hauptteil und einem Schluss. Der **Kopf** muss folgende Angaben enthalten:

- Protokollart,
- Sitzungsdatum und -ort,
- Thema und Dauer der Sitzung,
- Teilnehmerinnen und Teilnehmer (am besten alphabetisch geordnet),
- Name des/der Vorsitzenden,
- Name der Protokollantin bzw. des Protokollanten.

Der **Hauptteil** listet die Tagesordnungspunkte (TOPs) in chronologischer Reihenfolge auf. Die Reihenfolge ist meist im Vorhinein durch die Tagesordnung festgelegt. Wenn nicht, wird sie zu Beginn der Zusammenkunft beschlossen.

Der **Schluss** muss wegen des rechtskräftigen Charakters folgende Angaben enthalten:

- den Ort der Zusammenkunft,
- das Datum,
- die eigenhändige Unterschrift der Protokollantin bzw. des Protokollanten sowie der/des Vorsitzenden. Bei Versendung per Mail darf auch „gez. + Name" unter dem Protokoll stehen, aber das Original muss unterschrieben vorliegen.

Sowohl für das Verlaufsprotokoll als auch für das Ergebnisprotokoll gelten folgende **sprachliche Regeln:**

- Die Sprache muss sachlich und neutral sein.
- Die Inhalte der TOPs werden in knappen, klaren und verständlichen Sätzen formuliert (keine Stichpunkte).
- Anträge, Beschlüsse und Ergebnisse sind wörtlich im Indikativ wiederzugeben.
- Verwendet wird das Präsens, vereinzelt bei Verlaufsprotokollen auch das Präteritum. Unterschiede gibt es beim Umfang und der Wiedergabe von Abläufen.

Mitschriften anfertigen

Eine Schülerin hat zu einem Referat über Bertolt Brechts „Leben des Galilei“ folgende Notizen gemacht:

Muster

Bertolt Brecht

- *geb. 1898 in Augsburg; gest. 1956 in Berlin*
- *Schriftsteller; schrieb v. a. Theaterstücke, Gedichte*
- *schrieb „Leben des Galilei“ im Exil*
- *Begründer des epischen Theaters (Was ist episches Theater? → Sekundärliteratur!)*

Wichtige Werke

- *Drama: Dreigroschenoper, Arturo Ui ...*
- *Lyrik: Buckower Elegien ...*

Leben des Galilei (Wer war Galilei?)

- *1939 verfasst, 1943 Uraufführung (!!! Film von 1961, Regie: Egon Monk)*
- *Ort: Italien; Zeit: 17. Jahrhundert (historische Ereignisse?)*
- *15 Bilder*

4 Übertragen Sie die Notizen in eines der beiden Formbeispiele für Mitschriften.

a) Vergleichen Sie die Mitschrift im Muster mit der von Ihnen übertragenen Mitschrift.

b) Beurteilen Sie die Mitschrift inhaltlich. Fehlen Angaben? Wie kann Wichtiges hervorgehoben werden?

FAZIT

12.1
Protokolle verfassen

- Aussagen aus Vortrags- und Gesprächssituationen wiedergeben
- Ergebnis- und Verlaufsprotokoll

12.2
Mitschriften anfertigen

- Inhalte strukturieren
- Gesagtes und Präsentiertes sichern und wiedergeben

Kapitel 13

Die Besonderheiten literarischer Texte kennenlernenn

13.1
Den Aufbau beschreiben – Den Inhalt zusammenfassen

13.2
Figuren charakterisieren

13.3
Die Bedeutung erschließen – Transfer

13.4
Erzähltechnik und Sprache analysieren

13.5
Einen Text beurteilen – Die Interpretation schreiben

In diesem Kapitel lernen Sie, wie man schrittweise eine Textinterpretation erarbeitet und verfasst. Im Mittelpunkt der Textbetrachtungen stehen der Aufbau eines Textes, die Figuren, die sprachliche Gestaltung sowie Erzähltechniken. Darüber hinaus lernen Sie, die Interpretation eines Textes durch Übertragung seiner Bedeutung auf Ihre Lebensverhältnisse (Transfer) zu vervollständigen und den Text zu beurteilen.

Kompetenzen

- ✓ Inhalt, Aufbau und gattungsspezifische Strukturmerkmale epischer Kurzformen und Romanauszüge analysieren
- ✓ Erzählhaltung und Darbietungsform des Erzählens bestimmen
- ✓ Sprachliche Auffälligkeiten und ihre Wirkung untersuchen
- ✓ Werthaltungen in den Texten herausarbeiten und auf die eigene Lebenswirklichkeit beziehen
- ✓ Empathie entwickeln

Methoden und Arbeitstechniken

- ✓ Zitieren

Den Aufbau beschreiben – Den Inhalt zusammenfassen

Die Interpretation eines literarischen Textes erfordert zunächst eine umfassende Auseinandersetzung mit seinem Inhalt und seiner Struktur. Die im Vorgang des Erzählens entstandene fiktive Geschichte kann in mehrere Teile gegliedert sein. Sie kann chronologisch, mit Zeitsprüngen oder vom Ende her erzählt werden. Sie hat vielleicht Höhepunkte und Wendepunkte. Die Beschreibung des Aufbaus kann für die Textinterpretation also von Bedeutung sein.

Joachim Ringelnatz: Es fällt den Matrosen nicht schwer

Es fällt den Matrosen nicht schwer, sich in fremden Häfen zurechtzufinden. Ihr Interessenradius ist klein. Die wenigen Ausdrücke sind leicht erlernt, wenigstens in den Hauptsprachen Englisch, Französisch, Deutsch und Spanisch.

Aber auch darüber hinaus verständigen sie sich leicht mit den Hafenleuten und Seeleuten anderer Völker. Ihre Ziele und Wünsche sind meist dieselben. Essen, Trinken und Weiber, meist in den dürftigsten Stadtteilen. Sie sprechen ein Mischmasch aus vielerlei Küstensprachen. Platt und Messingsch[1], Spanisch und Skandinavisch, Holländisch und Pidgin-English[2] oder Bêche de mer[3].

So finden sich internationale Matrosen auch an Bord rasch zusammen. Einig im gleichen Beruf, in gleichen Instinkten und gebunden an gewisse allgemeine, zum Teil ungeschriebene Seemannsgesetze.

Da gibt es einen Ausdruck aus Sprachverquickung „mi no savi“, den die Seeleute und Küstenbewohner aller Länder verstehen und der so viel bedeutet wie „Kannitverstan“. Mit diesem Ausdruck habe ich einmal ein gutes Geschäft gemacht. Ich lag mit einem Dampfer in Cardiff. Mein Haar war überlang und verwildert, und so ging ich, um es schneiden zu lassen, an Land, in den ersten besten Barbierladen. Ich hatte einen Schilling in der Tasche, nach meiner Erfahrung also reichlich mehr Geld, als ich brauchte.

Der Friseur machte sich eifrig an seine Arbeit, und wir führten dabei ein sehr lebhaftes, scherzhaft streitendes Gespräch auf Englisch über den damals aktuellen Burenkrieg[4]. Ich trat für die Buren ein, der Friseur für die Engländer. Als er endlich fertig war, entstand ein seltsamer Dialog. Ich fragte: „Was bin ich Ihnen schuldig?“

Er sagte: „Zwei Schilling.“

Ich sagte: „Unmöglich, Sie scherzen wohl?“

Er schob meinen hingelegten Schilling zurück und sagte plötzlich sehr unfreundlich: „Nein. Zwei Schilling.“

Ich schob den Schilling vor. „Ich habe nur einen Schilling bei mir.“

Er schob achselzuckend den Schilling zurück. „Zwei Schilling.“

Ich schob den Schilling vor, legte meine silberne Uhr dazu und sagte: „Ich bin auf dem Schiff so und so. Wir liegen dort und dort. Ich werde den anderen Schilling holen und bringen.“

Er schob Geld und Uhr zurück. „Nein. Zwei Schilling, oder ich rufe einen Polizisten.“

Ich zuckte die Achseln und steckte Uhr und Schilling wieder ein. Der Barbier verließ den Laden und schloss die Tür von außen ab.

Ich saß sehr unbehaglich da und nahm die Sache viel zu tragisch. Hin und her sinnend, fasste ich endlich einen Entschluss, über dessen Wirkung ich mir absolut nicht klar war.

Nach geraumer Zeit betrat der Barbier wieder den Laden. Ihm folgte einer jener langen und durch einen langen Helm noch verlängerten englischen Policemen. Der wandte sich sofort barsch an mich: „Sie wollen diesen Mann nicht bezahlen?“

Ich sah den Schutzmann dumm verständnislos an und sagte: „*Mi no savi.*“

Den Aufbau beschreiben – Den Inhalt zusammenfassen

Er: „Sprechen Sie nicht englisch?“

Ich: *„Mi no savi.“*

Der Barbier wurde krebsrot. „Wundervoll englisch spricht er“, schrie er, „wir haben uns über den Krieg unterhalten.“

Der Polizist zu mir: „Was sagen Sie dazu?“

Ich, dumm wie bisher: *„Mi no savi.“*

„Wo kommen Sie her?“ „Zu welchem Schiff gehören Sie?“ „Wo liegt Ihr Schiff?“ Ich antwortete auf alles: *„Mi no savi!“*

Der Schutzmann und der Barbier zogen sich zurück und flüsterten miteinander. Dann trat der Schutzmann ruhig auf mich zu und – unbetont und ohne irgendeine bezeichnende Handbewegung dazu zu machen – sagte er: „Gut, dann scheren Sie sich zur Hölle.“

Gottlob, ich merkte diese Falle und blieb still sitzen und antwortete wieder dumm verständnislos: *„Mi no savi.“*

Im nächsten Moment packte mich der Policemen am Kragen, der Barbier riss die Tür auf. Ich befand mich plötzlich auf der Straße und ging mit meinem Schilling vergnügt eins trinken. Auf das Wohl dieses Gauners und Dummkopfes.

(„Geschichten, die glücklich machen“, S. 225–227)

1 Messingsch: Umgangssprache in Mecklenburg
2 Pidgin-English: Mischsprache aus einem grammatisch sehr vereinfachten, im Vokabular stark begrenzten Englisch und Elementen aus einer oder mehreren anderen (ostasiatischen, afrikanischen) Sprachen
3 Bêche de mer: Sprache, die aus mehreren Sprachen entstanden ist. Basiert hauptsächlich auf dem Englischen und wurde früher im Gebiet des westlichen Stillen Ozeans gesprochen.
4 Burenkrieg: Konflikt zwischen Großbritannien und den von niederländ. Kolonisten gegründeten Staaten in Südafrika Ende des 19. Jahrhunderts. Ursachen waren Bodenschätze, die kolonialen Interessen Großbritanniens sowie die Unterdrückung der afrikanischen Bevölkerung durch die niederländischen Kolonisten.

1 **Untersuchen Sie den Aufbau der Erzählung. Ordnen Sie die folgenden Funktionen den entsprechenden Textteilen zu:**
Hinführung/Einleitung • Entfaltung des Konflikts • Zuspitzung des Konflikts • Verzögerung der Handlung (retardierende Teile) als Spannungsmoment • Auflösung/Schluss
Beispiel:
Textbeschreibung: *Hinführung/Einleitung (Z. 1–10)*
Funktion: *Interesse wecken für die folgende kleine Begebenheit*

BASISWISSEN – Aufbau eines literarischen Textes

Mit dem Aufbau eines literarischen Textes beschreiben Sie seine **Gliederung**, d. h. die **Abfolge der äußeren und inneren Handlung.** So kann es Hinführungen zur zentralen Thematik, Rückblenden, Höhepunkte, überraschende Wendepunkte oder auch retardierende (verzögernde) Bauteile innerhalb eines literarischen Textes geben. Die formale Beschreibung des Aufbaus ist vor allem dann sinnvoll, wenn die Struktur eines komplexen Handlungsverlaufs sichtbar gemacht wird oder wenn Sie ein besonderes Bauprinzip erkennen können, das für die Bestimmung der Gattung und die Interpretation des Textes wichtig sein kann.

Figuren charakterisieren

In einer Figurencharakteristik zeigen Sie eine literarische Figur so, wie sie in einem Text angelegt ist. Da der Gestaltung einer literarischen Figur immer auch eine Absicht (Intention) des Autors zugrunde liegt, hilft Ihnen die Figurencharakteristik, einen Text zu interpretieren.

1 In der Parabel „Eine größere Anschaffung" ist der Ich-Erzähler zugleich der Protagonist. Untersuchen Sie den Text im Hinblick auf diese Figur.

a) Notieren Sie Textstellen, die Rückschlüsse auf den Charakter des Ich-Erzählers zulassen.

b) Was erfahren Sie über das Äußere und die Lebensumstände des Ich-Erzählers?

ARBEITSTECHNIK Eine Figurencharakteristik schreiben

Die Charakteristik einer literarischen Figur ist wichtig für die Interpretation eines Textes, denn Figuren sind die Handlungsträger. Konzentrieren Sie sich auf Textstellen, in denen sich der Erzähler direkt oder indirekt über die Figur äußert bzw. in denen die Figur selbst spricht (Figurenrede) und handelt.

Den ersten Eindruck erhalten Sie oft durch die Beschreibung des Äußeren (Gestalt, Gang, Frisur, Kleidung usw.), das verbale und nonverbale Verhalten sowie die Lebensumstände einer Figur. Innere Monologe und erlebte Rede (↗ Kapitel 16) können Hinweise auf Handlungsabsichten und Gefühle liefern. Durch das kommunikative Verhalten werden außerdem Beziehungen zu anderen Figuren deutlich. Oft ist auch die Benennung (der Name) einer Figur schon ein wichtiger Hinweis für ihre Charakterisierung. Der Name kann z. B. typisierend oder individualisierend sein.

Häufig werden bei einer Figurencharakteristik bzw. bei einer Textinterpretation Textstellen lediglich mit eigenen Worten umschrieben, d. h., sie werden paraphrasiert. Beim Schreiben einer Interpretation kommt es jedoch darauf an, über eine Paraphrase hinauszugehen und die Textstellen zu deuten.

2 Entscheiden Sie bei den folgenden Sätzen zu dem Text „Eine größere Anschaffung", ob es sich um paraphrasierende oder interpretierende Aussagen handelt.

- Der Ich-Erzähler mag den Vetter nicht, weil dieser vorgibt, immer alles besser zu wissen.
- Der Vetter steht für einen Typus Mensch, der seiner sinnlichen Wahrnehmung, in diesem Fall dem Geschmack, nicht mehr traut.
- Es geht um die Frage, ob man die Welt rational oder emotional wahrnimmt.
- Man kann dem Ich-Erzähler sehr leicht etwas verkaufen; das sieht man daran, dass er schon einen Fesselballon gekauft hat.
- Der Vetter verabschiedet sich schnell, weil er sich angesichts der Lokomotive in der Garage unbehaglich fühlt.
- Der geplatzte Fesselballon könnte außerdem ein Hinweis darauf sein, dass sich der Ich-Erzähler auch durch Rückschläge nicht irritieren lässt.
- Die Ironie, die den ganzen Text durchzieht, ist offensichtlich und ermuntert den Leser, die Lokomotive und auch den Fesselballon als Symbole zu verstehen.
- Der Ich-Erzähler verhält sich dem Verkäufer gegenüber zurückhaltend, denn er hat von der in Frankreich entwendeten Lokomotive gehört.
- Der Ich-Erzähler kauft die Lokomotive nur aus dem Grund, weil sie ihm gefällt; sein Kaufverhalten wird also nur durch die Lust am Konsum gesteuert.

Figuren charakterisieren

Die Charakterisierung von Figuren kann Aufschlüsse über die Intentionen des Autors geben.

Martin Suter: Operation Picknick

Ein Picknick ist für eine Führungskraft wie Bäriswil eine ganz normale Managementaufgabe. Bestehend aus Planung, Delegation, Motivation et cetera pp. Die besondere Herausforderung ist allenfalls der Umstand, dass das Team vorwiegend aus Laien besteht.

Monika, seine rechte Hand, neigt dazu, sich in den Planungsbereich einzuschalten und darüber ihre eigentlichen Aufgaben in den Bereichen Einkauf und Maintenance[1] zu vernachlässigen. Luca (15) leidet unter Motivationsproblemen. Und Laura (13) sieht ihre Stärken eher außerhalb des Dienstleistungsbereichs.

Dazu kommt, dass das Projekt „Picknick KW 25“ aus Prioritätsgründen nur einen sehr kleinen Teil von Bäriswils Planungskapazität in Anspruch nehmen darf. Was die Komplexität der Aufgabe spürbar erhöht.

Als groben Zielbereich wählt er das Dreieck Geeren – Witikon – Pfaffhausen. Erreichbarkeit, Topografie, Besiedlungsdichte und Vegetation scheinen ideal für das Vorhaben. Die Feineinstellung wird er an Ort und Stelle spontan vornehmen. Eine hervorragende Übung für die Flexibilität von Team und Führung.

Er wird je nach Wetterlage – die Prognosen deuten auf erträgliche Temperaturen, aber erhöhte Gewitterwahrscheinlichkeit hin – einen Schwierigkeitsgrad von 1 (Auto in Sichtweite) bis 3 (Auto maximal einen Kilometer Gehdistanz vom Picknickplatz) wählen. Hardwaremäßig bleibt er klassisch: Klapptisch, Klappstühle, Grill, Kühlbox, diverse Tupperware, Federball. Nicht mehr, als man zu viert in zwei Mal tragen kann. Bei der Bekleidung dekretiert[2] er light outdoor mit Regenschutz-Option.

Bäriswil ordnet persönlich den Einkauf und die rechtzeitige Marinade des Grillguts an. Er bestimmt die Wahl der Getränke und deren Vorkühlung auf – im Hinblick auf die Transporterwärmung – knapp über dem Gefrierpunkt und delegiert das termingerechte Einfrieren der Kühlelemente an Luca, der den Auftrag mit der Bemerkung „Scheiße, schon wieder Picknick“ quittiert.

Da die Motivation des Teams in der Planungsphase in Monikas Kompetenzbereich fällt, überhört Bäriswil die Bemerkung. Erst als das Statement am Durchführungstag selbst während der Beladung des Kofferraums – einer traditionsgemäß heiklen, undelegierbaren Projektphase – in verschärfter Form wiederholt wird („Fuckpicknick“), beruft er kurzfristig ein improvisiertes Motivationsmeeting ein. Und stellt dank seiner emotionalen Kompetenz nach ziemlich kurzer Zeit eine essenzielle[3] Motivationskrise fest, die auch Monika („Können wir nicht einfach einmal ein faules Wochenende machen?“) und Laura („Ich will nicht schon wieder im Wald hocken und verbrannte tote Tiere fressen!“) erfasst hat.

Dabei stellt sich – nicht zum ersten Mal – heraus, dass sein familiäres Team einfach noch nicht reif ist für den kollegialen Führungsstil. Er sieht sich gezwungen, auf den autoritären zurückzugreifen.

Und Bäriswil zieht das Picknick voll durch. Trotz des früh einsetzenden Landregens, Monikas Wortkargheit, Lauras Schweigen und Lucas Skepsis („megaverschissenes Kotzpicknick“). Das Weekend gehört schließlich der Familie.

(Martin Suter, „Alles im Griff“, S. 46–48)

1 Maintenance: Wartung, Betreuung
2 dekretieren: anordnen, bestimmen
3 essenziell: schwerwiegend

Figuren charakterisieren

3 Bereiten Sie die Figurencharakteristik vor.

a) Notieren Sie, wie der Protagonist das anstehende Picknick plant.
b) Untersuchen Sie, welche Aussagen er über seine Ehefrau und seine Kinder macht.
c) Finden Sie Textpassagen, die Aufschluss darüber geben, wie er sich selbst sieht.
d) Erschließen Sie anhand der Aussagen seiner Ehefrau und seiner Kinder, wie diese Bäriswil wahrnehmen.

4 Schreiben Sie die Figurencharakteristik. Gehen Sie dabei sowohl auf Besonderheiten als auch auf Typisches im Verhalten der Figur Bäriswil ein.

★ **5 Schreiben Sie eine E-Mail, in welcher Luca seiner Freundin von dem Picknick erzählt.**

BASISWISSEN | Literarische Figuren

Literarische Figuren sind die Handlungsträger in einem Text. Sie weisen Eigenheiten bzw. Besonderheiten in ihren Verhaltensweisen sowie in ihren biografischen Entwicklungen auf, darüber hinaus aber auch Typisches, das verallgemeinerbar ist und sich auf reale Personen übertragen lässt. Erkenntnisse zum Wesen einer Figur gewinnen Sie aus der Untersuchung der Art und Weise, wie die Figur mit anderen kommuniziert (Figurenrede) und wie sie handelt (Handlungsschritte). Auch die Einblicke in das Innere der Figur (erlebte Rede, innere Monologe) sind von zentraler Bedeutung.

Sprache und Stil: Stilmittel der Ironie

Besonders wichtig für eine gute Textinterpretation ist die Analyse der sprachlichen Gestaltung. Mit ihrer Hilfe lässt sich z. B. ermitteln, wie eine Figur spricht (Sprachvarietäten), aber auch, welche Haltung der Erzähler zum Geschehen oder zu einer Figur einnimmt. So wird z. B. kritische Distanz oft mit Mitteln der Ironie ausgedrückt. Häufig lassen sich ironische Äußerungen aber nur aus dem situativen Kontext erschließen.

Beispiel: ***Dabei stellt sich – nicht zum ersten Mal – heraus, dass sein familiäres Team einfach noch nicht reif ist für den kollegialen Führungsstil. Er sieht sich gezwungen, auf den autoritären zurückzugreifen.***

6 Untersuchen Sie die Satire „Operation Picknick" hinsichtlich des weiteren Einsatzes von Ironie.

Die Bedeutung erschließen – Transfer

Literatur thematisiert häufig das Zusammenleben von Menschen in alltäglichen wie auch in extremen Situationen bzw. Verhältnissen. Eine Interpretation soll herausfinden, inwieweit das Typische der dargestellten Verhältnisse für die Wirklichkeit der Leser/-innen relevant ist.

Sibylle Berg: RUTH langweilt sich (Auszug)

Es ist wirklich unangenehm langweilig.

Als ich jünger war, dachte ich, wenn ich viel daran denke, wie es ist, alt zu sein, dann kann mich nichts mehr überraschen. Ich dachte mir, es wäre wahrscheinlich ganz gut, alt zu sein. Ich habe mir vorgestellt, ich wäre so eine coole Alte, mit viel Schmuck und lila gefärbtem Haar. Und ich würde in einem Haus wohnen, in Nizza vielleicht, und das schwankte immer, die Idee, wo das Haus sein würde. Auf jeden Fall wäre das Haus immer voll mit wirklich verrückten Menschen, die echt verrückte Sachen machen würden. Auf Tischen tanzen und so was. Und ich könnte über alles lachen, weil ich weise wäre und es besser wüsste. [...] Ich dachte mir, es müsse wirklich ganz nett sein, alt zu werden. Und jetzt bin ich alt und weiß gar nicht, wie es so schnell dazu kommen konnte. Ich bin nicht reich, ich dachte immer, das käme schon noch, aber es kam halt nicht. Es kam auch kein reicher Mann. Oder sagen wir mal, überhaupt ein Mann, der blieb. Immer dachte ich, es käme da noch ein besserer, weil ich ja auch immer besser würde. Aber das stimmte auch nicht. Es kamen eher immer weniger und schlechtere. Und auf einmal war ich alt. Ohne mich irgendwie weise oder eben alt zu fühlen. Ich fühle mich nur gelangweilt. Ich wohne also nicht in einem Haus in Nizza, sondern in einem verfluchten Altersheim. Die anderen hier, die sind wirklich alt. Ich nicht. Wenn eines noch an Wunder glaubt, ist es nicht alt. [...] Wenn dem Menschen nichts mehr einfällt, glaubt er auf einmal, dass es einen Gott gibt. Hey, bitte, lieber Gott, mach, das noch etwas kommt. [...]

Ein Schüler schreibt zur Aktualität des Textes von S. Berg folgende Gedanken auf:

Muster

Die Schriftstellerin spricht über ihre Figur Ruth ein zentrales Thema an; denn es geht darum, auch dann noch einen Sinn im Leben zu finden, wenn man alt ist und nicht mehr weiß, wie man die Zeit nützlich und interessant verbringen soll. Noch schwieriger wird das Problem, wenn man wegen Pflegebedürftigkeit in einem Heim untergebracht ist und kaum Möglichkeiten hat, die Zeit kreativ zu gestalten. So steht Ruth exemplarisch für viele Menschen der älteren Generation, die nicht wissen, wie sie gegen die Langeweile am Ende ihres Lebens ankämpfen sollen.

1 Bewerten Sie das Muster. Können Sie inhaltlich zustimmen?

Verdammt, diese verdammte Sensationslust. Madengleich wimmeln sie an der Tür des Gerichtssaales. Kameraaugen glotzen mich an. Blut schießt in mein Gesicht. Ich trage keine Handschellen, kein Zeichen auf Stirn oder Brust, aber die Wartenden erkennen mich sofort, schießen mit einem vampiresken Zischen auf mich zu, reißen mir die Kleider in Fetzen, verbeißen sich in mein Fleisch.

(Dörte Herrmann, „Urteilslos“)

Die Bedeutung erschließen – Transfer

Das Zebra stützte sein Kinn auf die Knie und konzentrierte sich auf seine schwarzen Streifen. Nach langem Nachdenken kam es zu dem Schluss, dass es leider kein weißes Tier mit schwarzen Streifen, sondern ein schwarzes Tier mit weißen Streifen war. Dann ist es viel besser, ein gestreiftes Tier zu sein als nur ein schwarzes, sagte es sich. In diesem Augenblick hatte es seinen Seelenfrieden gefunden und trug nun seine weißen Streifen mit großer Lässigkeit.

(Luigi Malerba, „Seelenfrieden")

2 Interpretieren Sie die Textauszüge von Dörte Herrmann und Luigi Malerba. Übertragen Sie deren Bedeutung auf Ihre Lebenswirklichkeit. Notieren Sie Ihre Ergebnisse.

a) Prüfen Sie, ob sich das dargestellte Problem Ihrer Erfahrung nach verallgemeinern lässt.

b) Untersuchen Sie das Problem hinsichtlich seiner Aktualität und gesellschaftlichen Relevanz.

BASISWISSEN **Interpretation als Transferleistung der Leserin/des Lesers**

Wenn Sie einen Text interpretieren, übertragen Sie im Transfer die Bedeutung des Textes auf unsere Wirklichkeit. Da jede/-r Interpretierende eine individuelle Sichtweise auf den Text gewinnt, gibt es auch nicht die einzig richtige Interpretation. Vor allem das Ausdeuten von Sprachbildern zeigt, welche unterschiedlichen Vorstellungen Menschen mit ihnen verbinden. Wichtig ist, dass Sie Ihre Transferleistung durch Textbelege absichern.

Sprache und Stil: die rhetorischen Figuren Metapher und Vergleich

Metaphern und Vergleiche (↗ S. 92 f.) dienen der Veranschaulichung von Gefühlen oder auch abstrakten Begriffen, da sie dem Leser helfen, sich „ein Bild" zu machen.
Beispiele: Vergleich: *weiß wie die Wand*; Metapher: *im Sumpf der Korruption*

★ **3 Schreiben Sie je zwei Vergleiche zu folgenden Adjektiven auf:**
verliebt, humorlos, langweilig, aufgeregt, nervös, ängstlich

★ **4 Finden Sie je zwei Metaphern zu folgenden Nomen:**
Verliebtheit, Humorlosigkeit, Langeweile, Aufregung, Nervosität, Angst

Erzähltechnik und Sprache analysieren

Der Erzähler

Nicht selten wird der Autor eines literarischen Textes mit dem Erzähler im Text verwechselt. Der Erzähler ist aber Fiktion und erfüllt innerhalb des Erzählvorganges die wichtige Funktion, den Erzählstoff zu präsentieren. Das kann auf unterschiedliche Weise geschehen.

Text 1:

[…] Er schüttelte sich, schluckte. Er trat sich auf den Fuß. Dann nahm er einen Anlauf und saß in der Elektrischen. Mitten unter den Leuten. Los. Das war zuerst, als wenn man beim Zahnarzt sitzt, der eine Wurzel mit der Zange gepackt hat und zieht, der Schmerz wächst, der Kopf will platzen. Er drehte den Kopf zurück nach der roten Mauer, aber die Elektrische sauste mit ihm auf den Schienen weg, dann stand nur noch sein Kopf in der Richtung des Gefängnisses. Der Wagen machte eine Biegung, Bäume, Häuser traten dazwischen. Lebhafte Straßen tauchten auf, die Seestraße, Leute stiegen ein und aus. In ihm schrie es entsetzt: Achtung, Achtung, es geht los. Seine Nasenspitze vereiste, über seine Backe schwirrte es. […]

(Alfred Döblin, „Berlin Alexanderplatz“)

Text 2:

[…] Meine zwei Hände begannen einen Kampf. Das Buch, in dem ich gelesen hatte, klappten sie zu und schoben es beiseite, damit es nicht störe. Mir salutierten sie und ernannten mich zum Schiedsrichter. Und schon hatten sie die Finger ineinander verschränkt und schon jagten sie am Tischrand hin, bald nach rechts, bald nach links, je nach dem Überdruck der einen oder der andern. Ich ließ keinen Blick von ihnen. Sind es meine Hände, muss ich ein gerechter Richter sein, sonst halse ich mir selbst die Leiden eines falschen Schiedsspruchs auf. […]

(Franz Kafka, „Oxforder Oktavheft 2“)

Text 3:

In einem Hafen an einer westlichen Küste Europas liegt ein ärmlich gekleideter Mann in seinem Fischerboot und döst. Ein schick angezogener Tourist legt eben einen neuen Farbfilm in seinen Fotoapparat, um das idyllische Bild zu fotografieren: blauer Himmel, grüne See mit friedlichen schneeweißen Wellenkämmen, schwarzes Boot, rote Fischermütze. Klick. Noch einmal: klick. Und da aller guten Dinge drei sind und sicher sicher ist, ein drittes Mal: klick.

Das spröde, fast feindselige Geräusch weckt den dösenden Fischer, der sich schläfrig aufrichtet, schläfrig nach einer Zigarettenschachtel angelt; aber bevor er das Gesuchte gefunden, hat ihm der eifrige Tourist schon eine Schachtel vor die Nase gehalten, ihm die Zigarette nicht gerade in den Mund gesteckt, aber in die Hand gelegt, und ein viertes Klick, das des Feuerzeuges, schließt die eilfertige Höflichkeit ab. Durch jenes kaum messbare, nie nachweisbare Zuviel an flinker Höflichkeit ist eine gereizte Verlegenheit entstanden, die der Tourist – der Landessprache mächtig – durch ein Gespräch zu überbrücken versucht. […]

(Heinrich Böll, „Anekdote zur Senkung der Arbeitsmoral“)

1 Untersuchen Sie, ob und wie sich der Erzähler in den jeweiligen Textauszügen zu erkennen gibt. Beschreiben Sie, wo möglich, sein Verhältnis zu dem, was er erzählt.

Der Erzähler

BASISWISSEN Erzähler und Erzählhaltung

Der Erzähler wird vom Autor oder der Autorin eines literarischen Textes erfunden, um der Leserin/dem Leser die zu erzählende Geschichte zu präsentieren. So kann aus der Sicht eines Kindes erzählt werden oder eines Mannes, obwohl der Text von einem erwachsenen Autor oder von einer Autorin stammt.

Die Untersuchung der Rolle des Erzählers ist Teil der erzähltechnischen Analyse. Dabei wird zunächst die **Erzählhaltung** untersucht, also die Frage, ob der Erzähler als Figur innerhalb der erzählten Geschichte selbst auftritt (Ich-Erzähler) oder den Erzählstoff als Außenstehender präsentiert (auktorial oder personal).

Darüber hinaus wird untersucht, wie der Erzähler die Geschichte vermittelt. Das kann von zurückhaltend, objektiv bis bewertend, voll übereinstimmend oder ironisch distanziert variieren.

Die allwissende bzw. auktoriale Erzählhaltung

Dieser Erzähler steht über dem Handlungsverlauf, weil er ihn rückblickend erzählt und über alle Ereignisse informiert zu sein scheint. Es ist möglich, dass er sich dem Leser zu erkennen gibt und die Motive für den Erzählvorgang darlegt. Er vermag das Innenleben seiner Figuren transparent zu machen. Er lenkt den Leser, beeinflusst ihn z. B. mit Kommentaren zum Geschehen und zu Figuren oder Vorausdeutungen von Ereignissen.

Die personale Erzählhaltung

Der Erzähler bildet mit einer oder abwechselnd mit verschiedenen Figuren jeweils eine Einheit; er betrachtet das Geschehen aus deren Sicht und nicht aus einer allwissenden Perspektive. Da diese Erzählhaltung die Unmittelbarkeit des Erlebens und Fühlens von Figuren besonders intensiv zum Ausdruck bringen kann, wird dieses Erzählverhalten dort bevorzugt, wo die Identifikation von Figur und Leser angestrebt wird.

Die Ich-Erzählhaltung

Der Erzähler tritt als Teil der erzählten Welt auf und ist die Figur, die das Erzählte zugleich unmittelbar erlebt und erzählt oder rückblickend präsentiert. Der zeitliche Abstand zwischen Erleben und Erzählen kann dabei sehr groß sein. Das eigene Fühlen und Denken wird in Form von Monologen oder inneren Monologen transparent gemacht, während das Innenleben der anderen Figuren weitgehend verschlossen bleibt.

2 **Variieren Sie die Erzählhaltungen: Schreiben Sie den folgenden Textauszug um und präsentieren Sie ihn einmal in der personalen und einmal in der auktorialen Erzählhaltung. Ergänzen Sie den Text, wenn notwendig.**

Sie haben mir jetzt eine Chance gegeben. Sie haben mir eine Karte geschrieben, ich soll zum Amt kommen, und ich bin zum Amt gegangen. Auf dem Amt waren sie sehr nett. Sie nahmen meine Karteikarte und sagten: „Hm.“ Ich sagte auch: „Hm.“

(Heinrich Böll, „Mein teures Bein“)

3 **Erarbeiten Sie, welche besonderen Vorteile und Schwierigkeiten mit der Wahl der jeweiligen Erzählperspektive verbunden sein könnten.**

Darbietungsformen des Erzählens

Für die Interpretation eines Textes ist nicht nur die Beantwortung der Frage nach dem Erzähler von Bedeutung, sondern auch, wie das Erzählte präsentiert wird. Der Erzähler kann – je nach Erzählhaltung – das Geschehen selbst präsentieren oder die Figuren sprechen lassen. Die folgenden Sätze stammen aus der Kurzgeschichte „Der letzte Auftritt“ von Thomas Hürlimann:

A Außer diesem Schminkkoffer hatte sie nichts mehr, und sie hatte Hunger, und sie war müde, zum Sterben müde.

B Sie schleppte ihren Schminkkoffer vom Bahnhof durch die Stadt in den Biergarten.

C „Ich habe nicht gelogen“, sagte sie leise, „ich habe noch einmal gespielt.“

1 Untersuchen Sie die Sätze A–C hinsichtlich der Vorgehensweisen des Erzählers.

a) Ermitteln Sie zunächst, wer erzählt (Erzähler, Figuren).

b) Welche Informationen lassen sich einer äußeren Handlung zuordnen, welche einer inneren?

BASISWISSEN Darbietungsformen des Erzählens

Erzählbericht: Der Erzähler vermittelt den Handlungsverlauf, d. h. das miterlebte, beobachtete oder in Erfahrung gebrachte Geschehen. Dieser Bericht kann Beschreibungen z. B. von Figuren, Orten, Ereignissen enthalten. Je nach Erzählhaltung (↗ S. 212) präsentiert er das Geschehen als objektiver Betrachter oder er streut Kommentare und Beurteilungen ein (auktorial, Ich-Erzähler).

Erlebte Rede: Die Gedanken und Gefühle einer Figur werden in der 3. Person wiedergegeben.

Innerer Monolog: Hier gibt die Figur in der Ich-Form wieder, was sie denkt und fühlt.

Zu dem folgenden Auszug aus dem Band „Ostwestberlin“ von Hans Joachim Schädlich wurden noch zwei Erzählvarianten verfasst.

Am frühen Abend des achtundzwangzigsten Februar betrat der junge Handelsreisende Saller die kleine Halle des Bahnhofs von Schwäbisch-Hall, einem Ort in der Nähe Stuttgarts. […] Er betrachtete den Fahrplan, suchte die Abfahrtszeit des Zuges, mit welchem er in das nahe Stuttgart fahren wollte, sah auf die Uhr über der Tür und warf einen schnellen Blick auf den Mann.

Variante 1:

Saller war froh, endlich das Bahnhofsgebäude in Schwäbisch-Hall erreicht zu haben. Er hoffte, nicht allzu lange auf den Zug nach Stuttgart warten zu müssen, und vergewisserte sich, dass der Zug, den ihm die nette Sekretärin seines Chefs herausgesucht hat, tatsächlich auch fahren würde. Ein Blick auf den Fahrplan und Saller war erleichtert. Er freute sich auf den Feierabend.

Variante 2:

Was bin ich froh, endlich hier am Bahnhof zu sein. Hoffentlich muss ich nicht lange auf den Zug warten. Ich hasse es, am Bahnhof zu stehen. Mal schauen, was der Fahrplan sagt. Wie spät ist es eigentlich?

2 Entscheiden Sie, welche Darbietungsform des Erzählens jeweils verwendet wurde.

Darbietungsformen des Erzählens

Der Erzähler hat auch die Möglichkeit, die Figuren unmittelbar handeln und miteinander sprechen zu lassen. Diese Teile einer Erzählung können (wie Dramen) auch gespielt werden.

Markus Orths: Kruft und Schill (Auszug)

Als Florian Kruft vom Manuskript aufblickte und aus dem Fenster sah, erschrak er, da nicht sein eigenes Spiegelbild erschien, sondern hinterm Glas der Kopf eines Mannes, der ihm fremd war. Der Mann musste ums Haus herum in den Garten gekommen sein. Er schaute zu Kruft herein und hob grüßend die Hand. Kruft öffnete das Fenster.

„Was wollen Sie hier?", rief er.

„Entschuldigen Sie, mein Name ist Sebastian Schill."

„Ja und?"

„Ich läute schon seit fünf Minuten!", sagte Schill.

„Ich hab die Klingel abgestellt!", sagte Kruft.

„Es geht um die Wohnung in der ersten Etage. Die leer stehende Wohnung. Sie wissen schon!"

„Was?"

„Der Vermieter hatte Ihnen doch den Schlüssel gegeben, damit ich mir die Wohnung mal anschauen kann."

„Ach so!", sagte Kruft. „Richtig. Hatte ich vergessen. Kommen Sie zur Tür!"

Kruft schloss das Fenster, holte den Schlüssel zur ersten Etage, ging zur Tür, öffnete sie und wartete, bis Schill vor ihm stand, mittelgroß, kräftig, schütteres blondes Haar, Brille, bleiche Haut. Schill entschuldigte sich und sagte, er hoffe, er störe nicht, wobei er auf den Stift wies, den Kruft immer noch in der Hand hielt. Kruft schüttelte müde den Kopf, steckte den Stift ein, trat zu Schill ins Treppenhaus und ging ihm voran die Stufen hoch. […]

3 **Vergleichen Sie anhand des Textauszuges aus „Kruft und Schill" die verschiedenen erzähltechnischen Mittel und beschreiben Sie deren Wirkung.**

a) Bestimmen Sie in dem Textauszug alle verwendeten Darbietungsformen des Erzählens. (Geben Sie die entsprechenden Textzeilen an.)

b) Schreiben Sie den Textauszug ausschließlich als Erzählbericht. Vergleichen Sie Ihr Ergebnis hinsichtlich der Wirkung mit dem Original.

BASISWISSEN | Szenisches Erzählen

Zu den Darbietungsformen des Erzählens gehört auch das **szenische Erzählen.** Hier lässt der Erzähler die Figuren selbst zu Wort kommen, der Erzähler tritt weitgehend in den Hintergrund. In der Textinterpretation spielen szenische Passagen häufig eine zentrale Rolle, weil durch die Art und Weise der Kommunikation die Figuren ihr Inneres sowie ihr Verhältnis zueinander transparent werden lassen.

Die Sprachanalyse

Beim Interpretieren kommt es nicht nur darauf an zu deuten, was Figuren sagen und welche erzähltechnischen Mittel verwendet werden, sondern auch, wie etwas gesagt wird.

Gabriele Wohmann: Flitterwochen, dritter Tag

Reinhard am dritten Tag gegen fünf, auf der Bierkneipenterrasse: Du wirst deine Arbeit aufgeben. Du wirst einfach kündigen. Es war fast windstill, die Luft feucht. Ich kam aber nicht ganz dahinter, ob es mir richtig behagte. Ich starrte immer weiter den Mann mit der Warze an. Reinhard hob sein Glas, trank mir zu, mit irgendeinem Trinkspruch auf unsere Zukunft. Die Warze sah wie ein Polyp aus. Reinhard schlug vor, so wie jetzt an der See auch später regelmäßig spazieren zu gehen. Ja. Warum nicht? Schließlich: die Wohnung mit ihrer günstigen Lage. Unterm Hemd würde die Warze sich auch bemerkbar machen. Sie war mehr als einen Zentimeter lang. Seitlich vom Schlüsselbein stand sie senkrecht ab. Prost, Schatz, cheerio! Vielleicht, bei diesem Unmaß, hieß das nicht mehr Warze, was ich immer noch anstarrte. Liebling, he! Wir sind getraut! Du und ich, wir zwei – was man sich so zunuschelt kurz nach der Hochzeit. Reinhards Lieblingsgerichte, dann meine. Durch die Fangarme sah die Warze einer Narrenkappe ähnlich. Die Wohnung werden wir nach deinem Geschmack einrichten; der Garten – bloß Wildnis. Tee von Reinhards Teegroßhändler. Nett, so einig zu sein. Abwegiges Grau der See, und mein zweites Glas leer. Die Oberfläche der Warze war körnig, wie die Haut auf Hühnerbeinen. Reinhard hat noch zwei Stella Artois[1] bestellt, ich fühlte nun doch ziemlich genau, dass es mir zusagte, das Ganze, Bier, diese Witterung, dies bemerkenswerte Meer und unser Gerede über alles, zum Beispiel: Hauptsache, du bist dein blödes Büro los. Das schrundige Ding auf der Schulter, erstarrtes Feuerwerk, stand nicht zur Debatte. Reinhard schützte wieder mal ein Schiff vor und starrte durchs Fernglas runter auf den Strand. Gewitter stand unmittelbar bevor, unser Zusammenleben auch, auch Abendspaziergänge, Teebestellungen, Leibgerichte, die Warze war immer noch sichtbar nun unterm Hemd, das der Mann anzog. Antoni Gaudí[2] hätte sie geträumt haben können. Reinhard redete, und ich habe eine Zeitlang nicht zugehört, weil ich – ich hätte schon ganz gern gewusst, ob das nicht wehtat, wenn mehr als nur ein Hemd Druck auf die Warze ausübte. Organisation, Schatz, sagte Reinhard, und er ist nicht nur billiger bei diesem Großhändler, es ist einfach besserer Tee. Weitere Stella Artois, die Schwüle war mir recht, das Meer lieb und wert, egal Reinhards Seitensprünge durchs Fernglas. Die leicht bekleidete Krake, der vertrauliche Vielfuß, Verruca die Warze. Freust du dich, Schatz? Reinhard war mir jetzt näher. Auf alles, Schatz? Und was man so sagt. Er war nett.

Der Mann mit der neukatalanischen[3] Warze bezahlte. Dann verstaute er sein Fernglas in einem etwas abgeschabten Lederetui. Er stand auf. Da stand auch ich auf. Der Mann mit der Warze bahnte sich den besten Weg zwischen den Korbsesseln. Ich hinterher. Er brauchte nicht weiter auf mich zu warten, ich habe kaum gezögert, er wartete, wieder mir zugekehrt, die Warze, das Wappen, er wartete, Reinhard wartete, mein Mann mit der Warze.

1 Stella Artois, eine bekannte belgische Biersorte

2 Antoni Gaudí, spanischer Architekt (1852–1926), baute, von neugotischen Formen ausgehend, in bizarren Strukturen.

3 neukatalanisch, hier: auf den bizarren Baustil Gaudís bezogen

1 Fassen Sie kurz zusammen, worum es in dem Text von Gabriele Wohmann geht.

2 Verfassen Sie eine Sprachanalyse. Gehen Sie so vor:

a) Schreiben Sie alle Vergleiche und Metaphern heraus und interpretieren Sie diese.

b) Ziehen Sie aus dem Sprachgebrauch der Figuren Rückschlüsse auf deren Verhältnis zueinander.

c) Beschreiben Sie die Erzählhaltung sowie die Art und Weise der Vermittlung des Erzählstoffes.

Die Sprachanalyse

Das folgende Muster zeigt Ihnen, wie Sie Ergebnisse einer Sprachanalyse formulieren können.

Muster

Die Art und Weise, wie die Figuren miteinander sprechen, zeigt das veraltete Rollenverständnis, dem die beiden offensichtlich unterliegen. So spricht Reinhard mehrfach Befehle aus, wenn es um die Zukunft seiner Frau geht, ohne dass sie sich dagegen wehrt. Offensichtlich ist sie unschlüssig, ob sie sich dem fügen will. „Reinhard am dritten Tag gegen fünf, auf der Bierkneipenterrasse: Du wirst deine Arbeit aufgeben. Du wirst einfach kündigen. Es war fast windstill, die Luft feucht. Ich kam aber nicht ganz dahinter, ob es mir richtig behagte." (Z. 1–3)

Sprache und Stil: die Stilmittel Ellipse und Hyperbel

Als **Ellipsen** bezeichnet man Satzfragmente, d. h., es fehlen Satzglieder, die für einen grammatikalisch vollständigen Satz notwendig wären. Häufig sollen sie zum Ausdruck bringen, dass ein Mensch keine Zeit oder keine Lust hat, sich ausführlicher zu äußern. Beispiel: *Kann sein.*

Als **Hyperbel** bezeichnet man eine starke Übertreibung. Sie ist ein wichtiges Stilmittel, wenn einer Aussage besonderes Gewicht verliehen werden soll. Beispiele: *Das hat eine Ewigkeit gedauert. Ich kam nur eine Sekunde zu spät.*

3 **Beschreiben Sie die Wirkung der Ellipsen und Hyperbeln in Wohmanns Text.**

Einen Text beurteilen – Die Interpretation schreiben

Die Textbeurteilung

Im Schlussteil einer Textinterpretation ist es Ihnen erlaubt, zu einem literarischen Text, also zu seinem Inhalt und seiner sprachlichen Gestaltung, wertend Stellung zu nehmen.

Das folgende Muster ist ein Beispiel für eine Schlussformulierung zu Gabriele Wohmanns Kurzgeschichte „Flitterwochen, dritter Tag“.

Muster

G. Wohmann gelingt es in ihrer Kurzgeschichte, einen äußerst kritischen Blick auf die Institution Ehe zu werfen und sie als Zweckgemeinschaft jenseits von Liebe und Romantik darzustellen. Das spricht den Leser an, reizt aber auch zu Widerspruch, denn die von ihr geschaffenen Protagonisten sind so voller Defizite, dass man ihnen eigentlich jede Reife, eine dauerhafte Beziehung einzugehen, absprechen muss.
Ein Gegengewicht zu der ernsten Thematik erfährt die Kurzgeschichte durch die sprachliche Gestaltung. Die Autorin schafft es, ein wahres Feuerwerk an Metaphern und Vergleichen abzubrennen, um dem kleinen körperlichen Manko einer Warze eine Dimension zu verleihen, die ins Groteske tendiert. Dies kann im Leser ein Lächeln, aber auch das Gefühl des Ekels hervorrufen. Gelungen ist die Kurzgeschichte im einen wie im anderen Fall.

Beurteilung der literarischen Bewältigung des Themas

Beurteilung der Figuren

Beurteilung der Sprache

Mögliche Reaktionen der Leser

Schlussbeurteilung

1 **Beurteilen Sie den Mustertext. An welchen Stellen wird deutlich, dass es sich um eine subjektive Einschätzung der Kurzgeschichte handelt?**

BASISWISSEN Beurteilung eines literarischen Textes

Der Schlussteil eines Interpretationsaufsatzes ist gleichzeitig der subjektivste Teil Ihrer Textinterpretation. Hier können Sie zur Aktualität des Erzählstoffes (Transfer), zur Qualität seiner erzähltechnischen sowie sprachlichen Gestaltung Stellung nehmen. Auch die Beschreibung Ihrer persönlichen Leseerfahrung kann hier Eingang finden. Die Beurteilung der Qualität des Textes sowie Ihr subjektiver Bezug dazu gelingen umso überzeugender, je nachvollziehbarer Ihre Begründungen sind.

In der folgenden Schlussbeurteilung sind die Textteile durcheinandergeraten.

A *Sicher provoziert Wohmann ganz bewusst die Abwehrhaltung der Leser – und dies ist ihr auch hier gelungen. „Flitterwochen, dritter Tag“ ist meines Erachtens nicht mehr als ein zynischer, verbitterter Blick auf die Ehe; das sagt weit mehr über die Autorin als über die Ehe an sich aus.*

B *Gerade an der Ich-Erzählerin lässt sich ein weiteres Defizit der Kurzgeschichte feststellen: Wer so umfassend unsensibel ist und emotional so verkümmert ist, wird sich kaum einer solchen Sprache bedienen, wie sie Wohmann in der erlebten Rede und im inneren Monolog präsentiert.*

C *Die Art und Weise, wie sie den gemeinsamen Tag der Ich-Erzählerin mit ihrem Ehemann schildert, frustriert und demoralisiert den Leser.*

D *Immer wieder drängt sich die Frage auf, weshalb die beiden Protagonisten überhaupt geheiratet haben.*

E *Das ist auch die zentrale Schwäche in der Anlage der Figuren: Sie sind so holzschnittartig entworfen, dass ihnen jede Glaubwürdigkeit fehlt.*

Die Textbeurteilung

F *Man kann und muss Gabriele Wohmann vorwerfen, dass ihre Einstellung zu Liebe, Romantik und Zweierbeziehung doch sehr eingeschränkt und desillusioniert wirkt. Dies wird einmal mehr an der Kurzgeschichte „Flitterwochen" deutlich.*

2 **Ordnen Sie die Textteile entsprechend der Gliederung des Musters auf S. 217 (Kästen daneben).**

3 **Vergleichen Sie die Schlussformulierungen (↗ das Muster sowie die in Aufgabe 2 geordneten Textteile) und beurteilen Sie beide. Begründen Sie, warum Ihnen die erste oder die zweite Schlussformulierung mehr zusagt.**
Tipp: Formulieren Sie Ihre Beurteilung durchaus kritisch, aber angemessen, d. h., begegnen Sie der kreativen Leistung einer Autorin oder eines Autors mit Respekt. Unterscheiden Sie zwischen einer Qualitätsbeurteilung, die an Kriterien gebunden ist und durchaus allgemeingültige Aussagekraft besitzen kann, und einer Meinungsäußerung, in der Sie Ihren subjektiven Geschmack zum Ausdruck bringen.

4 **Schreiben Sie die zweite Schlussformulierung so, dass Sie die Kritik an Wohmanns Text in abgeschwächter (angemessener) Form präsentieren.**
Beispiel: Schlussformulierung siehe Aufgabe 2: *Man kann und muss Gabriele Wohmann vorwerfen, dass ihre Einstellung zu Liebe, Romantik und Zweierbeziehung doch sehr eingeschränkt und desillusioniert wirkt.*
Abgeschwächte Form: *Als Leser muss man sich fragen, ob Wohmanns Einstellung zu Liebe, Romantik und Zweierbeziehung nicht zu eingeschränkt und desillusioniert ist.*

★ **5** **Schreiben Sie eine Schlussformulierung zu Suters Satire „Operation Picknick" (S. 207).**

Zu dem folgenden Text erhalten Sie auf den Seiten 220/221 eine Musterlösung, an der Sie die einzelnen Schritte einer Textinterpretation noch einmal nachvollziehen können.

Thomas Hürlimann: Der letzte Auftritt

Sie schleppte ihren Schminkkoffer vom Bahnhof durch die Stadt in den Biergarten. Sie wusste, das war das Ende. Die Existenz gescheitert, die Träume zerbrochen. Außer diesem Schminkkoffer hatte sie nichts mehr, und sie hatte Hunger, und sie war müde, zum Sterben müde. Hier, in St. Gallen, hatte sie vor Jahr und Tag ihr erstes Engagement gehabt. Hübsch war sie damals gewesen, voller Lust auf Liebe, Zukunft und Kunst. Und heute? Lächelnd betrat sie den Garten. An der Hauswand lehnte ein Kellner, und dort, am Tisch unter der alten Platane, saßen wie früher die Leute vom Theater, ihre Textbücher vor sich, die vom Feuer der Probenleidenschaft angesengt und gerollt waren.

Ka taumelte auf einen Stuhl. Eine Flasche kippte, holperte über den Gartentisch, jetzt ein Schrei, und dann war es still.

„Kathi" – „Mattmann!"

Er wars, der alte Mattmann, und sonderbar – er, der schon zu Kas Anfängerzeit alt gewesen war, hatte sich kaum verändert. Dasselbe Fach wie früher. Unsterblich, wie es hieß, vor zwanzig Jahren sein Firs, vor vierzig sein Meister Anton[1]. Wie viele Greise, wie viele Väter mochte er gespielt

Die Interpretation schreiben

haben? Links von ihm eine kesse Blonde und rechts – nein, aber nein! Jetzt war es Ka, die schrie: „Gudrun!“, schrie sie, und Gudrun: „Kathi! Liebling! Du!“

Umarmung, Küsse, Tränen. Da passierte es. Ohne Absicht, einfach so. Ka schwindelte. Und der kleine Schwindel tat ihr gut, trug sie weg und war, bevor sie es selber richtig begriff, eine ekelhafte, fette Lüge geworden. Sie sei nur auf der Durchreise, hatte sie gesagt, lächelnd und leise. Gestern habe sie in Wien verhandelt, mit Klaus, und heute Abend werde sie Achim treffen, in Zürich, in der Kronenhalle. „Klaus?“, fragte die Blonde.

„Peymann“, flötete Ka, „übrigens ein feiner Kerl. Was mögt ihr trinken?“

„Champagner!“, rief Mattmann, der Kellner stieß sich von der Mauer ab, und Gudrun: „Du, ich bin glücklich“, hauchte sie, „für dich bin ich glücklich.“

Gott je, ein Stress, log Ka weiter, ein riesiger Stress, plötzlich sei sie im Geschäft, ein Stündchen jedoch wolle sie hier, wo sie angefangen habe, in Nostalgie machen, unter anderem auch deshalb, weil das ZDF ein Feature plane, die Gnade des späten Erfolges, so der Arbeitstitel, „da müsst ihr alle mitmachen, ihr Lieben, das wird eine ganz tolle Sache!“

Irgendwann zog die Blonde ab. Mattmann sah ihr nach, mit trübem Blick. Das Frischgemüse, meinte er, sei auch nicht mehr, was es früher einmal gewesen war. „Früher, Kathi. Zu unserer Zeit!“

Ka, plötzlich: „Ich bin am Ende. Ich kann nicht mehr.“

Gudrun: „Du, das versteh ich. Da rackert man sich ab, jahrelang, und dann, über Nacht, wollen dich alle zugleich, der Klaus in Wien und der Achim in Zürich[2].“

„Und das ZDF“, versetzte Mattmann.

„Heul dich ruhig aus“, sagte Gudrun, „du, ich fang dich. Ich drück dich. Du hast es geschafft, und wenn es eine verdient hat, dann du, Kathi, ehrlich.“

Mattmann war nun doch noch alt geworden, so alt wie Firs, den seine Herrschaft am Schluss des Stückes vergisst und einschließt im leeren, alten Haus. Die Lider sanken über seine nassen Augen, das Kinn fiel zittrig vom Gesicht. „Leberkrebs“, flüsterte Gudrun, bleckte ihre Zähne und erzählte, dass der Zahnarzt, der ihren Oberkiefer repariert habe, ihr Geliebter sei, „ganz nett, ehrlich, aber aus seiner Ehe steigt der Trottel nicht aus.“

Von der Kathedrale klang ein Abendläuten, der Himmel wurde blau, der Garten schattig. Gudrun sprang auf, Küsschen links, Küsschen rechts, dann hüpfte sie davon, ins Theater, in einer Stunde würde drüben die Vorstellung beginnen. Ka stellte den Schminkkoffer auf ihren Schoß. „Ich habe nicht gelogen“, sagte sie leise, „ich habe noch einmal gespielt.“

Der Kellner war im Innern verschwunden. Gelbes Licht quoll heraus, Fettgestank und Rauch. Ka erhob sich, schlich ab, und als sie im Tor noch einmal sich umdrehte, hockte im leeren, dunklen Garten nur noch der Alte, Mattmann, und schlief. Sie schickte ihm einen Kuss zu. Da fuhr Wind in die Platanen, und was da raschelte und rauschte – es hörte sich an wie Applaus.

(Thomas Hürlimann „Die Satellitenstadt. Geschichten“, Zürich 1992, S. 142ff.)

1 Firs: Figur in Tschechows Drama „Der Kirschgarten“; Meister Anton: Figur in Hebbels Drama „Maria Magdalena“

2 Gemeint sind Claus Peymann, Regisseur und Theaterintendant, und Achim Benning, ehemaliger Direktor des Schauspielhauses Zürich.

Die Interpretation schreiben

1 Bereiten Sie die Interpretation mithilfe einer kreativen Schreibaufgabe vor.

a) Schreiben Sie einen Brief von Ka an Gudrun, in welchem Ka Gudrun die Wahrheit erzählt und begründet, weshalb sie im Biergarten gelogen hat.

b) Bauen Sie dabei möglichst viele Informationen der Textvorlage ein und beschreiben Sie auch, wie Sie als Ka die ehemaligen Kollegen Mattmann und Gudrun wahrgenommen haben und was Sie während des Wiedersehens gefühlt haben.

2 Interpretieren Sie den Text. Gehen Sie so vor:

a) Arbeiten Sie heraus, aus welchen Beweggründen Ka ihre alten Bekannten anlügt.

b) Belegen Sie Ihre Ergebnisse mit Zitaten aus dem Text.

c) Untersuchen Sie Mattmanns und Gudruns Verhalten.

Muster

Inhaltliche Zusammenfassung mit Informationen zu Verfasser, Textsorte, Titel, Quelle und Thema der Kurzgeschichte

Die von Thomas Hürlimann verfasste Kurzgeschichte „Der letzte Auftritt" ist in seinem Buch „Die Satellitenstadt, Geschichten" 1992 in Zürich erschienen und thematisiert das existenzielle Problem des Scheiterns im Beruf.

Im Mittelpunkt der Kurzgeschichte steht Ka, die nach ihrem gescheiterten Versuch, Karriere als Schauspielerin zu machen, an den Ort ihres ersten Engagements in St. Gallen zurückkehrt. Müde und frustriert besucht sie die Künstlerkneipe am Ort und begegnet dort alten Bekannten. Ohne zu überlegen, spielt sie ihnen vor, sie sei zwischenzeitlich sehr erfolgreich und könne sich kaum vor Engagements bei berühmten europäischen Intendanten retten; auch das Fernsehen interessiere sich für sie. Der einzige Versuch, ihre tatsächliche Situation zu schildern, scheitert daran, dass ihre Bekannten sie missverstehen; sie sehen in ihr nur die erfolgreiche Schauspielerin, die zu Ruhm und Ehren gekommen ist. So kommt es zum Abschied, ohne dass Ka von ihrer tatsächlichen Situation gesprochen hat. Vor sich selbst rechtfertigt sie diese Lüge damit, dass sie ja lediglich ein letztes Mal ein Schauspiel inszeniert habe.

Kurze Informationen zum Aufbau des Textes

Der Aufbau der Kurzgeschichte ist durch eine klare Dreiteilung strukturiert. Während im ersten Teil Kas psychische und physische Befindlichkeit im Mittelpunkt steht, markiert die Begegnung mit Mattmann und Gudrun im Garten des Gasthauses den Wendepunkt: Der letzte Auftritt Kas mit den Bekannten und Freunden als Publikum beginnt. Im letzten Teil der Kurzgeschichte ist der „Vorhang der Inszenierung" gefallen und Ka rückt wieder als ungeschminkter Mensch in den Mittelpunkt der Erzählung.

Interpretation als Figurencharakteristik

Die Suche Kas nach Selbstverwirklichung im Beruf und nach Anerkennung ist erfolglos, aber sie kann dies nicht eingestehen. Die alten Freundschaften, die einen Ausgleich schaffen könnten, erweisen sich als brüchige und oberflächliche Beziehungen, da es Mattmann wie auch Gudrun nur darum geht, ihr Bild von Ka als erfolgreicher Schauspielerin zu bewahren. Die pathetisch vorgetragenen Hilfsangebote Gudruns „du, ich fang dich. Ich drück dich" (Z. 35) sind kaum mehr als hohle Phrasen; sie ist unfähig, hinter die „Maske" Kas zu blicken.

Nicht nur Kas Träume sind zerbrochen, auch die anderen Figuren scheitern. Gudrun hat mit einem verheirateten Zahnarzt ein Verhältnis, das ohne Perspektive ist. Mattmann leidet unter seiner Krankheit und Hinfälligkeit, was ihn jedoch nicht daran hindert, sich mit jungen Schauspielerinnen, die er „Frischgemüse" (Z. 28) nennt, zu umgeben.

Die Interpretation schreiben

Diese hoffen ihrerseits, von ihm gefördert zu werden. Wie Ka sind auch Gudrun und Mattmann nicht in der Lage, über ihre Probleme zu sprechen.

An der Protagonistin werden oberflächliche und verlogene Kommunikationsmuster entlarvt, die aufrichtige zwischenmenschliche Begegnungen verhindern. In einer Gesellschaft, die Erfolg und Prestige zum absoluten Wert erhebt, erhält das Lavieren zwischen Sein und Schein im Verlauf der Kurzgeschichte eine zunehmend tragische Dimension: Die durch Lügen, Heuchelei und Selbstinszenierung geschaffenen Gräben lassen sich nicht mehr überbrücken.

Interpretation als Transfer

Untersucht man die erzähltechnische und sprachliche Gestaltung, so ist festzustellen, dass die in personaler Erzählhaltung präsentierte Momentaufnahme aus dem Leben Kas in großen Teilen in Form der erlebten Rede mit szenischen Einschüben wiedergegeben wird. Dadurch wird die Begegnung im Biergarten sehr lebendig, Gedanken und Gefühle der Figuren werden transparent.

Analyse der Erzähltechnik und der sprachlichen Gestaltung

Hürlimanns Kritik wird vor allem im Sprachverhalten der Figuren deutlich. So fallen die übertrieben gefühlsbetonten Äußerungen und Gesten Gudruns auf, z. B.: „Küsschen links, Küsschen rechts" (Z. 43). Die leicht ironischen Bemerkungen des Erzählers und die idyllisch erscheinenden Versatzstücke „unter der alten Platane" (Z. 6), „der Himmel wurde blau, der Garten schattig" (Z. 42) wirken trivial und stehen im krassen Gegensatz zur Lebenswirklichkeit der Figuren („Leberkrebs", „der Trottel", Z. 39, 41).

Weitere sprachliche Besonderheiten, z. B. die Metapher „Feuer der Probenleidenschaft" (Z. 7), Vergleiche „so alt wie Firs", „wie Applaus" (Z. 37, 49) oder emphatische Ausrufe „Kathi! Liebling! Du!" (Z. 15) verstärken die Intention des Verfassers und verweisen z. B. auf die oberflächliche Kommunikation der Figuren und die verzweifelten Versuche, ihre Fassaden aufrechtzuerhalten.

Hürlimann wählt zur Darstellung dieser Problematik exemplarisch das Schauspielermilieu, in dem der professionelle Umgang mit Inszenierungen Teil des beruflichen, aber auch des privaten Selbstverständnisses ist.

Schlussformulierung als allgemeine Betrachtung zum Text und der behandelten Thematik

Kas vernichtende Lebensbilanz zu Beginn der Kurzgeschichte („Die Existenz gescheitert", Z. 2) verdeutlicht die Gefahr, den Wert der eigenen Existenz ausschließlich am öffentlichen Erfolg zu messen. Deshalb inszeniert sie sich vor ihren Bekannten und spielt eine Rolle, um den Schein zu wahren.

Ähnliches gilt für Mattmann: Die Rollen, die der alternde Schauspieler sein ganzes Leben gespielt hat, sind Teil seiner Persönlichkeit geworden, zumindest in der Wahrnehmung Kas und Gudruns. Am Beispiel seiner Person kann man auch eine Kritik am Medienbetrieb erkennen, der erfolgreiche Schauspieler vollkommen vereinnahmt, vermarktet und sie zu Helden stilisiert („Unsterblich, wie es hieß", Z. 12), am Ende aber alleine lässt.

3 Beurteilen Sie den Musteraufsatz

a) Entspricht die Interpretation der Kurzgeschichte Ihrer Deutung des Textes? Notieren Sie Unterschiede.

b) Bewerten Sie den Aufbau des Aufsatzes. Wurden alle wichtigen Aspekte bearbeitet? Orientieren Sie sich an der folgenden Arbeitstechnik.

Die Interpretation schreiben

ARBEITSTECHNIK Eine Textinterpretation schreiben

Beim Schreiben einer Textinterpretation sollten Sie folgende Aspekte berücksichtigen:

Im **einleitenden Satz** nennen Sie die Verfasserin oder den Verfasser, die Textsorte, den Titel, die Quelle und die behandelte Thematik.

Danach fassen Sie den Inhalt des Textes kurz in eigenen Worten zusammen. Hier vermeiden Sie Zitate oder wörtliche Übernahmen aus der Textvorlage.

Im **Hauptteil** beschreiben Sie die Ergebnisse Ihrer Textanalyse und Interpretation. Wichtige Aspekte sind:

- eine kurze Beschreibung des Textaufbaus;
- das Charakterisieren der zentralen Figur des Textes;
- das Beschreiben der erzähltechnischen und sprachlichen Gestaltung. Hier bestimmen Sie vor allem die Erzählhaltung sowie Darbietungsformen des Erzählens. Sie benennen sprachliche Besonderheiten und deuten deren Wirkung. Für eine aussagekräftige Figurencharakteristik kann es auch sinnvoll sein, zuerst die Sprachanalyse durchzuführen, da Figuren sich oft durch ihre sprachlichen Äußerungen und die Wahl der Sprachvarietät (z. B. Umgangssprache, Dialekt) unterscheiden;
- das Deuten des Textes hinsichtlich seiner Bedeutung für Sie, für Ihre Lebenswirklichkeit, für unsere Zeit (Transfer) – diesen Teil können Sie auch an die Figurencharakteristik anschließen.

Die Ergebnisse Ihrer Textbetrachtung belegen Sie mit **Zitaten** oder Textverweisen (Zeilenangaben).

Im **Schlussteil** formulieren Sie Ihre positive wie auch negative Kritik bzw. Ihre persönliche Leseerfahrung.

FAZIT

13.1
Den Aufbau beschreiben – Den Inhalt zusammenfassen
- Gliederung
- Handlung
- Ort, Zeit (Rückblende, Vorausblick)
- Wendepunkte
- Verzögerung
- Schluss

13.2
Figuren charakterisieren
- Sprache
- Verhalten
- Besonderes
- Typisches

13.3
Die Bedeutung erschließen – Transfer
- Übertragung auf die Wirklichkeit des heutigen Lesers

13.4
Erzähltechnik und Sprache analysieren
- Erzähler
- Erzählbericht
- Figurenrede
- sprachliche Auffälligkeiten und ihre Wirkung

13.5
Einen Text beurteilen – Die Interpretation schreiben
- Bewältigung des Themas
- Aktualität
- Sprache und Stil
- Erzähltechnik
- eigene Leseerfahrung

Kapitel 14

Literarische Texte unterscheiden – Gattungsspezifische Merkmale

In diesem Kapitel werden Sie in die formalen Besonderheiten der drei Gattungen Epik, Lyrik und Drama eingeführt. Bei der Auseinandersetzung mit den hier präsentierten literarischen Texten sollen Sie aufgrund der Analyse wesentlicher formaler und inhaltlicher Kriterien zu einem eigenen Textverständnis gelangen.

Kompetenzen

- ✓ Die Bedeutung fiktionaler Texte erkennen
- ✓ Die Funktion des Erzählers in epischen Texten erklären
- ✓ Unterschiedliche Erzählformen bestimmen
- ✓ Auktoriale und personale Erzählhaltung unterscheiden
- ✓ Die Zeitgestaltung eines epischen Textes untersuchen
- ✓ Reimschema und Metrum eines lyrischen Textes erschließen
- ✓ Die Merkmale der klassischen Tragödie, des epischen Theaters und des absurden Theaters unterscheiden

Methoden und Arbeitstechniken

- ✓ Meinungslinie
- ✓ Metaplantechnik
- ✓ Assoziogramm

Die Darstellungsformen epischer Texte

Die Bedeutung des Lesens

Wie häufig lesen wir? Warum lesen wir? Welche Auswirkungen hat das Lesen auf uns und unser Leben?

1 **Bilden Sie jeweils eine Meinungslinie zu den Fragen:**
Wie viele Minuten in der Woche lesen Sie aus eigenem Interesse?
Welche Gefühle verbinden Sie damit (von + + bis – –)?

Wohlbefinden: Lesen macht glücklicher

Die Zahl der Menschen, die nicht oder kaum (mehr) lesen wollen, steigt. Dabei wäre der Griff zum Buch oder Reader eine einfache Möglichkeit, das Wohlbefinden zu steigern.

von Daniel Lingenhöhl

Etwa ein Drittel aller Deutschen liest wenig oder gar nicht zum eigenen Vergnügen, sondern nur, wenn es absolut sein muss. Dabei wäre der regelmäßige Griff zum Buch oder E-Book eine einfache Möglichkeit, die persönliche Zufriedenheit zu steigern, wie eine neue Studie von Josie Billington von der University of Liverpool andeutet: Unter mehr als 4000 befragten britischen Erwachsenen fühlten jene sich deutlich wohler, die mindestens 20 Minuten pro Woche aus eigenem Interesse lasen. Die Wahrscheinlichkeit, dass diese Leser zufriedener mit ihrem Leben waren, lag um ein Fünftel höher als bei den Nichtlesern. Dabei konzentrierten sich Billington und ihre Kollegen ausschließlich auf Menschen, die das Lesen erlernt hatten und es eigentlich auch noch konnten, aber aus verschiedenen Gründen nicht mehr zu gedrucktem oder digitalem Lesestoff griffen: Etwa 40 Prozent der Befragten gaben beispielsweise starken Zeitmangel als Ausschlusskriterium an. Funktionelle Analphabeten oder Menschen, die wegen körperlicher oder geistiger Beeinträchtigungen nicht lesen konnten, wurden dagegen nicht untersucht.

Nichtleser gaben demnach mit einer 28 Prozent höheren Wahrscheinlichkeit an, dass sie bisweilen depressiver Stimmung sind – wobei unklar ist, ob sie nicht genau wegen dieser Depression nicht mehr lesen. Umgekehrt berichtete ein Fünftel der regelmäßigen Buchstabenkonsumenten davon, dass ihnen das Lesen dabei half, sich weniger einsam zu fühlen. Allerdings hatten Billington und Co bereits zuvor Studien durchgeführt, die sich auf Menschen mit Depressionen konzentrierten: Lesen verringerte laut diesen Untersuchungen tatsächlich nachhaltig und deutlich die Symptome einer Depression – etwa Gefühle von Einsamkeit und Isolation. Zudem erinnerte sie diese Tätigkeit an Aktivitäten, die sie zuvor gerne ausgeübt hatten, was sich ebenfalls positiv auswirkte. Die neue Studie zeigte auch, dass sich Menschen durch das Bücherlesen erholter fühlen, als wenn sie sich nur passiv vom Fernsehen berieseln lassen – der Effekt stellte sich sogar verglichen mit der Zeitschriftenlektüre ein, die weniger befriedigend ist. Und knapp die Hälfte aller Leser gab an, nach dem Lesen nachts besser zu schlafen. Und das könnte schließlich dazu beitragen, dass die Menschen genügend Nachtruhe bekommen.

www.spektrum.de © Spektrum.de (13.02.2015)

2 **Untersuchen Sie die im Text dargelegte Bedeutung des Lesens.**
a) Erläutern Sie die Auswirkungen des Lesens.
b) Nehmen Sie dazu Stellung.

3 **Reflektieren Sie, weshalb Sie eher viel bzw. eher wenig lesen.**

★ **4** **Betrachten Sie im Vergleich dazu, wie Sie andere Medien nutzen (↗ S. 71).**

Aufgabe und Funktion fiktionaler Texte

Im Gegensatz zu nicht fiktionalen Texten, die auch pragmatische Texte genannt werden und Handlungsanweisungen oder Informationen für den Alltag bieten, stellen fiktionale Texte eine erdachte Welt dar.

Text 1:

Ilsebill salzte nach. Bevor gezeugt wurde, gab es Hammelschulter zu Bohnen und Birnen, weil Anfang Oktober. Beim Essen noch, mit vollem Mund, sagte sie: „Wollen wir nun gleich ins Bett oder willst du mir vorher erzählen, wie unsere Geschichte wann wo begann?“

Ich hatte die Hammelschulter mit halben Knoblauchzehen gespickt und gebettet. Auch wenn Ilsebill mit vollem Mund sagte, das könne prompt anschlagen oder klappen, weil sie, wie der Arzt ihr geraten habe, die Pillen ins Klo geschmissen hätte, hörte ich dennoch, daß das Bett zuerst recht haben sollte und die neolithische[1] Köchin danach.

(Günter Grass, „Der Butt“)

1 Neolithikum: Jungsteinzeit

Text 2:

Lammkeule in der Metzgerei vom Knochen lösen lassen. Knoblauchzehen schälen und die Lammkeule damit spicken, in Olivenöl scharf anbraten und beiseitelegen.

Schalottenzwiebeln, Möhren, Lauch und Staudensellerie sowie geschälte Kartoffeln in kleine Stücke schneiden und in einem Schmortopf in Olivenöl andünsten. Frische Kräuter (Thymian, Rosmarin etc.) sowie eine Dose Kirschtomaten hinzugeben. Die angebratene Lammkeule leicht salzen und pfeffern und auf das Gemüsebett legen. Alles mit hochwertigem Rotwein aufgießen und im geschlossenen Schmortopf für etwa zwei Stunden bei 190 Grad in den Backofen schieben.

1 Vergleichen Sie die Wirkungsweise fiktionaler und pragmatischer Texte.

a) Halten Sie die Assoziationen, die Sie beim Lesen der beiden Texte haben, auf Metaplankarten fest. Benutzen Sie für die beiden Texte unterschiedlich farbige Karten.

b) Clustern Sie anschließend die Karten an einer Stellwand, damit Sie Überlappungen und Unterschiede herausstellen können.

c) Erarbeiten Sie in der Klasse mögliche Gründe für die unterschiedliche Wirkung dieser Texte.

BASISWISSEN Autor – Text – Leser

Über den **Erzähler** kann der **Autor** epischer Texte Ihnen als **Leser** seine Mitteilungen näherbringen. Es handelt sich um einen bewusst ausgestalteten und mit bestimmten Wirkungsabsichten versehenen Erzählvorgang.

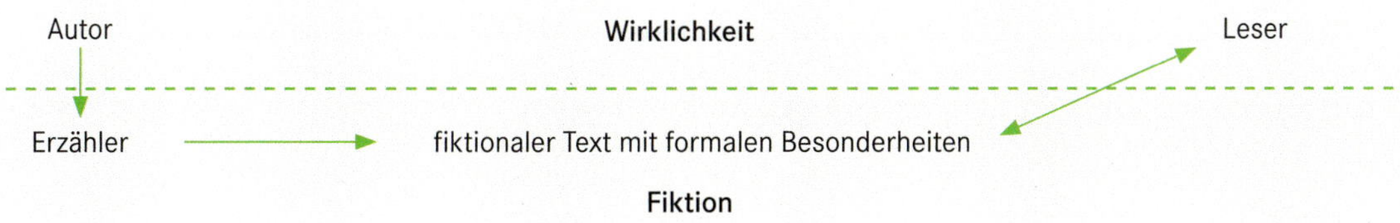

Merkmale des Erzählens

In epischen Texten setzt der Autor einen Erzähler ein, der dem Leser das Geschehen vermittelt. Dieser kann in der Er-/Sie-Form oder in der Ich-Form in Erscheinung treten.

Alfred Andersch: Der Vater eines Mörders (Auszug)

Warum erfand ich mir für fünf Geschichten – die hier vorliegende ist die sechste –, in denen ich Zustände und Ereignisse meines Lebens beschreibe und erzähle, einen Menschen namens Franz Kien als Figur, die erlebt, was in ihnen beschrieben und erzählt wird? […]

Gerade das Erzählen in der dritten Person erlaubt es dem Schriftsteller, so ehrlich zu sein wie nur möglich. Es verhilft ihm dazu, Hemmungen zu überwinden, von denen er sich kaum befreien kann, wenn er sagt: Ich. Daß irgendein Er (beispielsweise Franz Kien in *Alte Peripherie*) das seinen Freunden gegebene Wort gebrochen hat – das läßt sich eben doch um eine Spur leichter hinschreiben als das plumpe Eingeständnis: Ich habe meine Kameraden im Stich gelassen. So jedenfalls ist der Schriftsteller verführt zu denken. Daß er diskret sein möchte, gehört schließlich zu den besseren seiner Eigenschaften, die meisten seiner Leser teilen diesen Wunsch; von Autoren, die mit der Türe ins Haus fallen, haben sie genug, aber Autobiographie läßt nicht zu, daß ihr Verfasser sich verfremde, sie ist kein Versteckspiel, außerdem hülfe es mir nichts, niemand wird Franz Kien für Franz Kien halten. Eine Marotte, wird man sagen, verärgert oder verständnisvoll – sie rechtfertigt nicht, daß ihr Besitzer nicht von sich selber spricht.

Noch rätselhafter wird die Wahl dieser Erzählmethode für mich, wenn ich mich daran erinnere, daß ich für andere autobiographische Stücke ohne weiteres die Form des Berichts in der ersten Person Einzahl benützt habe. *Die Kirschen der Freiheit* und *Der Seesack* sind Memoiren. Andererseits habe ich einen Roman, *Efraim,* in der Ich-Form geschrieben, und im Gegensatz zu Franz Kien ist Efraim durchaus nicht mit mir identisch, sondern ein ganz anderer, als ich es bin – darauf muß ich bestehen. Übrigens schließt jenes Buch mit der Erwägung, vielleicht sei unter allen Masken das Ich die beste. So widersprüchlich geht es zu in der Werkstatt des Schreibens. [R]

1 Erarbeiten Sie den Text mithilfe folgender Fragestellungen:

a) Worin liegt laut Andersch der Unterschied zwischen der Verwendung der Ich-Form und der Er-Form beim autobiografischen Erzählen?

b) Was bedeutet die Aussage, dass „unter allen Masken das Ich die beste“ (Z. 20 f.) sei?

c) Welche Möglichkeiten und Grenzen ergeben sich für einen Autor durch die Festlegung der Erzählform?

BASISWISSEN | Erzählform

Er-/Sie-Form: Der Erzähler ist der Übermittler des Geschehens und tritt vornehmlich durch Kommentare zum Erzählten hervor. Als handelnde Figur tritt er gar nicht oder kaum in Erscheinung, sodass der Leser nichts oder wenig über sein Leben oder seinen Charakter erfährt.

Ich-Form: Der Erzähler tritt sowohl als erzählende als auch als handelnde Figur hervor. Er erzählt entweder unmittelbar aus dem dargestellten Geschehen heraus oder er berichtet rückblickend mit einigem zeitlichen Abstand über bestimmte Ereignisse.

Merkmale des Erzählens

Um das Geschehen zu übermitteln, werden unterschiedliche Erzähltechniken verwendet.

Robert Schneider: Schlafes Bruder (Auszug)

DAS ist die Geschichte des Musikers Johannes Elias Alder, der zweiundzwanzigjährig sein Leben zu Tode brachte, nachdem er beschlossen hatte, nicht mehr zu schlafen.

Denn er war in unsägliche und darum unglückliche Liebe zu seiner Cousine Elsbeth entbrannt und seit jener Zeit nicht länger willens, auch nur einen Augenblick lang zu ruhen, bis dass er das Geheimnis der Unmöglichkeit seines Liebens zugrunde geforscht hätte. Tapfer hielt er bis zu seinem unglaublichen Ende bei sich, dass die Zeit des Schlafs Verschwendung und folglich Sünde sei, ihm dereinst im Fegefeuer aufgerechnet werde, denn im Schlaf sei man tot, jedenfalls lebe man nicht wirklich. Nicht von ungefähr vergliche ein altes Wort Schlaf und Tod mit Brüdern. Wie, dachte er, könne ein Mann reinen Herzens behaupten, er liebe sein Weib ein Leben lang, tue dies aber nur des Tags und dann vielleicht nur über die Dauer eines Gedankens? Das könnte nicht von Wahrheit zeugen, denn wer schlafe, liebe nicht.

So dachte Johannes Elias Alder, und sein spektakulärer Tod war der letzte Tribut dieser Liebe. Die Welt dieses Menschen und den Lauf seines elenden Lebens wollen wir beschreiben.

Sven Regener: Herr Lehmann (Auszug)

„Weg da, Scheißkerl!", sagte Herr Lehmann, aber jetzt, wo sich das hässliche Tier so vertrauensvoll und haltsuchend an ihn schmiegte, tat es ihm ein bisschen leid. Er trat ein wenig zurück, und der Hund kippte langsam nach, bis sein schwerer Leib auf Herrn Lehmanns Füßen lag. Herr Lehmann kam aus dem Gleichgewicht, ruderte mit den Armen und fiel über den Körper des Hundes hinweg auf den Boden, wobei er nur mühsam verhindern konnte, dass die Flasche zerbrach.

„Was machen Sie denn da?"

Herr Lehmann schaute hoch und sah über sich zwei Polizisten. Er hatte sie gar nicht kommen hören.

Thomas Mann: Bekenntnisse des Hochstaplers Felix Krull (Auszug)

Indem ich die Feder ergreife, um in völliger Muße und Zurückgezogenheit – gesund übrigens, wenn auch müde, sehr müde (sodass ich wohl nur in kleinen Etappen und unter häufigem Ausruhen werde vorwärtsschreiten können), indem ich mich also anschicke, meine Geständnisse in der sauberen und gefälligen Handschrift, die mir eigen ist, dem geduldigen Papier anzuvertrauen, beschleicht mich das flüchtige Bedenken, ob ich diesem geistigen Unternehmen nach Vorbildung und Schule denn auch gewachsen bin.

2 Vergleichen Sie die drei Textauszüge mithilfe des Basiswissens unter folgenden Gesichtspunkten:

a) Nennen Sie die jeweilige Erzählhaltung.

b) Beschreiben Sie deren Wirkung auf den Leser.

Merkmale des Erzählens

BASISWISSEN Erzähltechniken

Der **auktoriale Erzähler** steht außerhalb des Geschehens. Er weiß immer mehr als die Figuren und kennt ihre Gedanken. Aus diesem Grunde heißt er auch „allwissender Erzähler". Mit der **personalen Erzählhaltung** wird das Geschehen aus dem Blickwinkel einer Figur mitgeteilt. Das Mitgeteilte ist auf deren Erfahrungs- und Bewusstseinshorizont beschränkt. Dieser eingeschränkte Blickwinkel wird auch bei der **Ich-Erzählhaltung** beibehalten. Der Erzähler ist die Figur, die das Geschehen unmittelbar erlebt und in der Ich-Form übermittelt.

Erzählhaltung
- auktoriale Erzählhaltung
- personale Erzählhaltung
- Ich-Erzählhaltung

In der **Übermittlung der Gedanken, Gefühle und Gespräche** der Figuren gibt es Abstufungen im Grad der Einmischung des Erzählers. Der Erzähler kann die Empfindungen seiner Figuren selber durch den **Gedanken- oder Gefühlsbericht** übermitteln. Bei der **erlebten Rede** werden die Gedanken und Gefühle einer Figur in der Er-/Sie-Form wiedergegeben. In der Form des **inneren Monologs** zieht sich der Erzähler gleichsam zurück und lässt Gedanken der Figur für sich sprechen. Erfolgt die Wiedergabe der inneren gedanklichen Vorgänge besonders unvermittelt, indem sich Gefühle, Erinnerungen und Eindrücke überlagern und zur Auflösung der grammatischen Korrektheit der Sätze oder zu einem Bruch in der chronologischen Abfolge führen, so spricht man vom **Bewusstseinsstrom.**

- Der Erzähler erzählt
  - Erzählbericht (↗ S. 213)
  - Gedanken- oder Gefühlsbericht
- Die Figuren kommen zu Wort
  - Figurenrede
    - direkte Wiedergabe (szenisches Erzählen, ↗ S. 214)
    - indirekte Wiedergabe (indirekte Rede)
  - Bewusstseinswiedergabe
    - Bewusstseinsstrom
    - innerer Monolog (↗ S. 213)
    - erlebte Rede (↗ S. 213)

In epischen Texten können Gedanken und Gefühle der Figuren auf unterschiedliche Weise übermittelt werden.

Friedrich Dürrenmatt: Der Richter und sein Henker (Auszug)

Es war ihm nämlich beim Vorbeischreiten gewesen, nachdem er flüchtig durch die trüben Scheiben des Wagens geblickt hatte, als sei der Fahrer auf das Steuer niedergesunken. Er glaubte, daß der Mann betrunken sei, denn als ordentlicher Mensch kam er auf das Nächstliegende. Er wollte daher dem Fremden nicht amtlich, sondern menschlich begegnen. [R]

Merkmale des Erzählens

Thomas Mann: Der Zauberberg (Auszug)

Wohligkeit erfüllte ihn bei dem Gedanken, dass mehrere Stunden zum Schweifen im Freien und Großartigen vor ihm lagen. Seine Lage war vergleichsweise behaglich. „So kann ich notfalls die ganze Nacht stehen", dachte er, „wenn ich von Zeit zu Zeit das Bein wechsle, mich sozusagen auf die andere Seite lege und mir zwischendurch natürlich etwas Bewegung mache, was unerlässlich ist. Wenn auch außen verklammt, habe ich doch innerlich Wärme gesammelt bei der Bewegung, die ich gemacht, und so war die Exkursion doch nicht ganz nutzlos, wenn ich auch umgekommen bin und von der Hütte geschweift … ‚Umgekommen', was ist denn das für ein Ausdruck?"

Christoph Eichhorn als Hans Castorp in der Verfilmung von 1981

James Joyce: Ulysses (Auszug)

[…] und Ronda[1] mit den alten Fenstern der posadas[2] hinterm Gitter zweier Augen Glanz für ihren Liebhaber dass er das Eisen küsst und die Weinhandlungen die immer halb offen hatten nachts und die Kastagnetten und an dem Abend wo wir das Fährschiff in Algeciras[3] verpasst hatten die Wächter wie er so heiter und alles in Ordnung herumging mit seiner Laterne und oh der reißend tiefe Strom und das Meer das Meer glührot manchmal wie Feuer und die herrlichen Sonnenuntergänge und die Feigenbäume in den Alamedagärten ja und die ganzen komischen Straßen und Gässchen und rosa und blauen und gelben Häuser und die Rosengärten und der Jasmin und die Geranien und Kakteen und Gibraltar als kleines Mädchen wo ich eine Blume des Berges war ja wie ich mir die Rose ins Haar gesteckt hab wie die andalusischen Mädchen immer machten oder soll ich eine rote tragen ja und wie er mich geküsst hat unter der maurischen Mauer und ich hab gedacht na schön er so gut wie jeder andere und hab ihn mit den Augen gebeten er soll doch noch mal fragen […].

1 Ronda: Stadt in Andalusien
2 posada: Wirtshaus;
3 Algeciras: Hafenstadt in Andalusien

3 **Untersuchen Sie die drei Textauszüge mithilfe des Basiswissens von S. 228 unter folgenden Gesichtspunkten:**

a) Nennen Sie die hier verwendeten Mittel der Bewusstseinswiedergabe.

b) Analysieren Sie die sprachlichen Mittel, die dabei verwendet werden, im Hinblick auf die Wirkung beim Leser.

	Bewusstseinswiedergabe/ sprachliche Mittel	Wirkung
Friedrich Dürrenmatt: Der Richter und sein Henker		
Thomas Mann: Zauberberg		
James Joyce: Ulysses		

Zeitgestaltung

Der Erzähler hat die Möglichkeit, auch den zeitlichen Ablauf des Geschehens zu gestalten.

Thomas Mann: Buddenbrooks (Auszug)

Krieg und Kriegsgeschrei, Einquartierung und Geschäftigkeit! Preußische Offiziere bewegen sich in der parkettierten Zimmerflucht der Beletage von Senator Buddenbrooks neuem Hause, küssen der Hausdame die Hände und werden von Christian, der von Oeynhausen zurückgekehrt ist, in den Klub eingeführt, während im Mengstraßenhause Mamsell Severin, Riekchen Severin, der Konsulin neue Jungfer, zusammen mit den Mädchen eine Menge Matratzen in das „Portal", das alte Gartenhaus, schleppt, das voll von Soldaten ist.

Gewimmel, Verstörung und Spannung überall! Die Mannschaften ziehen zum Tore hinaus, neue rücken ein, überfluten die Stadt, essen, schlafen, erfüllen die Ohren der Bürger mit Trommelwirbeln, Trompetensignalen und Kommandorufen und marschieren wieder ab. Königliche Prinzen werden begrüßt; Durchmarsch folgt auf Durchmarsch. Dann Stille und Erwartung.

Im Spätherbst und Winter kehren die Truppen siegreich zurück, werden wiederum einquartiert und ziehen unter den Hochrufen der aufatmenden Bürger nach Hause. – Friede. Der kurze, ereignisschwangere Friede von 65.

1 **Untersuchen Sie mithilfe des Basiswissens den Textauszug hinsichtlich der Zeitgestaltung.**

a) Welche Erzählhaltung wird verwendet?

b) Wie wird das Geschehen übermittelt, sodass eine Zeitraffung entsteht?

c) Welche Erzähltechniken (↗ Basiswissen S. 228) könnten eingesetzt werden, damit eine Zeitdeckung erzielt wird?

d) Welche Erzähltechniken könnten eingesetzt werden, damit eine Zeitdehnung entsteht?

2 **Untersuchen Sie mithilfe des Basiswissens die Zeitgestaltung in dem Textauszug „Schlafes Bruder" von Robert Schneider (↗ S. 227).**

BASISWISSEN Zeitgestaltung

Die **Zeitgestaltung** spielt in zweifacher Hinsicht eine Rolle: Das Dargestellte erstreckt sich auf den Zeitraum, der durch den Anfang und das Ende der Geschichte markiert ist **(erzählte Zeit)**, und die Zeitdauer, in der die Geschichte gelesen bzw. erzählt wird **(Erzählzeit)**. Es kann zu **Vorausdeutungen** in die Zukunft kommen, zu einer **Rückblende**, zur **Zeitraffung** (ein lange währender Vorgang wird zusammengefasst) oder zur **Zeitdehnung** (verzögernde Momente werden eingesetzt). Eine **Zeitdeckung** liegt vor, wenn erzählte Zeit und Erzählzeit identisch sind.

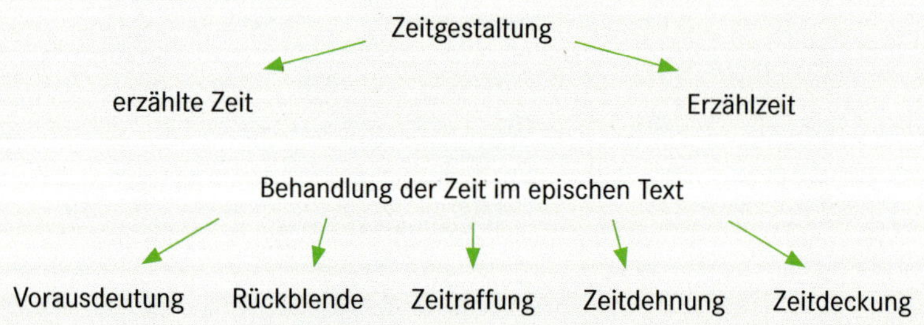

Werkübergreifende Interpretationsmethoden

Die werkimmanente Interpretationsmethode versucht, den Text aus sich heraus zu deuten. Werkübergreifende Interpretationsmethoden greifen auf Hintergrundwissen wie beispielsweise biografische Details oder historische Bezüge zurück.

Franz Kafka: Gibs auf!

Es war sehr früh am Morgen, die Straßen rein und leer, ich ging zum Bahnhof. Als ich eine Turmuhr mit meiner Uhr verglich, sah ich, dass es schon viel später war, als ich geglaubt hatte, ich musste mich sehr beeilen, der Schrecken über diese Entdeckung ließ mich im Weg unsicher werden, ich kannte mich in dieser Stadt noch nicht sehr gut aus, glücklicherweise war ein Schutzmann in der Nähe, ich lief zu ihm und fragte ihn atemlos nach dem Weg. Er lächelte und sagte: „Von mir willst du den Weg erfahren?" „Ja", sagte ich, „da ich ihn selbst nicht finden kann." „Gibs auf, gibs auf", sagte er und wandte sich mit einem großen Schwunge ab, so wie Leute, die mit ihrem Lachen allein sein wollen.

Muster 1

Auf den ersten Blick beschreibt dieser kurze Text eine banale Situation: Ein Mensch befindet sich früh am Morgen in einer noch menschenleeren Stadt auf dem Weg zum Bahnhof. Der knappe, nur auf das Wesentliche konzentrierte Erzählstil und die Überschrift lassen aber ahnen, dass hier mehr als nur eine Alltagsepisode erzählt wird. Die Wirklichkeit ist gleichnishaft verschlüsselt, beschrieben wird der Prozess einer fortschreitenden Verunsicherung. Zunächst entdeckt der Erzähler beim Vergleich mit der Turmuhr, dass es zu spät ist. Er erschrickt so über diese Tatsache, dass er die räumliche Orientierung verliert. …

Muster 2

Dieser Text ist eine Studie vielschichtiger Ängste: die Angst vor dem Nichterreichen eines Ziels, die Furcht vor Autoritäten, die Ohnmacht und Einsamkeit des Einzelnen in einer unüberschaubaren, abweisenden Welt. Diese Ängste muss Kafka auch in seinem Leben gespürt haben. Er litt unter der strengen Erziehung seines Vaters, die ihn lähmte und resignieren ließ. 1919 formulierte Kafka einen langen Brief an seinen Vater, in dem es heißt: „Wenn ich etwas zu tun anfing, was Dir nicht gefiel, und Du drohtest mir mit dem Misserfolg, so war die Ehrfurcht vor Deiner Meinung so groß, dass damit der Misserfolg unaufhaltsam war." Das in diesem Brief zum Ausdruck gebrachte Gefühl der eigenen Unzulänglichkeit wird im Text wieder aufgenommen. Die zeitliche und räumliche Desorientierung machen es dem Erzähler unmöglich, seinen Zielort zu erreichen. Dieses Gefühl der Vergeblichkeit spiegelt sich auch in dem Verhältnis Schutzmann/Ich-Erzähler wider. …

Werkübergreifende Interpretationsmethoden

Muster 3

Als deutscher Jude im tschechischen Prag lebte Kafka in einem dreifachen Ghetto: zunächst dem jüdischen, das wiederum von dem Ghetto der aufsässigen Slawen umgeben war. Um dieses Ghetto war schließlich wie ein dritter Wall die Verwaltung der altösterreichischen Beamtenschaft gezogen, die im Namen Habsburgs Prag regierte. Kafka muss geahnt haben, dass ein Bemühen, sich zu integrieren, vergeblich war. Dieses Bewusstsein spiegelt sich auch in der Parabel „Gibs auf“ wider. ...

1 Vergleichen Sie die drei Auszüge aus Interpretationen mithilfe des Basiswissens hinsichtlich der Interpretationsmethoden.

2 Schreiben Sie die Musterinterpretationen zu Ende.

BASISWISSEN Werkübergreifende Interpretationsmethoden

Es gibt eine Vielzahl literaturwissenschaftlicher Methoden, ein literarisches Werk in übergreifenden Zusammenhängen zu deuten. Hier einige Beispiele: Die **historisch-soziologische Interpretationsmethode** untersucht in erster Linie die Lebensumstände und die Zeit, in der ein Autor gelebt und gewirkt hat. Die **psychologisch-biografische Interpretationsmethode** berücksichtigt besonders die Lebenserfahrungen und die persönlichen Probleme des Autors. Die **rezeptionsästhetische Interpretationsmethode** untersucht die Verbindung zwischen dem literarischen Text und dem Leser, der von unterschiedlicher sozialer Herkunft sein oder einer anderen Epoche angehören kann.

3 Verfassen Sie eine rezeptionsästhetische Interpretation zu Kafkas Parabel mithilfe der folgenden aus Schülerarbeiten stammenden Kommentare:
- „Mitten im alltäglichen Leben spielen sich vollkommen wahnsinnige Dinge mit einer solchen Selbstverständlichkeit ab, dass keiner darüber wahnsinnig wird.“
- „Die bisher sicher geglaubte Wirklichkeit wird von Franz Kafka in seiner Parabel durchbrochen. Das sagt uns auch heute noch eine ganze Menge über zwischenmenschliche Beziehungen.“
- „Ich fühle mich als junger Mensch manchmal fremd und unverstanden in meinem eigenen Land. Keiner kann mir eine Orientierung geben.“

FAZIT

14.1
Die Darstellungsformen epischer Texte

- Aufgabe und Funktion fiktionaler Texte
- Erzähltechniken:
  - Erzählform
  - Erzählhaltung
  - Figurenrede, Bewusstseinswiedergabe
  - Erzählbericht, Gedankenbericht
  - Zeitgestaltung
- werkübergreifende Interpretationsmethoden

Die Besonderheiten lyrischer Texte

Der „Sturm und Drang" war eine Epoche, die von überschwänglichen Gefühlen, tiefer Verbundenheit zur Natur und dem Streben nach Verwirklichung des eigenen Ichs geprägt war.

Johann Wolfgang Goethe: Maifest

Wie herrlich leuchtet
Mir die Natur!
Wie glänzt die Sonne!
Wie lacht die Flur!

Es dringen Blüten
Aus jedem Zweig
Und tausend Stimmen
Aus dem Gesträuch

Und Freud und Wonne
Aus jeder Brust.
O Erd', o Sonne,
O Glück, o Lust,

O Lieb', o Liebe,
So golden schön
Wie Morgenwolken
Auf jenen Höhn!

Du segnest herrlich
Das frische Feld,
Im Blütendampfe
Die volle Welt!

O Mädchen, Mädchen,
Wie lieb' ich dich!
Wie blinkt dein Auge,
Wie liebst du mich!

So liebt die Lerche
Gesang und Luft,
Und Morgenblumen
Den Himmelsduft,

Wie ich dich liebe
Mit warmem Blut,
Die du mir Jugend
Und Freud' und Mut!

Zu neuen Liedern
Und Tänzen gibst.
Sei ewig glücklich,
Wie du mich liebst.

Johann Wolfgang Goethe: Die Leiden des jungen Werthers (Auszug)

Am 10. Mai

Eine wunderbare Heiterkeit hat meine ganze Seele eingenommen, gleich den süßen Frühlingsmorgen, die ich mit ganzem Herzen genieße. Ich bin allein und freue mich meines Lebens in dieser Gegend, die für solche Seelen geschaffen ist wie die meine. Ich bin so glücklich, mein Bester, so ganz in dem Gefühle von ruhigem Dasein versunken, dass meine Kunst darunter leidet. [...] Wenn das liebe Tal um mich dampft und die hohe Sonne an der Oberfläche der undurchdringlichen Finsternis meines Waldes ruht und nur einzelne Strahlen sich in das innere Heiligtum stehlen, ich dann im hohen Grase am fallenden Bache liege und näher an der Erde tausend mannigfaltige Gräschen mir merkwürdig werden; wenn ich das Wimmeln der kleinen Welt zwischen Halmen, die unzähligen, unergründlichen Gestalten der Würmchen, der Mückchen näher an meinem Herzen fühle und fühle die Gegenwart des Allmächtigen, der uns nach seinem Bilde schuf, das Wehen des Alliebenden, der uns in ewiger Wonne schwebend trägt und erhält; mein Freund, wenn's dann um meine Augen dämmert und die Welt um mich her und der Himmel ganz in meiner Seele ruhn wie die Gestalt einer Geliebten, dann sehne ich mich oft und denke: Ach, könntest du das wieder ausdrücken, könntest du dem Papiere das einhauchen, was so voll, so warm in dir lebt, dass es würde der Spiegel deiner Seele, wie deine Seele ist der Spiegel des unendlichen Gottes!

1 Vergleichen Sie die beiden Texte hinsichtlich des übermittelten Lebensgefühls (↗ Kapitel 23).

2 Vergleichen Sie die formalen Möglichkeiten des lyrischen Textes mit denen des epischen Textes, diesem Lebensgefühl Ausdruck zu verleihen.

Die Besonderheiten lyrischer Texte

BASISWISSEN Lyrik

Analog zum Erzähler in epischen Texten wird in der Lyrik das **lyrische Ich** eingesetzt. Sehr häufig übermittelt das lyrische Ich innere Vorgänge und Zustände. Dabei wird mit bildlichen Ausdrücken in formell gebundener Sprache gearbeitet: Der Dichter verwendet dabei häufig eine nicht alltägliche Anordnung von Wörtern und Sätzen. Die lyrische Form ist meist kurz, eine Gliederung erfolgt in Versen und Strophen.

Bis ins 20. Jahrhundert galt das Vorhandensein eines **Reimschemas** und eines **Metrums** als verbindlich für lyrische Texte. Seit dem 20. Jahrhundert wurde diese Vorgabe immer mehr gelockert. So wird in der modernen Lyrik auch mit freien Versen und freien Rhythmen gearbeitet.

Als **Reimschema** ist häufig zu finden:

Wechselreim bzw. Kreuzreim: *abab*
Als sie einander acht Jahre kannten
(Und man darf sagen, sie kannten sich gut),
Kam ihre Liebe plötzlich abhanden,
Wie anderen Leuten ein Stock oder Hut.
(Erich Kästner)

Paarreim: *aabb*
Mitternacht schlägt eine Uhr im Tal,
Mond am Himmel wandert kalt und kahl.
Unterwegs im Schnee und Mondenschein
Geh mit meinem Schatten ich allein.
(Hermann Hesse)

Verschränkter bzw. umarmender Reim: *abba*
Dem Bürger fliegt vom spitzen Kopf der Hut,
In allen Lüften hallt es wie Geschrei,
Dachdecker stürzen ab und gehen entzwei
Und an den Küsten - liest man - steigt die Flut.
(Jakob van Hoddis)

Das **Metrum** - der Takt - regelt die Abfolge von betonten und unbetonten Silben. Ein **Versfuß** besteht aus einer betonten Silbe (Hebung ´x) und einer oder mehreren unbetonten Silben (Senkung x).

Jambus (unbetont, betont: x´x)
Der Mond ist aufgegangen ... (x´xx´xx´xx)

Anapäst (unbetont, unbetont, betont: xx´x)
Und es wallet und siedet und brauset ... (xx´xxx´xxx´xx)

Trochäus (betont, unbetont: ´xx)
Wie viel Wege ging ich frühlingsgrün ... (´xx´xx´xx´xx´x)

Daktylus (betont, unbetont, unbetont: ´xxx)
Springende Reiter und flatternde Blüten ... (´xxx´xxx´xxx´xx)

Beim männlichen Reim spricht man von einer **männlichen Kadenz (= Versschluss),** d. h., der Vers endet betont, beim weiblichen Reim von einer **weiblichen Kadenz,** d. h., der Vers endet unbetont:

weibliche Kadenz (´xx)
Wie ich dich l´iebe

männliche Kadenz (x´x)
Mit warmem Bl´ut

Die Besonderheiten lyrischer Texte

Der expressionistische Autor Jakob van Hoddis entwirft in seinem Gedicht „Weltende“ ein Untergangsszenario.

Jakob van Hoddis: Weltende (1911)

Dem Bürger fliegt vom spitzen Kopf der Hut,
In allen Lüften hallt es wie Geschrei.
Dachdecker stürzen ab und gehen entzwei
Und an den Küsten – liest man – steigt die Flut.

Der Sturm ist da, die wilden Meere hupfen
An Land, um dicke Dämme zu zerdrücken.
Die meisten Menschen haben einen Schnupfen.
Die Eisenbahnen fallen von den Brücken.

3 Sammeln Sie Ihre ersten Leseeindrücke mithilfe eines Assoziogramms (↗ Kapitel 22).

Arbeitstechnik – Gedichtinterpretation mit Karteikarten

Fragen, die ich an ein Gedicht stelle:

Titel/Thema

- Was bedeutet der Titel?
- Welchen Bezug hat der Titel zur Thematik?

Äußeres Geschehen und innere Vorgänge

- Was wird beschrieben: ein Ereignis, Eindrücke oder Empfindungen?

Sprachliche Bilder

- Was bedeuten die Bilder?
- Welchen Bereichen/Wortfeldern entstammen sie?

Klangeffekte

- Herrschen helle oder dunkle Vokale vor?
- Gibt es weiblich oder männlich klingende Kadenzen?

Lyrisches Ich

- Wer spricht?
- Was erfahren wir über das lyrische Ich?
- An wen wendet es sich?

Strophe und Verse

- Wie ist die äußere Form gestaltet?
- Wie viele Strophen und Verse gibt es?
- Welches Reimschema liegt vor?
- Gibt es ein Enjambement (= Zeilensprung)?

Metrum

- Welches Versmaß liegt vor?

Stilmittel

- Werden Stilmittel wie Alliteration oder Anapher eingesetzt?

Satzbau

- Welcher Satzbautyp herrscht vor?
- Sind die Sätze vollständig?
- Wie sind sie aufgebaut?

Inhalt und Form

- Inwiefern wird die Aussage durch die Form unterstützt?

Zur praktischen Umsetzung ein Tipp:

Schreiben Sie die Fragen zur Gedichtinterpretation auf Karteikarten und setzen Sie diese als Prüfungsvorbereitung immer wieder ein.

Notieren Sie bei jedem Gedicht, das Sie untersuchen, auf der Rückseite der Karteikarten Ihre Beobachtungen. Diese lassen sich am Ende leicht zu einem strukturierten Gesamttext zusammenfügen.

Die Besonderheiten lyrischer Texte

Im folgenden Muster hat ein Schüler einen ersten Interpretationsversuch des Gedichts „Weltende“ vorgenommen. Dazu hat er, wie in der Arbeitstechnik empfohlen, die zentralen Fragen auf Karteikarten notiert.

Muster

Titel/Thema

Strophe und Verse
Reimschema: abba
cdcd
...

Äußeres Geschehen und innere Vorgänge
Lyrisches Ich baut Distanz auf („liest man“).
...

Metrum
– Jambus (fünfhebig)
...

Sprachliche Bilder
Wortfelder:
a) Mensch (Bürger, Hut, Kopf, Dachdecker, Schnupfen)
b) Natur (Meer, Küste, Flut, Lüfte)
...

Stilmittel
Ironie
Enjambement (Z. 5–6)
...

Klangeffekte
männlich klingende Kadenzen (1. Strophe)
weiblich klingende Kadenzen (2. Strophe)
...

Satzbau
...

Lyrisches Ich/Rezipient
...

Inhalt und Form
– 1. Strophe: umarmender Reim
– 2. Strophe: Kreuzreim
– Unterschiede in Form und Inhalt werden ebenso in den Kadenzen verdeutlicht.
– Jambus: steigendes Metrum, zeigt die steigende Gefahr (Flut, Wind)
...

4 Übertragen Sie die Angaben auf zehn Karteikarten und vervollständigen Sie diese.

Die Besonderheiten lyrischer Texte

Muster

Der Titel des Gedichts „Weltende", das Jakob van Hoddis 1911 verfasste, weckt beim Leser Erwartungen von Chaos und Untergang. Diese Erwartungen werden zunächst auch erfüllt: „Geschrei", abstürzende Dachdecker, steigende Flut, von Brücken stürzende Eisenbahnen erinnern an das Szenario eines Katastrophenfilms. Dann folgt aber unvermittelt eine lapidare Feststellung: „Die meisten Menschen haben einen Schnupfen." Angesichts des bevorstehenden Weltendes erscheint diese Mitteilung von geringer Bedeutung. Daher drängt sich die Frage auf, ob man dem Weltende so gelassen entgegensieht.
Das zweistrophige Gedicht mit je vier Versen weist einen umarmenden Reim (abba) und einen Kreuzreim (cdcd) auf. Das Reimschema ist also in Analogie zu den unterschiedlichen Einstellungen gegenüber dem Weltende zweigeteilt; diesem entspricht die männliche Kadenz in der ersten Strophe und die weibliche in der zweiten Strohpe. Das Metrum ist ein fünfhebiger Jambus, ein steigender Versfuß. Hier findet das Bild vom Steigen der Flut und dem Zunehmen der Windböen auch auf formaler Ebene eine Entsprechung. Betrachtet man die sprachlichen Bilder und Stilmittel des Textes nun genauer, so fällt auf ...

5 Führen Sie die begonnene Interpretation des Gedichtes unter Verwendung Ihrer eigenen Notizen (vgl. Karteikarten) fort.

BASISWISSEN | **Interpretationshypothese**

Da in lyrischen Texten Sprache sehr verdichtet übermittelt wird, ist die Vorstellungskraft des Lesers in besonderem Maße gefordert. Er tritt mit dem Text in einen Kommunikationsprozess ein. Auf dieser Basis erstellt der Leser zunächst eine Interpretationshypothese, einen ersten Deutungsansatz. Diese Interpretationshypothese wird dann durch die Analyse des Zusammenspiels von Inhalt und Form näher beleuchtet.

Reiner Kunze: Die Liebe

Die liebe
ist eine wilde rose in uns
Sie schlägt ihre wurzeln
in den augen,
wenn sie dem blick des geliebten begegnen
Sie schlägt ihre wurzeln
in den wangen,
wenn sie den hauch des geliebten spüren
Sie schlägt ihre wurzeln
in der haut des armes,
wenn ihn die hand des geliebten berührt

Sie schlägt ihre wurzeln,
wächst wuchert
und eines abends
oder eines morgens
fühlen wir nur:
sie verlangt
raum in uns

Die liebe
ist eine wilde rose in uns,
unerforschbar vom verstand
und ihm nicht untertan
Aber der verstand
ist ein messer in uns

Der verstand
ist ein messer in uns,
zu schneiden der rose
durch hundert zweige
einen himmel

Die Besonderheiten lyrischer Texte

Erich Fried: Was es ist

Es ist Unsinn
sagt die Vernunft
Es ist was es ist
sagt die Liebe

Es ist Unglück
sagt die Berechnung
Es ist nichts als Schmerz
sagt die Angst
Es ist aussichtslos
sagt die Einsicht
Es ist was es ist
sagt die Liebe

Es ist lächerlich
sagt der Stolz
Es ist leichtsinnig
sagt die Vorsicht
Es ist unmöglich
sagt die Erfahrung
Es ist was es ist
sagt die Liebe

6 Stellen Sie Interpretationshypothesen zu den Gedichten von Reiner Kunze und Erich Fried auf, indem Sie für jeden Text ein Assoziogramm (↗ Kapitel 22) anfertigen.

Muster

Freiheit bewahren — *„Die Liebe"* — *Rose: – wild*
– wuchern
– Ranken/Vereinnahmung

Verstand hat keine Handhabe.

Muster

Liebe lässt sich nicht infrage stellen. — *„Was es ist"* — *Kritikpunkte: – Vernunft/Einsicht*
– Angst/Vorsicht
– Stolz

gute und schlechte Seiten

7 Überprüfen Sie Ihre Interpretationshypothesen mithilfe der Karteikartenabfrage (↗ Arbeitstechnik S. 235).

8 Interpretieren Sie die beiden Gedichte nach dem Muster von Seite 237.

FAZIT

14.2
Die Besonderheiten lyrischer Texte

- Reimschema, Metrum, weibliche/männliche Kadenzen
- Zusammenspiel formaler und inhaltlicher Komponenten

Vom „klassischen Drama" zum „absurden Theater"

Bei allen Interpretationsprozessen steht die Kommunikation zwischen dem Autor und dem Leser oder Zuschauer im Vordergrund. Dieser nimmt beim Lesen oder Zuschauen eine besondere Rolle ein, die der Autor ihm zugedacht hat.

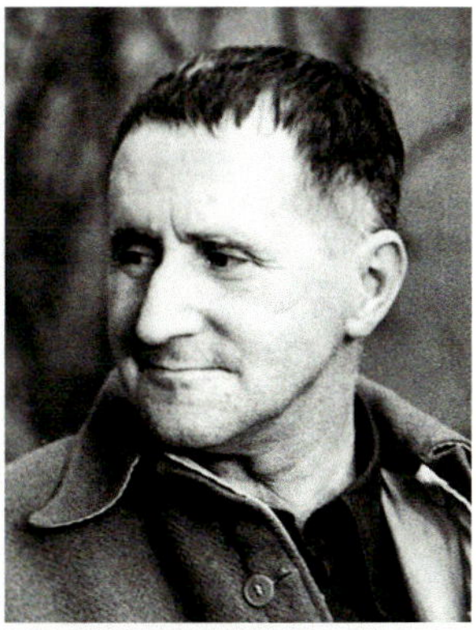

Bertolt Brecht: Kann die heutige Welt durch Theater wiedergegeben werden? (Auszug)

[...] Ich kann nicht sagen, daß die Dramaturgien, die ich aus bestimmten Gründen nichtaristotelische nenne, und die dazu gehörende epische Spielweise *die* Lösung darstellen. Jedoch ist eines klargeworden: Die heutige Welt ist den heutigen Menschen nur beschreibbar, wenn sie als eine veränderbare Welt beschrieben wird.

Für heutige Menschen sind Fragen wertvoll der Antworten wegen. Heutige Menschen interessieren sich für Zustände und Vorkommnisse, denen gegenüber sie etwas tun können.

Es wird Sie nicht verwundern, von mir zu hören, daß die Frage der Beschreibbarkeit der Welt eine gesellschaftliche Frage ist. Ich habe dies viele Jahre lang aufrechterhalten und lebe jetzt in einem Staat, wo eine ungeheure Anstrengung gemacht wird, die Gesellschaft zu verändern. Sie mögen die Mittel und Wege verurteilen – ich hoffe übrigens, Sie kennen sie wirklich, nicht aus den Zeitungen –, Sie mögen dieses besondere Ideal einer neuen Welt nicht akzeptieren – ich hoffe, Sie kennen auch dieses –, aber Sie werden kaum bezweifeln, daß an der Änderung der Welt, des Zusammenlebens der Menschen in dem Staat, in dem ich lebe, gearbeitet wird. Und Sie werden mir vielleicht darin zustimmen, daß die heutige Welt eine Änderung braucht. R

1 Geben Sie in eigenen Worten die Überlegungen Bertolt Brechts zur Aufgabe des Theaters und insbesondere zur Rolle des Zuschauers wieder.

2 Erläutern Sie, welche Funktion Theater für Sie hat.

BASISWISSEN Die Rolle des Zuschauers

Die Rolle des Zuschauers hat sich im Verlauf der Jahrhunderte grundlegend gewandelt. Im 18. und 19. Jahrhundert konnte sich der Zuschauer noch ins schützende Halbdunkel des Parketts zurückziehen, um dort, von den Akteuren auf der Bühne unerkannt, seiner Lust am Zuschauen nachzugehen. Seit Beginn des 20. Jahrhunderts hat das „Zuschauen" eine neue Bedeutung erhalten: Es wird zu einer aktiven Handlung. Oft genug bleibt heute während der Vorstellung das Saallicht an, sodass die Zuschauer sich nicht nur beim Wahrnehmen beobachten können, sondern oft auch als Zeugen, Ansprechpartner, „SpectActors" oder gar Teilnehmer in das Bühnengeschehen einbezogen werden.

★ **3** Erklären Sie den Begriff „SpectActors" im Hinblick auf die veränderte Rolle der Zuschauer im modernen Theater.

Das klassische Drama

Der folgende Textauszug ist dem Drama „Die Jungfrau von Orleans" von Friedrich Schiller entnommen. Englische Truppen sind in Frankreich eingefallen und drohen, die Armee des französischen Königs zu besiegen. Johanna, ein junges Mädchen, fühlt sich von Gott dazu auserkoren, diese Niederlage zu verhindern. Sie zieht mit der französischen Armee gegen die Engländer zu Felde und besiegt die feindlichen Truppen. Doch ihr eigener Vater beschuldigt sie, mit dem Teufel im Bunde zu sein. Von den Engländern verfolgt und von den eigenen Landsleuten als Hexe verstoßen, geht sie in die Verbannung. Begleitet wird sie von Raimond, einem von ihrem Vater ausgesuchten Heiratskandidaten.

5. Aufzug, 4. Auftritt (Auszug)

[...]
RAIMOND *(fasst sie bei der Hand)*: Wollt Ihr nicht in Euch gehen?
Euch nicht mit Gott versöhnen – in den Schoß
Der heiligen Kirche reuend wiederkehren?
JOHANNA Auch du hältst mich der schweren Sünde schuldig?
RAIMOND Muss ich nicht? Euer schweigendes Geständnis –
JOHANNA Du, der mir in das Elend nachgefolgt,
Das einzge Wesen, das mir treu geblieben,
Sich an mich kettet, da mich alle Welt
Ausstieß, du hältst mich auch für die Verworfne,
Die ihrem Gott entsagt –
(Raimond schweigt) O das ist hart!
RAIMOND *(erstaunt)*: Ihr wäret wirklich keine Zauberin?
JOHANNA Ich eine Zauberin!
RAIMOND Und diese Wunder,
Ihr hättet sie vollbracht mit Gottes Kraft
Und seiner Heiligen?
JOHANNA Mit welcher sonst?
RAIMOND Und Ihr verstummtet auf die grässliche
Beschuldigung? – Ihr redet jetzt, und vor dem König,
Wo es zu reden galt, verstummtet Ihr!
JOHANNA Ich unterwarf mich schweigend dem Geschick,
Das Gott, mein Meister, über mich verhängte.
RAIMOND Ihr konntet eurem Vater nichts erwidern!
JOHANNA Weil es vom Vater kam, so kams von Gott,
Und väterlich wird auch die Prüfung sein.
RAIMOND Der Himmel selbst bezeugte Eure Schuld!
JOHANNA Der Himmel sprach, drum schwieg ich.
RAIMOND Wie? Ihr konntet
Mit einem Wort Euch reinigen, und ließt
Die Welt in diesem unglückselgen Irrtum?
JOHANNA Es war kein Irrtum, eine Schickung wars.
RAIMOND [...]
O gerne nehm ich Euer Wort für Wahrheit,

Joan of Arc, die „Jungfrau von Orleans" (1412–1431)

Charlotte Müller in der Titelrolle des Stücks *Die Jungfrau von Orleans* in Berlin

Das klassische Drama

Denn schwer ward mirs, an Eure Schuld zu glauben.
Doch konnt ich träumen, dass ein menschlich Herz
Das Ungeheure schweigend würde tragen!

JOHANNA Verdient ichs, die Gesendete zu sein,
Wenn ich nicht blind des Meisters Willen ehrte!
Und ich bin nicht so elend, als du glaubst.
Ich leide Mangel, doch das ist kein Unglück
Für meinen Stand, ich bin verbannt und flüchtig,
Doch in der Öde lernt ich mich erkennen.
[...]
Jetzt bin ich
Geheilt, und dieser Sturm in der Natur,
Der ihr das Ende drohte, war mein Freund,
Er hat die Welt gereinigt und auch mich.
In mir ist Friede – Komme, was da will,
Ich bin mir keiner Schwachheit mehr bewusst!

RAIMOND O kommt, kommt, lasst uns eilen, Eure Unschuld
Laut, laut vor aller Welt zu offenbaren!

JOHANNA Der die Verwirrung sandte, wird sie lösen!
Nur wenn sie reif ist, fällt des Schicksals Frucht!
Ein Tag wird kommen, der mich reiniget.
Und die mich jetzt verworfen und verdammt,
Sie werden ihres Wahnes inne werden,
Und Tränen werden meinem Schicksal fließen.

RAIMOND Ich sollte schweigend dulden, bis der Zufall –

JOHANNA *(ihn sanft bei der Hand fassend)*:
Du siehst nur das Natürliche der Dinge,
Denn deinen Blick umhüllt das irdische Band.
Ich habe das Unsterbliche mit Augen
Gesehen – ohne Götter fällt kein Haar
Vom Haupt des Menschen –
Siehst du dort die Sonne
Am Himmel niedergehen – so gewiss
Sie morgen wiederkehrt in ihrer Klarheit,
So unausbleiblich kommt der Tag der Wahrheit!

Charlotte Müller

Marie Bretschneider während der Proben zu *Die Jungfrau von Orleans* in Halle

1 **Analysieren Sie den Dramenauszug mithilfe des Textes „Die deutsche Tragödie von Lessing bis Hebbel" (↗ S. 242) unter folgenden Gesichtspunkten:**

a) Worin besteht der Konflikt Johannas?

b) Welche Idee vertritt sie als Heldin des Dramas?

c) Worin besteht die Tragik der Heldin?

2 **Erläutern Sie die Bedeutung der Begriffe „Schuld", „Schicksal" und „reinigen" in diesem Zusammenhang.**

Das klassische Drama

Benno von Wiese: Die deutsche Tragödie von Lessing bis Hebbel

Durch Leid, Gehorsam und Buße gelangt Johanna zur letzten Vereinigung mit Gott, die nur von der erhabenen Seele erreicht werden kann. Der Ausgang des Dramas ist Läuterung und Verklärung. Der schwere Bruch in ihr selbst wird von den kämpfenden und fordernden Seelenkräften überwunden und damit erst der Sieg der Idee in der Anarchie der Geschichte zu einem endgültigen gemacht. Mit der „Jungfrau von Orleans" ist die Tragödie des von Gott gesandten Menschen in der Welt gedichtet und der tiefe Zwiespalt, der ihm von außen und innen erwachsen muss, wenn er seinen Auftrag zu Ende führen will. Gottes Werk muss von dem „schwachen" Menschen vollbracht werden, aber der Mensch, der es aus innerem Müssen ergreift, überschreitet damit die Grenze, die ihm als Menschen gesetzt ist. Er gerät in Schuld und kann den Sinn seiner Sendung nur noch als tragisches Opfer erfüllen. Wer aber einmal den jenseitigen Auftrag erfüllt hat und mit dem Schwerte seines Gottes kämpft, kann auf seiner Bahn nicht mehr umkehren, selbst wenn ihm die Hölle begegnen oder der Himmel ihn zurückhalten würde. [...] Durch Schuld und Erniedrigung hindurch gelangt Johanna zur „Reinigung", die sie wieder Gefäß und Kronzeuge des Göttlichen werden lässt.

BASISWISSEN | Das klassische Drama

Das Drama stellt ein Geschehen dar, in dessen Verlauf durch **Dialog** und **Monolog** der agierenden Personen ein Konflikt entfaltet wird. Zur Gattung „Drama" zählen u. a. die **Tragödie** und die **Komödie.** Da im Drama die Entwicklung eines Konfliktes dargestellt wird, bei dem die Spannung bis zu einem Höhepunkt steigt und danach abfällt, entscheidet die Art des Konfliktes, ob es sich um ein **tragisches, komisches** oder auch **absurdes Stück** handelt. Die **klassische** bzw. **aristotelische Dramenform,** zu der auch die Tragödie „Die Jungfrau von Orleans" von Friedrich Schiller zählt, weist folgende Merkmale in Anlehnung an die Poetik des griechischen Philosophen Aristoteles auf:

- Die **Einheit** von **Ort, Zeit** und **Handlung** stellt eine maßgebliche Voraussetzung dar.
- Das Bühnengeschehen ist auf **eine einzige lineare Haupthandlung** ohne Nebenhandlungen konzentriert.
- Die **Szenen** sind in fünf, manchmal in drei **Akten** angeordnet.

Der erste Akt stellt die **Exposition** dar, in welcher über Ort, Zeit, Personen und Atmosphäre informiert wird. Durch ein **erregendes Moment** wird die Handlung entfaltet und mit der **steigenden Handlung** verschärft sich der Konflikt, bis der dramatische Höhepunkt, zugleich Wendepunkt, erreicht ist **(Peripetie).** Durch eine Verzögerung, das sogenannte **retardierende Moment,** kann die Spannung noch gehalten werden, beispielsweise wird plötzlich doch eine Lösung in Aussicht gestellt. Aber dann setzt die Phase der **fallenden Handlung** ein, die in der **Katastrophe** (in der Tragödie im Untergang des Helden, der unverdient erscheint und somit moralisch aufgewertet wird) oder in der Konfliktlösung (in der Komödie bietet ein erheiterndes Ende eine oft nur scheinbare Lösung) endet.

Beim aristotelischen Drama wird das Mitempfinden des Zuschauers mit dem Helden angestrebt. Ziel ist dabei die **Katharsis,** die seelische Reinigung des Zuschauers durch das Nachempfinden von furcht- und mitleiderregenden Handlungen auf der Bühne.

3 **Überprüfen Sie den Textauszug aus Schillers Tragödie „Die Jungfrau von Orleans" im Hinblick auf die im Basiswissen dargestellte Rolle des Zuschauers.**

Das epische Theater

Im klassischen Drama tritt der Held oder die Heldin als Träger einer Idee auf. Ziel ist die Katharsis, die Reinigung des Zuschauers von Furcht und Mitleid durch das Mitempfinden. Brecht hingegen möchte dem Zuschauer gesellschaftliche Missstände vor Augen führen und das Bewusstsein stärken, an der Schwelle zu einer neuen, besseren Zeit zu stehen.

Bertolt Brecht: Leben des Galilei (Auszug)

1. Bild

Galileo Galilei, Lehrer der Mathematik zu Padua, will das neue kopernikanische Weltsystem beweisen.

In dem Jahr sechzehnhundertundneun
Schien das Licht des Wissens hell
Zu Padua aus einem kleinen Haus.
Galileo Galilei rechnete aus:
Die Sonn steht still, die Erde kommt von der Stell.

Das ärmliche Studierzimmer des Galilei in Padua

Es ist morgens. Ein Knabe, Andrea, der Sohn der Haushälterin, bringt ein Glas Milch und einen Wecken.

GALILEI *sich den Oberkörper waschend, prustend und fröhlich:* Stell die Milch auf den Tisch, aber klapp kein Buch zu.

ANDREA Mutter sagt, wir müssen den Milchmann bezahlen. Sonst macht er bald einen Kreis um unser Haus, Herr Galilei.

GALILEI Es heißt: Er beschreibt einen Kreis, Andrea.

ANDREA Wie Sie wollen. Wenn wir nicht bezahlen, dann beschreibt er einen Kreis um uns, Herr Galilei.

GALILEI Während der Gerichtsvollzieher, Herr Cambione, schnurgerade auf uns zukommt, indem er was für eine Strecke zwischen zwei Punkten wählt?

ANDREA Die kürzeste.

GALILEI Gut. Ich habe was für dich. Sieh hinter den Sterntafeln nach.

Andrea fischt hinter den Sterntafeln ein großes hölzernes Modell des Ptolemäischen Systems hervor.

ANDREA Was ist das?

GALILEI Das ist ein Astrolab: das Ding zeigt, wie sich die Gestirne um die Erde bewegen, nach Ansicht der Alten.

ANDREA Wie?

GALILEI Untersuchen wir es. Zuerst das erste: Beschreibung.

ANDREA In der Mitte ist ein kleiner Stein.

GALILEI Das ist die Erde.

ANDREA Drum herum sind, immer übereinander, Schalen.

GALILEI Wie viele?

ANDREA Acht.

GALILEI Das sind die kristallnen Sphären.

ANDREA Auf den Schalen sind Kugeln angebracht …

GALILEI Die Gestirne.

ANDREA Da sind Bänder, auf die sind Wörter gemalt.

Dürrenmatt'sche Tragikomödie – absurdes Theater

BASISWISSEN Dürrenmatt'sche Tragikomödie

Dürrenmatts Figuren haben keine Chance mehr, Helden zu sein, weder im positiven (z. B. als handelnde Weltveränderer) noch im negativen Sinne (z. B. als Mitplaner einer Katastrophe).

Die Situation ist **grotesk** und somit befremdlich. Nach dem Höhepunkt erfolgt im Spannungsverlauf des Stückes keine Lösung des Problems.

Dürrenmatt zieht den Zuschauer in den Bann, indem er ihm eine Komödie vorgaukelt. Ganz unvermittelt sieht sich der Betrachter jedoch plötzlich mit einer ernst zu nehmenden Situation konfrontiert. Dürrenmatt spricht von einer „Mausefalle", in die er den Zuschauer locken möchte.

In Samuel Becketts Drama „Warten auf Godot" verbringen die Landstreicher Estragon und Wladimir an einem nicht näher bestimmten Ort ihre Zeit damit, auf eine Person namens „Godot" zu warten. Dabei kennen sie diese Person nicht, wissen nichts Genaues über sie und können nicht einmal mit Bestimmtheit sagen, ob dieser „Godot" überhaupt existiert.

Samuel Beckett: Warten auf Godot (Auszug)

Erster Akt

Landstraße. Ein Baum. Abend.
Estragon sitzt auf der Erde und versucht, seinen Schuh auszuziehen. Er braucht beide Hände dazu und stöhnt dabei. Erschöpft gibt er den Versuch auf, erholt sich schnaubend und versucht es von Neuem. Das Spiel wiederholt sich. Wladimir tritt auf.
[…]

ESTRAGON Ich frage mich, ob wir nicht besser allein geblieben wären, jeder für sich. *Pause.* Wir waren nicht für denselben Weg gemacht.

WLADIMIR *ohne böse zu werden:* Das ist nicht sicher.

ESTRAGON Nein, nichts ist sicher.

WLADIMIR Wir konnen noch auseinandergehen, wenn du meinst, dass es besser wäre.

ESTRAGON Jetzt lohnt es sich nicht mehr.
Schweigen.

WLADIMIR Nein, jetzt lohnt es sich nicht mehr.

ESTRAGON Also, wir gehen?

WLADIMIR Gehen wir!
Sie gehen nicht von der Stelle.

Johannes Silberschneider und Timo Dierkes als Estragon und Wladimir in Hamburg (Kammerspiele)

1 Untersuchen Sie den Dramenauszug unter folgenden Gesichtspunkten:

a) Beschreiben Sie, wie die Figuren miteinander kommunizieren.

b) Wie wirkt das Bühnengeschehen auf Sie?

Vergleich: klassisches und modernes Drama

BASISWISSEN Vergleich: klassisches und modernes Drama

	aristotelisches/ klassisches Drama	episches Theater	Dürrenmatt'sche Tragikomödie	absurdes Theater
Aufgabe/ Rolle des Zuschauers	Identifikation mit dem Bühnengeschehen passive Konsumhaltung	Veränderung durch Einsicht aktive Rolle	Einsicht in das Groteske der Welt ein Einzelner kann nichts erreichen, alle zusammen müssen das angehen, was alle betrifft	keine Aussicht auf Verbesserung der Situation
Mittel zur Umsetzung	psychischer Akt der Einfühlung mit dem Helden (der Held ist Träger einer Idee) – Katharsis geschlossene Form des Dramas (kausale Verknüpfung der Szenen) Spannungsbogen mit Katastrophe oder Lösung fünf bzw. drei Akte	V-Effekte schaffen Distanz zum Geschehen und ermöglichen freies, kritisches Denken: • offene Form des Dramas; kleinere Handlungseinheiten (Bilder) • Montage von nicht dramatischen Elementen (Erzähler, Inhaltsangaben, Songs etc.) • Darsteller treten aus ihren Rollen heraus und wenden sich an das Publikum (Desillusionierung) • Verwendung von Umgangssprache und Dialekt • Widersprüche im Aufbau der Handlung und im Verhalten der Figuren (dialektisches Prinzip)	V-Effekte; Prinzip der „Mausefalle“ (Überlisten des Zuschauers) offene Form des Dramas endet nach zwei Akten (gibt Raum zum eigenen Handeln für die Zuschauer)	Darstellung einer Endzeitstimmung; gestörte Kommunikation kein Spannungsverlauf offene Form Zerrissenheit der Handlungsabfolge

Vergleich: klassisches und modernes Drama

In den Überlegungen zu seinem Drama „Die Wiedertäufer" entwirft Dürrenmatt am Beispiel des Polarforschers Robert Falcon Scott verschiedene Modelle dramaturgischer Bearbeitungen desselben Stoffes und stellt in diesem Zusammenhang die Unterschiede zwischen der eigenen Umsetzung und den Bearbeitungen von Shakespeare, Brecht und Beckett heraus.

Friedrich Dürrenmatt: Modell Scott

Shakespeare hätte das Schicksal des unglücklichen Robert Falcon Scott doch wohl in der Weise dramatisiert, daß der tragische Untergang des großen Forschers durchaus dessen Charakter entsprungen wäre; Ehrgeiz hätte Scott blind gegen die Gefahren der unwirtlichen Regionen gemacht, in die er sich wagte, Eifersucht und Verrat unter den anderen Expeditionsteilnehmern hätten das Übrige hinzugetan, die Katastrophe in Eis und Nacht herbeizuführen; bei Brecht wäre die Expedition aus wirtschaftlichen Gründen und Klassendenken gescheitert, die englische Erzieherin hätte Scott gehindert, sich Polarhunden anzuvertrauen, er hätte zwangsläufig standesgemäße Ponys gewählt, der höhere Preis wiederum dieser Tiere hätte ihn genötigt, an der Ausrüstung zu sparen; bei Beckett wäre der Vorgang auf das Ende reduziert, Endspiel, letzte Konfrontation, schon in einen Eisblock verwandelt säße Scott anderen Eisblöcken gegenüber, vor sich hinredend, ohne Antwort von seinen Kameraden zu erhalten, ohne Gewißheit, von ihnen noch gehört zu werden: Doch wäre auch eine Dramatik denkbar, die Scott beim Einkaufen der für die Expedition benötigten Lebensmittel aus Versehen in einen Kühlraum einschlösse und in ihm erfrieren ließe. Scott, gefangen in den endlosen Gletschern der Antarktis, entfernt durch unüberwindliche Distanzen von jeder Hilfe, Scott, wie gestrandet auf einem anderen Planeten, stirbt tragisch, Scott, eingeschlossen in den Kühlraum durch ein läppisches Mißgeschick, mitten in einer Großstadt, nur wenige Meter von einer belebten Straße entfernt, zuerst beinahe höflich an die Kühlraumtüre klopfend, rufend, wartend, sich eine Zigarette anzündend, es kann ja nur wenige Minuten dauern, dann an die Türe polternd, darauf schreiend und hämmernd, immer wieder, während sich die Kälte eisiger um ihn legt, Scott, herumgehend, um sich Wärme zu verschaffen, hupfend, stampfend, turnend, radschlagend, endlich verzweifelt Tiefgefrorenes gegen die Türe schmetternd, Scott wieder innehaltend, im Kreise herumzirkulierend auf kleinstem Raum, schlotternd, zähneklappernd, zornig und ohnmächtig, dieser Scott nimmt ein noch schrecklicheres Ende und dennoch ist Robert Falcon Scott im Kühlraum erfrierend ein anderer als Robert Falcon Scott erfrierend in der Antarktis, wir spüren es, dialektisch gesehen ein anderer, aus einer tragischen Gestalt ist eine komische Gestalt geworden, komisch nicht wie einer, der stottert, oder wie einer, der vom Geiz oder von der Eifersucht überwältigt worden ist, eine Gestalt komisch allein durch ihr Geschick: Die schlimmstmögliche Wendung, die eine Geschichte nehmen kann, ist die Wendung in die Komödie. R

Vergleich: klassisches und modernes Drama

1 Stellen Sie die von Dürrenmatt dargestellten dramaturgischen Bearbeitungen der Expedition Scotts in eigenen Worten dar.

★ **2** Erläutern Sie mithilfe des Basiswissen (↗ S. 247) und des Musters unten, inwiefern die von Dürrenmatt vorgeschlagenen Bearbeitungen mit den verschiedenen Dramenkonzepten übereinstimmen.

Muster

Shakespeare geht von der geschichtsgestaltenden Kraft des einzelnen Menschen aus. Es gibt einen Helden, der auf das Geschehen einwirken kann.

Diese Ansicht ist für Dürrenmatt überholt. Der Einzelne kann nicht mehr in den Ablauf politischer, wirtschaftlicher oder religiöser Auseinandersetzungen eingreifen, da die Welt zu komplex geworden ist. Nichts ist wirklich planbar, denn durch einen unvorhersehbaren Zufall kann jegliches Vorhaben zunichtegemacht werden und die „schlimmstmögliche Wendung" nehmen, die es doch gerade zu vermeiden galt. Dürrenmatts Figuren tragen nicht das Potenzial in sich, Helden zu sein.

Brecht vertraut in die Fähigkeit des Menschen, historisch handeln zu können, obgleich er den Einzelnen als Produkt seiner gesellschaftlichen Situation betrachtet.

Im absurden Theater Becketts muten die Figuren wie Marionetten an, die handlungsunfähig sind. Sie sind darüber hinaus nicht einmal in der Lage, miteinander zu kommunizieren. Es herrscht eine pessimistische Endzeitstimmung vor.

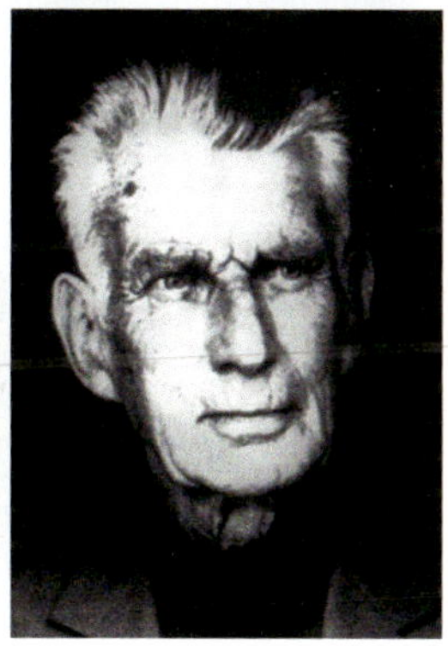

FAZIT

14.3
Vom „klassischen Drama" zum „absurden Theater"

Klassisches Drama
- geschlossene Form
- Spannungsbogen mit Katastrophe/Konfliktlösung
- Katharsis

Episches Theater
- offene Form
- V-Effekte

Dürrenmatt'sche Tragikomödie
- Prinzip der „Mausefalle"

Absurdes Theater
- offene Form
- zerrissene Handlungsabfolge

Literarische Gattungen – ein Überblick

Literarische Texte sind erdachte, fiktionale Texte. Es ist wichtig, dass Sie die unterschiedlichen Textsorten unterscheiden können, damit Sie Texte z. B. bei einer Interpretation besser beurteilen und sich fachsprachlich korrekt ausdrücken können. Die folgende Darstellung soll Ihnen helfen, sich über die wichtigsten Arten literarischen Schreibens zu informieren. Grundsätzlich unterscheidet man zwischen den literarischen Gattungen Epik, Dramatik, Lyrik.

Epik

Alle erzählenden Texte in der Literatur fasst man unter dem Begriff Epik zusammen (von griechisch „epikos", d. h. erzählerisch). Der Erzähler teilt einem Leser äußere und innere Geschehnisse einer Handlung mit. Epik wird in ungebundener Sprache (Prosa) geschrieben.

Märchen: Das Märchen ist eine ursprünglich mündlich überlieferte Erzählform, die in allen Völkern verbreitet ist. Merkmale sind: Ort und Zeit der Handlung sind nicht bestimmt, die Figuren werden auf Gegensätze beschränkt dargestellt *(gut/böse, arm/reich, klug/dumm).* Häufig müssen Aufgaben bestanden werden; Gegenstände haben Zauberkraft, Menschen und Tiere werden verwandelt.
Beispiel: *Rafik Schami (*1946): Der einäugige Esel oder Wie einer auf dem Richter reiten wollte*

Novelle: Es wird in kurzer Form eine besondere („unerhörte") Begebenheit erzählt, die ab einem bestimmten Zeitpunkt eine Wende nimmt (Wendepunkt). Häufig werden erzählerische Vorausdeutungen und/oder die Leitmotivtechnik (z. B. Dingsymbole) angewendet.
Beispiel: *Ernst Theodor Amadeus Hoffmann: Der Sandmann (1816)*

Kurzgeschichte: Der Begriff entstand in Anlehnung an die amerikanische Short Story. Es handelt sich um eine kurze erzählende Form mit einem unvermittelten Anfang und einem offen gehaltenen Schluss (Ein- und Ausblendetechnik). Häufig steht eine entscheidende Situation im Leben eines Menschen im Mittelpunkt des Geschehens. Dem Leser werden existenzielle Probleme des Lebens offenbart, ohne dass Lösungsvorschläge entfaltet werden. Die Sprache ist oft klar und konkret, nahe an der Alltagssprache.
Beispiel: *Gabriele Wohmann: Ein netter Kerl (1978)*

Fabel: Tiere, Pflanzen oder Gegenstände stehen im Mittelpunkt der Fabel. Sie stellen menschliche Eigenschaften und Verhaltensweisen dar. Durch die Kritik an Verhaltensweisen und gesellschaftlichen Zuständen sollen Fabeln meist eine Lehre vermitteln und den Leser zu Reflexion und Einsicht bewegen. Die Lehre kann am Schluss der Fabel als nachgestellter Lehrsatz formuliert sein (Epimythion). Fabeln werden in Prosa, aber auch in Versen (Gedicht) geschrieben.
Beispiel: *Äsop (um 550 v. Chr.): Der Fuchs und der Storch*

Parabel: Die Parabel ist eine kurze, gleichnishafte Erzählung, die den Leser durch sprachliche Verschlüsselungen zwingt, den Text von der Inhaltsebene (das Gesagte) auf die Ebene der Deutung (das Gemeinte) zu übertragen. Erst dadurch gewinnt der Text seinen Sinn. Ursprünglich gehörte die Parabel zu den Textsorten, die eine Lehre vermitteln wollen. Die Schriftsteller des 20. Jahrhunderts haben ihre Skepsis gegenüber der Belehrung des Lesers darin zum Ausdruck gebracht, dass sie in Form einer Parabel erzählen, den Leser aber dann mit paradoxen Inhalten konfrontieren, um ihn zu verwirren.
Beispiel: *Franz Kafka: Vor dem Gesetz (1914)*

Roman: Die Gattungsunterschiede innerhalb der Gattung Roman sind sehr groß. Eine Definition muss sich daher auf Folgendes beschränken: Der Roman gestaltet erzählerisch einen Ausschnitt aus dem Leben und dem gesellschaftlichen Umfeld einer oder mehrerer Protagonisten. Das Geschehen wird in Haupt- und Nebenhandlungen, an mehreren Orten, zu verschiedenen Zeiten, aus unterschiedlichen Perspektiven dargestellt.
Beispiel: *Günter Grass: Die Blechtrommel (1959)*

Literarische Gattungen – ein Überblick

Drama

Das Wort Dramatik stammt vom griechischen Wort „drama" ab und bedeutet Handlung. Die Handlung vollzieht sich in Dialogen und Monologen und wird auf einem Konflikt aufgebaut, der mit Spannung einem Höhepunkt zugeführt und im Guten oder in einer Katastrophe aufgelöst wird. Die Tragödie und die Komödie sind die Grundformen des Dramas.

Tragödie/Trauerspiel: Im Mittelpunkt steht eine Figur, die aufgrund schicksalhafter Zusammenhänge, gesellschaftlicher Missstände oder individueller Verfehlung scheitert.
Beispiel: *Friedrich Schiller: Kabale und Liebe (1784)*

Komödie/Lustspiel: Die im Mittelpunkt stehende Figur veranschaulicht häufig menschliche Schwächen und Laster. Das Stilmittel der Übertreibung ermöglicht eine heiter-distanzierte – auch kritische – Betrachtung.
Beispiel: *Gotthold Ephraim Lessing: Minna von Barnhelm oder Das Soldatenglück (1763)*

Lyrik

Das Wort Lyrik stammt von dem griechischen Wort „lyra" ab und bedeutet Leier (Musikinstrument, mit dem dichterische Vorträge begleitet wurden). Traditionelle Lyrik ist in gebundener Sprache (Poesie) geschrieben und durch Reim, Vers und Strophe gekennzeichnet. Modernere Formen halten sich oft nicht an formale Zwänge.

Gedicht: Im Mittelpunkt stehen oft die subjektiven Erfahrungen eines lyrischen Ichs. Häufig werden Grenzerfahrungen thematisiert. Der Leser begegnet einer Vielfalt sprachlicher und formaler Mittel.
Beispiel: *Georg Trakl: Verfall (1913)*

Ballade: Sie zeigt eine klare Handlungsstruktur, die gereimt und rhythmisiert präsentiert wird.
Beispiel: *Gottfried August Bürger: Lenore (1773)*

Mischform

In der Dichtung wurden die strengen Regeln der Gattungen durchbrochen, Mischformen entstanden. So gibt es z. B. dramatische Gedichte und das epische Theater. Auch lyrische Elemente (Lieder, Gedichte) finden Eingang in die Gattungen Epik und Drama.

Prüfungsvorbereitung

Die folgenden Texte und Aufgaben könnten Ihnen so in einer Prüfung zu den literarischen Gattungen und ihren Wirkungsmitteln vorliegen.

Franz Kafka: Der Nachbar

Mein Geschäft ruht ganz auf meinen Schultern. Zwei Fräulein mit Schreibmaschinen und Geschäftsbüchern im Vorzimmer, mein Zimmer mit Schreibtisch, Kasse, Beratungstisch, Klubsessel und Telefon, das ist mein ganzer Arbeitsapparat. So einfach zu überblicken, so leicht zu führen. Ich war ganz jung, und die Geschäfte rollen vor mir her. Ich klage nicht, ich klage nicht.

Seit Neujahr hat ein junger Mann die kleine leer stehende Nebenwohnung, die ich ungeschickterweise so lange zu mieten gezögert habe, frischweg gemietet. Auch ein Zimmer mit Vorzimmer, außerdem aber noch eine Küche. Zimmer und Vorzimmer hätte ich wohl brauchen können – meine zwei Fräulein fühlten sich schon manchmal überlastet –, aber wozu hätte mir eine Küche gedient? Diese kleinlichen Bedenken waren daran schuld, dass ich mir die Wohnung habe wegnehmen lassen. Nun sitzt dort dieser junge Mann. Harras heißt er. Was er dort eigentlich macht, weiß ich nicht. Auf der Tür steht: „Harras Bureau". Ich habe Erkundigungen eingezogen, man hat mir mitgeteilt, es sei ein Geschäft ähnlich dem meinigen. Vor Kreditgewährung könne man nicht geradezu warnen, denn es handle sich doch um einen jungen aufstrebenden Mann, dessen Sache vielleicht Zukunft habe, doch könne man zum Kredit nicht geradezu raten, denn gegenwärtig sei allem Anschein nach kein Vermögen vorhanden. Die übliche Auskunft, die man gibt, wenn man nichts weiß. Manchmal treffe ich Harras auf der Treppe, er muss es immer außerordentlich eilig haben, er huscht förmlich an mir vorüber. Genau gesehen habe ich ihn noch gar nicht, den Büroschlüssel hat er schon vorbereitet in der Hand. Im Augenblick hat er die Tür geöffnet.

Wie der Schwanz einer Ratte ist er hineingeglitten, und ich stehe wieder vor der Tafel „Harras Bureau", die ich schon viel öfter gelesen habe, als sie es verdient.

Die elend dünnen Wände, die den ehrlich tätigen Mann verraten, den Unehrlichen aber decken. Mein Telefon ist an der Zimmerwand angebracht, die mich von meinem Nachbarn trennt. Doch hebe ich das bloß als besonders ironische Tatsache hervor. Selbst wenn es an der entgegengesetzten Wand hinge, würde man in der Nebenwohnung alles hören. Ich habe mir abgewöhnt, den Namen der Kunden beim Telefon zu nennen. Aber es gehört natürlich nicht viel Schlauheit dazu, aus charakteristischen, aber unvermeidlichen Wendungen des Gesprächs die Namen zu erraten. Manchmal umtanze ich, die Hörmuschel am Ohr, von Unruhe gestachelt, auf den Fußspitzen den Apparat und kann es doch nicht verhüten, dass Geheimnisse preisgegeben werden. Natürlich werden dadurch meine geschäftlichen Entscheidungen unsicher, meine Stimme zittrig. Was macht Harras, während ich telefoniere? Wollte ich sehr übertreiben – aber das muss man oft, um sich Klarheit zu verschaffen –, so könnte ich sagen: Harras braucht kein Telefon, er benutzt meins, er hat ein Kanapee an die Wand gerückt und horcht, ich dagegen muss, wenn geläutet wird, zum Telefon laufen,

Prüfungsvorbereitung

die Wünsche der Kunden ausführen – vor allem aber während des Ganzen unwillkürlich durch die Zimmerwand Harras Bericht erstatten.

Vielleicht wartet er gar nicht das Ende des Gesprächs ab, sondern erhebt sich nach der Gesprächsstelle, die ihn über den Fall genügend aufgeklärt hat, huscht nach seiner Gewohnheit durch die Stadt, und ehe ich die Hörmuschel aufgehängt habe, ist er vielleicht schon daran, mir entgegenzuarbeiten.

1 Interpretieren Sie die Parabel „Der Nachbar" von Franz Kafka.

a) Charakterisieren Sie den Ich-Erzähler.

b) Wie verändert sich das Verhalten des Ich-Erzählers durch den Einzug des Nachbarn? Berücksichtigen Sie bei Ihrer Untersuchung besonders die verwendeten Adjektive und Verben.

c) Welche Erwartungen weckt der Titel beim Leser und was erfährt dieser tatsächlich?

Friedrich Schiller: Die Schaubühne als moralische Anstalt betrachtet

Die Schaubühne ist die Stiftung, wo sich Vergnügen mit Unterricht, Ruhe mit Anstrengung, Kurzweil mit Bildung gattet, wo keine Kraft der Seele zum Nachteil des andern gespannt, kein Vergnügen auf Unkosten des Ganzen genossen wird. Wenn Gram an dem Herzen nagt, wenn trübe Laune unsre einsame Stunden vergiftet, wenn uns Welt und Geschäfte anekeln, wenn tausend Lasten unsre Seelen drücken und unsre Reizbarkeit unter Arbeiten des Berufs zu ersticken droht, so empfängt uns die Bühne – in dieser künstlichen Welt räumen wir die wirkliche hinweg, wir werden uns selbst wiedergegeben, unsre Empfindung erwacht, heilsame Leidenschaften erschüttern unsre schlummernde Natur und treiben das Blut in frischere Wallungen. Der Unglückliche weint hier mit fremdem Kummer seinen eigenen aus – der Glückliche wird nüchtern und der Sichere besorgt. Der empfindsame Weichling härtet sich zum Manne, der rohe Unmensch fängt hier zum ersten Mal zu empfinden an. Und dann endlich – welch ein Triumph für dich, Natur – so oft zu Boden getretene, so oft wiederauferstehende Natur –, wenn Menschen aus allen Kreisen und Zonen und Ständen, abgeworfen jede Fessel der Künstelei und der Mode, herausgerissen aus jedem Drange des Schicksals, durch eine allwebende Sympathie verbrüdert, in ein Geschlecht wieder aufgelöst, ihrer selbst und der Welt vergessen und ihrem himmlischen Ursprung sich nähern. Jeder Einzelne genießt die Entzückungen aller, die verstärkt und verschönert aus hundert Augen auf ihn zurückfallen, und seine Brust gibt jetzt nur einer Empfindung Raum – es ist diese: ein Mensch zu sein.

Prüfungsvorbereitung

Bertolt Brecht: Was ist mit dem epischen Theater gewonnen?

Damit ist gewonnen, daß der Zuschauer die Menschen auf der Bühne nicht mehr als ganz unveränderbare, unbeeinflußbare, ihrem Schicksal hilflos ausgelieferte dargestellt sieht. Er sieht: dieser Mensch ist so und so, weil die Verhältnisse so und so sind. Und die Verhältnisse sind so und so, weil der Mensch so und so ist. Er ist aber nicht nur so vorstellbar, wie er ist, sondern auch anders, so wie er sein könnte, und auch die Verhältnisse sind anders vorstellbar, als sie sind. Damit ist gewonnen, daß der Zuschauer im Theater eine neue Haltung bekommt. Er bekommt den Abbildern der Menschenwelt auf der Bühne gegenüber jetzt dieselbe Haltung, die er als Mensch dieses Jahrhunderts der Natur gegenüber hat. Er wird auch im Theater empfangen als der große Änderer, der in die Naturprozesse und die gesellschaftlichen Prozesse einzugreifen vermag, der die Welt nicht mehr nur hinnimmt, sondern sie meistert. Das Theater versucht nicht mehr, ihn besoffen zu machen, ihn mit Illusionen auszustatten, ihn die Welt vergessen zu machen, ihn mit seinem Schicksal auszusöhnen. Das Theater legt ihm nunmehr die Welt vor zum Zugriff. R

Friedrich Dürrenmatt: Uns kommt nur noch die Komödie bei

Die Tragödie setzt Schuld, Not, Maß, Übersicht, Verantwortung voraus. In der Wurstelei unseres Jahrhunderts, in diesem Kehraus der weißen Rasse, gibt es keine Schuldigen und auch keine Verantwortlichen mehr. Alle können nichts dafür und haben es nicht gewollt. Es geht wirklich ohne jeden. Alles wird mitgerissen und bleibt in irgendeinem Rechen hängen. Wir sind zu kollektiv schuldig, zu kollektiv gebettet in die Sünden unserer Väter und Vorväter. Wir sind nur noch Kindeskinder. Das ist unser Pech, nicht unsere Schuld: Schuld gibt es nur noch als persönliche Leistung, als religiöse Tat. Uns kommt nur noch die Komödie bei. Unsere Welt hat ebenso zur Groteske geführt wie zur Atombombe, […].
Doch ist das Tragische immer noch möglich, auch wenn die reine Tragödie nicht mehr möglich ist. Wir können das Tragische aus der Komödie heraus erzielen, hervorbringen als einen schrecklichen Moment, als einen sich öffnenden Abgrund, so sind ja schon viele Tragödien Shakespeares Komödien, aus denen heraus das Tragische aufsteigt. Nun liegt der Schluß nahe, die Komödie sei

Prüfungsvorbereitung

der Ausdruck der Verzweiflung, doch ist dieser Schluß nicht zwingend. Gewiß, wer das Sinnlose, das Hoffnungslose dieser Welt sieht, kann verzweifeln, doch ist diese Verzweiflung nicht eine Folge dieser Welt, sondern eine Antwort, die er auf diese Welt gibt, und eine andere Antwort wäre sein Nichtverzweifeln, sein Entschluß etwa, die Welt zu bestehen, in der wir oft leben wie Gulliver unter den Riesen. Auch der nimmt Distanz, auch der tritt einen Schritt zurück, der seinen Gegner einschätzen will, der sich bereit macht, mit ihm zu kämpfen oder ihm zu entgehen. Es ist immer noch möglich, den mutigen Menschen zu zeigen. Dies ist denn auch eines meiner Hauptanliegen. Der Blinde, Romulus, Übelohe, Akki[1] sind mutige Menschen. Die verlorene Weltordnung wird in ihrer Brust wieder hergestellt, das Allgemeine entgeht meinem Zugriff. Ich lehne es ab, das Allgemeine in einer Doktrin[2] zu finden, ich nehme es als Chaos hin. Die Welt (die Bühne somit, die diese Welt bedeutet) steht für mich als ein Ungeheures da, als ein Rätsel an Unheil, das hingenommen werden muß, vor dem es jedoch kein Kapitulieren geben darf. Die Welt ist größer denn der Mensch, zwangsläufig nimmt sie so bedrohliche Züge an, die von einem Punkt außerhalb nicht bedrohlich wären, doch habe ich kein Recht und keine Fähigkeit, mich außerhalb zu stellen. Trost in der Dichtung ist oft nur allzu billig, ehrlicher ist es wohl, den menschlichen Blickwinkel beizubehalten. Die Brecht'sche These, die er in seiner Straßenszene entwickelt, die Welt als Unfall hinzustellen und nun zu zeigen, wie es zu diesem Unfall gekommen sei, mag großartiges Theater geben, was ja Brecht bewiesen hat, doch muß das meiste bei der Beweisführung unterschlagen werden: Brecht denkt unerbittlich, weil er an vieles unerbittlich nicht denkt. Endlich: Durch den Einfall, durch die Komödie wird das anonyme Publikum als Publikum erst möglich, eine Wirklichkeit, mit der zu rechnen, aber die auch zu berechnen ist. Der Einfall verwandelt die Menge der Theaterbesucher besonders leicht in eine Masse, die nun angegriffen, verführt, überlistet werden kann, sich Dinge anzuhören, die sie sonst nicht so leicht anhören würde. Die Komödie ist eine Mausefalle, in die das Publikum immer wieder gerät und immer noch geraten wird. Ⓡ

1 Der Blinde, Romulus, Übelohe, Akki: Figuren in Dürrenmatts Dramen
2 Doktrin: Lehrmeinung

2 Erläutern Sie die Gemeinsamkeiten und Unterschiede der drei Vorstellungen von Theater.

Georg Trakl: Ein Frühlingsabend

Ein Strauch voll Larven; Abendföhn im März;
Ein toller Hund läuft durch ein ödes Feld
Durchs braune Dorf des Priesters Glocke schellt;
Ein kahler Baum krümmt sich in schwarzem Schmerz.

Im Schatten alter Dächer blutet Mais;
O Süße, die der Spatzen Hunger stillt.
Durch das vergilbte Rohr bricht scheu ein Wild.
O Einsamstehn vor Wassern still und weiß.

Unsäglich ragt des Nußbaums Traumgestalt.
Den Freund erfreut der Knaben bäurisch Spiel.
Verfallene Hütten, abgelebt' Gefühl;
Die Wolken wandern tief und schwarz geballt.

3 Interpretieren Sie das Gedicht „Ein Frühlingsabend" von Georg Trakl unter besonderer Berücksichtigung seiner formalen und sprachlichen Besonderheiten.

Prüfungsvorbereitung

Checkliste: Epik – Lyrik – Drama

Epik

- ☑ Können Sie fiktionale von pragmatischen Texten unterscheiden?
- ☑ Können Sie die Funktion des Erzählers erklären?
- ☑ Können Sie die unterschiedlichen Erzählformen nennen und ihre jeweilige Funktion erläutern?
- ☑ Wissen Sie, inwiefern sich die auktoriale von der personalen Erzählhaltung unterscheidet?
- ☑ Kennen Sie unterschiedliche Möglichkeiten zur Wiedergabe von Gesprächen in epischen Texten?
- ☑ Kennen Sie unterschiedliche Möglichkeiten zur Wiedergabe von Gedanken und Gefühlen in epischen Texten?
- ☑ Können Sie das Verhältnis von erzählter Zeit und Erzählzeit beschreiben?
- ☑ Wissen Sie, wie sich einzelne Interpretationsmethoden voneinander unterscheiden?

Lyrik

- ☑ Wissen Sie, welche Aufgabe das „lyrische Ich“ hat?
- ☑ Können Sie Reimschemata benennen?
- ☑ Können Sie erklären, was ein Jambus, ein Anapäst, ein Trochäus, ein Daktylus ist?
- ☑ Können Sie erklären, was eine männliche bzw. weibliche Kadenz ist?

Drama

- ☑ Kennen Sie die Merkmale der klassischen Tragödie?
- ☑ Kennen Sie die Merkmale des epischen Theaters?
- ☑ Können Sie erklären, warum Brecht die Form des epischen Theaters entwickelte?
- ☑ Können Sie erklären, warum Dürrenmatt die Form der Tragikomödie wählte?
- ☑ Kennen Sie die Merkmale des absurden Theaters?

Kapitel 15

Literarische Texte interpretierenn

15.1
Drama

15.2
Epik (am Beispiel Roman)

15.3
Lyrik

In diesem Kapitel werden Sie vor allem Ganzschriften deuten und Ihre Analyseergebnisse in einem Interpretationsaufsatz darlegen. Dabei lernen Sie auch werkübergreifende Interpretationsmethoden kennen und üben die Beurteilung eines literarischen Werkes im Rahmen einer Buchpräsentation.

Kompetenzen

- ✓ Einen Textauszug in den Gesamtzusammenhang einordnen und im Hinblick auf die Gesamtaussage bewerten
- ✓ Interpretationshypothesen entwickeln und prüfen
- ✓ Sprachliche und erzähl- bzw. dramentechnische Mittel deuten
- ✓ Werkimmanente und historische Aspekte bei einer Interpretation berücksichtigen

Methoden und Arbeitstechniken

- ✓ Zitieren

Drama
Einordnung einer Textstelle

Das Interpretieren einer literarischen Ganzschrift erfordert eine umfassende Auseinandersetzung mit Inhalt und Form eines Textes. Am Beispiel von Bertolt Brechts Drama „Leben des Galilei“ erarbeiten Sie das schrittweise Vorgehen beim Schreiben der Textinterpretation. In einem ersten Aufgabenteil wird von Ihnen häufig verlangt, einen Textauszug in den Gesamtzusammenhang des Dramas einzuordnen. Dazu ist es notwendig, sich die Handlung des ganzen Dramas zu vergegenwärtigen.

Inhaltliche Zusammenfassung des Dramas „Leben des Galilei“ von Bertolt Brecht

Im Mittelpunkt des Dramas steht der Wissenschaftler Galileo Galilei, der von 1564 bis 1642 als Mathematiker, Physiker und Astronom in Italien gelebt und geforscht hat. Mit seinen wissenschaftlichen Untersuchungen versucht er, die Richtigkeit des kopernikanischen Weltbildes – das die Sonne und nicht die Erde als Mittelpunkt hat – zu beweisen. Galilei gerät damit in einen scharfen Gegensatz zur herrschenden kirchlichen Lehre. Es wird dargestellt, wie daraus Galileis Konflikt zwischen seiner Verantwortung als Wissenschaftler zur Aufklärung einerseits und seiner Person, die weiterleben und forschen will, andererseits entsteht.

In fünfzehn Bildern zeichnet Brecht die Stationen von Galileis Lebensweg nach. Zunächst lehrt und forscht Galilei in Padua, und es gelingt ihm, mithilfe eines nach holländischem Vorbild gebauten Fernrohres nachzuweisen, dass der Jupiter Monde hat, die ihn als Trabanten umkreisen.

Obwohl Galilei vor den kirchlichen Wissenschaftlern in Florenz gewarnt wird, entschließt er sich, seine Forschungen von Padua nach Florenz zu verlegen, weil er sich dort aufgrund der höheren Besoldung bessere Rahmenbedingungen für seine Arbeit erhofft. Er spürt aber sehr schnell die Widerstände der kirch lichen Wissenschaftler, die vor allem religiös argumentieren und sich auf die Bibel berufen, in der ihrer Meinung nach eindeutig bewiesen sei, dass Gott die Erde in den Mittelpunkt gestellt habe. Außerdem befürchtet man, dass Galileis Erkenntnisse beim einfachen Volk zu Unruhen und Rebellion führen könnten. Und obwohl der Astronom des Vatikans Clavius die Ergebnisse Galileis bestätigt, wird Galileis Lehre auf den Index gesetzt, das heißt, es werden Verbreitung und Studium verboten.

Zwar unterwirft sich Galilei dem Forschungsverbot, doch als acht Jahre später ein Wissenschaftler zum Papst gewählt wird, setzt Galilei seine Arbeit fort. Dies hat zur Folge, dass er von der Inquisition, dem Gericht der Kirche, verhört wird. Obwohl die Richtigkeit von Galileis Lehre auch für das Kirchengericht außer Zweifel steht, zwingt man ihn zum Widerruf und inhaftiert ihn die letzten Jahre seines Lebens in einem Haus außerhalb von Florenz.

Dort forscht er trotz ständiger Bewachung weiter, und es gelingt ihm, eine Abschrift seines Hauptwerkes, der „Discorsi“, seinem ehemaligen Lieblingsschüler Andrea zukommen zu lassen, der sie nach Holland schmuggelt.

Aufführung im Berliner Ensemble, 1957

1 Untersuchen Sie die inhaltliche Zusammenfassung.

a) Formulieren Sie den im Drama dargestellten Konflikt mit eigenen Worten.

b) Beschreiben Sie die gesellschaftspolitische Dimension des Konflikts.

Einordnung einer Textstelle

4. Bild (Auszug)

Cosmo bückt sich rasch und übergibt Andrea höflich das Modell. Inzwischen räumt Galilei verstohlen das andere Modell beiseite.

GALILEI *am Fernrohr*: Wie Eure Hoheit zweifellos wissen, sind wir Astronomen seit einiger Zeit mit unseren Berechnungen in große Schwierigkeiten gekommen. Wir benützen dafür ein sehr altes System, das sich in Übereinstimmung mit der Philosophie, aber leider nicht mit den Fakten zu befinden scheint. Nach diesem alten System, dem Ptolemäischen, werden die Bewegungen der Gestirne als äußerst verwickelt angenommen. Der Planet Venus zum Beispiel soll eine Bewegung von dieser Art vollführen.
Er zeichnet auf eine Tafel die epizyklische Bahn der Venus nach der ptolemäischen Annahme.
Aber selbst solche schwierigen Bewegungen annehmend, sind wir nicht in der Lage, die Stellung der Gestirne richtig vorauszuberechnen. Wir finden sie nicht an den Orten, wo sie eigentlich sein müßten. Dazu kommen solche Gestirnbewegungen, für welche das Ptolemäische System überhaupt keine Erklärung hat. Bewegungen dieser Art scheinen mir einige von mir neu entdeckte kleine Sterne um den Planeten Jupiter zu vollführen. Ist es den Herren angenehm, mit einer Besichtigung der Jupitertrabanten zu beginnen, der Mediceischen Gestirne?

ANDREA *auf den Hocker vor dem Fernrohr zeigend*: Bitte, sich hier zu setzen.

DER PHILOSOPH Danke, mein Kind. Ich fürchte, das alles ist nicht ganz so einfach. Herr Galilei, bevor wir Ihr berühmtes Rohr applizieren, möchten wir um das Vergnügen eines Disputs bitten. Thema: Können solche Planeten existieren?

DER MATHEMATIKER Eines formalen Disputs.

GALILEI Ich dachte mir, Sie schauen einfach durch das Fernrohr und überzeugen sich?

ANDREA Hier, bitte.

DER MATHEMATIKER Gewiß, gewiß. – Es ist Ihnen natürlich bekannt, daß nach der Ansicht der Alten Sterne nicht möglich sind, die um einen anderen Mittelpunkt als die Erde kreisen, noch solche Sterne, die im Himmel keine Stütze haben?

GALILEI Ja.

DER PHILOSOPH Und, ganz absehend von der Möglichkeit solcher Sterne, die der Mathematiker – *er verbeugt sich gegen den Mathematiker* – zu bezweifeln scheint, möchte ich in aller Bescheidenheit als Philosoph die Frage aufwerfen: Sind solche Sterne nötig? Aristotelis divini universum …

GALILEI Sollten wir nicht in der Umgangssprache fortfahren? Mein Kollege, Herr Federzoni, versteht Latein nicht.

DER PHILOSOPH Ist es von Wichtigkeit, daß er uns versteht?

GALILEI Ja.

DER PHILOSOPH Entschuldigen Sie mich. Ich dachte, er ist Ihr Linsenschleifer. [R]

2 Ordnen Sie den Textausschnitt in den Gesamtzusammenhang des Dramas ein.

a) Fassen Sie den Inhalt des Ausschnittes kurz zusammen.

b) Notieren Sie in Stichpunkten, was in den Bildern 1–4 (Beginn) geschehen ist und wie die Handlung nach dem Ausschnitt fortgeführt wird. Orientieren Sie sich auch an der inhaltlichen Zusammenfassung des Dramas (↗ S. 258).

Einordnung einer Textstelle

Muster

Die Begegnung zwischen Galilei und den Wissenschaftlern aus Florenz steht im Mittelpunkt des 4. Bildes. Es geht um die Frage, ob sich die Wissenschaftler von Galilei überzeugen lassen werden oder nicht. Da Galilei an die Vernunft glaubt, hat er die Hoffnung, dass die Wissenschaftler durch das Fernrohr sehen und die Existenz der Jupitermonde anerkennen werden; damit wäre auch das ptolemäische Weltbild, nach dem die Erde im Mittelpunkt steht, widerlegt. Zu seiner Enttäuschung muss er allerdings erfahren, dass sich die Wissenschaftler weigern, durch das Fernrohr zu schauen, weil sie der Überzeugung sind, dass solche Sterne nicht existieren können und darüber hinaus mehr schaden als nutzen würden.

Bereits im Vorfeld ist Galilei von Sagredo gewarnt worden, nach Florenz zu gehen, weil der Einfluss der Kirche auf Wissenschaft und Lehre dort weitaus größer sei als in der von Rom relativ unabhängigen Universitätsstadt Padua, die zur freien Republik Venedig gehört. Allerdings lässt sich Galilei durch die Warnungen nicht beeindrucken, weil er an die Überzeugungskraft seiner Argumente glaubt. Vor allem locken ihn die finanziellen Möglichkeiten, die sich ihm in Florenz bieten.

Im weiteren Verlauf der Handlung muss Galilei erkennen, dass Macht und Einfluss der Kirche so groß sind, dass sie seine Lehre auf den Index setzen können. Außerdem wird er inhaftiert und man droht ihm die Folter an. Unter diesem Druck wird der Wissenschaftler schließlich seine Lehre widerrufen.

Aufführung im Berliner Ensemble, 1957

3 Beschreiben Sie den Aufbau des Mustertextes.

4 Erstellen Sie eine Gliederung für die Einordnung des Textausschnittes in den Gesamtzusammenhang.

ARBEITSTECHNIK | Einordnung einer Textstelle in den Gesamtzusammenhang

Die Einordnung einer Textstelle in den Gesamtzusammenhang einer Ganzschrift dient dem Nachweis der Textkenntnis – in diesem Teil des Aufsatzes beschreiben Sie Inhalte und ordnen diese ein, Sie interpretieren sie noch nicht. So gehen Sie vor:

- Sie formulieren eine inhaltliche Zusammenfassung der vorgegebenen Textstelle.
- Daran schließen Sie einen Rückblick an, der kurz deutlich macht, weshalb es zu der im Textauszug beschriebenen Handlung kommt.
- In einem Ausblick fassen Sie dann zusammen, wie sich die Handlung weiter entfaltet.
- Sie schreiben in eigenen Worten. Die Zeitform ist das Präsens. Wichtige Figurenäußerungen geben Sie in indirekter Rede wieder. Zitate sind in diesem ersten Teil des Aufsatzes noch nicht erlaubt.

Achtung: Rückblick und Vorausblick müssen zeigen, dass Sie sich auf die vorgegebene Textstelle beziehen. Es geht also nicht darum, das ganze Drama inhaltlich wiederzugeben. Die Einordnung einer Textstelle sollte nicht mehr als ein Drittel des Gesamtumfangs Ihres Aufsatzes ausmachen.

Analyse und Interpretation sprachlicher und dramentechnischer Mittel

Im Folgenden analysieren und interpretieren Sie einen Dramenauszug.

6. Bild (Auszug)

Eintritt ein sehr alter Kardinal, von einem Mönch gestützt. Man macht ihm ehrerbietig Platz.

DER SEHR ALTE KARDINAL Sind sie immer noch drinnen? Können sie mit dieser Kleinigkeit wirklich nicht schneller fertig werden? Dieser Clavius sollte doch seine Astronomie verstehen! Ich höre, dieser Herr Galilei versetzt den Menschen aus dem Mittelpunkt des Weltalls irgendwohin an den Rand. Er ist folglich deutlich ein Feind des Menschengeschlechts! Als solcher muß er behandelt werden. Der Mensch ist die Krone der Schöpfung, das weiß jedes Kind, Gottes höchstes und geliebtestes Geschöpf. Wie könnte er es, ein solches Wunderwerk, eine solche Anstrengung, auf ein kleines, abseitiges und immerfort weglaufendes Gestirnlein setzen? Würde er so wohin seinen Sohn schicken? Wie kann es Leute geben, so pervers, daß sie diesen Sklaven ihrer Rechentafeln Glauben schenken! Welches Geschöpf Gottes wird sich so etwas gefallen lassen?

DER DICKE PRÄLAT *halblaut:* Der Herr ist anwesend.

DER SEHR ALTE KARDINAL *zu Galilei:* So, sind Sie das? Wissen Sie, ich sehe nicht mehr allzu gut, aber das sehe ich doch, daß Sie diesem Menschen, den wir seinerzeit verbrannt haben – wie hieß er doch? –, auffallend gleichen.

DER MÖNCH Eure Eminenz sollten sich nicht aufregen. Der Arzt …

DER SEHR ALTE KARDINAL *schüttelt ihn ab, zu Galilei:* Sie wollen die Erde erniedrigen, obwohl Sie auf ihr leben und alles von ihr empfangen. Sie beschmutzen Ihr eigenes Nest! Aber ich jedenfalls lasse es mir nicht gefallen. *Er stößt den Mönch zurück und beginnt stolz auf und ab zuschreiten.* Ich bin nicht irgendein Wesen auf irgendeinem Gestirnchen, das für kurze Zeit irgendwo kreist. Ich gehe auf einer festen Erde, in sicherem Schritt, sie ruht, sie ist der Mittelpunkt des Alls, ich bin im Mittelpunkt, und das Auge des Schöpfers ruht auf mir und auf mir allein. Um mich kreisen, fixiert an acht kristallene Schalen, die Fixsterne und die gewaltige Sonne, die geschaffen ist, meine Umgebung zu beleuchten. Und auch mich, damit Gott mich sieht. So kommt sichtbar und unwiderleglich alles an auf mich, den Menschen, die Anstrengung Gottes, das Geschöpf in der Mitte, das Ebenbild Gottes, unvergänglich und … *Er sinkt zusammen.*

DER MÖNCH Eure Eminenz haben sich zuviel zugemutet!

In diesem Augenblick öffnet sich die Tür hinten, und an der Spitze seiner Astronomen kommt der große Clavius herein. Er durchschreitet schweigend und schnell, ohne zur Seite zu blicken, den Saal und spricht, schon am Ausgang, zu einem Mönch hin.

CALVIUS Es stimmt. *Er geht ab, gefolgt von den Astronomen. Die Tür hinten bleibt offenstehen. Totenstille. Der sehr alte Kardinal kommt zu sich.*

DER SEHR ALTE KARDINAL Was ist? Die Entscheidung gefallen?

Niemand wagt, es ihm zu sagen.

DER MÖNCH Eure Eminenz müssen nach Hause gebracht werden.

Man hilft dem alten Mann hinaus. Alle verlassen verstört den Saal. Ein kleiner Mönch aus der Untersuchungskommission des Clavius bleibt bei Galilei stehen.

DER KLEINE MÖNCH *verstohlen:* Herr Galilei, Pater Clavius sagte, bevor er wegging: Jetzt können die Theologen sehen, wie sie die Himmelskreise wieder einrenken! Sie haben gesiegt. *Ab*

Analyse und Interpretation sprachlicher und dramentechnischer Mittel

GALILEI *sucht ihn zurückzuhalten:* Sie hat gesiegt! Nicht ich, die Vernunft hat gesiegt!

Der kleine Mönch ist schon weg. Auch Galilei geht. Unter der Tür begegnet er einem hochgewachsenen Geistlichen, dem Kardinal Inquisitor. Ein Astronom begleitet ihn. Galilei verbeugt sich. Bevor er hinausgeht, stellt er einem Türhüter flüsternd eine Frage.

TÜRHÜTER *zurückflüsternd:* Seine Eminenz, der Kardinal Inquisitor. R

1 Ordnen Sie die Textstelle in den Gesamtzusammenhang ein.

2 Formulieren Sie eine Interpretationshypothese zu dem Textauszug. Gehen Sie so vor:

a) Formulieren Sie, wie Sie den Auftritt des „sehr alten Kardinals" im Hinblick auf seine inhaltlichen Aussagen, seine Sprache und seinen Zusammenbruch deuten.

b) Gehen Sie auf die Funktion ein, die dieses 6. Bild für den Handlungsverlauf des Dramas haben könnte.

3 Analysieren Sie den Auszug.

a) Welche Auffassung von der Bedeutung der Wissenschaft äußert der „sehr alte Kardinal"? Vergleichen Sie seine Auffassung mit der Galileis.

b) Untersuchen Sie, welche sprachlichen Mittel (↗ S. 92 f.) verwendet werden, um die Position des „sehr alten Kardinals" zu untermauern.

Sprache und Stil

4 Deuten Sie die Ergebnisse Ihrer Sprachanalyse. Formulieren Sie Sätze nach dem Muster unten.

Sprachliches Mittel	Deutung
Drohungen, z. B.: „Aber ich jedenfalls lasse es mir nicht gefallen." (Z. 18–19)	Aggressivität des Kardinals
Ironie: „[...] auf irgendeinem Gestirnchen" (Z. 20)	würdigt Galileis Arbeit herab
Anapher: „Ich bin nicht [...]. Ich gehe [...], ich bin [...]." (Z. 20–22)	egozentrischer Machtmensch – sieht nur sich im Mittelpunkt
Metapher: „Sie beschmutzen Ihr eigenes Nest!" (Z. 18)	beleidigend, verachtend

Muster

Trotz seiner Gebrechlichkeit ist der Kardinal sehr erregt und aggressiv gegenüber Galilei und vermittelt das Bild eines Machtmenschen, der keinen Widerspruch duldet. Dies wird z. B. daran deutlich, dass seine Aussagen in Form von Ausrufen formuliert werden, dass er ironisch über Galileis Forschung spricht und sich als Mittelpunkt von allem darstellt, wozu das Stilmittel Anapher benutzt wird: „Ich bin nicht irgendein Wesen [...]. Ich gehe [...], ich bin [...]" (Z. 20–22). Mit der ironischen Verkleinerung „Gestirnchen" würdigt er Galileis Forschungsleistungen herab. Darüber hinaus droht er Galilei, dass man ihn töten werde: „[...] das sehe ich doch, daß Sie diesem Menschen, den wir seinerzeit verbrannt haben [...] auffallend gleichen."

Analyse und Interpretation sprachlicher und dramentechnischer Mittel

Für die Interpretation dramatischer Texte spielen die Regieanweisungen eine große Rolle, weil hier der Autor Hinweise gibt, wie eine Textpassage gespielt werden soll.

Muster

Deutung der dramentechnischen Gestaltung (6. Bild)
Die Regieanweisungen zeigen, auf welche Art der Kardinal seine Erregung, seinen Ärger und die Aggression Galilei betreffend durch die Körpersprache verdeutlichen soll, wenn er sich beispielsweise von dem ihn stützenden Mönch befreit: „schüttelt ihn ab" (Z. 17). Mit dieser emotionalen Geste soll auch ein Gegensatz zur Gebrechlichkeit des alten Mannes hervorgehoben werden: „Eintritt ein sehr alter Kardinal, von einem Mönch gestützt. […]" und „Er sinkt zusammen." (Z. 1, 26–27)

Dennoch lässt sich bereits an dieser Stelle vermuten, dass die Bestätigung der Lehren Galileis durch Clavius nicht den endgültigen Sieg für Galilei bringen wird, denn Brecht gibt mit dem Auftritt des Großinquisitors bereits einen wichtigen Hinweis, wie sich die Ereignisse weiterentwickeln werden: „Unter der Tür begegnet er einem hochgewachsenen Geistlichen, dem Kardinal Inquisitor. Ein Astronom begleitet ihn. Galilei verbeugt sich." (Z. 43–44) Die Verbeugung Galileis könnte als Vorwegnahme der späteren Unterwerfung gedeutet werden.

5 Untersuchen Sie die Musterlösung.

a) Schreiben Sie die für diesen Textauszug aufgestellten Interpretationshypothesen heraus.
b) Fassen Sie die Begründungen der Interpretationshypothesen kurz schriftlich zusammen.

6 Ergänzen Sie die Deutung der dramentechnischen Gestaltung (Muster) durch weitere Beispiele.

BASISWISSEN | Dramentechnische Mittel: die Regieanweisung

Regieanweisungen sind wichtige dramentechnische Mittel. Sie geben Hinweise zum körpersprachlichen Verhalten (analoge Kommunikation), also Mimik und Gestik einer Figur, und verdeutlichen so mit der Art der Gesprächsführung, der Äußerung von Emotionen, das Verhältnis der Figuren zueinander. Häufig nutzt der Autor (Dramatiker) die Regieanweisungen auch, um Hinweise zu geben, wie er sich die Kulisse, die Beleuchtung oder die Architektur eines Raumes wünscht und was die gerade nicht sprechenden Figuren tun sollen.

Die Analyse der Regieanweisungen gibt neben der Beschreibung des Dramenaufbaus und anderer dramentechnischer Mittel (↗ Kapitel 14.3) wichtige Aufschlüsse für die Interpretation des Dramas.

7 Formulieren Sie Regieanweisungen, mit denen folgende digitale (verbale) Äußerungen durch analoges (nonverbales) Verhalten verdeutlicht und verstärkt werden können.

Beispiel: digitale Ebene	auszudrückendes Gefühl	analoge Ebene
Ich habe versagt.	Resignation	*schlägt die Hände vor das Gesicht*
So kannst du mit mir nicht umgehen!	Wut, Aggression	… …
Ich könnte alle umarmen!	Euphorie	…
Was soll ich jetzt bloß tun?	Ratlosigkeit	…
Hoffentlich kommt er bald!	Ungeduld	

Die historische Interpretationsmethode

Für eine Interpretation kann es sinnvoll sein, die textimmanente Betrachtungsweise zu ergänzen und den historischen Hintergrund eines Werkes zu untersuchen. Die Werke Bertolt Brechts eignen sich besonders für die historische Interpretationsmethode, weil Brecht auf gesellschaftspolitische Ereignisse seiner Zeit in seinen literarischen Werken unmittelbar reagierte.

Informationen zu Brechts Biografie und Zeitgeschichte

Bertolt Brecht wurde 1898 in Augsburg geboren. Er wuchs in gesicherten bürgerlichen Verhältnissen auf. Schon während seiner Schulzeit setzte er sich sehr kritisch mit dem gerade tobenden Ersten Weltkrieg auseinander. Dies verstärkte sich noch, als er 1918 als Sanitätssoldat in einem Augsburger Reservelazarett arbeitete. Seine Gedichte, Lieder und Theaterstücke aus dieser Zeit sowie aus den 20er-Jahren des 20. Jahrhunderts wurden nach dem Machtantritt der Nationalsozialisten im Januar 1933 zu „undeutschen Schriften" erklärt und verbrannt. Brecht wurde die deutsche Staatsbürgerschaft aberkannt und er musste das Land verlassen.

Von seinen Stücken gibt es oft mehrere Fassungen, die an verschiedenen Orten entstanden sind. So hat Brecht die erste Fassung von „Leben des Galilei" 1938/39 in Dänemark verfasst, die zweite im amerikanischen Exil zwischen 1945 und 1947 und die dritte Bearbeitung in Berlin vorgenommen, die 1955 im Suhrkamp Verlag ihre Druckfassung erhielt. Vor allem die Atombombenabwürfe 1945 über Hiroshima und Nagasaki, die in wenigen Minuten über 180 000 Menschen das Leben kosteten, veranlassten Brecht zu einer Überarbeitung des berühmten Schlussmonologes Galileis.

Erste (dänische) Fassung (1938/39) – 14. Bild (Schlussmonolog)

GALILEI [...] Die Wissenschaft befindet sich nämlich mit der gesamten Menschheit in einem Boot. So kann sie nicht etwa sagen: Was geht es mich an, wenn am andern Ende des Bootes ein Leck ist! Sie steht so für die Vernunft, welche eine zu große Sache ist, als daß sie je in einem Kopf Platz hätte. Die Vernunft ist eine Sache, in welche die Menschen sich teilen. Sie kann als die Selbstsucht der gesamten Menschheit bezeichnet werden. Die Wissenschaft kann Menschen, die es versäumen, für die Vernunft einzutreten, nicht brauchen. Sie muß sie mit Schande davonjagen, denn sie mag so viele Wahrheiten wie immer wissen, in einer Welt der Lüge hätte sie keinen Bestand. Wenn die Hand, die sie füttert, ihr gelegentlich und ohne Warnung an die Gurgel greift, wird die Menschheit sie abhauen müssen. Das ist der Grund, warum die Wissenschaft einen Menschen wie mich nicht in ihren Reihen dulden kann. [R]

Dritte (Berliner) Fassung (1953–55) – 14. Bild (Schlussmonolog)

GALILEI [...] Eine Menschheit, stolpernd in einem Perlmutterdunst von Aberglauben und alten Wörtern, zu unwissend, ihre eigenen Kräfte voll zu entfalten, wird nicht fähig sein, die Kräfte der Natur zu entfalten, die ihr enthüllt. Wofür arbeitet ihr? Ich halte dafür, daß das einzige Ziel der Wissenschaft darin besteht, die Mühseligkeit der menschlichen Existenz zu erleichtern. Wenn Wissenschaftler, eingeschüchtert durch selbstsüchtige Machthaber, sich damit begnügen, Wissen um des Wissens willen aufzuhäufen, kann die Wissenschaft zum Krüppel gemacht werden, und eure neuen Maschinen mögen nur neue Drangsale bedeuten.
Ihr mögt mit der Zeit alles entdecken, was es zu entdecken gibt, und euer Fortschritt wird doch nur ein Fortschreiten von der Menschheit weg sein. Die Kluft zwischen euch und ihr kann eines Tages so groß werden, daß

Die historische Interpretationsmethode

euer Jubelschrei über irgendeine neue Errungenschaft von einem universalen Entsetzensschrei beantwortet werden könnte. – Ich hatte als Wissenschaftler eine einzigartige Möglichkeit. In meiner Zeit erreichte die Astronomie die Marktplätze. Unter diesen ganz besonderen Umständen hätte die Standhaftigkeit e i n e s Mannes große Erschütterungen hervorrufen können. Hätte ich widerstanden, hätten die Naturwissenschaftler etwas wie den hippokratischen Eid der Ärzte entwickeln können, das Gelöbnis, ihr Wissen einzig zum Wohle der Menschheit anzuwenden! Wie es nun steht, ist das Höchste, was man erhoffen kann, ein Geschlecht erfinderischer Zwerge, die für alles gemietet werden können. Ich habe zudem die Überzeugung gewonnen, Sarti, daß ich niemals in wirklicher Gefahr schwebte. Einige Jahre lang war ich ebenso stark wie die Obrigkeit. Und ich überlieferte mein Wissen den Machthabern, es zu gebrauchen, es nicht zu gebrauchen, es zu mißbrauchen, ganz wie es ihren Zwecken diente. *Virginia ist mit einer Schüssel hereingekommen und bleibt stehen.*

GALILEI Ich habe meinen Beruf verraten. Ein Mensch, der das tut, was ich getan habe, kann in den Reihen der Wissenschaftler nicht geduldet werden. [R]

1 Untersuchen Sie die Veränderungen, die Brecht vorgenommen hat, und versuchen Sie diese zu begründen. Nutzen Sie dazu die Informationen zu Biografie und Zeitgeschichte.

2 Erörtern Sie die Relevanz des Themas „Grenzen des wissenschaftlichen Forschens“ für Leser des 21. Jahrhunderts.

BASISWISSEN **Historische Interpretationsmethode**

Interpretationsmethode, bei der Faktoren, die außerhalb eines Textes liegen, zur Deutung herangezogen werden. Das können z. B. geschichtliche Ereignisse sein oder gesellschaftspolitische Vorgänge, die das Leben und Wirken einer Autorin oder eines Autors stark beeinflussen. Mit dieser Methode prüfen Sie, ob und wie solche Ereignisse und Vorgänge sich auf die Themenwahl, die inhaltliche und sprachliche Darstellungsweise eines literarischen Textes (hier eines Dramas) ausgewirkt haben, und Sie beziehen diese Aspekte in Ihre Deutung ein (↗ Kapitel 14).

Muster

Aufgabe mit Lösungsvorschlag:
Ordnen Sie das vollständige 6. Bild in den Gesamtzusammenhang des Dramas ein und interpretieren Sie es. Berücksichtigen Sie dabei die sprachliche und dramentechnische Gestaltung und gehen Sie auf historische Hintergründe ein.

Das 1938 im dänischen Exil entstandene Drama „Leben des Galilei“ wurde von Bertolt Brecht verfasst und in den folgenden zwei Jahrzehnten mehrfach überarbeitet, bis es im Jahr 1955 in Berlin seine endgültige Fassung erhielt. Im Mittelpunkt stehen das Leben des berühmten Physikers und Astronomen Galileo Galilei, sein Kampf mit der Kirche um freie Forschung und die Folgen eines sich wandelnden Weltbildes.

allgemeine Einleitung

Im 6. Bild, dessen Handlung im Forschungsinstitut des Vatikans spielt, warten Galilei und eine Reihe von Theologen, Priestern, Wissenschaftlern auf die Untersuchungsergebnisse des Astronomen Clavius. Eingangs der Szene macht man sich über das neue Weltbild und die Lehren Galileis lustig. Es werden Einwände gegen das kopernikanische Weltbild erhoben. So kriti-

Inhalt der Textstelle

sieren die beiden Astronomen, dass es bereits früher Erscheinungen am Himmel gegeben habe, die mit dem alten Weltbild nicht zu erklären gewesen seien. Dennoch habe niemand die Vermessenheit besessen, den Himmel in seinem Wesen anzuzweifeln. Ein sehr dünner Mönch versucht, die Lehre Galileis mit dem Wortlaut der Schrift zu widerlegen und behauptet, Galileis Theorien seien destruktiv. Unterstützung erhält er von dem sehr alten Kardinal, der ebenfalls darüber reflektiert, was mit der Welt und dem Menschen geschähe, wenn Galileis Weltbild stimmen würde. Vor allem beklagt er den Verlust der Gottesebenbildlichkeit, die im Weltbild der Bibel die innere Mitte bildet. Mit eindeutigen Drohungen versucht er Galilei einzuschüchtern. Das Bild endet damit, dass Clavius in aller Knappheit die Himmelsbeobachtungen bestätigt.

Rückblick

Bereits im Vorfeld dieses Bildes ist die Skepsis der Vertreter der katholischen Kirche gegenüber dem kopernikanischen Weltbild thematisiert worden. Vor allem im 4. Bild wird das Dogma der herrschenden kirchlichen Lehre deutlich: Die Gelehrten weigern sich, durch das Fernrohr zu schauen, weil sie nicht an die Möglichkeit der Existenz der Jupitermonde glauben.

weitere Entwicklung

Auch im weiteren Verlauf des Dramas kommt es zu erheblichen Konflikten Galileis mit der Kirche. Man setzt seine Schriften auf den Index; als er weiterforscht und berühmt wird, zwingt ihn die Inquisition schließlich zum Widerruf und erteilt ihm lebenslänglich Hausarrest.

Interpretationshypothesen mit Textbelegen

Im 6. Bild wird gezeigt, aus welch unterschiedlichen Motiven heraus Erkenntnisse der Wissenschaften abgelehnt werden. Zum einen fällt die Gruppe um den dicken Prälaten auf, die offensichtlich nicht gewillt ist, sich mit den neuen Theorien auseinanderzusetzen. Diese Gruppe repräsentiert einen Menschentypus, der nur auf seine beschränkte Sinneswahrnehmung vertraut. Auf das, was sie nicht versteht, reagiert sie mit einem fast albernen kleinen Theaterspiel, das ihre Ignoranz unter Beweis stellt: „Es bildet sich ein Klumpen von Mönchen, die unter Gelächter tun, als wehrten sie sich, von einem Schiff im Sturm abgeschüttelt zu werden." (S. 59[1])

Analyse der Regieanweisung

Brecht wählt in der Regieanweisung erneut das Bild vom Schiff als Metapher für die neue Zeit, die anbricht; eine Zeit, in der man sich getraut, die Ufer zu verlassen (vgl. S. 9 f.) und über das Meer zu fahren. Dabei werden, so Galileis Hoffnung, in der Tat nicht nur die alten Lehren, sondern auch deren Vertreter „abgeschüttelt". Ihre Sprache ist zynisch, weil sie sich immer wieder über Galileis Lehren lustig machen: „Ein Mönch spielt Komödie: Mir schwindelt. Die Erde dreht sich zu schnell." (S. 58) Hingegen machen sich die beiden Astronomen wesentlich mehr Gedanken, sie stehen für diejenigen Wissenschaftler, die sich neuen Erkenntnissen zwar nicht völlig verschließen, aber denen die alte Ordnung so schützenswert erscheint, dass sie das Neue lieber verwerfen. Sie sehen, aber sie haben nicht den Mut, daraus die richtigen Schlüsse zu ziehen. Der zweite Astronom äußert: „Es gibt Erscheinungen, die uns Astronomen Schwierigkeiten bereiten, aber muß der Mensch alles verstehen?" (S. 60) Die rhetorische Frage zeigt deutlich, wo sich der Astronom seine Grenzen setzt: dort, wo die göttliche und die weltliche Ordnung selbst zum Gegenstand der Forschung werden.

Konflikt

Sprachanalyse und Zitate

Einen letzten Typus von Gegnern der Lehre Galileis stellt uns Brecht mit dem sehr dünnen Mönch und dem sehr alten Kardinal vor. Sie sind fanatische Fundamentalisten, die sich aus unterschiedlichen Gründen der Unfehlbarkeit der Bibel verpflichtet fühlen: „Wie kann die Sonne stillstehen, wenn sie sich überhaupt nicht dreht, wie diese Ketzer behaupten? Lügt die Schrift?" (S. 60) Auch diese Fragen sind Scheinfragen, die verknüpft sind mit einer eindeutigen Drohung in die Richtung Galileis. Mit Aufzählungen, Metaphern und Vergleichen will der sehr dünne Mönch die Verwerflichkeit der Hypothesen Galileis vor Augen führen: „Die Heimat des Menschen setzen sie einem Wandelstern gleich. Mensch, Tier, Pflanze und Erdreich verpacken sie auf einen Karren und treiben ihn im Kreis durch den leeren Himmel." (S. 60)

1 Die Seitenangaben beziehen sich auf B. B., Leben des Galilei. edition Suhrkamp, 2007.

Die Textinterpretation

Die antithetische Grundstruktur seiner Ausführungen unterstreicht nochmals die Schärfe des Konflikts zwischen der alten und neuen Lehre: „Da ist kein Unterschied mehr zwischen Oben und Unten, zwischen dem Ewigen und Vergänglichen. [...] Es gibt auch nicht Mensch und Tier, der Mensch selber ist ein Tier, es gibt nur Tiere!" (S. 60f.)

Sprachanalyse und Zitate

Wie sich der Mönch in seinen Ausführungen ereifert, wird an den Ausrufezeichen deutlich; sie sollen zeigen, dass er keinen Widerspruch duldet, dass ein wissenschaftlicher Disput mit ihm unmöglich ist. Dies verdeutlichen auch Brechts Regieanweisungen: „[...] kommt mit einer aufgeschlagenen Bibel nach vorn, den Finger auf eine Stelle stoßend: [...]" (S. 60)

Ganz ähnlich verhält es sich mit dem sehr alten Kardinal, der ebenfalls ein Dogmatiker ist und in der Auseinandersetzung mit der eigenen Hinfälligkeit aus dem geozentrischen ein egozentrisches Weltbild gemacht hat. Die Vielzahl der Sätze, die mit dem Personalpronomen und Reflexivpronomen in der 1. Person Singular beginnen, zeigt die Ich-Fixierung des Kardinals. Auch er bedient sich der Metaphorik, um die Bedeutung des Menschen als „Krone der Schöpfung", als „Wunderwerk" hervorzuheben oder Galilei und seine Anhänger als „Sklaven der Rechentafeln" (S. 61) zu beschimpfen. Höhepunkt seiner Hetzrede gegen die Lehren Galileis ist sicher die Klimax am Ende, als er kurz vor seinem Zusammenbruch konstatiert: „So kommt sichtbar und unwiderleglich alles an auf mich, den Menschen, das Ebenbild Gottes, unvergänglich und ..." (S. 62)

Wie brüchig und morbide die alte Lehre geworden ist, wird in der lakonisch knappen Regieanweisung „Er sinkt zusammen" (S. 62) nochmals dramentechnisch unterstrichen.

So ist nach der Analyse und Interpretation dieses Bildes festzuhalten, dass es unterschiedliche Gründe gibt, sich dem Neuen zu verweigern. Dabei könnten Angst (der sehr alte Kardinal), Kadavergehorsam (der sehr dünne Mönch) und schlichte Dummheit (der Prälat) eine Rolle spielen. Dennoch geht es Brecht nicht allein um die Wissenschaft, sondern um die Forschung zum Wohl der Menschheit. Wer im „Galilei" nur ein Plädoyer für ungehinderte freie Forschung sieht, übersieht, dass Brecht die Frage nach der Verantwortung des Wissenschaftlers stellt, nachdem die Atombombenabwürfe auf Japan geschehen sind. Es geht ihm um Humanisierung der gesellschaftlichen Verhältnisse und darum, die Unfreiheit der Menschen zu bekämpfen. Die Kapitulation Galileis am Schluss des Dramas muss in diesem Zusammenhang als Kapitulation vor den gesellschaftlichen Zuständen, die eine freie Entfaltung unmöglich machen, gesehen werden und weniger als persönliches Defizit.

Zusammenfassung der Interpretationshypothesen

Brechts Intention unter Einbeziehung historischer Hintergründe

1 Untersuchen Sie die Musterlösung.

a) Arbeiten Sie die Interpretationshypothesen sowie deren Begründungen heraus.

b) Beurteilen Sie die Bedeutung des Schlussteils im Hinblick auf die Interpretation des Dramas.

FAZIT

15.1
Drama

- Einordnung einer Textstelle in den Gesamtzusammenhang
- Interpretation:
  - Interpretationshypothesen formulieren
  - Deutung der sprachlichen und dramentechnischen Mittel
  - geschichtlichen Hintergrund einbeziehen

Prüfungsvorbereitung

Musteraufgabe zur Drameninterpretation

Interpretieren Sie den folgenden Textauszug aus Brechts „Leben des Galilei“ im Hinblick auf seine Bedeutung für die Aussage des Dramas.

a) Ordnen Sie den Auszug in den Gesamtzusammenhang des Dramas ein.

b) Beziehen Sie die Analyse der sprachlichen Mittel und der Regieanweisungen in Ihre Deutung mit ein.

c) Erörtern Sie im Schlussteil vor dem Hintergrund der historischen Ereignisse zu Brechts Lebenszeit die Aussage Andreas: „Unglücklich das Land, das keine Helden hat“ sowie Galileis Erwiderung darauf: „Nein. Unglücklich das Land, das Helden nötig hat.“

13. Bild (Auszug)

[...]

FEDERZONI *heiser:* Nichts. Es ist drei Minuten über fünf.

ANDREA Er widersteht.

DER KLEINE MÖNCH Er widerruft nicht!

FEDERZONI Nein. Oh, wir Glücklichen!

Sie umarmen sich. Sie sind überglücklich.

ANDREA Also: es geht nicht mit Gewalt! Sie kann nicht alles! Also: die Torheit wird besiegt, sie ist nicht unverletzlich! Also: der Mensch fürchtet den Tod nicht!

FEDERZONI Jetzt beginnt wirklich die Zeit des Wissens. Das ist ihre Geburtsstunde. Bedenke, wenn er widerrufen hätte!

DER KLEINE MÖNCH Ich sagte es nicht, aber ich war voller Sorge. Ich Kleingläubiger!

ANDREA Ich aber wußte es.

FEDERZONI Als ob es am Morgen wieder Nacht würde, wäre es gewesen.

ANDREA Als ob der Berg gesagt hätte: ich bin ein Wasser.

DER KLEINE MÖNCH *kniet nieder, weinend:* Herr, ich danke dir.

ANDREA Aber es ist alles verändert heute! Der Mensch hebt den Kopf, der Gepeinigte, und sagt: ich kann leben. So viel ist gewonnen, wenn nur e i n e r aufsteht und N e i n sagt!

In diesem Augenblick beginnt die Glocke von Sankt Markus zu dröhnen. Alles steht erstarrt.

VIRGINIA *steht auf:* Die Glocke von Sankt Markus! Er ist nicht verdammt!

Von der Straße herauf hört man den Ansager den Widerruf Galileis verlesen.

STIMME DES ANSAGERS „Ich, Galileo Galilei, Lehrer der Mathematik und der Physik in Florenz, schwöre ab, was ich gelehrt habe, daß die Sonne das Zentrum der Welt ist und an ihrem Ort unbeweglich, und die Erde ist nicht Zentrum und nicht unbeweglich. Ich schwöre ab, verwünsche und verfluche mit redlichem Herzen und nicht erheucheltem Glauben alle diese Irrtümer und Ketzereien sowie überhaupt jeden anderen Irrtum und jede andere Meinung, welche der Heiligen Kirche entgegen ist.“

Es wird dunkel.

Wenn es wieder hell wird, dröhnt die Glocke noch, hört dann aber auf. Virginia ist hinausgegangen. Galileis Schüler sind noch da.

FEDERZONI Er hat dich nie für deine Arbeit richtig bezahlt. Du hast weder eine Hose kaufen noch selber publizieren können. Das hast du gelitten, weil „für die Wissenschaft gearbeitet wurde“!

ANDREA *laut:* Unglücklich das Land, das keine Helden hat!

Prüfungsvorbereitung

Eingetreten ist Galilei, völlig, beinahe bis zur Unkenntlichkeit verändert durch den Prozeß. Er hat den Satz Andreas gehört. Einige Augenblicke wartet er an der Tür auf eine Begrüßung. Da keine erfolgt, denn die Schüler weichen vor ihm zurück, geht er, langsam und seines schlechten Augenlichts wegen unsicher, nach vorn, wo er einen Schemel findet und sich niedersetzt.

ANDREA Ich kann ihn nicht ansehen. Er soll weg.

FEDERZONI Beruhige dich.

ANDREA *schreit Galilei an:* Weinschlauch! Schneckenfresser! Hast du deine geliebte Haut gerettet? *Setzt sich.* Mir ist schlecht.

GALILEI *ruhig:* Gebt ihm ein Glas Wasser!

Der kleine Mönch holt Andrea von draußen ein Glas Wasser. Die andern beschäftigen sich nicht mit Galilei, der horchend auf seinem Schemel sitzt. Von weitem hört man wieder die Stimme des Ansagers.

ANDREA Ich kann schon wieder gehen, wenn ihr mir ein wenig helft.

Sie führen ihn zur Tür. In diesem Augenblick beginnt Galilei zu sprechen.

GALILEI Nein. Unglücklich das Land, das Helden nötig hat. R

Checkliste: Eine Interpretation zu einem Dramenauszug schreiben

Vorbereitung des Aufsatzes

☑ Enthält die Aufgabenstellung neben der allgemeinen Aufforderung zur Textinterpretation noch besonders zu beachtende Aspekte?

☑ Haben Sie sich beim Lesen des Textes die zentralen Aussagen in Stichpunkten notiert und Auffälligkeiten in Sprache und dramentechnischen Mitteln festgehalten?

Einleitung

☑ Haben Sie Autor/-in, Titel und Erscheinungsjahr (evtl. den Erscheinungsort) genannt?

☑ Wurde der Inhalt des Dramas (worum es geht) in einem Satz zusammengefasst?

Hauptteil

☑ Haben Sie den Textauszug in den Gesamtzusammenhang des Dramas eingeordnet (inhaltliche Zusammenfassung des Textauszuges, Rückblick auf Vorangegangenes, Figuren und deren Beziehungen zueinander, Entwicklungsstand der Handlung und Ausblick)?

☑ Wurden Interpretationshypothesen formuliert und Belege zur Begründung angeführt?

☑ Haben Sie Ihre Analyseergebnisse der sprachlichen und dramentechnischen Mittel gedeutet (Aufbau, Konfliktgestaltung, Regieanweisungen, Dialoge, Monologe) und Zitate angeführt?

Schlussteil

☑ Sind Sie zusammenfassend auf Ihre Interpretationshypothesen eingegangen?

☑ Haben Sie außer der werkimmanenten (Sprache, dramentechnische Mittel) auch die historische Interpretationsmethode angewandt (historische Ereignisse, biografische Besonderheiten)?

☑ Haben Sie eine Bewertung des Auszugs im Hinblick auf die Gesamtaussage vorgenommen?

Textüberarbeitung

☑ Haben Sie Ihren Aufsatz im Hinblick auf seine Gliederung, auf sprachlichen Ausdruck, auf Rechtschreibung, Grammatik und Zeichensetzung kontrolliert und korrigiert?

Epik (am Beispiel Roman)

Inhaltliche Zusammenfassung, erster Leseeindruck

Die Interpretation eines Romanauszugs folgt in den wesentlichen Bereichen dem gleichen Muster wie die Interpretation eines Dramenauszugs. Die Analyse der dramentechnischen Gestaltung wird durch die Analyse der erzähltechnischen Gestaltung ersetzt. Wie Sie vorgehen können, wird exemplarisch an der Interpretation von Peter Stamms Roman „Agnes" gezeigt.

Inhaltliche Zusammenfassung des Romans „Agnes" von Peter Stamm

Der Ich-Erzähler, ein Schriftsteller aus der Schweiz, lebt für eine befristete Zeit in Chicago, wo er als Vorbereitung für ein neues Buch über Luxuszüge in den USA recherchiert. In der Bibliothek lernt er die wesentlich jüngere Agnes kennen, die an ihrer Doktorarbeit in Physik schreibt, und verliebt sich in sie. Nach mehreren Wochen der Freundschaft bittet Agnes den Ich-Erzähler, ein literarisches Porträt von ihr in Form eines kurzen Romans zu schreiben. Die Arbeit an dieser Geschichte beansprucht den Ich-Erzähler so, dass er selbst die Recherchen für sein geplantes Buch vernachlässigt. Erleichtert wird das Schreiben durch die Tatsache, dass Agnes bei ihm eingezogen ist. Eine erste wirkliche Verstimmung zwischen den beiden Liebenden gibt es, als Agnes mit ihm zu einer Halloween-Party möchte, was er jedoch ablehnt. Stattdessen folgt er einer geschäftlichen Einladung und lernt die attraktive und selbstbewusste Louise kennen, die sich schnell für ihn interessiert. Diese Begegnung bleibt zunächst ohne Folgen, da sich der Ich-Erzähler früh verabschiedet und doch noch auf der Party nach Agnes sucht, sie aber nicht findet. Eine schwere Belastungsprobe erfährt die Beziehung, als Agnes von ihrer Schwangerschaft berichtet und der Ich-Erzähler zu einer Abtreibung rät. Völlig enttäuscht packt Agnes ihre Sachen und verlässt ihren Freund, der zunächst auch nichts tut, um sie zurückzugewinnen. Erst als ihm eine Bekannte von Agnes berichtet, dass diese erkrankt sei und es ihr schlecht gehe, überwindet sich der Ich-Erzähler zu einem Besuch. Er erfährt, dass Agnes ihr gemeinsames Kind verloren hat. Obwohl beide wieder zusammenziehen und sich versöhnen, erholt sich Agnes nicht mehr vollständig. Der vom Ich-Erzähler geschriebene Roman, der sich immer weiter entfaltet, bekommt mehr und mehr Bedeutung für Agnes; Realität und Fiktion scheinen zu verschwimmen, als sie zum Beispiel für das Kind, das nur in der Romanwirklichkeit existiert, Kleidung und Spielsachen kauft. Der Ich-Erzähler will die Arbeit an der fiktionalen Geschichte zu Ende bringen und arbeitet sehr intensiv an der Schlusspassage. Er schreibt zwei Varianten: In der einen stirbt Agnes, in der anderen gibt es ein glückliches Ende in Ehe und Familie. An Silvester geht der Ich-Erzähler alleine zu einer Party, trifft dort Louise und betrügt Agnes mit ihr. Als er nach Hause kommt, stellt er fest, dass Agnes den Schluss der Geschichte, der mit ihrem Tod endet, am PC gelesen hat. Wie er es dort beschrieben hat, fehlt der Mantel von Agnes und sie ist verschwunden.

1 Benennen Sie auf der Grundlage Ihrer Lektüre des Romans und mithilfe der inhaltlichen Zusammenfassung Thema, Ort und Zeit der Handlung sowie die zentralen Figuren.

2 Formulieren Sie in Vorbereitung auf die schriftliche Interpretation Ihren ersten Leseeindruck.

3 Nennen Sie – wenn bekannt – literarische Texte, in denen das Verknüpfen von „realer Welt" der Figuren und einer fiktionalen Geschichte (sozusagen in der Geschichte) thematisiert wird bzw. eine wichtige Rolle spielt.

Einordnung einer Textstelle

Die Prüfungsaufgabe zur Interpretation einer epischen Ganzschrift könnte so formuliert sein:

Musteraufgaben zur Interpretation einer epischen Ganzschrift

- Ordnen Sie die Textstelle in den Gesamtzusammenhang des Romans ein.
- Interpretieren Sie den Textauszug unter besonderer Berücksichtigung der sprachlichen und erzähltechnischen Gestaltung.

Peter Stamm: Agnes (Auszug)

[…] Dann sagte Agnes: „Ich bin schwanger … Ich kriege ein Kind", sagte sie. „Freust du dich?"
Ich stand auf und ging in die Küche, um mir ein Bier zu holen. Als ich zurückkam, saß Agnes auf meinem Schreibtisch und spielte mit einem Kugelschreiber. Ich setzte mich neben sie, ohne sie zu berühren. Sie nahm mir die Flasche aus der Hand und trank einen Schluck.
„Schwangere Frauen sollten keinen Alkohol trinken", sagte ich und lachte verkrampft.
Sie boxte mich in die Schulter. „Und?", fragte sie. „Was sagst du?"
„Nicht gerade, was ich mir vorgestellt habe. Warum? Hast du die Pille vergessen?"
„Der Arzt sagt, es kann auch mit der Pille passieren. Ein Prozent oder so der Frauen, die die Pille nehmen …"
Ich schüttelte den Kopf und sagte nichts. Agnes begann, leise zu weinen.
„Agnes wird nicht schwanger", sagte ich. „Das war nicht … Du liebst mich nicht. Nicht wirklich."
„Warum sagst du das? Es ist nicht wahr. Ich habe nie … nie habe ich das gesagt."
„Ich kenne dich. Ich kenne dich vielleicht besser als du dich selbst."
„Das ist nicht wahr."
Als müsste ich mich selbst überzeugen, sagte ich nur: „Sie ist nicht schwanger."
Agnes rannte ins Schlafzimmer. Ich hörte, wie sie sich aufs Bett warf und laut schluchzte. Ich folgte ihr und blieb in der Tür stehen. Sie sagte etwas, das ich nicht verstand.
„Was sagst du?"
„Es ist dein Kind."
„Ich will kein Kind. Ich kann kein Kind gebrauchen." „Was soll ich tun? Was willst du denn, dass ich tue? Ich kann es nicht ändern."
Ich setzte mich aufs Bett und legte die Hand auf ihre Schulter.
„Ich brauche kein Kind."
„Ich brauche auch kein Kind. Aber ich bekomme eins."
„Man kann das ändern", sagte ich leise.
Agnes sprang auf und schaute mich an mit einer Mischung aus Ekel und Wut. „Du willst, dass ich abtreibe?" „Ich liebe dich. Wir müssen reden." „Immer sagst du, wir müssen reden. Aber du redest nie."
„Jetzt rede ich." „Geh, geh weg. Lass mich. Du widerst mich an mit deiner Geschichte." Ich verließ das Zimmer. Ich zog mich warm an und ging nach draußen.

1 Lösen Sie den 1. Teil der Musteraufgabe. Orientieren Sie sich dazu an S. 270.

2 Formulieren Sie eine Interpretationshypothese. Analysieren Sie den Textauszug.

Analyse und Interpretation sprachlicher und erzähltechnischer Mittel

Muster für eine Textarbeit

Dialog — Dann sagte Agnes: „Ich bin schwanger ... Ich kriege ein Kind“, sagte sie. „Freust du dich?“ — sehr distanzierte Reaktion

Erzählerbericht — Ich stand auf und ging in die Küche, um mir ein Bier zu holen. Als ich zurückkam, saß Agnes auf meinem Schreibtisch und spielte mit einem Kugelschreiber. Ich setzte mich neben sie, ohne sie zu berühren. Sie nahm mir die Flasche aus der Hand und trank einen Schluck.

„Schwangere Frauen sollten keinen Alkohol trinken“, sagte ich und lachte verkrampft. — Ablenkung, unehrlich

Frage — Sie boxte mich in die Schulter. „Und?“, fragte sie. „Was sagst du?“

Gegenfrage als Ablenkungsmanöver — „Nicht gerade, was ich mir vorgestellt habe. Warum? Hast du die Pille vergessen?“ — Vorwurf

„Der Arzt sagt, es kann auch mit der Pille passieren. Ein Prozent oder so der Frauen, die die Pille nehmen ...“ — Verteidigung, Rechtfertigung; Ellipse

Ich schüttelte den Kopf und sagte nichts. Agnes begann, leise zu weinen. — Enttäuschung

Rede in der 3. Person — „Agnes wird nicht schwanger“, sagte ich. „Das war nicht ... Du liebst mich nicht. Nicht wirklich.“ — Ellipse; → Hinweis auf Fiktion im Roman

„Warum sagst du das? Es ist nicht wahr. Ich habe nie ... nie habe ich das gesagt.“ — Inversion

Anapher — „Ich kenne dich. Ich kenne dich vielleicht besser als du dich selbst.“ — Anmaßung

„Das ist nicht wahr.“ — erneut Hinweis auf Fiktion im Roman

Ansatz vom inneren Monolog — Als müsste ich mich selbst überzeugen, sagte ich nur: „Sie ist nicht schwanger.“ — erneut 3. Person

Agnes rannte ins Schlafzimmer. Ich hörte, wie sie sich aufs Bett warf und laut schluchzte. Ich folgte ihr und blieb in der Tür stehen. Sie sagte etwas, das ich nicht verstand. — gekränkt

„Was sagst du?“

„Es ist dein Kind.“ — Dialog; Zuspitzung der Auseinandersetzung

Anapher — „Ich will kein Kind. Ich kann kein Kind gebrauchen.“ „Was soll ich tun? Was willst du denn, dass ich tue? Ich kann es nicht ändern.“ — Fragen ≙ Unsicherheit

Ich setzte mich aufs Bett und legte die Hand auf ihre Schulter. — Beschwichtigung

Wiederholung — „Ich brauche kein Kind.“ — egozentrisch — Dialog

„Ich brauche auch kein Kind. Aber ich bekomme eins.“

Euphemismus — „Man kann das ändern“, sagte ich leise. — Manipulationsversuch → körperl. Reaktion: Entsetzen

Agnes sprang auf und schaute mich an mit einer Mischung aus Ekel und Wut. „Du willst, dass ich abtreibe?“ „Ich liebe dich. Wir müssen reden.“ „Immer sagst du, wir müssen reden. Aber du redest nie.“

Imperativ — „Jetzt rede ich.“ „Geh, geh weg. Lass mich. Du widerst mich an mit deiner Geschichte.“ Ich verließ das Zimmer. Ich zog mich warm an und ging nach draußen. — Ekel / Flucht vor dem Konflikt

1 Untersuchen Sie die Textarbeit des Schülers. Wofür wurden die verschiedenen Farben verwendet?

Analyse und Interpretation sprachlicher und erzähltechnischer Mittel

2 **Interpretieren Sie den Textauszug mithilfe der Analyseergebnisse der Schülerarbeit auf S. 272.**

a) Stellen Sie den eskalierenden Konflikt grafisch als Spannungsbogen dar.

b) Deuten Sie das Verhalten des Ich-Erzählers hinsichtlich der Beziehung zu Agnes. Welche sprachlichen Mittel erzeugen welche Wirkung?

c) Erläutern Sie, wie sich das Fehlen einer erlebten Rede oder eines inneren Monologs auf die Zuspitzung der Szene auswirkt. Weshalb könnte der Autor auf diese erzähltechnischen Mittel in dieser Situation verzichtet haben?

ARBEITSTECHNIK – Interpretation eines Auszugs aus einer epischen Ganzschrift

Bei der Interpretation eines Auszugs aus einer Ganzschrift (z. B. Roman) analysieren und deuten Sie nur einen Teil; dabei sollte aber immer der Gesamtzusammenhang berücksichtigt werden. Deshalb ordnen Sie in einem ersten Schritt den Auszug in den Gesamtzusammenhang ein und formulieren eine Interpretationshypothese.

Im nächsten Schritt analysieren und beschreiben Sie den Textauszug, z. B. die handelnden Figuren, den Spannungsverlauf der Szene, sprachliche und erzähltechnische Besonderheiten.

Bei der Deutung des Auszugs sollten die in der Aufgabenstellung vorgegebenen Aspekte im Mittelpunkt stehen. Anhand Ihrer Analyseergebnisse begründen Sie Ihre Interpretationshypothese oder überarbeiten diese. Aussagen zum Zusammenwirken von Inhalt, sprachlichen und erzähltechnischen Mitteln bilden den Schwerpunkt der Interpretation sowie die Grundlage für eine Wertung des Textauszugs.

Beispiel:

Interpretationshypothese	*Der Ich-Erzähler erweist sich in diesem Gespräch als äußerst unsensibel.*
Sprachanalyse	*So reagiert er auf die ernst gemeinten Fragen seiner Freundin mit Gegenfragen und Ablenkungen. Die wiederholte Verwendung von Anaphern (...) unterstreicht ...*
Analyse der Erzähltechnik	*Das unsensible Verhalten wird auch daran deutlich, dass das Gespräch mehr aus Monologen als aus Dialogen besteht, es ist ein Scheingespräch ...*

3 **Suchen Sie zu den folgenden Interpretationshypothesen Belege aus Erzähltechnik- und Sprachanalyse. Verfassen Sie im Anschluss eine Interpretation des Romanauszugs.**

- *Man muss auch sagen, dass der Ich-Erzähler sehr ichbezogen, ja fast egozentrisch auf die doch eigentlich erfreuliche Nachricht reagiert.*
- *Agnes wird mit wachsender Enttäuschung immer aggressiver und kann es kaum fassen, wie ihr Geliebter auf sie reagiert.*
- *Er zwingt Agnes in eine Rechtfertigungshaltung, obwohl zu einer Schwangerschaft ja zwei Menschen gehören.*

Von der Interpretation zur Buchbesprechung: die inhaltliche Zusammenfassung

Eine Sonderform der Textinterpretation ist die Buchbesprechung, die im Schulalltag eine häufig gewählte Variante zum Referat darstellt. Sie bietet die Möglichkeit, dem Forum der Klasse eine Ganzschrift zu präsentieren. Dabei gilt es, wichtige Standards kennenzulernen und umzusetzen.

Von Liebe und Kälte – Buchbesprechung zu Peter Stamms Roman „Agnes"

Gleich zu Beginn erfährt der Leser den Ausgang der Geschichte: „Agnes ist tot. Eine Geschichte hat sie getötet." Wie es dazu gekommen ist und was es mit der Geschichte auf sich hat, das schildert Peter Stamm mit der Kühle und Klarheit eines eisigen Gebirgsbachs auf 150 Seiten.

Erzählt wird die Beziehung zwischen Agnes, einer Cello spielenden, sensibel-verletzlichen Physik-Studentin, und dem aus der Schweiz kommenden Ich-Erzähler, der in den Staaten über Luxus-Eisenbahnwagen recherchiert. Die beiden begegnen sich in der Chicago Public Library und verbringen später eine kurze Zeit gemeinsam in der 27. Etage eines Hochhauses, in dessen Umgebung sich ein wesentlicher Teil der Geschichte abspielt.

Irgendwann bittet Agnes: „Schreib eine Geschichte über mich, damit ich weiß, was du von mir hältst." Und so beginnt der Ich-Erzähler ein Porträt über Agnes zu schreiben. Vom Erzählfluss mitgerissen überholt die Geschichte schließlich die Gegenwart und die erfundene Realität wird zwanghaft-bestimmend für Agnes' Liebe und ihr Leben.

blog.datenstrand.de

1 Untersuchen Sie, in welchen Passagen der Text von einer „klassischen" Inhaltsangabe abweicht. Begründen Sie das Vorgehen, indem Sie auf den Zweck einer Buchvorstellung eingehen.

2 Arbeiten Sie heraus, zu welchen Aspekten sich der Verfasser der Buchbesprechung äußert.

3 Fassen Sie nach dem obigen Muster eine Ganzschrift (Drama oder Roman) zusammen.

BASISWISSEN Buchbesprechung

In einer Buchbesprechung geht es nicht um eine ausführliche Inhaltsangabe, wie man sie in Literaturlexika oder Lektürehilfen findet, sondern um die wesentlichen Aspekte der Handlung. Die Kurzinformationen sollen den Lesern einen Eindruck vermitteln, worum es in dem Buch geht, was das Thema und die zentralen Motive sind. Sie sollten die Ganzschrift aber in größere Zusammenhänge einordnen. Dieser sogenannte gesellschaftliche, historische oder thematische Kontext, in welchem ein Werk zu sehen ist, schafft für die Leser Möglichkeiten der Orientierung.
So ist Brechts „Leben des Galilei" z. B. in den Kontext „Möglichkeiten und Grenzen der Wissenschaften" zu stellen, während Stamms „Agnes" dem Kontext des „Scheiterns von Beziehungen" zugeordnet werden kann.

In einer Buchbesprechung entscheiden Sie, welche Figuren des Werks Sie erwähnen und welche Sie weglassen wollen. Sie reduzieren die inhaltliche Zusammenfassung auf die zentralen Konflikte und die Beziehungen, in denen die von Ihnen ausgesuchten Figuren dargestellt werden. Sie können sich auch vom Handlungsverlauf der Textvorlage lösen: Es ist durchaus erlaubt, den Schluss des Textes bereits zu Beginn der Buchbesprechung zu offenbaren.

Von der Interpretation zur Buchbesprechung: die Beurteilung des Werks

Da die Buchbesprechung einen sehr viel stärkeren Adressatenbezug als die Textinterpretation hat - sie richtet sich an eine mehr oder weniger breite Öffentlichkeit, z. B. Ihre Mitschüler bei der Vorstellung eines Romans -, ist es von Bedeutung, sich die Kriterien für die eigene Beurteilung vor Augen zu führen.

Von Liebe und Kälte [...] – Fortsetzung

Dieser kleine Roman ist flüssig und kühl erzählt, voller Frische und Schärfe in den Beobachtungen des Alltags und der Beziehungen. Und obschon es die Geschichte einer Liebe ist, kommt sie in ihrer Schilderung ohne große Emotion aus und scheint in ihrer Distanziertheit zum Geschehen manchmal eher die kalte und erschreckende Atmosphäre eines Autopsie-Saals auszustrahlen. Gerade aus diesem Kontrast ergibt sich die Faszination der Geschichte: lesenswert!

blog.datenstrand.de

1 **Untersuchen Sie die Beurteilung des Romans durch den Verfasser der Buchbesprechung.**

a) Schreiben Sie die bewertenden Wörter heraus.

b) Ordnen Sie die Wörter nach negativen und positiven Konnotationen (Assoziationen).

c) Erläutern Sie die Formulierung am Schluss des Textes: „Gerade aus diesem Kontrast ergibt sich die Faszination der Geschichte: lesenswert!"

Sprache und Stil

Ihre Kritik an einem Werk sollten Sie behutsam formulieren. Dies gilt sowohl für positive als auch für negative Beurteilungen. Deshalb ist es wichtig, sprachlich und stilistisch treffend, aber auch angemessen zu formulieren. Denken Sie bei allen Buchbesprechungen daran, dass es nicht um Sie geht, sondern um den vorzustellenden literarischen Text.

2 **Formulieren Sie die folgenden Sätze so um, dass sie den stilistischen Anforderungen einer Buchbesprechung gerecht werden. Begründen Sie Ihre Korrekturen.**

- *Der Roman ist der genialste, den ich gelesen habe, und gehört zu den ganz wenigen Werken der Gegenwartsliteratur, denen ich das Prädikat „besonders wertvoll" erteile.*
- *Und dann frage ich mich, ob man sich so ein Drama denn heute noch überhaupt antun sollte, und komme zu dem Fazit: wieder mal ein Werk, das die Welt nicht braucht.*
- *Wenn Sie nach Literatur suchen, die Ihnen die Einnahme von Schlaftabletten erspart, dann kann ich Ihnen diesen Roman nur wärmstens empfehlen.*
- *Seit Goethe und Schiller endlich wieder mal ein Dramatiker, der uns mit seiner Leidenschaft und seinem Mut in den völligen Bann zu ziehen vermag.*

Kriterien zur Beurteilung eines literarischen Textes

Auch wenn Beurteilungen ihrem Wesen nach subjektiv sind, gibt es doch Möglichkeiten, sich an einigen Kriterien zu orientieren und diese in der Beurteilung transparent zu machen. Sie zeigen damit, dass Sie bemüht sind, Ihre Beurteilung zu begründen.

Beispiel 1:

So weit ist es eine alltägliche Geschichte. Doch Peter Stamm begnügt sich nicht damit, Bekanntes neu zu erzählen; sein Roman ist auch eine verstörende Parabel über die Macht der Literatur. [...] Ein dichtes Netz von Verweisen durchzieht die fein aufeinander abgestimmten Kapitel des Buches, immer wieder findet Stamm suggestive Bilder für die Kälte und die Beziehungslosigkeit, in denen er seine Figuren gefangen sieht. „Das Geheimnisvolle ist die Leere in der Mitte", beschreibt die Physikstudentin Agnes ihre geliebten Kristallgitter und charakterisiert damit zugleich ihr eigenes Leben, in dem sich Liebe nur als literarische Illusion ereignet.

(Sabine Doering, „Eiswinde in Chicago". In: FAZ, 23.04.1999, S. 42)

Beispiel 2:

In der schwebend leichten Erzählweise und Vermischung von tatsächlichem und fiktivem Leben liegt ein großer Reiz dieses Buches. [...] Beeindruckend in seiner ebenso klaren wie knappen Prägnanz ist Peter Stamms Sprachstil. Sachlich, präzise, unprätentiös und anscheinend emotionslos, aber keineswegs steril, und dabei fast schwerelos leicht werden selbst dramatische Sachverhalte und tiefe Existenzkrisen dargestellt. Jedes Wort sitzt, keines ist überflüssig. Im Kopf entstehen durchaus Bilder, viele Bilder von großer Klarheit, aber eher Schwarz-Weiß-Fotos als farbig fulminante, üppig dekorierte Filmsequenzen. Obwohl auf jegliche verbal-psychologische Erklärungsansätze verzichtet wird, kann sich der/die Leser/-in analytisch der Ursachenforschung des Scheiterns dieser Liebesbeziehung widmen.

www.christa-tamara-kaul.de

Beispiel 3:

Der Schweizer Hörspielautor Peter Stamm, 35, erzählt in seinem Prosadebüt eine realistische, zugleich fantastische Geschichte. Die knappen Dialoge sind dem Alltag abgelauscht. Mit einer Sprache, die in ihrer Kühle fast an den Bericht eines Wissenschaftlers erinnert, der unter dem Vergrößerungsglas ein Insekt betrachtet, gelingen dem Autor Bilder von überraschender Dichte und Kraft. Zum Schluss legt der Wissenschaftler mit leisem Bedauern das Vergrößerungsglas beiseite. Das Insekt ist gestorben.

(Nahaufnahme. In: Der Spiegel 43/1998, 19.10.1998, S. 259)

1 Untersuchen Sie, welche Kriterien die Verfasser der Buchbesprechungen in den Beispielen 1–3 zur Beurteilung von Stamms Roman „Agnes" heranziehen und wie sie ihre Urteile begründen. Orientieren Sie sich auch am Basiswissen auf S. 277.

2 Notieren Sie sich Formulierungen, die Sie für besonders gelungen halten, bzw. solche, die Sie nicht verstehen. Tauschen Sie sich darüber in der Klasse aus.

Kriterien zur Beurteilung eines literarischen Textes

BASISWISSEN Kriterien zur Beurteilung literarischer Texte

Die Aktualität des Themas

Es gibt in der Literatur Themen, die zeitlos sind und sich über Jahrhunderte hinweg in den Werken wiederfinden lassen. Dazu gehören Themen wie Liebe, Eifersucht und Hass, Jugend, Generationskonflikte, Vereinsamung und Isolation oder auch Gewalt in den unterschiedlichsten Erscheinungsformen. Diese zeitlosen Themen können interessant, modern und überraschend gestaltet sein oder eben bieder, konventionell und für den Leser vorhersehbar. Andere Themen, wie z. B. „Leben in der DDR", können an Interesse verlieren, sobald sie in historische Ferne rücken, und sie büßen deshalb ihre Aktualität ein. Entscheidend dafür ist die Art der Gestaltung, also ob und wie es gelingt, Themen aus historischer und/oder geografischer Nähe oder Ferne für die Leser persönlich bedeutsam werden zu lassen.

Sprache und Stil des Erzählers

Da es sich bei literarischen Texten um Sprachkunstwerke handeln sollte, sind Sprache und Stil ein wichtiges Kriterium der Beurteilung. So haben beispielsweise die Kritiker von Stamms Roman immer wieder die stilistische Gestaltung gelobt, die sich dadurch auszeichnet, dass in einer sehr zurückhaltenden, schonungslos nüchternen Sprache der Zerfall der Liebesbeziehung zwischen dem Ich-Erzähler und Agnes präsentiert wird. Gerade der Bericht schaffe ein Gegengewicht zu der eigentlich tragischen Liebesgeschichte und verhindere, dass der Erzählstoff ins Kitschige abgleitet. Der Stil und die Sprache einer Erzählerin oder eines Erzählers können aber auch schwülstig, übertrieben intellektuell oder einfach bzw. banal sein.

Die Gestaltung des Stoffes

Sowohl für das Drama wie auch die epischen Großformen gilt, dass die Art und Weise, wie eine Autorin oder ein Autor ihren/seinen Stoff präsentiert, kritisch beurteilt werden kann. Dabei geht es nicht um den Umfang, sondern um die Frage, ob es gelungen ist, den Stoff zu „verdichten", ob die Bearbeitung frei von Redundanzen, also unnötigen Wiederholungen, ist und ob der Erzählstoff übersichtlich oder verwirrend strukturiert ist, unnachvollziehbar verkürzt oder ausufernd breit angelegt wurde. Aber auch hier ist Vorsicht geboten, denn epische Breite kann durchaus ein wertvolles Kunstprinzip sein.

3 Stellen Sie in Ihrer Gruppe eine Ganzschrift der Epik oder Dramatik vor. Orientieren Sie sich an der Arbeitstechnik auf S. 273. Beurteilen Sie den Text und erläutern Sie dabei Ihre Kriterien.

FAZIT

15.2
Epik
(am Beispiel Roman)

- Einordnung eines Textauszugs in den Gesamtzusammenhang
- Interpretation: Deutung inhaltlicher Aussagen in Verbindung mit der Analyse der sprachlichen und erzähltechnischen Mittel
- Bewertung/Buchbesprechung: Kurzinformation zu Thema, Handlung, Figuren
- Beurteilungskriterien: Gestaltung des Erzählstoffes, Aktualität, Sprache und Stil

Analyse und Interpretation

Die Interpretation des Gedichts „Bildlich gesprochen“ (Anfang, S. 280) wurde so fortgesetzt:

Muster

Bereits der Titel „Bildlich gesprochen“ verweist auf das zentrale Thema des Gedichts – es geht darum, die Bedeutung einer Beziehung in sprachliche Bilder zu fassen, sie also durch Metaphern näher zu beschreiben. Das lyrische Ich spricht in der ersten Strophe noch in eher konventionellen Bildern, wenn es von „Baum“ und „Meer“ spricht. Die scheinbare Harmonie zwischen den Liebenden wird schon in der zweiten Strophe fragwürdig, weil das Ausgraben der Blume mit allen Wurzeln bereits auf eine zu große Inbesitznahme des Partners hindeutet. Auch im Bild vom Feuer, das das Haus in Asche legt, kommt diese zerstörerische Dimension der Liebe noch einmal zum Ausdruck. In der dritten Strophe werden die Erwartungen des Lesers dann gänzlich durchkreuzt, wenn vom Abgrund, in den der Geliebte gezogen wird, gesprochen wird. Der umgangssprachliche Ausdruck „ich knallte dich vom Himmel ab“ (V. 11 f.) verschärft noch einmal den Grundton der Aggressivität und vermittelt den Willen des lyrischen Ich, den Geliebten nicht zu idealisieren, sondern ihn zu „erden“.

Ulla Hahn bricht mit ihrem Gedicht „Bildlich gesprochen“ mit einer Tradition der Liebeslyrik, die dazu neigt, die Geliebte oder den Geliebten zu idealisieren und in ihrem/seinem Wesen überzubewerten. Sie spielt aber mit dieser Lesererwartung, da man beim Lesen der ersten Strophe noch glaubt, das Gedicht bewege sich in den bekannten Bahnen überschwänglicher Liebesgedichte.

Dabei mag die Skepsis gegenüber einer Darstellung von Liebe, die nur alles in übertrieben positiver Sicht wahrnimmt, ein tragendes Motiv gewesen sein. Denn Liebe kann auch besitzergreifend, zerstörerisch und destruktiv wirken, was in der oben analysierten Bildlichkeit auch deutlich wird.

Die Gegensätzlichkeit der Geschlechter spiegelt sich nicht nur in den wechselnden Kadenzen, sondern auch in der antithetischen Grundstruktur der Strophen wider; dabei ist das lyrische Ich die Aktive, die mehr und mehr destruktiv wirkt, während der Geliebte den passiven Part zu spielen hat.

Das Gedicht spricht den modernen Leser gerade deshalb an, weil es mit einer naiven Sicht auf die Liebesbeziehung bricht und stattdessen unausgesprochen deutlich macht, dass eine Liebesbeziehung nicht von selbst gelingt, sondern der Beziehungsarbeit bedarf. Tendenzen, den Partner zu vereinnahmen, ihn zu entwurzeln und seiner Identität zu berauben, zerstören die Beziehung letzten Endes genauso wie die Neigung, im Partner ein übermenschliches Wesen zu sehen. Vielleicht ist auch die sehr strenge äußere Form ein Hinweis darauf, dass die Gestaltung einer Liebesbeziehung die Arbeit an Formen braucht – an Umgangsformen, Formen des Umgangs miteinander, Formen der Streitkultur –, damit es zu einer harmonischen Beziehung kommen kann, in der sich die Lebensentwürfe reimen.

5 Untersuchen und bewerten Sie die Musterinterpretation.

a) In welche Teile wurde der Interpretationsaufsatz gegliedert? Worauf wurde jeweils eingegangen?

b) Mit welchen Aussagen stimmen Sie überein, mit welchen nicht?

6 Ergänzen Sie die Interpretation durch eine kritische Bewertung des Gedichts.

ARBEITSTECHNIK – Sprachanalyse und kritische Würdigung

In der Gedichtinterpretation untersuchen Sie die Verwendung der sprachlichen Mittel und beschreiben deren Wirkung. Sie greifen auch die Ergebnisse der Formanalyse wieder auf, wenn diese für Ihre Interpretation aufschlussreich sind. Den Schluss bildet eine kritische Würdigung des Gedichts. Hier können Sie an Ihre Leseerfahrungen anknüpfen. Sie äußern sich zum Thema, zu Inhalt und Form, zur Sprache oder auch zur Aktualität.

Vergleich motivgleicher Gedichte

Die Aufgabe, Gedichte zu vergleichen, erfordert folgende weitere Schritte:

1 **Lesen Sie die zu vergleichenden Gedichte (↗ S. 280) im Hinblick auf Gemeinsamkeiten und Unterschiede. Notieren Sie diese beispielsweise in Tabellenform:**

Vergleichsaspekt	„Bildlich gesprochen"	„An Eugenien"
Strophengliederung und Verse	3 Strophen mit je 4 Versen	1 Strophe, 14 Verse
Reimschema, Metrum	...	...
(siehe Arbeitstechnik S. 281/282)	...	...

2 **Beziehen Sie in Ihre Analyse und Interpretation auch Entstehungsdaten der Gedichte oder Hinweise auf die Lebensdaten der Dichter mit ein. Ordnen Sie die drei Gedichte (↗ S. 280) folgenden Jahrhunderten zu: 17., 19. und 20. Jahrhundert.**

Sprache und Stil

Bei einem Gedichtvergleich beschreiben Sie Gemeinsamkeiten und Unterschiede und deuten diese. Folgende Formulierungshilfen können Ihnen helfen:

- *Die Texte weisen einige Gemeinsamkeiten auf. In beiden steht das Thema ... im Mittelpunkt ...*
- *Es gibt jedoch deutliche Unterschiede im Hinblick auf ... Während in dem Gedicht von ..., wird in dem Gedicht von ... besonders mit den Mitteln ... gearbeitet. Daraus erklären sich die deutlich unterschiedlich wirkenden ..., die möglicherweise zurückzuführen sind auf ...*
- *Im Ergebnis des Textvergleiches lässt sich sagen ... Ich persönlich finde das Gedicht ...*

Formulieren Sie die Beurteilung eines Gedichtes nicht zu vereinfacht. Wenn Sie Kritik üben, sollte sich diese auf Ihr subjektives Urteil beziehen und nicht allgemeingültig formuliert werden.

3 **Formulieren Sie die folgenden Sätze so um, dass sie neutraler wirken.**
Das Thema ist von vorgestern. • Die Metaphern versteht kein Mensch. • Ich finde das zu oberflächlich.
Beispiel: *Das Gedicht ist langweilig. Leider muss ich zugeben, dass mich das Gedicht nicht fesseln konnte.*

FAZIT

15.3
Lyrik

- den ersten Leseeindruck beschreiben
- Thema benennen und Inhalt knapp wiedergeben
- Formanalyse (Strophen, Verse, Reime, Metrum, Kadenzen)
- Sprachanalyse (Sprachbilder, rhetorische Figuren)
- Deutung der Analyseergebnisse
- kritische Würdigung

Prüfungsvorbereitung

Der folgende Text könnte Ihnen so in einer Prüfung zur Gedichtinterpretation vorliegen.

Ulla Hahn: Mit Haut und Haar

Ich zog dich aus der Senke deiner Jahre
und tauchte dich in meinen Sommer ein
und leckte dir die Hand und Haut und Haar
und schwor dir ewig mein und dein zu sein.
Du wendetest mich um. Du branntest mir dein Zeichen
mit sanftem Feuer in das dünne Fell.
Da ließ ich von mir ab. Und schnell
begann ich vor mir selbst zurückzuweichen
und meinem Schwur. Anfangs blieb noch Erinnern
ein schöner Überrest der nach mir rief.
Da aber war ich schon in deinem Innern
vor mir verborgen. Du verbargst mich tief.
Bis ich ganz in dir aufgegangen war.
Da spucktest du mich aus mit Haut und Haar.

1 **Interpretieren Sie das Gedicht von Ulla Hahn „Mit Haut und Haar", entstanden 1981.**

Checkliste: Eine Gedichtinterpretation schreiben

Vorbereitung des Aufsatzes

☑ Haben Sie die Aufgabenstellung auf besondere Aspekte der Interpretation hin geprüft?

Einleitung

☑ Wurden Autor/-in, Titel und Erscheinungsjahr (evtl. der Erscheinungsort) genannt, das Thema formuliert, eine Interpretationshypothese aufgestellt?

Hauptteil

☑ Haben Sie knapp den Inhalt, das lyrische Ich sowie weitere Figuren und deren Beziehung beschrieben?

☑ Haben Sie die Ergebnisse Ihrer Sprachanalyse (Sprachbilder, rhetorische Figuren, Sprachvarietäten, andere Auffälligkeiten) sowie der Formanalyse (Anordnung der Verse und Strophen, Reim, Metrum, Kadenzen) gedeutet, Ihre Interpretationshypothese überprüft und begründet und treffende Zitate angeführt?

☑ Wurden im Falle eines Gedichtvergleichs Gemeinsamkeiten und Unterschiede herausgearbeitet?

Schlussteil

☑ Wurde eine Beurteilung vorgenommen?

Textüberarbeitung

☑ Haben Sie die Gliederung, Ausdruck, Rechtschreibung und Grammatik korrigiert?

Kapitel 16

Training: Kreative Schreibaufgaben

16.1 Einen literarischen Text fortschreiben

16.2 Einen Brief schreiben

16.3 Einen inneren Monolog verfassen

In diesem Kapitel lernen Sie, wie Sie gestalterisch literarische Texte interpretieren können. Beispielsweise kann eine Erzählung mit einem veränderten Ende fortgeschrieben werden. Beim Verfassen eines Briefes steht die Einfühlung in die literarische Figur, aus deren Perspektive Sie schreiben, im Mittelpunkt. Die Figurencharakteristik ist auch für das Schreiben eines inneren Monologes eine wichtige Voraussetzung.

Kompetenzen

- ✓ Literarische Texte gestaltend interpretieren
- ✓ Texte gestaltend verändern
- ✓ Eigene literarische Texte erstellen

Methoden und Arbeitstechniken

- ✓ Eigene Texte verfassen
- ✓ Kreatives Schreiben

Einen literarischen Text fortschreiben

Eine besondere Art, sich mit Texten auseinanderzusetzen, ist das gestaltende Interpretieren als freiere und kreativere Schreibform. Dabei kann man Texte aus der Vergangenheit in die Gegenwart „übersetzen" oder aus Sicht eines Protagonisten einen Brief oder inneren Monolog verfassen. Hier üben Sie eine weitere Möglichkeit des gestaltendenden Interpretierens, nämlich einen Text mit einem veränderten Schluss zu versehen oder ihn fortzusetzen.
In ihrer Kurzgeschichtensammlung *Zehn* befasst sich die Autorin Franka Potente mit dem japanischen Kulturkreis.

Franka Potente: Kitamakura oder 49 Tage (Auszug)

Zum Glück saß sie am Fenster. […] Die Businessclass war fast ausgebucht. […] Von Los Angeles nach Narita Airport, Tokio, flog man etwa vierzehn elendig lange Stunden. Ein Flug zurück in eine Welt, die sie vor acht Monaten sehr gerne verlassen hatte. Acht Monate in Amerika. Naski war ganz und gar eingetaucht in diese neue, fremde Welt. Sie war siebzehn, und nachdem sie ihren Vater zwei Jahre lang angebettelt hatte, durfte sie endlich zum Schüleraustausch nach Los Angeles. Fast hatte sie nicht mehr daran geglaubt. […] Die Mutter hatte ihren Kimono und die Zôri[1] eingepackt und jede Menge grünen Tee und Mochi[2]. Im Gegensatz zum Vater war sie noch nie außerhalb von Japan gewesen. Nachdem eine Austauschorganisation gefunden war, gab es bald eine Gastfamilie. Der Vater hatte Wert daraufgelegt, dass die Gasteltern wohlhabend waren und Naski eine Privatschule besuchen konnte. […]

Irgendwann hatte sie sich mit einer tiefen Verbeugung von den Eltern verabschiedet und einen kleinen Luftsprung gemacht, sobald sie außer Sichtweite war. Die große Freiheit. Bereits im Flieger fiel Japan von ihr ab. Sie trank ein Glas Rotwein und schlief entspannt ein. Naski liebte Los Angeles, noch bevor sie überhaupt einen Fuß auf den Boden des für sie so fremden Landes gesetzt hatte. Alles dort war golden. Das kalifornische Licht verzauberte alles. Palmen, Meer, Strand, Moviestars, Hollywood, Surfer und gebräunte Beine unter kurzen Röcken.

So, wie es ihr Vater gewollt hatte, kam es auch. Naski besuchte eine private Highschool in Brentwood, Los Angeles, lebte bei den Shaws, ihrer Gastfamilie, und hätte ein Jahr bleiben sollen. Jim, ihr Gastvater, war Inhaber einer Werbefirma, er fuhr einen 60er-Jahre-Sportwagen in Metallicblau und ging jedes Wochenende mit Derek, dem zwölfjährigen Sohn, surfen. Wenn er lachte, blitzten seine Zähne weiß. Anfangs hatte sie hinter vorgehaltener Hand gekichert, später lachte sie lauthals mit.

Jamie, seine Frau, hatte langes blondes Haar, trug fast nur Jeans, weite Hippieblusen und Flip-Flops. […] Oft nahm Jamie sie lachend in den Arm, und sie genoss Jamies warmen Geruch von Muffins, Vanille und Strand. Naski hatte sich nie zuvor in ihrem Leben so leicht gefühlt und war so abenteuerlustig gewesen. […] Amerika. Manchmal konnte Naski ihr Glück nicht fassen. Sie liebte die zwanglose Welt dort, die nur aus Vornamen bestand, in der man spontan aß, was man wollte und wann man wollte, *Wendy's, Jack in the Box* und Frozen yogurt von *Pinkberrys.* Sie liebte die individuelle Mode, die die Mädchen ihres Alters dort trugen, die offenen Gespräche über Jungs, Musik und das kommende Wochenende. Sie hatte sich an Umarmungen und Wangenküsse gewöhnt, an mädchenhaftes, schrilles Begrüßen und „shit", „fuck" und „awesome".

Die Highschool war einfach. In den meisten Fächern war Naski ihren Klassenkameraden voraus. Sie hatte schnell Freundinnen gefunden. […] Und dann gab es noch Teddy, ihren ersten richtigen Freund. Blonde Locken, blaue, freche Augen. Sie hatte ihn beim Lunch kennengelernt. Er hatte sich einfach an ihren Tisch gesetzt. „Hi! Are you new here? I'm Teddy." Von da an saß er jeden Tag neben ihr. Nach der Schule fuhr er sie in seinem Pick-up-Truck nach Hause. Er brachte

Einen literarischen Text fortschreiben

sie zum Lachen. Seine Hände waren gebräunt. Er trug ausgelatschte Turnschuhe und Shorts. Irgendwann gingen sie zusammen ins Kino. Bevor Teddy sie zum ersten Mal küsste, hatte sie seine Wärme neben sich so sehr gespürt, dass sie vor lauter Aufregung dem Film nicht folgen konnte. Seit dem Tag waren sie ein Paar. Naski und Teddy. [...] Dann war alles so weit weg. Weit weg waren japanische Tradition, die tägliche Stille beim Essen, der Kimono am Wochenende, Tempelbesuche, die strengen Blicke des Vaters, das Gefühl, jeden Tag die Beste sein zu müssen, um auf eine Eliteuni gehen zu können. [...]

Naski weinte, als sie die E-Mail aus Tokio bekam. Der Großvater war gestorben, ihr Vater hatte ihr sofort ein Rückflugticket gebucht. Sie weinte um den Großvater. Er war immer gut zu ihr gewesen, und als Kind hatte er mit ihr gemalt oder ihr vorgelesen. Aber die meisten Tränen vergoss sie, weil sie nicht zurückwollte nach Japan. [...] Der Vater hatte in seiner E-Mail erklärt, ihre Heimkehr sei auf unbestimmte Zeit. [...]

Schon am nächsten Abend ging der Flieger. [...] Tom Bradley International Terminal. Dort hatte Teddy gewartet. Auch beim Check-in hatte er ihre Hand nicht losgelassen. Er hatte sie geküsst und zärtlich in ihr Haar gegriffen. „You'll be back soon", hatte er geflüstert.

Naski trug das schlichte graue Kostüm. In genau diesem Kostüm war sie vor acht Monaten in Los Angeles angekommen. Jetzt passte es ihr fast nicht mehr. [...] Die Boeing hob schwerfällig ab. Naski blickte auf die Stadt hinunter. [...] Die Stewardessen brachten Getränke und Kopfhörer. Sie fühlte sich leer. Sie musste sich vorbereiten. Vorbereiten auf Japan. Auf die Rituale, Pflichten und die Stille. Wie ein Gebirge türmte sich der Gedanke vor ihr auf. Sie dachte daran, dass der Großvater gestorben war, und schämte sich plötzlich. Sein Tod war bis jetzt nur der Grund für ihre Abreise gewesen. [...] Sie stellte sich vor, wie es der Familie gehen musste. Der Großvater war an einem Herzinfarkt gestorben. Mit seinen zweiundsiebzig Jahren war er sehr beliebt und als Bankdirektor sehr umtriebig gewesen. Es würde eine große Beerdigung werden. [...] Der Großvater war schon jetzt im Haus aufgebahrt. Gewaschen, mit dem Kopf nach Norden, an seinem Kopfende Kerzen, eine Schale Reis mit zwei Essstäbchen, ein Glas Wasser und weiße Blumen. Sein Gesicht würde mit einem weißen Tuch bedeckt sein. Sie würden Weihrauchstäbchen verbrennen und ihm ein Messer auf den Kopf legen, zum Schutz vor bösen Geistern.

[...] Es war still im Flieger. [...] Sie schlief tief und traumlos. [...] Naski erwachte erst bei der Landung. Es schien ihr, als wären zehn Jahre vergangen, seit sie in Los Angeles abgeflogen war. Viel zu früh erwartete Japan sie da draußen. Viel zu früh. [...] Der Weg zum Gepäckband war viel zu kurz. Japanische Werbung, Gesprächsfetzen, schwarzes, glänzendes Haar überall. Ihr Blick war leer, der Magen schmerzte. [...] Es war, als hätte etwas das Leben aus ihr gesaugt. [...]

Sie sah ihre Mutter sofort. Trotz Hunderter wartender Menschen blickte sie ihr in der Ankunftshalle gleich direkt in die Augen. Sogar der Vater war gekommen. Man verbeugte sich tief. Die Eltern sahen alt aus. [...] Fast hätte sie die Mutter umarmt. Stattdessen verbeugte sie sich. Sie sprachen kaum auf der Fahrt in die Stadt. [...] Ihr Zimmer war unberührt. Sie musste sich umzie-

Einen literarischen Text fortschreiben

hen und frisch machen. […] Ihre Mutter trat leise ins Zimmer. Ihr Haar war zurückgebunden und zu einem Knoten gesteckt.

Naski nickte ihr zu. Die Mutter half ihr, den Kimono zu binden. „Hattest du eine schöne Zeit?“ Sie sah Naski nicht an. „Ja. Sehr.“ Sie deutete eine Verbeugung an. Sie überlegte kurz. Aber der Moment war bereits wieder vorbei. Nur ein kleines Gefühl von wehmütigem Glück blieb. Sie war froh, dass ihre Mutter gefragt hatte.

Nach den Gebeten aßen sie Suppe und Gyôza[3], die die Tanten mitgebracht hatten. Dann fuhren die engsten Familienangehörigen mit ins Krematorium. Während der Leichnam ihres Großvaters eingeäschert wurde, standen alle im Warteraum. Man versuchte, über andere Dinge zu sprechen. Naski verhielt sich still. Ihre Seele war noch nicht angekommen. Ihr iPhone vibrierte unter ihrem Kimono. Eilig entschuldigte sie sich auf die Toilette. „Sweetie, I hope you get this? I miss you like crazy! Come back soon. Xo Teddy.“ Sie weinte vor Glück. Am liebsten hätte sie ihn gleich von der Toilette des Krematoriums angerufen.

Nachdem man ihrem Vater die Urne überreicht hatte, fuhren sie wieder nach Hause. […] Nach Hause, dachte sie. Zu Hause, das war das mondäne Haus mit Wänden aus Reispapier, in dem man im Eingangsbereich die Schuhe gegen Pantoffeln tauschte. Naskis Augen brannten. Sie machte sich einen Tee und schloss den Laptop an. Jamie hatte bereits gemailt. In acht Tagen hatte Derek Geburtstag. Sie solle schnell zurückkommen. Jamie wollte mit ihr zusammen süße Mochi machen. Naski lächelte. Es klopfte sanft. Ihr Vater trat ein. „Wahrscheinlich willst du gerne bald zurückfliegen.“ Er sprach leise. Ihr wurde heiß. Ja! Jaa! Morgen! Übermorgen?, schrie ihr Innerstes. Ihr Vater setzte sich und fuhr fort: „Ich möchte dich bitten, die Kitamakura einzuhalten. Dann kannst du zurückfliegen.“ Er räusperte sich. Dann ging er. Kitamakura. Daran hatte sie nicht gedacht. Das bedeutete neunundvierzig Tage trauern. […] Der Verstorbene erwacht neunundvierzig Tage nach seinem Tod in einem neuen Leben, in neuer Gestalt. Sie weinte. Neunundvierzig Tage. Das waren sieben Wochen. Sie würde Teddy eine halbe Ewigkeit nicht sehen, Dereks Geburtstag und den Unterricht verpassen. Japan würde wieder Besitz von ihr ergreifen. Auf ein Blatt Papier malte sie neunundvierzig Kästchen. Morgen würde sie eines davon durchstreichen.

(Franka Potente, „Zehn. Stories“, S. 153–165)

1 Zôri: traditionelle japanische Sandalen
2 Mochi: japanischer Reiskuchen
3 Gyôza: japanische Teigtaschen

1 **Geben Sie den Inhalt der Kurzgeschichte mit eigenen Worten wieder.**

2 **Charakterisieren Sie die Hauptfiguren in Stichworten.**

3 **Schreiben Sie eine Fortsetzung des Textes anhand des folgenden Themas:**
Naski kehrt nach Abschluss der Kitamakura in die USA zurück. Allerdings tritt dort eine gewisse Desillusionierung ein und Naskis bisher uneingeschränkt positive Sichtweise verändert sich.

Einen literarischen Text fortschreiben

4 **Lesen Sie sich das folgende Schülerbeispiel durch und notieren Sie stichpunktartig, wie die Desillusionierung Naskis motiviert und dargestellt wird.**

Muster

... und dann hatte sie endlich alle durchgestrichen und saß wieder im Flugzeug Richtung Kalifornien. Noch war nicht alles von ihr abgefallen, die Trauer über den Tod des Großvaters, das Gefühl des Eingesperrtseins in der kühlen Atmosphäre, aber sie war bereit, wieder in die leichte, einfache Welt ihrer amerikanischen Familie einzutauchen, und freute sich natürlich unbändig auf Teddy.

Jamie, die Gastmutter, holte sie ab, umarmte sie nach der „awesome" langen Abwesenheit. Als Naski allerdings von zu Hause erzählen wollte, winkte Jamie ab; sie müssten unbedingt noch einkaufen für die Willkommensparty. Auch Jim und Derek interessierten sich nicht sonderlich für Naskis Aufenthalt in Japan, sondern mehr für das tolle Surfbrett, Dereks Geburtstagsgeschenk.

Das Wiedersehen mit Teddy immerhin war genauso zärtlich, wie Naski es sich vorgestellt hatte.

Trotzdem, irgendetwas hatte sich verändert: Naski war trauriger über den Tod des Großvaters, als sie sich das vorgestellt hatte. Die Vorstellung, ihn niemals wiederzusehen, machte sie einsilbig und nachdenklich. Manchmal nervte sie sogar das Gekicher der Freundinnen, und deren glänzende Pupillen und hysterisches Benehmen bei den Partys machten sie misstrauisch. Alle, auch Teddy, nahmen irgendwelche Sachen ein, sie wusste aber, dass sie das ihrem Vater gegenüber niemals vertreten könnte. Teddy murmelte zwar nach wie vor, wie „sweet" sie sei, aber über Japan und den Großvater wollte auch er nichts wissen und sie hatte ihn nun schon ein paar Mal mit der neuen Austauschschülerin aus der Schweiz, einer kleinen Blonden mit drolligem Akzent, herumalbern sehen, was ihr jedes Mal einen richtigen Stich gab, obwohl sie natürlich Haltung bewahrte.

Auch bei den Shaws war nicht mehr alles so, wie es sein sollte. Jims Sportwagen war plötzlich verschwunden und es stand ein alter Pick-up an seiner Stelle in der Garage. Naski wurde Zeuge eines Streits zwischen Jim und Jamie, es ging um finanzielle Engpässe und irgendeine Krise, Naski verstand nur so viel, dass plötzlich das Geld knapp sei und Jim dafür verantwortlich. Auch die Hausangestellte Consuela, eine Mexikanerin, sollte entlassen werden. Naski fand sie weinend in der Küche, aber nicht wegen der Entlassung, sondern weil sie in eine Kontrolle gekommen war und nun fürchtete, abgeschoben zu werden. Das tat Naski schrecklich leid, sie hatte gedacht, in Amerika sei das Leben für alle leicht und frei und schön, und nun fiel ihr plötzlich auf, dass die Gasteltern, aber auch Teddy komische Umwege fuhren und dadurch für manche Strecken sehr lange brauchten. Auf ihre Nachfrage kam ziemlich einsilbig, dass man um manche No-go-Areas eben einfach besser einen Bogen machen solle. Als das Jahr zu Ende war – sie hatte mitbekommen, dass Teddy im Winter das schweizerische Mädchen in Europa besuchen wolle –, fiel ihr die endgültige Heimkehr weitaus leichter als gedacht.

5 **Lesen Sie sich die folgenden Anfänge von Schüleraufsätzen durch. Bei beiden lässt sich ein entscheidender Fehler, den Sie vermeiden sollten, feststellen.**

Muster

Und so flog unsere Naski nach den 49 Tagen wieder zurück in die USA, voller Vorfreude und im naiven Glauben, im Leben ließe sich einfach so ungebrochen anschließen an Vergangenes. Der Leser ahnt es schon, es kam ganz anders, die Reise verlief nicht so, wie sich Naski das vorgestellt hatte, und am Ende des Jahres hatte sie es eilig, wieder nach Hause zu fahren, um einige Erfahrungen reicher und nicht mehr ganz so kindlich.

Einen literarischen Text fortschreiben

Muster

Endlich konnte ich wieder in die USA zurückfliegen, nach langer, langer Zeit. Jamie holte mich am Flughafen ab, wie immer lustig, lieb, überschäumend. Sie überfiel mich gleich mit dem Vorschlag, mir ein tolles neues Kleid zu kaufen, für die Willkommensparty heute Abend. Komischerweise hätte ich lieber mit ihr Kaffee getrunken.

BASISWISSEN Einen literarischen Text fortschreiben

Trotz eines grundsätzlich kreativen Ansatzes bedeutet gestaltendes Interpretieren kein völlig willkürliches Erfinden. Die Vorgaben des Ausgangstextes sind entscheidend. Es handelt sich nach wie vor um eine Interpretationsleistung, wenn auch Einfallsreichtum, Flexibilität und sprachliche Einfühlung gefordert sind. Im Idealfall ergänzt der neue Text den Ursprungstext so überzeugend (oder fügt sich in diesen so ein), dass man sich vorstellen könnte, er gehöre dazu. Ähnlich wie der Ursprungstext soll auch der neue Text anregen, unterhalten und Interesse wecken.

- Greifen Sie die inhaltlichen, formalen und sprachlichen Vorgaben des Textes auf.
- Der Ursprungstext ist der „Ideengeber".
- Entwickeln Sie eigene Gedanken, die sich aber immer auf den Text beziehen lassen müssen.
- Denken Sie daran, bei einer Fortsetzung auch die Sprache der jeweiligen Zeit zu imitieren.
- Behalten Sie die einmal gewählte Stilebene bei.
- Vermeiden Sie übertriebene und unpassende Ausdrücke.
- Entwerfen Sie bei einer Fortsetzung ein wahrscheinliches, glaubhaftes und überzeugendes Szenario.
- Wahren Sie die innere Logik der Handlung.
- Beachten Sie die Einhaltung der eingenommenen oder vorgeschriebenen Erzählperspektive.

Einen Brief schreiben

Eine Form des gestaltenden Interpretierens mit kreativer Textproduktion ist es, einen Brief zu schreiben. Um aus der Perspektive einer literarischen Figur einen Brief zu verfassen, sind genaue Textkenntnisse und Einfühlung in den jeweiligen Charakter notwendig. In der folgenden Erzählung von Erich Kästner steht ein junger Metallarbeiter im Mittelpunkt.

Erich Kästner: Inferno im Hotel

Drei Tiroler Luxushotels und eine illustrierte Zeitschrift veranstalteten – aus Gründen propagandistischer Konvention – ein gemeinsames Preisausschreiben. Die Zeitschrift stellte den Lesern eine allgemein gehaltene Frage und wünschte besondere Antworten, wählte die drei gelungensten Einsendungen und lieferte deren Urhebern die zur Nutznießung der Prämien notwendigen Schnellzugsfahrten (zweiter Klasse). Die drei Tiroler Hotels erklärten sich ihrerseits bereit, je einen der Gewinner vierzehn Tage kostenlos aufzunehmen. Den ersten Preis erhielt ein Dr. Gotthold Lehmann, den zweiten ein gewisser Herr Peter Sturz und den dritten die Gattin eines Bankdirektors. Dieser Dame kamen zwei luxuriöse Wochen in Tirol nicht ungelegen; es war ihre dritte Reise im laufenden Jahr, und außerdem fand sie das Hochgebirge himmlisch. Auch Dr. Gotthold Lehmann schätzte sich glücklich; er war Gymnasiallehrer; Gehalt und Familie hätten ihm Erholung höchstens innerhalb der ersten Eisenbahnzone erlaubt.

Aber für Herrn Peter Sturz (wie die Zeitschrift ihn höflicherweise nannte) sollte die Reise zu einer schmerzlichen Fahrt in würdelose Abenteuer werden. Sturz war Metallarbeiter; damit ist der zureichende Grund seiner Erniedrigung eindeutig bezeichnet, und auch ihre Chronik ist schnell notiert:

Peter Sturz, 28 Jahre alt und seit vierzehn Monaten verheiratet, hatte die Preisfrage beantwortet, ohne an irgendeine Chance auch nur zu denken. Als er dann unter den Namen der Prämierten den eigenen las, erschrak er sehr und schrieb, man möge ihm, einem armen Teufel, statt der Reise, bitte, eine Geldsumme zuwenden. Doch die Redaktion der Zeitschrift lehnte sein Gesuch ab … Frau Sturz, belustigt über ihres Mannes Unruhe, kaufte im Konsumverein den kunstseidenen Schlips, den er erst zum Geburtstag hätte bekommen sollen; sie stärkte und plättete drei Vorhemdchen und etliche Paar Manschetten; sie bürstete den blauen Sonntagsanzug mit Benzin und packte einen Karton. Sturz nahm den ihm zustehenden Urlaub von zehn Tagen und erhielt einige, freilich unbezahlte, Tage mehr hinzubewilligt. Dreißig Mark holte er von der Sparkasse, für alle Fälle und obwohl sie als Anzahlung auf eine Nähmaschine gedacht gewesen waren. Die Zeitschrift schickte das für die Hin- und Rückreise gültige Billettheft – und Sturz fuhr nach Tirol.

Die Fahrt im Coupe zweiter Klasse gefiel ihm. Er rauchte Zehnpfennigzigarren, kaute 30 Wurststullen, blinzelte vergnügt durchs Fenster, wippte auf den Polstern und pfiff. Später schlief er mehrere Stunden. In München stieg er um, schlief wieder ein, erwachte hinter Rosenheim und sah gerührt die ersten Berge. In Kufstein regnete es. Trotzdem ging er vor seinem Abteil des Zürich-Wien-Express', der ihn weiterbringen würde, stolz auf und ab, kletterte im letzten Augenblick in den Wagen und bedauerte, eine Stunde danach, dass er schon in K. angekommen war.

Den Karton unterm Arm und den Hut zwischen den Fingern betrat er das Hotel. Der Portier nahm sich nicht die Mühe, seinen Schreck zu verbergen, als er hörte, wer dieser lächerlich grobe und schüchterne Mensch sei. Eilig ließ er ihn nach einem Zimmer des obersten Stockwerkes abschleppen und machte dem Direktor erschüttert Mitteilung. – Sturz kniff die Augen zusammen, während ihn der Boy durch die Halle führte. Herumsitzende Gäste musterten ihn, als sei er die

Einen Brief schreiben

Dame ohne Unterleib … Im Lift fuhren sie hoch. Und nachdem sich der Junge zurückgezogen hatte, stand Sturz lange noch dicht an der Tür des Zimmers und wagte nicht, den Karton abzulegen.

Eine Viertelstunde nach dem dritten Gongschlage klopfte es, und der Boy rief: man esse längst! Etwas später stand Sturz in einem großen, herrlich erleuchteten Saal. Die Herren trugen schwarze Anzüge und weißbrüstige Hemden; die Damen glichen nacktarmigen Fürstinnen. Sturz erhielt einen kleinen einsamen Tisch angewiesen; und bevor er sich setzte, verbeugte er sich dreimal linkisch ins Leere. Seine Verwirrung stieg, als man ihm das Vorgericht servierte. Er wusste mit den merkwürdig bunten Speisen nichts anzufangen und schlang sie hinunter, als fräße er Gift. Messer und Gabel klirrten in den schweren Fäusten. Der Oberkellner studierte ihn süffisanten Blicks, und als Sturz das Messer aufs Parkett fiel, als er es aufhob und damit weiterspeiste, starrten ihn alle Gäste, unheimlich fremd und voll sachlicher Neugier, an. Mit gesenktem, rotem Kopfe saß er da und kaute. Ihm war todelend zumute, und verzweifelt schluckte er, was man ihm hinstellte. Als er schließlich aufzublicken wagte, war er allein. Das heißt, drüben am Büfett lehnten zwei Tischkellner und lachten.

In der Halle trank man Sekt und Wein. Wie ein Matrose schwankte Sturz an den Menschen vorüber. Die Treppen rannte er hinauf, riegelte die Tür ab und warf sich wie ein Paket aufs Bett. Dann stand er wieder auf, zog sich aus, hing den Anzug sorgfältig über einen Bügel, löschte das Licht und ging schlafen. Von weit her drang Tanzmusik. Und er hätte – wäre er's nur gewöhnt gewesen – gern geweint.

Die Angestellten waren grausamer als die Gäste. Es schien, sie hätten sich auch an ihm zu rächen, da sie gezwungen waren, einen Kerl zu bedienen, den sie verachteten. Sie quälten ihn voll böser Lust; sie ertrugen es nicht, sein Herz auch nur eine Stunde unverletzt zu lassen; sie verbreiteten alle seine Irrtümer, damit man ihn verlache. Vom Zimmermädchen erfuhren alle, die es wissen wollten (und andere auch), Sturz halte die Tür zu seinem Badezimmer für eine nachbarlich verschlossene Tür und habe noch nicht gebadet. Der Oberkellner erzählte den Herrschaften, Sturz wage es nicht, Pasteten, Krebse, Geflügel und andere Gerichte zu essen, weil er nicht wisse, wie er sie anständig verzehren solle. Der Portier teilte den Interessenten mit, „Herr“ Sturz habe mehrfach versucht, mit den Hausdienern und Kutschern, wenn sie abends im Hofe saßen und Karten spielten, Gespräche anzuknüpfen. Sogar beim Holzhacken habe er helfen wollen. Na, man habe ihm gründlich heimgeleuchtet!

Seit seiner Ankunft hatte Sturz kaum ein Dutzend Worte gewechselt. Immer war er allein. Immer war er auf der Flucht vor dem Gelächter. Abzureisen freilich schämte er sich noch mehr … So hastete er verlassen und verfolgt durch den lärm- und musikerfüllten Palast; und nur unterwegs, auf stillen Bergwegen und Gletschern gegenüber, fand er ein wenig Frieden. – Am zehnten Tage empfing er einen Brief von seiner Frau und sah am Datum, dass der Portier ihn mehrere Tage absichtlich zurückgehalten haben musste. Doch schwieg er, ging auf sein Zimmer und las, was sie ihm schrieb. An diesem Abend – die Hauskapelle spielte Tafelmusik – weinte Sturz an seinem leeren, kleinen Tisch. Der Oberkellner kolportierte es schleunig und fügte anschaulich hinzu: die Tränen seien aufs Kalbsfrikassee getropft. Nervenkrisen eines Metallarbeiters wurden an etlichen Tischen für originell erklärt.

Am späten Abend, als Sturz sein Zimmer betrat, konnte er an der Tür zum Badezimmer lesen: „Einmal richtig baden, könnte dir nichts schaden“. – Erst jetzt merkte er die Bedeutung des

Einen Brief schreiben

Nebenraums, betrat ihn und blickte auf die eingelassene Wanne, als sähe er in ein Grab ... Seit er geweint hatte, vollzog sich eine Wandlung in ihm. Seine Schüchternheit wich und machte einem schlimmen Trotze Platz. Man hatte ihn in die Enge getrieben. Jetzt stellte er sich zur Verteidigung. Es verlangte ihn danach, zu beleidigen und zu bestrafen. Aber niemand verletzte ihn mehr. Es hatten wohl alle instinktiv begriffen, dass er sich geändert hatte. So fraß er den Zorn in sich hinein. Man sah ihn gar nicht. Er war nicht mehr interessant und außerdem gefährlich. Man tat, als sei er nicht vorhanden.

Sturz fand diesen Zustand nicht weniger unerträglich als den vorigen und teilte dem Portier mit, er reise ein paar Tage vor dem Ablauf des Termins. Auf der Bank des Ortes wechselte er fünfundzwanzig Mark in Schillinge um und bot – nachdem er seinen Karton gepackt hatte – dem Zimmermädchen ein Trinkgeld. Sie drehte ihm den Rücken ... Er suchte den Hausdiener; dieser lachte ihm ins Gesicht und meinte, von so einem nehme er nichts ... Sturz lief zum Oberkellner und drückte ihm einige Scheine in die Hand. Der Oberkellner ließ das Geld fallen und wandte sich zum Gehen. Da hielt der Arbeiter es nicht mehr aus und schlug den Menschen nieder. – Kellner und Gäste liefen herbei und knieten sich zu dem Blutenden.

Sturz drehte sich um. Man trat zurück und ließ ihn ungehindert passieren. An der Tür spieh er aus und warf den Rest des Geldes in den Saal. Dann ging er zum Bahnhof und fuhr heim.

Wenige Wochen später starben der Arbeiter Sturz und seine Frau an Leuchtgasvergiftung. Es liegt nahe, zwischen jener Reise und diesem Selbstmord einen Zusammenhang zu konstatieren.

(Erich Kästner, „Drei Männer im Schnee“, S. 231 ff.)

1 Kurz bevor Peter Sturz den Brief seiner Frau erhält, schreibt er seinerseits an sie. Verfassen Sie diesen Brief, in welchem er Auskunft über die Situation und seine Gefühle gibt.

2 Lesen Sie sich die folgenden Briefstellen (Auszüge aus gelungenen und weniger gelungenen Schülerarbeiten) durch und beurteilen Sie diese ähnlich wie bei den Beispielen (A) und (B). Mögliche Kriterien: Aufnahme inhaltlich zutreffender Elemente, Einhaltung der Perspektive, Reflexion, sinnvolle Weiterentwicklung der Situation etc.

(A) *Meine Liebe, wie geht es dir? So lange haben wir uns nicht gesehen. Ist alles in Ordnung? Ich vermisse dich sehr. Du hast alles so sorgfältig und schön vorbereitet, damit ich mich auf der Reise wohlfühlen kann und gut ausgestattet bin.*
***Beispiel:** Beurteilung positiv; Orientierung am Adressaten bei dieser Textsorte wichtig; er hat länger nichts von seiner Frau erfahren; Textauswertung in Hinsicht auf Figurencharakter (er hat ein liebevolles Verhältnis zu seiner Frau und vermisst sie) und Inhalt (vgl. Z. 20 ff.) ist vorhanden.*

(B) *Du hast ja meine Ängste nicht richtig verstanden, aber ich passe wirklich nicht hierher. Stell dir vor, sie verspotten mich hier alle und haben mir sogar ein gemeines Schild geschrieben. Was ich hier erlebe, ist blankes Mobbing.*
***Beispiel:** Beurteilung negativ; Nichteinhaltung der Stilebene, „Mobbing“ ist nicht der Wortschatz aus dieser Zeit.*

Einen Brief schreiben

(C) *Der Portier war schon von Anfang an komisch, und stell dir vor, er hat sogar dem Direktor erzählt, was ich für ein plumper und grober Gast bin, der nicht hierhergehört.*

(D) *Keiner redet freundlich mit mir. Ich glaube, sie lachen über mich. Ich bin so schrecklich allein.*

(E) *Die verbreiten hier sogar, dass ich stinke und mich nicht wasche und mich mit den Dienstboten unterhalte.*

(F) *Eine ganz komische Sache in diesem Luxushotel ist, dass in meinem Zimmer kein Waschbecken ist, das verstehe ich gar nicht, ich wasche mich jetzt im Waschbecken auf dem Klo.*

(G) *Die Zugfahrt und die Natur hier, das ist alles sehr schön. Mit dir wäre es noch viel schöner, aber wir können ja eine so teure Zugfahrt für beide nicht bezahlen, selbst wenn wir hier nur ein einfaches Zimmer nehmen würden.*

(H) *Es ist alles so einschüchternd. Muss man sich eigentlich vor dem Hinsetzen verbeugen?*

ARBEITSTECHNIK — Einen Brief aus der Perspektive einer literarischen Figur schreiben

Um einen Brief aus der Sicht einer literarischen Figur zu schreiben, müssen Sie sich über deren persönliche Situation, ihre Beziehungen, ihr Verhalten und ihre Empfindungen klarwerden. Auch die Zeitumstände sollten Sie einbeziehen. Wünschenswert wäre es, sich der Sprache der Figur anzunähern.

Folgende Arbeitsschritte können Ihnen helfen:

- Werten Sie den Text aus und achten Sie dabei auch auf Details wie Aufbau und Sprache.
- Beachten Sie wichtige formale Vorschriften für einen Brief (Anrede, Datum, Absätze, Schlussformel mit Unterschrift).
- Halten Sie eine sinnvolle gedankliche Struktur ein (Beispiel: Schreibanlass, klare Argumentation, Eingehen auf wichtige Aspekte, Einschätzungen und Deutungen).
- Halten Sie unbedingt die Perspektive ein, so kann beispielsweise die schreibende Person nicht alles, was im Text steht, unbedingt wissen.
- Behalten Sie den Empfänger im Blick, das heißt, beachten Sie die Adressatenorientierung.
- Legen Sie die Stilebene stimmig an (Zeit, Milieu, Charakter, Situation). Vermeiden Sie beispielsweise Anachronismen und Stilbrüche.
- Reflektieren Sie die Situation und bauen Sie sie im Rahmen des Vorgegebenen aus (keine wilden Erfindungen, inhaltliche Stimmigkeit herstellen).

3 **Auch der Portier hat seiner Frau über den „unmöglichen Gast" und darüber, wie man ihn behandelt hat, einen Brief geschrieben. Verfassen Sie einen Antwortbrief der Frau, in welchem sie ihrem Mann Vorwürfe wegen dieser Vorkommnisse macht.**

Einen inneren Monolog verfassen

Romane haben oft komplexe Figurenkonstellationen. Eine Art der Interpretation ist es, einen inneren Monolog eines Romanprotagonisten zu verfassen. Ähnlich wie beim Brief müssen Sie sich beim inneren Monolog in eine literarische Figur hineinversetzen und ihre Gedanken und Gefühle formulieren.

BASISWISSEN Innerer Monolog und weitere Formen der Figurenrede

Zu den **Erzähltechniken** gehört es, dass Figuren in epischen Texten denken und sprechen. Diese **Figurenrede** kann auf unterschiedliche Art und Weise dargestellt werden.

Gedanken und Gefühle werden im inneren Monolog, dem Bewusstseinsstrom oder der erlebten Rede wiedergegeben.

Situation: Eine Person steht vor dem Kino. Es geht um die Frage, ob sie nach Hause gehen muss.

a) Ob ich wohl nach Hause gehen muss? Soll ich nicht lieber vielleicht noch etwas warten? → **Innerer Monolog** („ich“ = 1. Person; muss = Präsens)

b) Wenn ich doch ...! Nach Hause? Nein!! – Vielleicht doch? ... Ja! → **Bewusstseinsstrom**, „stream of consciousness“ (vom klassischen Satzbau losgelöste Wiedergabe von Gedanken, Assoziationen, Empfindungen etc.)

c) Sie stand vor dem Kino. Musste sie wohl nach Hause gehen? → **Erlebte Rede** („sie“ = 3. Person; „musste“ = Präteritum)

Gesprochene Worte werden in direkter oder indirekter Rede wiedergegeben.

a) Sie stand vor dem Kino und fragte: „Muss ich wohl nach Hause gehen?“ → **Direkte Rede** (Diese Form müssen Sie anwenden, wenn Sie beim gestaltenden Interpretieren etwa aufgefordert werden, einen Dialog zu entwerfen.)

b) Sie stand vor dem Kino und fragte sich, ob sie wohl nach Hause gehen müsse. → **Indirekte Rede** („müsse“ = Konjunktiv; bei der Inhaltswiedergabe angezeigte Form für die Wiedergabe wörtlicher Rede)

„Die Interessanten“, im gleichnamigen Roman von Meg Wolitzer, sind eine Gruppe junger Leute, deren Freundschaften, Erfolge und Enttäuschungen über längere Zeit geschildert werden. Im vorliegenden Auszug geht es um Ethan Figman und Ash Wolf, die eine Beziehung haben. Ethan Figman ist ein junger, genialer Comiczeichner. Er sitzt bei Gil, dem wohlhabenden Vater seiner Freundin Ash und ihres Bruders Goodman, im Büro. Goodman ist wegen eines Vergewaltigungsvorwurfs untergetaucht. Seine Eltern wissen nicht, wo er ist.

Meg Wolitzer: Die Interessanten (Auszug)

„Warte, noch etwas Letztes“, sagte Gil. Sein Gesichtsausdruck veränderte sich plötzlich und bekam etwas Verlegenes. „Ich habe mich gefragt, ob du dir vielleicht etwas ansehen könntest.“

„Sicher.“

Gil schloss die Tür zu seinem Büro, ging zum Schrank und holte eine dicke ziegelfarbene Mappe daraus hervor. Während er das Band, mit dem sie sorgfältig verschlossen war, löste, sagte er: „Das ist mein Geheimnis, Ethan. Ich habe das nie jemandem gezeigt, nicht mal Betsy.“

Oh Scheiße, Pornos, dachte Ethan und ihm wurde eng hinter dem Kragen. Irgendeine Art Fetisch-Porno. Mit Bildern von Kindern, die in Häusern mit geschwärzten Fenstern fotografiert worden waren. Gil wollte Ethan in diese Welt einführen. Nein, nein, was für ein blöder Gedanke! Hör schon auf, du schwatzt innerlich schon wieder vor dich hin, sagte sich Ethan. Er sah zu, wie Ashs Vater einen Stapel Zeichnungen auf dickem Papier aus der Mappe zog. „Sag mir, was du denkst“, sagte Gil.

Einen inneren Monolog verfassen

tisieren. Dieser Jack, mit dem sie die ganze Zeit herumzieht, versteht sich ja auch so gut mit Gil, na ja, ein Banker wäre ihm bestimmt willkommener als ich unzuverlässiger Künstler. Von dem lass ich mich bei Gil und Ash nicht ausstechen, sollen sie Golf miteinander spielen, aber ich bin der Künstlerschwiegersohn, der auch noch Verständnis für die (fehlgeleiteten ha-ha) Künstlerambitionen seines Schwiegervaters hat.

3 Verfassen Sie einen inneren Monolog Gils nach dem Treffen mit Ethan. Gehen Sie dabei besonders auf den Aspekt der Erleichterung ein, die Gil empfindet, nachdem sich Ethan positiv über seine Zeichnungen geäußert hat.

ARBEITSTECHNIK – Einen inneren Monolog schreiben

Der innere Monolog ist eine Form der Figurenrede. Der Leser erfährt ohne einen dazwischengeschalteten Erzähler direkt die Gedanken der Figuren, erlebt ihre Zerrissenheit, ihre Erinnerungen, Überlegungen und Assoziationen.

- Nutzen Sie die Informationen aus dem Text.
- Geben Sie die Gedanken, Gefühle und Wahrnehmungen der Person, die den inneren Monolog „spricht“, wieder.
- Achten Sie unbedingt darauf, dass diese Darstellung mit der Gesamtaussage des Textes übereinstimmt.
- Schreiben Sie ohne Anführungszeichen.
- Verwenden Sie die 1. Person Indikativ Präsens (auch die Du-Form bei einem Selbstgespräch).
- Sie haben Freiheit im Setzen von Ausrufezeichen, Fragezeichen, Auslassungszeichen.
- Sie können sich an die mündliche Ausdrucksweise anlehnen, dürfen also Wiederholungen, auch elliptisches Sprechen bis hin zu Satzfetzen oder Einzelwörtern, Dialekt etc. einsetzen.
- Achten Sie jedoch immer auf die Verständlichkeit Ihres Textes.

FAZIT

16.1
Einen literarischen Text fortschreiben

- eine Handlung in eigenen Worten wiedergeben
- Figuren charakterisieren
- eine Erzähl- und Zeitperspektive einnehmen

16.2
Einen Brief schreiben

- Formalien beachten
- Vorgaben der Vorlage einhalten
- Perspektive beachten
- Stilebene treffen

16.3
Einen inneren Monolog verfassen

- Gedanken und Gefühle unmittelbar wiedergeben
- auf Verständlichkeit achten

Kapitel 17

Mediennutzung heute

17.1
Die Vielfalt der Medien

17.2
Nutzung moderner Medien

Die Medienlandschaft befindet sich im Wandel. Zwar ist noch wie vor zwei Jahrzehnten das Fernsehen das beliebteste Medium für Jugendliche, doch die Bedeutung des Internets steigt immer weiter, auch durch Angebote wie Smartphone und Tablet. Im folgenden Kapitel sollen Sie die eigene Mediennutzung kritisch reflektieren. Sie erhalten ferner einen Einblick in die Bedeutung der Digitalisierung für traditionelle Medien wie die Tageszeitung. Abschließend geht es um Möglichkeiten, sich die modernen Medien in der Schule sinnvoll zunutze zu machen.

Kompetenzen

- ✓ Kernaussagen und Intentionen eines Textes erkennen
- ✓ Mediennutzung kritisch reflektieren
- ✓ Medienvielfalt sinnvoll nutzen
- ✓ Einfluss der Medien auf die Gesellschaft erkennen
- ✓ Glaubwürdigkeit von Internetquellen einschätzen

Methoden und Arbeitstechniken

- ✓ Texte zusammenfassen
- ✓ Diagramme analysieren
- ✓ Internetrecherche

Die Vielfalt der Medien

Jugendliche haben heute Zugang zu einem vielfältigen Medienangebot. Doch was sind überhaupt Medien und wie werden sie genutzt?

1 Verfassen Sie auf der Basis einer Internetrecherche einen Lexikonartikel zum Begriff „Medien". Achten Sie darauf, glaubwürdige Quellen zu verwenden.

Quelle 1

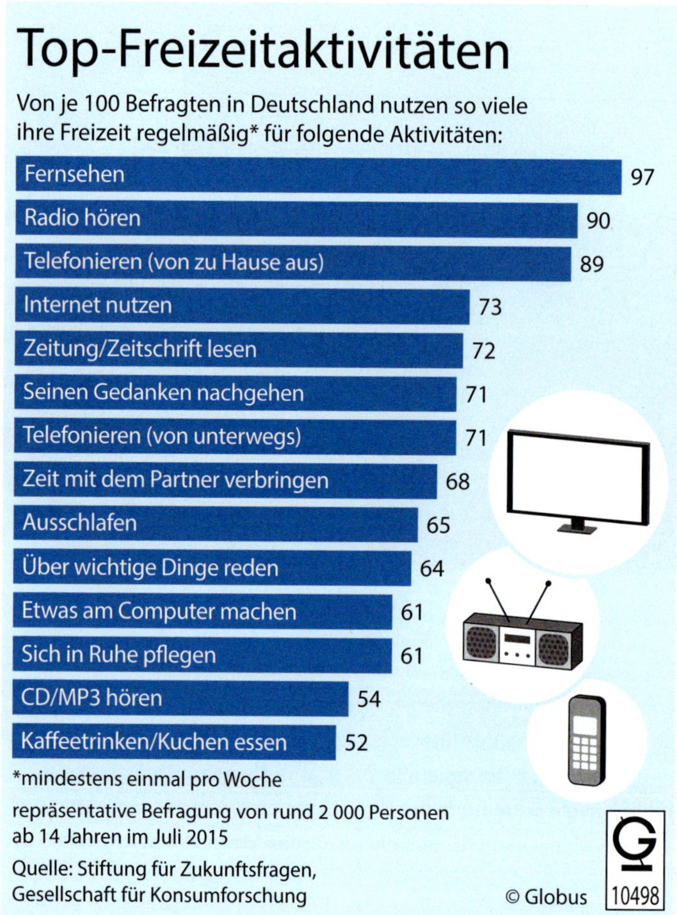

2 Analysieren Sie das Schaubild. Inwiefern entspricht es Ihren eigenen Erfahrungen?

3 Begründen Sie, warum es sinnvoll ist, die Ergebnisse der Umfrage in Form eines Balkendiagramms darzustellen.

4 Anders als die herkömmlichen Medien ermöglichen Internet und Smartphone im Social-Media-Zeitalter eine aktive Nutzung. Jeder kann nicht nur Empfänger sein, sondern auch Sender und sich im Netz selbst darstellen.

a) Überlegen Sie, was man dabei beachten sollte.

b) Erstellen Sie eine Liste mit Empfehlungen zum Umgang mit den sozialen Netzwerken.

Die Zukunft der Zeitungen

Quelle 2

„Das Zeitalter der gedruckten Zeitung ist zu Ende“

Der Geschäftsführer der „taz“ sieht die Zukunft der Zeitung im Onlinejournalismus. Die Mitarbeiter müssten sich auf das Ende der Printausgabe einstellen.

Die taz wird möglicherweise bald nicht mehr als tägliche Printausgabe erscheinen. Das kündigte der Geschäftsführer der Zeitung, Karl-Heinz Ruch, in einem Schreiben an die Mitarbeiterinnen und Mitarbeiter an. „Das Zeitalter der gedruckten Zeitung ist zu Ende“, schrieb Ruch. „Der Journalismus lebt im Netz weiter.“ Über das Schreiben hatten zunächst der Mediendienst *turi2* und die *Süddeutsche Zeitung* berichtet.

Ruch rief die Mitarbeiter und Teilhaber der taz dazu auf, Ideen für den Übergang zu entwickeln. Man wolle „in Ruhe die notwendigen Veränderungen“ des „grundlegenden Strukturwandels“ erkunden, dabei aber keine Zeit verlieren.

Die Mitteilung von Ruch geht auf einen im März 2018 veröffentlichten internen Innovationsreport zurück, der zu dem Schluss kam, dass sich die Leserinnen und Leser in den kommenden Jahren überwiegend online über das Tagesgeschehen informieren werden. „Ausgeruhte Analysen“ würden zunehmend für das Wochenende vorbehalten, hier gegebenenfalls auch weiterhin im Print, schrieb Ruch. Der digitale Wandel biete dabei eine Chance auf mehr Vielfalt im Journalismus.

Die taz wurde 1978 in West-Berlin als selbsterklärte linke Alternative zur bürgerlichen Presse gegründet und wird von einer Verlagsgenossenschaft gehalten. Geschäftsführer des Verlags ist seit der Gründung Karl-Heinz Ruch, der kommendes Jahr in Rente gehen wird. Die aktuelle Auflage der Tageszeitung liegt bei knapp 50 000 Exemplaren.

www.zeit.de (ZEIT ONLINE, 13.08.2018)

1 Fassen Sie den Inhalt des Textes kurz zusammen.

2 Erläutern Sie, welche Gründe die dargestellte Entwicklung hat.

BASISWISSEN Bewertung von Quellen

Wenn man Quellentexte für Schule und Studium verwenden möchte, stellt sich die Frage, wie glaubwürdig diese sind bzw. wie seriös. Die folgenden Kriterien können helfen, eine Quelle richtig einzuschätzen:

- **Autor/Herausgeber:** Ist der Autor/Herausgeber für bestimmte Positionen/die Vertretung bestimmter Interessen bekannt? Was macht er hauptberuflich, für wen arbeitet er und ergibt sich daraus ein bestimmtes Interesse an dem jeweiligen Thema?
- **Transparenz:** Nennt der Text die verwendeten Quellen? Sind diese Angaben nachvollziehbar?
- **Aktualität:** Von wann stammt die Quelle? Ist die Information noch aktuell oder hat es seit der Veröffentlichung wesentliche neue Entwicklungen gegeben?
- **Aussagen anderer Quellen:** Geben andere Quellen dieselbe Information oder wird ein Sachverhalt dort anders dargestellt?

Die Zukunft der Zeitungen

3 Erörtern Sie Vor- und Nachteile des Online-Journalismus.

a) Informieren Sie sich, welche diesbezügliche Strategie deutsche Tageszeitungen verfolgen.

b) Recherchieren Sie, welche unterschiedlichen Bezahlmodelle deutsche Tageszeitungen entwickelt haben, um die Qualität des Journalismus im Internet-Zeitalter zu sichern.

4 Führen Sie eine Umfrage in Ihrer Klasse durch. Stellen Sie die Ergebnisse in geeigneten Grafiken dar.

a) Gehen Sie dabei auf die Häufigkeit der Nutzung einer Zeitung ein.

b) Erkundigen Sie sich nach der genauen Art des verwendeten Mediums (gedruckte Form, Internet, Smartphone/Tablet).

c) Fragen Sie nach den Gründen dieser Art der Nutzung.

5 Verfassen Sie wahlweise eine Glosse oder einen Kommentar zu der Schlagzeile „Ab nächstem Jahr Tageszeitungen nur noch online".

BASISWISSEN Journalistische Textsorten

- **Meldung:** Die Meldung gibt in knapper Form Antworten auf die W-Fragen (Wer? Was? Wann? Wo?) zu einem aktuellen Ereignis. Die zentralen Informationen können teilweise sogar in einem einzigen Satz übermittelt werden. Wird die Meldung um Informationen zu den näheren Umständen des Geschehens erweitert, spricht man von einer Nachricht. Auch die Push-Nachrichten der Apps der meisten Zeitungen und Zeitschriften, die direkt auf das Smartphone geschickt werden, sind meist Meldungen nach diesem Muster.
- **Bericht:** Im Bericht werden der Nachricht weitere Hintergrundinformationen, Einzelheiten, Aussagen von Beteiligten und Erklärungen hinzugefügt. Während die Meldung die Kurzform der Nachricht ist, ist der Bericht die Langform.
- **Reportage:** Die Reportage hat ebenfalls informierenden Charakter, vermittelt aber Tatsachen und Beobachtungen aus einer subjektiven Perspektive. Das Geschehen soll anschaulicher dargestellt werden, indem persönliche Eindrücke geschildert werden. Man soll das Gefühl haben, unmittelbar am Geschehen teilzuhaben.
- **Kommentar:** Der Kommentar stellt einen Sachverhalt zwar kurz dar, das Hauptgewicht liegt aber auf der Problematisierung und Bewertung. Der Kommentar argumentiert und endet meist mit Lösungsvorschlägen für ein Problem oder mit Handlungsaufforderungen an die zuständigen Stellen.
- **Leitartikel:** Der Leitartikel geht auf ein tagesaktuelles Thema ausführlich ein. Dabei argumentiert der Autor, er kritisiert, macht Vorschläge oder stellt Forderungen an die zuständigen Stellen. Wie der Kommentar ist auch der Leitartikel also meinungsbetont.
- **Kolumne:** Als Kolumne wird ein meist kürzerer Meinungsbeitrag eines Journalisten bezeichnet. Das Thema muss dabei nicht immer tagesaktuell sein, es können auch andere gesellschaftlich relevante Themen aufgegriffen werden. Die Kolumne erscheint meist an einer festen Stelle der Zeitung und wird entweder stets von demselben Autor oder von wenigen verschiedenen Autoren, die sich regelmäßig abwechseln, verfasst. Eine klare Abgrenzung der Kolumne von Kommentar und Glosse ist oft schwer.
- **Glosse:** Auch die Glosse spiegelt eine persönliche Meinung wider. Sie ist aber geprägt durch einen ironischen und satirischen Stil. Oft weist die Glosse eine Pointe auf.

★ 6 Analysieren Sie eine Printausgabe sowie die dazugehörige Online-Ausgabe einer Ihnen bekannten Tageszeitung in Bezug auf die darin enthaltenen journalistischen Textsorten.

Nutzung moderner Medien

Quelle 3

Tablet-Computer hilft im Unterricht

An der Singoldschule macht das iPad schon in neun von zwölf Klassen den Lehrstoff anschaulich. Wie die Geräte den Schulalltag verändern.

von Anja Fischer

Um an ihrer Schule dieser Forderung nachzukommen, hat sich die findige Rektorin deshalb etwas einfallen lassen. Bereits im Schuljahr 2013/14 wurden aus eigenen Mitteln drei Klassen mit einem Medienwagen ausgerüstet. Dieser enthält einen Tablet-Computer, Beamer, Tablet-Stativ, Lautsprecher und einen WLAN-Router. Die Kosten belaufen sich pro Wagen auf rund 1.500 Euro. […]

Klassenleiterin Lisa Unger ist von dem Medienwagen richtig angetan. „Dadurch, dass ich ihn immer im Klassenzimmer habe, nutze ich die Geräte auch", sagt sie und gibt zu. „Wenn ich jedes Mal erst im Medienraum nachfragen müsste, ob ich das iPad haben kann, würde ich es viel weniger hernehmen." So ist das Tablet mindestens einmal täglich Bestandteil des Unterrichts. Auch wenn das Gerät nur dazu dient, mit seiner Kamera ein Blatt Papier oder ein Heft zu erfassen und vom Beamer groß an der Wand darzustellen. Die Elterngeneration hatte Ähnliches erlebt, allerdings mit aufwendig vorbereiteten Folien und schwerem Projektor. Doch die neuen Medienwagen haben noch weit mehr Potenzial durch Zugriff auf Lehrinhalte via Internet. […]

Rektorin Gabriele Glockner findet es wichtig, den Schülern auch aufzeigen zu können, dass mit dem Tablet nicht nur gespielt, sondern auch gearbeitet werden kann. Sie betont trotzdem: „Das ist nur eine Unterrichtsmethode – Bücher und Hefte bleiben uns trotzdem erhalten." Doch die neuen Unterrichtsmittel sind teuer. Da nach dem Testjahr die Resonanz bei Schülern und Lehrern so positiv war und die Lösung sogar im Junglehrermagazin des Bayerischen Lehrer- und Lehrerinnenverbands BLLV als besonders beispielhaft dargestellt wurde, wurden drei weitere Medienwägen angeschafft.

„Aus den regulären Mitteln können wir aber nicht alle Klassen mit den neuen Medien ausstatten", sagt Glockner. „Deshalb haben wir versucht, möglichst viele Partner mit ins Boot zu holen." Das sind die Stadt Bobingen, der Förderkreis der Grundschule und örtliche Firmen. Diese wurden nach den Faschingsferien angeschrieben und um Unterstützung gebeten. „Wir möchten jetzt konsequenterweise den letzten Schritt gehen und unsere Ausrüstung vervollständigen", erklärt Gabriele Glockner. „In jeder Klasse soll ein Medienwagen zur Verfügung stehen." Unter dem Slogan „Mach 3 – dreimal schneller ans Ziel", weil die Kosten für ausgewählte Anschaffungen auf drei Schultern verteilt werden, und mit einem kleinen selbst gebastelten Flieger zur Unterstützung wurde der Sachverhalt erklärt. Dank einiger Spender konnten bereits drei weitere digitale Ausrüstungen beschafft werden. Nun warten nur noch die letzten drei der insgesamt zwölf Klassen auf ihr iPad. „Es wäre toll, wenn wir zum neuen Schulstart im September alle Klassen mit einem Medienwagen ausgerüstet hätten", hofft Gabriele Glockner. Dann können alle Klassen von der neuen Technik an der Singoldschule profitieren.

Lehrerin Lisa Unger zieht ein positives Fazit: „Das Tablet vereinfacht die Vorbereitungen für den Unterricht", zählt sie auf. „Die Kinder sind als Mediendienst stolz darauf, die Technik aufbauen zu dürfen. Wir brauchen weniger Material an Papier oder Kopien, das spart Zeit und Geld und schont die Umwelt." Und man könne spontaner reagieren in einem modernen Unterricht an einer modernen Schule.

www.augsburger-allgemeine.de
(Augsburger Allgemeine Zeitung, 04.04.2016)

1 Fassen Sie den Text kurz zusammen.

2 Erstellen Sie eine Tabelle mit Vor- und Nachteilen des Einsatzes von Tablets im Unterricht.

Nutzung moderner Medien

3 Sortieren Sie wesentliche Begriffe aus der Wortwolke in eine Tabelle und listen Sie auf, welche Medien genannt werden und welche Folgen ihr Einsatz im Unterricht hat.

★ **4** Erstellen Sie einen Unterrichtsentwurf für ein Fach Ihrer Wahl, in dem Tablets eingesetzt werden.

a) Stellen Sie den Ablauf einer Schulstunde übersichtlich in Stichpunkten dar.

b) Begründen Sie, warum der Tablet-Einsatz sinnvoll ist. Nehmen Sie dazu auch die Tabelle aus Aufgabe 2 zur Hilfe.

5 Begründen Sie, ob mehr Medien im Unterricht genutzt werden sollten. Gehen Sie dabei auf die Nutzung verschiedener in diesem Kapitel genannter Medien ein und erläutern Sie deren jeweilige Vor- und Nachteile für die schulische Nutzung.

FAZIT

17.1
Die Vielfalt der Medien

- Schaubilder analysieren
- Mediennutzung reflektieren
- Texte zusammenfassen
- journalistische Textsorten unterscheiden

17.2
Nutzung moderner Medien

- Konzepte zum Medieneinsatz entwerfen
- Vor- und Nachteile der Mediennutzung im Unterricht erörtern

Kapitel 18

Medien hinterfragen – Medien richtig einsetzen

18.1 Medieneinfluss beurteilen

18.2 Eigene Medienbeträge reflektieren

18.3 Mediale Veränderungen in Gesellschaft und Arbeitswelt

18.4 Medien in Präsentationen einsetzen

18.5 Einen Text in ein anderes Medium überführen

Vermittler einer Information zwischen zwei oder mehreren Partnern ist das sogenannte Medium. Das Pluralwort Medien bezeichnet beispielsweise Zeitungen, Fernsehen, Film, Hörfunk. Mehr denn je dienen heute digitale Medien als Vermittler von Informationen.
In diesem Kapitel lernen Sie, Medienbeiträge kritisch zu hinterfragen. Das gilt auch für Beiträge, die Sie selbst verfassen. Sie erlernen einen sicheren Umgang mit modernen Formen der Medien.

Kompetenzen

- ✓ Falschmeldungen erkennen
- ✓ Medienverhalten kritisch hinterfragen
- ✓ Einfluss neuer Medien auf die Arbeitswelt einschätzen
- ✓ Den Medieneinsatz in Präsentationen üben
- ✓ Eigene Medienbeiträge auf Basis eines literarischen Textes entwickeln

Methoden und Arbeitstechniken

- ✓ Internetrecherche
- ✓ Einen Flyer erstellen
- ✓ Visualisieren

Medieneinfluss beurteilen

Falschmeldungen in Zeitungen

Durch Gespräche, Zeitungen und Fernsehen sowie über das Internet werden Informationen ausgetauscht und verbreitet. Diese Informationen können jedoch auch falsch sein.

1 Was sind Gerüchte?

a) Arbeiten Sie mit einer Lernpartnerin/einem Lernpartner zusammen. Schreiben Sie eine kurze Definition zum Begriff „Gerücht".

b) Tauschen Sie sich mit Ihren Mitschülerinnen und Mitschülern aus. Welche Punkte haben Ihre Definitionen gemeinsam?

Gerüchte verbreiten sich meist im mündlichen Gespräch. Jedoch können auch in den Medien falsche Informationen auftauchen. Falschmeldungen in Zeitungen z. B. werden „Zeitungsenten" genannt.

Historische „Fake News" und die größten Zeitungsenten

von Corina Kolbe

Reichster Hund der Welt:

Ihrem geliebten deutschen Schäferhund „Gunther IV." hinterließ Gräfin Carlotta Liebenstein bei ihrem Tod 1991 angeblich ihr gesamtes Vermögen, geschätzte 100 Millionen Schweizer Franken. Zeitungen in aller Welt veröffentlichten 1992 diese Sensationsnachricht. Zahlreiche Fernsehteams fuhren nach Pisa, um den steinreichen Hund zu filmen. Angeblich wurde „Gunther IV." sogar von einem eigenen Koch verwöhnt. Erst drei Jahre danach erklärte die Stiftung, die den Nachlass verwaltete, man habe sich lediglich einen Scherz erlauben wollen.

Vorzeitig in Jenseits befördert:

Wird eine bekannte Persönlichkeit fälschlicherweise für tot erklärt, geraten Medien in besonders peinliche Erklärungsnot. So verschickte die dpa am 13. April 1964 eine Eilmeldung zum angeblichen Tod des sowjetischen Ministerpräsidenten Chruschtschow. Dieser sei vier Tage vor seinem 70. Geburtstag an den Folgen einer akuten Hephocapalytirosises verstorben, hieß es unter Berufung auf die Nachrichtenagentur Tass. Kurz darauf wurde die Nachricht als Ente entlarvt. Die angebliche Krankheit existiert überhaupt nicht. Wer dafür verantwortlich war, steht allerdings bis heute nicht fest.

Beyoncé und der Butterpreis:

[…] Ein Interview mit der Popsängerin Beyoncé Knowles, das im Januar 2010 erschien, stellte sich als frei erfunden heraus. Der Journalist ließ das fiktive Gespräch mit einer Frage nach dem Butterpreis beginnen. Das amerikanische Management des Stars kam [dem Journalisten] Mocek auf die Schliche, nachdem über das Interview in einem Blog diskutiert worden war. Dem Fälscher wurde daraufhin fristlos gekündigt.

www.spiegel.de (Spiegel Online, 23. 10. 2017)

2 Lesen Sie die Berichte über die Zeitungsenten.

a) Welche Folgen ergaben sich aus der Verbreitung der falschen Informationen?

b) Nennen Sie Gründe, die zu einer schnellen Verbreitung falscher Informationen führen können.

c) Wählen Sie eine der drei Zeitungsenten. Schreiben Sie eine kurze Meldung (↗ Kapitel 17, S. 302), in der Sie die falschen Informationen richtigstellen.

Falschmeldungen im Internet

Auch online werden Falschmeldungen verbreitet. In den letzten Jahren hat sich dafür der Begriff „Fake News“ etabliert.

1 **Überlegen Sie, ob und in welchem Zusammenhang Ihnen der Begriff „Fake News“ schon einmal begegnet ist. Tauschen Sie sich mit einer Lernpartnerin/einem Lernpartner aus.**

BASISWISSEN Fake News

Der Begriff „Fake News“ stammt aus dem Englischen und setzt sich aus „Fake“, Fälschung oder Täuschung, und „News“, was Nachricht oder Neuigkeit bedeutet, zusammen.

Fake News sind falsche Meldungen, die nicht nur über Printmedien, sondern vor allem von einzelnen Personen oder Gruppen über elektronische Kanäle geschaltet werden. Hinter den falschen Meldungen, zumeist in sozialen Netzwerken, stehen politische, wirtschaftliche oder persönliche Absichten.

Falschmeldungen verbreiten sich schnell, weil sie von vielen Personen verbreitet und geteilt werden.

2 **Stellen Sie dar, warum Fake News gefährlicher sind als Zeitungsenten.**

3 **Notieren Sie mögliche Absichten der Verfasser von Fake News im Bereich Politik.**

4 **Versetzen Sie sich in folgende Situation: Im Fach Sozialkunde sollen Sie zu Beginn der Stunde eine aktuelle Nachricht vorstellen. Von Ihrer Lerngruppe erhalten Sie viel Kritik, denn Sie sind „Fake News“ auf den Leim gegangen. Wie können Sie das beim nächsten Mal verhindern?**

a) Recherchieren Sie Online-Plattformen, auf denen Sie seriöse Nachrichten sammeln können.
b) Notieren Sie eine aktuelle Nachricht. Achten Sie dabei auf die Beantwortung der W-Fragen (Was? Wann? Wer? Warum? Wo?).
c) Formulieren Sie Ihre Nachricht zu „Fake News“ um. Geben Sie falsche Informationen. Argumentieren Sie so überzeugend wie möglich.
d) Präsentieren Sie Ihre „Fake News“ und lassen Sie sich Rückmeldung zur Glaubwürdigkeit geben. Lösen Sie mit der richtigen Nachricht die veränderten Fakten auf.

5 **Sind Sie schon einmal auf eine Falschmeldung „hereingefallen“? Beschreiben Sie eine der folgenden Situationen:**

- Wenn ja: Was hat Sie überzeugt?
- Wenn nein: Woran haben Sie erkannt, dass die Meldung nicht stimmt?

Falschmeldungen im Internet

Täglich werden online Nachrichten publiziert und Kommentare geschrieben. Die Masse an Informationen ist schier unendlich. Oftmals bedarf es eines genaueren Blickes, um die korrekte Information zu filtern. Durch das seriöse Erscheinungsbild der Falschmeldungen wird dies erschwert.

Krokodil-Alarm an der Ostsee

von Manni Invisible

Mehrere Urlauber haben an der Ostseeküste zwischen Timmendorfer Strand und Travenmünde ein Krokodil gesehen. „Ich habe es deutlich erkannt, es schwamm nur zwei Meter von mir entfernt, ich hatte Todesangst“, versicherte Urlauber Holger Höhler aus Köln. Auch die Mitglieder der DLRG (Deutsche Lebens-Rettungs-Gesellschaft e.V.) Timmendorfer Strand sind bei Kontrollfahrten auf See auf das Reptil aufmerksam geworden. Prof. Dr. Heinrich Hiendich, Meeresbiologe der Universität Hamburg wurde als Experte hinzugezogen. Die Ostsee als Lebensraum sei für das Reptil ungewöhnlich, es komme aber vor, dass Krokodile sich hierher verirren. „Die Wahrscheinlichkeit, dass ein Krokodil in der Ostsee landet, liegt bei gut zwei Prozent“, so der Meeresbiologe.

Krokodile sind Lauerjäger, die sich nicht nur das Wasser als ihren Lebensraum zu eigen machen. Für badende Ostseeurlauber ist daher Gefahr in Verzug, denn Krokodile sind Fleischfresser. „Pro Jahr werden etwa 2 000 Fälle bekannt, in denen Menschen von Krokodilen angegriffen werden. Manche dieser Begegnungen enden tödlich“, warnt Hiendrich. Besonders kleine Kinder seien für das Krokodil leichte Beute.

Die Wasserschutzpolizei sowie Teams der DLRG sind im Einsatz um das Ungetüm zu finden. Badegäste werden zu ihrer eigenen Sicherheit gebeten, keine auffällige Bademode zu tragen. Helle oder neonfarbige Stoffe machen das Tier aggressiv und unterstützen den natürlichen Jagdtrieb.

www.glaubdas-dieonlinezeitung.de

6 Geben Sie den Inhalt des Textes kurz in eigenen Worten wieder und beschreiben Sie Ihren ersten Leseeindruck.

7 Arbeiten Sie die Textstellen heraus, die auf „Fake News“ hinweisen. Überprüfen Sie Informationen ggf. mithilfe einer Internetrecherche.

8 Erarbeiten Sie mit Ihrer Lernpartnerin / Ihrem Lernpartner Bewertungskriterien, um Meldungen auf deren Wahrheitsgehalt zu überprüfen.

9 Die Online-Zeitung erlaubt ihren Leserinnen und Lesern, Kommentare zu den Artikeln zu schreiben. Verfassen Sie einen eigenen Kommentar zum Artikel „Krokodil-Alarm an der Ostsee“. Begründen Sie darin, warum die genannten Informationen falsch sind und geben Sie drei richtige Fakten über Krokodile an.

Eigene Medienbeiträge reflektieren

Junge Menschen wachsen heute mit dem Internet auf. Die meisten von ihnen nutzen soziale Medien. Der folgende Text setzt sich mit diesem Thema auseinander.

Züchtet Social Media eine Generation digitaler Narzissten?

von Gianna Schlosser

Bochum. Selfies, Körperkult und Sucht nach Likes: In sozialen Netzwerken glauben immer mehr Menschen, sich perfekt inszenieren zu müssen.

Was wird den Millennials nicht alles nachgesagt. Selbstbewusst sollen sie sein, diese Menschen, die auch als Generation Y bezeichnet werden und je nach Definition etwa zwischen 1980 und 1999 geboren wurden. Trotzdem sind sie angeblich ständig auf der Suche: nach einem Lebenssinn, einem erfüllenden Beruf, der perfekten Balance zwischen Arbeit und Privatem. Sie gelten als anspruchsvoll und versiert im Umgang mit Technologien.

Aber nun das: Laut einer aktuellen Studie des Internet-Dienstleisters Syzygy sollen Millennials vor allem eines sein: besonders narzisstisch. Also selbstverliebter und selbstbezogener als vorherige Generationen. Schuld daran haben den Autoren zufolge neue Technologien wie Smartphones, Social Media und On-Demand-Apps (Uber, Lieferando, Netflix). Was also hat es damit auf sich? Sind junge Erwachsene heute wirklich narzisstischer, geht es ihnen nur noch um sich selbst? Und was hat die Digitalisierung damit zu tun?

Anspruch an den eigenen Selbstwert wächst stetig

Dr. Bert Theodor te Wildt arbeitet als Arzt für Psychiatrie und Psychotherapie an der Bochumer LWL-Klinik für Psychosomatische Medizin, leitet die Onlinesuchtambulanz OASIS für junge Erwachsene und ist Gründungsmitglied des Fachverbands Medienabhängigkeit. Das Thema Selbstwert habe in den vergangenen Jahren stark an Bedeutung gewonnen. „Das muss allerdings nicht zwingend heißen, dass die Gesellschaft insgesamt narzisstischer wird.“ Dennoch bereite ihm die Entwicklung Sorgen, weil er beobachte, wie der Anspruch an den eigenen Selbstwert und an das, was man dafür tun muss, bei vielen jungen Menschen stetig wachse und zu Stress führe.

Eine treibende Kraft dieser Entwicklung sei die Digitalisierung, sagt te Wildt: Die erste Generation der Digital Natives, wie die Millennials auch genannt werden, ist mit den digitalen Möglichkeiten groß geworden. Ihr Sein hatte immer schon auch eine digitale Ebene, die heute mehr Raum denn je beansprucht. Es finde eine „Verlagerung des Seins auf die digitale Ebene“ statt.

Der Körper wird so für manchen zur bespielbaren Oberfläche

Wo es aber normal ist, Denken und Tun, sportliche, berufliche, private Aktivitäten der öffentlichen Aufmerksamkeit eines Hunderte Menschen umfassenden digitalen Freundeskreises darzubieten, liefert sich der Einzelne dem Wohlwollen der Menge aus. Und sieht sich nunmehr gezwungen, seine Außendarstellung aufmerksam zu gestalten. Tut er das nicht, droht Spott oder schlimmer noch: Ignoranz. Seine Anhänger sparen sich ihr „Like“ oder kündigen direkt Abo oder Freundschaft auf – denn auch sie prüfen schließlich genau, ob sie nicht einem Langweiler Beifall spenden und sich damit selbst uninteressant machen. Das andere Extrem: Ein Sturm der Entrüstung, ein Shitstorm, bricht über den herein, der allzu negativ auffällt.

Eine komplexe und oft unverständliche Dynamik für diejenigen, die außen vor sind, Normalität für diejenigen, die mittendrin sind. Für Letztere gilt die Zahl der „Follower“ und „Likes“ oft als Gradmesser für Erfolg und Bedeutsamkeit. „Die Währung des digitalen Zeitalters sind Aufmerksamkeit und persönliche Bewertungen“, so te Wildt. Und so gewinnt das digitale Leben mitunter sogar die Macht, in den realen Alltag und die reale Freizeitgestaltung hineinzuwirken. „Viele junge Leute prüfen ihre Aktivitäten daraufhin, ob sie für eine Außendarstellung in sozialen Medien verwertbar sind“, erklärt te Wildt. „Diese Denkweise wirkt sich stark auf ihr Handeln aus.“ Der Körper

Eigene Medienbeiträge reflektieren

wird so für manchen zur bespielbaren Oberfläche: Junge Männer stilisieren sich dabei eher zu Helden, Frauen fallen in antiquierte weibliche Rollenmuster zurück, die Inszenierungen geraten oft sehr stereotyp, vom Posieren bis hin zum einstudierten, zigfach kopierten Schmollmundlächeln.

„Was ist noch authentisch? Was ist gefühlt, echt, lebendig?“

Klassische Schönheitsmerkmale müssten aber nicht unbedingt die Hauptrolle spielen, so te Wildt. Je nach Zielgruppe kann es auch um eine bedrohliche, gewaltbetonte Selbstdarstellung gehen, um Anstachelung zum Cybermobbing, um Demonstration von Macht und Coolness. Damit verbunden sein können im Extremfall auch andere Probleme: Essstörungen, Sportsucht oder übermäßige Selbstmodifikation mit Tattoos, Piercings und Schönheitschirurgie. „Irgendwann ist nicht mehr klar: Was ist noch authentisch? Was ist gefühlt, echt, lebendig?“, sagt te Wildt. „Mancher wird süchtig nach der ständigen Aufmerksamkeit, der ständigen Bestätigung seiner Person: Wenn er online keine Aufmerksamkeit bekommt, spürt er sich nicht, wenn er online keine Wertschätzung erfährt, erlebt er sich selbst nicht als positiv, wenn er nicht online ist, existiert er nicht. Likes und Follower werden so zum digitalen Suchtmittel, vergleichbar mit Alkohol.“ […]

Junge Menschen müssen zu sich selbst, zu ihren Potenzialen und zu einem erfüllten Erwachsenenleben finden, und dieser Weg lässt sich nicht vollständig in der digitalen Welt gehen. Auch in der wirklichen Welt brauche man Durchhaltevermögen, sagt te Wildt: „Bestimmte Entwicklungsaufgaben lassen sich nur offline lösen.“

www.waz.de (Westdeutsche Allgemeine Zeitung, 27.03.2017)

1 Geben Sie den Inhalt des Textes kurz in eigenen Worten wieder und beschreiben Sie Ihren ersten Leseeindruck.

2 Erstellen Sie eine Wörterliste und erklären Sie folgende Begriffe: Millennials, narzisstisch, Digital Natives, Shitstorm. Schlagen Sie wenn nötig im Wörterbuch oder in einem Online-Lexikon nach.

3 Welche Haltung zum Thema „Jugend und Digitalisierung“ vertritt die Verfasserin? Arbeiten Sie im Lerntempoduett.

a) Fassen Sie die Argumente des Textes zusammen.
b) Tauschen Sie sich mit Ihrer Lernpartnerin/Ihrem Lernpartner aus.
c) Schreiben Sie eine Zusammenfassung des Textes auf Grundlage der Ergebnisse aus dem Lerntempoduett.

4 Wählen Sie eine der Aussagen von Dr. Bert Theodor te Wildt und nehmen Sie schriftlich Stellung.

- „Die Währung des digitalen Zeitalters sind Aufmerksamkeit und persönliche Bewertungen“ (Z. 68–70)
- „Bestimmte Entwicklungsaufgaben lassen sich nur offline lösen.“ (Z. 109 f.)

a) Nennen Sie die Argumente aus dem Text, die die jeweilige Aussage stützen.
b) Legen Sie eigene Argumente begründet dar.

Eigene Medienbeiträge reflektieren

Selbstdarstellung im Internet

Social-Media-Kanäle werden längst nicht mehr nur genutzt, um mit Freunden zu kommunizieren. Vielmehr geht es darum, Freunden und Followern zu zeigen, wer man ist und was man macht. Die Selbstdarstellung im Internet bestimmt den Alltag mancher Menschen. Auf Social-Media-Plattformen tauchen täglich neue Profile auf. Sogenannte Influencer berichten z. B. darüber, wie verliebt sie sind, wie gesund ihr Lifestyle ist oder wie sportlich und gutaussehend sie sind.

5 **Schreiben Sie eine Definition zum Begriff „Influencer". Recherchieren Sie wenn nötig im Internet.**

6 **Nennen Sie Gründe, warum Influencer erfolgreich sind. Beziehen Sie Ihre Notizen zum Text S. 309 f. sowie Ihr Vorwissen mit ein.**

7 **Suchen Sie in sozialen Medien Influencer, also Profile mit vielen Followern bzw. Likes.**

a) Erstellen Sie in Partnerarbeit einen Steckbrief (Name des Influencers, Social Community, Menge der Likes bzw. Follower, Thema der Postings usw.).

b) Beurteilen Sie zusammen mit Ihrer Lernpartnerin/Ihrem Lernpartner, worin der Erfolg des Influencers begründet ist und welche gesellschaftlichen Werte vermittelt werden.

★ **8** **Gestalten Sie einen Flyer mit dem Titel „Tipps zur Selbstdarstellung im Internet".**

BASISWISSEN | Digitaler Fußabdruck

Unter dem digitalen Fußabdruck versteht man alle Spuren, die durch Online-Aktivitäten entstehen. Nachrichten, Kommentare, Postings in sozialen Netzwerken, App- und Online-Käufe sind ebenso nachzuverfolgen wie die abendliche Essensbestellung im Netz.

Digitale Fußspuren können von Werbemachern, Hackern und zukünftigen Arbeitgebern gefunden werden. Die Darstellung der eigenen Person ist über den digitalen Fußabdruck langlebig und nachvollziehbar.

9 **Notieren Sie, welche Online-Dienste und sozialen Medien Sie beruflich und privat nutzen.**

a) Welche Informationen machen Sie öffentlich?

b) Mit wem stehen Sie über Online-Plattformen in Verbindung? Wie kommunizieren Sie?

10 **Jemand, der Sie nicht persönlich kennt, sieht Ihr Profil im Internet.**

a) Was kann diese Person über Sie in Erfahrung bringen?

b) Überlegen Sie, welche Personen(gruppen) online nach Ihnen suchen könnten.

18.3

Mediale Veränderungen in Gesellschaft und Arbeitswelt

Auch die Arbeitswelt kann sich dem wachsenden Einfluss digitaler Medien nicht entziehen und steht vor neuen Herausforderungen. Unternehmen sind nicht nur global vernetzt, sondern müssen auch intelligent, effizient und nachhaltig arbeiten und produzieren. Unter dem Schlagwort „Industrie 4.0" stellen sich Unternehmen den digitalen Anforderungen.

Industrie im Wandel der Zeit

von Thomas W. Frick

Nichts ist stetiger als der Wandel und dieser wird auch in der Industrie immer schneller – in jeder Branche. In den letzten Jahren befindet sich die Industrie in einer spannenden Phase, die vergleichbar mit einem strategischen und technologischen Umbruch ist und somit eine neue Epoche einleitet. Die Politik kam auf die Idee, die 4. Revolution der industriellen Entwicklung in Kurzform Industrie 4.0 zu nennen.
[…]

Entwicklung zur Industrie 1.0
Die erste Massenproduktion durch Maschinen startete circa 1800, rückwärts betrachtet startete somit die Industrie 1.0. Die ersten Maschinen wurden wie z. B. die Webstühle durch menschliche Kraft betrieben. Mechanische Produktionsanlagen wurden errichtet und Maschinen durch Wasser- und Dampfkraft angetrieben. […]

Die 2. industrielle Revolution – Akkord und Fließband
Die Einführung der Elektrizität als Antriebskraft zum Ende des 19. Jahrhunderts war der Startschuss für die 2. industrielle Revolution (Industrie 2.0). Mit den ersten Automobilen ab dem frühen 20. Jahrhundert wurde die Arbeit in den Produktionshallen stetig weiter automatisiert. Die Fabrikhallen produzierten in Rekordzeit am Fließband und Motoren nahmen weitere Arbeit ab.

In dieser Entwicklungsphase erfuhren auch die Büroarbeitsplätze eine Weiterentwicklung in der Kommunikation. Telefonate und Telegramme vereinfachten die Kommunikation, wodurch Arbeitsprozesse beschleunigt wurden. […]

Erfolgsfaktoren in der zweiten Revolution waren die ersten Schritte der Globalisierung. […] Auch der Verkehr entwickelte sich weiter, indem erstmals über Kontinente transportiert wurde. Die Luftfahrt nahm ihren Betrieb auf, und per Schiff konnten die Weltmeere überquert werden.

Industrie 3.0 – Computer arbeiten
Die dritte industrielle Revolution hatte ihre Vordenker schon im 18. Jahrhundert. Charles Babbage gilt […] mit seiner Analytical Engine als Vordenker des individuell programmierbaren Computers.

Den Entwicklungsarbeiten der Vordenker folgten die ersten funktionsfähigen Geräte. Der deutsche Bauingenieur Konrad Ernst Otto Zuse entwickelte mit dem Z3 im Jahr 1941 den [ersten] funktionsfähigen Computer der Welt – er war programmgesteuert, frei programmierbar und vollautomatisch. […]

Ab den 1970er Jahren startete die 3. industrielle Revolution. Hier stand die weitere Automatisierung durch Elektronik und IT im Fokus. Nach den großen Rechenmaschinen begründete nun der Personal-Computer für Büro und Haushalt einen neuen Industriezweig. […]

www.industrie-wegweiser.de

Mediale Veränderungen in Gesellschaft und Arbeitswelt

Die sogenannte Industrie 4.0 bezeichnet die jüngste Phase der industriellen Entwicklung.

Was ist Industrie 4.0?

Industrie 4.0 bezeichnet die intelligente Vernetzung von Maschinen und Abläufen in der Industrie mit Hilfe von Informations- und Kommunikationstechnologie. Für Unternehmen gibt es viele Möglichkeiten, intelligente Vernetzung zu nutzen. Zu den Möglichkeiten zählen beispielsweise:

- Flexible Produktion: In der Herstellung eines Produkts sind viele Unternehmen involviert, die Schritt für Schritt bei der Entstehung eines Produkts beitragen. Digital vernetzt können diese Schritte besser abgestimmt und die Auslastung der Maschinen besser geplant werden.
- Wandelbare Fabrik: Produktionsstraßen sind in Zukunft in Modulen aufgebaut. […] Produktivität und Wirtschaftlichkeit werden verbessert, individualisierte Produkte können in kleiner Stückzahl zu bezahlbaren Preisen hergestellt werden.
- Kundenzentrierte Lösungen: Konsument und Produzent rücken näher zusammen. Die Kunden können selbst Produkte nach ihren Wünschen mitgestalten – beispielsweise können Elemente von Turnschuhen selbst designt und auf die individuelle Fußform angepasst werden. […]
- Optimierte Logistik: Algorithmen berechnen ideale Lieferwege, Maschinen melden selbstständig, wenn sie neues Material benötigen – die smarte Vernetzung ermöglicht einen optimalen Warenfluss.
- Einsatz von Daten: […] Die Datenanalyse gibt Hinweise, wie ein Produkt effizienter hergestellt werden kann. […]
- Ressourcenschonende Kreislaufwirtschaft: Produkte werden datengestützt über ihren vollständigen Lebenszyklus betrachtet. Schon im Design wird festgelegt, in welcher Form die Materialien wiederverwertet werden können.

Talking about Revolution: Was ist neu an Industrie 4.0?

Seit den 1970er Jahren zog die Informationstechnologie in die Unternehmen ein. Desktop PCs, der Einsatz von Office-IT und erste computergestützte Automatisierungen revolutionierten die Industrie. Für Industrie 4.0 ist nicht der Computer die zentrale Technologie, sondern das Internet. Mit der weltweiten Vernetzung über Unternehmens- oder Ländergrenzen hinweg gewinnt die Digitalisierung der Produktion eine neue Qualität: Das Internet der Dinge, Maschine-zu-Maschine-Kommunikation und Produktionsstätten, die immer intelligenter werden, läuten eine neue Epoche ein – die vierte industrielle Revolution, Industrie 4.0.

www.plattform-i40.de (Plattform Industrie 4.0)

1 Schreiben Sie auf Grundlage der beiden Texte eine kurze Definition zum Begriff „Industrie 4.0“.

2 Stellen Sie in Partnerarbeit die Entwicklung bis zur Industrie 4.0 anschaulich dar. Nutzen Sie die Informationen aus den Texten von Thomas W. Frick und Jürgen Mauerer.

a) Wählen Sie eine geeignete Form der Visualisierung. Nutzen Sie auch die Tabelle im ↗ Kapitel 10.2.

b) Präsentieren Sie Ihre Ergebnisse.

Mediale Veränderungen in Gesellschaft und Arbeitswelt

Veränderungen im Arbeitsalltag durch die Industrie 4.0 führen dazu, dass Mitarbeiterinnen und Mitarbeiter in Betrieben neue Fertigkeiten erlernen müssen. Doch viele sind auch verunsichert.

Michael Röther, Werkleiter, Kardex Produktion Deutschland GmbH, Bellheim (Rheinland-Pfalz)	Bernhard Bauer, Gründer und Geschäftsführer i. R., MiniTec GmbH & Co. KG, Schönenberg-Kübelberg (Rheinland-Pfalz)	Wolf Lichtenstein, Geschäftsführer, SAS Institute GmbH, Heidelberg (Baden-Württemberg)
„Wenn die Mitarbeiter langsam an das Thema Industrie 4.0 herangeführt werden, dann werden sie mit dem Thema wachsen. Der Prozess ist ähnlich wie bei der Einführung und Nutzung von Smartphones.“	„Es ist wichtig, die Mitarbeiter zu begeistern und zu motivieren sowie ihnen die Ängste zu nehmen. Viele glauben, Industrie 4.0 würde zu Arbeitsplatzverlusten führen. Dies ist aber ein Trugschluss, die durch Industrie 4.0 freiwerdenden Mitarbeiterkapazitäten können gewinnbringend in anderen Bereichen eingesetzt werden.“	„Der zukünftig hohen Bedeutung von IT-Kompetenz sollte bereits in der Grundschule Rechnung getragen werden. Die Handhabung von IT wird zur elementaren Kompetenz werden. IT darf nicht ein zusätzliches, optionales Schulfach in den höheren Klassen der weiterführenden Schulen sein. Für die Zukunft ist es genauso wichtig wie die Grundfächer Deutsch, Mathe und Englisch und sollte daher im Stundenplan von Beginn der Schullaufbahn den gleich hohen Stellenwert haben.“

(IHK Rheinland-Pfalz, „Industrie 4.0 – Chancen und Perspektiven für Unternehmen der Metropolregion Rhein-Neckar“, S. 42–44)

3 Nehmen Sie zu den obenstehenden Zitaten Stellung.

a) Notieren Sie zu jedem Zitat die Kernaussage in einem Satz.

b) Teilen Sie die jeweilige Auffassung oder sind Sie anderer Meinung? Notieren Sie jeweils drei Argumente, die Ihre Position unterstützen.

c) Wählen Sie eine der drei Aussagen und schreiben Sie einen kurzen Kommentar dazu.

4 Legen Sie eine Tabelle mit Chancen und Grenzen der Industrie 4.0 an. Nutzen Sie Ergebnisse aus den Aufgaben 1 und 2.

5 Diskutieren Sie in Ihrer Klasse auf Grundlage Ihrer Tabelle Chancen und Grenzen der Industrie 4.0.

6 Setzen Sie sich mit Ihrer beruflichen Zukunft in einer Industrie 4.0 auseinander. Übertragen Sie die Mindmap auf ein Blatt und ergänzen Sie, welche individuellen Herausforderungen auf unterschiedlichen Kompetenzebenen an Sie gestellt werden (↗ BW S. 17).

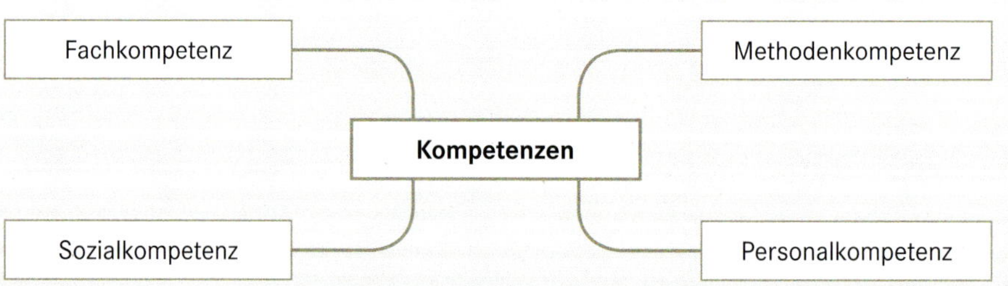

Medien in Präsentationen einsetzen

Medien müssen für die Darstellung von Sachverhalten zweckorientiert ausgewählt und ihre Wirkung sollte sorgfältig bedacht werden.

Situation

„Tag der Berufsbildenden Schulen Rheinland-Pfalz". An diesem Tag sollen die Türen der Schule weit geöffnet werden. Familienmitglieder, Freunde, Ausbildungsbetriebe und Interessierte, die Schülerinnen und Schüler besuchen oder die Schulart kennenlernen wollen, sind herzlich eingeladen, einen Tag an der Berufsbildenden Schule zu verbringen. Ihre Schulleitung und Klassenleitung appellieren an Sie, Ihre Schule und Ihren Schulalltag zu präsentieren, um das Berufsbildende System für Besucherinnen und Besucher zugänglich und erfahrbar zu machen.

Zwischen folgenden Präsentationssituationen können Sie wählen:

Präsentationssituation A:
Sie dürfen mit Ihrer Partnerin/Ihrem Partner Ihren Bildungsgang bzw. Ausbildungsberuf in der Aula vorstellen. Ihr Schulleiter schätzt, dass zwischen 50 und 100 Besucherinnen und Besucher daran teilnehmen werden.

Präsentationssituation B:
Auch in den Klassenzimmern sollen Besucherinnen und Besucher sich über die verschiedenen Bildungsgänge und Ausbildungsberufe informieren können. Sie bereiten entsprechendes Informationsmaterial vor und stehen am Tag selbst als Ansprechpartnerin/Ansprechpartner zur Verfügung.

Präsentationssituation C:
Im Foyer sollen Sie auf Ihren Bildungsgang bzw. Ausbildungsberuf aufmerksam machen und auf die Präsentationen in der Aula oder im Klassenzimmer verweisen.

1 Wählen Sie eine der Präsentationssituationen aus und erstellen Sie in Partnerarbeit einen Ablaufplan. Beziehen Sie folgende Fragen mit ein:

a) Wie lange dauert Ihre Präsentation und wer ist Ihr Publikum?
b) An welchem Ort findet die Präsentation statt?
c) Welche Informationen müssen Sie in welcher Form bereitstellen?

Medien in Präsentationen einsetzen

ARBEITSTECHNIK | Einen Ablaufplan erstellen

Ablaufpläne sind Hilfsmittel für Präsentationen und meist in tabellarischer Form verfasst. Sie beinhalten nicht nur die inhaltlichen Schritte der Präsentation, sondern auch die dazugehörigen Medien. Außerdem kann vermerkt werden, wie viel Zeit für jeden Schritt eingeplant ist. Wichtige organisatorische Informationen können ebenfalls festgehalten werden.

Die Form eines Ablaufplans kann je nach Vortragssituation variieren. Das folgende Beispiel ist daher nur eine Möglichkeit von vielen.

Vortragsschritt	Inhalt	Medien	Zeit in Minuten	Bemerkungen
Begrüßung	Vorstellung der eigenen Person, Begrüßung des Publikums	Flipchart S. 1	3‘	Die Schulleitung besonders erwähnen
...	...	...	...	...

2 Welche Medien eignen sich für Ihre Präsentationssituation? Ergänzen Sie Ihren Ablaufplan. Nutzen Sie auch die Tabelle aus ↗ Kapitel 10.2 und das Basiswissen.

3 Halten Sie Ihre Präsentation vor Zuhörern (z. B. Klassenverband, Kleingruppe). Fordern Sie Rückmeldung ein, ob Ihr Präsentationsmedium den gestellten Anforderungen gerecht wurde (↗ Kapitel 10.2).

BASISWISSEN | Anforderungen an Präsentationsmedien

Vorträge und Ausführungen, die man lediglich hört, bleiben nicht so gut im Gedächtnis. Wahrnehmen mit allen Sinnen, vor allem mit den Augen, ist entscheidend für die Erinnerungsleistung. Der Medieneinsatz innerhalb eines Vortrags hat dabei große Bedeutung. Die Auswahl von geeigneten Medien sollte sorgfältig bedacht und hinterfragt werden. Auch eine übermäßige Nutzung kann das Ergebnis einer Präsentation negativ beeinflussen.

Folgende Fragen sollten Sie bei der Wahl von Präsentationsmedien klären:

Verständlichkeit Wird das Thema durch das Medium verständlich für den Zuschauer?

Zusammenhang Ist das Medium geeignet, um inhaltliche Zusammenhänge aufzuzeigen?

Schlüsselaussagen Werden Schlüsselaussagen entsprechend visualisiert?

Ergänzung Dient das Medium als Ergänzung zum Vortrag?

Struktur Ist die Struktur des Mediums dienlich für die Inhalte?

Zuhörer Ist das gewählte Präsentationsmedium für alle Zuhörer gut zu verfolgen?

Einen Text in ein anderes Medium überführen

Jan Weiler: 532_Die Folterstunde

Es gibt für moderne Menschen nichts Schlimmeres als den plötzlichen Verlust des Smartphones. Man ist ja nicht darauf vorbereitet. […] Gut. Man könnte lesen. Die Buchverlage stellen immer wieder bekümmert fest, dass die Zeittorte des Alltags zwar immer gleich groß bleibt, aber der Abschnitt, der aufs Lesen verwendet wird, ständig kleiner wird. Tatsächlich gilt das für alle Verrichtungen, die vor der Einführung des Iphones üblich waren. Ich möchte dies nicht kritisieren, denn ich bin nicht besser als die meisten Anderen und nur ganz wenig besser als mein Sohn.

Der musste gerade über eine Stunde in der Hölle der Wirklichkeit verbringen und das kam so: Ich holte mir beim Rasenmähen eine Zerrung und nein, das ist nicht lustig. […]

Jedenfalls wollte ich den Rasenmäher im italienischen Ferienhaus in Gang setzen. Der Vermieter hatte mir erklärt, dass man dafür den Benzinhahn öffnen und den Choke ziehen müsse. Dann wie beim Fliegenfischen mit Schwung und Bella Figura am Strick reißen. Ich war noch nie beim Fliegenfischen, also zog ich eben so, wie ein deutscher Tourist an einem Startseil zieht. Das blöde Ding riss ab, ich taumelte durch den Garten wie ein Hammerwerfer und spürte einen Schmerz im Arm und in der Schulter und überall da in der Gegend.

Also fuhr ich zum Physiotherapeuten im Nachbarort. Nick begleitete mich, weil wir danach noch in den Supermarkt wollten. Er ist mein Einkaufsberater und muss das Eis aussuchen, sowie die Erfrischungsgetränke. Ohne ihn kann ich nicht einkaufen. Er sagte, er würde sich die Wartezeit mit seinem Handy vertreiben. Also ging ich ins Behandlungszimmer und er setzte sich in den Wartebereich. Dann nahm in beiden Räumen das Drama seinen Lauf. Ich legte mich auf eine Pritsche und ein Herr namens Sergio erklärte mir, ich solle mich entspannen. Das ist ein weltweit verbreiteter Trick in der Physio- und Massagebranche. Sie sagen „Relax" und sobald man relaxed ist, greifen sie zu und kugeln Dir die Gelenke aus.

Währenddessen saß mein Sohn im Wartezimmer und stellte fest, dass sein Smartphone nicht da war. Seine Schilderung der nächsten Stunde fasst das Grauen einer handylosen Existenz treffend, aber in seiner bodenlosen Stumpfheit nur unzureichend zusammen. Als wir wieder im Auto saßen und ich ihn fragte, was er gemacht habe, sagte er: „Mein Handy war nicht da. Also habe ich da einfach nur gesessen, weil die Zeitschriften alle auf Italienisch waren. Dann kam ein alter Mann rein und hat mich die ganze Zeit angestarrt. Nach einer Viertelstunde kamen zwei alte Frauen und erst haben sie mich zu dritt angestarrt. Dann hat die erste angefangen, mit mir zu reden, aber ich habe sie nicht verstanden. Die zweite ist aufgestanden und hat mich in die Wange gekniffen. Dann hat mich die erste auch in die Wange gekniffen. Der alte Mann hat gelacht, aber wenigstens hat er nicht gekniffen. Dann haben sie zu zweit auf mich eingeredet, während der Mann weiter gestarrt hat. Es war furchtbar. Und kein Handy da, um mich zu retten. Als sie gingen, haben sie mich noch einmal gekniffen."

Wir kauften ein und fuhren ins Ferienhaus. Beim Essen klingelte mein Telefon. Es war Sergio. Er teilte mit, dass er unter dem Stuhl im Wartezimmer ein Handy gefunden habe, dort wo mein Sohn saß. Es muss ihm wohl gleich beim Hinsetzen aus der Tasche gefallen sein. Ich fuhr hin und holte es ab. Sergio erzählte mir dann noch, dass seine Patientinnen so angetan gewesen seien von dem deutschen Jungen. Der habe eine Stunde dagesessen, ohne in ein Handy zu glotzen. Dies sei bei italienischen Jugendlichen vollkommen undenkbar. Die Damen fanden sein Verhalten beispielhaft und wunderbar. Nick war dann sehr froh, als er sein Smartphone zurückbekam. Er hat es seitdem nicht mehr aus der Hand gelegt.

Einen Text in ein anderes Medium überführen

1 **Schreiben Sie eine Zusammenfassung zum obigen Text von Jan Weiler. Beantworten Sie dabei folgende Fragen:**

a) Was ist das Thema des Textes?

b) Aus welcher Perspektive ist der Text geschrieben?

c) Welche Eigenschaften zeichnen Nick aus?

2 **Nick betreibt einen Blog, in dem er Erlebnisse aus seinem Alltag schildert. Schreiben Sie einen Blogeintrag aus Nicks Perspektive, in dem er vom Unfall seines Vaters und vom Aufenthalt im Wartezimmer berichtet. Beachten Sie dabei die erzähltechnischen Mittel des Textes von Jan Weiler.**

3 **Erstellen Sie auf Basis des von Ihnen verfassten Blogeintrags eine Slideshow.**

a) Fertigen Sie Zeichnungen an, mit denen Sie die geschilderten Erlebnisse illustrieren. Alternativ können Sie auch im Internet Bildmaterial recherchieren. Achten Sie dabei auf das Urheberrecht (↗ Kapitel 7).

b) Präsentieren Sie Ihre Slideshow unter der Dokumentenkamera.

BASISWISSEN Slideshow

Unter einer Slideshow versteht man eine Bilderstrecke, bei der Fotos, Zeichnungen oder Grafiken aneinandergereiht präsentiert werden. So werden Informationen ähnlich wie in einer Bildgeschichte vermittelt. Slideshows sind daher ein beliebtes Mittel für Erklärvideos.

In einer Slideshow werden keine bewegten Bilder wie in einem Video verwendet, sondern statische Bilder, die klar voneinander abzugrenzen sind. Digitale Slideshows entstehen am Computer mithilfe von Präsentationsprogrammen. Slideshows können auch analog mithilfe einer Dokumentenkamera bzw. eines Visualizers präsentiert werden.

FAZIT

18.1
Medieneinfluss beurteilen
- Falschmeldungen erkennen
- Informationen auf Richtigkeit überprüfen

18.2
Eigene Medienbeträge reflektieren
- Medienverhalten kritisch hinterfragen
- den eigenen digitalen Fußabdruck beurteilen

18.3
Mediale Veränderungen in Gesellschaft und Arbeitswelt
- Einfluss neuer Medien auf die Arbeitswelt einschätzen
- die eigene Berufskompetenz einschätzen

18.4
Medien in Präsentationen einsetzen
- den Medieneinsatz in Präsentationen üben

18.5
Einen Text in ein anderes Medium überführen
- einen literarischen Text umschreiben
- eigene Medienbeiträge auf Basis eines literarischen Textes entwickeln

Kapitel 19

Materialgestütztes Schreiben

19.1
Materialien sichten und analysieren

19.2
Materialien in Beziehung zueinander setzen – Den Schreibplan erstellen

19.3
Einen informierenden Text verfassen

19.4
Prüfungsvorbereitung

Textanalysen und Interpretationen verfassen sind Möglichkeiten der Textbearbeitung und gängige Aufgaben im Deutschunterricht. Eine andere Form der Textbearbeitung ist das materialgestützte Schreiben. Das materialgestützte Schreiben ist nicht das Schreiben über einen Text, sondern das Verfassen eines Textes auf Basis der angebotenen Materialien. Materialien sind z. B. unterschiedliche Texte, Grafiken, Tabellen oder Diagramme. Die Aufgabenstellung gibt an, welche Art von Text verfasst werden soll, welchen Schreibanlass es gibt, wer die Adressaten des Textes sind und über welches Thema geschrieben werden soll.

Kompetenzen

- ✓ Die relevanten Textaussagen festhalten und bewerten
- ✓ Textargumente sortieren und miteinander verknüpfen
- ✓ Eigene Argumente einordnen
- ✓ Einen Schreibplan erstellen
- ✓ Verständlich, sachlich und adressatengerecht formulieren
- ✓ Einen Bezug zu den Materialien herstellen

Methoden und Arbeitstechniken

- ✓ Stichwortliste
- ✓ Infografik
- ✓ Exzerpieren

Materialien sichten und analysieren

Die Aufgabenstellung verstehen

Grundlage für das materialgestützte Schreiben ist ein Thema. Dieses kann sich aus einer bestimmten Situation ergeben.

Situation

In Ihrer Stadt findet der „Dreck-weg-Tag" statt. Unternehmen, Vereine oder die freiwillige Feuerwehr nehmen teil und werden für mehr Sauberkeit in Ihrer Stadt sorgen. Beispielsweise sollen besonders verschmutzte Grünflächen oder Straßen gereinigt werden.

Auch Ihre Schule wird sich beteiligen. Ihre Klasse wird von der Schulleitung gebeten, die Schulgemeinschaft über den bevorstehenden „Dreck-weg-Tag" zu informieren. Dafür sollen Sie zur Information einen Leporello, also ein Faltblatt, erstellen, der vor allem die Dringlichkeit der Aktion vor Augen führt. Dazu werden Ihnen Materialien für die Informationsrecherche zur Verfügung gestellt. Ihre Aufgabe lautet:

Verfassen Sie auf Grundlage von Material 1 bis 4 sowie der Information aus Material 5 einen informierenden Text für Ihren Leporello. Stellen Sie im Text das Ausmaß der Umweltverschmutzung durch illegale Müllentsorgung dar, beleuchten Sie die daraus resultierenden Probleme, um schließlich die Bedeutung des „Dreck-weg-Tags" hervorzuheben.

BASISWISSEN **Leporello**

Ein Leporello ist ein Faltblatt mit Zickzackfalz. Bei der Faltung mit einem DIN-A4-Blatt entsteht ein dreiseitiger bzw. sechsseitiger Leporello.

Der Leporello ist ein gängiges Druckformat für Faltblätter. Er bietet die Möglichkeit, viele Informationen übersichtlich gegliedert zu veröffentlichen. Die erste Seite wird meist als Eyecatcher mit Bild für die Hauptbotschaft genutzt. Auf den folgenden Seiten finden Leserinnen und Leser weitere Informationen. Durch das Aufklappen der einzelnen Seiten werden die Inhalte gezielt wahrgenommen.

1 **Halten Sie in einer Stichwortliste fest, über welches Vorwissen zum Thema „Dreck-weg-Tag" Sie verfügen.**

2 **Lesen Sie die Aufgabenstellung in der Situation oben und beantworten Sie stichpunktartig folgende Fragen:**

a) Was soll Thema Ihres Leporellos sein?
b) Welche Art von Text wird verlangt?
c) Zu welchem Anlass und Ziel soll der Text verfasst werden?
d) Wer sind die Adressaten des Textes?

3 **Benennen Sie die drei thematischen Schwerpunkte, die Ihr Text beinhalten soll.**

Materialien sichten

Wird Ihnen eine Aufgabe gestellt, bei der Sie materialgestützt einen Text verfassen sollen, so werden Ihnen natürlich auch Materialien zur Verfügung gestellt. Das können Texte, aber auch Diagramme und Schaubilder sein. Die Materialien bilden die inhaltliche Basis für den von Ihnen zu verfassenden Text.

ARBEITSTECHNIK | Materialien gezielt bearbeiten

Um relevante Informationen für einen informierenden Text zu finden, müssen Materialien aus verschiedenen Quellen durchsucht und im Hinblick auf die Aufgabenstellung ausgewertet werden. Dabei dürfen Autormeinungen nicht mit Fakten verwechselt werden. Seriöse Quellen können beispielsweise pragmatische und literarische Texte, aber auch Schaubilder und Karikaturen sein. Und natürlich können die gefilterten Informationen durch persönliches Vorwissen ergänzt werden. Die Aufgabenstellung muss verstanden sein, damit Sie beim Verfassen Ihres Textes nicht am Thema vorbeischreiben.

Markieren Sie in den Materialien gezielt alle relevanten Einzelinformationen. Verwenden Sie für die Markierungen verschiedene Farben, um die anschließende Zuordnung zu den Einzelaspekten der Aufgabenstellung zu erleichtern. **Sortieren** Sie für das Schreibziel überflüssige Informationen **aus** und **fassen** Sie sich ergänzende Informationen mit eigenen Worten zusammen. Heben Sie auch widersprüchliche Informationen durch Markierungen hervor.

Mögliche Schwierigkeiten:

Oft sind in den zur Verfügung stehenden Materialien mehr Informationen enthalten, als von Ihnen benötigt werden. Dann müssen Sie die für Ihren Arbeitsauftrag relevanten Informationen **filtern** und **auswählen.**

Wenn Sie zu einem bestimmten Thema recherchieren, bleibt es nicht aus, dass verschiedene Materialien gleiche Informationen (Dopplungen) enthalten. Diese gilt es zu erkennen, um Wiederholungen zu vermeiden.

Material 1

Wilder Müll am Straßenrand sorgt für Ärger

Autoreifen, Getränkedosen in Hülle und Fülle, randvolle Müllsäcke, Kanister und Behälter mit fragwürdigen Inhalten. Daneben kaputte Batterien, Berge von Obstkisten, Elektroschrott und Massen an Sperrmüll – das ist nur eine gekürzte Liste an Dingen, die an der A 61 und den anderen Autobahnen illegal entsorgt werden. Für die Mitarbeiter der Autobahnmeisterei Emmelshausen bedeutet das vor allem eins: Arbeit. Doch auf den Parkplätzen, an den Rändern und im Böschungsbereich der Autobahn finden sich zum Beispiel auch Waffen, Munition und Drogen, wie Birgit Küppers vom Landesbetrieb Mobilität (LBM) zu berichten weiß. Woher kommt der Müll? Wie viel Arbeit macht er? Und vor allem: Wer trägt die Kosten? Unsere Zeitung beantwortet zehn Fragen rund um das Aufregerthema.

1. Was sind die Ursachen für die illegale Müllentsorgung am Straßenrand? „In Rheinland-Pfalz gibt es grundsätzlich ein stetig steigendes Müllproblem", sagt LBM-Sprecherin Küppers. Unterstützt werde der Anstieg mitunter auch durch neue Müllsatzungen von Städten und Kreisen. „Je nach Satzungsgestaltung verlagert sich das Müllaufkommen teilweise auf die Autobahnparkplätze", ist sich Küppers sicher. Wilde Müllablagerungen entlang der Autobahnen sind ein Dauerproblem: „Insbesondere in den vergangenen beiden Jahren haben wir ein erhöhtes Aufkommen von illegaler Müllentsorgung festgestellt."

2. Kann der LBM das Problem in Zahlen fassen? Allein bei der jährlichen Abfallentsorgung entlang der Strecken der A 61, A 571, A 573 werden allein nach dem Winter rund 123 Kubikmeter wilden Unrats entsorgt. Für die Beseitigung müssen die Mitarbeiter der

Materialien sichten

Autobahnmeisterei Emmelshausen bisweilen sogar Großgeräte einsetzen. „In der Regel erfolgt die Entsorgung, wenn nicht händisch, mithilfe eines Lkw-Kranwagens", lässt die LBM-Sprecherin wissen. Im Bereich der Autobahnmeisterei Emmelshausen fallen auf den 66 Kilometern zwischen dem Autobahnkreuz Koblenz-Metternich und der Anschlussstelle Bingen-Mitte etwa 75 bis 100 Kubikmeter illegal entsorgter Müll an, sagt Dienststellenleiter Michael Bersch auf Anfrage unserer Zeitung.

3. Wie sieht es auf den Autobahn-Parkplätzen aus? „Auf den Parkplätzen entsorgen wir jährlich circa 250 Tonnen Müll aus den Abfallbehältern und bei der manuellen Reinigung vor Ort", weiß Küppers und bezieht sich hierbei aufs gesamte Land. Neben dem „normalen" Müll – etwa weggeworfene Verpackungen – finden sich ganze Wohnungseinrichtungen, Kühlschränke, Bauschutt, Gartenabfälle, Sperrmüll und auch Hausmüll auf den Parkplätzen. „Hin und wieder werden auch Fahrzeuge und Wohnwagen illegal abgestellt", berichtete die LBM-Mitarbeiterin.

4. Wohin geht's dann mit dem eingesammelten Müll von der Autobahn? Der Betriebsdienst lagert den gesammelten Müll gebündelt im Gehöft der Autobahnmeisterei ab. Da der Zuständigkeitsbereich der Autobahnmeisterei Emmelshausen mehrere Kreise umfasst, schaltet die Behörde die jeweils zuständigen Abfallbetriebe zwecks Entsorgung ein.

5. Wie viel kostet der wilde Müll den Steuerzahler? Die Kosten für die Abfallentsorgung beziffert Bersch für den Autobahnmeistereibereich Emmelshausen auf mehr als 200 000 Euro. [...]

6. Und was ist mit den Verursachern? Zuständig für den Unrat an der Autobahn ist eigentlich jeder Müllsünder. Da dieser in den meisten Fällen nicht ermittelbar ist, wird der Abfall vom Betriebsdienstpersonal unter anderem auch auf Adressen und Dokumente durchsucht. „Wenn infrage kommende Verdächtige ausfindig gemacht werden können, wird Anzeige bei der Polizei erstattet." Vereinzelt würde man auch von Autofahrern informiert, die auf Rastanlagen illegale Müllentsorgungen beobachten. Ganz selten wird jemand „auf frischer Tat ertappt", so der LBM. [...]

7. An welchen Stellen wird besonders viel Müll abgeladen? Ganz vorn stehen laut LBM Unterführungen, Parkplätze bei Dunkelheit und Wirtschaftswege. „Hier herrscht nachts ein geringeres Verkehrsaufkommen. Dies erschwert die Ermittlung der Verursacher."

8. Wie hoch ist der Zeitaufwand für die Mitarbeiter der Autobahnmeisterei, die Abfälle zu entsorgen? Bei einem illegal abgestellten Wohnwagen dauerte es bis zu zwölf Wochen, wobei eine nicht unerhebliche Zeit mit der Zuständigkeitsregelung, Baulastträger, Landkreis und Polizei, einhergeht. Liegen keine Hinweise auf den Täter vor, wird der Abfall direkt aufgenommen und entsorgt. In der Regel dauert das ein bis zwei Tage.

9. Stellt der Landesbetrieb Mobilität eine Zunahme von illegal abgelagerten Abfällen fest? Die illegale Müllentsorgung auf Parkplätzen oder im Straßenseitenraum bewegt sich seit Jahren auf konstant hohem Niveau. Eine Verschärfung der Situation kann man nicht direkt feststellen, es ist vielmehr von jahreszeitlichen Spitzen auszugehen. Insbesondere im Frühjahr, wenn Haus und Hof aufgeräumt oder wenn bei der Gartenarbeit Abfälle anfallen, findet sich ein großer Teil dieser Abfälle im Straßenseitenraum oder auf den Parkplätzen wieder. [...] Allein von den Straßenrändern im Land sammeln die Straßenwärter des LBM pro Jahr rund 5500 Tonnen Müll – das entspricht etwa 550 Müllwagenladungen. In den vergangenen Jahren kamen für diese Arbeiten Kosten von rund 1,8 Millionen Euro zusammen. Nur etwa halb so viel Müll, nämlich 2750 Tonnen, werden dagegen jährlich in die vorgesehenen Abfallbehälter an den Straßen geworfen.

10. Gibt's einen Lösungsansatz für den Mülltourismus? „Die Erziehung der Mitmenschen ist nicht Aufgabe der Straßenbaubehörde", findet Küppers. Die Straßenmeistereien kontrollieren die Parkplätze im Rahmen der täglichen Streckenkontrollen. Zudem werden die Anlagen regelmäßig gereinigt. Die Abfall-

Materialien sichten

behälter im Zuständigkeitsbereich der Autobahnmeisterei Emmelshausen werden zweimal pro Woche, während der Reisesaison dreimal wöchentlich geleert. Die Parkplätze selbst werden einmal pro Woche gesäubert, sagt Bersch und verweist auf das Sprichwort „Müll zieht Müll an". Durch das Reinigen wird versucht, die Hemmschwelle für das verbotene Abladen von Müll anzuheben. Außerdem wurden in den vergangenen Jahren viele Parkplatzanlagen von Bewuchs befreit, damit diese besser einzusehen sind und eine „soziale" Kontrolle greifen kann. Jeder, der seinen Müll illegal entsorgt und ermittelt werden kann, wird angezeigt. […]

www.rhein-zeitung.de (Rhein-Zeitung, 09.02.2018)

1 Notieren Sie, welche Probleme unsachgemäß entsorgter Müll verursacht.

2 Beschreiben Sie mithilfe des Textes Lösungsansätze, durch die die Verschmutzung der Städte verringert werden kann.

3 Erstellen Sie eine Infografik. Stellen Sie die Menge des entsorgten Mülls sowie die daraus entstehenden Kosten dar.

Material 2

Einwegbecher-Verbrauch in Berlin

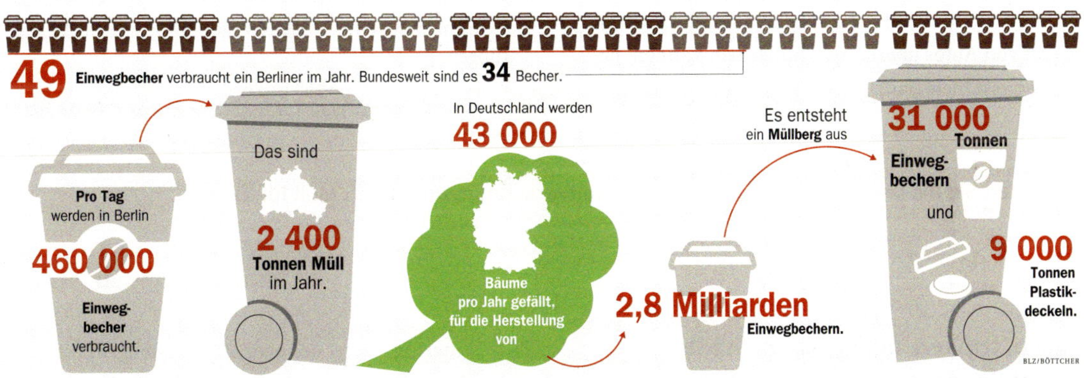

4 Beschreiben Sie in eigenen Worten die in der Grafik dargestellte Problematik.

5 Benennen Sie ähnliche Einwegprodukte, die die tägliche Müllproduktion in die Höhe treiben.

Materialien in Beziehung zueinander setzen – Den Schreibplan erstellen

1 Übertragen Sie die Tabelle in Ihr Heft. Vervollständigen Sie sie mithilfe der Inhalte der Materialien 1 bis 4.

	Titel und Untertitel	Autor und Quelle	Anlass	Thema	Inhaltliche Kernaussage
Material 1	...	...	...	...	...
Material ...	...	...	...	...	...

2 Analysieren Sie Ihre Notizen zu den Materialien 1 bis 4. Arbeiten Sie Übereinstimmungen, Ergänzungen und Widersprüche heraus.

3 Ordnen Sie Ihre Ergebnisse der unten stehenden Gliederung zu.

INHALT

- Ausmaß der illegalen Müllentsorgung
- resultierende Probleme für die Umwelt
- Bedeutung des Deck-weg-Tages

BASISWISSEN – Material analysieren und in Beziehung zueinander setzen

Beim materialgestützten Schreiben werden zunächst die gegebenen Materialien gesichtet, markiert und erschlossen. Dabei ist es wichtig, für jedes Material Anlass, Thema und inhaltliche Kernaussage zu notieren. Mit Blick auf die Aufgabenstellung und den zu schreibenden Text müssen gesammelte Textinformationen gefiltert, strukturiert und in Beziehung zueinander gesetzt werden.

Um auf Grundlage der gegebenen Materialien Ihren eigenen Text verfassen zu können, müssen Sie

- doppelt genannte Informationen kürzen,
- Informationen, die Ihrem Ziel widersprechen, aussparen,
- Textinhalte den geforderten Aspekten der Aufgabenstellung zuordnen,
- Ihr eigenes Vorwissen ergänzen.

4 Falten Sie ein DIN-A4-Blatt in Form eines Leporellos.

5 Gliedern Sie den Leporello. Skizzieren Sie, auf welchen Seiten organisatorische Informationen, Text, Grafiken, Bilder o. Ä. platziert werden können.

6 Verfassen Sie die Einleitung Ihres Textes für den Leporello. Nennen Sie dabei Thema, Schreibanlass und die Funktion, die der Leporello erfüllen soll.

Einen informierenden Text verfassen

1 Verfassen Sie den Hauptteil Ihres informierenden Textes auf Basis Ihrer Notizen. Beachten Sie die Regeln für eine korrekte Zitation (↗ Kapitel 7).

2 Schreiben Sie einen Schluss, indem Sie ein Fazit ziehen oder die Informationen noch einmal prägnant zusammenfassen.

3 Überarbeiten Sie in Partnerarbeit die verfassten Texte (↗ Kapitel 21).

BASISWISSEN Informierend schreiben

Informierendes Schreiben bedeutet, Sachverhalte schriftlich wiederzugeben. Ein informierender Text ist sachlich und damit **meinungsneutral.** Die Leser/-innen sollen informiert, aber nicht beeinflusst werden. Es geht darum, eine Information weiterzugeben, einen Sachverhalt darzulegen oder Verknüpfungen aufzuzeigen. Dabei sind Vorgaben zu beachten.

Ihr Text soll klar strukturiert sein und damit gut nachvollziehbar. Oft ist die Struktur durch die Aufgabenstellung vorgegeben.

Arbeiten Sie mit Absätzen. Wenn durch die Aufgabenstellung nicht anders vorgegeben, ziehen Sie im Schluss ein Fazit oder fassen Ihre Informationen prägnant zusammen.

Der Schreibstil soll klar, verständlich und der Zielgruppe angemessen sein. Unnötige Fremdwörter und Schachtelsätze sind zu vermeiden, ebenso wertende Adjektive.

Fremdmeinungen (zitiert oder paraphrasiert) müssen gekennzeichnet werden.

FAZIT

19.1
Materialien sichten und analysieren
- Informationen zusammenfassen
- Grafiken analysieren
- visualisieren

19.2
Materialien in Beziehung zueinander setzen – Den Schreibplan erstellen
- Zusammenhänge erkennen
- Informationen ordnen

19.3
Einen informierenden Text verfassen
- Einleitung, Hauptteil und Schluss verfassen
- Informationen gliedern
- richtig zitieren

19.4
Prüfungsvorbereitung

Prüfungsvorbereitung

Aufgaben wie die folgende können Ihnen in der Prüfung begegnen.

Situation

Ihre Teilnahme am „Dreck-weg-Tag“ hat Ihnen das Ausmaß der illegalen Müllentsorgung vor Augen geführt. Sie finden den nachlässigen Umgang mit Müll und die zunehmende Müllproduktion beängstigend. Sie beschäftigen sich weiter mit dem Thema Umweltverschmutzung und stoßen immer wieder auf Artikel zu den Problemen, die Plastikmüll verursacht. Auf der Schulhomepage können Sie Ihre Mitschülerinnen und Mitschüler darüber informieren.

1 **Verfassen Sie auf Grundlage der Materialien 1 bis 4 einen Bericht (↗ Kapitel 17, S. 302) für Ihre Schulhomepage, in dem Sie über das hohe Aufkommen von Plastikmüll und die daraus entstehenden Gefahren für Mensch, Tier und Umwelt informieren.**

Material 1

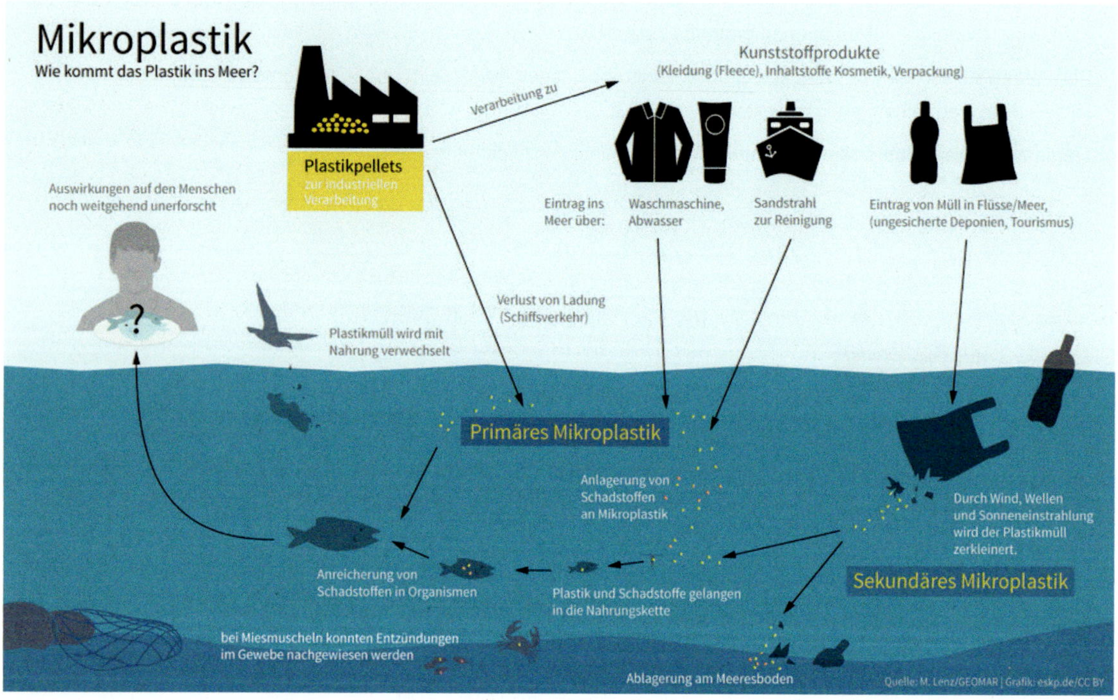

© *Wissensplattform Erde und Umwelt, eskp.de*

Prüfungsvorbereitung

Material 2

Was hilft gegen Kunststoff im Meer? Ein Seeungeheuer aus Plastik

Plastik landet inzwischen aus dem Meer zurück auf dem Teller. Die Strategie dagegen ist jedoch äußerst komplex. Eine Kolumne.

von Friedhard Teuffel

So haben wir uns den Kreislauf der Natur nicht vorgestellt. Dass er den Menschen einfach das wiederbringt, was sie doch so gerne loswerden wollten. In Proben des Edelsalzes Fleur de Sel wurde kürzlich Plastik nachgewiesen, manche Teile waren sogar mit bloßem Auge zu erkennen. Auch wer sich eine Portion Muscheln bestellt, muss mit einer Plastikeinlage rechnen.

Ein Grund zur Aufregung? Beim Essen hört doch sonst für viele der Spaß auf. Aber Fleur de Sel gehört genauso wenig zu den Grundnahrungsmitteln wie Muscheln. Man könnte Plastik im Meer ein echtes Luxusproblem nennen und sich noch diese Beruhigungspillen einwerfen: dass Plastik auch zum Umweltschutz beiträgt, weil es so schön leicht ist, Lebensmittel länger frisch hält, der ökologische Fußabdruck deutlich kleiner ausfällt als bei anderen Materialien, weshalb eine Papiertüte zum Einpacken von Obst und Gemüse im Supermarkt auch keine Rettung ist. Und an Plastik im Meer sterben im Gegensatz zu verpesteter Luft nicht regelmäßig Menschen.

Plastik ist allerdings nicht nur ein ästhetisches Problem, das einen Bilderbuchstrand nach dem nächsten in eine Müllhalde verwandelt, zumal jede Menge Tiere daran verenden. Wenn weiter in diesem Tempo Plastik produziert und in die Weltmeere gekippt wird, gibt es bis 2050 darin genauso viel Kunststoff wie Fische. Und während Fische einfach ins Netz gehen, haben sich die meisten Plastikteile aufgelöst, zersetzt in kleinste Einzelteile.

Das Mikroplastik stammt nicht nur aus Verpackungsmüll, sondern auch aus gewaschenen Kunststofffaser-Klamotten und Kosmetika. Plastik bleibt ein Synonym für Unnatürlichkeit. Ob und was das Plastik mit dem menschlichen Organismus anstellt, ist noch nicht ausreichend erforscht. Doch die Vorstellung, Mikromüll in sich herumzuschleppen, dürfte keine große Begeisterung auslösen. […]

Von der Ozeanografin Sylvia Earle stammt der Satz, dass die nächsten zehn Jahre für die Rettung der Ozeane wichtiger sein könnten als die nächsten 10.000. Dabei ging es ihr nicht nur um die Vermüllung der Meere, sondern auch um Überfischung, Übersäuerung, Artensterben.

Der Müll dürfte das sichtbarste Problem sein, gerade im Alltag. Der Trend zur Plastikverpackung ist noch nicht gebrochen. Je mehr Singlehaushalte, desto mehr kleinere Verpackungen. Überhaupt sind in Einzelportionen verpackte Lebensmittel schwer in Mode gekommen. Was ist also der Weg?

Panikmache schon mal nicht, denn was getan werden muss, verlangt eine Menge Verstand. Überhaupt sind es drei große Wege, die gleichzeitig beschritten werden müssten: Beseitigung von Plastik, Recycling und Vermeidung.

Zur Beseitigung gibt es jede Menge Projekte. Mit Zersetzungslösungen für bestehenden Müll. Mit Geräten, die Plastik aus dem Meer holen. Die Forschung dazu darf ruhig von Staaten millionenschwer gefördert werden. Aber bei dem, was noch alles nachkommt an Müll, kann das nur ein Weg sein. Jedes Jahr werden 380 Millionen Tonnen Plastik produziert, davon landen je nach Berechnung 6 bis 15 Millionen im Meer. Obwohl nach einer Studie der Helmholtz-Gemeinschaft 90 Prozent davon über acht Flüsse in Asien und zwei in Afrika ins Meer gespült werden, bleibt das Problem angesichts der weltweiten Müllexporte ein globales.

Die Wiederverwertung funktioniert immer besser, ist aber erst am Anfang. Und nicht so einfach, weil manche chemischen Zusätze in Kunststoffen beim Recyceln hinderlich sind. Recyclinganlagen wären dennoch schöne Geschenke, die die Welt Entwicklungsländern zum Beispiel an deren Nationalfeiertag machen könnte – auch im eigenen Interesse. […]

www.tagesspiegel.de (Der Tagesspiegel)

Prüfungsvorbereitung

Material 3

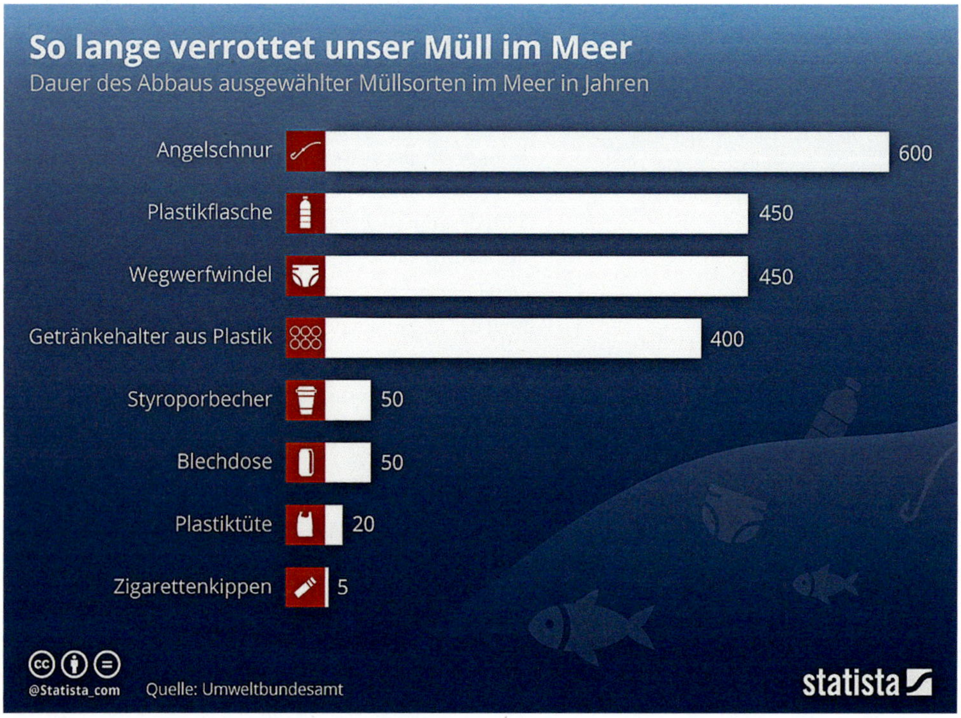

Material 4

Internationaler Tag der Umwelt
Plastikmüll vergeht nicht

Bunt, formschön, praktisch: Plastik ist ein begehrtes Material. Als Verpackung sorgt es aber für immer größere Müllberge – und die belasten die Umwelt, vor allem das Meer. Muss das sein?

Berlin – Morgens einen Coffee to go in der U-Bahn, mittags einen knackigen Salat aus dem Kühlregal – und abends die Lieferung vom Vietnamesen um die Ecke. Was nach dem Alltag vieler Großstadtmenschen klingt, hat eine Kehrseite: Ein Tag wie dieser produziert pro Person rund einen Eimer voll Plastikmüll, vom Becher bis zur Sushi-Box. Zum Tag der Umwelt am 5. Juni wollen Naturschützer das Bewusstsein dafür schärfen – ohne erhobenen Zeigefinger. Positive Anreize wie Rabattsysteme für Kaffeefans mit Mehrwegbechern können nach Einschätzung der Umweltstiftung WWF auch Erfolg haben.

„Der Zusammenhang zwischen Plastikmüll und Meeresverschmutzung ist vielen Verbrauchern in Deutschland heute klar", sagt Bernhard Bauske, Projektkoordinator Meeresmüll beim WWF. Viele bedrückten die Bilder von leidenden Tieren, verendeten Walen mit einem Magen voller Plastikmüll zum Beispiel. Oder Bilanzen vom Nordseestrand, an dem nach einer Studie des Umweltbundesamts (UBA) im Mittel auf 100 Metern 389 Müllteile gefunden werden – fast zu 90 Prozent aus Kunststoff. Plastik, das belegen viele Studien, verrottet nicht. Ist es einmal in der Umwelt, zerfällt es in immer kleinere Teile, bis das menschliche Auge es nicht mehr sehen kann, warnt die Umweltschutzorganisation Greenpeace.

Viele wollten etwas gegen diese Last für die Umwelt tun, sagt Bauske. Woran es oft noch fehle, sei

Prüfungsvorbereitung

ein Anreiz zum Umdenken im Alltag. Dabei zeigt das Beispiel Plastiktüte, wie das mit einer EU-Richtlinie funktionieren kann. Seit 2016 können Händler in Deutschland für die Tüten Geld nehmen – und schon haben mehr Kunden einen eigenen Einkaufsbeutel dabei. Nach der UBA-Statistik nutzt jeder Bundesbürger im Durchschnitt heute zwar immer noch rund 45 Plastiktüten pro Jahr. „Im Jahr 2015 waren es aber noch 68", sagt Bauske. Noch nicht mitgerechnet sind in der Statistik allerdings die transparenten, dünnen Tütchen, die es an Obst- und Gemüseständen weiterhin kostenlos gibt. Auch für diese Einkäufe gibt es Mehrzweck-Beutel. Durchgesetzt haben sie sich bisher nicht.

„Unverpackt"-Läden sind oft nur ein Phänomen in ökobewussten Szene-Stadtteilen. Wer seine eigene Box zur Fleisch- oder Käsetheke mitbringe, werde sonst manchmal schräg angeschaut, sagt Bauske. Viele Verkäufer fürchteten Verstöße gegen ihre Hygiene-Richtlinien. „Wir brauchen hier Unterstützung und einheitliche Regelungen", fordert er. „Eine Möglichkeit wie eine Extra-Theke zum Abstellen und Befüllen zum Beispiel."

Verpackungen machen mit einem guten Drittel (35,2 Prozent) nach UBA-Berechnungen heute den Löwenanteil der deutschen Verarbeitungsmenge von Kunststoffen aus. Das ist kein Wunder, denn mit dem Boom von Online-Versand, dem Trend zur To-go-Gastronomie sowie Fertiggerichten wächst der Anteil von Verpackungsmaterial stetig – und damit auch der Müllberg.

Dazu kommt der Demografie-Faktor: Es gibt immer mehr Single- und Seniorenhaushalte. Sie alle kaufen zum Beispiel nicht mehr den Familienpott Joghurt, sondern mehrere kleinere Becher. Noch mehr Verpackung, viel davon aus Plastik. Kunststoffabfälle machen in Deutschland nach der jüngsten UBA-Tabelle für 2015 fast sechs Millionen Tonnen aus – ein Plus von fünf Prozent allein seit 2013.

Beim Verpackungs-Recycling liegt Deutschland mit fast 70 Prozent nicht schlecht. Nach einer Eurostat-Erhebung für 2015 ist das inzwischen aber fast Durchschnitt. Belgien, Tschechien, Dänemark, die Niederlande und Schweden können das besser. Bei Plastik liegt Deutschland beim Verpackungsrecycling mit 46 Prozent immerhin auf dem zweiten Rang hinter Tschechien. Doch auch hier sieht Bauske noch viel Luft nach oben.

„Etwa die Hälfte des Inhalts der gelben Tonne wird bei uns immer noch verbrannt", sagt er. „Und wir belohnen Unternehmen noch nicht, die Verpackungen recyclinggerechter gestalten." Das ginge zum Beispiel über niedrigere Lizenzgebühren für Verpackungen. Erst für 2019 ist das im neuen deutschen Verpackungsgesetz vorgesehen. In Italien oder Frankreich seien Gebühren für Verpackungen bereits heute auch von ihrer Recyclingfähigkeit abhängig, berichtet der Experte.

Die jüngste Drohung der EU, Plastikbesteck und -geschirr oder Strohhalme zu verbieten, sieht Bauske positiv. Allein in Deutschland wurden 2017 rund 105 500 Tonnen Kunststoff für Einweggeschirr, Einwegbesteck und Mitnehm-Verpackungen für Fast Food verbraucht. Weltweit nutzt das bisher nur angedachte Verbot jedoch wenig, wenn viele südostasiatische Staaten bisher weder Mülltrennung noch ein finanziertes Rücknahmesystem für Kunststoffe haben – samt einer Produktverantwortung der Hersteller. Für Bauske ist das der wichtigste Hebel für Veränderungen.

Doch auch in Deutschland steht der Reduktion des Plastikmüllbergs noch einiges entgegen. Marketing-Strategien zum Beispiel – Brauereien, die durch eine eigene Flaschenform auffallen wollen, oder Softdrink-Hersteller, die auf quietschbunte Farben setzen. „Einheitliche Flaschen wären für Mehrwegsysteme und Recycling von Einwegflaschen viel besser", sagt Bauske. „Schon Produzenten müssen wissen und beachten, was Müll-Sortieranlagen heute verarbeiten können und was nicht." Doch es fehle auch am Willen zu Gesprächen.

© dpa / Stuttgarter Nachrichten Online (Stuttgarter Nachrichten, 04. 06. 2018)

Prüfungsvorbereitung

Checkliste

1. Schritt: Die Aufgabenstellung analysieren und die Materialien sichten

☑ Haben Sie die Aufgabenstellung vollständig gelesen und verstanden?

☑ Haben Sie die Basisinformationen der Materialien (Autor, Quelle, Thema ...) erfasst?

2. Schritt: Die Materialien analysieren und in Beziehung zueinander setzen

☑ Haben Sie alle relevanten Informationen aus den Materialien markiert und festgehalten?

☑ Haben Sie die gesammelten Informationen miteinander verknüpft und geordnet?

3. Schritt: Einen Schreibplan erstellen

☑ Haben Sie die formalen Anforderungen an das verlangte Schreibprodukt beachtet?

☑ Haben Sie die Informationen aus den Materialien an passender Stelle eingeordnet?

☑ Haben Sie die Einleitung, den Hauptteil und den Schluss geplant?

4. Schritt: Den eigenen Text schreiben

☑ Haben Sie verständlich und sachlich formuliert?

☑ Haben Sie die Adressaten im Blick behalten?

☑ Haben Sie einen Bezug zu den Materialien hergestellt und diese richtig zitiert?

☑ Haben Sie Überleitungen formuliert?

5. Schritt: Den eigenen Text überarbeiten

☑ Ist der Text klar aufgebaut (Einleitung – Hauptteil – Schluss)?

☑ Sind die relevanten Informationen korrekt wiedergegeben?

☑ Sind die Überleitungen zwischen Textteilen gelungen?

☑ Ist der sprachliche Ausdruck angemessen?

☑ Sind Rechtschreibung und Grammatik fehlerfrei?

Kapitel 20

Einblick in die Epochen der Literaturgeschichte

Mittelalterliche Literatur
um 750–1520

Reformationszeit
1520–1600

Barock
1600–1700

Aufklärung
1685–1781

Sturm und Drang
1770–1780

Weimarer Klassik
1786–1805

Romantik
1795–1835

Junges Deutschland/Vormärz
1815–1848

Bürgerlicher Realismus
1848–1890

Naturalismus
circa 1880–1900

Literatur der Jahrhundertwende
1890–1918

Expressionismus
circa 1910–1925

Weimarer Republik bis zum Ende des Dritten Reiches
1918–1945

Exilliteratur
1933–1945

Gegenwartsliteratur
seit 1945

Auf den folgenden Seiten erfahren Sie Näheres über die größten Dichter Deutschlands, die Weltruhm erlangt haben und deren Werke in unzählige Sprachen übersetzt worden sind. Sie lernen die Zeit, in der sie geschrieben haben, und ihre größten „Klassiker" kennen. „Klassiker" sind diese Werke vor allem deshalb, weil sie die bis heute großen Themen wie Liebe, Eifersucht, Hass und Angst ebenso gestaltet wie Epochenbegriffe definiert haben.

Kompetenzen

- ✓ Strömungen und Epochen der deutschen Literatur kennenlernen
- ✓ Sich mit politischen und sozialen Kontexten auseinandersetzen
- ✓ Aneignung von Hintergrundwissen durch Heranziehen von Materialien
- ✓ Anwendung von Elementen der Textgestaltung

Methoden und Arbeitstechniken

- ✓ Bildanalyse
- ✓ Internetrecherche

Epochen der Literaturgeschichte
von 750 bis 1835

um 750–1520 [1]
Mittelalterliche Literatur

1600–1700 [3]
Barock

1770–1780 [5]
Sturm und Drang

1795–1835 [7]
Romantik

1520–1600 [2]
Reformationszeit

1685–1781 [4]
Aufklärung

1786–1805 [6]
Weimarer Klassik

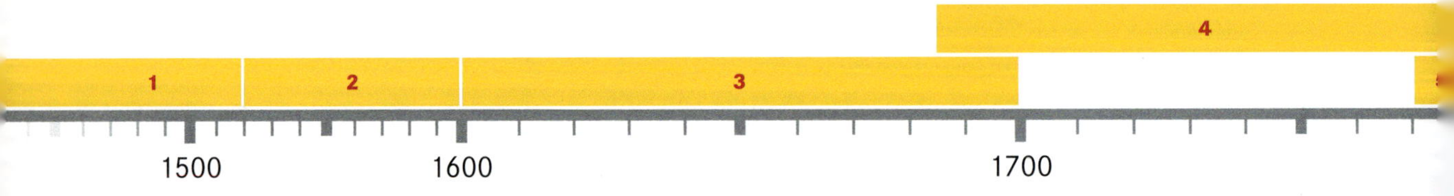

Epochen der Literaturgeschichte

von 1815 bis heute

1815–1848 [8]
Junges Deutschland/Vormärz

circa 1880–1900 [10]
Naturalismus

circa 1910–1925 [12]
Expressionismus

1933–1945 [14]
Exilliteratur

1848–1890 [9]
Bürgerlicher Realismus

1890–1918 [11]
Literatur der Jahrhundertwende

1918–1945 [13]
Weimarer Republik bis zum Ende des Dritten Reiches

seit 1945 [15]
Gegenwartsliteratur

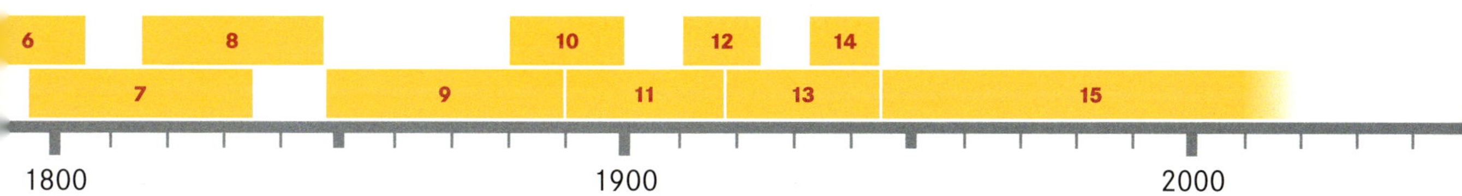

Barock (1600–1700)

Juriaen van Streeck: Vanitasstillleben, um 1670

Juriaen van Streeck (geboren 1632, gestorben 1687 in Amsterdam) war ein bedeutender niederländischer Maler des „Goldenen Zeitalters“, einer wirtschaftlichen, künstlerischen und kulturellen Blütezeit des noch jungen Staates, der sich im 17. Jahrhundert zur Weltmacht und führenden Handelsnation entwickelte sowie Kunst und Wissenschaft förderte. Van Streecks allegorische Stillleben zeigen das für jene Zeit typische Vanitas-Motiv, seine Gemälde sind bildlicher Ausdruck des Lebensgefühls des Barock.

1 Beschreiben Sie das Bild so genau wie möglich. Ziehen Sie aus der Darstellung Schlüsse auf das Selbstverständnis, die Sorgen und Wünsche der Menschen in der Barockzeit und ihre Einstellung zur Ordnung sowie zu Leben und Tod.

Andreas Gryphius

Andreas Gryphius’ (geboren 1616 in Glogau/Schlesien, gestorben 1664 in Glogau) Kindheit war geprägt von dem frühen Tod seiner Eltern und den Eindrücken des Dreißigjährigen Krieges. 1631 besuchte er das Gymnasium in Görlitz, zog 1632 nach Fraustadt und zwei Jahre später nach Danzig. 1638 begann er sein Sprachenstudium im niederländischen Leiden (Gryphius beherrschte circa zehn Sprachen). Er war einer der bedeutendsten Lyriker des Barock und wurde besonders durch seine Sonette bekannt. Sein literarisches Werk ist geprägt von einem tiefen Pessimismus, der vor allem in seinen geistlichen Liedern zum Ausdruck kommt.

Menschliches Elende (1637)

Was sind wir Menschen doch! Ein Wohnhaus grimmer Schmerzen,
Ein Ball des falschen Glücks, ein Irrlicht dieser Zeit,
Ein Schauplatz aller Angst und Widerwärtigkeit,
Ein bald verschmelzter Schnee und abgebrannte Kerzen.

Barock (1600–1700)

Dies Leben fleucht darvon wie ein Geschwätz und Scherzen.
Die vor uns abgelegt des schwachen Leibes Kleid
Und in das Totenbuch der großen Sterblichkeit
Längst eingeschrieben sind, sind uns aus Sinn und Herzen.

Gleich wie ein eitel Traum leicht aus der Acht hinfällt
Und wie ein Strom verfleußt, den keine Macht aufhält,
So muss auch unser Nam, Lob, Ehr und Ruhm verschwinden.

Was itzund Atem holt, fällt unversehns dahin,
Was nach uns kommt, wird auch der Tod ins Grab hinziehn.
So werden wir verjagt gleich wie ein Rauch von Winden.

2 Fassen Sie die Hauptaussage des Gedichts in einem Satz zusammen.

3 Analysieren Sie das Gedicht im Hinblick auf Form und Metrum. Erläutern Sie, warum Gryphius gerade diese Gedicht- und Versform verwendet hat.

4 Überlegen Sie, welche Konsequenzen die barocke Auffassung vom Wesen und Leben des Menschen für die Lebensgestaltung der Menschen der damaligen Zeit gehabt haben könnte.

Hans Jakob Christoffel von Grimmelshausen

Hans Jakob Christoffel von Grimmelshausen (geboren 1621 in Gelnhausen/Hessen, gestorben 1676 in Renchen/Schwarzwald) wurde im Alter von 13 Jahren in den Wirren des Dreißigjährigen Krieges entführt und gelangte auf Umwegen in den Schwarzwald, wo er bis zu seinem Tod blieb. Er brachte sich sein Wissen selbst bei und schrieb den ersten deutschen Prosaroman von Weltgeltung: „Der abenteuerliche Simplicissimus Teutsch", einen abenteuerlichen, derb-drastischen und von hintergründigem Humor zeugenden Zeitroman, in den eigene Erlebnisse Einzug fanden. Grimmelshausen bediente sich einer direkten, urwüchsigen Sprache und vermittelte mit der Zeit- und Menschenschilderung eine auch kulturhistorisch wertvolle Darstellung.

Im Zentrum der Geschichte steht das Leben eines Jungen, des Ich-Erzählers. Als der Hof seiner Eltern während des Dreißigjährigen Krieges von plündernden Soldaten überfallen wird, muss er mit ansehen, wie seine Angehörigen gefoltert werden. Er flüchtet und begegnet im Wald einem Eremiten, bei dem er zwei Jahre lebt. Dieser nennt ihn Simplicius, den „Einfältigen", und bringt ihm Lesen und Schreiben bei. Nach dem Tod des Eremiten möchte Simplicius bei einem Dorfpfarrer einen Rat einholen und wird erneut Zeuge von Plünderung und Mord.

Der abenteuerliche Simplicissimus Teutsch (1669, Auszug)

Zu solchem End machte ich mich seinem Dorf zu; und als ich hinkam, fande ich's in voller Flamm stehen, dann es eben eine Partei Reuter[1] ausgeplündert, angezündet, teils Bauern niedergemacht, viel verjagt und etliche gefangen hatten, darunter auch der Pfarrer selbst war. Ach Gott! wie ist das

Barock (1600–1700)

menschliche Leben so viel Mühe und Widerwärtigkeit! Kaum hat ein Unglück aufgehört, so stecken wir schon wieder in einem andern. Mich verwundert nicht, dass der heidnische Philosophus Timon[2] zu Athen viel Galgen aufrichtete, daran sich die Menschen selber aufknüpfen und so ihrem elenden Leben […] ein Ende machen sollten. Die Reuter waren eben wegfertig und führten den Pfarrer an einem Strick daher. Unterschiedliche schrien: „Schieße den Schelmen nieder!" Andere aber wollten Geld von ihm haben.
Er aber hub die Händ auf und bat um des Jüngsten Gericht willen um Verschonung und christliche Barmherzigkeit; aber umsonst; denn einer ritte ihn über den Haufen […].

1 Reuter: Reiter
2 Timon von Athen: ein Philosoph des 5. Jahrhunderts v. Chr., der wegen seiner Menschenverachtung berüchtigt geworden ist

5 Beschreiben Sie die Wirkung des Textauszugs. Erläutern Sie, mit welchen sprachlichen Mitteln diese erreicht wird.

BASISWISSEN Barock

Der Begriff „Barock" (der oder das) lässt sich zurückführen auf den portugiesischen Begriff „barocco", was „unregelmäßige, schiefe Perle" bedeutet. Zunächst wurde die Bezeichnung „barock" abwertend im Sinn von „absonderlich", „schwülstig" verwendet, im 20. Jahrhundert etablierte sich die Bezeichnung als Epochenbegriff.

Der Barock war die **Kunst der Gegenreformation** (Reaktion der katholischen Kirche auf die Reformation durch Martin Luther) und des **Absolutismus** (Regierung eines Alleinherrschers, der unbeschränkte Macht ausübt), denn die wichtigsten Kunstförderer waren in dieser Zeit Kirche und Aristokratie. Sie strebten nach Selbstdarstellung, was sich in **Größe und Pathos** der Kunstwerke in Malerei, Musik, Architektur und auch in der Literatur widerspiegelte. Typisch für diese Zeit sind Prachtbauten (beispielsweise Schloss Versailles oder Schloss Nymphenburg in München), eine üppige Mode (beispielsweise Perücken) oder aufwendige Theaterinszenierungen. Dieser Lebensgier stand ein **pessimistisches Weltbild** gegenüber, das besonders zurückzuführen ist auf die Gräuel während des Dreißigjährigen Krieges (1618–1648). Er führte zur Verödung ganzer Landstriche und zur Zerstörung von Städten. Ein Drittel der Bevölkerung fiel ihm zum Opfer.

Die Barockliteratur stand durch diese Erfahrungen im Spannungsfeld von **Lebensfreude und Todesbangen** ebenso wie von **Weltgenuss und Jenseitssehnsucht.** So verwundert es nicht, dass die konträren, aus der römischen Philosophie stammenden Motive „Carpe diem" („Nutze den Tag!") und „Memento mori" („Gedenke des Todes!"), aber auch der „Vanitas-Gedanke" (alles Irdische ist nichtig, vergeblich und vergänglich) in der barocken Literatur variantenreich verarbeitet wurden.

Zu den wichtigsten Zielen der Dichter im 17. Jahrhundert gehörte die **Entwicklung einer deutschen Literatursprache.** Da Dichtung zur Zeit des Barock als **erlernbare Kunst** und nicht als kreativer Schaffensprozess galt, entstanden zahlreiche **Poetiken** (Poetik = Lehre von der Dichtkunst), in denen die literarischen Formen sowie ihre Themen und Stoffe normativ festgelegt wurden (normative Poetik). Das wichtigste theoretische Werk zur Poetik verfasste der Dichter und Literaturtheoretiker Martin Opitz mit seinem „Buch von der Deutschen Poeterey" (1624), in dem er Regeln für die neue deutsche Kunstdichtung und Verssprache festlegte. Folglich wurde die deutsche Sprache als Kommunikationsmittel, neben Latein, immer bedeutender.

Aufklärung (1685–1781)

Daniel Chodowiecki: Aufklärung (Landschaft mit Sonnenuntergang), Radierung, 1791

Daniel Nikolaus Chodowiecki (geboren 1726 in Danzig, gestorben 1801 in Berlin) war der populärste deutsche Kupferstecher, Grafiker und Illustrator des 18. Jahrhunderts. Er hatte polnische und hugenottische Vorfahren. Weltberühmt sind seine Kupferstiche, unter anderem zu Goethes „Die Leiden des jungen Werthers". Für den Französischen Dom in Berlin entwarf er in 14 Zeichnungen den bauplastischen Figurenschmuck. Er hinterließ über 4 000 Zeichnungen und mehr als 2 000 Radierungen. Letztere entstanden in seiner Werkstatt, die bedeutende Kupferstecher, Radierer und Miniaturmaler vereinigte. Als Mitglied der Königlich-Preußischen Akademie der Künste nahm er maßgeblichen Einfluss auf das künstlerische Leben seiner Zeit.

1 Sammeln Sie Begriffe, die Sie mit dem Wort „Aufklärung" verbinden.

2 Beschreiben Sie das Bild. Stellen Sie einen Zusammenhang zur Epoche der Aufklärung her und berücksichtigen Sie Ihre in Aufgabe 1 gesammelten Begriffe.

Immanuel Kant

Kant (geboren 1724 in Königsberg, gestorben 1804 in Königsberg) wurde nach verschiedenen Hauslehrertätigkeiten und zahlreichen Veröffentlichungen zu naturwissenschaftlichen und philosophischen Themen von der Universität Königsberg im Alter von 46 Jahren zum ordentlichen Professor ernannt. Früh schon schloss sich Kant den Ideen der Aufklärung an und wurde einer ihrer wichtigsten Wortführer, was sich in seinen philosophischen Werken widerspiegelt, deren Ideen von zahlreichen Literaten der Aufklärung aufgegriffen wurden.

Beantwortung der Frage: Was ist Aufklärung? (1784, Auszug)

Aufklärung ist der Ausgang des Menschen aus seiner selbst verschuldeten Unmündigkeit. Unmündigkeit ist das Unvermögen, sich seines Verstandes ohne Leitung eines anderen zu bedienen. Selbst verschuldet ist diese Unmündigkeit, wenn die Ursache derselben nicht am Mangel des Verstandes, sondern der Entschließung und des Mutes liegt, sich seiner ohne Leitung eines anderen zu bedie-

nen. Sapere aude! Habe Mut, dich deines eigenen Verstandes zu bedienen! ist also der Wahlspruch der Aufklärung.
Faulheit und Feigheit sind die Ursachen, warum ein so großer Teil der Menschen, nachdem sie die Natur längst von fremder Leitung freigesprochen […], dennoch gerne zeitlebens unmündig bleiben; und warum es anderen so leicht wird, sich zu deren Vormündern aufzuwerfen. Es ist so bequem, unmündig zu sein. Habe ich ein Buch, das für mich Verstand hat, einen Seelsorger, der für mich Gewissen hat, einen Arzt, der für mich die Diät beurteilt, so brauche ich mich ja selbst nicht zu bemühen. Ich habe nicht nötig zu denken, wenn ich nur bezahlen kann; andere werden das verdrießliche Geschäft schon für mich übernehmen.

3 Erläutern Sie mit eigenen Worten, was Kant unter „Aufklärung" versteht.

4 Diskutieren Sie Kants Definition von „Aufklärung".

Gotthold Ephraim Lessing

Lessing (geboren 1729 in Kamenz/Sachsen, gestorben 1781 in Braunschweig) versuchte sich als freischaffender Journalist, Kritiker und Dramatiker, konnte davon aber kaum leben. Seine Hochzeit mit Eva König musste warten, bis er, bereits 47 Jahre alt, eine feste Anstellung als Bibliothekar erhalten hatte. Ein Jahr nach der Hochzeit starb sein Kind kurz nach der Geburt und einige Tage darauf auch seine Frau. Er selbst verstarb drei Jahre später. Sein Werk war geprägt vom Glauben an Freiheit, Toleranz und Humanität.
Der Prinz von Guastalla begehrt das bürgerliche Mädchen Emilia Galotti und will sie zu seiner Mätresse machen. Er lässt ihren Bräutigam ermorden und lockt sie in sein Lustschloss. Dort trifft sie auf ihren Vater Odoardo. Sie erfährt, dass ihr Bräutigam tot ist und sie, angeblich zu ihrem eigenen Schutz, zur Familie Grimaldi gebracht werden soll, wo sie dem Prinzen ausgeliefert wäre.

Emilia Galotti (1772, Auszug)

5. Aufzug, 7. Auftritt

ODOARDO […] Denke nur: Unter dem Vorwande einer gerichtlichen Untersuchung – o des höllischen Gaukelspieles! – reißt er dich aus unsern Armen und bringt dich zur Grimaldi.

EMILIA Reißt mich? Bringt mich? Will mich reißen, will mich bringen: will! will! – Als ob wir, wir keinen Willen hätten, mein Vater!

ODOARDO Ich ward auch so wütend, dass ich schon nach diesem Dolche griff […].

EMILIA Um des Himmels willen nicht, mein Vater! – Dieses Leben ist alles, was die Lasterhaften haben. –
Mir, mein Vater, mir geben Sie diesen Dolch. […]

ODOARDO Was? Dahin wäre es gekommen? Nicht doch; nicht doch! Besinne dich. – Auch du hast nur ein Leben zu verlieren.

EMILIA Und nur eine Unschuld!

ODOARDO Die über alle Gewalt erhaben ist. –

EMILIA Aber nicht über alle Verführung. – Gewalt! Gewalt! Wer kann der Gewalt nicht trotzen?

Aufklärung (1685–1781)

Was Gewalt heißt, ist nichts: Verführung ist die wahre Gewalt. – Ich habe Blut, mein Vater, so jugendliches, so warmes Blut als eine. Auch meine Sinne sind Sinne. Ich stehe für nichts. Ich bin für nichts gut. Ich kenne das Haus der Grimaldi. Es ist das Haus der Freude. […] Geben Sie mir, mein Vater, geben Sie mir diesen Dolch. […]

ODOARDO Und wenn du ihn kenntest, diesen Dolch! –

EMILIA Wenn ich ihn auch nicht kenne! – Ein unbekannter Freund ist auch ein Freund. – Geben Sie mir ihn, mein Vater, geben Sie mir ihn.

ODOARDO Wenn ich dir ihn nun gebe – da! *Gibt ihr ihn.*

EMILIA Und da! *Im Begriffe, sich damit zu durchstoßen, reißt der Vater ihr ihn wieder aus der Hand.* […] Ehedem wohl gab es einen Vater, der seine Tochter von der Schande zu retten, ihr den ersten, den besten Stahl in das Herz senkte – ihr zum zweiten Male das Leben gab. Aber alle solche Taten sind von ehedem! Solcher Väter gibt es keinen mehr!

ODOARDO Doch, meine Tochter, doch! *Indem er sie durchsticht.* – Gott, was hab ich getan! […]

EMILIA Eine Rose gebrochen, ehe der Sturm sie entblättert. – Lassen Sie mich sie küssen, diese väterliche Hand.

5 Fassen Sie den Inhalt der Szene kurz zusammen. Erklären Sie, warum Emilia sterben will, und erläutern Sie die Motive Odoardos, Emilia zu töten.

6 Arbeiten Sie heraus, welche Rückschlüsse sich auf die Gesellschaft des 18. Jahrhunderts ziehen lassen.

7 Prüfen Sie, welche Gedanken in Lessings Drama der Aufklärung verpflichtet sind.

BASISWISSEN **Aufklärung**

Der Begriff „Aufklärung" ist die Bezeichnung für eine geistesgeschichtliche Epoche, die sich Ende des 17. Jahrhunderts in ganz Europa und Nordamerika ausbreitete und bis weit ins 18. Jahrhundert hineinwirkte.

Es war eine **Zeit des Umbruchs,** in der sich das mittelalterliche Weltbild aufzulösen begann. Die bürgerlichen Gelehrten vertrauten dem Gedanken der **„Vernunft"** des Menschen, dem nicht das „Handeln" – der blinde Gehorsam –, sondern das „Nachdenken" vorausgehen sollte. Der Mensch sollte selbst über sein Leben bestimmen. Dieses Gedankengut bewirkte, dass sich immer mehr Menschen **gegen die gesellschaftlichen Abhängigkeiten** von Adel und Kirche wehrten und in politischen Fragen **mehr Freiheiten und Mitbestimmung** forderten.

Es entstanden **literarische Werke,** die Adel und Kirche **kritisierten.** Weil Kritik an der Obrigkeit zu dieser Zeit unter Strafe stand, versuchten die Autoren, sie zu verdecken. Als besonders geeignet erwies sich die Fabel, denn mithilfe von Tiergeschichten konnte menschliches Verhalten maskiert und entlarvt werden. Die **Fabel** war auch wegen ihres lehrhaften Charakters beliebt, denn die **„Aufklärer"** wollten mit ihren Texten **belehren.** Um eine möglichst breite Leserschaft anzusprechen, verwendeten viele Autoren eine verständliche, natürliche Sprache.

Die **wichtigste Gattung** der Aufklärung war das **Drama.** Die bedeutendste literarische Neuerung dieser Zeit stellte das von Lessing begründete **bürgerliche Trauerspiel** dar, das die Ständeklausel (Tragödie = Personen höheren Standes; Komödie = Personen niederen Standes) aufhob. Das **Bürgertum** rückte ins **Zentrum der Handlung** und es wurden Konflikte zwischen Adel und Bürgertum thematisiert. Wichtige Vertreter der Aufklärung sind Gotthold Ephraim Lessing, Immanuel Kant, Christian Fürchtegott Gellert und Johann Christoph Gottsched.

Sturm und Drang (1770–1780)

Johann Heinrich Füssli: Die drei Eidgenossen beim Schwur auf dem Rütli, Zeichnung, 1779

Johann Heinrich Füssli (geboren 1741 in Zürich, gestorben 1825 in der Nähe von London), von Beruf evangelisch-reformierter Geistlicher, wurde zunächst bekannt durch die Übersetzung Shakespeare'scher Dramen. Nach London gekommen, wechselte er von der Literatur zur Malerei. Während seines mehrjährigen Aufenthalts in Rom (1770–1779) studierte er die Kunst der Antike und die Werke Michelangelos. Bei seiner Rückkehr nach London war er bereits ein international bekannter Maler, wurde nach einigen Jahren Mitglied der Royal Academy of Arts und später ihr Direktor. Zentrales Thema seiner Werke ist der Mensch mit seinen Ängsten und Hoffnungen, seinen Träumen und Visionen, oft dargestellt an Figuren der antiken und germanischen Sagenwelt.

1 Notieren Sie, was Ihnen spontan zum Begriff „Sturm und Drang“ einfällt.

2 Beschreiben Sie das Bild und seinen Aufbau.

3 Erläutern Sie den Symbolgehalt des Bildes.

4 Überlegen Sie, was den drei jungen Männern durch den Kopf gehen könnte. Stellen Sie die Szene in der Klasse nach.

Johann Wolfgang Goethe

Johann Wolfgang Goethe (geboren 1749 in Frankfurt am Main, gestorben 1832 in Weimar) begann im Alter von 16 Jahren ein Jurastudium in Leipzig, wo er gleichzeitig poetische Vorlesungen besuchte. Mit 21 Jahren setzte Goethe nach einer kurzen Unterbrechung sein Jurastudium in Straßburg fort. 1775 holte ihn der junge Erbprinz Karl August von Sachsen nach Weimar. Hier nahm Goethe am kulturellen Leben teil und übte in seiner Funktion als Jurist eine Vielzahl von Ämtern aus. In diesen Funktionen war er bis zu seinem Tod 1832 in Weimar tätig. Seine bekanntesten Werke entstanden in der Zeit, die man als „Weimarer Klassik“ bezeichnet. Der junge Goethe war jedoch auch ein herausragender Vertreter des „Sturm und Drang“. Heute gilt er als der bedeutendste deutsche Schriftsteller.

Werther verliebt sich in die bereits verlobte Lotte. Als er jedoch erkennt, dass es zu keiner Verbindung mit ihr kommen kann, nimmt er an einem anderen Ort eine Stelle an. Standesdünkel zwingen ihn jedoch, diese Stelle wieder aufzugeben. Er kehrt zu der inzwischen verheirateten Lotte zurück. Aus Verzweiflung erschießt er sich. Der Roman besteht aus Briefen Werthers an seinen Freund Wilhelm. Den Brief vom 4. Mai schreibt Werther kurz nach seinem Umzug aufs Land, den Brief vom 30. August, kurz bevor er von Lotte wegzieht.

Sturm und Drang (1770–1780)

Die Leiden des jungen Werthers (1774/1787, Auszug)

Am 4. Mai 1771

Wie froh bin ich, dass ich weg bin! Bester Freund, was ist das Herz des Menschen! Dich zu verlassen, den ich so liebe, von dem ich unzertrennlich war, und froh zu sein! Ich weiß, du verzeihst mir's. Waren nicht meine übrigen Verbindungen recht ausgesucht vom Schicksal, um ein Herz wie das meine zu ängstigen? […] Gewiss, du hast recht, Bester, der Schmerzen wären minder unter den Menschen, wenn sie nicht – Gott weiß, warum sie so gemacht sind! – mit so viel Emsigkeit der Einbildungskraft sich beschäftigten, die Erinnerungen des vergangenen Übels zurückzurufen, eher als eine gleichgültige Gegenwart zu ertragen. […]

Übrigens befinde ich mich hier gar wohl. Die Einsamkeit ist meinem Herzen köstlicher Balsam in dieser paradiesischen Gegend, und diese Jahreszeit der Jugend wärmt mit aller Fülle mein oft schauderndes Herz. Jeder Baum, jede Hecke ist ein Strauß von Blüten, und man möchte zum Maienkäfer werden, um in dem Meer von Wohlgerüchen herumschweben und alle seine Nahrung darin finden zu können.

Die Stadt selbst ist unangenehm, dagegen ringsumher eine unaussprechliche Schönheit der Natur. Das bewog den verstorbenen Grafen von M., einen Garten auf einem der Hügel anzulegen, die mit der schönsten Mannigfaltigkeit sich kreuzen und die lieblichsten Täler bilden. Der Garten ist einfach, und man fühlt gleich bei dem Eintritte, dass nicht ein wissenschaftlicher Gärtner, sondern ein fühlendes Herz den Plan gezeichnet, das seiner selbst hier genießen wollte. […]

Am 30. August

Unglücklicher! Bist du nicht ein Tor? Betriegst du dich nicht selbst? Was soll diese tobende, endlose Leidenschaft? Ich habe kein Gebet mehr als an sie; meiner Einbildungskraft erscheint keine andere Gestalt als die ihrige, und alles in der Welt um mich her sehe ich nur im Verhältnisse mit ihr. Und das macht mir denn so manche glückliche Stunde – bis ich mich wieder von ihr losreißen muss! Ach Wilhelm! Wozu mich mein Herz oft drängt! – wenn ich bei ihr gesessen bin, zwei, drei Stunden, und mich an ihrer Gestalt, an ihrem Betragen, an dem himmlischen Ausdruck ihrer Worte geweidet habe, und nun nach und nach alle meine Sinne aufgespannt werden, mir es düster vor den Augen wird, ich kaum noch höre, und es mich an die Gurgel fasst wie ein Meuchelmörder, dann mein Herz in wilden Schlägen den bedrängten Sinnen Luft zu machen sucht und ihre Verwirrung nur vermehrt – Wilhelm, ich weiß oft nicht, ob ich auf der Welt bin! Und – wenn nicht manchmal die Wehmut das Übergewicht nimmt und Lotte mir den elenden Trost erlaubt, auf ihrer Hand meine Beklemmung auszuweinen – so muss ich fort, muss hinaus, und schweife dann weit im Felde umher; einen jähen Berg zu klettern ist dann meine Freude, […] durch die Hecken, die mich verletzen, durch die Dornen, die mich zerreißen! Da wird mir's etwas besser! Etwas! […] O Wilhelm! Die einsame Wohnung einer Zelle, das härene Gewand und der Stachelgürtel wären Labsale, nach denen meine Seele schmachtet. Adieu! Ich sehe dieses Elendes kein Ende als das Grab.

Sturm und Drang (1770–1780)

5 Beschreiben Sie das Gefühl, dem in den beiden Briefen jeweils Ausdruck verliehen wird. Wie spiegelt sich dieses Gefühl in der Schilderung der Natur wider?

6 Die Figur des „Werther" ist idealtypisch für die Epoche des Sturm und Drang. Belegen Sie diese Aussage mithilfe des Basiswissens.

BASISWISSEN Sturm und Drang

Die Bezeichnung „Sturm und Drang" ist auf das gleichnamige Drama (1776) von Friedrich Maximilian von Klinger zurückzuführen. Die literarische Jugend, von der die Bewegung ausging, wehrte sich gegen ein Leben, das von der Vernunft bestimmt war. **Anstelle des Verstands (Aufklärung) zählte nun das Gefühl.** Einen besonderen Einfluss auf die Vertreter des Sturm und Drang übte der französische Philosoph Jean-Jacques Rousseau (1712–1778) aus, der in seinen Schriften die **Hinwendung** zu der und die **Verbundenheit** des Menschen **mit der Natur** forderte – ein Gedanke, der nicht nur das Vernunftdenken der Aufklärung infrage stellte, sondern auch Raum für gesellschaftliche Veränderungen schuf (beispielsweise als Folge der Französischen Revolution 1789).

Die jungen Autoren des „Sturm und Drang" verband der Wunsch, sich von der Tradition, dem Kleinbürgertum und der Bevormundung durch absolutistische Herrscher und den Adel zu lösen und die Literatur zu revolutionieren. Ihre **Leitbegriffe** waren **Leidenschaft, Natur und Gefühl,** ihr Ziel eine sittliche, politische und künstlerische Freiheit. Sie verehrten Shakespeare und die antike Gestalt Prometheus als ideale Vertreter des Genies – das **„Genie"** begriffen sie als einen **selbstständigen, individuellen, leidenschaftlichen Menschen,** in dem sich die kreative Kraft der Natur äußert. Die Autoren plädierten für schöpferische Eigenständigkeit, auf Regeln und Konventionen basierende Dichtung lehnten sie ab. Sie provozierten, warfen Altbekanntes über Bord und probierten in der Literatur Neues aus.

Die Dichter des Sturm und Drang ließen dem Gefühl in ihren Werken freien Lauf. Sie **experimentierten mit Sprache;** so fand beispielsweise die Umgangssprache Einzug in die Literatur. Wo in der Lyrik zuvor strenge Versmaße und Reimschemata Pflicht waren, verwendeten die Dichter nun **freie Rhythmen ohne feste Reime.** Es entstanden vollkommen **neue literarische Gattungen,** wie zum Beispiel die **Erlebnislyrik,** die es ermöglichte, eigene, erlebte Gefühle unmittelbar auszusprechen. Auch die **Kunstballade,** die genutzt wurde, um zeitkritische Themen zu behandeln, und der **Briefroman,** der in der deutschen Sprache mit Goethes „Die Leiden des jungen Werthers" einen vorläufigen Höhepunkt erlebte, waren Neuerungen der künstlerischen Schaffenskraft dieser Zeit. Die bevorzugte Gattung jedoch war das **Drama;** thematisiert wurden die Standesunterschiede zwischen Adel und Bürgertum, soziale Missstände, aber auch Familien- und Generationenprobleme. Wichtige Vertreter des Sturm und Drang sind neben Johann Wolfgang Goethe und Friedrich Schiller beispielsweise Jakob Michael Reinhold Lenz und Christian Friedrich Daniel Schubart.

Weimarer Klassik (1786–1805)

Weimars goldene Tage. Gemälde von Theobald Reinhold Freiherr von Oer, 1860. Schiller vor Herzoginmutter Amalie, dem Herzogspaar Karl August und Luise, Goethe, Wieland, Herder, Musäus, den Gebrüdern Humboldt und anderen

1 Beschreiben Sie das Gemälde. Informieren Sie sich dazu auch über die in der Bildlegende genannten Persönlichkeiten.

2 Das Gemälde entstand etwa ein halbes Jahrhundert nach dem Ende der eigentlichen „Klassik". Erläutern Sie, inwieweit der Künstler die Epoche bewusst als Höhepunkt des Jahrhunderts darstellt. Recherchieren Sie ggf. zum Thema „Weimarer Musenhof".

3 Stellen Sie sich vor, dass Sie selbst zu dieser Veranstaltung geladen waren, und berichten Sie einem Freund in einem Brief Ihre Eindrücke.

Weimarer Klassik (1786–1805)

Johann Wolfgang Goethe

In Taurien ist Iphigenie eine angesehene Priesterin. Sie wird von König Thoas umworben, der die brutalen Menschenopfer abgeschafft hat. Da sie Thoas nicht heiraten will, soll Iphigenie den Gefangenen Orest und dessen Freund Pylades opfern, die das Diana-Bildnis aus Taurien stehlen wollten. Iphigenie und Orest entdecken, dass sie Geschwister sind, und Orest weiht sie in seinen Fluchtplan ein. Thoas erfährt durch Iphigenie von dem Plan und lässt, ergriffen von Iphigenies Vertrauen in ihn als humanen Herrscher, alle drei gehen. Iphigenies Klage-Monolog über Heimatverlust und Leben in der Fremde zu Beginn des Dramas endet mit einer Bitte an die Göttin Diana.

Iphigenie auf Tauris (1787, Auszug)

1. Aufzug, 1. Auftritt

IPHIGENIE Heraus in eure Schatten, rege Wipfel
Des alten, heil'gen, dicht belaubten Haines,
Wie in der Göttin stilles Heiligtum,
Tret' ich noch jetzt mit schauderndem Gefühl,
Als wenn ich sie zum ersten Mal beträte,
Und es gewöhnt sich nicht mein Geist hierher.
So manches Jahr bewahrt mich hier verborgen
Ein hoher Wille, dem ich mich ergebe;
Doch immer bin ich, wie im ersten, fremd.
Denn ach, mich trennt das Meer von den Geliebten,
Und an dem Ufer steh' ich lange Tage,
Das Land der Griechen mit der Seele suchend;
Und gegen meine Seufzer bringt die Welle
Nur dumpfe Töne brausend mir herüber.
Weh dem, der fern von Eltern und Geschwistern
Ein einsam Leben führt! Ihm zehrt der Gram
Das nächste Glück vor seinen Lippen weg,
Ihm schwärmen abwärts immer die Gedanken
Nach seines Vaters Hallen, wo die Sonne
Zuerst den Himmel vor ihm aufschloss, wo
Sich Mitgeborne spielend fest und fester
Mit sanften Banden aneinanderknüpften.
Ich rechte mit den Göttern nicht; allein
Der Frauen Zustand ist beklagenswert.
Zu Haus' und in dem Kriege herrscht der Mann,
Und in der Fremde weiß er sich zu helfen.
Ihn freuet der Besitz; ihn krönt der Sieg;
Ein ehrenvoller Tod ist ihm bereitet.
Wie eng gebunden ist des Weibes Glück!
Schon einem rauen Gatten zu gehorchen
Ist Pflicht und Trost; wie elend, wenn sie gar
Ein feindlich Schicksal in die Ferne treibt!
So hält mich Thoas hier, ein edler Mann,
In ernsten, heil'gen Sklavenbanden fest.
O wie beschämt gesteh' ich, dass ich dir
Mit stillem Widerwillen diene, Göttin,
Dir, meiner Retterin! Mein Leben sollte
Zu freiem Dienste dir gewidmet sein.
Auch hab' ich stets auf dich gehofft und hoffe
Noch jetzt auf dich, Diana, die du mich,
Des größten Königes verstoßne Tochter,
In deinen heil'gen, sanften Arm genommen.
Ja, Tochter Zeus', wenn du den hohen Mann,
Den du, die Tochter fordernd, ängstigtest;
Wenn du den göttergleichen Agamemnon,
Der dir sein Liebstes zum Altare brachte,
Von Trojas umgewandten Mauern rühmlich
Nach seinem Vaterland zurückbegleitet,
Die Gattin ihm, Elektren und den Sohn,
Die schönen Schätze, wohl erhalten hast;
So gib auch mich den Meinen endlich wieder,
Und rette mich, die du vom Tod' errettet,
Auch von dem Leben hier, dem zweiten Tode!

4 Erarbeiten Sie den Text durch gestaltende Vortragsversuche.

5 Untersuchen Sie mithilfe des BW Weimarer Klassik, welche Merkmale dieser Epoche sich in diesem Auszug finden lassen.

Weimarer Klassik (1786–1805)

Friedrich Schiller

Friedrich Schiller (geboren 1759 in Marbach am Neckar, gestorben 1805 in Weimar) musste auf Befehl des württembergischen Herzogs bereits mit 14 Jahren eine Militärschule besuchen. Mit 16 Jahren begann er ein Jurastudium, studierte dann Medizin und erwarb im Alter von 21 Jahren seinen Doktortitel. Nebenbei befasste sich Schiller mit den Werken Shakespeares und den Dramen des Sturm und Drang. 1781 beendete er die Arbeit an seinem Theaterstück „Die Räuber", das ihm großes Ansehen, aber auch den Unmut seines Landesherrn einbrachte. 1782 floh Schiller und lebte zeitweise unter anderem in Mannheim, Leipzig und Dresden. Ab 1794 standen Schiller und Goethe in regem Briefwechsel. Ihr Dialog begründete die deutsche Klassik. Ende des Jahres 1799 zog Schiller mit seiner Familie nach Weimar. Schwer krank starb er dort im Jahre 1805.

Der Antritt des neuen Jahrhunderts (1800)

Edler Freund! Wo öffnet sich dem Frieden,
Wo der Freiheit sich ein Zufluchtsort?
Das Jahrhundert ist im Sturm geschieden,
Und das neue öffnet sich mit Mord.

Und das Band der Länder ist gehoben,
Und die alten Formen stürzen ein;
Nicht das Weltmeer hemmt des Krieges Toben,
Nicht der Nilgott und der alte Rhein.

Zwo gewaltge Nationen ringen
Um der Welt alleinigen Besitz;
Aller Länder Freiheit zu verschlingen,
Schwingen sie den Dreizack und den Blitz.

Gold muss ihnen jede Landschaft wägen,
Und wie Brennus in der rohen Zeit
Legt der Franke seinen ehrnen Degen
In die Waage der Gerechtigkeit.

Seine Handelsflotten streckt der Brite
Gierig wie Polypenarme aus,
Und das Reich der freien Amphitrite[1]
Will er schließen wie sein eignes Haus.

Zu des Südpols nie erblickten Sternen
Dringt sein rastlos ungehemmter Lauf,
Alle Inseln spürt er, alle fernen
Küsten – nur das Paradies nicht auf.

1 Amphitrite:
Gemahlin des Poseidon und Königin des Meeres

The plum pudding in danger. Kupferstich von James Gillray (1757–1815), 1805.

William Pitt der Jüngere (geboren 1759 in Hayes, Kent, gestorben 1806 in Putney bei London; links) wurde von König Georg III. im Alter von 24 Jahren zum jüngsten Premierminister der britischen Geschichte ernannt. Im Unterhaus setzte sich Pitt 1792 vehement für die Abschaffung des Sklavenhandels ein. Den demokratischen Ideen der Französischen Revolution steuerte er energisch entgegen, was den Konvent in Paris dazu veranlasste, Pitt zum „Feind des Menschengeschlechts" zu erklären.
Sein Gegenüber, Napoleon I., setzte den Ausschreitungen der Revolution ein Ende, schwang sich zum Kaiser der Franzosen auf und überzog Europa mit Krieg. Nach der Schlacht bei Trafalgar 1805 löste England Spanien als führende Seemacht ab. So stellt die Karikatur den Versuch der beiden mächtigsten Männer der damaligen Zeit dar, sich die Herrschaft über die Welt – dargestellt als Plumpudding – zu teilen.

Weimarer Klassik (1786–1805)

Ach umsonst auf allen Länderkarten
Spähst du nach dem seligen Gebiet,
Wo der Freiheit ewig grüner Garten,
Wo der Menschheit schöne Jugend blüht.

Endlos liegt die Welt vor deinen Blicken,
Und die Schifffahrt selbst ermisst sie kaum,
Doch auf ihrem unermessnen Rücken
Ist für zehen Glückliche nicht Raum.

In des Herzens heilig stille Räume
Musst du fliehen aus des Lebens Drang,
Freiheit ist nur in dem Reich der Träume,
Und das Schöne blüht nur im Gesang.

6 Untersuchen Sie die äußere Form des Gedichts und erläutern Sie, in welchem Zusammenhang sie zum Inhalt steht.

7 Schiller hat sein Gedicht unter dem Eindruck der damaligen weltpolitischen Lage geschrieben. Recherchieren Sie diese unter Einbeziehung der Informationen aus diesem Kapitel und informieren Sie die Klasse in einem Kurzvortrag.

8 Überlegen Sie, ob sich zwischen der von Schiller geschilderten Lage und der heutigen Situation Parallelen ziehen lassen.

BASISWISSEN **Weimarer Klassik**

Als „klassisch“ bezeichnet man im Allgemeinen Werke, die als **vorbildlich und mustergültig** gelten. Die „Weimarer Klassik“, die ihr Zentrum in Weimar hatte und deren bedeutendste Vertreter Johann Wolfgang Goethe und Friedrich Schiller sind, gilt als „vorbildliche“ Epoche. Zeitlich begrenzt wurde die „Weimarer Klassik“ durch Goethes Reise nach Italien (1786–1788) und Schillers Tod (1805).
Die „Weimarer Klassik“ fiel in eine **Zeit gesellschaftlicher Umbrüche und politischer Instabilität.** Das gewaltsame Ende der Französischen Revolution und der europaweite Kampf des Bürgertums gegen die Ständegesellschaft veranlassten die Dichter, sich in ihren Werken in eine Idealwelt zurückzuziehen. Die gereiften Schriftsteller wandten sich vom gefühlsbetonten Sturm und Drang ab, überbordende Gefühle erfuhren Mäßigung. An ihre Stelle trat eine **Erhöhung von Menschheitsidealen.** Die neuen **Leitgedanken** waren **Humanität und Harmonie:** Die Dichter strebten nach Anerkennung des Einzelnen in seiner Individualität und Andersartigkeit sowie nach Achtung fremder Nationen und Kulturen; ein harmonisches Miteinander konnte ihrer Ansicht nach nur durch die **„ästhetische“ Erziehung mittels Kunst und Literatur** erreicht werden, welche die religiös-moralische Erziehung ablösen sollte. Die griechische Antike diente den Dichtern als ideales Vorbild und so verarbeiteten sie – insbesondere Goethe – antike Stoffe; aber auch andere europäische Stoffe erregten ihr Interesse und fanden Eingang in ihre Werke.
Als „klassisch“ wird diese Epoche aber nicht nur wegen ihrer Inhalte, sondern auch wegen ihrer **vorbildhaften Sprachgestaltung** bezeichnet. Die Dichter vermieden (nun wieder) Umgangssprache und Dialekt und verwendeten in den Dramen eine gebundene Sprache. Ihnen gelang es, die deutsche Sprache auf hohem Niveau zu vereinheitlichen und damit maßgeblich den Sprachgebrauch breiter Bevölkerungsschichten im Laufe des 19. Jahrhunderts zu beeinflussen.

Romantik (1795–1835)

Caspar David Friedrich:
Die Lebensstufen
(Strandszene in Wiek), um 1834

1 Beschreiben Sie das Bild. Gehen Sie dabei auf seinen Aufbau, das Thema und das Motiv ein.

2 Mit seinem Malstil prägte Caspar David Friedrich die romantische Kunstepoche. Arbeiten Sie das typisch „Romantische" in der Darstellung heraus. Recherchieren Sie ggf. dazu im Internet.

Joseph von Eichendorff

Joseph von Eichendorff (geboren 1788 auf Schloss Lubowitz bei Ratibor, gestorben 1857 in Neiße, beides in Polen) stammte aus einer katholischen Adelsfamilie. Er studierte Jura und veröffentlichte mit zwanzig Jahren seine ersten Gedichte. 1813 bis 1815 nahm er als preußischer Soldat an den Befreiungskriegen gegen Napoleon teil. Da seine Familie verschuldet war, trat er 1817 in den von ihm ungeliebten Beamtendienst ein. Er schrieb neben seinem Beruf. Viele seiner Gedichte wurden von bekannten Komponisten (beispielsweise Schumann) vertont.

Der Morgen (1815/1826)

Fliegt der erste Morgenstrahl
Durch das stille Nebeltal,
Rauscht erwachend Wald und Hügel:
Wer da fliegen kann, nimmt Flügel!

Und sein Hütlein in die Luft
Wirft der Mensch vor Lust und ruft:
Hat Gesang doch auch noch Schwingen,
Nun, so will ich fröhlich singen!

Hinaus, o Mensch, weit in die Welt,
Bangt dir das Herz in krankem Mut;
Nichts ist so trüb in Nacht gestellt,
Der Morgen leicht machts wieder gut.

Bürgerlicher Realismus (1848–1890)

Hans Thoma (1839–1924):
Die Mutter des Künstlers im Stübchen, 1871

Thomas Vater war Müller und Holzarbeiter im Schwarzwald.

Begonnene Lehren als Lithograf, Anstreicher und Uhrenschildmaler brach er ab, bevor er 1859 von der Großherzoglichen Kunstschule in Karlsruhe aufgenommen wurde, die ihn 1899 zum Professor berief. Er lebte in Paris, München, der damaligen Kunsthauptstadt Deutschlands, und in Frankfurt am Main.

Eine Ausstellung im Münchner Kunstverein 1890 machte ihn allgemein in Deutschland bekannt. Zu seinen besten Werken zählen seine Landschaftsbilder (Schwarzwald, Oberrheinebene und Taunus), die Porträts seiner Freunde und Angehörigen und seine Selbstporträts.

1 Beschreiben Sie das Bild möglichst genau.

2 Theodor Fontane schrieb: „Der Realismus in der Kunst ist so alt als die Kunst selbst, ja noch mehr: Er ist die Kunst." – Zeigen Sie, inwieweit diese Aussage auf das Bild von Hans Thoma zutrifft.

Theodor Fontane

Im Alter von 30 Jahren gab Theodor Fontane (geboren 1819 in Neuruppin bei Berlin, gestorben 1898 in Berlin) seinen Beruf als Apotheker auf und schlug eine journalistische Laufbahn ein. Zwölf Jahre später wechselte er erneut seinen Beruf und wurde Theaterkritiker für die „Vossische Zeitung". Mit fast 60 Jahren entschloss er sich, Schriftsteller zu werden. Besonders seine realistischen Gesellschaftsromane zogen viel Aufmerksamkeit auf sich, denn Fontane behandelte damals tabuisierte Themen, beispielsweise in „Irrungen, Wirrungen" (unstandesgemäße Liebe) oder „Effi Briest" (Ehebruch), und stieß damit bei vielen Zeitgenossen auf Ablehnung. Meistens standen Frauen im Mittelpunkt seiner Romane. Als angesehener Mann starb Fontane 1898.

Bürgerlicher Realismus (1848–1890)

Die junge und lebenslustige Effi Briest wird mit dem 20 Jahre älteren Baron von Innstetten verheiratet. Die Heirat mit dem gefühlskalten Landrat ermöglicht ihr den gesellschaftlichen Aufstieg, doch Effi ängstigt sich in dem neuen Zuhause, fühlt sich vernachlässigt und einsam. Sie beginnt eine Affäre mit Crampas. Einige Jahre später findet Innstetten dessen Liebesbriefe und erschießt ihn im Duell. Effi, geschieden und gesellschaftlich isoliert, lebt getrennt von ihrem Kind in Berlin. Erst todkrank kehrt sie auf das Gut ihrer Eltern zurück und stirbt dort.

Effi Briest (1896, Auszug)

„Pardon, Wüllersdorf", empfing ihn Innstetten, „dass ich Sie gebeten habe, noch gleich heute bei mir vorzusprechen. Ich störe niemand gern in seiner Abendruhe, am wenigsten einen geplagten Ministerialrat. Es ging aber nicht anders. Ich bitte Sie, machen Sie sich's bequem. Und hier eine Zigarre."

Wüllersdorf setzte sich. Innstetten ging wieder auf und ab und wäre bei der ihn verzehrenden Unruhe gern in Bewegung geblieben, sah aber, dass das nicht gehe. So nahm er denn auch seinerseits eine Zigarre, setzte sich Wüllersdorf gegenüber und versuchte ruhig zu sein. „Es ist", begann er, „um zweier Dinge willen, dass ich Sie habe bitten lassen: erst, um eine Forderung zu überbringen, und zweitens, um hinterher, in der Sache selbst, mein Sekundant zu sein; das eine ist nicht angenehm und das andere noch weniger. Und nun Ihre Antwort."

„Sie wissen, Innstetten, Sie haben über mich zu verfügen. Aber eh ich die Sache kenne, verzeihen Sie mir die naive Vorfrage: Muss es sein? [...] Aber nun sagen Sie, was ist es?"

„Es handelt sich um einen Galan meiner Frau, der zugleich mein Freund war oder doch beinah."
Wüllersdorf sah Innstetten an. „Innstetten, das ist nicht möglich."

„Es ist mehr als möglich, es ist gewiss. Lesen Sie."

Wüllersdorf flog drüber hin. „Die sind an Ihre Frau gerichtet?"

„Ja. Ich fand sie heut in ihrem Nähtisch."

„Und wer hat sie geschrieben?"

„Major Crampas." [...]

„Liegt also sechs Jahre zurück oder noch ein halb Jahr länger."

„Ja."

Wüllersdorf schwieg.

Nach einer Weile sagte Innstetten: „Es sieht fast so aus, Wüllersdorf, als ob die sechs oder sieben Jahre einen Eindruck auf Sie machten. Es gibt eine Verjährungstheorie, natürlich, aber ich weiß doch nicht, ob wir hier einen Fall haben, diese Theorie gelten zu lassen."

„Ich weiß es auch nicht", sagte Wüllersdorf. „Und ich bekenne Ihnen offen, um diese Frage scheint sich hier alles zu drehen." [...]

„Es steht so, dass ich unendlich unglücklich bin; ich bin gekränkt, schändlich hintergangen, aber trotzdem, ich bin ohne jedes Gefühl von Hass oder gar von Durst nach Rache. Und wenn ich mich frage, warum nicht, so kann ich zunächst nichts anderes finden als die Jahre. Man spricht immer von unsühnbarer Schuld; vor Gott ist es gewiss falsch, aber vor den Menschen auch. Ich hätte nie geglaubt, dass die Zeit, rein als Zeit, so wirken könne. Und dann als Zweites: Ich liebe meine Frau, ja, seltsam zu sagen, ich liebe sie noch, und so furchtbar ich alles finde, was geschehen, ich bin so sehr im Bann ihrer Liebenswürdigkeit, eines ihr eigenen heiteren Charmes, dass ich mich, mir selbst zum Trotz, in meinem letzten Herzenswinkel zum Verzeihen geneigt fühle."

Bürgerlicher Realismus (1848–1890)

Wüllersdorf nickte. „Kann ganz folgen, Innstetten, würde mir vielleicht ebenso gehen. Aber wenn Sie so zu der Sache stehen und mir sagen: ‚Ich liebe diese Frau so sehr, dass ich ihr alles verzeihen kann', und wenn wir dann das andere hinzunehmen, dass alles weit, weit zurückliegt, wie ein Geschehnis auf einem andern Stern […], wozu die ganze Geschichte?"

„Weil es trotzdem sein muss. Ich habe mir's hin und her überlegt. Man ist nicht bloß ein einzelner Mensch, man gehört einem Ganzen an, und auf das Ganze haben wir beständig Rücksicht zu nehmen, wir sind durchaus abhängig von ihm. […] Man braucht nicht glücklich zu sein, am allerwenigsten hat man einen Anspruch darauf, und den, der einem das Glück genommen hat, den braucht man nicht notwendig aus der Welt zu schaffen. Man kann ihn, wenn man weltabgewandt weiterexistieren will, auch laufen lassen. Aber im Zusammenleben mit den Menschen hat sich ein Etwas gebildet, das nun mal da ist und nach dessen Paragrafen wir uns gewöhnt haben, alles zu beurteilen, die andern und uns selbst. Und dagegen zu verstoßen geht nicht; die Gesellschaft verachtet uns, und zuletzt tun wir es selbst und können es nicht aushalten und jagen uns die Kugel durch den Kopf. […] Also noch einmal, nichts von Hass oder dergleichen, und um eines Glückes willen, das mir genommen wurde, mag ich nicht Blut an den Händen haben; aber jenes, wenn Sie wollen, uns tyrannisierende Gesellschafts-Etwas, das fragt nicht nach Charme und nicht nach Liebe und nicht nach Verjährung. Ich habe keine Wahl. Ich muss."

3 Fassen Sie den Textauszug kurz zusammen.

4 Beschreiben Sie den Konflikt Innstettens und erläutern Sie dessen Begründung für seine Entscheidung.

5 Diskutieren Sie die Entscheidung Innstettens.

6 Erarbeiten Sie mithilfe des Basiswissens typische Merkmale der Epoche des Realismus, die sich im Text widerspiegeln.

BASISWISSEN **Bürgerlicher Realismus**

Mitte des 19. Jahrhunderts strebten zahlreiche **Dichter aus dem Bürgertum** danach, in ihren Werken die **reale Welt** zu zeigen. Dieser Anspruch der **wirklichkeitsgetreuen Darstellung der Dinge** gab der Epoche ihren Namen. Zeitlich wurde der Realismus von der Märzrevolution 1848 und dem Naturalismus (ab 1880) begrenzt. Beide Strömungen, Realismus und Naturalismus existierten eine Zeit lang nebeneinander.

Die Dichter des Realismus wendeten sich von den politischen Zielen des Vormärz ab. Zu enttäuschend war für sie die politische Realität nach der niedergeschlagenen Revolution 1848. Auch die Ideale der Romantik lehnten sie ab. In die Zeit des Realismus fielen **tief greifende gesellschaftliche und wirtschaftliche Veränderungen.** Die zunehmende Industrialisierung führte zur Verelendung der stetig wachsenden Stadtbevölkerung, aber auch zu einem Aufstieg des wirtschaftlich erfolgreichen Bürgertums. In der Mitte des 19. Jahrhunderts wuchs der **Glaube an die Allmacht der Naturwissenschaften.** Wichtige wissenschaftliche Entdeckungen und Theorien sowie technische Erfindungen fielen in diese Zeit.

Naturalismus (circa 1880–1900)

Anders Zorn: Unser täglich Brot, Aquarell, 1886

1 Beschreiben Sie das Bild.

2 Entwerfen Sie mithilfe der Begriffe „Fotografie“, „Objektivität“ und „Vorbild der Natur“ ein Programm naturalistischer Künstler. Beziehen Sie sich dabei auf das Bild von Anders Zorn.

Gerhart Hauptmann

Der vielseitig interessierte Gerhart Hauptmann (geboren 1862 in Obersalzbrunn, gestorben 1946 in Agnetendorf, beides Niederschlesien) hatte zunächst in der Schule und beruflich (er versuchte sich beispielsweise als Landwirt und Bildhauer) wenig Erfolg und litt unter latenten Geldsorgen. Die Hochzeit mit seiner ersten Frau 1885 machte ihn finanziell unabhängig und daher konnte sich Hauptmann dem Schreiben widmen. In den folgenden Jahren schuf er jene Werke, mit denen er international Ruhm erlangte, die ihn jedoch auch immer wieder in Konflikt mit der Obrigkeit brachten. Als 1933 die Nationalsozialisten an die Macht kamen, blieb Hauptmann in Deutschland. 1944 war er Zeuge des Bombenangriffs auf Dresden. Von diesem Schock erholte er sich bis zu seinem Tod 1946 nicht mehr.
Die Handlung des Dramas „Der Biberpelz“ spielt Ende der 1880er-Jahre in der Nähe von Berlin. Frau Wolff, eine tüchtige Waschfrau, begeht kleinere Diebstähle, um den sozialen Aufstieg ihrer Familie zu beschleunigen. Eines Tages stiehlt sie den Biberpelz von Herrn Krüger. Dieser erstattet Anzeige, die jedoch kaum Beachtung findet. Nach einer erneuten Anzeige Krügers muss sich Frau Wolff rechtfertigen, entgeht jedoch aufgrund ihrer Schlauheit dem Verdacht des Diebstahls. Zu Beginn des Stückes trifft Frau Wolff auf ihre 17-jährige Tochter Leontine, die als Dienstmädchen bei den Krügers arbeitet.

Der Biberpelz (1892/1893, Auszug)

Frau Wolff *unsichtbar von außen* Adelheid! Adelheid! *Stille; dann wird von der andern Seite ans Fenster gepocht.* Wirschte gleich uffmachen!

Leontine *im Schlaf* Nein, nein, ick lass mir nich schinden!

Frau Wolff Mach uff, Mädel, sonste komm' ich durchs Fenster. *Sie trommelt [...] ans Fenster.*

Leontine *aufwachend* Ach, du bist's, Mama! Ick komme ja schon! *Sie schließt auf.*

Frau Wolff *ohne einen Sack, welchen sie auf der Schulter trägt, abzulegen* Was willst'n du hier?

Leontine *verschlafen* 'n Abend, Mama! [...]

Frau Wolff Was willste denn nu zu Hause, Mädel?

Leontine *läppisch maulend* Ich soll woll man jar nich mehr bei euch komm?

Frau Wolff Na, sei bloß so gutt und tu dich a bissel. Das hab ich zu gerne. *Sie lässt den Sack von der Schulter fallen.* Du weeßt woll noch gar nich, wie spät dass's schonn is? Mach bloß, dasste fortkommst zu deiner Herrschaft. [...]

Leontine *weinerlich, trotzig* Ick jeh nich mehr bei die Leute, Mama!

Frau Wolff *erstaunt* Du gehst nich ... *Ironisch* Ach wo, das ist ja was ganz Neues.

Leontine Na brauch ick mir immer lassen schinden?

Frau Wolff *war bemüht, ein Stück Rehwild aus dem Sack hervorzuziehen* I, schinden tun se dich also bei Kriegers? Nee, so a armes Kind aber ooch! Mit so was komm mer ock uffgezogen! A Frauenzimmer wie a Dragoner ...! Nanu fass an, dort unten a Sack! Du kannst dich woll gar nich tälscher anstellen? Bei mir haste damit kee Glicke nich! 's Faulenzen lernste bei mir erscht recht nich! *Beide hängen den Rehbock am Türpfosten auf.* Nu sag' ich dersch aber zum letzten Male ...

Leontine Ick jeh nich mehr bei die Leute hin. Denn jeh ick lieber in't Wasser, Mama!

Frau Wolff Na, dasste ock bloß keen'n Schnuppen krigst. [...] Da ruff mich ock, heerschte! Ich wer der an Schupps geben, dasste ooch ja und fliegst nich daneben.

Leontine *schreit heftig* Na, brauch ick mir das woll jefallen zu lassen, det ick abens muss Holz rinräumen zwee Meter?

Frau Wolff *tut erstaunt* Nee, 's is woll nich meeglich! Holz sollste reinschleppen! Nee, ieber die Leute aber ooch!

Leontine ... un zwanzich Daler uffs ganze Jahr? [...] Un nich ma satt Kartoffel und Häring?!

Frau Wolff Da red erscht nich lange, tummes Mädel. Da hast a Schlissel, geh, schneid d'r Brot ab. Un wenn de satt bist, scheer dich, verstanden?! 's Flaummus steht in der oberschten Reihe.

Leontine [...] Die Juste von Schulzens kriejt vierzig Daler un ...

Frau Wolff Renn du bloß mit'n Kopp durch de Wand! Du wirscht bei da Leuten nich ewig bleiben. Du bist ni vermit't fir ewige Zeiten. Meinswegen zieh du zum erschten April. So lange bleibste an Ort und Stelle! 's Weihnachtsgeschenk in der Tasche, gelt, nu mechste fortloofen? [...] Ich geh' bei da Leuten aus und ein. Das wer ich woll uff mir sitzen lassen!

Leontine Det bisskken Lumpe, det ick da anhabe?

Frau Wolff 's baare Geld vergisste woll ganz?

Leontine Jawoll doch! Janze Märker sechse!

Frau Wolff I, Geld is Geld! Das lass du gutt sein!

Leontine Na, wenn ick aber kann mehr verdien'n!? [...] Ick jeh nach Berlin und nähe Mäntel. Stechowns Emilie jeht ooch seit'n Neujahr!

Naturalismus (circa 1880–1900)

FRAU WOLFF Komm du m'r bloß mit der Schlumpe gezogen! Die soll m'r ock unter de Finger loofen! Dem Balge will ich a Talglicht uffstecken! Das wär so a Awasemang fer dich, gelt? Mit a Kerl'n de Nächte verschwiemeln. Nee, Mädel, wenn ich bloß da dran denke: Ich hau dich, dasste schonn gar nich mehr uffstehst. – Nu kommt Papa, jetzt nimm dich in Obacht!

3 Fassen Sie den Textauszug kurz zusammen und beschreiben Sie die Lebensumstände der Familie Wolff.

4 Übertragen Sie die Zeilen 1 bis 21 ins Hochdeutsche und vergleichen Sie Ihre Fassung mit dem Original. Erläutern Sie, welche Funktion der Dialekt in diesem Stück hat.

5 Vergleichen Sie mithilfe des Basiswissens den Realismus mit dem Naturalismus.

BASISWISSEN Naturalismus

Die sich dem Naturalismus verbunden fühlenden Schriftsteller wollten die **Wirklichkeit ungeschönt** in ihre literarischen Werke übertragen. Die Grundlage dafür bildete die **genaue Beobachtung der Natur.** Damit standen die Naturalisten im Gegensatz zu der verklärenden Wirklichkeitsdarstellung der Realisten.

Das Leben des ausgehenden 19. Jahrhunderts war geprägt vom Wachstum der Großstädte, der Beschleunigung des Lebens und den immer mehr an Bedeutung gewinnenden Naturwissenschaften. Dem Fortschrittsoptimismus stand die Kritik am Verlust überlieferter Werte entgegen. Mittelpunkt naturalistischer Darstellungen waren die einfachen Leute: die leidenden Armen, die Geknechteten – sie repräsentierten die Schattenseiten der Industrialisierung und Technisierung. Durch die **Fokussierung auf gesellschaftliche Missstände** und das soziale Elend (Mietskasernen, Elendsviertel, Ausbeutung der Fabrikarbeiter) ergriffen die Naturalisten für die armen Leute Partei. Sie bildeten schonungslos das Hässliche und Schockierende, das moralische wie materielle Elend ab.

Die Naturalisten revolutionierten nicht nur die Themen ihrer literarischen Werke, sondern auch deren Sprache. Sie verwendeten in ihren Dramen beispielsweise **Jargon und Dialekt.** Neben Gerhart Hauptmann sind wichtige Vertreter des Naturalismus beispielsweise Arno Holz, Johannes Schlaf, Wilhelm Bölsche und Hermann Sudermann.

Expressionismus (circa 1910–1925)

Otto Dix (1891–1969): Der Krieg, Triptychon, 1929/32

1 Betrachten Sie das Triptychon und beschreiben Sie die Wirkung. Verwenden Sie möglichst aussagekräftige Adjektive und/oder Substantive.

Alfred Döblin

Als promovierter Mediziner praktizierte Alfred Döblin (geboren 1878 in Stettin, gestorben 1957 in Emmendingen bei Freiburg) von 1911 an als Nervenarzt in Berlin. Er war außerdem als Schriftsteller tätig und Mitbegründer der Zeitschrift „Der Sturm". Nach der Machtergreifung Hitlers emigrierte er 1933 nach Paris und 1940 in die USA. 1945 kehrte Döblin nach Deutschland zurück und wurde Mitbegründer der Mainzer Akademie und Herausgeber einer Literaturzeitschrift. 1953 ging er, enttäuscht vom Nachkriegsdeutschland, nach Paris. 1956 kehrte er schwer krank nach Deutschland zurück und starb 1957 in der Psychiatrie in Emmendingen.
Döblins Roman „Berlin Alexanderplatz" handelt von Franz Biberkopf, der wegen Totschlags im Gefängnis Berlin-Tegel eine Haftstrafe verbüßt hat und versucht, nach seiner Entlassung ein anständiges Leben zu führen. Er zieht durch Berlin und gerät immer wieder in den Strudel von Verbrechen, Gewalt und Mord, bis er schließlich nach dem Besuch einer Heilanstalt den rechten Weg findet.

Berlin Alexanderplatz (1929, Auszug)

Mit der 41 in die Stadt

Er stand vor dem Tor des Tegeler Gefängnisses und war frei. Gestern hatte er noch hinten auf den Ackern Kartoffeln geharkt mit den andern, in Sträflingskleidung […]. Der Aufseher am Tor spazierte einige Male an ihm vorbei, zeigte ihm seine Bahn, er ging nicht. Der schreckliche Augenblick war gekommen (schrecklich, Franze, warum schrecklich?), die vier Jahre waren um. […] Man setzte ihn wieder aus. Drin saßen die andern, tischlerten, lackierten, sortierten, klebten, hat-

Expressionismus (circa 1910–1925)

ten noch zwei Jahre, fünf Jahre. Er stand an der Haltestelle. Die Strafe beginnt. Er schüttelte sich, schluckte. Er trat sich auf den Fuß. Dann nahm er einen Anlauf und saß in der Elektrischen. Mitten unter den Leuten. Los. Das war zuerst, als wenn man beim Zahnarzt sitzt, der eine Wurzel mit der Zange gepackt hat [...].

Lebhafte Straßen tauchten auf, die Seestraße, Leute stiegen ein und aus. In ihm schrie es entsetzt: Achtung, Achtung, es geht los. Seine Nasenspitze vereiste, über seine Backe schwirrte es. „Zwölf-Uhr-Mittagszeitung", „BZ", „Die neue Illustrierte", „Die Funkstunde neu", „Noch jemand zugestiegen?" Die Schupos haben jetzt blaue Uniformen. Er stieg unbeachtet wieder aus dem Wagen, war unter Menschen. Was war denn? Nichts. Haltung, ausgehungertes Schwein, reiß dich zusammen, kriegst meine Faust zu riechen. Gewimmel, welch Gewimmel. Wie sich das bewegte. Mein Brägen hat wohl kein Schmalz mehr, der ist wohl ganz ausgetrocknet. Was war das alles. Schuhgeschäfte, Hutgeschäfte, Glühlampen, Destillen. [...] Man mischt sich unter die andern, da vergeht alles, dann merkst du nichts, Kerl. Figuren standen in den Schaufenstern in Anzügen, Mänteln, mit Röcken, mit Strümpfen und Schuhen. Draußen bewegte sich alles, aber – dahinter – war nichts! Es – lebte – nicht! Es hatte fröhliche Gesichter, es lachte, wartete auf der Schutzinsel gegenüber Aschinger zu zweit oder zu dritt, rauchte Zigaretten, blätterte in Zeitungen. So stand das da wie die Laternen – und – wurde immer starrer.

2 Beschreiben Sie die Wirkung, die dieser Romanauszug auf Sie hat. Erläutern Sie die erzähltechnischen Mittel.

3 Zeigen Sie auf, welche inhaltlichen und sprachlichen Merkmale darauf hindeuten, dass es sich um ein typisch expressionistisches Werk handelt. Nehmen Sie dazu das Basiswissen zu Hilfe.

BASISWISSEN **Expressionismus**

Der Begriff „Expressionismus" (lat. „ex" = aus; „premere" = drücken) bedeutet **„Ausdruckskunst"** und bezeichnet eine literarische Strömung in der Zeit von etwa 1910 bis 1925.

Die Expressionisten wollten **neue, revolutionäre Ausdrucksformen** schaffen und wandten sich gegen bestehende Normen und Konventionen. Das Leben in der Großstadt und die Verkümmerung des Menschen (körperlicher und psychischer Verfall, Verelendung) inspirierten die Expressionisten. Sie lehnten die Nachahmung der Natur, wie die Naturalisten sie anstrebten, ab. Ihre Werke drückten **innerlich gesehene Wahrheiten und Erlebnisse** aus. Der Erste Weltkrieg (1914–1918), eine bis dahin noch nie erlebte Welle der Vernichtung von Menschen, wurde ebenfalls Gegenstand der expressionistischen Kunst. Viele Expressionisten begrüßten den Krieg, da sie Sehnsucht nach dem Neuen Menschen hatten, der so entstehen würde. Neben **schockierenden Inhalten** zeichneten auch **freie Sprachexperimente** die expressionistischen Werke aus. In rauschhaften, explosiven Sprachfantasien durchbrachen sie das Realistische, sie lösten grammatische Strukturen auf und zerstörten damit die „normale" Raum-Zeit-Vorstellung, auch Wortneuschöpfungen und eine auffällige Farbsymbolik kennzeichnen ihre Werke.

Es entstanden Werke, die heute noch Geltung haben und deren Einfluss seither spürbar ist. Auch auf Schöpfungen bekannter Autoren späterer Zeit hat der Expressionismus Einfluss genommen. Wichtige Vertreter des literarischen Expressionismus sind neben Alfred Döblin und Gottfried Benn beispielsweise Georg Trakl, Jakob van Hoddis (eigentlich: Hans Davidsohn), Georg Heym und Franz Kafka.

Exilliteratur (1933–1945)

„Durch Licht zur Nacht. Also sprach Dr. Goebbels: Lasst uns aufs neue Brände entfachen, auf dass die Verblendeten nicht erwachen!" – Titelblatt der „Arbeiter Illustrierten Zeitung" (AIZ), 1933; Fotocollage von John Heartfield

Hatte die 1921 gegründete kommunistische Wochenzeitung „Sowjetrussland im Bild" zunächst die revolutionären Ereignisse und die Probleme der noch jungen Sowjetunion im Blick, wandte sie sich noch in den 1920er Jahren unter dem Titel „Sichel und Hammer" den Nöten des deutschen Proletariats, vornehmlich des Fabrikarbeiters, zu.

Am 30. November 1924 erschien die sozialistische Illustrierte im Großformat unter dem neuen Titel „Arbeiter Illustrierte Zeitung": Neben aktuellen Berichten und Reportagen enthielt sie Erzählungen und Gedichte von berühmten Schriftstellern wie Anna Seghers, Erich Kästner und Kurt Tucholsky. Bis zur Machtübernahme durch die NSDAP erreichte die AIZ eine Auflage von einer halben Million – beachtlich, wenn man bedenkt, dass sich viele Arbeiter keine eigene Zeitung leisten konnten und daher jedes Exemplar von mehreren Menschen gelesen wurde. Zwischen 1933 und 1938 erschien die AIZ im Exil in Prag.

1 Beschreiben Sie das Titelblatt der AIZ und deuten Sie die Collage.

2 Überlegen Sie, welche Folgen die Bücherverbrennung für die Literaten und den Literaturbetrieb in Deutschland hatte.

Anna Seghers

Anna Seghers, eigentlich Netty Reiling (geboren 1900 in Mainz, gestorben 1983 in Ostberlin), war das einzige Kind eines wohlhabenden jüdischen Antiquitätenhändlers. Nach dem Abitur 1920 studierte sie Geschichte und Kunstgeschichte in Köln und Heidelberg. Die Erzählung „Grubetsch", eine ihrer ersten Publikationen, veröffentlichte sie 1927 unter dem Pseudonym Seghers. 1928 trat sie der KPD bei. Nach der Machtübernahme der Nationalsozialisten musste Anna Seghers ins Ausland fliehen und machte den Kampf gegen den Nationalsozialismus zu ihrem zentralen literarischen Thema. Nach dem Krieg siedelte sie in die DDR um, wo sie 1983 starb.
Der Roman „Transit" schildert die Situation mehrerer vor dem Nationalsozialismus geflüchteter Personen, die sich im Sommer 1940 am Rande Europas in der südfranzösischen Hafenstadt Marseille sammeln, um nach Übersee ins Exil zu entkommen. Der Ich-Erzähler, auf der Flucht aus einem deutschen Konzentrationslager, in Frankreich abermals interniert und nochmals geflohen, soll einen Koffer überbringen. Er erfährt jedoch vom Selbstmord des Empfängers, eines aus Nazi-

deutschland geflohenen Schriftstellers, und nimmt - zunächst ungewollt - dessen Identität an. Er trifft auf die ehemalige Frau des toten Schriftstellers Weidel, die ihren Mann „im Stich gelassen" hat wie so viele Menschen in den schwierigen Zeiten, mit einem anderen Mann abreisen will und doch immer auf Weidels Ankunft wartet. Der Roman zeigt die Absurdität der Verhältnisse, mit denen die Flüchtlinge in der damaligen Zeit umgehen mussten.

Transit (1948, Auszug)

Wie die meisten Menschen in diesen Tagen hatten wir das kindische Ziel, über die Loire zu kommen. Wir vermieden die große Straße, wir liefen über die Felder. Wir kamen durch verlassene Dörfer, in denen die ungemolkenen Kühe brüllten. Wir suchten etwas zum Beißen, aber alles war ausgefressen, vom Stachelbeerstrauch bis zur Scheune. Wir wollten trinken, die Wasserleitungen waren durchschnitten. Wir hörten jetzt keine Schüsse mehr, der Dorftrottel, der allein zurückgeblieben war, konnte uns keine Auskunft geben. Da wurde uns beiden bang. Diese Abgestorbenheit war ja beklemmender als die Bombardements auf den Docks. Schließlich stießen wir auf die Pariser Straße. Wir waren wirklich noch längst nicht die letzten. Aus den nördlichen Dörfern ergoss sich noch immer ein stummer Strom von Flüchtlingen. Erntewagen, hoch wie ein Bauernhaus, mit den Möbeln beladen und mit den Geflügelkäfigen, mit den Kindern und mit den Urahnen, mit den Ziegen und Kälbern, Camions[1] mit einem Nonnenkloster, ein kleines Mädchen, das seine Mutter auf einem Karren mitzottelte, Autos, in denen hübsche steife Weiber saßen in ihren geretteten Pelzen, aber die Autos waren von Kühen gezogen, denn es gab keine Tankstellen mehr, Frauen, die sterbende Kinder mitschleppten, sogar tote.

Damals durchfuhr mich zum ersten Mal der Gedanke, warum diese Menschen eigentlich flüchteten. Vor den Deutschen? – Die waren ja motorisiert. Vor dem Tod? Der würde sie ohne Zweifel auch unterwegs einholen. […]

Ich schlug mich wieder quer durch die Felder. Ich kam vor ein großes, abseitiges, noch immer bewohntes Bauernhaus. Ich bat um Essen und Trinken, zu meiner großen Verwunderung richtete mir die Frau einen Teller Suppe, Wein und Brot auf dem Gartentisch. Dabei erzählte sie, nach langem Familienzwist hätten auch sie gerade beschlossen, abzuziehen. Alles sei schon gepackt, man brauche jetzt nur noch aufzuladen. […]

Jetzt hielten zwei [Motorradfahrer] hinter dem Zaun, jeder hatte zwei Leute im Beisitz, und sie trugen die grüngrauen Uniformen. Einer sagte so laut auf Deutsch, dass ich es hören konnte: „Himmel, Arsch und Zwirn, jetzt ist auch der neue Riemen kaputt!" Die Deutschen waren schon da! Sie hatten mich überholt! Ich weiß nicht, was ich mir unter der Ankunft der Deutschen vorgestellt hatte: Donner und Erdbeben. Es geschah aber zunächst gar nichts anderes als die Anfahrt von zwei Motorrädern hinter dem Gartenzaun. Die Wirkung war ebenso groß, vielleicht noch größer. Ich saß gelähmt. Mein Hemd war im Nu trätschnass. Was ich selbst bei der Flucht aus dem ersten Lager nicht gespürt hatte, selbst beim Ausladen unter den Fliegern nicht, das spürte ich jetzt. Zum ersten Mal in meinem Leben spürte ich Todesangst.

Haben Sie bitte Geduld mit mir! Ich werde bald auf die Hauptsache kommen. Sie verstehen vielleicht. Einmal muss man ja jemand alles der Reihe nach erzählen. Ich kann mir heute selbst nicht mehr erklären, warum ich mich dermaßen fürchtete. Entdeckt zu werden? An die Wand gestellt? Auf den Docks hätte ich ebenso sang- und klanglos verschwinden können. Nach Deutschland zurückgeschickt zu werden? Langsam zu Tode gequält? Das hatte mir auch geblüht, als ich über den Rhein geschwommen war. Ich hatte außerdem immer gern auf der Kante gelebt, war immer daheim, wo es brenzlich roch. Und wie ich nachdachte, wovor ich mich eigentlich maßlos fürchtete, fürchtete ich mich schon etwas weniger.

Ich tat zugleich das Vernünftigste und das Einfältigste: Ich blieb sitzen. [...] Inzwischen war eine ganze Kolonne auf dem Grasplatz hinter dem Zaun vorgefahren. Sie kamen nicht einmal in den Garten. Sie fuhren nach drei Minuten weiter. Zum ersten Mal seit vier Jahren hörte ich wieder deutsche Befehle. O, wie sie knarrten! Es hätte nicht viel gefehlt, ich selbst wäre aufgesprungen und hätte stramm gestanden. Ich hörte später, dieselbe Motorradkolonne hätte die Flüchtlingsstraße abgeschnitten, auf der ich vorhin gekommen war. All die Ordnung, all die Befehle hätten das furchtbarste Durcheinander bewirkt, Blut, Schreie von Müttern, die Auflösung unserer Weltordnung. Doch surrte im Unterton dieser Befehle etwas gemein Klares, niederträchtig Aufrichtiges: Gebt nur nicht an! Wenn eure Welt schon zu Grunde gehen muss, wenn ihr sie schon nicht verteidigt habt, wenn ihr [schon] zulasst, dass man sie auflöst, dann keine Flausen, dann schleunigst, dann überlasst das Kommando uns!

Ich aber wurde plötzlich ganz ruhig. Da sitze ich nun, dachte ich, und die Deutschen ziehen an mir vorbei und besetzen Frankreich.

1 Camions: Lastwagen

3 Geben Sie die Situation mit eigenen Worten wieder.

4 Erläutern Sie, mit welchen sprachlichen Mitteln es der Verfasserin gelingt, die Flüchtlingssituation so anschaulich darzustellen.

5 Arbeiten Sie heraus, wodurch die Angst der Bevölkerung und vor allem der Flüchtlinge vor den deutschen Soldaten deutlich wird.

Rose Ausländer: Einsamkeit (1976)

Wahrgeworden
die Weissagung der Zigeunerin
Dein Land wird
dich verlassen
du wirst verlieren
Menschen und Schlaf
wirst reden
mit geschlossenen Lippen
zu fremden Lippen
Lieben wird dich
die Einsamkeit
wird dich umarmen

Exilliteratur (1933–1945)

Bertolt Brecht: Gedanken über die Dauer des Exils (1939)

I

Schlage keinen Nagel in die Wand
Wirf den Rock auf den Stuhl.
Warum vorsorgen für vier Tage?
Du kehrst morgen zurück.
Laß den kleinen Baum ohne Wasser.
Wozu noch einen Baum pflanzen?
Bevor er so hoch wie eine Stufe ist
Gehst du fort von hier.
Zieh die Mütze ins Gesicht, wenn Leute vorbeigehn!
Wozu in fremden Grammatiken blättern?
Die Nachricht, die dich heimruft
Ist in bekannter Sprache geschrieben.
So wie der Kalk vom Gebälk blättert
(Tue nichts dagegen!)
Wird der Zaun der Gewalt zermorschen
Der an der Grenze aufgerichtet ist
Gegen die Gerechtigkeit.

II

Sieh den Nagel in der Wand, den du eingeschlagen hast:
Wann, glaubst du, wirst du zurückkehren?
Willst du wissen, was du im Innersten glaubst?
Tag um Tag
Arbeitest du an der Befreiung
Sitzend in der Kammer schreibst du.
Willst du wissen, was du von deiner Arbeit hältst?
Sieh den kleinen Kastanienbaum im Eck des Hofes
Zu dem du die Kanne voll Wasser schlepptest!

6 Beschreiben Sie die Stimmung, die von den Gedichten ausgeht.

7 Erläutern Sie die Lebensumstände, in denen sich das lyrische Ich jeweils befindet.

BASISWISSEN Exilliteratur

Mit der Machtübernahme der Nationalsozialisten am 30. Januar 1933 veränderte sich nicht nur das politische Leben, sondern auch das Leben der Künstler und Schriftsteller in Deutschland. Am 10. Mai 1933 fand auf dem Vorplatz der Berliner Universität eine öffentliche **Bücherverbrennung** statt. Betroffen waren vor allem Autoren und Schriftsteller jüdischer Herkunft, mit anderen politischen Überzeugungen, aber auch Autoren, die mit Literatur experimentierten und in den Augen der Nationalsozialisten „entartet“ waren. Da während der Weimarer Republik (1919–1933) zahlreiche unterschiedliche schriftstellerische Richtungen entstanden waren, wurde sehr schnell deutlich, dass diese im „Dritten Reich“ in Deutschland keinen Platz mehr hatten. Die Künstler wurden durch die neuen Machthaber gnadenlos verfolgt. So blieben ihnen nur zwei Möglichkeiten: Einige Autoren blieben in Deutschland, zogen sich zurück und gingen in die sogenannte **„innere Emigration“**, das heißt, sie arrangierten sich mit dem System, wählten unpolitische Themen für ihre literarischen Werke oder schrieben gar nicht mehr.

Für die meisten Autoren jedoch wurde die Situation von 1933 an so unerträglich, dass sie ihre **Heimat aufgaben** und das Land verließen. Die neuen Lebensbedingungen wurden ganz besonders intensiv in Form zahlreicher **Gedichte** aufgearbeitet. Die Autoren der Exilliteratur verfolgten kein einheitliches Programm, ihre politischen Ansichten waren sehr unterschiedlich. Allen gemeinsam war die Ablehnung des Nationalsozialismus. Wichtige Vertreter der Exilliteratur sind beispielsweise die Brüder Thomas und Heinrich Mann, Bertolt Brecht, Anna Seghers, Erich Fried, Kurt Tucholsky und Nelly Sachs.

Literatur nach 1945

Wolfgang Mattheuer:
Der Anfang, DDR, 1971

Wolfgang Mattheuer (geboren 1927 in Reichenbach/Vogtland, gestorben 2004 in Leipzig) war einer der bedeutendsten Maler und Bildhauer der DDR. Seine herausragenden Werke umfassen Zeichnungen, Druckgrafiken (vor allem Holzschnitte), Gemälde und Plastiken. Er war bis 1974 Professor an der Hochschule für Grafik und Buchkunst in Leipzig, wandte sich von der staatlich verordneten Stilrichtung des „sozialistischen Realismus“ ab und begründete die „Leipziger Schule“. 1978 wurde er Mitglied der Akademie der Künste der DDR. 1988 trat er aus der SED aus und beteiligte sich 1989 an den Montagsdemonstrationen in Leipzig.

In seinen oft sozialkritischen Werken bearbeitete Mattheuer Konflikte und Zwänge in Politik und Gesellschaft, aber auch Grenzerfahrungen des Menschen, seine Zerrissenheit und seine Verantwortung. Unter dem Titel „Der Anfang“ erschien neben dem hier abgedruckten Gemälde (Öl auf Hartfaser) auch ein Holzschnitt.

1 Beschreiben Sie das Gemälde.

2 Interpretieren Sie den „Anfang“, den das Gemälde zeigt, in Bezug auf die frühen Jahre der DDR.

3 Was könnte die Figur auf der rechten Seite zu den Figuren im Hintergrund sagen? Verfassen Sie in Partnerarbeit einen kurzen, appellierenden Aufruf.

Literatur nach 1945

Wolfgang Borchert

Wolfgang Borchert (geboren 1921 in Hamburg, gestorben 1947 in Basel) schrieb bereits als Jugendlicher Gedichte. Nach einer kurzen Schauspielausbildung wurde er 1941 zum Kriegsdienst eingezogen. An der Ostfront mehrfach verwundet, litt er häufig an Infektionen, an deren Folgen er bereits 1947 verstarb. Wegen Kritik am Regime des Nationalsozialismus und sogenannter Wehrkraftzersetzung wurde Borchert mehrere Male inhaftiert. Trotz seines kurzen Lebens hinterließ er zahlreiche Gedichte und Kurzgeschichten sowie das Heimkehrerdrama „Draußen vor der Tür", das ihn erst nach seinem Tod bekannt machte.
Der folgende Text ist ein Beispiel für die sogenannte Trümmerliteratur. Viele Schriftsteller sahen in der unmittelbaren Nachkriegszeit ihre Aufgabe darin, die Folgen, vor allem die seelischen, zu bilanzieren, welche die Trümmer des Nationalsozialismus hinterlassen hatten: zerstörte Städte, auseinandergerissene Familien, furchtbare Schicksale von Flüchtlingen und Heimkehrern.

Die Küchenuhr (1947)

Sie sahen ihn schon von Weitem auf sich zukommen, denn er fiel auf. Er hatte ein ganz altes Gesicht, aber wie er ging, daran sah man, dass er erst zwanzig war. Er setzte sich mit seinem alten Gesicht zu ihnen auf die Bank. Und dann zeigte er ihnen, was er in der Hand trug.
Das war unsere Küchenuhr, sagte er und sah sie alle der Reihe nach an, die auf der Bank in der Sonne saßen. Ja, ich habe sie noch gefunden. Sie ist übrig geblieben.
Er hielt eine runde tellerweiße Küchenuhr vor sich hin und tupfte mit dem Finger die blau gemalten Zahlen ab.
Sie hat weiter keinen Wert, meinte er entschuldigend, das weiß ich auch. Und sie ist auch nicht so besonders schön. Sie ist nur wie ein Teller, so mit weißem Lack. Aber die blauen Zahlen sehen doch ganz hübsch aus, finde ich. Die Zeiger sind natürlich nur aus Blech. Und nun gehen sie auch nicht mehr. Nein. Innerlich ist sie kaputt, das steht fest. Aber sie sieht noch aus wie immer. Auch wenn sie jetzt nicht mehr geht.
Er machte mit der Fingerspitze einen vorsichtigen Kreis auf dem Rand der Telleruhr entlang. Und er sagte leise: Und sie ist übrig geblieben.
Die auf der Bank in der Sonne saßen, sahen ihn nicht an. Einer sah auf seine Schuhe, und die Frau sah in ihren Kinderwagen. Dann sagte jemand:
Sie haben wohl alles verloren?
Ja, ja, sagte er freudig, denken Sie, aber auch alles! Nur sie hier, sie ist übrig. Und er hob die Uhr wieder hoch, als ob die anderen sie noch nicht kannten.
Aber sie geht doch nicht mehr, sagte die Frau.
Nein, nein, das nicht. Kaputt ist sie, das weiß ich wohl. Aber sonst ist sie doch noch ganz wie immer: weiß und blau. Und wieder zeigte er ihnen seine Uhr. Und was das Schönste ist, fuhr er aufgeregt fort, das habe ich Ihnen ja noch überhaupt nicht erzählt. Das Schönste kommt nämlich noch: Denken Sie mal, sie ist um halb drei stehen geblieben. Ausgerechnet um halb drei, denken Sie mal.
Dann wurde Ihr Haus sicher um halb drei getroffen, sagte der Mann und schob wichtig die Unterlippe vor. Das habe ich schon oft gehört. Wenn die Bombe runtergeht, bleiben die Uhren stehen. Das kommt von dem Druck.

Er sah seine Uhr an und schüttelte überlegen den Kopf. Nein, lieber Herr, nein, da irren Sie sich. Das hat mit den Bomben nichts zu tun. Sie müssen nicht immer von den Bomben reden. Nein. Um halb drei war ganz etwas anderes, das wissen Sie nur nicht. Das ist nämlich der Witz, dass sie gerade um halb drei stehen geblieben ist. Und nicht um viertel nach vier oder um sieben. Um halb drei kam ich nämlich immer nach Hause. Nachts, meine ich. Fast immer um halb drei. Das ist ja gerade der Witz.

Er sah die anderen an, aber die hatten ihre Augen von ihm weggenommen. Er fand sie nicht. Da nickte er seiner Uhr zu. Dann hatte ich natürlich Hunger, nicht wahr? Und ich ging immer gleich in die Küche. Da war es dann fast immer halb drei. Und dann, dann kam nämlich meine Mutter. Ich konnte noch so leise die Tür aufmachen, sie hat mich immer gehört. Und wenn ich in der dunklen Küche etwas zu essen suchte, ging plötzlich das Licht an. Dann stand sie da in ihrer Wolljacke und mit einem roten Schal um. Und barfuß. Immer barfuß. Und dabei war unsere Küche gekachelt. Und sie machte ihre Augen ganz klein, weil ihr das Licht so hell war. Denn sie hatte ja schon geschlafen. Es war ja Nacht.

So spät wieder, sagte sie dann. Mehr sagte sie nie. Nur: So spät wieder. Und dann machte sie mir das Abendbrot warm und sah zu, wie ich aß. Dabei scheuerte sie immer die Füße aneinander, weil die Kacheln so kalt waren. Schuhe zog sie nachts nie an. Und sie saß so lange bei mir, bis ich satt war. Und dann hörte ich sie noch die Teller wegsetzen, wenn ich in meinem Zimmer schon das Licht ausgemacht hatte. Jede Nacht war es so. Und meistens immer um halb drei. Das war ganz selbstverständlich, fand ich, dass sie mir nachts um halb drei in der Küche das Essen machte. Ich fand das ganz selbstverständlich. Sie tat das ja immer. Und sie hat nie mehr gesagt als: So spät wieder. Aber das sagte sie jedes Mal. Und ich dachte, das könnte nie aufhören. Es war mir so selbstverständlich. Das alles. Es war doch immer so gewesen.

Einen Atemzug lang war es ganz still auf der Bank. Dann sagte er leise: Und jetzt? Er sah die anderen an. Aber er fand sie nicht. Da sagte er der Uhr leise ins weißblaue runde Gesicht: Jetzt, jetzt weiß ich, dass es das Paradies war. Das richtige Paradies.

Auf der Bank war es ganz still. Dann fragte die Frau: Und Ihre Familie?

Er lächelte sie verlegen an: Ach, Sie meinen meine Eltern? Ja, die sind auch mit weg. Alles ist weg. Alles, stellen Sie sich vor. Alles weg.

Er lächelte verlegen von einem zum anderen. Aber sie sahen ihn nicht an.

Da hob er wieder die Uhr hoch, und er lachte. Er lachte: Nur sie hier. Sie ist übrig. Und das Schönste ist ja, dass sie ausgerechnet um halb drei stehen geblieben ist. Ausgerechnet um halb drei.

Dann sagte er nichts mehr. Aber er hatte ein ganz altes Gesicht. Und der Mann, der neben ihm saß, sah auf seine Schuhe. Aber er sah seine Schuhe nicht. Er dachte immerzu an das Wort Paradies.

4 Fassen Sie den Inhalt der Kurzgeschichte knapp zusammen.

5 Erläutern Sie, welche Bedeutung es für den Protagonisten hat, dass die Uhr um „halb drei“ stehen geblieben ist.

6 Stellen Sie die Szene auf der Bank nach.

Literatur nach 1945

Christa Wolf

Christa Wolf (geboren 1929 in Landsberg an der Warthe, gestorben 2011 in Berlin) erlebte ihren Durchbruch als freie Schriftstellerin mit ihrer Erzählung „Der geteilte Himmel" (1963). Die Liebesgeschichte zwischen der Studentin Rita Seidel und dem Chemiker Manfred Herrfurth ist im DDR-Alltag angesiedelt. Manfred kann sich in seiner Arbeit nicht verwirklichen und geht in den Westen. Rita entscheidet sich, ihm nicht zu folgen. Kurz darauf wird die Mauer gebaut.
Der Text liefert einen Einblick in den DDR-Alltag der frühen 1960er-Jahre und zeigt auf, welche Folgen die deutsch-deutsche Teilung für die Menschen hatte. Erzählt wird die Geschichte auf zwei Zeitebenen: Rita befindet sich nach einem Betriebsunfall in einem Krankenhaus. Ihr Leben mit Manfred wird rückblickend geschildert.

Der geteilte Himmel (1963, Auszug)

Erstes Kapitel

In jenen letzten Augusttagen des Jahres 1961 erwacht in einem kleinen Krankenhauszimmer das Mädchen Rita Seidel. Sie hat nicht geschlafen, sie war ohnmächtig. Wie sie die Augen aufschlägt, ist es Abend, und die saubere weiße Wand, auf die sie zuerst sieht, ist nur noch wenig hell. Hier ist sie zum erstenmal, aber sie weiß gleich wieder, was mit ihr, heute und vorher, geschehen ist. Sie kommt von weit her. Sie hat undeutlich ein Gefühl von großer Weite, auch Tiefe. Aber man steigt rasend schnell aus der unendlichen Finsternis in die sehr begrenzte Helligkeit. Ach ja, die Stadt. Enger noch: das Werk, die Montagehalle. Jener Punkt auf den Schienen, wo ich umkippte. Also hat irgendeiner die beiden Waggons noch angehalten, die da von rechts und links auf mich zukamen. Die zielten genau auf mich. Das war das Letzte. […] Aber der Arzt braucht nicht zu fragen, er weiß ja alles, es steht auf dem Unfallblatt. Diese Rita Seidel, eine Studentin, arbeitet nur während der Ferien im Betrieb. Sie ist manches nicht gewohnt, zum Beispiel die Hitze in den Waggons nicht […].

„Der Schock", sagt der Arzt und verschreibt Beruhigungsspritzen. Nach Tagen allerdings, als Rita immer noch nicht erträgt, daß man sie anspricht, wird er unsicher. Er denkt, wie gerne er den Kerl unter die Finger kriegen möchte, der dieses hübsche und empfindsame Mädchen so weit gebracht hat. Für ihn steht fest, daß nur Liebe ein junges Ding so krank machen kann. Ritas Mutter, von ihrem Dorf herbeigerufen und hilflos vor dem fremden Zustand der Tochter, kann keine Auskunft geben. „Das Lernen", sagt sie. „Ich hab mir gleich gedacht, sie hält es nicht aus." Ein Mann? Nicht daß sie wüßte. Der frühere, ein Chemiedoktor, ist doch schon ein halbes Jahr weg. Weg? fragt der Arzt. Nun ja: Abgehauen, Sie verstehen.

Das Mädchen Rita bekommt Blumen: Astern, Dahlien, Gladiolen – bunte Tupfer im bleichen Krankenhaustag. Niemand darf zu ihr, bis sich eines Abends ein Mann mit einem Rosenstrauß nicht abweisen läßt. […] Der Arzt erfährt, daß dies der junge Betriebsleiter vom Waggonwerk war, und nennt sich selber einen Trottel. Er aber wird das Gefühl nicht los, daß dieser junge Mann mehr von der Patientin Rita Seidel weiß als die Mutter, als er selbst, der Arzt, und als jeder einzelne Besucher, die nun zahlreich kommen […]. Es kann für ausgeschlossen gelten, daß die Patientin einsam gewesen ist.

Die da zur ihr kommen, haben sie alle gern. Sie sprechen behutsam mit ihr und tasten mit Blicken ihr Gesicht ab, das blaß und müde, aber nicht mehr trostlos ist. Sie weint jetzt seltener, meistens abends. Sie wird der Tränen Herr werden und, weil es ihr fernliegt, ihr Leid zu hätscheln, auch der Verzweiflung.

Sie sagt niemandem, daß sie Angst hat, die Augen zuzumachen. Sie sieht immer noch die beiden Waggons, grün und schwarz und sehr groß. Wenn die angeschoben sind, laufen sie auf den Schienen weiter, das ist ein Gesetz, dazu sind sie gemacht. Sie funktionieren. Und wo sie sich treffen werden, da liegt sie. Da liege ich.

Dann weint sie wieder.

Sanatorium, sagt der Arzt. Sie will nichts erzählen. Soll sie sich ausweinen, soll sie zur Ruhe kommen, soll Gras über alles wachsen. Sie könnte mit der Bahn fahren, so weit ist sie schon wieder, aber der Betrieb schickt ein Auto.

Ehe sie abfährt, bedankt sie sich beim Arzt und bei den Schwestern. Alle sind ihr wohlgesinnt, und wenn sie nichts erzählen will, ist das ihre Sache. Alles Gute.

Ihre Geschichte ist banal, denkt sie, in manchem auch beschämend. Übrigens liegt sie hinter ihr. Was noch zu bewältigen wäre, ist dieses aufdringliche Gefühl: Die zielen genau auf mich. R

7 Fassen Sie das erste Kapitel der Erzählung zusammen. Was erfahren Sie über Rita Seidel?

8 Recherchieren Sie Informationen zum August 1961 und werten Sie Ihre Ergebnisse in der Klasse aus.

9 Begründen Sie, warum Christa Wolf diesen Titel gewählt haben könnte.

Durs Grünbein

Durs Grünbein (geboren 1962 in Dresden) arbeitete als freier Mitarbeiter für verschiedene Zeitschriften und lebt heute als freier Schriftsteller, Übersetzer und Essayist in Berlin. Zwei Jahre vor der Wende siedelte er in die Bundesrepublik um und unternahm nach 1989 Reisen durch Europa, nach Südostasien und in die Vereinigten Staaten. Sein Entdecker Heiner Müller empfahl Grünbein dem Suhrkamp Verlag.

Kosmopolit (1999)

Von meiner weitesten Reise zurück, anderentags
Wird mir klar, ich verstehe vom Reisen nichts.
Im Flugzeug eingesperrt, stundenlang, unbeweglich,
Unter mir Wolken, die aussehen wie Wüsten,
Wüsten, die aussehen wie Meere, und Meere,
Den Schneewehen gleich, durch die man streift
Beim Erwachen aus der Narkose, sehe ich ein,
Was es heißt, über die Längengrade zu irren.

Dem Körper ist Zeit gestohlen, den Augen Ruhe.
Das genaue Wort verliert seinen Ort. Der Schwindel
Fliegt auf mit dem Tausch von Jenseits und Hier

In verschiedenen Religionen, mehreren Sprachen.
Überall sind die Rollfelder gleich grau und gleich
Hell die Krankenzimmer. Dort im Transitraum,
wo die Leerzeit umsonst bei Bewusstsein hält,
Wird ein Sprichwort wahr aus den Bars von Atlantis.

Reisen ist ein Vorgeschmack auf die Hölle.

10 Führen Sie aus, welche Erkenntnisse das lyrische Ich gewinnt. Recherchieren Sie im Internet zum Thema Reisen in der DDR. Erörtern Sie, ob und wenn ja, wie dieser Kontext im Gedicht zum Tragen kommt.

Rolf Hochhuth

Rolf Hochhuth (geboren 1931 in Eschwege), zunächst Lektor, lebt als freier Schriftsteller in Riehen bei Basel. Er zählt zu den Hauptvertretern des Dokumentartheaters und entwickelte sich aber in den 1960er-Jahren zu einem der umstrittensten Dramatiker. Hochhuth setzte sich in zahlreichen Theaterstücken mit der NS-Vergangenheit und mit aktuellen politischen und sozialen Fragen auseinander. Sein erstes Schauspiel, „Der Stellvertreter. Ein christliches Trauerspiel", diskutiert die Frage einer Mitschuld der katholischen Kirche und des Papstes an der nationalsozialistischen Judenverfolgung. Zu einem Skandal geriet das Stück „McKinsey kommt", das 2003 uraufgeführt wurde; in ihm soll Hochhuth in einer Textpassage Verständnis für einen Mordaufruf gegen den Vorstandsvorsitzenden der Deutschen Bank, Josef Ackermann, angedeutet haben. Mit seiner Einschätzung des britischen Historikers und Holocaust-Leugners David Irving als „fabelhaften Pionier der Zeitgeschichte" stieß Hochhuth 2005 erneut auf Ablehnung.

McKinsey kommt (2003, Auszug)

Dritter Akt

Global Player beim Medientraining

London – mit einem grandiosen Blick bei hellster Sonne auf Westminster mit Big Ben im soundsovielten Stock eines berühmt-schönen Geschäftshauses. Das Arbeitszimmer des Präsidenten eines der nur noch vier oder fünf Tabakkonzerne dieser Welt, denen alle übrigen längst ebenso gehören wie alle Raucher auf Erden …

PRÄSIDENT *an seinem Schreibtisch, während Brown[1] abseits steht und aus dem Fenster guckt.* Das weiß ich auch! Aber so wenig unsere Bude die Flurbereinigung durch McKinsey in die Welt gesetzt hat, so wenig können wir's uns leisten, nicht mitzuspielen. Unser Sozialplan federt immerhin anständig ab, die wir rausschmeißen!

BROWN Was mit Geld abzumachen ist, war nie 's Problem. Doch wer so in der Gewinnzone liegt, darf Mitarbeiter nicht wegschmeißen.

PRÄSIDENT *überhört das ungerührt.* Du und ich, wir werden dafür bezahlt, den Laden so auf Trab zu halten, daß er noch Marktanteile erobert – nicht zuletzt um 87 000 Mitarbeitern den Job zu sichern. Wenn du heute nicht mal die nur 9 Prozent verabschieden willst, könnten's nächstes

Literatur nach 1945

11 Fassen Sie den Inhalt des Dramenauszugs zusammen.

12 Charakterisieren Sie den Präsidenten. Gehen Sie auch auf sein Sprachverhalten ein.

13 „Hast [...] kein Recht, deinen sozialen Impetus auf Kosten des Konzerns durchzusetzen." (Z. 20 f.) Nehmen Sie Stellung zu dieser Aussage des Präsidenten.

★ 14 Erläutern Sie die Aktualität des Textes anhand eines selbst gewählten Beispiels.

BASISWISSEN Literatur nach 1945

In dem zerstörten und in Besatzungszonen aufgeteilten Deutschland gab es nach dem Ende des Zweiten Weltkriegs in allen Bereichen des Lebens einen Neuanfang. Die Teilung Deutschlands führte dazu, dass sich in beiden Teilen **eigenständige literarische Strömungen** entwickelten.

Die westdeutsche Literatur zwischen 1945 und 1975 war eng mit der Gründung der **Gruppe 47** verknüpft. Aus der Gruppe 47 gingen Autoren wie Günter Grass, Heinrich Böll und Siegfried Lenz, aber auch die wichtigsten Vertreter der Schweiz, Max Frisch und Friedrich Dürrenmatt, sowie aus Österreich, Ingeborg Bachmann und Thomas Bernhard, hervor. Zentrales Thema der Literatur war es, das **Nazi-Regime** und seine Folgen in diesen drei deutschsprachigen Staaten kritisch **aufzuarbeiten.**

Die DDR-Literatur thematisierte zwischen 1949 und 1989 neben der **Auseinandersetzung mit dem Faschismus** den Aufbau des Sozialismus als Staatsform. Im Sinne des sozialistischen Realismus sollte der **„Bitterfelder Weg"** – benannt nach dem Tagungsort der ersten Konferenz 1959 – zur „Verherrlichung" des sozialistischen Menschen in der DDR beitragen. Die Kulturschaffenden waren demnach verpflichtet, die Wirklichkeit in Übereinstimmung mit den Zielen des Sozialismus darzustellen. Somit war der sozialistische Realismus in den Dienst der Erziehung des Menschen zu einer sozialistischen Persönlichkeit gestellt. Herausragende Vertreter der DDR-Literatur sind unter anderem Johannes R. Becher, Christa Wolf und Anna Seghers. Viele der renommierten Autoren, beispielsweise Günter Kunert, Reiner Kunze und Sarah Kirsch, verließen die DDR, um in der Bundesrepublik ohne Zensur ihrem Beruf nachgehen zu können. Der Liedermacher Wolf Biermann wurde aufgrund politischer Kontroversen aus der DDR ausgebürgert.

Zwischen 1975 und der Wiedervereinigung dominierten zwei literarische Strömungen. Zum einen setzten sich sowohl west- als auch ostdeutsche Autoren zunehmend kritisch mit dem geteilten Deutschland auseinander. Zu nennen sind hier u. a. Martin Walser und Volker Braun. Zum anderen kam in den 1980er-Jahren der Begriff **„Postmoderne"** auf. Kennzeichnend für diese Literatur ist das Spiel mit traditionellen Erzählmustern und Motiven, wie beispielsweise in dem Roman „Das Parfum" von Patrick Süskind.

Die Literatur nach der Wiedervereinigung 1990 zeichnet sich durch große Vielfalt aus. Eine einheitliche literarische Strömung ist in der neuesten deutschen Literatur nicht feststellbar. Als auffälligstes Merkmal kann angeführt werden, dass die großen Verlage vermehrt auf junge literarische Nachwuchstalente setzen und in den letzten Jahren zahlreiche gefeierte junge Autoren hervorgebracht haben: Arno Orzessek, Joachim Zelter, Judith Herrmann, Annette Pehnt, Daniel Kehlmann ... Auch international erwarben sich diese Schriftsteller Ansehen.

15 Fassen Sie zusammen, inwiefern es problematisch ist, allgemein von einer „literarischen Epoche" zu sprechen.

Kapitel 21

Texte überarbeiten

21.1
In zwei Schritten zur Textüberarbeitung

21.2
Einen Aufsatz gezielt nach verschiedenen Kriterien überarbeiten

Schreiben ist ein Prozess, der nicht nur das Produzieren von Texten, sondern auch die Reflexion über das Geschriebene und das Überarbeiten einschließt. Bei der Überarbeitung eines Textes kontrollieren, reflektieren und optimieren Sie das Geschriebene. Das folgende Kapitel bietet Ihnen eine Hilfestellung, wie Sie in mehreren Schritten eigene Texte überarbeiten können.

Kompetenzen

- ✓ Kritisch zu eigenen und fremden Texten Stellung nehmen
- ✓ Strategien zur Überprüfung anwenden
- ✓ Den eigenen Text auf Lesbarkeit prüfen
- ✓ Einen Text auf Rechtschreibung, Grammatik, Zeichensetzung und Ausdruck überprüfen

Methoden und Arbeitstechniken

- ✓ Schreibkonferenz
- ✓ Portfolio

In zwei Schritten zur Textüberarbeitung

Verschiedenartige Fehler erkennen

Im Unterricht wurde die Kalendergeschichte „Der Augsburger Kreidekreis" von Bertolt Brecht besprochen. Zu Ihrer Information folgt eine kurze Zusammenfassung der Geschichte:

Zusammenfassung der Kalendergeschichte „Der Augsburger Kreidekreis" von Bertolt Brecht

„Der Augsburger Kreidekreis" ist eine Kalendergeschichte, die 1940 von Bertolt Brecht verfasst wurde. Im Mittelpunkt steht die Auseinandersetzung um ein Kind und die Frage, wer dessen rechtmäßige Mutter ist.

Die Handlung spielt zur Zeit des Dreißigjährigen Krieges in und um die Stadt Augsburg. Katholische Soldaten fallen in die Stadt ein, morden und plündern. Sie erschlagen auch den Protestanten und Gerbereibesitzer Zingli. Seine Frau, die mit dem einzigen Kind fliehen sollte, hält sich zu lange mit dem Packen ihrer Kleider und ihres Schmucks auf und lässt das Kind zurück. Anna, die Magd, versteckt sich zunächst und versucht, Frau Zingli zu finden, um ihr die Nachricht vom Überleben ihres Kindes mitzuteilen. Ihre Suche bleibt erfolglos.

Anna flüchtet mit dem Kind zu ihrem Bruder auf einen großen Bauernhof. Ihrer Schwägerin gegenüber gibt sie das Kind als ihr eigenes aus. Als diese immer misstrauischer wird, erfindet Anna eine Ehe. Als sich die Situation zuspitzt, geht Anna fern vom Hof eine Ehe mit einem scheinbar todkranken Kleinbauern (Häusler) ein.

Doch ihr Mann wird gesund. Er holt sie und das Kind zu sich. Nach einem Fluchtversuch fügt sich Anna in ihr Schicksal. Für das Kind ist so gesorgt.

Nach Kriegsende kehrt Frau Zingli zurück und nimmt in Annas Abwesenheit das Kind zu sich. Anna wendet sich an das Gericht. Der Richter will die Mutterschaft durch eine Prüfung beweisen. Er lässt das Kind in einen Kreidekreis stellen, die beiden Frauen sollen gleichzeitig versuchen, es zu sich zu ziehen. Diejenige, deren Liebe am stärksten ist, werde die nötige Kraft haben, das Kind auf ihre Seite zu ziehen, so der Richter. Frau Zingli schafft es, mit einem einzigen heftigen Ruck das Kind aus dem Kreis zu sich zu ziehen. Anna hat das Kind aus Angst, es könne ihm etwas geschehen, wenn es in zwei Richtungen gezogen wird, losgelassen.

Dennoch verlässt Anna, die vermeintliche Verliererin, den Prozess als Siegerin. Sie hat durch ihr Loslassen bewiesen, dass sie dem Kind nicht wehtun kann und damit die wahre Mutter ist.

Folgende Aufgaben waren zu bearbeiten: Geben Sie kurz die wesentlichen Aussagen der Geschichte wieder. Charakterisieren Sie die beiden weiblichen Hauptfiguren. Eine dazu angefertigte Schülerarbeit wurde zweimal überarbeitet. In der ersten Überarbeitung wurden Fehler in den Bereichen Inhalt und Aufbau markiert. Bei einer zweiten Überarbeitung wurde auf Fehler in Rechtschreibung, Zeichensetzung, Grammatik und Ausdruck/Stil hingewiesen.

Muster	***erste Überarbeitung***	***zweite Überarbeitung***
In der Kalendergeschichte „Der Augsburger Kreidekreis" von Bertolt Brecht geht es um Protestanten und Soldaten in der freien Reichsstadt Augsburg zur Zeit des Dreißigjährigen Krieges.	*Inhalt: Einleitungssatz*	
Herr Zingli, Besitzer einer großen Gerberei versteckt sich vor den Soldaten, die ihn jedoch finden und töten. Seine Frau, die noch mit dem packen ihres Schmucks, Kleider und sonstiger Dinge beschäftigt ist, kann gerade noch die Flucht ergreifen. Ihr kleines Kind lässt sie zurück.		*Zeichensetzung* *Recht-schreibung/ Grammatik*

Verschiedenartige Fehler erkennen

Die Magd versteckt sich zunächst vor den Soldaten. Sie bleibt unentdeckt.		*Ausdruck*
Sie ist sich der Gefahr bewusst. Sie nimmt dennoch das Kind der Protestanten-	*Inhalt:*	
familie an sich, das ebenfalls wie durch ein Wunder nicht entdeckt worden ist.	*Versuch, die*	
Die Magd ist damit die einzigste, die sich um das Kind kümmert, und bringt es	*Mutter zu fin-*	*G/R*
in das Dorf Großsaitingen zu ihrem Bruder.	*den, fehlt*	
Anna nimmt alles auf sich, um für das Baby zu sorgen, heiratet sogar einen tot-	*Inhalt: Wer ist*	*R*
kranken Mann, das ja nicht jemand auf die Idee kommt, ihr zu sagen, sie sei eine	*Anna?*	*R/A*
Mutter ohne Vater.	*Logik*	
Wider Erwarten erscheint der Häusler gesund auf dem Bauernhof und holt seine	*Inhalt: Wer ist*	
Frau Anna und das Kind zu sich. Diese hält das Leben mit ihm nicht aus und	*der Häusler?*	
flüchtet mit dem Kind. Als sie sich den Fuß in einem Straßengraben verstaucht	*Inhalt: unnötig*	
und nicht mehr weiterkann, wird sie von ihrem „Mann“ geholt und zurückge-		*A*
bracht. Sie fügt sich, da dem Kind so am besten geholfen ist.		
Als eines Tages Frau Zingli kommt und das Kind zurückholt, ist Anna verzweifelt		
und wendet sich an das Gericht in Augsburg. Der Richter will mit einer Kreispro-		
be die rechte Mutter ausfindig machen. Dies bedeutet, dass sich das Kind in die		
Mitte eines Kreidekreises stellt und beide Frauen daran ziehen soll. Die rechte		*G*
Mutter, so meint der Richter, wird es schaffen, das Kind auf ihre Seite zu ziehen.		*G*
Anna gewinnt, obwohl sie die Probe nicht besteht.	*Inhalt: Warum*	
Frau Zingli ist keine fürsorgliche Mutter, da sie lieber packt, anstatt mit ihrem	*gewinnt Anna?*	
Baby zu verschwinden. Sie denkt nur an ihren Besitz.	*Bruch /*	*A (umgangs-*
Die Magd hingegen ist nicht so wohlhabend wie Frau Zingli. Aber im Gegensatz	*Überleitung*	*sprachlich)*
zu Frau Zingli ist sie mutig. Zwar zögert sie erst, das Kind mitzunehmen, aber	*Zusammen-*	*A (Wortwieder-*
dann nimmt sie es mit und rettet es so schließlich vor den Soldaten. Anna läuft	*hang*	*holung)*
Gefahr, erwischt zu werden, dennoch ging sie durch das Getümmel der feiernden		*G*
Soldaten, um der Mutter des Kindes von der Rettung des Babys zu berichten.		
Aber vergebens, diese bleibt unauffindbar und so ist Anna mit dem Kind allein.		
Im Gegensatz zu Frau Zingli ist Anna eine warmherzige Frau, die viel Zuneigung		
zu dem Kind zeigt und bereit ist, sich für dieses zu opfern. Sie gibt sich als die ei-	*Logik*	
gene Mutter des Kindes aus. Das verdeutlicht auch, wie sehr Anna das Kind liebt	*Inhalt: zu wenig*	
und es eben behalten will. Sie ist wirklich die Mutter des Kindes, da Frau Zingli	*Inhalt: Wieder-*	*A (Füllwort)*
von Anfang an nur an ihren Besitz gedacht hat. Dem Richter war dies auch klar.	*holung*	*G*
Er ahnte zwar, das Frau Zingli die biologische Mutter ist, aber es dieser Frau eh		*G/R/A (Füllwort)*
nur um sich selbst und ihren Ruf geht. Ihm war auch klar, dass das Kind bei der	*Allg.:*	*G*
Magd mit viel Liebe aufwachsen wird. Vielleicht wird es ein Umfeld haben, das	*Charakterisie-*	
nicht so wohlhabend ist, aber eine Mutter, die ihm alles geben wird, was sie hat.	*rung kommt*	
Es war gut, das der Richter Frau Z. und der Magd solch eine Aufgabe gegeben	*zu kurz*	*R/A*
hat. So sieht man, wer das Beste für das Kind will. (S. 336, Z. 17–19)		*Z/Zitat am Ende*

1 Setzen Sie sich mit dem Aufsatz und den Überarbeitungshinweisen auseinander.

a) Betrachten Sie die Hinweise der ersten Überarbeitung. Verbessern Sie die fehlerhaften Textstellen.

b) Bearbeiten Sie die Hinweise der zweiten Überarbeitung. Korrigieren Sie die Fehler des Schülers.

c) Welchen Tipp würden Sie dem Autor des Aufsatzes im Bereich der Rechtschreibung geben?

2 Schreiben Sie den Aufsatz neu. Überprüfen Sie ganz besonders die inhaltlich geänderten Stellen auf Rechtschreibung, Grammatik, Zeichensetzung und Ausdruck.

Den Schreibprozess reflektieren

2 Reflektieren Sie zu Hause Ihren Schreibprozess. Gehen Sie dabei so vor:

- Setzen Sie am nächsten Tag Ihre Version des Aufsatzes am Computer in eine andere Schriftart, die Sie sonst nicht benutzen. Betrachten Sie die „neue“ Variante und analysieren Sie, ob und wie sich Ihre Perspektive ändert. Notieren Sie Ihre Überlegungen.
- Überarbeiten Sie diese neue Variante. Achten Sie vor allem auf den Aufbau und den Inhalt. Die Korrekturzeichen unten helfen Ihnen dabei.
- Setzen Sie am Tag darauf diese Version wieder in eine andere Schriftart und überarbeiten Sie sie erneut mithilfe der Checklisten.
- Analysieren Sie ein paar Tage später noch einmal diese Variante. Überarbeiten und optimieren Sie sie erneut. (Wenn Sie wollen, können Sie diesen Prozess noch ein paar Tage fortsetzen.)
- Vergleichen Sie die erste mit der letzten Version. Lesen Sie Ihre schriftlich festgehaltenen Überlegungen und reflektieren Sie Ihren gesamten Schreibprozess.
- Überlegen Sie, was Sie aus diesem Verfahren für weitere Schreibprozesse nutzen können, und legen Sie eine Checkliste an.

Korrekturzeichen (bei Überarbeitung Ihres Aufsatzes anhand eines Computerausdrucks)

	Hier fehlen Teile des Satzes, die am Seitenrand ergänzt werden	Hier fehlen des Satzes. Teile
	Ein Wort oder Teil des Satzes ist falsch. Es wird am Seitenrand berichtigt.	Ein Word ist falsch. Wort
	Ein Wort oder Teil des Satzes wird entfernt.	Ein Wort oder Teil des Satzes wird entfernt.
	Zwischen Wörtern oder Sätzen fehlt die Leerstelle. Diese müssen dann eingefügt werden.	Zwischen Wörtern oder Sätzen fehltdie Leerstelle.
	Zwischen Wörtern oder Sätzen sind zu große Leerstellen. Hier muss der Abstand verringert werden.	Zwischen Wörtern und Sätzen sind zu große Leerstellen.

FAZIT

21.1
In zwei Schritten zur Textüberarbeitung

- 1. Überarbeitung: Inhalt und Aufbau überprüfen
- 2. Überarbeitung: Rechtschreibung, Zeichensetzung, Grammatik sowie Ausdruck und Stil überprüfen

21.2
Einen Aufsatz gezielt nach verschiedenen Kriterien überarbeiten

- Einleitung, Hauptteil und Schluss nach inhaltlichen und sprachlichen Kriterien überarbeiten

Kapitel 22

Methoden und Arbeitstechniken

Argumentationskarten: Zu einer Ausgangsthese werden Pro- und Kontraargumente gesammelt und auf Karten notiert. Durch diese Argumentationskarten gelingt es, Diskussionsprozesse visuell abzubilden. Argumentationskarten eignen sich vor allem für kontrovers geführte Diskussionen in Gruppen, weil sie eine gute Strukturierung der Gedankenführung ermöglichen. Sie können jedoch auch für die individuelle Auseinandersetzung mit einer kritischen Fragestellung eingesetzt werden. Pro- und Kontraargumente können eine farbliche Zuordnung (z. B. Pro = grün, Kontra = rot) erfahren und nach individuell ausgewählten Mustern schematisch zugeordnet werden.

Assoziogramm ↗ Visualisieren

Blitzlicht ↗ Moderationstechniken

Brainstorming ↗ Moderationstechniken

Cluster: Die Schülerin/der Schüler schreibt ein Thema in die Mitte eines Blatt Papiers und zieht einen Kreis um das Wort oder die Phrase. Anschließend werden spontane Gedanken dazu darum herumgruppiert und mit Strichen verbunden, wenn sie thematisch zusammenhängen. Ein Cluster ist weniger stark strukturiert als eine Mindmap und dient nicht dazu, eine Gliederungsstruktur festzuhalten, sondern Assoziationsketten zu notieren.

Concept-Map: Wie die Mindmap dient auch die Concept-Map dem Ordnen von Gedanken durch die Vernetzung von Begriffen oder Inhalten. Mithilfe einer Concept-Map werden längere und kompliziertere Textinhalte geordnet und Zusammenhänge hergestellt. Textbausteine und Stichwörter werden mit Pfeilen oder Verbindungslinien miteinander verknüpft, um auf diese Weise inhaltliche Beziehungen und Schlussfolgerungen abbilden zu können. Im Unterschied zur Mindmap soll die Concept-Map Wissen abbilden. Zusammenhänge in einem Wissensgebiet werden mithilfe von Begriffen oder Kurzsätzen dargestellt, die man in Ellipsen, Wolken, Rechtecken etc. platziert und durch Pfeile oder Linien verbindet.

Diagonales Lesen ↗ Lesetechniken

Digitale Präsentationen: Mit digitalen Präsentationsprogrammen kann man eine auf Seiten (auch „Folien" genannt) basierende Präsentation erstellen. Die Gestaltungsmöglichkeiten reichen von der einfachen Textfolie über Folien mit Grafiken, Tabellen und Diagrammen bis hin zu Folien mit Multimediainhalten.
Bei der Gestaltung dieser Folien ist Folgendes zu beachten:

- möglichst eigene, schlichte Vorlagen gestalten
- die Anzahl der Aussagen auf einer Folie sollte man auf einen Blick erfassen können (nicht mehr als sieben)
- ausreichenden Rand und Zeilenabstand lassen
- auf Textfolien sollten maximal zehn Zeilen, in der Zeile höchstens zehn Wörter stehen

Methoden und Arbeitstechniken

- eine gut lesbare Schriftart verwenden
- Schriftgröße nicht zu häufig wechseln und Hervorhebungen sparsam einsetzen
- Schriftgröße: für Bildunterschriften 20 Punkt, 24 für den Fließtext, 28 Punkt fett für Zwischenüberschriften und 32 Punkt fett für die Hauptüberschrift
- Farben bewusst zur Hervorhebung, Unterscheidung und Gliederung einsetzen
- Visualisierungen auf zentrale Aussagen beschränken

Man sollte bei der Gestaltung der Folien beachten, dass sie den Vortrag unterstützen, aber nicht ersetzen sollen. Die vollständige Präsentation wird dann auf einem mobilen Datenträger gespeichert und mithilfe eines Computers und eines Beamers vorgeführt.
(↗ Kapitel 10)

Dossier anlegen: Ein Dossier (frz.: Aktendeckel) ist eine Sammlung von Dokumenten zu einem Thema oder Vorgang. Dossiers finden in der Politik Verwendung, um aus Akten Sachthemen aufzubereiten und einem festgelegten Personenkreis zugänglich zu machen. Der Begriff spielt auch in der Publizistik eine Rolle. So veröffentlichen Tageszeitungen und Wochenzeitschriften - häufig in Zusammenhang mit ihrem Online-Auftritt - Dossiers zu aktuellen Themen. Diese beinhalten Artikel, Hintergrundberichte, Interviews, Fotos und vieles mehr. Im Unterricht bietet ein Dossier eine gute Möglichkeit, viele Facetten eines Themas aufzugreifen.
Wichtig ist, dass alle gesammelten Materialien bearbeitet und verarbeitet werden, sodass etwas Eigenes daraus entsteht. Entscheidend ist also nicht die Menge des Materials, sondern inwiefern aus dem Material ein neues Produkt entsteht.
Materialrecherche: Neben allen Arten von informativen Texten, wie beispielsweise Berichten/Hintergrundberichten, Interviews, Kommentaren, chronologischen Aufstellungen oder literarischen Texten, kommen bei der Materialrecherche auch Bildmaterial (Grafiken, Diagramme, Statistiken) sowie Audio- und Videosequenzen in Betracht.
Auswahl/Relevanz des Materials: Durch die Möglichkeiten des Internets kann man heute zu jedem beliebigen Thema unendlich viele Informationen finden. War vor einigen Jahren das Auffinden von Informationen der Schwerpunkt einer solchen Recherche, so besteht heute die eigentliche Leistung eher darin, aus der Informationsfülle nach Relevanz (z. B. für ein Thema) auszuwählen und zu überprüfen. Die folgenden Leitfragen helfen bei der Beurteilung von Internetquellen:
- Was ist wichtig?
- Was ist exemplarisch?
- Wie ist die Qualität der Quellen zu beurteilen?

Blickwinkel/Facetten: In der Politik, wo unterschiedliche Interessengruppen eine Rolle spielen, ist ein Dossier inhaltlich gelungen, wenn in ihm möglichst viele Blickwinkel auf ein Thema enthalten sind. Das Prinzip gilt aber auch im Deutschunterricht, wo in einem Dossier z. B. zum Thema Schiller unterschiedliche Sichtweisen auf den Dichter enthalten sein sollten. Neben Texten des Dichters können hier auch Aussagen von Zeitgenossen und Bewertungen aus heutiger Sicht eine Rolle spielen.

Exzerpieren: Wenn man einen Text auf eine bestimmte Fragestellung hin untersucht, kann man die relevanten Textstellen exzerpieren, d. h., man gibt den Text auszugsweise in kurzen Sätzen und/oder Stichpunkten wieder. Dabei kann es sich um wörtliche oder paraphrasierende (sinngemäße) Textauszüge handeln.
Ein Exzerpt hat den Vorteil, dass nur die Textpassagen notiert werden, die für das eigene Thema von Bedeutung sind. So kann man später auf wichtige Informationen zurückgreifen, ohne den Text nochmals zu lesen. Außerdem haftet ein „abgespeckter“ und selbst verfasster Text besser im Gedächtnis.
Ein Exzerpt kann in Teilen in andere Texte übernommen werden, z. B. in eine Facharbeit.
Man kann zwei Methoden anwenden:
1. Texte kürzen: Textstellen, die für das eigene Thema nicht wichtig sind, werden weggelassen.
2. Texte verdichten: Ausführlich dargelegte Informationen werden so zusammengefasst, dass der Text übersichtlicher wird.

Methoden und Arbeitstechniken

Vorgehen: Man unterteilt den zu bearbeitenden Text in Sinnabschnitte und formuliert die Kernaussage des jeweiligen Abschnitts. Definitionen, Schlüsselwörter und wichtige Thesen zitiert man wörtlich (Zitate müssen als solche kenntlich gemacht werden). Beispiele und ausführliche Argumentationen werden stichwortartig zusammengefasst. ↗ Zitieren (sinngemäßes Zitieren)
Tipp: Man teilt den oberen Teil einer DIN-A5-Karteikarte in zwei Hälften. Auf der linken Seite werden alle Angaben zu Autor und Werk, auf der rechten Seite wird die dem Exzerpt zugrunde liegende Fragestellung notiert. Darunter wird das Exzerpt aufgeschrieben.
(↗ Kapitel 3)

Fortlaufendes Lesen ↗ Lesetechniken

5-Schritt-Lesetechnik ↗ Lesetechniken

Intensives Lesen ↗ Lesetechniken

Karteikarten anlegen: Diese Methode eignet sich gut, um Fachbegriffe oder Fremdwörter zu lernen. Die Schülerin/der Schüler schreibt den jeweiligen Begriff auf die Vorderseite einer Karteikarte und die Erklärung auf die Rückseite. Für jeden Begriff/jedes Fremdwort wird eine separate Karteikarte angelegt. In einem Karteikasten oder einer Box mit mehreren hintereinander angeordneten Fächern werden die Karten gesammelt. Alle neuen Karteikarten stehen im vordersten Fach. Je nach Wissensstand wandern die Karten weiter: Konnte man die Begriffe korrekt erklären, rücken die Karten ins hintere Fach. Die übrigen Karten bleiben so lange im ersten Fach, bis die Schülerin/der Schüler die korrekte Bedeutung benennen kann. Ziel dieser Methode ist die systematische Wiederholung und Sicherung des Lernstoffs.

Kartenabfrage ↗ Moderationstechniken

Kugellager (Karussellgespräch): Die Teilnehmer sitzen oder stehen sich in einem Innen- und einem Außenkreis gegenüber. Jede Teilnehmerin / jeder Teilnehmer erklärt nun ihrem/seinem Gegenüber den gefragten Sachverhalt anhand ihrer/seiner Notizen. Zuerst hat die Person im Innenkreis das Wort und anschließend die Person im Außenkreis. Nach einer zuvor festgelegten Zeit bewegen sich Innen- und Außenkreis in gegensätzlicher Richtung um einen Platz weiter. So kommen neue Paare zustande. Wieder wird der Sachverhalt anhand von Notizen erklärt sowie anhand von Erkenntnissen aus dem vorherigen Gespräch. Das Kugellager (Karussellgespräch) wird auf diese Weise fortgeführt, bis sich jede Teilnehmerin/jeder Teilnehmer mit mehreren Personen ausgetauscht hat.

Lernplakat: Mithilfe von Lernplakaten sollen die zentralen Inhalte eines Themas für die Betrachter/-innen visualisiert und gut erfassbar gestaltet werden. Empfehlenswert ist ein ausgewogenes Verhältnis von Bild- und Textanteilen. Die Sprache muss leicht verständlich sein. Die vorgestellten Inhalte sollten durch Überschriften und markante Hervorhebungen sinnvoll gegliedert werden.
Beispiel:

Ziel Visuelle Darstellung eines Themas; schnell und gut erkennbare Zusammenhänge	**Gestaltung** Gute Raumaufteilung; Ausgewogenheit zwischen Bild- und Textanteilen; Lesbar-
Lernplakat	
Regeln Konzentration auf wesentliche Inhalte; Darstellung muss inhaltlich korrekt sein	**Definition** Das Lernplakat ähnelt einer Wandzeitung.

Lerntempoduett: Diese Methode ist für die Wissenserarbeitung mit Texten und für Wiederholungen gut geeignet. Die Schülerinnen und Schüler beginnen, in Einzelarbeit ein Thema zu bearbeiten. Wer fertig ist, tut sich mit derjenigen/demjenigen zusammen, die/der die Aufgabe ebenfalls bereits bewältigt hat. In der nun folgenden Phase der Partnerarbeit vergleichen die Schülerinnen und Schüler ihre Ergebnisse aus der Einzelarbeit und ergänzen sich gegenseitig. Auf diese Weise finden Lernpartner/-innen mit ähnlichem

Methoden und Arbeitstechniken

Lerntempo zusammen und den unterschiedlichen Lerngeschwindigkeiten wird Rechnung getragen.

Lesetechniken: In Beruf und Alltag muss man oft den Inhalt umfangreicher und schwieriger Texte verstehen und wiedergeben können. Es gibt verschiedene Techniken, die das Lesen erleichtern, z. B.:

A) 5-Schritt-Lesetechnik:

Wenn man sich Informationen aus einem Text für eine Klassenarbeit oder Prüfung merken oder diese in ein Referat einbauen möchte, kann man die Informationen mithilfe der 5-Schritt-Lesetechnik in eigene Worte fassen:

1. *Überfliegen:* Man überfliegt den Text zuerst grob und achtet dabei auf Titel, Untertitel, Hervorhebungen, Inhaltsverzeichnis, Autor oder Autorin. So erhält man einen Eindruck von Aufbau und Inhalt des Textes und findet heraus, welche Abschnitte für den eigenen Zweck relevant sind.
2. *Fragen:* Beim ersten Lesen entstandene Fragen werden formuliert. Dies können reine Verständnisfragen sein, sie können sich aber auch auf alle Unklarheiten des Textes beziehen. Gut geeignet sind die W-Fragen.
3. *Lesen:* Der Text wird gründlich gelesen und dabei wird versucht, auf die zuvor formulierten Fragen Antworten zu finden. Wichtige Textstellen können markiert, unbekannte Wörter können in einem Wörterbuch nachgeschlagen werden (↗ Wörterbuch benutzen). Schwierige Passagen sollten mehrmals gelesen werden.
4. *Schreiben:* Schlüsselbegriffe und die wichtigsten Gedanken des Textes werden notiert. Komplizierte Sätze, die wichtig für das Verständnis des Textes sind, können in eigene Worte gefasst werden (↗ Exzerpieren).
5. *Wiederholen:* Der Inhalt des Textes wird anhand der Notizen wiedergegeben, Fehlendes wird ergänzt.

B) Vier Arten, einen Text zu lesen:

Wenn man liest, hat man unterschiedliche Ziele, z. B. sucht man in einem Text nach Details oder man möchte sich einen Gesamtüberblick verschaffen. Je nach Leseabsicht kann man zwischen folgenden Lesetechniken wählen:

Lesetechnik	Vorgehen	Ziele
Punktuelles Lesen	Der Text wird nach speziellen Begriffen „durchsucht“, dabei orientiert man sich an Überschriften und liest nur relevante Abschnitte gründlich.	Es sollen Detailinformationen gefunden werden.
Diagonales Lesen	Der Text wird überflogen, dabei werden einzelne Passagen, hervorgehobene Textstellen und Überschriften gelesen, Sprünge beim Lesen sind dabei sinnvoll.	Man möchte sich einen Überblick über einen Text verschaffen und eine Entscheidung über die weitere Beschäftigung mit dem Text treffen.
Fortlaufendes Lesen	Der Text wird gründlich gelesen, wichtige Stellen werden markiert, Notizen werden gemacht.	Man möchte sich umfassend informieren.
Intensives Lesen	Der Text wird gründlich gelesen, man konzentriert sich auf die Lösung einer vorgegebenen Aufgabe. Dazu werden Notizen gemacht, es wird markiert und unterstrichen.	Man möchte den gesamten Text vollständig erfassen und sich ein Urteil über Autor/-in und Absicht bilden können.

Meinungslinie: Auf dem Boden wird eine Linie mit Klebeband gezogen. Das eine Ende stellt z. B. die Pro-, das andere die Kontraseite dar. Ebenso kann man sich auf einer solchen Linie zu einem zeitlichen Rahmen, einer vorgegebenen Größe etc. positionieren. Die Teilnehmer/-innen stellen sich so auf die Linie, dass deutlich wird, welche Haltung sie zu einer Frage/einem Sachverhalt einnehmen (*dafür, eher dafür, unentschieden, eher dagegen, dagegen* bzw. *sehr häufig, häufig, manchmal, selten, gar nicht* etc.).

Metaplantechnik: Die Metaplantechnik eignet sich besonders, wenn es darum geht, Ideen zu sammeln und zu strukturieren oder Gruppenprozesse zu visualisieren. Ein oder zwei Moderatoren leiten und begleiten den Arbeitsprozess und wenden ↗ Moderationstechniken an.

Erforderliche Hilfsmittel:
- Stellwände mit Nadeln oder Heftzwecken, Packpapier/Tapeten zum Bespannen der Stellwände (↗ Präsentationsmedien – Metaplanwand)
- Karten in unterschiedlichen Farben und Formen
- Filzschreiber in unterschiedlichen Stärken und Farben
- Klebepunkte zur Bewertung durch die Teilnehmer
- Fotoapparat, mit dem die gestalteten Stellwände abgelichtet werden, z. B. für ein Protokoll

Ablauf:
- Die Moderatorin/der Moderator schreibt ein Thema, ein Problem oder eine Frage auf eine mit Packpapier bespannte Stellwand.
- Die Teilnehmer/-innen notieren ihre Ideen stichwortartig auf vorbereitete Karten, pro Karte eine Idee. Es sollte groß und gut lesbar geschrieben werden.
- Die Karten werden eingesammelt, vorgelesen und unsortiert an die Stellwand gehängt.
- Anschließend werden die Karten geclustert, d. h. zu Gruppen zusammengefasst. Karten, die nicht zugeordnet werden können, kommen an die Seite.
- Bei Bedarf wird für jede Gruppe ein Oberbegriff auf andersfarbige Karten notiert.
- Der Moderator notiert die Punkte, die die Teilnehmer gerne ergänzen würden, auf weitere Karten.
- Falls erforderlich bewerten die Teilnehmer die einzelnen Lösungen/Vorschläge mithilfe von Klebepunkten (↗ Themengewichtung).

Mindmap ↗ Visualisieren

Moderationstechniken: Diese Techniken helfen, in einer Gruppe Probleme zu sammeln, zu strukturieren oder zu visualisieren. Eine Schülerin oder ein Schüler übernimmt die Rolle der Moderatorin / des Moderators, die/der die Arbeit einer Gruppe begleitet, strukturiert, organisiert und zusammenfasst. Zu den Aufgaben der Moderatorin / des Moderators gehören:
- die Organisation des Einstiegs in ein Thema oder ein Projekt,
- die Kontrolle der Einhaltung von Zeiten und Regeln,
- die Förderung der Bereitschaft der Teilnehmer/-innen zur Mitarbeit durch geeignete Anregungen,
- die Bewahrung des Überblicks über den Arbeitsfortschritt,
- das Zusammenfassen und Visualisieren der Ergebnisse durch geeignete Methoden.

Visualisierungstechniken: Auf Flipcharts können Aussagen der Teilnehmer/-innen festgehalten und Ergebnisse notiert werden. Nichts geht verloren. Auch Moderationswände bzw. Metaplanwände eignen sich. Auf ihnen arbeitet man mit unterschiedlichen Formen von Karten und mit Linien, die Zusammenhänge verdeutlichen (↗ Präsentationsmedien).

Es gibt verschiedene Moderationstechniken, z. B.:

Blitzlicht: In einem Blitzlicht äußert sich jeder Teilnehmer zu seiner aktuellen Stimmungslage. Es gibt keine Diskussionen während des Blitzlichts. Die Moderatorin/der Moderator kann ein Blitzlicht nutzen, um beispielsweise latent vorhandenen Unmut, der die Arbeit beeinträchtigt, ins Bewusstsein aller zu rücken.

Brainstorming: Beim Brainstorming geht es darum, in kurzer Zeit möglichst viele Ideen/Lösungsvorschläge zu einem Thema zu sammeln.

Ablauf: Die Gruppe äußert nacheinander Ideen zu einem Stichwort, ohne dass diese bewertet werden. Die Äußerungen werden von zuvor ausgewählten Mitschülerinnen und Mitschülern an der Tafel, auf Folien etc. notiert. Erst nach Abschluss des Brainstormings wird die Sammlung strukturiert und bewertet.

Kartenabfrage: Diese Methode eignet sich, um zu Beginn einer Diskussion, Unterrichtsreihe oder Projektplanung Vorkenntnisse, Erwartungen oder Lösungsansätze von den Teilnehmerinnen und Teilnehmern abzufragen.

Ablauf: Die Teilnehmer/-innen notieren ihre Ideen auf vorbereitete Karten. Es genügen Stichworte. Erste

Methoden und Arbeitstechniken

Strukturierungsmöglichkeiten ergeben sich durch unterschiedlich farbige Karten (doppelte Kartenabfrage). Beispiel: *Bei der Planung des Tagesablaufs stehen rote Karten für die Frage: „Was sollten wir heute auf jeden Fall schaffen?", gelbe Karten für Aussagen zu: „Das hat Zeit bis morgen."*
Themengewichtung: Gibt es unterschiedliche Auffassungen zur Auswahl und Bewertung gesammelter Ideen, können die Teilnehmer/-innen mithilfe von Klebepunkten oder einer Entscheidungsmatrix eine Gewichtung der Lösungen/Vorschläge vornehmen.

Placemat: Placemat ist eine Methode, um gemeinschaftliche Arbeitsabläufe zu strukturieren und die Arbeitsresultate aller aus der Gruppe zusammenzuführen. Die Methode eignet sich gut zum Einstieg in ein Thema, aber auch zur Erfassung von Arbeitszwischenergebnissen sowie zur abschließenden Diskussion.
Der Ablauf der Placemat-Methode:

Vorbereitung

Vorzugsweise Vierergruppen bilden, jede Gruppe erhält einen großen Bogen Papier (A3 oder größer) und zeichnet sich eine „Placemat".

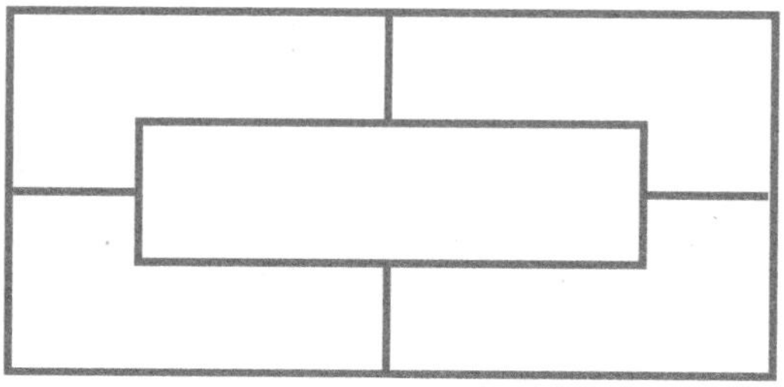

- Jede/-r hat im Außenbereich des Blattes ein eigenes Feld.

Phase 1

- In diesem Feld notiert jedes Gruppenmitglied seine eigenen Gedanken zum Thema bzw. zur Aufgabenstellung. Jedes Gruppenmitglied unterschreibt seine eigenen Notizen.

Phase 2

- Danach tauschen alle in der Gruppe ihre individuellen Antworten/Ideen aus, indem das Blatt gedreht wird, sodass alle Gruppenmitglieder alle Notizen zur Kenntnis nehmen können.

Phase 3

- Alle Gruppenmitglieder diskutieren die Notizen und einigen sich auf Antworten und Ergebnisse, die sie als gemeinsames Ergebnis in das mittlere Feld eintragen.
- Alle Gruppenmitglieder unterzeichnen das Gruppenergebnis im Zentralfeld.

Zum Schluss präsentiert jede der Arbeitsgruppen ihre Ergebnisse im Plenum.

Portfolio: Als Portfolio bezeichnete man ursprünglich eine Brieftasche oder Dokumentenmappe. Heute wird der Begriff in der Börsenwelt verwendet, wo er eine Zusammenstellung von Wertpapieren bezeichnet. In der Kunst und in anderen kreativen Bereichen beinhaltet ein Portfolio die Auswahl besonderer Arbeiten und Leistungen eines Menschen (Arbeitsmappe). An diese Verwendung des Begriffs knüpft auch der schulische Einsatz von Portfolios an. Im Deutschunterricht ist ein Portfolio eine Sammlung von Texten einer Schülerin oder eines Schülers, die über einen längeren Zeitraum entstanden ist, an Unterrichtsinhalte anknüpft und neben den Schreibprodukten auch eine Reflexion über deren Entstehung enthält.

Unterscheidung:

Grundsätzlich unterscheidet man zwischen einem Kursportfolio oder einem Portfolio im Einzelunterricht. Bei beiden werden anhand ausgewählter Arbeiten die Entwicklung und Ergebnisse eines Unterrichtsvorhabens dargestellt, reflektiert und bewertet. Dagegen ist das Portfolio als Bildungsmappe oder Bildungsdokumentation längerfristig angelegt und fachübergreifend.
Im Deutschunterricht kann man ein Portfolio beispielsweise anlegen, um ein erweitertes Textsortenspektrum einzuüben oder um die verschiedenen Stufen der Entstehung und Überarbeitung von selbstständig verfassten Texten zu dokumentieren. Auch ein Praktikumsportfolio oder ein Portfolio in Form einer Epochenmappe, Autoren- oder Werkporträtmappe sind möglich.

Vorbedingungen:

Portfolioarbeit braucht gemeinsam erarbeitete Vorgaben. Dabei müssen die Anforderungen für alle Beteiligten transparent sein. Dies gilt vor allem für Vorgaben bezüglich Umfang, Zeit und Bewertungsmaßstäben.

Reflexion:

Portfolioarbeit wird immer durch die Schülerinnen und Schüler reflektiert. Dabei können folgende Fragestellungen im Vordergrund stehen:

- Warum habe ich diesen Leistungsnachweis für das Portfolio ausgewählt?
- Was ist an dieser Arbeit gelungen?
- Was zeigt der Leistungsnachweis von mir und meiner Arbeit?
- Was habe ich anhand dieses Leistungsnachweises gelernt?

Präsentation eines Portfolios:
Portfolioarbeiten sollen wahrgenommen werden. Deshalb ist es sinnvoll, sich über mögliche Präsentationsformen und -gelegenheiten vor Beginn des Vorhabens Gedanken zu machen.

Präsentationsmedien: Präsentieren kann man mit vielen Medien, u. a. mit:

1 Flipchart:
Vorteile: einfach zu handhaben und zu transportieren
Nachteile: Flipchartblock ist teuer/nicht geeignet für große Räume (auf hinteren Plätzen nicht zu sehen)
Tipps: dicken Filzer verwenden/Druckbuchstaben

2 Laptop mit Beamer:
Vorteile: transportierbar, Abspielen von DVDs und MP3-Musikformat, eigene Aufnahmen können gezeigt werden, professionelle und schnelle Gestaltung von Grafiken, Abbildungen, Bildern usw., Einsatz von digitalen Präsentationsprogrammen möglich
Nachteile: gute Software- und Hardwarekenntnisse sind erforderlich, häufig gerät der Präsentierende in den Hintergrund, Reizüberflutung durch zu große Bilderflut, Medienmonotonie
Tipps: andere Medien einbauen, z. B. Flipchart, maximal 15 Minuten, ausreichende Redepausen einbauen, weitere Tipps ↗ Overheadprojektor

3 Metaplanwand und Karten:
Vorteile: flexibler Einsatz der Metaplankarten (verschieben und neu anordnen), Übersicht wird gewährleistet durch unterschiedliche Formate/Formen/Farben der Karten, Clustern (Haufenbildung nach Sinnzusammenhängen) und die Bildung von Oberbegriffen, Teilnehmer füllen die Karten aus und werden dadurch aktiv beteiligt
Nachteile: Moderationsregeln (↗ Moderationstechniken) müssen beherrscht werden, der Umgang mit Karten und Wand erfordert Routine
Tipps: nur ein Aspekt auf eine Karte/nur Stichworte, höchstens drei Zeilen pro Karte/Druckbuchstaben, gut formulierte Kartenfragen führen zum Ziel

4 Overheadprojektor und Folien:
Vorteile: transportierbar und verschiebbar, Folien können vorbereitet werden
Nachteile: weiße Projektionsfläche muss vorhanden sein, Sonnenlicht kann blenden, Schrift auf Folie ist zu klein oder zu dünn, zu viele Folien/zu schneller Folienwechsel, Folien häufig überladen
Tipps: nicht mit der Wand sprechen oder im Licht stehen, nicht hinter dem OHP verschanzen, bei längeren Pausen abschalten, Folien durchnummerieren, Zeigehilfen verwenden, Blickkontakt zum Publikum suchen

5 Wandtafel:
Vorteile: einfach zu handhaben/große Schreibfläche, durch Abwischen Veränderung jederzeit möglich
Nachteile: Sprechen und Schreiben gleichzeitig schwierig, Gefahr, mit der Tafel zu sprechen, Tafelbilder können nicht gesichert werden
Tipps: auf gut lesbare Schrift und auf Raumaufteilung achten, kontrastreiche Kreidefarben benutzen

Punktuelles Lesen ↗ **Lesetechniken**

Rollenspiel: Durch den Rollentausch ermöglicht es das Rollenspiel, auf spielerische Art eine Situation nachzuempfinden und in dieser als eine fremde Person zu agieren, um Handlungsabläufe und Verhaltensweisen besser nachvollziehen zu können. Rollenspiele können folglich auch als Trainingseinheiten genutzt werden (z. B. im Falle von Bewerbungen, zur Aufarbeitung von Konflikten, zum Erlernen von Gesprächsstrategien etc.). Damit sich die Teilnehmerinnen und Teilnehmer besser in ihre Rollen einfinden, kann mit Rollenkarten gearbeitet werden. Nach Beendigung des Spiels ist es erforderlich, dass die Teilnehmerinnen und Teilnehmer aus ihren Rollen entlassen werden, um z. B. im Rollenspiel ausgetragene Konflikte nicht in die Wirklichkeit zu übertragen. Die Reflexion der Ereignisse des Rollenspiels kann im freien Gespräch der Rollenspielteilnehmer und des Auditoriums erfolgen. Die Auswertung kann jedoch auch auf der Grundlage von Beobachtungsbogen geschehen, die z. B. durch die Zuschauerinnen und Zuschauer erstellt werden.

Methoden und Arbeitstechniken

Schreibgespräch: Eine Gruppe (zwei bis vier Schülerinnen und Schüler) bearbeitet ein Thema, ohne dabei zu sprechen. In der Mitte liegt ein Blatt mit der Themenstellung.
Die Schülerinnen und Schüler notieren abwechselnd ihre Gedanken dazu und entwickeln evtl. Beiträge der anderen weiter. Ziel ist die Einbeziehung aller Schülerinnen und Schüler, auch der zurückhaltenden, sowie eine ruhige und produktive Arbeitsatmosphäre.

Schreibkonferenz: Eine Schreibkonferenz ist ein Beratungsgespräch, das sich mit einem Textentwurf beschäftigt. Die Verfasserin/der Verfasser eines Textes benötigt eine bis maximal drei Personen, die den Text lesen und ihn prüfen.

Möglicher Ablauf einer Schreibkonferenz:

1. Der Text wird vorgelesen.
2. Alle äußern sich spontan zum Inhalt, ggf. werden im Anschluss Fragen dazu gestellt.
3. Gemeinsam gehen alle den Text durch und besprechen sprachliche wie inhaltliche Aspekte. Die Verfasserin/der Verfasser markiert Stellen, die sie/er ändern will, und notiert Vorschläge.
4. Der Text wird auf Rechtschreibung durchgelesen.
5. Anschließend überarbeitet die Verfasserin/der Verfasser den Text inhaltlich, sprachlich und orthografisch.

Strukturbild ↗ Visualisieren

Szenische Lesung: Texte werden ausdrucksvoll und mit verteilten Rollen vorgelesen. Gerade bei selbst verfassten Dialogen ermöglicht dies eine schnelle und lebendige Präsentation der Ergebnisse.

Themengewichtung ↗ Moderationstechniken

Thesenpapier: Ein Thesenpapier (auch „Handout" oder „Paper" genannt) dient als Orientierungshilfe für die Zuhörer/-innen während eines Vortrags. Es fasst die wichtigsten Aussagen des Vortragenden zusammen und ist häufig die Grundlage für eine sich anschließende Diskussion. Da es parallel zum Vortrag gelesen wird, sollte es besonders übersichtlich gestaltet sein.

Aufbau:

- in der Regel eine DIN-A4-Seite
- Schriftgrad mindestens 11 Punkt
- Kopfzeile mit Angaben zum Vortragenden, zum Fach, Fachlehrer, Thema der Unterrichtsreihe, Thema des Vortrags, Datum
- kurze inhaltliche Erläuterung des Themas und Einordnung in einen Gesamtzusammenhang
- Thesen
- evtl. persönliches Fazit
- Literaturhinweise bzw. -angaben

Inhalt:

Die Thesen verdeutlichen den Argumentationsstrang des Vortragenden oder z. B. des Autors, über dessen Werk berichtet wird. Jede These ist Teil einer Argumentationskette. Sie übernimmt die Funktion einer Ausgangsbehauptung, die mündlich begründet und erläutert wird.

Reihenfolge der Thesen:

- Es empfiehlt sich, die Thesen in der Reihenfolge des Vortrags aufzulisten, sodass die Zuhörerin/der Zuhörer sich daran orientieren kann.
- Unter dramaturgischen Gesichtspunkten kann man die wichtigste These an den Anfang stellen (Durchbruchstrategie) und durch weitere Thesen und Argumente untermauern oder man platziert sie als Höhepunkt an das Ende des Vortrags (dramatisierende Reihe).

Sprache:

- Kurze, verständliche Sätze erleichtern das Zuhören.

Think-Pair-Share (denken, teilen, austauschen): Think-Pair-Share ermöglicht auf einfache Weise kooperatives Lernen.

Phase 1: Think

Jeder arbeitet für sich alleine: setzt sich mit der Aufgabenstellung auseinander, entwickelt Lösungswege etc.

Phase 2: Pair

Die Ergebnisse werden in Partner- oder Gruppenarbeit besprochen und vertieft.

Phase 3: Share

Die Ergebnisse aus Phase 2 werden im Plenum vorgestellt und im Austausch mit anderen Gruppen weiter vertieft.

Methoden und Arbeitstechniken

Umfrage: Die Umfrage ist eine Methode, um Informationen über Menschen zu sammeln.

Zielgruppe bestimmen:
Bevor eine Umfrage zu einem Thema durchgeführt werden kann, muss zunächst der Personenkreis bestimmt werden, der befragt werden soll. Man kann entweder einen „repräsentativen" Personenkreis befragen oder nach dem Zufallsprinzip auswählen, wen man befragt.
1. Repräsentativumfrage: Hier wird eine überschaubare Anzahl von Personen befragt, die in ihrer Zusammensetzung (Alter, Berufsstand, Geschlecht, Interessen etc.) ein möglichst genaues Abbild der Zielgruppe darstellen. Die Ergebnisse der Befragung werden auf die Gesamtgruppe hochgerechnet.
2. Auswahl nach dem Zufallsprinzip: Eine Befragung nach dem Zufallsprinzip ist wesentlich einfacher durchzuführen, die Fehlerquote ist aber auch erheblich höher als bei einer Repräsentativumfrage.

Die Erhebungsmethode bestimmen:
Die geeignete Erhebungsmethode hängt von den eigenen organisatorischen und zeitlichen Möglichkeiten ab.
Man kann:
- Fragebögen verteilen oder verschicken,
- eine Telefonumfrage starten,
- geeignete Personen in einem Interview befragen,
- einen Fragebogen ins Internet stellen.

Fragen formulieren:
Grundsätzlich sollten alle Fragen standardisiert sein, d. h. in der Reihenfolge und Wortwahl immer gleich sein. Es empfiehlt sich, Fragen möglichst eindeutig, präzise und leicht verständlich zu formulieren und mit einfachen Fragen („Eisbrechern") zu starten. Je nach Zielstellung kann zwischen offenen und geschlossenen Fragen gewählt werden.
1. Geschlossene Fragen: Bei geschlossenen Fragen muss der Befragte zwischen zwei Alternativantworten auswählen (*Ja/Nein, Richtig/Falsch* oder *A/B*).
Es können auch mehrere Antworten zur Auswahl gestellt werden wie bei einer Multiple-Choice-Frage. Als Sonderform kann man die Skalenfrage verwenden, bei der die Umfrageteilnehmer/-innen durch Ankreuzen auf einer Skala eine These bewerten.
2. Offene Fragen: Bei offenen Fragen können die Teilnehmer/-innen die Antworten frei formulieren. Vermeiden sollte man Suggestivfragen (dabei werden dem Befragten die Antworten in den Mund gelegt, z. B. „Sind Sie auch der Meinung, dass ...").
Geschlossene Fragen lassen sich leichter auswerten als offene Fragen, da bei offenen Fragen ein Vergleich der Antworten oft schwierig ist.

Validität und Reliabilität einer Umfrage:
Die Ergebnisse einer Umfrage sollten dem Anspruch an Validität und Reliabilität genügen. Valide oder gültig sind die Ergebnisse dann, wenn die Fragen so präzise gestellt wurden, dass Fehldeutungen unmöglich sind. Reliabel oder zuverlässig sind Forschungsergebnisse dann, wenn die Meinungen der Befragten möglichst genau die Ansichten der Zielgruppe wiedergeben, d. h., wenn die Fehlerquote sehr gering ist.

Präsentation der Umfrage:
Für die Präsentation oder Visualisierung von Ergebnissen eignen sich vielfach Schaubilder und Diagramme (↗ Kapitel 4).

Vier Arten, einen Text zu lesen ↗ Lesetechniken

Visualisieren: Textinhalte können mithilfe grafischer Elemente dargestellt und zusammengefasst werden. Neben Diagrammen (↗ Kapitel 4) eignen sich dafür die folgenden Methoden:
a) Bei einem ***Assoziogramm*** ordnet man einem vorgegebenen Oberbegriff verschiedene Ideen, Begriffe etc. (Assoziationen) zu, ohne diese zu strukturieren. Diese Methode hilft, Vorwissen zu einem Thema zu aktivieren. Ein Assoziogramm eignet sich z. B. bei der Vorbereitung einer Interpretation. (↗ Kapitel 13)
b) Mithilfe einer ***Mindmap*** können Schlüssel- bzw. Oberbegriffen Detailinformationen in Form von Unterbegriffen zugeordnet werden. Das zentrale Thema wird in die Mitte eines Blattes geschrieben und eingekreist. Um das Thema herum werden Hauptäste angeordnet, auf denen die Hauptgedanken (Schlüsselbegriffe) stichwortartig festgehalten werden. Für jeden neuen Aspekt wird ein weiterer Ast eingerichtet. Zur weiteren Differenzierung werden Nebenäste angelegt, auf denen weitere Teilaspekte (Unterbegriffe) notiert werden. Mit Symbolen oder Bildern kann man die Begriffe ergänzen.
c) Mit einem ***Strukturbild*** kann man die in einem Text thematisierten Sachverhalte, Ereignisse etc. darstellen, Bildelemente können eingefügt werden. (↗ Kapitel 3)

Methoden und Arbeitstechniken

Wörterbuch benutzen: Beim Erstellen eines eigenen Textes oder beim Lesen eines fremden Textes können Fragen auftauchen, die sich mithilfe eines Wörterbuchs schnell klären lassen. Voraussetzung ist, dass man mit diesem Hilfsmittel umgehen und die verwendeten Zeichen entschlüsseln kann.
Weitere Informationen zur Benutzung und zu den Abkürzungen finden sich auf den ersten Seiten eines Wörterbuchs.

Wörterliste: Eine Wörterliste ist eine Sammlung von Worterklärungen in tabellarischer Form. Beim Lesen eines Textes oder im Gespräch können unbekannte Wörter auftauchen. Diese werden in der linken Spalte einer Tabelle festgehalten. In der rechten Spalte werden die jeweiligen Erläuterungen notiert, die in Wörterbüchern nachgeschlagen oder online recherchiert wurden.

Hoch|re|li|ef [-ljɛf] *n. 9* Relief mit stark erhaben herausgearbeiteter Darstellung, Hautrelief, *Ggs.:* Flachrelief
hoch|rot
hoch|rüs|ten *tr. 1* **1.** militärisch aufrüsten **2.** technisch verbessern, modernisieren; einen PC, ein Auto h.
hoch|schal|ten *intr. 1, ugs.,* Kfz: in einen höheren Gang schalten
hoch|schät|zen *auch:* **hoch schätzen** *tr. 1*
Hoch|schät|zung *f. 10 nur Sg.*

Aussprache
Bedeutungserklärung
betonte Silbe (langer Vokal)
Silbentrennung
gram. Angabe – hier: Nomen existiert nur im Singular
Geschlecht (hier: n. = Neutrum)
Gegensatz
Anwendungsbeispiel
Stilebene (ugs. = umgangssprachlich)
Fachbereich, in dem das Wort verwendet wird
orthografische Variante

Zitieren: Mit Zitaten belegt man z. B. in einem Aufsatz die Richtigkeit der eigenen Gedanken. Zitate müssen als solche kenntlich gemacht werden:

1 **Direktes (wörtliches) Zitieren:**
- Anfang und Ende des Zitats werden durch Anführungsstriche deutlich gemacht.
- Wird eine Textpassage nicht vollständig zitiert, werden die Auslassungen mit eckigen Klammern und drei Punkten gekennzeichnet: [...].
- Übernimmt man ein Zitat z. B. in den eigenen Aufsatz, können die Fallendungen (z. B. *-es, -en, -er, -em*) verändert werden, Beispiel:
  Original: *„Im Laufe dieses Jahres wird sich nichts an der Einstellung der Experten ändern."* Als Zitat: *Der Autor meint, in diesem „Jahr wird sich nichts an der Einstellung der Experten ändern".*
- Ein Zitat in einem Zitat wird durch einfache Anführungsstriche hervorgehoben.

2 **Sinngemäßes Zitieren (indirekte Rede):**
- Längere Textpassagen werden oft in indirekter Rede wiedergegeben.
- Der Sinn darf nicht entstellt werden.
- Singemäße Zitate müssen ebenfalls kenntlich gemacht werden, z. B. durch eine Einleitung des Zitats (*Der Autor meint, dass ...*).

3 **Quellenangaben:**
- Sie erscheinen im Text oder als Fuß- oder Endnoten.
- Sie enthalten den Nachnamen und den Vornamen des Autors/Herausgebers, Titel, Auflage, Verlagsort, Verlag, Erscheinungsjahr, Seitenangabe.
  Beispiel: *Berthold, Siegwart: Reden lernen, 1. Aufl., Frankfurt am Main: Cornelsen Scriptor Verlag, 1993, S. 15.*
- Beim sinngemäßen Zitieren erscheint vor der Literaturangabe die Abkürzung „vgl." für die Aufforderung „Vergleiche!".

Kapitel 23

Operatoren kennen – Arbeitsanweisungen verstehen

Was sind Operatoren?

Operatoren sind Arbeitsanweisungen. Sie sind wesentlicher Bestandteil jeder Aufgabenstellung, denn sie benennen die Handlungsschritte (in Form von Verben), die zur Lösung von Aufgaben notwendig sind.

Die Anforderungen einer Aufgabe, die durch die Formulierung der Arbeitsanweisungen deutlich werden, verlangen von Ihnen unterschiedliche Fähigkeiten und Vorkenntnisse. Sie müssen sich bei jeder Aufgabenstellung fragen: Welche Fertigkeiten werden von mir verlangt? Welche Tätigkeiten auf welchem Anforderungsniveau werden von mir erwartet? Welche Vorkenntnisse brauche ich?

Entsprechend den unterschiedlich komplex zu erbringenden Leistungen lassen sich die Operatoren verschiedenen **Anforderungsbereichen** zuordnen.

Die wichtigsten Operatoren, die Sie im Buch, in Lernstandskontrollen und in Prüfungsaufgaben finden können, wurden in die folgenden tabellarischen Übersichten aufgenommen.

Anforderungsbereich I
z. B. beschreiben

Anforderungsbereich II
z. B. analysieren
(das bedeutet z. B.:
erklären
vergleichen
einordnen)

Anforderungsbereich III
z. B. beurteilen
(das bedeutet z. B.:
bewerten
Stellung nehmen)

Textquellenverzeichnis

zug), *S. 10.* Zürich: Diogenes Verlag 2009, S. 164.
Wiese, Benno von: *Durch Leid, Gehorsam und Buße ..., S. 242.* Aus: B. v. W., Die deutsche Tragödie von Lessing bis Hebbel. Hamburg: Hoffmann & Campe 1967, S. 254.
Wohmann, Gabriele: *Flitterwochen, dritter Tag, S. 215.* Aus: G. W., Ausgewählte Erzählungen aus zwanzig Jahren. Aufl. 2. Darmstadt: Luchterhand 1979, S. 50 f.
Wolf, Christa: *Der geteilte Himmel* (Auszug), *S. 371 f.* Berlin/Weimar: Aufbau 1975, S. 8–10.
Wolitzer, Meg: *Die Interessanten* (Auszug), *S. 295 ff.* Köln: DuMont 2014, S. 280 ff.
Zickgraf, Arnd; Mocikat, Ralph; Kekulé, Alexander: *Pro und Kontra: Soll Deutsch als Wissenschaftssprache überleben?* (gekürzt), *S. 15 f.* Aus: Zeit online, 28. 04. 2010, http://www.zeit.de/wissen/2010-04/deutsch-forschungssprache [31. 08. 2018].
Zippert, Hans: *Würden Sie an einer Tortengrafik teilnehmen?, S. 71.* Aus: H. Z., So funktioniert Deutschland. München/Wien: Sanssouci im Carl Hanser Verlag 2004, S. 123.

Unbekannte und ungenannte Verfasser
Alles, was Sie über ein zufriedenes Leben wissen müssen (gekürzt), S. 107. Aus: FAS, 06. 03. 2005.
„Das Zeitalter der gedruckten Zeitung ist zu Ende", S. 301. Aus: Zeit Online, 13. 08. 2018, https://www.zeit.de/wirtschaft/unternehmen/2018-08/tageszeitung-taz-berlin-karl-heinz-ruch-journalismus-printmedien-online [31. 08. 2018].
„Der Schweizer Hörspielautor Peter Stamm ...", S. 276. Aus: Der Spiegel 43/1998, 19.10.1998, http://www.spiegel.de/spiegel/print/d-8002534.html [02. 12. 2015]
Dialog im Forum, S. 13 (Originalbeitrag).
Dialog im Klassenzimmer, S. 12 (Originalbeitrag).
Fast alle Schüler nehmen ihr Handy mit in die Schule, S. 70. Aus: https://www.bitkom.org/Presse/Presseinformation/Fast-alle-Schueler-nehmen-ihr-Handy-mit-in-die-Schule.html [31. 08. 2018].
Film ab!, S. 79. Filmförderungsanstalt/ Globus.
Film ab: Danke, Göthe!, S. 81 (Originalbeitrag).
Hochrelief bis Hochschätzung (gekürzt), *S. 394.* Aus: WAHRIG. Die deutsche Rechtschreibung. Hrsg. v. der WAHRIG-Redaktion unter der Leitung von Dr. Sabine Krome. Gütersloh und München: Wissen Media Verlag GmbH 2006, S. 511.
In den Tropen beziehen die Stürme ..., S. 33 (Originalbeitrag).
„In der schwebend leichten Erzählweise ...", S. 276. Aus: http://www.christa-tamara-kaul.de/buch-stamm-peter-agnes.htm [02. 12. 2015].
In Deutschland gibt es ..., S. 11. Aus: Was erwartet die Wirtschaft von den Schulabgängerinnen und Schulabgängern? Ausgabe 1, 07/2011, hrsg. v. IHK NRW, S. 2.
Industrie 4.0 – Chancen und Perspektiven für Unternehmen der Metropolregion Rhein-Neckar (drei Zitate), *S. 314.* Aus: Industrie- und Handelskammern Rhein-Neckar, Pfalz und Darmstadt Rhein Main Neckar (Hrg.): Industrie 4.0 – Chancen und Perspektiven für Unternehmen der Metropolregion Rhein-Neckar, o.V. 2015, S. 42-44., online unter https://www.pfalz.ihk24.de/blob/luihk24/innovation_und_umwelt_und_energie/downloads_channel/2962316/f9c0f019d072a7c5581140ae4f166dc0/Studie-Industrie-4-0-Metropolregion-Rhein-Neckar-data.pdf [31. 08. 2018].
Informationen zu Brechts Biografie, S. 264 (Originalbeitrag).
Inhaltliche Zusammenfassung des Dramas "Leben des Galilei" von Bertold Brecht, S. 258 (Originalbeitrag).
Internationaler Tag der Umwelt - Plastikmüll vergeht nicht (gekürzt), *S. 330 f.* Aus: Stuttgarter Nachrichten online, 04. 06. 2018, https://www.stuttgarter-nachrichten.de/inhalt.print.b5d1537c-8ee1-4f76-bede-51ae61fcf642.presentation.print.v2.html [31. 08. 2018].
Kundenwünsche, Werbetrends und Werbesprache, S. 86 (Originalbeitrag).
Lammkeule, S. 225 (Originalbeitrag).
Nichts kapiert: Infos über Finanzprodukte überfordern Kunden (gekürzt), S. 14. Aus: Frankfurter Rundschau, dpa.
Rede eines Abiturienten auf der Abiturfeier, S. 170 (Originalbeitrag).
Rede eines Abiturienten der heutigen Zeit (2015), S. 98 (Originalbeitrag).
Selbstdarstellung im Internet, S. 311 (Originalbeitrag).
Sprache als Visitenkarte, S. 19 (Originalbeitrag).
Studienfinanzierung. Wie finanziere ich mein Studium?, S. 66 f. Aus: abi, 11. 09. 2017, http://www.abi.de/studium/finanzen/studienfinanzierung-hintergrun015014.htm?zg=schueler [31. 01. 2019]
Von Liebe und Kälte, eine Rezension zu Peter Stamms Roman „Agnes", S. 274 f. Aus: http://buch.datenstrand.de/2013/07/von-liebe-und-kaelte-peter-stamm-agnes/ [31. 08. 2018]
Was ist Industrie 4.0? (gekürzt), *S. 313.* Aus: Plattform Industrie 4.0 des Bundesministeriums für Wirtschaft und Energie, https://www.plattform-i40.de/I40/Navigation/DE/Industrie40/WasIndustrie40/was-ist-industrie-40.html [31.08.2018].
Welche Soft Skills sind im Arbeitsalltag wichtig? S. 17 (Originialbeitrag).
Werbebrief, S. 84 (Originalbeitrag).
Wilder Müll am Straßenrand sorgt für Ärger (gekürzt), *S. 321 ff.* Aus: Rhein-Zeitung online, 09.02.2018, https://mobil.rhein-zeitung.de/lokales/hunsrueck_artikel,-wilder-muell-am-strassenrand-sorgt-fuer-Aerger-_arid,1768982.html [31. 08. 2018].

Sach

Bildquellenverzeichnis

Cover Glow Images/imagesource;
S. 9 Stock.Adobe.com/K.-P. Adler;
S. 10 Diogenes Verlag, Zürich;
S. 16 Stock.Adobe.com/AlexanderNovikov;
S. 19 Shutterstock/Tuzemka;
S. 23 dpa Picture-Allaince/dpa Themendienst;
S. 24 Rowohlt Verlag GmbH, Reinbek;
S. 25 Suhrkamp Verlag AG, Berlin/Titelbild v. J. S. E. Ensor/© VG Bild-Kunst, Bonn 2019;
S. 30 Stock.Adobe.com/Syda Productions;
S. 35 akg images/Sebastiano del Piombo (1519);
S. 47 Shutterstock/Jacob Lund;
S. 51 Universitätsbibliothek der Eberhard Karls Universität Tübingen/Screenshot Trefferliste Suchbegriff „Werbung";
S. 59 Stock.Adobe.com/svort;
S. 63 Stock.Adobe.com/nito;
S. 64 Stock.Adobe.com/aleutie;
S. 66 Stock.Adobe.com/AlexOakenman;
S. 70 Bitkom Bundesverband Informationswirtschaft, Telekommunikation und neue Medien e. V., Berlin;
S. 71.2 JIM-Studie 2015/statista;
S. 72.1 JIM-Studie 2015/statista;
S. 72.2 mpfs/JIM-Studie 2014;
S. 73.1 Picture Alliance/dpa infografik 021517/BKA, Bitkom;
S. 73.2 Media Analyse 2015 Radio I, Mediendaten Südwest, c/o Landesanstalt für Kommunikation (LFK), Stuttgart;
S. 76 Picture Alliance/Globus dpa Infografik 10600/ARD/ZDF-Onlinestudie;
S. 79 dpa Picture-Alliance/dpa-infografik 10917/FFA;
S. 82.1 Statista/Bundesverband Musikindustrie;
S. 83 Shutterstock/www.BillionPhotos.com;
S. 86 Shutterstock/Danang Setiawan;
S. 89 © Bundesverband der Deutschen Binnenschifffahrt e.V., Duisburg;
S. 96 ap/dpa/picture alliance/ Süddeutsche Zeitung Photo;
S. 101 dpa Picture-Alliance/Stephanie Pilick;
S. 105 Stock.Adobe.com/hriana;
S. 106.1 dpa Picture-Alliance/Thomas_Huber;
S. 106.2 Shutterstock/Alliance;
S. 108 Shutterstock/Nejc Vesel;
S. 109 Stock.Adobe.com/normankrauss;
S. 117 Shutterstock/Alf Ribeiro;
S. 121 Shutterstock/Martin Nemec;
S. 128 imago sportfotodienst/imago;
S. 137 Shutterstock/Brian A Jackson;
S. 139 Shutterstock/Mascha Tace;
S. 145 Stock.Adobe.com/pathdoc;
S. 148 Büro für Berufsstrategie Hesse/Schrader 2015 www.berufsstrategie.de;
S. 151 Toonpool.com GmbH/Frank Tölle, Berlin;
S. 153 Friedemann Schulz von Thun/Institut für Kommunikation, Hamburg;
S. 154 Glow Images/CulturaRF;
S. 157 F1 online Bildagentur/P. Broze/ONOKY;
S. 158 Stock.Adobe.com/sebra;
S. 160 ©Irmgard Peters, Berlin (2012);
S. 161 Stock.Adobe.com/Photographee.eu;
S. 163.1 Stock.Adobe.com/flairimages;
S. 163.2 Shutterstock/g-stockstudio;
S. 163.3 Shutterstock/Corepics VOF;
S. 163.4 dpa Picture_Alliance/Wavebreak;
S. 163.5 F1 online Bildagentur/Mike Kemp (Blend Images);
S. 165 Shutterstock/bokan;
S. 168 Emoticons 1–5 Shutterstock/"flower travelin' man";
S. 168.6+7 Shutterstock/Aratehortua;
S. 169 Shutterstock/Marish;
S. 172 INTERFOTO/Wilhelm W. Reinke;
S. 176 Shutterstock/cgdeaw;
S. 183 Shutterstock/Botond Horvath;
S. 192 ddp images-dapd/ddp images;
S. 195 Shutterstock/LStockStudio;
S. 196 Shutterstock/AYA images;
S. 198 Shutterstock/Jane Kelly;
S. 201 Shutterstock/Pressmaster;
S. 223 Stock.Adobe.com/sveta;
S. 229 dpa Picture-Alliance/m.f.G. Seitz GmbH Filmproduktion, München;
S. 231 dpa Picture-Alliance;
S. 239 bpk-images/bpk/Gerda Goedhart;
S. 240.1 bpk images/adoc-photos;
S. 240.2 dpa Picture-Alliance/picture-alliance/ZB/m.f.G. Berliner Ensemble GmbH;
S. 241.1 dpa Picture-Alliance/picture-alliance/m.f.G. Berliner Ensemble GmbH; S. 241.2 imago sportfotodienst/m.f.G. Theater, Oper und Orchester GmbH Halle (Saale);
S. 246 dpa Picture-Alliance/picture-alliance/m.f.G. Kammerspiele Hamburg;
S. 248 Shutterstock/Ivan_Nikulin;
S. 249.1 imago sportfotodienst/imago/Leemage;
S. 249.2 bpk images/Willi Saeger;
S. 249.3 Keystone Schweiz/laif;
S. 249.4 All mauritius images/United Archives;
S. 252 INTERFOTO/Granger, NYC;
S. 253 mauritius images/Pixtal;
S. 254.1 bpk-images/bpk/Münchner Stadtmuseum, Sammlung Fotografie/Konrad Reßler;
S. 254.2 bpk-images/bpk/Ingrid von Kruse;
S. 257 Stock.Adobe.com/sveta;
S. 258 Bildarchiv Pisarek/akg-images/m.f.G. Berliner Ensemble GmbH;
S. 260 Bildarchiv Pisarek/akg-images/m.f.G. Berliner Ensemble GmbH;
S. 270 S. Fischer Verlag, Frankfurt/M.;
S. 285 Stock.Adobe.com/sveta;
S. 287 Shutterstock/aslysun;
S. 299 Shutterstock/Jane Kelly;
S. 300 dpa-infografik 10498; Stiftung für Zukunftsfragen, Gesellschaft für Konsumforschung;
S. 304 Infoport GmbH, Die E-Learning-Agentur;
S. 305 Stock.Adobe.com/Graphicroyalty;
S. 306 Shutterstock/VovanIvanovich;
S. 307 Shutterstock/alekseiveprev;
S. 308 Shutterstock/Grant Tiffen;
S. 312 Shutterstock/Jenson;
S. 315 Shutterstock/ESB Professional;
S. 319 Shutterstock/Nestor Rizhniak;
S. 320 Shutterstock/Vladislav Lyutov;
S. 323 ©Berliner Zeitung/Rita Böttcher;
S. 328 ©Wissensplattform Erde und Umwelt, eskp.de;
S. 330 statista/Umweltbundesamt;
S. 333 Stock.Adobe.com/KorayErsin;
S. 334.1/S. 336 akg-images/Juriaen van Streeck;
S. 334.2/S. 342 akg-images/Johann Heinrich Füssli;
S. 334.3/S. 349 akg-images/Caspar David Friedrich;
S. 334.4/S. 339 akg-images/Daniel Chodowiecki;
S. 334.5/S. 345 akg-images/Theobald Reinhold Freiherr von Oer;
S. 335.1/S. 352 INTERFOTO/Sammlung Rauch;
S. 335.2/S. 362 akg-images/Otto Dix/©VG Bild-Kunst, Bonn 2019;
S. 335.3/S. 359 akg-images/Anders Zorn;
S. 335.4/S. 364 Stiftung Deutsches Historisches Museum, ©The Heartfield Community of Heirs/VG Bild-Kunst, Bonn 2019;
S. 335.5/S. 356 akg-images/Hans Thoma;
S. 335.6/S. 368 bpk/Museum der bildenden Künste, Leipzig / Ursula Gerstenberger/©VG Bild-Kunst, Bonn 2019;
S. 347 akg-images/James Gillray;
S. 377 Shutterstock/angkrit;
S. 385 Shutterstock/Alex Oakenman;
S. 395 Shutterstock/Feuerbach

Sachwortverzeichnis